国家社会科学基金项目"川甘青滇连片特困藏区公共服务有效供给调查及对策研究"（15BMZ085）研究成果

川甘青滇四省藏区公共服务有效供给的调查及对策研究

INVESTIGATION AND COUNTERMEASURE RESEARCH ON PUBLIC SERVICE EFFECTIVE SUPPLY IN TIBETAN AREAS OF FOUR PROVINCES

卢阳春　吴　凡　刘　敏　赵中匡　石　砥◎著

经济管理出版社
ECONOMY & MANAGEMENT PUBLISHING HOUSE

图书在版编目（CIP）数据

川甘青滇四省藏区公共服务有效供给的调查及对策研究/卢阳春等著．—北京：经济管理出版社，2021.3

ISBN 978 - 7 - 5096 - 7666 - 0

Ⅰ.①川…　Ⅱ.①卢…　Ⅲ.①藏族—民族地区—公共服务—研究—中国　Ⅳ.①D669.3

中国版本图书馆 CIP 数据核字（2020）第 261547 号

组稿编辑：何　蒂
责任编辑：乔倩颖
责任印制：黄章平
责任校对：王淑卿

出版发行：经济管理出版社
　　　　　（北京市海淀区北蜂窝 8 号中雅大厦 A 座 11 层　100038）
网　　址：www. E - mp. com. cn
电　　话：（010）51915602
印　　刷：唐山玺诚印务有限公司
经　　销：新华书店
开　　本：787mm×1092mm/16
印　　张：27.75
字　　数：676 千字
版　　次：2021 年 3 月第 1 版　　2021 年 3 月第 1 次印刷
书　　号：ISBN 978 - 7 - 5096 - 7666 - 0
定　　价：98.00 元

·版权所有　翻印必究·

凡购本社图书，如有印装错误，由本社读者服务部负责调换。

联系地址：北京阜外月坛北小街 2 号
电话：（010）68022974　　邮编：100836

序一

  国家社会科学基金项目"川甘青滇连片特困藏区公共服务有效供给的调查及对策研究"涉及区域广，跨四省藏区，无论是自然地理生态条件、人口分布、民族构成还是经济发展状况、政策措施等都有较大的多样性和多元性。加之该项研究的主题是公共服务供给有效性调查，调查涉及四省藏区基本公共教育服务、医疗卫生服务、社会保障和就业服务等多个方面。因此，课题研究无论在资料收集，还是在整体的把握分析上均有一定难度。

  事实上，课题组以民族学、社会学、经济学和政治学的相关理论为指导，从宏观和微观两个层面进行了大量的调查研究，在研究方法上采取驻村调查、入户访谈、问卷调查、干部座谈、统计分析等多种方式进行了调查，调查区域广泛，资料搜集丰富，理论探讨、实证模型、定量工具与具体案例等相结合，较为深入地分析了四省藏区公共服务供给的现实条件和多维绩效，公共服务有效供给面临的现实问题和需求，以及公共服务供给能力现代化的路径和机制等。总体来看，该课题研究基于实地调查的第一手资料和丰富的文献资料，资料和案例收集丰富，研究思路清晰、理论运用得当、分析结构合理，所提建议和意见针对性强，并具有可操作性，因此具有较好的现实意义。

  此外，该项研究意在通过公共服务均等化、规模有效性、技术有效性、治理有效性、协调有效性的测度，创新阐释基本公共服务供给有效性，丰富了新时代公共服务有效供给的内涵。研究报告为此建构了诸多指标体系，例如四省藏区基本公共服务指数的测度指标体系，四省藏区基本公共服务供给规模和技术效率的测度指标体系，四省藏区绿色经济指数、新型城镇化指数、乡村振兴指数和民族团结进步指数的测度指标体系，对于四省藏区公共服务相关领域研究提供了有益的启示。

  当然，书中还有值得进一步深入研究和探索之处，期待课题组查漏补缺，取得更加令人欣喜的成果。

杜伟

2020 年 12 月 9 日

序二

　　川甘青滇四省藏区因地理环境、民族分布格局和社会经济发展环境的特殊性，公共服务有效供给一直是个重要问题。因此，展开专门针对此地域的这一重要问题的调查研究，确实有其必要性和值得深入研究的空间。国家社会科学基金项目"川甘青滇连片特困藏区公共服务有效供给的调查及对策研究"课题组，针对上述问题的调查研究成果，数据翔实，引证规范，问题把握深入，论证扎实深厚，尤其是定量化分析全面系统，对于川甘青滇四省藏区公共服务有效供给研究有一定的推进作用和借鉴意义。

　　该研究成果进行了大量的数据调研，获得了丰富的第一手资料，并采用 CiteSpace 知识图谱分析方法、DEA – BCC 模型和 DEA – Malmqist 指数模型等进行计量分析，增强了研究的科学性和论证性。尤其是突破了以往局限于仅仅依靠指标的统计数据而增加的民族团结进步指数的研究，凸显政治意义和社会现实性意义，是一个重要的研究范式或研究思维突破，是本书的一大特色，在学术研究方面具有较为重要的学术价值。全书注重理论提炼，在公共服务供给技术有效性、治理有效性、协调有效性、规模有效性等的论述上体现了一定的学术水平。

　　本书在整体考察四省藏区公共服务供给有效性的基础上，还对四省藏区和自治地方进行了对比研究，提出了一些有价值的发现：四省藏区公共服务均等化水平有整体提升，其中公共教育均等化水平提升幅度最大，其次是基本公共卫生服务，略有提升的是公共文化服务、社会保险和就业服务。上述研究发现具有较强的现实意义，并具有政策应用价值。当然，本书还存在需要继续深化之处，希望课题组以此为新起点，不断深化相关研究，推出更多更好的学术成果。

张克俊

2020 年 12 月 16 日

前　言

　　川甘青滇连片特困藏区是 2012 年国家明确的新阶段集中连片扶贫攻坚十四大主战场之一，也是改善民生、促进社会公平正义、实现全面建设小康社会目标的重点和难点之一。四省藏区公共服务的有效供给问题，是一个关系到当地民生改善、绿色发展、城乡协调、民族团结以及全面小康等多种利益关系的重要问题。当前，四省藏区公共服务有效供给不仅面临区域协调绿色发展、新型城镇化和乡村振兴协同发展，以及民族团结进步等多重战略机遇，同时也面临着国家治理体系和治理能力现代化的时代挑战。在新时代背景下，四省藏区的经济社会结构正在发生深刻变化，新旧矛盾交织，成为各种惠民政策的交汇点、全面小康的攻坚点、民生改善的聚焦点，对当地公共服务供给体系和供给能力现代化提出更高要求。开展四省藏区公共服务有效供给的调查及对策研究，精准适应城乡公共服务数字化鸿沟"明显化"，传统村落"空心化"，县城周边自发移民队伍"扩大化"，定居游牧民生产和生活空间"分离化"，以及公共服务与绿色经济、新型城镇化、乡村振兴和民族团结进步多系统"协调化"等带来的公共服务需求的深刻变化，对于推动落实"依法治藏、富民兴藏、长期建藏、凝聚人心、夯实基础"方略，进一步促进四省藏区民生改善、社会治理创新、跨越发展和长治久安具有重要意义。同时，对全国其他连片特困民族地区的民生改善和全面同步小康也具有借鉴意义。

　　本书以国家治理体系和治理能力现代化为研究背景，以民族学、社会学、经济学和政治学的相关理论为指导，构建新时代背景下四省藏区公共服务供给有效性的理论分析框架。以四省藏区城乡和区域基本公共服务均等化，公共服务供给的规模、技术、治理和协调效率为重点，从宏观和微观层面调查研究四省藏区公共服务供给的现实条件和多维绩效，探寻新时代四省藏区公共服务有效供给面临的现实问题和需求，以及公共服务供给能力现代化的路径和机制。按照"研究背景—理论框架—现实条件—多维绩效—挑战和需求—路径和机制"的逻辑结构，组织撰写全书。从公共服务供给的"城乡和区域均等化""规模有效性""技术有效性""治理有效性"和"协调有效性"等方面，多视角、宽领域、跨省域地审视和研究新时代四省藏区公共服务有效供给问题，避免将四省藏区公共服务有效供给问题从整个经济社会发展系统中割裂出来单独分析，避免就公共服务问题自身来研究公共服务问题，或者单纯从基本公共服务均等化视角研究四省藏区公共服务有效供给问题的局限。

　　首先，本书采用 CiteSpace 知识图谱分析方法等，对国内外公共服务政策绩效研究成果进行知识图谱计量分析和相关文献综述。在此基础上，对新时代国家治理体系和治理能力现代化赋予四省藏区公共服务有效供给的新内涵进行阐释，并据此构建新时代背景下四省藏区公共服务供给有效性的理论分析框架。新时代赋予四省藏区公共服务有效供给更为丰富的时代内涵，不仅包括传统的城乡和区域基本公共服务均等化含义，较为普遍使用的公共服务"规模有效性"含义,还包括"技术有效性""治理有效性"和"协调有效性"等多层新含义。其既具有公共服务有效供给的一般性,又具有四省藏区公共服务有效供给的区域特殊性;不仅体现了公共服务效率和公平逻辑的内在统一,还体现了四省藏区各级政府管理公共事务权利和义务、创新和原则的统一。

其次,在理论研究基础上,对四省藏区公共服务有效供给问题展开宏观调查研究。2015 年甚至更早时间以来,笔者多次赴四省藏区各自治州、县(市、行委)主要职能部门座谈,获取各地经济社会发展数据和公共服务政策实施情况;参加各类相关学术会议,跟踪调查近年来四省藏区公共服务有效供给的最新研究进展。在此基础上,通过构建四省藏区基本公共服务指数的测度指标体系,使用极值—致化法、熵权法、变异系数法等多种方法,从四省藏区公共服务供给的现实条件改善、乡村(镇)和县域公共服务进步、州域基本公共服务均等化水平提升,以及公共服务增进贫困群众福利等多个维度,对近年来四省藏区公共服务供给的现实绩效进行综合研究。通过构建基本公共服务供给规模和技术效率的测度指标体系,使用 DEA - BCC 模型和 DEA - Malmquist 指数模型,研究四省藏区公共服务供给的"规模有效性""技术有效性"问题。通过构建四省藏区绿色经济指数、新型城镇化指数、乡村振兴指数和民族团结进步指数的测度指标体系,使用耦合协调度模型和空间自相关模型,全局和局部 Moran's I 指数、Moran 散点图和 Lisa 集聚图等探索性空间数据分析方法,对近年来四省藏区公共服务与绿色经济、新型城镇化、乡村振兴、民族团结进步多个系统的协调效率进行实证研究,并分析公共服务"协调有效性"的时序变化和空间特征。

研究结果表明,在决胜全面建成小康社会的"十三五"时期,精准扶贫战略从基础设施完善、经济社会发展等方面改善四省藏区公共服务供给的现实条件。近年来,四省藏区各自治州基本公共服务的均等化水平在波动中实现整体提升,基本公共教育服务的均等化水平提升幅度最大,基本医疗卫生服务次之,基本公共文化服务、基本社会保险和社会服务的均等化水平略有提升;截至 2017 年底,基本公共教育服务的均等化水平最高,基本社会保险和社会服务次之。同时,公共服务也从改善群众生产生活条件,增强群众发展能力等多个方面增进四省藏区贫困群众福利。四省藏区各自治州教育、医疗卫生、社会保障和就业基本公共服务供给的"规模有效性"和"技术有效性"近年来均明显提升,其中玉树等四个自治州的基本公共教育服务供给有效性相对较高,甘南等五个自治州的基本医疗卫生服务供给有效性相对较高,阿坝等四个自治州的社会保障和就业服务供给有效性相对较高。在国家治理体系和治理能力现代化的新时代背景下,按照中国特色社会主义经济、政治、文化、社会和生态文明建设五位一体的总体布局要求,贯彻落实"创新、协调、绿色、开放、共享"五大新发展理念,增强四省藏区公共服务供给的"协调有效性",必然要求公共服务与绿色经济、新型城镇化、乡村振兴及民族团结进步等多系统协调发展。当前,四省藏区公共服务与绿色经济协调发展模式尚处于探索起步阶段,甘南州的生态文明小康村建设取得初步成效,甘南州和阿坝州已具备成为四省藏区公共服务与绿色经济优质协调发展示范区的条件;四省藏区大部分自治州公共服务与新型城镇化的"协调有效性"逐步提升,其中迪庆州公共服务与新型城镇化协调发展水平最高,一直处于中度协调发展状态,且两个发展系统的耦合协调度整体呈现波动中上升的趋势,成为四省藏区公共服务与新型城镇化协调发展的示范;海西州、阿坝州和甘孜州公共服务与乡村振兴协调发展水平相对较高，均处于中度协调发展阶段，海西州公共服务与乡村振兴协调发展水平还呈上升趋势，有望成为四省藏区公共服务与乡村振兴良好协调发展示范区；甘肃藏区甘南州公共服务与民族团结进步两个系统的"协调有效性"较高，且耦合协调度明显进步，有进入优质协调发展阶段的潜力。

同时，本书也对四省藏区公共服务有效供给问题展开微观调查研究。笔者先后赴四省藏区甘孜州、海北州、海南州、甘南州、阿坝州、迪庆州和海西州的多个县（市）、乡（镇）和村社，主要采用驻村调研、入户访谈、调查问卷和干部座谈等多种方式，对新时代四省藏区公共服务有效供给面临的现实问题和需求展开综合调查。在此基础上，主要采取顾客满意度理论和 KANO 模型，针对四省藏区不同民族发展特色、产业发展阶段、经济社会资源和区位条件，乡（镇）政府驻地或中心村集中居住与传统村落散居、生产和生活居住地邻近与远离等不同居住模式，对当地公共服务的"治理有效性"、现实需求差异和供给优先序进行比较研究。实地调查四川藏区全域 32 个县（市）的科技扶贫创新公共服务平台运行情况，采取 AHP 层次分析法、直接和间接效应协调类型分析法等，测度科技扶贫创新公共服务平台的乡村振兴效应，研究"手机 APP + 乡村综合公共服务人员"等创新服务方式对四省藏区乡村公共服务供给"技术有效性"和能力现代化的实际作用。研究结果表明，后精准扶贫时期，以"手机 APP + 乡村综合公共服务人员"的创新服务方式，促进了特色优势农牧业发展，是四省藏区城乡基本公共服务均等化现实条件改善的重要途径。四川藏区大部分县（市）科技扶贫创新公共服务仍处于初期起步探索阶段，乡村振兴效应存在明显区域差异，只有约 9% 的县（市）乡村振兴效应质量为良以上。同时，四省藏区不同民族发展特色、产业发展阶段、经济社会资源和区位条件，乡（镇）政府驻地或中心村集中居住与传统村落散居、生产和生活居住地邻近与远离等不同居住模式下，十二类主要公共服务的"治理有效性"、现实需求和供给优先序均存在明显差异。

虽然近年来四省藏区公共服务供给的现实条件明显改善，在乡村（镇）、县域和州域层面取得多维度供给绩效，增进贫困群众福利方面效果也较为明显，但是，调查研究也发现，当前四省藏区公共服务有效供给依然面临一些现实问题和挑战。第一，地广人稀特征明显，城乡和区域基本公共服务均等化难度大；社会发展和民生改善任务重，公共服务的县域保障压力大，需要中央和地方政府在加大投入的同时优化供给结构；生态保护任务重，公共服务与绿色经济协调发展挑战大；自然条件艰苦，公共服务专业技术人才稀缺；部分地区基本公共服务与同期全国、全省平均水平还有差距。第二，随着信息化飞速发展，四省藏区城乡公共服务数字化鸿沟逐步拉大，乡村公共服务能力现代化对四省藏区乡村通信网络基础设施完善，公共服务供给方式创新和技术手段进步等，提出急迫且现实的需求。四省藏区或者山高谷深，或者高原辽阔，导致农牧产业布局分散、总量较小、产业链短，加之四省藏区的家庭农场、龙头企业、专业合作社等新型农业经营主体不足、质量不高、引领带动能力不强，科技公共服务推动四省藏区农牧业现代化和乡村公共服务供给能力现代化，面临着地处偏远，教育文化落后，劳动者素质亟待提升等明显障碍。第三，随着新型城镇化发展，以及藏区群众日益增长的对美好生活的期望，乡村人口、资金等要素加速向城镇流动，导致四省藏区不同民族发展特色、产业发展阶段、居住模式、经济社会资源和区位条件，区域人口结构和公共服务需求出现明显变化和差异。传统的公共服务供给模式不适应这些变化，导致出现公共服务供给效率的时序和空间失配型漏损。科学引导基本公共服务资源在四省藏区自发移民移出地和移入地间更合理配置，在游牧民定居社区和生产地区间更合理配置，在群众集中居住区域和传统村落散居区域间更合理配置，对健全和完善四省藏区基本公共服务均等化供给机制提出新需求。第四，新时代四省藏区公共服务的有效供给，不仅是公共服务资源有效配置的效率治理问题，同时也是涉及群众多方参与、区域利益结构调整、民族共同价值和发展理念等政治、社会、文化乃至生态的综合性问题，需要在深入推进基本公共服务均等化的基础上，以公共服务与绿色经济、新型城镇化、乡村振兴和民族团结进步"协调有效性"的综合评价，促进四省藏区公共服务有效供给机制的健全和完善。第五，海西州、海北州、果洛州、阿坝州和甘南州，已初步在四省藏区形成南北 C 形分布的，公共服务与绿色经济高效协调发展的连片轴状集聚带，但是对周边地区的辐射带动作用还不明显；玉树州、黄南州和海南州处于公共服务与绿色经济初级协调的过渡发展阶段，协调效率相对较低；黄南州和海南州公共服务与绿色经济发展的协调效率还呈现下降趋势，面临系统失衡风险。第六，迪庆州公共服务与新型城镇化的协调效率明显高于周边自治州，但对周边自治州的辐射带动作用并未充分体现，尚未在四省藏区南部带动形成公共服务与新型城镇化高效协调发展的连片聚集区；海西州公共服务与新型城镇化的协调效率明显高于周边的海南州、果洛州和玉树州，与其毗邻自治州之间主要呈现出负向联系和相异特征，辐射带动作用不明显，未来可能和海北州在四省藏区北部形成公共服务与新型城镇化高效协调发展的连片聚集区；以果洛州为中心在四省藏区中部已初步形成公共服务与新型城镇化低效协调发展的聚集区；果洛州和甘孜州处于公共服务与新型城镇化勉强协调的过渡发展阶段，协调效率相对较低，玉树州还面临濒临失调的发展风险。第七，阿坝、迪庆、甘孜三州，近年来在四省藏区南部初步形成公共服务与乡村振兴高效协调发展的集聚区，但对毗邻的果洛、甘南、玉树等州的辐射带动作用还不明显；海西州在四省藏区北部保持高效协调状态，但对毗邻的海北、海南、果洛和玉树等州的辐射带动作用尚不明显；四省藏区中部则初步形成连片的低耦合协调度聚集区域；甘南州、黄南州、海南州和玉树州还处于公共服务与乡村振兴勉强协调的过渡发展阶段，协调效率相对较低，黄南州和海南州的协调效率还呈现下降趋势，有发展失调的风险。

最后，在以上调查研究基础上，基于应对现实问题及挑战，提升四省藏区公共服务供给有效性的思考，提出如下政策建议：一是"十四五"时期，针对四省藏区各自治州基本公共服务的不同方面，应探索分别采取政策延续或政策优化推动基本公共服务"规模—技术效率"双增效的不同发展模式，以专业技术人才的全面培养和引进为重点提升公共服务的技术进步指数，促进四省藏区公共服务供给能力的现代化。二是针对四省藏区城乡公共服务数字化鸿沟扩大的现实，提升乡村通信基础设施水平，探索"手机 APP＋乡村综合公共服务人员"的创新方式，增强乡村公共服务"技术有效性"和公共服务队伍力量，成为四省藏区乡村公共服务能力现代化和城乡基本公共服务均等化可以选择的现实路径。三是在推动四省藏区基本公共服务均等化的同时，应充分考量和注重不同区域公共服务的现实需求和供给优先序差异，探索采取"俱乐部产品"形式供给公共服务，以公共服务的时序选择推动公共服务有效供给，精准适应不同区域居民结构差异化、利益关系复杂化、组织方式社会化、行为规范和价值观公共化等带来的一系列公共服务需求的深刻变化。四是交通区位条件、要素集聚能力、经济社会发展水平和所处发展阶段的差异等，是决定四省藏区不同居住模式下公共服务需求和供给优先序差异的重要因素，应根据供给优先序探索四省藏区公共服务资源的空间优化配置路径，建立城镇教育、就业创业、医疗卫生等基本公共服务与常住人口挂钩机制，推动公共服务资源按常住人口规模配置，以减少公共服务供给效率的空间失配型漏损，增强公共服务的"治理有效性"，精准适应四省藏区传统村落"空心化"、县城周边自发移民队伍"扩大化"，定居游牧民生产和生活空间"分离化"等带来的一系列公共服务需求的深刻变化。五是应从道路交通基础设施互联互通，全域旅游向县域旅游协同发展转变，跨县（市）、跨自治州毗邻乡村（镇）公共服务协同供给等方面，探索四省藏区分区域分类指导的，公共服务与绿色经济、新型城镇化、乡村振兴以及民族团结进步多个发展系统间正向反馈和螺旋式上升的协调发展路径，增强公共服务协调效率"高高"集聚地区对周边地区的辐射带动作用，促进四省藏区公共服务与多系统"协调有效性"的提升。六是充分发挥甘南州、阿坝州和海北州公共服务与绿色经济良好协调发展的示范作用，建设甘南州和阿坝州为公共服务与绿色经济优质协调发展示范区，建设海北州为良好协调发展示范区，增强其对周边的辐射带动作用，扩大四省藏区中部公共服务与绿色经济高效协调发展连片轴状集聚带的范围；引导果洛州、海西州、甘孜州和迪庆州公共服务与绿色经济进入良好协调发展阶段，增强玉树州公共服务与绿色发展能力，促进协调效率提升，防范黄南州和海南州公共服务与绿色经济发展系统失衡风险。七是建设以迪庆州为公共服务与新型城镇化良好协调发展示范区，以迪庆州为极核在四省藏区南部形成公共服务与新型城镇化高效协调发展的连片聚集区域；海西州保持中度协调发展水平，与海北州共同形成四省藏区北部公共服务与新型城镇化高效协调发展的连片聚集区；引导甘南、甘孜、阿坝、海北、黄南、海南六个自治州公共服务与新型城镇化中度协调发展，引导果洛州进入初级协调发展阶段，扶持玉树州解决公共服务与新型城镇化发展濒临失调问题。八是提升迪庆州、阿坝州和甘孜州公共服务与乡村振兴的协调效率，增强其对毗邻自治州的辐射带动作用，在四省藏区南部形成一个公共服务与乡村振兴高效协调发展集聚区；充分发挥海西州的示范效应，增强其对毗邻自治州的辐射带动作用，在四省藏区北部形成一个高效协调发展集聚区；引导海北州公共服务与乡村振兴稳定在中度协调发展阶段，果洛州稳定在初级协调发展阶段，支持甘南州和玉树州进入初级协调发展阶段，防范海南州和黄南州公共服务与乡村振兴的协调效率继续下降，打破四省藏区中部公共服务与乡村振兴低效协调发展的连片聚集格局。九是从经济、政治、文化、社会和生态文明建设等多个方面，"五位一体"促进甘肃藏区甘南州公共服务与民族团结进步协调发展，从良好协调发展阶段进一步提升进入优质协调发展阶段。十是"十四五"时期，应科学引导四省藏区多元主体参与公共服务供给及评价，探索公共服务有效供给的多向实现路径，党建引领的公共服务"五治协同"治理方式，基本与藏区特色公共服务的互补供给模式，县域旅游协同发展助推公共服务增效，综合评价四省藏区城乡和区域基本公共服务均等化水平，公共服务供给的规模、技术、治理和协调有效性等。从多方面健全完善四省藏区公共服务的有效供给机制，以公共服务有效供给促进四省藏区绿色经济、乡村振兴、新型城镇化发展和民族团结进步，助力实现富民兴藏。

全书由卢阳春确立框架并统稿总撰，由各执笔人承担相应章节的研究和写作。第一章由吴凡、赵中匡执笔，第二章、第三章由卢阳春、刘敏执笔，第四章由卢阳春、石砥、刘敏、赵中匡执笔，第五章由卢阳春、程润华执笔，第六章、第七章由卢阳春、赵中匡执笔，第八章由赵中匡、刘敏、石砥执笔，第九章由卢阳春、吴凡执笔。本书中的部分成果已公开发表。实际上，先后有很多人参与了本书所涉及的研究工作，除执笔人外，主要有秦中春、陈东、陈文烈、何建兴、何明俊、吴琼、钱诚等。本书的出版得到经济管理出版社的大力支持，特此致谢！

目　录

图目录

表目录

第一章 绪论

本章首先阐述四省藏区公共服务有效供给问题的研究背景和研究意义，并从公共服务政策绩效的概念、内涵、价值取向和评价方法以及藏区公共服务供给主体效率和投入产出效率等多个方面，对国内外公共服务有效供给的前期研究成果进行知识图谱分析和相关文献综述。在此基础上，从城乡和区域基本公共服务均等化以及公共服务供给规模、技术、治理和协调效率等方面，阐释新时代赋予四省藏区公共服务有效供给的多重含义，构建新时代背景下四省藏区公共服务供给有效性的理论分析框架。再沿着四省藏区公共服务有效供给的"研究背景—理论框架—现实条件—多维绩效—挑战和需求—路径和机制"基本研究思路，对课题研究方法和技术路线进一步厘清。

第一节 研究背景及研究意义

决胜全面建成小康社会的"十三五"时期，虽然面临城乡和区域基本公共服务均等化的诸多挑战，国家精准扶贫战略改善四省藏区公共服务供给的现实条件依然取得巨大成效。四省藏区县域基础设施建设取得长足进步，产业结构逐步优化调整，县域经济凸显绿色发展特色。四省藏区公共服务有效供给进入区域协调绿色发展，新型城镇化和乡村振兴协同发展，以及民族团结进步等多重战略机遇叠加的后精准扶贫时期，同时也面对国家治理体系和治理能力现代化的重要挑战。在此背景下，研究四省藏区公共服务有效供给的现实条件和多维绩效，分析其面临的现实挑战和新需求，探索四省藏区公共服务有效供给的路径和机制，不仅是四省藏区公共服务供给体系和供给能力现代化的内在要求，更是促进四省藏区民生改善，实现富民兴藏面临的重大现实课题。

一、精准扶贫全面改善四省藏区公共服务供给的现实条件

四省藏区县域基础设施薄弱，农村贫困面大、整体贫困程度深，教育医疗等条件均较为落后，经济发展相对困难，社会事业进步缓慢，仅靠县域自身财政收入无法满足经济社会发展需要。为解决上述问题，长期以来，中央和地方对四省藏区给了大量政策倾斜和资金支持，投入巨大人力、物力和财力，在促进四省藏区经济社会发展进步的同时，也推动四省藏区公共服务水平提升。特别是在决胜全面建成小康社会的"十三五"时期，国家在十四个集中连片特困地区全面深入实施精准扶贫战略，对四省藏区基本公共教育、医疗卫生、社会保障、就业创业、社会服务、住房保障等社会民生相关方面的投入巨大，推动四省藏区县域公共服务的现实条件改善，取得了令世界瞩目的成就。

从 20 世纪 80 年代开始，大规模的扶贫开发行动，使我国农村贫困人口从 1978 年的

2.5 亿减少到 2014 年的 7017 万,贫困发生率从 33.1% 下降到了 7.2%①。2014 年 5 月,为贯彻落实《关于创新机制扎实推进农村扶贫开发工作的意见》(中办发〔2013〕25 号)中"关于建立精准扶贫工作机制"的精神②,国务院扶贫开发领导小组办公室等七个部委联合下发《建立精准扶贫工作机制实施方案》(国开办发〔2014〕30 号)③,对过去的扶贫开发政策进行符合我国国情的健全和完善,标志着我国的扶贫开发工作进入新的历史时期。从国家到省、市(州)、县(区)的多层级精准扶贫规划,以及配套的多个专项实施方案,从贫困地区的基础设施提升、社会事业进步和特色产业发展等多个方面,做出全面详细部署。以精准识别、精准帮扶、精准管理、精准考核为主要内容的贫困治理模式,近年来取得重要成效,为我国 2020 年全面建成小康社会做出重大贡献。

2014 年 5 月出台的《建立精准扶贫工作机制实施方案》(国开办发〔2014〕30 号),明确要求"各行业部门,要重点围绕落实 25 号文件④,组织实施好村级道路畅通、饮水安全、农村电力保障、危房改造、特色产业增收、乡村旅游扶贫、教育、卫生和计划生育、文化建设、贫困村信息化'十项重点工作'"⑤。其中,村级道路畅通、饮水安全、农村电力保障、危房改造、教育、卫生和计划生育、文化建设、贫困村信息化等,都是关系连片特困藏区民生改善的重要公共服务内容。随后于 2016 年 4 月由中共中央办公厅、国务院办公厅印发的《关于建立贫困退出机制的意见》(厅字〔2016〕16 号)⑥,对于贫困人口、贫困村和贫困县的退出标准和程序均提出了明确要求。根据上述文件精神,川甘青滇四省也对本地区精准扶贫退出标准因地制宜地提出了不同的考核办法。其中,对于公共服务主要方面,特别是基础设施、住房保障、义务教育和公共卫生服务等方面,均提出了明确的定量考核要求(见表 1 - 1 - 1),这些公共服务达标要求对于四省藏区同样适用。课题组在四省藏区入户访谈调研结果显示,公共服务主要通过社会保障直接兜底民生,基础设施类公共服务改善生产生活条件,生活类公共服务直接增进贫困群众福利,生产类公共服务有效提升贫困群众发展能力,教育和文化类公共服务阻断贫困代际传递,推动构建更良好的社会秩序等多种途径,全方位增进四省藏区贫困群众福利。

从上述扶贫开发政策发展脉络来看,"十二五"时期及前期大水漫灌式的公共服务投入,对于改善四省藏区公共服务供给的现实条件起到重要基础性作用。其后,"十三五"时期精准扶贫战略的深入实施,进一步提升四省藏区公共服务水平,对于促进四省藏区城乡和区域基本公共服务均等化起到了重要促进作用。

---

① 庄天慧,陈光燕,蓝红星. 精准扶贫主体行为逻辑与作用机制研究 [J]. 广西民族研究,2015 (6):138 – 146.

②④中共中央办公厅,国务院办公厅. 关于创新机制扎实推进农村扶贫开发工作的意见 (中办发〔2013〕25 号) [Z]. 2013 – 12 – 18.

③⑤国务院扶贫开发领导小组办公室. 关于印发《建立精准扶贫工作机制实施方案》的通知 (国开办发〔2014〕30 号) [Z]. 2014 – 05 – 12.

⑥ 中共中央办公厅,国务院办公厅. 关于建立贫困退出机制的意见 (厅字〔2016〕16 号) [Z]. 2016 – 04 – 29.

表 1 - 1 - 1　川甘青滇四省精准扶贫政策对公共服务供给的相关要求

国家	贫困人口退出。贫困人口退出以户为单位，主要衡量标准是该户年人均纯收入稳定超过国家扶贫标准且吃穿不愁，**义务教育、基本医疗、住房安全有保障**。贫困农牧民退出，由村"两委"组织民主评议后提出，经村"两委"和驻村工作队核实，拟退出贫困农牧民认可，在村内公示无异议后，公告退出，并在建档立卡贫困人口中销号
	贫困村退出。贫困村退出以贫困发生率为主要衡量标准，统筹考虑村内基础设施、**基本公共服务**、产业发展、集体经济收入等综合因素。原则上贫困村贫困发生率降至 2% 以下（西部地区降至 3% 以下），在乡（镇）内公示无异议后，公告退出
	贫困县退出。贫困县包括国家扶贫开发工作重点县和集中连片特困地区县。贫困县退出以贫困发生率为主要衡量标准。原则上贫困县贫困发生率降至 2% 以下（西部地区降至 3% 以下），由县级扶贫开发领导小组提出退出，市级扶贫开发领导小组初审，省级扶贫开发领导小组核查，确定退出名单后向社会公示征求意见。公示无异议的，由各省（自治区、直辖市）扶贫开发领导小组审定后向国务院扶贫开发领导小组报告
四川省	《四川省贫困县贫困村贫困农牧民退出实施方案》和《四川省市（州）、贫困县党委和政府脱贫攻坚工作年度考核办法》规定，贫困农牧民脱贫标准为"1 超 6 有"：年人均纯收入稳定超过国家扶贫标准且吃穿不愁，**有义务教育保障、有基本医疗保障、有住房安全保障、有安全饮用水、有生活用电、有广播电视**；贫困村退出标准为"1 低 5 有"：贫困发生率低于 3%、有集体经济收入、**有硬化路、有卫生室、有文化室、有通信网络**；贫困县退出标准为"1 低 3 有"：贫困发生率低于 3%、**乡乡有标准中心校、有达标卫生院、有便民服务中心**
甘肃省	2016 年出台的《甘肃省贫困退出验收办法》明确规定，贫困人口退出以户为单位，主要衡量标准为：户年人均纯收入稳定超过 3500 元且吃穿不愁，**义务教育、基本医疗、住房安全有保障**。对于贫困农牧民脱贫标准，《甘肃省贫困退出验收办法》把原来的 7 项指标调整增加为 11 项，贫困村指标由 13 项调整增加为 20 项，贫困县指标由 15 项调整修改为 7 项。将原指标百分制且 80 分达标全部改为否决指标，一项不达标都不能退出
青海省	贫困户退出标准：①贫困户年人均可支配收入达到或超过确定的年度人均可支配收入标准；②有安全住房；③义务教育阶段学生无因贫辍学；④参加城乡居民基本医疗保险；⑤参加新城乡居民养老保险；⑥有意愿的劳动力（含"两后生"）参加职业教育或技能培训
	贫困村退出标准：①贫困发生率低于 3%；②有村级集体经济或贫困村村级互助发展资金；③农区有通行政村的沥青（水泥）路，牧区有通行政村的沥青（水泥）或砂石路；④有安全饮用水；⑤有生产生活用电；⑥有标准化村卫生室和村级综合办公服务中心
	贫困县摘帽标准：①县级农牧民年人均可支配收入达到当年全省农牧民人均可支配收入的 70% 以上；②贫困发生率低于 3%；③九年义务教育巩固率达到 93% 以上；④城乡居民基本医疗保险参保率达到 98% 以上；⑤城乡居民基本养老保险参保率达到 95% 以上；⑥贫困村退出率达到 100%
云南省	贫困人口退出标准。贫困人口退出以户为单位。贫困户年人均纯收入稳定超过国家扶贫标准（按当年确定的标准），达到不愁吃、不愁穿。住房遮风避雨，保证正常使用安全和基本使用功能。义务教育阶段适龄儿童少年无因贫失学辍学。建档立卡贫困人口参加基本医疗保险、大病保险，符合条件的享受医疗救助。水量、水质、取水方便程度和供水保证率达到规定标准
	贫困村退出标准。贫困发生率低于 3%。建制村到乡（镇）或县城通硬化路，且危险路段有必要的安全防护设施。通动力电。广播电视信号覆盖率达到 99% 以上。网络宽带覆盖到村委会、学校和卫生室。有标准化卫生室。有公共服务和活动场所
	贫困县退出标准和程序。主要指标：综合贫困发生率低于 3%。参考指标：脱贫人口错退率低于 2%，贫困人口漏评率低于 2%，原则上群众认可度达到 90%。按照"省负总责"的要求，贫困县退出程序为：县级申请、州（市）审核、省级核查和实地评估检查、公示审定、批准退出。国家将按当年退出县 20% 的比例进行抽查。贫困户、贫困村退出程序保持不变

注：表中加粗字体表示与公共服务密切相关的达标要求。

资料来源：国务院扶贫办 . 贫困县退出专项评估检查实施办法（试行）（国开办发〔2017〕56 号）[Z]．2017 - 05 - 07；四川省人民政府办公厅 . 四川省贫困县贫困村贫困户退出实施方案 [Z]．2016 - 10 - 09；刘贵奇 . 甘肃省贫困户脱贫标准办法出台 [N]．中国改革报，2016 - 11 - 17（02）；中共青海省委办公厅，青海省人民政府办公厅 . 青海省贫困县退出专项评估检查暂行办法 [Z]．2017 - 05 - 21；云南省扶贫开发领导小组 . 云南省贫困退出标准和脱贫成果巩固要求指标说明（云开组〔2019〕9 号）[Z]．2019 - 12 - 13.

二、四省藏区公共服务有效供给进入多重战略机遇叠加期

（一）区域协调绿色发展的战略机遇

以生态文明为导向的绿色发展思想，自"十一五"时期就已经体现在我国国民经济与社会发展总体规划之中。党的十八届五中全会以来，创新、协调、绿色、开放、共享的新发展理念，成为"十三五"乃至更长时期我国发展思路、发展方向、发展着力点的集中体现①。绿色发展着重强调经济增长过程中的资源利用效率、环境承载能力，是一种环境包容式的经济增长模式，对经济增长方式提出了资源节约集约利用，人与自然和谐发展等要求，包括科学技术创新、价值观念转变、发展方式转变等②。2019 年 12 月，习近平总书记在《推动形成优势互补高质量发展的区域经济布局》③ 一文中明确指出，新形势下促进区域协调发展，总体的思路要"按照客观经济规律调整完善区域政策体系，发挥各地比较优势，促进各类要素合理流动和高效集聚，增强创新发展动力，加快构建高质量发展的动力系统，增强中心城市和城市群等经济发展优势区域的经济和人口承载能力，增强其他地区在保障粮食安全、生态安全、边疆安全等方面的功能，形成优势互补、高质量发展的区域经济布局"。对于川甘青滇连片特困藏区走绿色经济发展道路，在全国区域协调发展格局保障生态安全、边疆安全等的定位，也作出明确指示。

川甘青滇连片特困藏区大多处于中国大江大河上游，虽然自然资源丰富，但是平均海拔高，生态较为脆弱，多属于禁止开发和限制开发区域，限制开发区域中大部分为重点生态功能区。这类地区承担着国家的重要生态安全保护功能，自然资源适宜点状开发，人口适宜向中小城市集聚，适宜走绿色经济发展道路。因此，在中国推动形成优势互补、高质量协调发展的区域经济布局进程中，四省藏区应明确增强其在保障生态安全、边疆安全等方面的功能，坚定不移地走绿色经济发展道路。应积极引导偏远乡村人口往中心村和乡（镇）政府驻地集中居住，优化公共服务资源的空间配置，提高公共服务供给的规模效率，协同推进基本公共服务均等化和绿色经济发展。新时代区域协调和绿色发展战略，为四省藏区坚定不移地走绿色经济发展道路指明了方向，也为四省藏区公共服务与绿色经济协调高质量发展带来重要战略机遇。

（二）新型城镇化和乡村振兴协同发展的战略机遇

新型城镇化是社会主义现代化的必由之路，对中国建成富强民主文明和谐美丽的社会主义现代化强国意义重大。近年来，党中央、国务院对深入推进新型城镇化建设做出了一系列重大战略部署，中国的城镇化水平快速提升。2018 年末中国的常住人口城镇化率已达 59.58%，相比 2013 年末提高 5.85 个百分点（见表 1 - 1 - 2）。同时，川甘青滇四省连片特困藏区的常住人口城镇化率也普遍提升。2018 年末与 2013 年末相比，四省藏区中海南州和黄南州的常住人口城镇化率提升幅度排前两位，分别提高了 13.35 个和 11.90 个百分点；甘肃藏区的甘南州次之，提高了 8.64 个百分点；最低的青海藏区海西州，其城镇化

---

① 陈昕. 新发展理念的五大特征［N］. 人民日报（海外版），2017 - 11 - 29.

② 诸大建. 中国发展 3.0：生态文明下的绿色发展——深化中国生态文明研究的十个思考［J］. 当代经济，2011（6）：1 - 7.

③ 习近平. 推动形成优势互补高质量发展的区域经济布局［J］. 求是，2019（24）：1 - 12.

率也有 2.06 个百分点的提升（见表 1-1-2）。但是，四省藏区的城镇化水平相较全国而言仍然处于较低水平。截至 2018 年底，青海藏区六个自治州中，除海西州高于同期全国平均水平外，其余五个自治州的城镇化率均低于同期全国、全省平均水平，其中最高仅为42.89%，分别低于全国、全省 16.69 个、11.58 个百分点；四川藏区两个自治州的城镇化率均低于同期全国和全省平均水平，最高仅为 40.00%，分别低于同期全国、全省 19.58个、12.29 个百分点；云南藏区迪庆州的城镇化率分别低于同期全国、全省 23.83 个、12.06 个百分点；甘肃藏区甘南州的城镇化率分别低于同期全国、全省 23.58 个、11.69个百分点（见表 1-1-2）。当前，中国的城镇化正处于向"以人为本"的新型城镇化转型的关键时期，要求在城镇化进程中关注城乡基本公共服务均等化、城乡要素平等交换等问题。2019 年 4 月出台的《中共中央 国务院关于建立健全城乡融合发展体制机制和政策体系的意见》明确指出："改革开放特别是党的十八大以来，我国在统筹城乡发展、推进新型城镇化方面取得了显著进展，但城乡要素流动不顺畅、公共资源配置不合理等问题依然突出，影响城乡融合发展的体制机制障碍尚未根本消除。"① 这对于四省藏区发挥后发优势，探索公共服务与新型城镇化、乡村振兴协调发展，城乡公共服务资源合理配置，城乡要素平等交换，城乡产业结构优势互补，经济社会持续发展，民族团结进步的新型城镇化道路，提供了重要战略机遇。

表 1-1-2　2013 年和 2018 年全国及四省、四省藏区各自治州常住人口城镇化率　　　　单位:%

地区 年份	全国	青海 省	海北 州	海西 州	果洛 州	玉树 州	黄南 州	海南 州	四川 省	甘孜 州	阿坝 州	云南 省	迪庆 州	甘肃 省	甘南 州
2013	53.73	48.51	32.80	70.06	24.76	32.13	25.89	29.54	44.90	25.81	34.59	40.48	28.17	40.13	27.36
2018	59.58	54.47	39.78	72.12	27.88	36.65	37.79	42.89	52.29	31.66	40.00	47.81	35.75	47.69	36.00
增加值	5.85	5.96	6.98	2.06	3.12	4.52	11.90	13.35	7.39	5.85	5.41	7.33	7.58	7.56	8.64

资料来源：历年《四川统计年鉴》《甘肃统计年鉴》《青海统计年鉴》《云南统计年鉴》《中国统计年鉴》《中国县域统计年鉴》。

"十三五"时期，国家在十四个集中连片特殊困难地区深入实施精准扶贫战略，促进四省藏区乡村公共服务供给水平提升。为巩固精准扶贫战略的伟大成果，进一步推动实现我国农业和农村的现代化，党的十九大提出了新时代又一宏伟战略——乡村振兴战略。乡村振兴战略与精准扶贫战略一脉相承，不仅是精准扶贫战略的自我完善和转型升级，更是建立扶贫开发长效机制的题中应有之义。事实上，当前四省藏区城乡和区域二元结构问题仍然明显，偏远农牧区基础差且底子薄，自然灾害多发频发，乡村（镇）公共服务基础设施不足与利用不够并存，经济社会发展滞后等问题依然突出，相对而言乡村振兴面临更大挑战。乡村振兴战略"产业兴旺、生态宜居、乡风文明、治理有效、生活富裕"的二十字方针，要求连片特困藏区乡村公共服务对当地产业发展、生态宜居、乡风文明、治理有效、生活富裕等形成重要支撑。新时代、新要求，为调整优化四省藏区乡村公共服务供给

---

① 中华人民共和国中央人民政府. 中共中央 国务院关于建立健全城乡融合发展体制机制和政策体系的意见 [Z]. 2019-04-15.

目标、路径和模式指明了方向。乡村振兴战略规划的制定，以及随之而来的配套资金和项目支持，为进一步提升四省藏区乡村公共服务水平，促进城乡基本公共服务均等化提供重要战略机遇。

（三）民族团结进步的战略机遇

2019 年 9 月 27 日，习近平总书记在全国民族团结进步表彰大会上的讲话指出："我们要加快少数民族和民族地区发展，推进基本公共服务均等化，提高把'绿水青山'转变为'金山银山'的能力，让改革发展成果更多更公平惠及各族人民，不断增强各族人民的获得感、幸福感、安全感。要完善差别化的区域政策，优化转移支付和对口帮扶机制，实施好促进民族地区和人口较少民族发展、兴边富民行动等规划，谋划好'十四五'时期少数民族和民族地区发展，让各族人民共创美好未来、共享中华民族新的光荣和梦想。"① "铸牢中华民族共同体意识"成为新时代全党全国各族人民实现中国梦新征程上的共同意志和根本遵循②。在此背景下，探索构建四省藏区公共服务与民族团结进步的协调发展机制，对于促进四省藏区民族团结进步具有重要的理论及现实意义。推进四省藏区公共服务体系和能力现代化面临民族团结进步的重要战略机遇，需要在公共服务与民族团结进步协调发展方面有更大的担当和作为。

三、四省藏区公共服务有效供给面临治理现代化的挑战

中华人民共和国成立伊始，中国共产党就启动了基层治理的国家化进程，藏区社会就是在这一背景下开始纳入国家的制度体系，历经 20 世纪 50 年代中国共产党的不断实践，在藏传佛教宗教权力与旧制度世俗权力交织以及新秩序尚未巩固的场域中，最终完成了藏区基层治理的国家化③。随着工业化、信息化、城镇化和农业现代化四化同步推进，我国的经济水平、社会结构、利益格局等均发生了新的变化，相应地，四省藏区基层社会治理面临的形势也发生了新的变化。2019 年 10 月，党的十九届四中全会审议通过《中共中央关于坚持和完善中国特色社会主义制度、推进国家治理体系和治理能力现代化若干重大问题的决定》（以下简称《决定》），提出坚持和完善中国特色社会主义制度，推进国家治理体系和治理能力现代化总体要求和总体目标："到我们党成立一百年时，在各方面制度更加成熟更加定型上取得明显成效；到二〇三五年，各方面制度更加完善，基本实现国家治理体系和治理能力现代化；到新中国成立一百年时，全面实现国家治理体系和治理能力现代化，使中国特色社会主义制度更加巩固、优越性充分展现。"④《决定》对健全国家基本公共服务制度体系也提出了明确要求："必须健全幼有所育、学有所教、劳有所得、病有所医、老有所养、住有所居、弱有所扶等方面国家基本公共服务制度体系，尽力而为，量力而行，注重加强普惠性、基础性、兜底性民生建设，保障群众基本生活。创新公共服务

① 习近平. 在全国民族团结进步表彰大会上的讲话（2019 年 9 月 27 日）[N]. 光明日报，2019 – 09 – 28（01）.

② 人民日报记者. 中办国办印发《关于全面深入持久开展民族团结进步创建工作铸牢中华民族共同体意识的意见》[N]. 人民日报，2019 – 10 – 24（10）.

③ 倪国良，张世定. 新中国初期藏区基层治理的国家化——以青海为中心的考察 [J]. 西南民族大学学报（人文社会科学版），2018（1）：185 – 194.

④ 人民日报记者. 党的十九届四中全会审议通过《中共中央关于坚持和完善中国特色社会主义制度、推进国家治理体系和治理能力现代化若干重大问题的决定》[N]. 人民日报，2019 – 11 – 06（01）.

提供方式，鼓励支持社会力量兴办公益事业，满足人民多层次多样化需求，使改革发展成果更多更公平惠及全体人民。"① 国家治理体系和治理能力现代化，要求四省藏区公共服务供给体系和供给能力现代化，也为四省藏区公共服务有效供给的路径和机制创新指明方向。

虽然近年来精准扶贫战略有效改善四省藏区公共服务供给的现实条件，促进四省藏区公共服务水平明显提升。但是，当前四省藏区公共服务有效供给依然面临地广人稀特征明显，城乡和区域基本公共服务均等化难度大；保障和改善民生任务重，公共服务的县域保障压力大；生态保护任务重，公共服务与绿色经济协调发展挑战大；自然条件艰苦，县域公共服务专业技术人才稀缺等现实难题。而且，后精准扶贫时期，四省藏区公共服务有效供给还面临系列新的现实需求，亟待探索公共服务供给方式创新和时序调整、公共服务资源空间优化配置等新路径，促进公共服务与绿色经济、新型城镇化、乡村振兴和民族团结进步协调发展，健全完善公共服务的有效供给机制，促进公共服务有效供给。上述种种问题和挑战，需要在新时代国家治理体系和治理能力现代化的进程中，通过四省藏区公共服务供给体系和供给能力的现代化来一一应对和解决。

2020 年 3 月新出台的《中共中央　国务院关于构建更加完善的要素市场化配置体制机制的意见》明确指出："深化户籍制度改革……建立城镇教育、就业创业、医疗卫生等基本公共服务与常住人口挂钩机制，推动公共资源按常住人口规模配置。"② 进一步为四省藏区推进城乡基本公共服务均等化，应对近年来四省藏区传统村落"空心化"，县城周边自发移民队伍"扩大化"，定居游牧民生产和生活空间"分离化"，不同区位条件、居住模式、产业特色地区公共服务需求"差异化"等现实需求，指明了方向和道路。

四、新时代调查研究四省藏区公共服务有效供给问题的重要意义

川甘青滇四省连片特困藏区是 2012 年国家明确的新阶段集中连片扶贫攻坚十四大主战场之一，也是改善民生、促进社会公平正义、实现全面建设小康社会目标的重点和难点之一。四省藏区公共服务的有效供给问题，是一个关系到当地民生改善、绿色发展、城乡协调、民族团结、和谐稳定以及全面小康等多种利益关系的重要问题。在决胜全面建成小康社会的"十三五"时期，精准扶贫战略的深入实施，有效改善四省藏区公共服务供给的现实条件，四省藏区公共服务有效供给同时面临区域协调绿色发展、新型城镇化和乡村振兴协同发展，以及民族团结进步等多重战略机遇，但同时也面临国家治理体系和治理能力现代化的严峻挑战。

党的十八大提出"建设职能科学、结构优化、廉洁高效、人民满意的服务型政府"，党的十八届三中全会明确把服务型政府建设作为国家治理体系和治理能力现代化的重要组成部分③。党的十九届四中全会在此基础上进一步明确国家治理体系和能力现代化的总体

---

① 人民日报记者. 党的十九届四中全会审议通过《中共中央关于坚持和完善中国特色社会主义制度、推进国家治理体系和治理能力现代化若干重大问题的决定》[N]. 人民日报，2019 – 11 – 06（01）.

② 中共中央办公厅，国务院办公厅. 中共中央　国务院关于构建更加完善的要素市场化配置体制机制的意见[Z]. 2020 – 03 – 30.

③ 赵立波. 大部制改革：理性定位与战略设计[J]. 行政论坛，2013，20（3）：19 – 26.

要求，为新时代四省藏区公共服务供给体系和供给能力现代化指明方向。在国家治理体系和治理能力现代化的新时代背景下，四省藏区的经济社会结构正在发生深刻变化，新旧矛盾交织，成为各种惠民政策的交汇点、全面小康的攻坚点、民生改善的聚焦点、社会稳定的关键点，对公共服务供给体系和供给能力现代化提出更高要求。新时代国家治理体系和治理能力的现代化，赋予四省藏区公共服务有效供给更丰富的时代内涵，不仅包括城乡和区域基本公共服务均等化，还包括公共服务供给"规模有效性""技术有效性""治理有效性"和"协调有效性"等多层含义。当前，从宏观和微观视角，调查研究四省藏区公共服务供给的现实条件和多维绩效，及时总结四省藏区公共服务有效供给的基层创新经验，构建新时代四省藏区公共服务供给有效性的分析框架，在此基础上研究四省藏区公共服务有效供给面临的现实问题和新需求，提出四省藏区分区域分类指导的公共服务有效供给的路径和机制建议，对于推动四省藏区公共服务供给体系和供给能力现代化至关重要。其不仅对落实"依法治藏、富民兴藏、长期建藏、凝聚人心、夯实基础"治藏方略，进一步促进四省藏区民生改善、社会治理创新、跨越发展和长治久安具有重大理论及现实意义，对全国其他连片特困民族地区公共服务供给能力现代化也具有借鉴价值和启发意义。

第二节　相关研究文献综述

通过梳理与四省藏区公共服务有效供给相关的，公共服务政策领域的改革和发展成就可见，其符合我国基层社会治理发展实际的创新脉络清晰可见。自 2008 年 3 月出台《国务院机构改革方案（草案）》[①] 起，构建"服务型政府"不仅成为我国政府改革创新的重点领域之一，也成为国内学者研究的热点领域之一。2012 年 7 月出台的《国家基本公共服务体系"十二五"规划》明确指出，"建立健全基本公共服务体系，促进基本公共服务均等化……对于切实保障人民群众最关心、最直接、最现实的利益，对于加快经济发展方式转变、扩大内需特别是消费需求，都具有十分重要的意义"[②]。2017 年 3 月出台的《"十三五"推进基本公共服务均等化规划》进一步指出："'十二五'以来，我国已初步构建起覆盖全民的国家基本公共服务制度体系，各级各类基本公共服务设施不断完善，国家基本公共服务项目和标准得到全面落实，保障能力和群众满意度进一步提升。"[③] 2018 年 7 月出台的《关于建立健全基本公共服务标准体系的指导意见》强调，要以健全的基本公共服务标准体系促进各地区各部门基本公共服务质量水平有效衔接[④]。上述政策一脉相承，推动学术界围绕公共服务政策绩效展开相关研究，不仅促进我国公共服务政策绩效评价的价值取向趋于一致，也为四省藏区公共服务有效供给问题研究指明方向。

---

① 中国人大网．关于国务院机构改革方案的说明［EB/OL］．http：//www. npc. gov. cn/wxzl/gongbao/2008 - 06/16/content_ 1475434. htm，2008 - 03 - 11.

② 国务院办公厅．关于印发国家基本公共服务体系"十二五"规划的通知（国发〔2012〕29 号）［Z］．2012 - 07 - 11.

③ 国务院办公厅．关于印发"十三五"推进基本公共服务均等化规划的通知（国发〔2017〕9 号）［Z］．2017 - 01 - 23.

④ 中共中央办公厅，国务院办公厅．关于建立健全基本公共服务标准体系的指导意见［Z］．2018 - 12 - 12.

一、公共服务绩效研究文献的知识图谱分析

为更清晰地呈现我国公共服务政策绩效研究的变化趋势及发展脉络，追踪研究前沿动态，在此基础上选择和把握新时代四省藏区公共服务有效供给问题的研究方法和理论指引，课题组运用 CiteSpace 5.5 可视化分析工具绘制公共服务政策绩效研究的知识图谱，并对公共服务政策绩效相关研究文献进行综述。为保证数据的权威性和准确性，通过中国知网（简称 CNKI）数据库获取公共服务政策绩效相关研究文献。文献来源类别主要为 CSS-CI 期刊，文献发表时间不限，以"公共服务""绩效"为主题词进行检索，共得到知识图谱分析对象文献 1076 篇，检索时间截至 2019 年 10 月 24 日。通过阅读摘要和主题，剔除报道、通知、会议摘要等非学术文献及其他相关度不高的文献，最终筛选出与主题相关的有效研究文献 1070 篇作为样本数据。

为较全面地了解该领域相关研究所处的阶段及其发展趋势，首先对公共服务政策绩效相关研究发文量的时间分布进行时间序列统计分析。统计结果显示，早在 1999 年，一些地方政府就已经开始了建设"服务型政府"的实践探索，也有学者开始对西方国家突破"公共悖论"[①] 的制度安排做研究和讨论。虽然国际行政院校联合会 2000 年年会关于行政效率的讨论，荟萃了当时国内外诸多专家对于公共服务政策绩效问题的诸多真知灼见，随后一些学者开始运用西方的"服务行政理论"来研究国内的公共服务现实问题，探讨 20世纪 70 年代末和 80 年代初兴起于西方一些国家的新公共管理模式对我国绩效审计的启示，探索适合中国国情的公共支出绩效测度指标体系和公共部门绩效评估模式，并提出用"以满足人民需求为中心"的公共服务模式来代替"以政府为中心"的公共管理模式[②]，构建包括绩效目标系统、绩效比较系统、绩效测定系统和绩效反馈系统的政府绩效评估系统等一系列改革思路，为后续该领域研究者提供了重要启示（见表 1 - 2 - 1）。但从 1999年至 2019 年该领域的相关研究论文发表数量及变化趋势来看，该时期整体研究热度还是相对较低，国内关于公共服务政策绩效的相关研究处于"萌芽"状态（见图 1 - 2 - 1）。2006 年 10 月出台的《中共中央关于构建社会主义和谐社会若干重大问题的决定》，提出把建设"服务型政府"作为我国政府机构改革的重要任务之一。此后，我国推进政府职能转变，强化政府公共服务职能的多项政策相继出台，公共服务政策绩效相关研究的发文量迅速上升[③]，直至"十二五"时期达到高峰[④]，并持续到决胜全面建成小康社会的"十三五"时期（见图 1 - 2 - 1）。国内学者在借鉴西方经济学关于公共产品绩效的研究成果基础上，从多方面研究如何推动我国基本公共服务的均等化、普惠化和便捷化，提高其保障和改善民生水平的能力，以满足我国人民日益增长的美好生活需要，并就公共服务促进社会公平正义，提高公共服务政策绩效等提出多样化的政策建议。

---

① "公共悖论"意指普遍存在于世界各国的，履行公共管理职能和提供公共服务的公共部门其实践与理论和群众对其期望之间的差距问题。

② 何颖. 中国政府机构改革 30 年回顾与反思 [J]. 中国行政管理, 2008 (12): 18 - 24.

③ 程文浩, 卢大鹏. 中国财政供养的规模及影响变量——基于十年机构改革的经验 [J]. 中国社会科学, 2010 (2): 8 - 17.

④ 周志忍, 徐艳晴. 基于变革管理视角对三十年来机构改革的审视 [J]. 中国社会科学, 2014 (7): 11 - 20.

表1-2-1 公共服务绩效研究前20位的最高被引文献

序号	作者	标题	被引次数（次）	卷/期	期刊名
1	蔡立辉	西方国家政府绩效评估的理念及其启示	1080	2003/02	清华大学学报（哲学社会科学版）
2	蔡立辉	政府绩效评估的理念与方法分析	961	2002/09	中国人民大学学报
3	渠敬东	项目制：一种新的国家治理体制	817	2012/05	中国社会科学
4	中国行政管理学会联合课题组	关于政府机关工作效率标准的研究报告	591	2003/03	中国行政管理
5	沈坤荣、付文林	税收竞争、地区博弈及其增长绩效	529	2006/06	经济研究
6	卓越	公共部门绩效评估初探	476	2004/02	中国行政管理
7	蔡立辉	政府绩效评估：现状与发展前景	379	2007/09	中山大学学报（社会科学版）
8	臧乃康	政府绩效评估及其系统分析	269	2004/03	江苏社会科学
9	包国宪、王学军	以公共价值为基础的政府绩效治理——源起、架构与研究问题	268	2012/04	公共管理学报
10	高小平、盛明科、刘杰	中国绩效管理的实践与理论	264	2011/11	中国社会科学
11	丛树海、周炜、于宁	公共支出绩效测度指标体系的构建	262	2005/03	财贸经济
12	王才兴	构建完善的体育公共服务体系	261	2008/03	体育科研
13	陈昌盛、蔡跃洲	中国政府公共服务：基本价值取向与综合绩效评估	215	2007/06	财政研究
14	吕炜、王伟同	我国基本公共服务提供均等化问题研究——基于公共需求与政府能力视角的分析	196	2008/05	财政研究
15	包国宪、刘红芹	政府购买居家养老服务的绩效评价研究	190	2012/03	广东社会科学
16	彭国甫	中国政府绩效评估研究的现状及展望	184	2006/11	中国行政管理
17	李燕凌、曾福生	乡村公共品供给农民满意度及其影响因素分析	182	2008/08	数量经济技术经济研究
18	戚振东、吴清华	政府绩效审计：国际演进及启示	179	2008/02	会计研究
19	雷达	新公共管理对绩效审计的影响及对我国绩效审计发展的启示	179	2004/04	审计研究
20	唐铁汉	加强政府绩效管理 深化行政管理体制改革	177	2006/03	中国行政管理

资料来源：中国知网（CNKI）数据库。

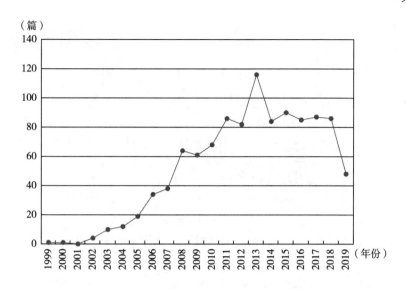

图 1 - 2 - 1　公共服务绩效相关研究论文发表数量及变化趋势

资料来源：同表 1 - 2 - 1。

为进一步分析关于公共服务绩效研究文献的关键词知识图谱，采用 CiteSpace5.5 软件对相关文献题录的高频关键词进行共现分析（见图 1 - 2 - 2）。通过分析排名前二十的关键词，发现前期对于公共服务绩效的研究热点关键词大致可以分为三类。第一类与公共服务绩效评估密切相关，比如"绩效评估"（频数 130）、"绩效评价"（频数 70）、"政府绩效"（频数 54）、"政府绩效评估"（频数 53）、"绩效"（频数 41）、"绩效管理"（频数 32）、"指标体系"（频数 25）、"政府绩效管理"（频数 22）等，这类关键词大都指向公共服务数量和质量的评价问题，在知识图谱（见图 1 - 2 - 2）中节点较大，均具有较高的中心性（分别为 0.44、0.30、0.23、0.19、0.18、0.18、0.16、0.12），并且分别与多个关键词建立了共现关系。第二类与公共服务有效供给的改革方向密切相关，比如"服务型政府"（频数 44）、"公共价值"（频数 20）、"政府购买"（频数 19）、"电子政务"（频数 17）与"公共服务动机"（频数 14）等，这类关键词大都指向公共服务绩效提升的路径和方向等，在知识图谱（见图 1 - 2 - 2）中节点也比较大，其中"服务型政府"和"公共价值"具有较高的中心性（分别为 0.12 与 0.13），而"政府购买""电子政务""公共服务动机"的中心性相对较低（分别为 0.04、0.01 与 0.05），与我国在政府购买公共服务以及建设数字政府方面的实践和研究起步较晚有密切关系。第三类与公共服务的供给主体和绩效评价对象密切相关，比如"地方政府"（频数 27）、"公共部门"（频数 23）、"基本公共服务"（频数 26）、"公共图书馆"（频数 22）、"公共文化服务"（频数 19）、"公共体育服务"（频数 17）等，其中"基本公共服务"和"公共文化服务"具有相对较高的中心性（分别为 0.11 和 0.11），而"地方政府""公共部门""公共图书馆""公共体育服务"的中心性相对较低（分别为 0.09、0.1、0.03 和 0.01）。围绕上述这些关键词的相关研究热度较高，形成既有公共服务绩效相关研究的核心主题。

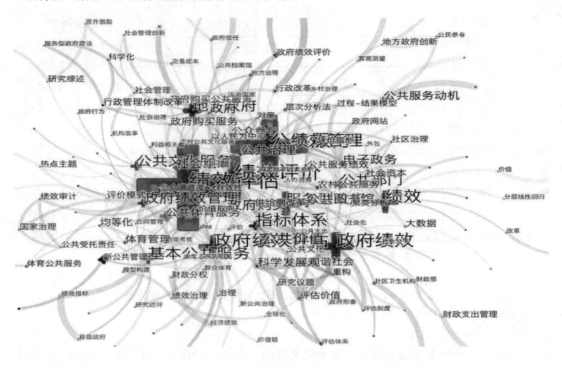

图 1 - 2 - 2　公共服务绩效研究成果的关键词知识图谱

资料来源：同表 1 - 2 - 1。

表 1 - 2 - 2　公共服务绩效研究成果的关键词和中心性统计数据

序号	年份	关键词	频数（中心性）	序号	年份	关键词	频数（中心性）
1	2004	绩效评估	139 (0.44)	11	2005	指标体系	25 (0.16)
2	2006	公共服务	110 (0.27)	12	2004	公共部门	23 (0.10)
3	2005	绩效评价	70 (0.30)	13	2006	政府绩效管理	22 (0.12)
4	2004	政府绩效	54 (0.23)	14	2010	公共图书馆	22 (0.03)
5	2003	政府绩效评估	53 (0.19)	15	2012	公共价值	20 (0.13)
6	2005	服务型政府	44 (0.12)	16	2013	公共文化服务	19 (0.11)
7	2006	绩效	41 (0.18)	17	2013	政府购买	19 (0.04)
8	2004	绩效管理	32 (0.18)	18	2015	公共体育服务	17 (0.01)
9	2007	地方政府	27 (0.09)	19	2008	电子政务	17 (0.01)
10	2007	基本公共服务	26 (0.11)	20	2012	公共服务动机	14 (0.05)

资料来源：同表 1 - 2 - 1。

为进一步体现公共服务绩效的研究热点变化趋势，对公共服务绩效相关研究文献进行关键词生命周期的突现词检测（见图 1 - 2 - 3）。CiteSpace 5.5 软件在 1070 篇样本文献中共检测出 15 个突现词，其中在 2004～2010 年，"政府绩效评价""科学发展观""和谐社会"的 Burst 强度相对较低；"新公共管理""地方政府""指标体系"均具有相对较高的 Burst 强度。究其原因，主要在于该时期我国政府绩效评价的实践和研究成熟度均相对较低，学者们研究的热点还主要在于借鉴西方的新公共管理政策以及政府绩效评价的指标体系方面，而在科学发展观指引下以和谐社会构建为导向的"政府绩效评价"研究成为该时期的研究前沿。2012～2019年，"公共服务""服务型政府""电子政务""政府购买"的Burst强度相对较低；"公共服务动机""公共体育服务""公共文化服务""公共图书馆"均具有相对较高的Burst强度，表明该阶段后者具有较高的研究关注度，研究者开始针对某一类公共服务进行更为细化的针对性研究，而对政府购买公共服务、开展电子政务服务、构建服务型政府的公共服务改革探索研究相对更为前沿。"公共价值""公共服务动机""公共体育服务""公共图书馆"等关键词突现的时间相对较晚，也是当前国内公共服务绩效研究较为前沿的热点主题。

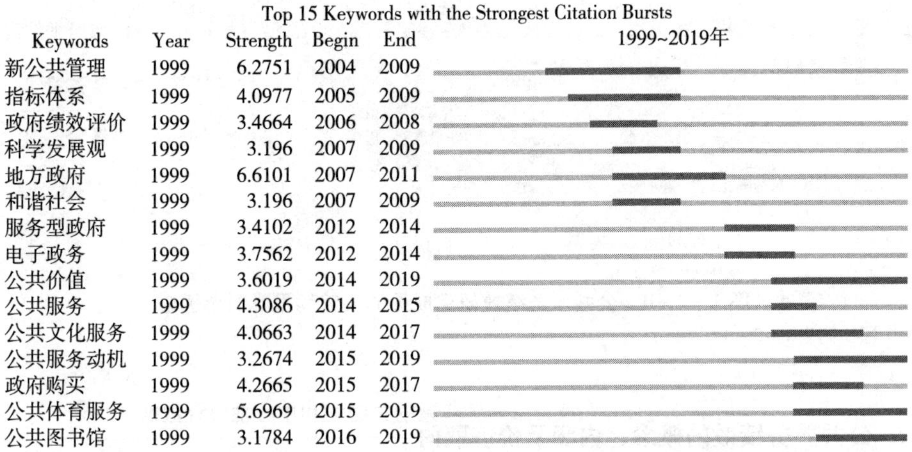

Top 15 Keywords with the Strongest Citation Bursts

Keywords	Year	Strength	Begin	End	1999~2019年
新公共管理	1999	6.2751	2004	2009	
指标体系	1999	4.0977	2005	2009	
政府绩效评价	1999	3.4664	2006	2008	
科学发展观	1999	3.196	2007	2009	
地方政府	1999	6.6101	2007	2011	
和谐社会	1999	3.196	2007	2009	
服务型政府	1999	3.4102	2012	2014	
电子政务	1999	3.7562	2012	2014	
公共价值	1999	3.6019	2014	2019	
公共服务	1999	4.3086	2014	2015	
公共文化服务	1999	4.0663	2014	2017	
公共服务动机	1999	3.2674	2015	2019	
政府购买	1999	4.2665	2015	2017	
公共体育服务	1999	5.6969	2015	2019	
公共图书馆	1999	3.1784	2016	2019	

图1-2-3 公共服务绩效研究成果的突现词知识图谱

资料来源：同表1-2-1。

为更清晰地反映该领域研究热点的移动态势和当前的研究前沿，进一步生成关键词时序图谱（见图1-2-4）。通过"LLR"聚类算法聚类后得到10个公共服务绩效关键词聚类主题，分别是"基本公共服务""政府绩效""绩效""公共服务动机""政府购买公共服务""政府绩效管理""政府绩效评价""体育管理""地方治理""交易成本"。分析每一个聚类主题可以发现，除"交易成本""地方治理""体育管理"外，其余聚类主题的存续期间都出现了多个高频关键词，构成丰富的研究内容和知识体系，相关研究吸引了较多学者的关注，且不断有新的进展和方向，具有较为持久的生命活力。比如关键词聚类热度排在前两位的"基本公共服务"和"政府绩效"，在2002～2010年先后出现了"绩效评估""指标体系""公共服务型政府""均等化""和谐社会""评估体系""评估制度"等多个高频词，在2010～2019年先后出现了"绩效指标""公共利益""价值取向""比较研究""合同管理""社会组织""政府购买""均衡发展""财政支出管理""绩效预算""绩效管理""社会公平""信息服务""公共责任"等更为丰富的高频词，分别代表了不同时期围绕"基本公共服务"和"政府绩效"两个聚类主题的多维研究方向和研究重点。

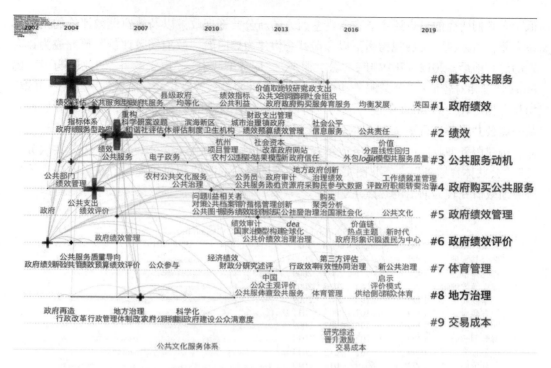

图 1 - 2 - 4　公共服务绩效研究成果的关键词聚类时序图谱

资料来源：同表 1 - 2 - 1。

二、公共服务绩效的概念、内涵及价值取向

关于"绩效"的概念，不同学者对其有着自己独到的见解。一些学者根据"行为"来定义绩效，比如墨菲（Murphy，1991）、坎贝尔（Campbell，1990）、鲍曼和摩托威德罗（Borman & Motowidlo，1993）等，他们认为绩效是人们实际做的、与组织目标有关的，并且可以观察到的行动或行为，是具有可评价要素的行为，这些行为完全能由个体自身控制，且对个人或组织效率具有积极或者消极作用。另有一些学者则更倾向于以"结果"来定义绩效，比如 A. 普雷姆詹德（A. Premchand，1989）、伯娜丁和比蒂（Bernadin & Beatty，1995）等，他们认为绩效包含了效率、产品、服务质量和数量、机构所做的贡献和质量等，包含了节约、效益和效率等①。国内一些学者从管理学的角度定义绩效，也认为绩效是个人、组织、系统或项目在履行特定职能、实现特定目标和任务方面的综合表现，是组织为实现其目标而展现在不同层面上的有效输出，包含了成绩（工作或学习的收获）与成效（功效或效果）（唐成立、唐立慧、王笛，2010②；等等）。但也有学者认为绩效是关于未来发展潜能素质的综合体现，是行为和结果的统一，是组织在特定环境下，围绕某种目标所展现出来的具有一定线性逻辑的行为和结果，既包括实施一项活动所投入资源与获

---

① Richard S. Williams. Performance Management ［M］. London：International Thomson Business Press，1998：93，173.

② 唐立成，唐立慧，王笛. 我国公共体育场馆服务管理绩效评估模式与对策研究 ［J］. 北京体育大学学报，2010，33（1）：24 - 27.

得效果的对比关系，即效率（产出与投入的比率量）和效能（实际成果与预计成果直接的对比）的总和，还包括投入资源的合理性和结果的有效性，其不仅是对结果的衡量，还包括对过程的衡量，甚至包括对提供方主观努力程度和接受方满足程度的衡量等（陆庆平，2003①；黄萍、黄万华，2003②；朱志刚，2003③；梁俊娇，2007④；罗哲、张宇豪，2016⑤；等等）。在此基础上，学者们较为普遍倾向把政府公共服务绩效定义为：政府在一定时期内行使其功能、实现其意志过程中所体现出的管理能力，以及对国民经济和社会事务进行宏观规划、引导和管理所取得的效果和效益，集中表现在行政管理、经济发展、社会稳定、教育科技、生活质量和生态环境等方面的绩效，也即公共部门在积极履行公共责任的过程中，在讲求内部管理与外部效应、数量与质量、经济因素与政治伦理因素、刚性规范与柔性机制相统一的基础上，获得的公共产出最大化（颜如春，2003⑥；卓越，2004⑦；范柏乃，2005⑧；等等）。

关于公共服务绩效的内涵，在以效率为目标时学术界主要以三"E"（经济（Economy）、效率（Efficiency）、效能（Effectiveness））为中心，根据公共部门的性质以及公共部门工作内容特点阐释公共服务绩效的内涵。在此基础上，张定安、谭功荣（2004）等将公共服务绩效的内涵扩展为包括公平（Equity）的四"E"，卓越（2004）、胡宁生（2006）等增加了适合群众需求的回应性等内容，将其进一步拓展为"3E+2"。随着管理理论的逐步发展成熟，通过对比中国和西方国家公共服务的绩效管理模式，学者们逐渐发现，西方国家的公共服务绩效管理更强调对政府组织和公共项目理性预算的经济性、过程产出的效率性和结果责任实现的效益性的评价，本质上侧重各公共部门职责范围内事情的高效完成，其绩效管理属于过程和结果并重的模式；中国的公共服务绩效管理更强调对政府在履行管理职能、行使公共权力、完成工作目标过程中的效益和效果进行全面评估，更侧重政府部门和公职人员行为的积极性和创造性的发挥。综合国内外相关研究成果来看，公共服务绩效的内涵涉及效益、效率和效果等，涵盖行为过程（公共服务的投入是否满足经济性要求，过程是否合规和合理等）和行为结果（公共服务的产出与投入相比是否有效率，公共部门的行为结果与预期目标的匹配情况以及产生的中长期影响）等，包括成本、速度、质量、效率、公平、民主性、责任心和回应性等多元目标（高小平、盛明科、刘杰，2011⑨；等等）。

20世纪70年代，西方国家倡导的市场经济与民主社会所需要的服务型行政模式还尚未形成，公共管理的主体与社会群众的地位明显不对等，公共管理忽视群众需求和群众参与公共服务的积极作用等，针对这些现实问题，西方国家兴起了"新公共管理运动"，推

① 陆庆平. 公共财政支出的绩效管理 [J]. 财政研究, 2003 (4): 18-20.
② 黄萍, 黄万华. 公共行政支出绩效管理分析 [J]. 红旗文稿, 2003 (22): 18-20.
③ 朱志刚. 公共支出绩效评价研究 [M]. 北京: 中国财政经济出版社, 2003.
④ 梁俊娇. 政府公共支出绩效低下的成因分析 [J]. 中央财经大学学报, 2007 (5): 12-15.
⑤ 罗哲, 张宇豪. 基本公共教育服务均等化绩效评估理论框架研究——基于平衡计分卡 [J]. 四川大学学报（哲学社会科学版）, 2016 (2): 132-138.
⑥ 颜如春. 关于建立我国政府绩效评估体系的思考 [J]. 行政论坛, 2003 (5): 17-19.
⑦ 卓越. 公共部门绩效评估初探 [J]. 中国行政管理, 2004 (2): 71-76.
⑧ 范柏乃. 政府绩效评估理论与实务 [M]. 北京: 人民出版社, 2005.
⑨ 高小平, 盛明科, 刘杰. 中国绩效管理的实践与理论 [J]. 中国社会科学, 2011 (6): 4-14.

动政府职能由社会管制向社会服务转变,对于我国政府职能转变及公共服务绩效的价值取向带来一定启示。改革开放以来,国内学者对政府管理和公共服务的概论性、原则性、借鉴性的研究偏多,对于公共服务有效供给的理论指导明显滞后于政府职能转变的实践。为适应经济体制改革和社会事业发展的现实需要,我国行政管理体制通过变革观念、转变职能、调整组织机构等多种方式进行了持续性改革。党的十四大明确提出建立社会主义市场经济体制的改革目标,要求加速推进与其相适应的政府职能转变,服务型政府建设进入发展阶段。党的十五大明确提出,"建立办事高效、运转协调、行为规范的行政管理体系,提高为人民服务水平"①,强调在优化政府运行过程与机制的基础上,进一步明确政府为人民服务的价值导向。党的十六大进一步提出,"完善政府的经济调节、市场监管、社会管理和公共服务的职能"。② 党的十六届六中全会审议通过《中共中央关于构建社会主义和谐社会若干重大问题的决定》,明确把"基本公共服务体系更加完善,政府管理和服务水平有较大提高"作为构建社会主义和谐社会的目标之一③。党的十八大提出"建设职能科学、结构优化、廉洁高效、人民满意的服务型政府",党的十八届三中全会明确把服务型政府建设作为国家治理体系和治理能力现代化的重要组成部分④。党的十九届四中全会在此基础上进一步明确国家治理体系和能力现代化的总体要求。这一系列的改革创新和实践探索,推动我国逐步由传统的管理型行政向服务型行政转变,而公共服务绩效的价值取向也随之逐步转变。

政府公共服务绩效的价值取向是指以一定的价值观念去衡量、评价政府体制的优劣,政府组织和政府行为的效率高低、效果好坏等,是政府行政体制改革和职能转变的主要动力和基本内容之一,与政府的功能定位密切相关(林琼、凌文辁,2002⑤;等等)。由于"政府的功能是随着时代的演进而不断变化的,时代决定了政府该做什么和不该做什么,因而界定政府职能不能只用一把不变的尺子"。⑥ 因此,政府公共服务发展的历史就是不断"重塑"政府公共服务绩效价值取向的历史。当代政府公共管理对公开、公平、公正参与的强调,使效率、秩序、社会公平等成为政府公共服务绩效的基本价值取向。这些价值取向在绩效评估过程中具体通过管理效率、管理能力、公共责任、群众的满意程度等价值判断来体现⑦。1998 年我国政府明确提出加强宏观调控、社会管理和公共服务职能,加快由传统的管理型行政向以满足群众需要为政府绩效根本价值取向的服务型行政转变的改革方向。随着全面贯彻党的群众路线的服务型政府建设实践不断深入,我国公共服务绩效的价值取向拓展为以不断提高公共服务质量,实现"公共价值"(公共服务的提供对于群众所能获得的全部收益与提供公共服务所付出的全部成本之间的主观权衡)最大化为主,以廉洁、高效、公正作为政府绩效的价值追求,从全能政府转向效能政府,片面发展向全

①② 任勇. 服务型政府建设在改革开放中深入推进 [N]. 人民日报, 2018 - 09 - 09 (05).

③ 中共中央办公厅. 中共中央关于构建社会主义和谐社会若干重大问题的决定 [Z]. 2006 - 10 - 18.

④ 赵立波. 大部制改革: 理性定位与战略设计 [J]. 行政论坛, 2013, 20 (3): 19 - 26.

⑤ 林琼, 凌文辁. 试论社会转型期政府绩效的价值选择 [J]. 学术研究, 2002 (3): 87 - 91.

⑥ 窦晓飞. 我国政府职能转变下的政府审计职责重构 [J]. 学术交流, 2009 (7): 87 - 89.

⑦ 蔡立辉. 政府绩效评估的理念与方法分析 [J]. 中国人民大学学报, 2002 (5): 93 - 100.

面、协调、可持续发展转变（蔡立辉，2002①；臧乃康，2004②；尤建新、王波，2005③；包国宪、孙加献，2006④；盛明科，2008；彭向刚，2008；等等）。随着中国特色社会主义制度的发展完善，我国"坚持以人民为中心的发展思想，不断保障和改善民生、增进人民福祉，走共同富裕道路的显著优势"⑤ 逐步体现，决定了新时代我国服务型政府的公共服务绩效价值取向应以社会主义核心价值观为引领，凸显人的全面发展。上述内容逐渐成为公共服务绩效评估的主题，群众的满足程度日益成为各级政府公共服务绩效评估的重要标准，群众的主体作用在公共服务绩效评估中占据越来越重要的地位，并由此自然派生出公开、公平、效率、责任等服务型政府绩效评估不可缺少的价值坐标，以及服务效能、科学发展、公平正义、公民满意、群众参与和公共责任等价值取向（李少惠、余君萍，2009⑥；廖晓明、孙莉，2010⑦；陈家浩，2011⑧；包国宪、王学军，2012⑨；彭向刚、程波辉，2012；姜晓萍、郭金云，2013；许淑萍，2013；等等）。

三、公共服务绩效的综合、分类评价及启示

随着我国社会主义市场经济的发展和社会的全面进步，围绕服务型政府立党为公、执政为民战略目标的公共服务管理研究逐渐引起学者的广泛持续关注，而作为政府公共服务管理重要组成部分的公共服务绩效评价成为学术界研究热点。科学的公共服务绩效评价能够促进政府公共服务效率的提高，政府部门责任意识的增强，公共服务支出信息透明度的提高，群众监督的加强从而推进社会的进步……（李永友，2005⑩）。关于公共服务绩效评价指标体系的构建和使用，学者较普遍认为，虽然公共服务绩效的概念界定在实践中比较困难，公共服务绩效评估的主体对象和质量标准等也难以明晰界定，但是可以在指标选择的相关性、动态性、可比性、重要性、适当性、有效性和系统性等原则指导下，以"人民为中心的发展思想"来统领，统筹配合使用初始指标（投入类、过程类指标）和终极指标（效益类、效率类、增速类指标）；公共服务质量的过程维度评估指标与结果维度评估指标；共性指标与个性指标，从经济发展、社会进步、城乡和区域均等化、资源和环境可持续及行政效果等多个维度，构建包括投入产出、运作过程、目标考核等在内的多种指标体系，选择以民众诉求和意愿为导向的多种评价方式，优化政府公共预算绩效评价流程，避免公共服务绩效评价存在的价值定位迷失、评价主体缺失、评价对象分散、评价维

① 蔡立辉. 论公共管理的特征与方法［J］. 武汉大学学报（哲学社会科学版），2002（4）：432-439.
② 臧乃康. 政府绩效评估及其系统分析［J］. 江苏社会科学，2004（2）：141-147.
③ 尤建新，王波. 基于群众价值的地方政府绩效评估模式［J］. 中国行政管理，2005（12）：41-44.
④ 包国宪，孙加献. 政府绩效评价中的"顾客导向"探析［J］. 中国行政管理，2006（1）：29-32.
⑤ 人民日报评论部. 坚持以人民为中心的发展思想——让我们的制度更加成熟更加定型［N］. 人民日报，2019-11-20（05）.
⑥ 李少惠，余君萍. 公共治理视野下我国乡村公共文化服务绩效评估研究［J］. 图书与情报，2009（6）：51-54.
⑦ 廖晓明，孙莉. 论我国地方政府绩效评估中的价值取向［J］. 中国行政管理，2010（4）：27-31.
⑧ 陈家浩. 中国政府绩效评估研究的新进展——发展语境、理论演进与问题意识［J］. 社会科学，2011（5）：40-47.
⑨ 包国宪，王学军. 以公共价值为基础的政府绩效治理——源起、架构与研究问题［J］. 公共管理学报，2012，9（2）：89-97.
⑩ 李永友. 解析与构建公共支出绩效测度指标体系［J］. 当代财经，2005（1）：25-29.

度单一、评价方式僵化、结果使用虚化等问题，最终实现对公共服务财政投入绩效的综合评价和科学使用（丛树海、周炜、于宁，2005①；尤建新、王波，2005②；崔述强、王红等，2006；茆英娥，2005；吕炜，2007；徐建中、夏杰等，2013；耿永志，2016；姜文芹，2018；等等）。

学术界对不同时期不同区域的公共服务财政投入综合绩效进行评价，使用过多种绩效评价方法，比如模糊层次分析法（Analytic Hierarchy Process，AHP）、数据包络分析法（Data Envelopment Analysis，DEA）、因子分析法（Factor Analysis，FA）、赫克曼（Heckman）评估方法等（王新民、南锐，2011；吴乐珍，2012；刘丁蓉，2013；宁靓、赵立波，2017；等等），积累了丰富的研究成果。比如，公共服务绩效评价的过程大致包括：阐明绩效评价的要求与任务，确定评价目标和可以量化的指标，制定评价计划并建立各种评价标准，选择评价对象并设计问卷，比较绩效评价结果与目标，分析与报告绩效评价结果，运用绩效评价结果来改善公共预算、部门合作、公共政策和公共服务等；我国基本公共服务综合绩效的地区差异较大，东部优于中西部，经济发达省份优于不发达省份，城乡基本公共服务绩效差异显著；应结合我国国情自主创新公共服务绩效评价体系，引导培育社会力量规范参与公共服务绩效评价，推动公共服务绩效评价体系构建与政府管理改革的双向互动，与电子政务协同发展，建立起中国特色社会主义的法治化、科学化和制度化的公共服务绩效评价和管理体系（林琼、凌文辁等，2002；张定安、谭功荣等，2004；臧乃康，2004；尤建新、王波等，2005；唐铁汉，2006；陈昌盛、蔡跃洲等，2007③；茆英娥，2007；管新帅、王思文，2009；吴乐珍，2012④；夏先德，2013；耿永志，2016；宁靓、赵立波，2017；等等）。

2007年10月，党的十七大报告明确提出"加快推进以改善民生为重点的社会建设"，要求"必须在经济发展的基础上，更加注重社会建设，着力保障和改善民生，推进社会体制改革，扩大公共服务，完善社会管理，促进社会公平正义，努力使全体人民学有所教、劳有所得、病有所医、老有所养、住有所居，推动建设和谐社会"⑤。其后，学术界关于我国公共服务综合绩效评价的研究逐步分类细化，绩效评价指标体系在投入、均衡、便捷和满意度等一级指标基础上，进一步按公共教育、公共卫生、社会保障、公共环境、公共就业、公共安全、基础设施和环境保护等多个分类展开（孙璐、吴瑞明等，2007；盛明科，2009；孙怡帆、杜子芳，2016；等等）。区域公共服务整体综合评价逐步向着教育、医疗卫生、文化体育、养老和科技信息公共服务等多方面分类细化。研究基本公共服务大类中某一小类公共服务绩效的成果逐渐增多，形成了更加丰富多样的公共服务绩效评价研究成果。上述成果为开展四省藏区公共服务绩效区域综合和分类细化评价提供了重要方法启示。

随着我国的教育事业发展进入新阶段，2010年7月发布的《国家中长期教育改革和

---

① 丛树海，周炜，于宁. 公共支出绩效测度指标体系的构建［J］. 财贸经济，2005（3）：37-41，97.
② 尤建新，王波. 基于群众价值的地方政府绩效评估模式［J］. 中国行政管理，2005（12）：41-44.
③ 陈昌盛，蔡跃洲. 中国政府公共服务：基本价值取向与综合绩效评估［J］. 财政研究，2007（6）：20-24.
④ 吴乐珍. 基于因子分析法的各省基本公共服务绩效评价［J］. 统计与决策，2012（11）：60-62.
⑤ 新华网. 胡锦涛同志在党的十七大上的报告［EB/OL］. http：//www. sina. com. cn，2007-10-24.

发展规划纲要（2010－2020年）》提出，"到2020年，基本实现教育现代化，基本形成学习型社会，进入人力资源强国行列"的战略目标，以及"教育公共治理"新理念①，此背景下学术界关于公共教育服务的绩效评价研究进一步深入，为本书研究四省藏区基本公共教育服务绩效问题提供有益启示。在关于"公共教育服务中的利益主体与利益结构优化，社会公平、教育公平与公共教育资源配置，教育质量与社会评价体系及沟通机制建设，公共教育服务供给中政府与市场关系的协调，教育服务绩效管理等公共教育服务的配套政策保障"（刘海波，2008②等）的讨论和共识基础上，学术界进一步提出，政府通过合理的机制设计和制度安排，保障政府、社会和个人等多主体共同参与教育公共事务管理，享有一定教育权利的同时承担相应教育责任；应探索构建教育公共服务和教育公共治理的绩效考核新框架，将专业评价和群众评价相结合，从多个维度设计基本公共教育服务的绩效评价指标体系，涵盖对教育起点均等、教育过程均等和教育成果均等的考量（宋官东、吴访非，2010③；罗哲，2014④；等等）。学术界在构建基本公共教育服务绩效评价指标体系基础上，借鉴和采用系统聚类方法、平衡计分卡方法等，对我国省域、市（州）域和县域的基本公共教育服务绩效进行实证研究，较为普遍认为信息化时代以"互联网＋教育"的方式向广大师生集中提供数字化教育资源和在线教育，对于提升基本公共教育服务绩效具有重要意义，并从基本教育公共服务均等化、义务教育均衡发展、提高财政支出分权程度、教育财政支出适当向中西部地区倾斜、教育云服务的普及应用等方面提出教育公共服务水平提升的政策建议（刘成奎、柯飚，2015；罗哲、张宇豪，2016；龙翠红、易承志，2017；周鹏、李环等，2018）。

2009年4月发布的《关于深化医药卫生体制改革的意见》明确指出，为提高基本医疗卫生服务的质量和效率，必须对中国的医疗卫生公共服务实行绩效管理；负责实施绩效考核的主体主要是卫生行政部门，同时也包括行业协会等社会组织⑤。基本医疗卫生服务的绩效管理要求，推动我国公共医疗卫生服务逐步进入规范化和效能化发展阶段，学术界对公共医疗卫生服务的绩效评价也随之从广度和深度两方面跟进，为本书研究四省藏区基本医疗卫生服务绩效问题提供有益启示。关于公共医疗卫生服务供给效率的评价，学术界广泛地应用秩和比法（Rank－Sum Ratio，RSR）、逼近理想解排序法（Technique for Order Preference by Similarity to an Ideal Solution，TOPSIS）、数据包络分析法（Data Envelopment Analysis，DEA）、生产率指数法（Malmquist指数法）、随机前沿法（Stochastic Frontier APProach，SFA）等，将区域视为医疗卫生要素投入—产出的空间单位（丛树海、李永友，2008；李向前、李东等，2014；王丽、王晓洁，2015；王文娟、曹向阳，2016；谢星全，2018；等等），构建关于公共医疗卫生和计划生育支出绩效评价的多种指标体系，考察并比较分析近年来我国医疗卫生公共服务多种供给路径、多种供给模式的绩效水平（孙婧，2010；王喆、丁姿，2018；等等），形成较为丰富的研究成果。比如，社区卫生服务机构

---

① 中华人民共和国教育部. 国家中长期教育改革和发展规划纲要（2010－2020年）［Z］. 2010－07－29.

② 刘海波. 促进和谐社会构建的公共教育服务改善机制研究［J］. 国家教育行政学院学报，2008（2）：47－51.

③ 宋官东，吴访非. 我国教育公共治理的路径探析［J］. 中国教育学刊，2010（12）：19－22.

④ 罗哲. 构建基本公共教育服务均等化绩效考核新框架［J］. 人民教育，2014（18）：39－40.

⑤ 国务院办公厅. 关于深化医药卫生体制改革的意见［Z］. 2009－04－07.

的人才培养情况、医务人员服务水平、管理质控效果、项目开展的难度和各中心居民接受服务的程度等，是影响社区卫生服务机构绩效的主要影响因素（汪波、郭滇华、郭印、尹占春，2010[①]）；地方政府在购买卫生计生基本公共服务中存在资质要求不一、绩效评价不科学、群众不信任、无谓服务突出等问题（徐水源、刘志军，2016[②]；丁姿、龚璞、杨永恒，2018[③]；刘方，2019[④]；等等）。

2010 年党的十七届五中全会提出"提升国家文化软实力，推进文化创新，深化文化体制改革，满足人民群众不断增长的精神文化需求"的要求[⑤]，为我国公共文化服务的绩效评价提供了重要指引。关于公共文化服务绩效的测度指标体系构建，学术界提供了很多可供借鉴的指标体系，为本书研究四省藏区基本公共文化服务绩效问题提供有益启示。比如，以组织属性、运营能力、管理效益和社会效益四个维度为基础构建的公共文化服务绩效评价指标体系；包括公共财政投入、内容、效果、服务质量、公平和满意度评估等多个维度的，涵盖确定评估指标、建立评估渠道、收集和分析评估信息、反馈评估结果等多个环节的广播电视公共服务绩效评价指标体系；包括公共文化服务设施、公共文化活动和公共文化管理三个维度的公共文化服务绩效评价指标体系等（蒋建梅，2008；向勇、喻文益，2008；金家厚，2011；曹超，2012；方雪琴，2011；苏祥、周长城等，2016；等等）。21 世纪互联网技术的迅速发展，给我国图书馆、档案馆的信息传递、知识普及等公共文化服务机制带来重大挑战，需要由传统的固定化书籍信息交互模式向现代化互联网信息传递模式转变。这类转变严重滞后于群众现实需求，导致我国图书馆、档案馆虽然数量不断增加，但其社会认同率和社会地位并没有同比例上升，这类现实问题推动公共图书馆、档案馆逐渐进入公共文化服务绩效评价研究者的视野。研究结论显示，应根据信息化发展的需要，完善评价标准制定机制，健全常态化评价运行机制，采用信息化评价方式，引入社会群众评价与反馈机制等途径，促进我国公共图书馆和档案馆服务绩效的提升（徐芳、柴雅凌等，2007；段海艳，2008；吕元智、朱颖，2011；王灿荣、王协舟，2015；陈波、邱新秀，2016；周静，2017；柯平、宫平，2016[⑥]；张广钦、李剑等，2017[⑦]；等等）。

建立全民健身公共服务绩效评价指标体系，对全民健身实施情况进行客观评价，也是近年来公共服务绩效评价的研究热点之一，为本书研究四省藏区基本公共体育服务绩效问题提供有益启示。国家体育总局印发的《体育发展"十三五"规划（2016～2020 年）》明确指出，"研究制定体育工作综合评价体系，从群众体育、竞技体育、体育产业、体育文化等方面综合评价政府体育工作。……创新全民健身组织方式、活动开展方式、服务模

---

① 汪波，郭滇华，郭印，尹占春. 社区卫生服务机构分层绩效综合评价方法应用研究［J］. 天津大学学报（社会科学版），2010（3）：203－207.

② 徐水源，刘志军. 政府购买卫生计生基本公共服务研究［J］. 人口与经济，2016（2）：115－126.

③ 丁姿，龚璞，杨永恒. 我国医疗服务供给结构与效率研究——基于省级面板数据的实证分析（2010—2016）［J］. 公共行政评论，2018（6）：51－67.

④ 刘方. 防范地方政府隐性债务背景下 PPP 健康发展研究［J］. 当代经济管理，2019（9）：29－35.

⑤ 中共中央办公厅，国务院办公厅. 国家"十一五"时期文化发展规划纲要［Z］. 1998－09－12.

⑥ 柯平，宫平. 公共图书馆服务绩效评估模型探索［J］. 国家图书馆学刊，2016，25（6）：3－8.

⑦ 张广钦，李剑等. 基于平衡计分卡的公共文化机构绩效评价统一指标体系研究［J］. 图书馆建设，2017（9）：26－31.

式，开展实施效果评估和满意度调查"。① 学术界已经构建并使用过多套公共体育服务的绩效测度指标体系，比如：以发展规模、政府投入、社会参与和群众满意度为主要内容的四维度指标体系（王才兴，2008；等等）；从服务体系产出、体育资源保障、体育组织管理、体育科技服务和体育法制服务五方面展开的五维度指标体系（赵聂，2008；等等）；以体育公共服务效能指标、群众满意度指标和体育公共服务为主要内容的三维度指标体系（宋娜梅、罗彦平等，2012；等等）；以公共体育场地设施、体育活动、体育组织和服务效果四维度为基础构建的指标体系（王梦阳，2013；等等）；以关键绩效指标（Key Performance Indicator，KPI）为依据构建的评价指标体系（唐立成、唐立慧，2010；韦伟、王家宏，2015；等等）；等等。学术界注重探索性因素分析和验证性因素分析相结合，采用因子分析法（Factor Analysis Method，FAM）、数据包络分析法（Data Envelopment Analysis，DEA）、模糊层次分析法（Analytic Hierarchy Process，AHP）等多种方法，对多个区域和多个时间段的公共体育服务绩效进行评价。上述研究结果显示，应探索构建公共体育服务绩效评价的多元主体协同评价模式，引入标准化管理机制和经营管理人才，协调各体育利益相关者的利益冲突；在信息化时代背景下，应依托互联网技术拓展社区公共体育服务供给渠道，强化社区公共体育服务供给的绩效监督，提高社区公共体育服务供给侧的共建能力和共享水平等（董新军、易锋，2018②；张凤彪、王松，2017③；王松、张凤彪，2018④；等等）。

随着老龄化社会的到来，老龄人口的迅速增加对养老社会服务提出多样化、多层次的需求，学术界关于养老社会服务的绩效评价研究成果也随之逐渐增多，为本书研究四省藏区养老公共服务问题提供有益启示。关于我国居家养老服务绩效的评价，有学者按照可行性、可靠性、响应性、信任感和人性化五个维度构建指标体系，也有学者根据公平性、经济性、效率性和效果性"4E"逻辑框架构建指标体系，还有学者根据服务机构、政府参与和客户感知三个维度构建指标体系（包国宪、刘红芹，2012；章晓懿、梅强，2012；王成、丁社教，2018；等等）。根据上述指标体系，学术界采用数据包络分析法（Data Envelopment Analysis，DEA）、美国顾客满意度模型（American Customer Satisfaction Index，ACSI）、服务质量模型（Service Quality，SERVQUAL）等多种方法对养老公共服务绩效进行评价（吉鹏、李放，2013；等等）。研究结论显示，应通过完善政府与社会资本合作的制度体系，探索因地制宜的 PPP 运作模式，设计合理的投资回报机制和绩效评价体系，以提升居家养老服务 PPP 模式的现实绩效；应通过形成良好的政府与社会组织之间协同关系，以提升政府购买养老服务模式的绩效，实现养老社会化（章萍，2018⑤；李娟、丁良超，2019⑥）。

此外，近年来也有学者就劳动就业和创业公共服务、社会保险公共服务等的政策绩效进行评价。主要采用岭回归估计（Ridge Estimate，RS）、全面质量管理（Total Quality

① 国家体育总局. 体育发展"十三五"规划［Z］. 2016 - 05 - 05.
② 董新军，易锋. "互联网 +"时代社区公共体育服务供给侧改革研究［J］. 体育文化导刊，2018（2）：43 - 47.
③ 张凤彪，王松. 我国公共体育服务绩效评价研究述评［J］. 体育科学，2017（4）：62 - 73.
④ 王松，张凤彪. 我国公共体育服务绩效评价模式研究［J］. 体育文化导刊，2018（2）：38 - 42.
⑤ 章萍. 社区居家养老服务 PPP 运作模式研究［J］. 当代经济管理，2018（11）：60 - 64.
⑥ 李娟，丁良超. 从政府购买养老服务看政府与社会组织的协同关系［J］. 理论探索，2019（2）：63 - 69.

Management, TQM）等方法，对劳动就业和创业公共服务、社会保险公共服务等的政策绩效进行实证研究，并提出构建以就业率等结果指标为重点的绩效评价指标体系，推进人力资源公共服务标准化建设，健全劳动就业创业服务标准体系，健全农业转移人口市民化成本分担机制，完善城乡一体化就业创业服务制度，加强政府购买劳动就业创业服务，培育高素质服务人员队伍等政策建议（何筠、杨洋，2015①；马跃如、胡斌，2017②；侯志阳，2018③；王阳，2019④；等等），为本书研究四省藏区劳动就业和创业公共服务、社会保险公共服务的绩效问题提供创新路径启示。

21 世纪初我国进入信息化时代，电子政务建设随之不断发展，但处在政府职能转型期的科技信息服务绩效评价和管理尚在起步和探索阶段，与科技信息密切相关的电子政务服务的绩效问题受到学术界的重点关注。学者们以科技信息服务价值为导向，从科技信息服务设施、服务能力和服务绩效三维度，或从信息公开度、服务成熟度和群众参与度三维度，又或从信息咨询、政务服务、沟通反馈和网站应用情况四维度，探索构建我国科技信息公共服务的绩效评价指标体系。采用 AHP 层次分析法等多种方法对我国科技信息公共服务进行多区域、多方面、多时段的绩效评价，并从科技创新链服务体系建设，科技社团公共服务供给绩效提升，大数据时代公共部门绩效管理模式创新，强化公共部门大数据应用等多方面提出政策建议（费军、余华丽，2009；史敏、肖雪葵，2010；闫培宁，2012；林志坚，2013；潘建红、石珂，2015；马亮，2016；田五星、王海凤，2017；徐顽强、史晟洁等，2017；卢阳春、肖君实等，2018），为本书研究四省藏区公共服务供给方式创新问题提供有益启示。

2006 年 12 月发布的《中共中央　国务院关于积极发展现代农业扎实推进社会主义新农村建设的若干意见》（中发〔2007〕1 号）指出，"从乡村实际出发转变乡（镇）政府职能，完善农村基层行政管理体制和工作机制，提高农村公共服务水平……建立健全财力与事权相匹配的省以下财政管理体制，进一步完善财政转移支付制度，增强基层政府公共产品和公共服务的供给能力"⑤，将完善乡村公共服务体系、增强基层政府公共服务能力等提升到新的认识高度，从而引起学者们对乡村公共服务绩效评价的高度关注。为细致考察我国乡村公共服务的财政投入绩效，学术界构建了丰富的乡村公共服务供给绩效评价指标体系，包括以公共管理类、社会服务类和经济社会发展类指标为基础的指标体系，围绕乡村公共事业、乡村经济发展、乡村公共管理和乡村社会服务四个维度构建的指标体系等，采用标准化评分法、引入群众和专家评估主体的复合型政府绩效评价模型、AHP 层次分析法、数据包络—受限因变量模型（DEA – Tobit Model）、基于 DEA 的二次相对效益模型、CSI – Probit 回归模型等多种方法，对乡村公共服务供给绩效的多个方面进行评价分析

---

① 何筠，杨洋．论我国公共就业培训的监管和绩效评价 [J]．南昌大学学报（人文社会科学版），2015（5）：59 – 64.

② 马跃如，胡斌．论人力资源公共服务的标准化 [J]．求索，2017（2）：171 – 176.

③ 侯志阳．社会保险能否让我们更幸福？——基于阶层认同的中介作用和公共服务绩效满意度的调节作用 [J]．公共行政评论，2018（6）：87 – 110.

④ 王阳．基本劳动就业创业服务建设与促进就业 [J]．中国软科学，2019（3）：69 – 85.

⑤ 中共中央办公厅，国务院办公厅．关于积极发展现代农业扎实推进社会主义新农村建设的若干意见 [Z]．2006 – 12 – 31.

（王俊霞、王静，2008；伏润民、常斌等，2008；李燕凌、曾富生，2008；李少惠、余君萍，2009；徐崇波，2010；刘成奎、王朝才，2011；王俊霞、鄢哲明，2012；卢阳春、肖君实等，2018；姚林香、欧阳建勇，2018；梅继霞、彭茜等，2019；等等）。在此基础上，针对乡村公共管理制度滞后于经济发展、公共服务供给结构不合理、公共服务方式相对落后、公共服务投资效益相对较低等问题，从不同视角提出丰富的政策建议。建议充分发挥农村公共产品多元合作供给对供给绩效的积极正向影响作用，增强农民合作社参与供给农村社区公共服务的持续性和长效性；尝试在农村基本公共服务领域引入 PPP 模式，以供给模式创新推动农村公共服务供给侧结构性改革；依托农村公共服务平台，建立紧密联系农村经济社会发展水平，注重投入产出效率，均衡发展的农村公共事业管理制度等（李羚，2004；寻舸、彭国甫，2008；李燕凌，2008；张开云，2009；朱玉春、唐娟莉等，2010；王俊霞、鄢哲明等，2012；王薇、李燕凌，2016；张启春、江朦朦，2016；李燕凌，2016；孙迪亮，2017；等等），为本书研究四省藏区乡村公共服务供给能力现代化问题提供有益启示。

四、藏区公共服务有效供给的相关研究述评

在对与公共服务政策绩效这一主题相关的 1000 多篇有效研究文献进行最高被引文献、关键词及其中心性、突现词和关键词聚类等知识图谱分析基础上，本书对公共服务绩效的概念、内涵及价值取向，公共服务绩效的区域整体评价和分类细化评价指标体系、研究方法和政策建议等进行较为详尽的文献综述。通过梳理国内外公共服务有效供给的相关研究脉络和动态变化，为本书研究四省藏区公共服务有效供给问题提供了宽领域、多视角的理论和方法启示。在此基础上，再以"藏区""公共服务"以及"藏区""公共产品"为关键词，进行两次主题检索，累计共有 155 篇高度相关的研究文献，其中核心期刊 128 篇。分析这 155 篇研究文献发现，国内学术界对四省藏区公共服务有效供给的前期研究主要从以下三方面展开。

一是公共服务供给主体效率。一方面，目前我国藏区的基本公共服务尚处于"政府供给导向型"阶段（李学军、刘尚希，2007；郭佩霞、朱明熙，2010；等等），政府作为藏区公共服务供给的主导力量，应当在公共服务供给体制、供给总量、供给结构、供给监督等方面采取更有力的措施（旦增遵珠、多庆，2007；刘梅，2010；杨立宾，2010；等等）。另一方面，应探索积极发挥社会组织等"第三方"部门与村社力量，倡导公共服务供给"准市场化"机制的构建，建立起政府、市场与社会充分参与和协同治理的更有效率的藏区公共服务供给模式。社会组织对于藏区社会治理成效的提升有积极作用，但是必须更好地适应藏区自然地理、经济发展、人文社会等特殊环境，并解决好传统社会组织转型发展，提升社会组织自我管理能力，加强社会组织自身建设等问题，才能充分发挥社会组织在藏区社会治理中的积极作用（李少惠，2015①；陈玮、鄂崇荣，2018②；等等）。乡（镇）干部的公共服务能力决定着青海藏区公共服务最终的可及性和公平性，应通过加强乡（镇）干部队伍建设，合理设置岗位，按编补充人员，优化队伍结构，提高队伍整体合

① 李少惠. 甘南藏区农村公共文化服务的主体困境分析［J］. 图书与情报，2015（4）：132－138.
② 陈玮，鄂崇荣. 习近平新时代中国特色社会主义治藏思想研究［J］. 青海社会科学，2018（1）：1－8.

力等途径，解决青海藏区公共服务供给与农牧民与日俱增的公共服务需求不相适应带来的诸多现实问题（李广斌，2015①；等等）。藏区公共物品合作供给的优化依赖于政府角色的转变、互惠合作的建立、互动协调的改善，社会组织参与藏区基本公共服务的实践动力主要来源于公共服务供需非均衡的现实问题，比如政府一元化服务模式不能充分满足藏区基本公共服务需求，藏区的全面发展需要社会组织的共同介入，社会个体的多元化需求需要社会组织进一步丰富服务内容，等等（李强、何治江，2018②；徐世栋、傅利平、杨虎得，2019③；等等）。

二是公共服务投入产出效率的定性分析。民族地区行政体制不完善，公共服务供给成本高且缺乏透明度，财政转移支付制度不健全，公共服务供给模式单一，公共服务供给的各层级政府以及政府各部门之间缺乏有效分工和协作，公共服务支出、管理和监督等职能没有有效分离等，是制约藏区公共服务供给效率的主要因素（成艾华，2010④；陈晓龙，2010⑤；郭喜，黄恒学，2011⑥；沈燕萍、田云山、李军，2012⑦；钟海燕，2011⑧；杨欣、汪希成，2015⑨；等等）。合理界定藏区各级政府的财权与事权，进一步完善财权与事权相匹配的公共服务制度，有利于四省藏区公共服务绩效的提升；按照对公共服务需求的重要性，分阶段、有侧重地动态解决公共服务供给问题，有利于提高藏区乡村公共服务供给的有效性；进一步完善基础设施和公共服务，以产业发展带动有条件的定居点城镇化发展，促进传统农牧业生产方式转型，提升当地农牧民的自我管理和自我服务能力和水平，有助于使藏区牧民定居点成为偏远地区农牧区转变生产方式的带动区、新农村建设的示范区、经济社会发展的引领区，有助于保障和改善藏区民生，促进藏区长治久安；遵循增量提质原则改进藏区文化体育服务、医疗卫生服务、就业服务及社会福利服务的绩效，探索"一对一"服务模式提升云南藏区人口健康公共服务的可及性，重点推进基础性公用设施和公共教育服务的均等化，有利于精准适应云南藏区群众的公共服务现实需求；藏区城镇化动力机制与中东部地区差异性较大，公共文化服务是藏区城镇化动力机制的重要内容，根据藏区城镇化发展动力和发展方式的特殊性，完善城市公共服务和城镇体系，有助于加快推进藏区新型城镇化进程；将公共文化服务优先发展作为社会事业或公共服务优先发展战略的延伸和细化，有助于突破藏区"经济欠发达—文化贫困"怪圈（刘慧群、刘湘源、

① 李广斌. 青海藏区乡（镇）干部队伍建设存在的问题及思路 [J]. 青海社会科学，2015（2）：195 - 199.

② 李强，何治江. 中国藏区公共物品供给主体多元化研究 [J]. 安徽农业大学学报（社会科学版），2018（1）：88 - 94.

③ 徐世栋，傅利平，杨虎得. 社会组织参与藏区社会治理的必要性和角色探析——基于青海藏区的调查 [J]. 青海社会科学，2019（1）：1 - 7.

④ 成艾华. 财政转移支付提升民族地区基本公共服务的均衡效应评价 [J]. 中南民族大学学报（人文社会科学版），2010（4）：131 - 134.

⑤ 陈晓龙. 欠发达地区实现基本公共服务均等化的路径选择 [J]. 西北师大学报（社会科学版），2010（4）：63 - 66.

⑥ 郭喜，黄恒学. 基本公共服务均等化的民族地区公共产品供给 [J]. 山西大学学报（哲学社会科学版），2011（1）：115 - 120.

⑦ 沈燕萍，田云山，李军. 行政成本内涵反思玉树基层政府行政 [J]. 会计之友，2012（4）：60 - 64.

⑧ 钟海燕. "十二五"时期促进民族地区经济社会发展的基本思路 [J]. 民族学刊，2011（5）：73 - 79.

⑨ 杨欣，汪希成. 中国藏区公共产品供给研究进展评述 [J]. 新疆农垦经济，2015（8）：62 - 66.

张开宁、顾法明，2009①；郑洲，2011②；吴开松、周薇，2011③；李中锋，2013④；肖莉，2015⑤；蒋小杰、马凡松，2015⑥；李雪萍、丁波，2015⑦⑧；李少惠，2016⑨；等等）；等等。

三是公共服务投入产出效率的定量分析。如前所述，当前学术界提供了数种公共服务供给效率的定量评价方法和指标，以及对民族地区基本公共服务均等化的定量分析成果，可以借鉴并逐步建立和完善"结果导向型"的藏区公共服务供给绩效评估体系与激励机制（常亚南，2011；等等），还可以构建绿色包容性发展分析框架，以绿色包容性发展理念促进四省藏区公共服务有效供给及民生改善（钟海燕、郑长德，2017；等等）。当前已有学者关注四省藏区公共服务有效供给问题的实证研究，采用抽样调查、问卷调查、田野调查、案例研究、DEA 模型、主成分因子分析法和熵权法等，在对四省藏区公共服务供给的经济、社会和减贫效率等进行分区域、分阶段评价基础上，得出该区域公共服务供给存在投入要素拥挤和供需非均衡等问题，以及基本公共服务提升对该区域减贫影响效果显著等结论。在此基础上，提出四省藏区公共服务供给与社会需求动态变化相适应，改善供给结构与扩大供给规模相配合；注重基本公共服务均等化，提升贫困人口发展能力和增加贫困区域发展机会；增强四省藏区地方政府公共服务能力，培养四省藏区群众公共精神等公共服务供给效率提升的路径建议（李少惠、张丹，2012⑩；久毛措、王世靓、毕力格图，2012⑪；牛佳、李双元，2013⑫；朱玲，2013⑬；沈茂英，2015⑭；兰昊骋、杨帆，2016⑮；卢阳春，2017⑯；张建伟、杨阿维，2017；李少惠、成广星，2018；贾伟、李强，2019；等等）。

① 刘慧群，刘湘源，张开宁，顾法明. 藏区"一对一"人口健康公共服务模式初探［J］. 中国计划生育学杂志，2009（10）：596－599.

② 郑洲. 四川民族地区农村基本公共服务供给能力提升研究——以教育为例［J］. 黑龙江民族丛刊，2011（5）：166－174.

③ 吴开松，周薇. 论需求导向型的民族地区乡村公共服务供给机制［J］. 中南民族大学学报（人文社会科学版），2011（5）：125－130.

④ 李中锋. 四川藏区牧民定居与彝区"三房"改造工程效应分析［J］. 天府新论，2013（4）：74－79.

⑤ 肖莉. 新形势下青海藏区发展稳定探析［J］. 青海社会科学，2015（6）：194－199.

⑥ 蒋小杰，马凡松. 我国藏区地方政府基本公共服务可及性的群众满意度实证研究——基于云南省迪庆藏族自治州305户问卷调查样本分析［J］. 云南行政学院学报，2015（6）：63－67.

⑦ 李雪萍，丁波. 藏区新型城镇化发展路径研究——以四川藏区甘孜县为例［J］. 西南民族大学学报（人文社会科学版），2015（2）：110－114.

⑧ 李雪萍，丁波. 藏区差异性城镇化动力机制及其二元结构特征——以四川甘孜藏族自治州甘孜县为例［J］. 中央民族大学学报（哲学社会科学版），2015（6）：60－65.

⑨ 李少惠. 反弹琵琶：甘南藏区公共文化服务优先发展战略构想［J］. 兰州学刊，2016（6）：170－178.

⑩ 李少惠，张丹. 甘南藏区农牧民公共文化需求及其特征分析［J］. 甘肃社会科学，2012（5）：216－221.

⑪ 久毛措，王世靓，毕力格图. 青海藏区农牧民公共基本医疗卫生服务需求的调查与分析——以同仁县和泽库县为例［J］. 西藏大学学报（社会科学版），2012（3）：55－60.

⑫ 牛佳，李双元. 青海藏区基本公共服务现状调查——基于农牧民需求的视角［J］. 开发研究，2013（2）：137－141.

⑬ 朱玲. 排除农牧民发展障碍——康藏农牧区发展政策实施状况调查［J］. 中国社会科学，2013（9）：126－146.

⑭ 沈茂英. 四川藏区精准扶贫面临的多维约束与化解策略［J］. 农村经济，2015（6）：62－66.

⑮ 兰昊骋，杨帆. 四川藏区基本公共服务对减贫的影响作用分析［J］. 四川农业大学学报，2016（1）：115－120.

⑯ 卢阳春. 我国连片特困藏区公共服务有效供给及治理创新研究［J］. 党政研究，2017（4）：120－128.

总体来看，目前已有数量众多的藏区公共服务有效供给相关研究成果，为本书进一步深入调查研究四省藏区公共服务有效供给问题提供了重要参考和有益启示。既有研究主要集中于两大层面：一是在政策研究上，深入探讨各主体，特别是政府在公共服务有效供给中的角色定位及改革发展方向。二是提供了数种藏区基本公共服务均等化的衡量方法和评价指标。近年来也已有部分研究成果涉及四省藏区公共服务有效供给问题，研究重点侧重于两方面：一是对投入的分析，认为四省藏区公共服务财政投入规模不足、资金整合效率偏低；二是偏重于四省藏区与中西部发达地区进行比较，找出四省藏区在基本公共服务均等化方面所存在的差距。综上所述，目前学术界对于四省藏区公共服务问题的研究还主要集中于与其他地区在公共服务投入量上的比较研究，或者说基本公共服务供给量上的均等化研究。已有的针对四省藏区公共服务有效供给的研究成果也还较为零散，且大多侧重于川甘青滇四省中某个省、自治州、县（市、行委）的个案研究，较缺乏对四省藏区全域十个自治州，77 个县（市、行委）的比较性研究；大多从基本公共服务均等化视角来研究四省藏区公共服务的有效供给问题，较为缺乏在国家治理体系和治理能力现代化的新时代背景下，从四省藏区群众对美好生活向往带来的公共服务现实需求发生深刻变化视角下的跨省域综合性研究。而这些新的空间比较和时序变化研究视角，不仅为本书探索创新指明方向，也成为本书研究的重要意义所在。

第三节　重要概念及研究框架

新时代赋予川甘青滇连片特困藏区公共服务有效供给更为丰富的时代内涵，不仅包括传统的城乡和区域基本公共服务均等化含义，较为普遍使用的公共服务供给"规模有效性"和"技术有效性"含义，还包括"治理有效性"和"协调有效性"等新含义。其既具有公共服务有效供给的一般性，又具有四省藏区公共服务有效供给的区域特殊性；既体现公共服务效率和公平逻辑的内在统一，又体现四省藏区各级政府管理公共事务权利和义务、创新与原则的统一，成为新时代四省藏区公共服务供给体系和供给能力现代化的重要内容。根据上述多重含义，构建新时代背景下四省藏区公共服务供给有效性的理论分析框架，统领全书对四省藏区公共服务有效供给问题的理论和实证研究。

一、川甘青滇连片特困藏区

《中国农村扶贫开发纲要（2011—2020 年）》明确指出，"六盘山区、秦巴山区、武陵山区、乌蒙山区、滇桂黔石漠化区、滇西边境山区、大兴安岭南麓山区、燕山—太行山区、吕梁山区、大别山区、罗霄山区等区域的连片特困地区和已明确实施特殊政策的西藏、四省藏区、新疆南疆三地州是扶贫攻坚主战场"[①]，也即 2012 年国家明确的新阶段集中连片扶贫攻坚十四大主战场。我国的十四个集中连片特殊困难地区（以下简称连片特困地区）共计 689 个县，经济社会发展相对滞后，相对贫困问题凸显，返贫现象时有发生，

---

① 中共中央办公厅，国务院办公厅. 中国农村扶贫开发纲要（2011—2020 年）[Z]. 2011 - 12 - 01.

扶贫开发任务十分艰巨。其中的川甘青滇连片特困藏区（以下简称四省藏区）是我国全面建成小康社会的重点和难点地区之一。

截至 2017 年底，四省藏区包括云南省下辖的迪庆藏族自治州，甘肃省下辖的甘南藏族自治州、武威市天祝藏族自治县，四川省下辖的阿坝藏族羌族自治州、甘孜藏族自治州、凉山彝族自治州的木里藏族自治县，以及青海省下辖的海北藏族自治州、黄南藏族自治州、海南藏族自治州、果洛藏族自治州、玉树藏族自治州和海西蒙古族藏族自治州，涉及十多个自治州，七十多个县（市、行委）（见表 1 - 3 - 1）。上述自治州，除地处我国大小凉山彝区的凉山彝族自治州之外，以下依次简称迪庆州、甘南州、阿坝州、甘孜州、海北州、黄南州、海南州、果洛州、玉树州和海西州。后文分析为避免赘述，四川藏区的木里藏族自治县简称木里县；甘肃藏区的天祝藏族自治县简称天祝县；青海藏区的门源回族自治县、河南蒙古族自治县依次简称门源县、河南县，冷湖行政委员会、大柴旦行政委员会、茫崖行政委员会依次简称冷湖行委、大柴旦行委、茫崖行委；云南藏区的维西傈僳族自治县简称维西县。

表 1 - 3 - 1　川甘青滇连片特困藏区行政区划简况

地区	自治州	县级市、县（自治县）
四川藏区	阿坝藏族羌族自治州	马尔康市、金川县、小金县、阿坝县、若尔盖县、红原县、壤塘县、汶川县、理县、茂县、松潘县、九寨沟县、黑水县（1 个县级市、12 个县）
	甘孜藏族自治州	康定市、泸定县、丹巴县、九龙县、雅江县、道孚县、炉霍县、甘孜县、新龙县、德格县、白玉县、石渠县、色达县、理塘县、巴塘县、乡城县、稻城县、得荣县（1 个县级市、17 个县）
	凉山彝族自治州	木里藏族自治县（1 个自治县）
甘肃藏区	武威市	天祝藏族自治县（1 个自治县）
	甘南藏族自治州	合作市、舟曲县、卓尼县、临潭县、迭部县、夏河县、碌曲县、玛曲县（1 个县级市、7 个县）
青海藏区	海北藏族自治州	祁连县、海晏县、刚察县、门源回族自治县（3 个县、1 个自治县）
	黄南藏族自治州	同仁县、尖扎县、泽库县、河南蒙古族自治县（3 个县、1 个自治县）
	海南藏族自治州	共和县、贵德县、贵南县、同德县、兴海县（5 个县）
	果洛藏族自治州	玛沁县、班玛县、甘德县、达日县、久治县、玛多县（6 个县）
	玉树藏族自治州	玉树市、称多县、囊谦县、杂多县、治多县、曲麻莱县（1 个县级市、5 个县）
	海西蒙古族藏族自治州	德令哈市、格尔木市、天峻县、都兰县、乌兰县、冷湖行委、大柴旦行委、茫崖行委（2 个县级市、3 个县、3 个行委）
云南藏区	迪庆藏族自治州	香格里拉市、德钦县、维西傈僳族自治县（1 个县级市、1 个县、1 个自治县）

资料来源：中共中央办公厅，国务院办公厅. 中国农村扶贫开发纲要（2011 - 2020 年）［Z］. 2011 - 12 - 01.

其中，青海藏区的海西州行政区划在 2018 年有所变化。2018 年 2 月 22 日，经国务院批准，同意撤销茫崖行委和冷湖行委，设立县级茫崖市。此后，青海藏区的海西州下辖德令哈、格尔木和茫崖三个县级市，天峻、都兰和乌兰三个县，大柴旦行委一个行政委员会。由于本书截至 2019 年底可以完整获取到的县域数据大都集中于 2013～2017 年，在此期间，海西州下辖德令哈和格尔木两个县级市，天峻、都兰和乌兰三个县，冷湖行委、大柴旦行委、茫崖行委三个行政委员会。为实现对四省藏区县域公共服务研究的数据可比性和一致性，本书中青海藏区 2013～2017 年县域数据依然按照海西州下辖德令哈和格尔木两个县级市，天峻、都兰和乌兰三个县，冷湖行委、大柴旦行委、茫崖行委三个行政委员会来进行分析。

2017 年 9 月由中共中央办公厅、国务院办公厅印发的《关于支持深度贫困地区脱贫攻坚的实施意见》（厅字〔2017〕41 号）（以下简称《意见》）明确指出，"西藏、四省藏区、南疆四地州和四川凉山州、云南怒江州、甘肃临夏州（以下简称'三区三州'），以及贫困发生率超过 18% 的贫困县和贫困发生率超过 20% 的贫困村，自然条件差、经济基础弱、贫困程度深，是脱贫攻坚中的硬骨头，补齐这些短板是脱贫攻坚决战决胜的关键之策"。①《意见》将四省藏区纳入中央统筹、重点支持的"三区三州"深度贫困地区，要求"重点解决因病致贫、因残致贫、饮水安全、住房安全等问题，加强教育扶贫、就业扶贫、基础设施建设、土地政策支持和兜底保障工作，打出政策组合拳……实施贫困村提升工程，推进基础设施和公共服务体系建设，改善生产生活条件，发展特色优势产业，壮大村集体经济"。② 对于四省藏区公共服务的有效供给、巩固四省藏区精准扶贫成效等提出了更高的要求。

四省藏区在地理位置上分布于青藏高原外延地带，地理范畴上紧密相连，地形地貌多样，并且远离所在省的经济中心，属于地理和经济上的"双重边缘"地带；具有相似的生态资源特征、经济社会发展特征和共同的宗教文化信仰③。在人口的民族构成上，除占比较大的藏族和汉族外，还有羌族、蒙古族、回族等数十个少数民族④。截至 2018 年底，四省藏区共有常住人口约 548.36 万，其中城市人口约 218.05 万，农村人口约 330.31 万，总体城镇化率约为 39.76%⑤，比同期全国的城镇化率低 20.09 个百分点，比所在的川甘青滇四省同期城镇化率分别低 12.53 个、7.93 个、14.71 个和 8.05 个百分点。

二、公共服务的供给效率

首先，本书对公共服务和公共产品两个概念进行厘清。早期国外学者对公共产品理论的探索，主要源于对市场失灵、公地悲剧等现象的反思，以及对政府职能与市场职能边界的探讨。托马斯·霍布斯（Thomas Hobbes，1621）、大卫·休谟（David Hume，1734）、亚当·斯密（Adam Smith，1776）、伊瑞克·林达尔（Erik Lindahl，1919）、保罗·萨缪尔森（Palu Samuleson，1955）等学者，对公共产品概念的初步界定做出重要贡献。延续他们的思想，学术界一般根据产品的消费是否具有非竞争性和非排他性这两个基本特征，将

---

①② 中共中央办公厅，国务院办公厅.《关于支持深度贫困地区脱贫攻坚的实施意见》（厅字〔2017〕41 号）[Z]. 2011 - 11 - 21.

③ 卓玛措，乔菊先. 对青藏高原藏区绿色发展的思考 [J]. 青藏高原论坛，2017 (2)：1 - 6.

④ 左停，赵梦媛，金菁. 突破能力瓶颈和环境约束：深度贫困地区减贫路径探析——以中国"四省藏区"集中连片深度贫困地区为例 [J]. 贵州社会科学，2018 (9)：145 - 155.

⑤ 资料来源：2018 年四省藏区各自治州国民经济与社会发展统计公报，未统计凉山彝族自治州木里藏族自治州、武威市天祝藏族自治县的城镇化率。

公共产品与私人物品区分开来，而俱乐部产品和公共资源由于部分具备消费的非竞争性和非排他性，被归入准公共产品这一类。虽然学术界对于公共产品和公共服务这两个概念间关系至今没有形成共识。但是，基于服务的享有是否具有非竞争性和非排他性来界定是否是公共服务，成为学术界较为普遍的做法，因而公共产品和公共服务经常被看作是基本一致的概念，"将公共产品和公共服务并列使用，不存在理论上和逻辑上的错误"①，只是在分析具体问题和实际应用中，国外学者大多采用公共产品的提法，而国内学者大多采用公共服务的提法。甚至因为翻译和理解的不同，还有学者采用过公共品、公共物品等提法。

对公共服务供给效率的最早研究者是公共选择学派的詹姆斯·M. 布坎南（James M. Buchanan，1965），其对美国农业社区公共产品供给效率的研究指出，公共产品供给效率是指公共产品供给的帕累托效率②。而在经济学视野下，效率指某种活动成本与收益之间的比例关系，既定投入成本下收益更多则效率较高，或者说既定收益下投入成本更少则效率较高，反之亦然。这种效率概念应用到公共服务的投入与产出时，则需根据相关概念的本质内涵对其外延进行拓展。现代公共服务活动的投入成本包括人、财、物等的合计，比较容易计算，但是公共服务的产出和收益不能使用与一般商品相同的方法仅进行经济价值的衡量，还应该包括公共服务产生的政治、文化、社会、生态价值，以及消费者（群众）对公共服务的满意度等，从而导致公共服务的供给效率测度问题，常常转变为对广义投入与产出多少公共服务之间的转化关系的测度（徐崇波，2010③；等等）。如前文文献综述所见，学术界常常采用 DEA 模型、AHP 层次分析法、因子分析法、RSR 法、TOPSIS 法等来测度公共服务供给效率。但是，上述方法只能反映公共服务供给的"规模有效性"和"技术有效性"等客观有效性，难以反映出公共服务对象的满意度所表征的公共服务供给"治理有效性"，以及公共服务与区域其他发展系统的"协调有效性"。另外，公共服务供给效率的内涵在公共行政范式的变迁过程中逐步拓展，从公共服务绩效评估到绩效管理再到绩效治理，不仅体现了公共服务绩效从对效率和效益的追求到对结果的重视，再到对公平、责任、透明、法治和回应性等价值内容的关切，也反映了公共服务现实需求的一系列变化：公共服务绩效的生产主体从政府唯一生产者向包含了居民、市场和非营利性组织等在内的更加广泛的多元主体转变，公共服务绩效的产生过程逐步成为一个多元主体协商、参与和合作的治理过程，政府在公共服务供给中的作用越来越不仅是行为规制者、服务提供者和利益分配者，而且是作为一种催化剂促进公共利益的再创造和最大化④。

三、四省藏区公共服务的有效供给

新时代四省藏区公共服务的有效供给，应充分体现公共服务有效供给的一般性和四省

---

① 夏光育. 论"公共产品"和"公共服务"的并列使用 [J]. 湖北经济学院学报，2009（5）：20 – 25.
② 赵宝廷. 从公共品定义的视角看公共品供给效率问题 [J]. 求索，2006（6）：67 – 69.
③ 徐崇波. 基于 DEA 的我国农村公共产品供给绩效评价研究 [J]. 财政研究，2010（10）：53 – 55.
④ 王学军，蔡丰泽，韩志青. 政府绩效治理的战略与路径——2016 中国公共绩效治理会议综述 [J]. 中国行政管理，2017（2）：157 – 159.

藏区的区域特殊性。本书将政府提供的基础设施、有形产品和无形服务等统一称为公共服务，并将其大致分为基础设施类、生产生活类、教育和文化类公共服务。在此基础上，主要依据《国家基本公共服务体系"十二五"规划》①《"十三五"推进基本公共服务均等化规划》②《关于建立健全基本公共服务标准体系的指导意见》③ 等，选择对四省藏区较为重要的基本公共服务进行供给有效性分析。实证分析时，根据各级政府公开统计数据的可得性，结合各种研究方法的适宜性，具体研究四省藏区基本公共服务均等化情况和协调效率时，选择教育、医疗卫生、公共文化、社会保险和社会服务等基本公共服务进行定量分析；研究四省藏区基本公共服务供给的规模和技术效率时，选择了教育、医疗卫生、公共文化、社会保障和就业服务等基本公共服务进行定量分析；研究四省藏区公共服务供给的治理效率时，选择了公共服务基础设施、生活类和生产类公共服务、教育文化类等十二类主要公共服务进行定量分析；最后还研究了基本公共服务与四省藏区特色公共服务的互补供给问题。

新时代四省藏区公共服务的有效供给，应充分体现效率逻辑和公平逻辑的内在统一。效率逻辑视域中的公共服务供给"规模有效性"和"技术有效性"，与公平逻辑视域中的公共服务供给"治理有效性"和"协调有效性"，是公共服务有效供给内涵中两个内在统一的、互促互动的方面。四省藏区公共服务部门在城乡和区域基本公共服务均等化的总体目标下提供公共服务，既要求国家财力总量既定约束条件下公共服务规模效率和技术效率的最大化，以化解藏区群众日益增长的美好生活需要和不平衡不充分的发展之间的矛盾，又以多目标的综合绩效评价机制保证其在区域竞争中对群众满意度和区域协调发展负责，以提升公共服务治理效率和协调效率。这两个方面的关系，以公平可及和群众满意为导向的"治理有效性"和"协调有效性"是第一位的，以投入产出效率为导向的"规模有效性"和"技术有效性"则是第二位的，后者只有在用来满足四省藏区群众日益增长的美好生活需要和实现四省藏区经济社会发展公共利益时才有意义。

新时代四省藏区公共服务的有效供给，应充分激发地方政府管理公共事务的效率与活力。埃莉诺·奥斯特罗姆（Elinor Ostrom，1990）从制度建设主体角度考察公共产品供给绩效，发现以政府或市场为唯一途径解决公共服务问题的效果均不佳，而在多种组织和多种机制竞争（多中心主义）下，公共产品供给的组织和管理更有效率④。阿瑟·塞西尔·庇古（Arthur Cecil Pigou，1920）⑤、阿马蒂亚·森（Amartya Sen，1970）⑥ 等学者从社会福利角度出发，认为公共决策的制定应紧紧围绕个体权利范围，创造社会福利的并不是商品本身，而是它所带来的那些机会和活动，政府管理公共事务的效率和活力的测度，应该

---

① 国务院办公厅. 关于印发国家基本公共服务体系"十二五"规划的通知（国发〔2012〕29 号）〔Z〕. 2012 - 07 - 11.

② 国务院办公厅. 关于印发"十三五"推进基本公共服务均等化规划的通知（国发〔2017〕9 号）〔Z〕. 2017 - 01 - 23.

③ 中共中央办公厅，国务院办公厅. 关于建立健全基本公共服务标准体系的指导意见〔Z〕. 2018 - 12 - 12.

④ ［美］埃莉诺·奥斯特罗姆. 公共事物的治理之道：集体行动制度的演进〔M〕. 余逊达，陈旭东译. 上海：上海三联书店，2000.

⑤ ［英］阿瑟·塞西尔·庇古. 福利经济学〔M〕. 金镝译. 北京：华夏出版社，2013.

⑥ ［印度］阿马蒂亚·森. 以自由看待发展〔M〕. 任赜，于真译. 北京：中国人民大学出版社，2001.

紧紧围绕公共服务带来的社会福利增进情况来进行。因此，新时代背景下研究四省藏区公共服务的有效供给问题，不仅需要调查研究"十三五"时期精准扶贫战略改善四省藏区公共服务供给现实条件的成效，还需从社会保障直接兜底四省藏区社会民生，基础设施类公共服务改善四省藏区群众生产生活条件，生活类公共服务直接增进四省藏区贫困群众福利，生产类公共服务有效提升贫困群众发展能力，教育文化类公共服务阻断贫困代际传递等方面，调查研究四省藏区公共服务供给激发地方政府管理公共事务效率与活力的有效性。

新时代四省藏区公共服务的有效供给，应成为国家治理体系和治理能力现代化的重要内容之一。总体来看，国外学术界对公共产品有效供给的理论研究起步较早，主要围绕公共产品的绩效管理与绩效评价展开。以政府绩效评价为重要实现方式的公共产品有效供给，作为公共管理过程中的一项措施，是西方国家在现存政治制度的基本框架内，在政府部分职能市场化和公共服务输出市场化以后，在政府公共部门与群众关系基本定位的前提下，由民权运动和科学技术的推动所采取的一种政府治理方式[①]。20世纪70年代出现和兴起的，以普雷斯曼（Jeffrey L. Pressman）和韦达夫斯基（Aaron Wildavsky）为主要代表的政策科学和公共政策分析的公共行政主流学派，最早将公共行政问题的焦点由政策组织、结构与过程转移到公共项目及其所产生的结果上，从而使绩效管理问题成为了公共治理中的焦点问题。随着对该问题的以政治学、社会学、经济学和心理学等学科为基础所进行的跨学科研究的推进，虽然涌现出企业家政府理论、新公共管理理论等多个理论派别，但绩效管理与绩效评估成为公共治理各理论派别的共同主张。因此，将四省藏区公共服务有效供给问题放在国家治理体系和治理能力现代化的背景下进行研究，不仅应研究其传统的城乡和区域基本公共服务均等化含义、较为普遍使用的公共服务供给"规模有效性"和"技术有效性"含义，更要深入研究其"治理有效性"和"协调有效性"等新含义。

党的十八大提出"建设职能科学、结构优化、廉洁高效、人民满意的服务型政府"，十八届三中全会明确把服务型政府建设作为国家治理体系和治理能力现代化的重要组成部分[②]。随着我国政府对基本公共服务价值、范围、标准、供给机制及制度体系的重新认识和改革创新，极大地推动了我国基本公共服务供给从规模效率目标向技术和质量效率目标协同转变，从粗放型管理向精准化治理转变，四省藏区公共服务有效供给的含义也随之不断丰富和拓展。党的十九届四中全会提出"坚持和完善中国特色社会主义制度、推进国家治理体系和治理能力现代化"的总体要求，对四省藏区公共服务有效供给提出了更高要求，也赋予其更丰富的时代含义。不仅包括加大公共服务投入力度，促进四省藏区城乡和区域基本公共服务均等化水平的提升，还包括通过公共服务供给方式和能力的现代化，促进四省藏区公共服务供给规模和技术效率提升，"规模有效性"和"技术有效性"增强；不仅包括调整公共服务供给时序，优化公共服务资源的空间配置，减少公共服务供给效率的时序和空间失配型漏损，促进四省藏区公共服务治理效率提升，"治理有效性"的增强，还包括有效提升四省藏区公共服务与多系统的协调效率，促进公共服务与绿色经济、新型

---

①　蔡立辉. 西方国家政府绩效评估的理念及其启示［J］. 清华大学学报（哲学社会科学版），2003（1）：76-84.
②　赵立波. 大部制改革：理性定位与战略设计［J］. 行政论坛，2013，20（3）：19-26.

·31·

城镇化、乡村振兴和民族团结进步协调发展，增强其"协调有效性"；不仅包括引导多元主体参与公共服务的供给和评价，探索多向路径实现公共服务有效供给，党建引领公共服务"五治协同"的治理新机制，基本和藏区特色公共服务互补供给的新模式，还包括综合评价公共服务与绿色经济、新型城镇化、乡村振兴和民族团结进步的协调发展水平，健全和完善四省藏区公共服务的有效供给机制。按照有利于巩固四省藏区精准扶贫成效，有利于促进四省藏区区域协调绿色发展，新型城镇化和乡村振兴协同发展，民族团结进步的要求，促进四省藏区公共服务供给主体逐步从"单一主体"向"多元主体"转变，供给方式从"传统人工服务"向"远程智慧现代＋综合多种公共服务"转变，供给时序逐步从"全盘统一"向"按需优化"转变，资源空间布局从"根据行政区划和户籍人口均等覆盖"向"根据区域主体功能和常住人口优化调整"转变，公共服务治理机制由自治、法治、德治"三治结合"向党建引领下的法治、德治、自治、智治、共治"五治协同"转变。通过上述转变，促进公共服务成为四省藏区民生改善的重要内容，绿色发展的重要支撑，新型城镇化和乡村振兴的重要基础，社会治理现代化的重要手段，富民兴藏以及长治久安的重要保障。上述公共服务有效供给的实现路径和机制，不仅成为新时代四省藏区公共服务供给体系和供给能力现代化的重要内容，也成为新时代国家治理体系和治理能力现代化的重要内容。

四、四省藏区公共服务供给有效性的理论研究框架

如上所述，四省藏区公共服务供给的客观有效性主要由供给规模提升和供给技术进步两方面决定。在运筹学视野中，对四省藏区公共服务供给客观有效性的研究，可以进一步分解为对"规模有效性"和"技术有效性"的研究。此外，新时代背景下研究四省藏区公共服务的供给有效性，还需要研究其供给与需求均衡的"治理有效性"。不仅需要对四省藏区主要基本公共服务供给的规模效率和技术效率进行测度，以反映其"规模有效性"和"技术有效性"，还需要调查研究不同区域和不同居住模式下公共服务对象（群众）对各类公共服务的满意度和需求度等，测度公共服务供给的治理效率，以反映其"治理有效性"。加之新时代背景下，绿色经济发展、新型城镇化、乡村振兴和民族团结进步等对于富民兴藏具有特殊重要性。因此，在国家治理体系和治理能力现代化的新时代背景下，研究四省藏区公共服务供给的有效性，还需要调查研究四省藏区公共服务与经济、社会、生态等多个发展系统间的协调效率，从更多层面综合反映四省藏区公共服务供给的"规模有效性""技术有效性""治理有效性"和"协调有效性"。

综上所述，本书根据新时代四省藏区公共服务有效供给的多重含义，从城乡和区域基本公共服务均等化，公共服务供给的"规模有效性""技术有效性""治理有效性"和"协调有效性"多个研究视角，构建新时代背景下四省藏区公共服务供给有效性的理论分析框架（见图 1 - 3 - 1），统领全书理论及实证研究内容。

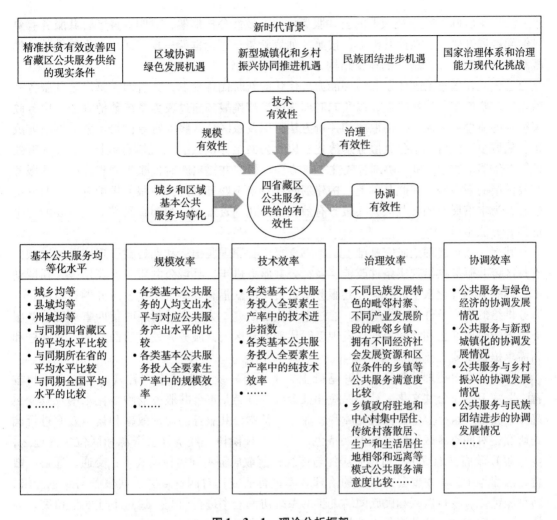

图1-3-1 理论分析框架

第四节 研究思路、方法、创新及展望

在新时代四省藏区公共服务供给有效性的理论研究框架下，本节确定了四省藏区公共服务有效供给的"研究背景—理论框架—现实条件—多维绩效—挑战和需求—路径和机制"的基本研究思路和逻辑结构。在此基础上，较为系统地梳理了全书各章节的研究方法和技术路线，从研究视角、框架和方法等方面进一步厘清全书的创新之处，并针对现阶段研究不足提出下一步研究展望。

一、研究思路及逻辑结构

本书以民族学、社会学、经济学和政治学的相关理论为指导，将四省藏区公共服务有效供给问题放在国家治理体系和治理能力现代化的新时代背景下，构建并运用"规模 + 技术＋治理＋协调"效率视域下的公共服务供给有效性分析框架,对四省藏区公共服务有效供给问题展开研究。在此基础上,按照"研究背景—理论框架—现实条件—多维绩效—挑战和需求—路径和机制"的逻辑结构,组织撰写全书。

首先,在国家治理体系和治理能力现代化的新时代背景下,分析四省藏区公共服务有效供给面临的多种战略机遇,以及同时面临的严峻挑战。通过较为系统地梳理公共服务政策绩效的概念、内涵、价值取向和评价方法,以及藏区公共服务有效供给问题前期研究成果,从城乡和区域基本公共服务均等化,以及公共服务供给的"规模有效性""技术有效性""治理有效性"和"协调有效性"等方面,研究并提出新时代赋予四省藏区公共服务有效供给的新内涵。在此基础上,构建新时代背景下四省藏区公共服务供给有效性的分析框架,为本书展开四省藏区公共服务有效供给问题的宏观和微观调查研究提供重要的理论框架和方法指引。

其次,在上述理论研究基础上,本书立足于我国现实国情和四省藏区现实区情,从四省藏区公共服务供给现实条件改善、乡村公共服务进步、县域公共服务保障增强、州域基本公共服务均等化水平提升、公共服务增进贫困群众福利等多个维度,研究四省藏区公共服务供给的现实条件和多维绩效。通过上述实证研究,为客观分析新时代四省藏区公共服务供给的时序变化和空间特征,发现新时代四省藏区公共服务有效供给面临的现实问题和新需求提供重要支撑。

再次,在上述理论和实证研究基础上,本书进一步对近年来四省藏区十个自治州教育、医疗卫生、公共文化、社会保险和社会服务五类基本公共服务的均等化水平及其变化趋势,教育、医疗卫生、社会保障和就业四类基本公共服务的规模效率和技术效率进行调查研究;对四省藏区不同民族发展特色、产业发展阶段、经济社会资源和区位条件地区,乡(镇)政府驻地或中心村集中居住与传统村落散居等不同居住模式下,交通、通信、教育、医疗等十二类主要公共服务的治理效率进行研究;对四省藏区公共服务与绿色经济、新型城镇化、乡村振兴和民族团结进步的系统协调效率进行研究。通过上述实证研究,为深入探寻四省藏区公共服务有效供给的实现路径和机制提供重要支撑。

最后,针对上述调查研究得出的结论,提出新时代背景下四省藏区公共服务有效供给的路径和机制建议。从引导多元主体参与四省藏区公共服务供给和评价,探索多向路径实现四省藏区公共服务有效供给,党建引领公共服务"五治协同"治理新方式,基本和藏区特色公共服务互补供给新模式,县域旅游协同发展助推藏区公共服务增效,综合评价四省藏区公共服务与绿色经济、新型城镇化、乡村振兴、民族团结进步协调发展水平等方面,提出健全完善四省藏区公共服务有效供给机制的政策建议。

二、研究方法及技术路线

本书在广泛借鉴前期相关研究成果基础上,综合采用宏观统计数据和政策调查、微观入户问卷和访谈调查等实证研究方法,变异系数和全要素生产率测度方法,全局和局部 Moran's I 指数、Moran 散点图和 Lisa 集聚图等探索性空间数据分析方法,DEA - BCC 模型、DEA - Malmquist 指数模型、KANO 模型、耦合协调度模型和空间自相关模型等,从规模、技术、治理和协调效率多个研究视角,涉及公共服务、绿色经济、新型城镇化、乡村振兴和民族团结进步多个发展领域,跨省域研究新时代四省藏区公共服务有效供给问题。

避免将该问题从整个经济社会发展系统中割裂出来单独分析，可以突破就公共服务问题自身来研究公共服务问题，或者单纯从基本公共服务均等化视角研究四省藏区公共服务问题的局限。

本书主要采用"知识图谱＋文献综述"的方法，对公共服务有效供给问题进行学术史梳理和研究动态分析。在对公共服务政策绩效的概念、内涵、价值取向、评价方法，以及藏区公共服务绩效研究的理论成果等进行文献综述基础上，研究新时代国家治理体系和治理能力现代化赋予四省藏区公共服务有效供给的新内涵。根据四省藏区公共服务供给"规模有效性""技术有效性""治理有效性"和"协调有效性"的内涵要求，从公共服务供给规模效率、技术效率、治理效率和协调效率多个视角，构建分析四省藏区公共服务有效供给问题的理论框架。为后续研究四省藏区公共服务有效供给的现实条件、多维绩效、挑战和需求、路径和机制等，提供理论分析和实证研究依据。

本书在结合使用理论分析和实证研究方法时，突出实证研究特色。以民族学、社会学、经济学和政治学等学科的科学社会主义理论、公共治理善治理论、全要素生产率理论、顾客满意度理论、系统耦合协调度理论等为指导，实证研究新时代四省藏区公共服务有效供给的现实需求、优化路径和实现机制等。构建教育、医疗卫生、公共文化、社会保险和社会服务五类基本公共服务指数的测度指标体系，使用变异系数法对四省藏区十个自治州基本公共服务均等化的政策绩效进行时序变化和空间特征比较研究；构建教育、医疗卫生、社会保障和就业四类基本公共服务的投入产出指标体系，使用 DEA－BCC 模型和 DEA－Malmquist 指数模型等，对四省藏区十个自治州公共服务规模效率和技术效率进行时序变化和空间特征比较研究；根据四省藏区基础设施类、生活和生产类十二种主要公共服务的典型案例调查问卷数据，使用 KANO 模型的公共服务满意度弹性分析法，对四省藏区不同区域、不同居住模式下的公共服务治理效率进行比较研究；构建四省藏区绿色经济、新型城镇化、乡村振兴和民族团结进步指数的测度指标体系，采用耦合协调度模型和空间自相关模型，全局和局部 Moran's I 指数、Moran 散点图和 Lisa 集聚图等探索性空间数据分析方法，对四省藏区公共服务与多系统的协调效率进行研究。努力使对四省藏区公共服务有效供给的政策和机制研究建立在更切合四省藏区现实情况的基础之上，以使"现实中的政策"促进"纸面上的政策"改进和完善。

针对研究对象涉及范围广且调查难度大的问题，本书使用微观调查和宏观调查研究相结合的方法。研究对象涉及四省藏区十多个自治州、70 多个县（市、行委），面积 110 多万平方千米，人口总数约 548 万，包括藏族、汉族、羌族、蒙古族、回族等数十个少数民族，且分布在高原、高山和峡谷等多种类型区域，加之公共服务的种类多样，内容非常广泛。为体现研究的典型性、代表性和实证性，本书从四省藏区选取典型案例，对不同民族特色毗邻村寨，处于不同产业发展阶段的毗邻乡（镇），拥有不同经济社会资源和区位条件的乡（镇）；乡（镇）政府驻地集中居住和中心村集中居住，乡（镇）政府驻地集中居住和高半山区传统村落散居，纯农区中心村集中居住和半农半牧区散居，游牧民定居社区、城中村和纯农区中心村等不同居住模式下，公共服务的供给有效性和现实需求差异等，进行微观调查和比较研究。结合四省藏区实际情况，从国务院《"十三五"推进基本公共服务均等化规划》中选取交通、通信、教育、医疗卫生、社会保障和就业、公共文化体育服务等主要公共服务，展开宏观和微观调查研究。主要通过查阅国家、省、州、县

（市）的统计年鉴和统计公报等，与各地政府相关职能部门和专家座谈等方式进行宏观调查研究，以把握四省藏区经济社会发展情况，公共服务供给现实条件改善情况，乡村、县域和州域公共服务供给的多维度绩效情况等。

针对新时代四省藏区公共服务供给的现实条件发生深刻变化的现实，本书采用"时序变化＋区域比较"的方法，从时序变化和空间差异两方面研究新时代四省藏区公共服务现实需求差异及供需非均衡问题。特别是新时代背景下四省藏区传统村落"空心化"，县城周边自发移民队伍"扩大化"，城乡公共服务数字化鸿沟"明显化"，定居游牧民生产和生活空间"分离化"，不同区位条件、居住模式、产业特色地区公共服务需求"差异化"等诸多现实问题，及其给四省藏区公共服务有效供给带来的新挑战和新需求。

本书主要采取上述研究方法，循着图1－4－1所示技术路线，在四省藏区40多个县（市）实地调研，从中选取典型案例进行研究，形成《四省藏区公共服务有效供给调查案例集》。该案例集主要包括《公共服务增进四川藏区稻城县贫困群众福利的调查报告》《四川藏区科技公共服务供给方式创新的调查报告》《甘肃藏区迭部县公共服务供给现实问题的调查报告》《云南藏区香格里拉市公共服务供给现实问题的调查报告》《四川藏区松潘县公共服务供给现实问题的调查报告》《青海藏区海北州公共服务现实问题的调查报告》等案例。在理论研究和宏观、微观调查研究基础上，最终形成课题研究总报告《川甘青滇连片特困藏区公共服务有效供给的调查及对策研究》，以及《关于县域旅游协同发展助推藏区民生改善》等系列对策建议报告。最后，在《四省藏区公共服务有效供给调查案例集》《川甘青滇连片特困藏区公共服务有效供给的调查及对策研究》课题报告，以及《关于县域旅游协同发展助推藏区民生改善》等系列对策建议报告基础上，形成本书。

三、研究创新及展望

基于以上的研究，本书拟在以下几个方面有所突破或创新：

在对现有理论和研究成果进行较为系统梳理的基础上，将新时代背景下公共服务供给体系和供给能力现代化的一般规律与四省藏区的特定区情相结合，力争在研究视角上有所创新。根据新时代赋予四省藏区公共服务有效供给的多重含义，从公共服务供给的"规模有效性""技术有效性""治理有效性"和"协调有效性"等多个视角，跨省域比较研究新时代四省藏区公共服务的有效供给问题，具有较强的理论性和时代性。

根据新时代赋予四省藏区公共服务有效供给的新内涵，构建了一个新时代背景下四省藏区公共服务供给有效性的理论分析框架。传统的分析框架主要包括城乡和区域基本公共服务均等化，更多强调公共服务供给的"规模有效性"和"技术有效性"。在新时代国家治理体系和治理能力现代化的背景下，四省藏区群众日益增长的美好生活需要和不平衡不充分的发展之间的矛盾，公共服务与绿色经济、新型城镇化、乡村振兴和民族团结进步的强烈耦合协调效应，迫使我们不得不重新审视原有的公共服务供给有效性分析框架。本书在传统分析框架的基础上，不仅阐释了四省藏区公共服务供给"治理有效性"和"协调有效性"的新内涵，而且还构建了一个以公共服务供给能力现代化为目标，以公共服务供给的规模、技术、治理和协调效率提升为主要内容，兼顾区域协调绿色发展、新型城镇化和乡村振兴协同发展、民族团结进步的，新时代背景下四省藏区公共服务供给有效性分析框架。

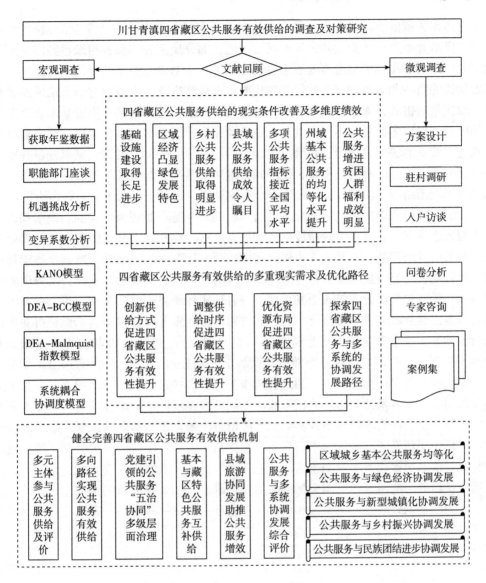

图 1-4-1　研究技术路线

　　使用新时代背景下四省藏区公共服务供给有效性分析框架,对四省藏区公共服务有效供给的现实需求做了较深入的分析。从教育、医疗卫生、公共文化、社会保障和就业服务的供给规模效率和技术效率差异,剖析新时代四省藏区公共服务供给体系和能力现代化的现实需求;从不同发展特色地区和不同居住模式下十二类主要公共服务的治理效率和供给优先序差异,剖析新时代四省藏区调整公共服务供给时序,优化公共服务资源空间布局的现实需求;从四省藏区十个自治州公共服务与绿色经济、新型城镇化、乡村振兴和民族团结进步等多个系统的协调效率差异,发现优质和良好协调发展示范区辐射带动勉强协调和濒临失衡地区,实现连片聚集高效协同发展的现实需求。实证研究中运用了大量的统计数据和问卷调查数据,对四省藏区十个自治州进行多种供给效率的比较分析,这与现有的研究多侧重于川甘青滇某一个省份或者公共服务某一方面问题的研究有所不同。

为促进四省藏区公共服务供给能力现代化，应对城乡公共服务数字化鸿沟扩大问题，公共服务供给效率的时序和空间失配型漏损问题，部分地区公共服务与绿色经济、新型城镇化、乡村振兴、民族团结进步发展不协调问题等，本书研究提出新时代四省藏区公共服务有效供给的路径和机制建议。抓住新时代的多重战略机遇，积极应对国家治理体系和治理能力现代化的挑战，深化公共服务供给侧结构性改革，在持续深入推进基本公共服务均等化的同时，引导多元主体参与公共服务供给和评价，探索多向路径实现公共服务有效供给，党建引领下的法治、德治、自治、智治、共治"五治协同"治理的新机制，基本和藏区特色公共服务互补供给的新模式，促进四省藏区公共服务与绿色经济、新型城镇化、乡村振兴和民族团结进步协调发展，不断健全和完善四省藏区公共服务的有效供给机制。

事实上，对四省藏区公共服务有效供给问题的研究是一个较为宏大的系统工程，需要不断地深入进行下去。就本书现阶段的研究成果来讲，存在着一些研究不足或是需要今后进一步深入研究的问题。一是由于本课题跨民族学、社会学、经济学、政治学等学科的研究特点比较明显，笔者虽然努力综合运用多学科的多种理论和方法，从公共服务供给的规模、技术、治理和协调效率等多个视角展开跨省域比较研究，但仍存在一些力有所不逮之处，有待本书后续研究进一步完善。二是四省藏区公共服务有效供给的实地调查和典型案例选取，涉及十多个自治州、七十多个县（市、行委），总面积110多万平方千米，人口总数约548万，包括藏族、汉族、羌族、蒙古族、回族等数十个少数民族，且分布在高原、高山和峡谷等多种类型区域，加之公共服务种类多样且内容广泛，调查研究难度大的特点比较明显。笔者虽然努力选取四省藏区不同民族发展特色的毗邻村寨、不同产业发展阶段的毗邻乡镇、拥有不同经济社会资源和区位条件的乡镇典型案例；乡（镇）政府驻地和中心村集中居住模式、纯农区中心村集中居住与半农半牧区散居模式、乡（镇）政府驻地和传统村落散居模式、生产和生活居住地邻近与远离等不同居住模式的典型案例，进行公共服务供给效率的时序和空间失配型漏损问题研究，现实需求和供给优先序的区域比较研究，着力凸显调查研究的典型性和代表性，但难免存在一些遗漏，需要在今后的研究中进一步补充完善。

第二章 四省藏区公共服务供给的现实条件

健全完善的基础设施、坚实的经济社会基础、适度规模的人口聚集、高素质的服务人才和现代化的服务技术等，是新时代公共服务供给规模、技术、治理和协调效率的内在要求和必备条件。近年来，在中央和地方财政大力支持下，四省藏区公共服务供给的现实条件逐步改善，基础设施建设取得长足进步，县域经济凸显绿色发展特色，经济社会发展基础逐步夯实。但是，受自然条件、地理环境、思想观念和历史欠账等影响，四省藏区公共服务有效供给依然存在诸多障碍。

第一节 现实条件明显改善

近年来，四省藏区抓住全国《"十三五"现代综合交通运输体系发展规划》"十纵十横"综合运输大通道建设机遇[1]，加快构建区域综合交通运输体系，公路、铁路、航空、通信等基础设施建设取得长足进步，成为推动地区社会事业进步和经济跨越发展的重要动力。积极发展全域特色文化旅游、高原绿色种养殖产业等，县域经济发展和产业结构凸显绿色发展特色，在高度保障国家生态安全的同时，部分县域的财政自给率明显上升，成为四省藏区公共服务供给现实条件改善的重要支撑。

一、基础设施建设取得长足进步

（一）公路基础设施

由于平均海拔高、自然条件艰苦、地质条件复杂、自然灾害多发频发，历史上四省藏区交通条件相对落后，综合交通运输体系构建面临诸多挑战。一是交通基础设施总量、密度较低，对外综合交通运输能力亟待提升。二是少数民族自治州交通通达深度不够、公路等级偏低、各种运输方式之间衔接不充分，站场设施、安全救助装置、公共信息服务系统等建设缺乏互联互通，桥涵设施配套不足，路网功能不够完善。三是交通基础设施建设项目大多具有明显的国土开发性或公益性特征，经济效益较差，吸引社会资本进入较为困难，财政保障压力较大。近年来，在中央和地方财政的大力支持下，四省藏区加快构建综合交通运输体系，正努力融入全国《"十三五"现代综合交通运输体系发展规划》"十纵十横"综合运输大通道中，成为推动四省藏区经济社会跨越发展，公共服务供给现实条件改善的重要动力之一。

---

① 中华人民共和国交通运输部.《"十三五"现代综合交通运输体系发展规划》解读［J］.吉林交通科技，2017（1）：67.

中华人民共和国成立后，十万筑路工人修建的川藏公路从成都直通拉萨，拉开了四川藏区公共交通基础设施建设的序幕。特别是进入 21 世纪以来，四川藏区多项重大交通基础设施工程的建设完工，推动四川藏区交通基础设施健全完善。2018 年 12 月，四川省雅安市与甘孜州康定市之间高速公路（以下简称雅康高速公路）的建成通车，标志着四川藏区迈入高速公路时代，四川藏区交通基础设施水平迈上新台阶。全长 135 千米的雅康高速公路，桥隧比高达 82%，是四川藏区首条高速公路，也是四川藏区交通通达力提升的重要标志[1]。截至 2019 年 12 月底，四川藏区第二条高速公路，阿坝州汶川县与马尔康市之间的高速公路（简称汶马高速）已建成 148 千米，预计将于 2020 年全线贯通，将进一步提升四川藏区公路基础设施的服务水平。从 2013 ~ 2017 年公路密度和等级公路密度的变化趋势来看，近年来四川藏区的交通大会战政策成效明显。四川藏区的公路密度和等级公路密度逐渐加大，2013 ~ 2017 年平均每平方千米土地上的公路与等级公路里程分别提升了 0.0458 千米和 0.0597 千米[2]。根据表 2 - 1 - 1 和表 2 - 1 - 2 中数据计算，2013 ~ 2017 年四川藏区大部分县（市）的公路密度和等级公路密度明显提升，超过 80% 的县（市）公路密度增加，接近 90% 的县（市）等级公路密度增加，县域交通通达性明显提升。其中提升幅度最大的泸定县，2013 ~ 2017 年平均每平方千米土地上的公路与等级公路里程分别提升了 0.2462 千米和 0.2809 千米；紧随其后的炉霍县，平均每平方千米土地上的公路与等级公路里程分别提升了 0.1616 千米和 0.1872 千米；排第三位的巴塘县和石渠县，巴塘县平均每平方千米土地上的公路里程增加了 0.1442 千米，石渠县平均每平方千米土地上的等级公路里程增加了 0.1718 千米。2013 年以来，泸定县、茂县、黑水县、丹巴县、炉霍县、甘孜、巴塘县和得荣县八个县的公路密度和等级公路密度均已明显高于四川藏区的平均值。

表 2 - 1 - 1　四川藏区县域公路密度数据　　　　单位：千米/平方千米

地区	2013 年	2014 年	2015 年	2016 年	2017 年	五年增加值
马尔康市	0.1699	0.1723	0.1752	0.1745	0.1745	0.0046
汶川县	0.1580	0.1935	0.1781	0.1761	0.1761	0.0181
理县	0.1596	0.1596	0.1572	0.1572	0.1572	- 0.0024
茂县	0.2870	0.2950	0.3055	0.3315	0.3315	0.0445
松潘县	0.0883	0.0891	0.0917	0.0948	0.0948	0.0065
九寨沟县	0.1652	0.1663	0.1663	0.1662	0.1662	0.0010
金川县	0.2428	0.2353	0.2352	0.2362	0.2437	0.0009
小金县	0.2334	0.2318	0.2316	0.2307	0.2307	- 0.0027
黑水县	0.3449	0.3455	0.3455	0.3440	0.3450	0.0001
壤塘县	0.1065	0.1065	0.1043	0.1075	0.1075	0.0010
阿坝县	0.0958	0.1018	0.0987	0.0988	0.0988	0.0030
若尔盖县	0.1226	0.1191	0.1178	0.1164	0.1174	- 0.0052
红原县	0.1175	0.1151	0.1150	0.1161	0.1161	- 0.0014

---

① 周驰. 四川藏区交通巨变：公路网络四通八达逐步迈入"高速时代" [EB/OL]. http://www.chinanews.com/gn/2019/09 - 27/8967446，2019 - 09 - 27.

② 四川藏区县域公路密度也有下降的，其中最为明显的是稻城县，其公路密度和等级公路密度从 2013 年到 2017 年降低近一半的水平，主要原因在于公路里程统计口径的变化。

地区	2013 年	2014 年	2015 年	2016 年	2017 年	五年增加值
康定市	0.1553	0.1658	0.2121	0.2417	0.2735	0.1182
泸定县	0.3621	0.4166	0.4564	0.6637	0.6083	0.2462
丹巴县	0.3194	0.3686	0.3686	0.3967	0.3686	0.0492
九龙县	0.1977	0.1978	0.2158	0.2269	0.2247	0.0270
雅江县	0.2092	0.2321	0.2536	0.2798	0.3029	0.0937
道孚县	0.2207	0.2318	0.2339	0.2339	0.2341	0.0134
炉霍县	0.3196	0.3067	0.3221	0.4136	0.4812	0.1616
甘孜县	0.3072	0.2910	0.2910	0.3107	0.2825	− 0.0247
新龙县	0.1199	0.1516	0.1516	0.1739	0.2158	0.0959
德格县	0.1587	0.1777	0.2026	0.1872	0.2275	0.0688
白玉县	0.1913	0.2159	0.2159	0.2189	0.2189	0.0276
石渠县	0.0764	0.0770	0.1007	0.1962	0.1912	0.1148
色达县	0.1438	0.1530	0.1905	0.1708	0.1907	0.0469
理塘县	0.1189	0.1536	0.1601	0.1641	0.1611	0.0422
巴塘县	0.2258	0.2374	0.2374	0.2720	0.3700	0.1442
乡城县	0.1859	0.2127	0.2127	0.2747	0.2618	0.0759
稻城县	0.1912	0.1916	0.1916	0.1696	0.1917	0.0005
得荣县	0.4808	0.5202	0.5202	0.4578	0.5219	0.0411
木里县	0.1471	0.1640	0.1808	0.2005	0.2037	0.0566
四川藏区	0.2007	0.2124	0.2200	0.2376	0.2465	0.0458

资料来源：四川省统计局官网。

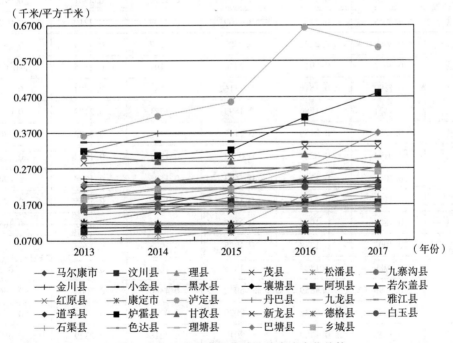

图 2 - 1 - 1　四川藏区县域公路密度变化趋势

注：数据来源于表 2 - 1 - 1。

表2-1-2　四川藏区县域等级公路密度数据　　单位：千米/平方千米

地区	2013 年	2014 年	2015 年	2016 年	2017 年	五年增加值
马尔康市	0.1627	0.1651	0.1746	0.1739	0.1745	0.0118
汶川县	0.1511	0.1820	0.1729	0.1741	0.1761	0.0250
理县	0.1552	0.1572	0.1552	0.1552	0.1572	0.0020
茂县	0.2549	0.2839	0.2972	0.3285	0.3315	0.0766
松潘县	0.0862	0.0872	0.0901	0.0933	0.0942	0.0080
九寨沟县	0.1584	0.1604	0.1604	0.1613	0.1662	0.0078
金川县	0.2396	0.2323	0.2321	0.2332	0.2405	0.0009
小金县	0.2334	0.2284	0.2281	0.2277	0.2275	-0.0059
黑水县	0.3140	0.3146	0.3146	0.3132	0.3141	0.0001
壤塘县	0.1005	0.1010	0.0989	0.1020	0.1020	0.0015
阿坝县	0.0814	0.0875	0.0921	0.0939	0.0939	0.0125
若尔盖县	0.1216	0.1181	0.1168	0.1154	0.1163	-0.0053
红原县	0.0980	0.0959	0.0960	0.0967	0.0967	-0.0013
康定市	0.1387	0.1492	0.1920	0.2365	0.2712	0.1325
泸定县	0.3182	0.3774	0.4480	0.6605	0.5991	0.2809
丹巴县	0.2847	0.3466	0.3477	0.3877	0.3651	0.0804
九龙县	0.1821	0.1821	0.2001	0.2145	0.2130	0.0309
雅江县	0.1520	0.1748	0.1977	0.1994	0.2301	0.0781
道孚县	0.2038	0.2151	0.2209	0.2209	0.2210	0.0172
炉霍县	0.2662	0.2541	0.2702	0.3777	0.4534	0.1872
甘孜县	0.3072	0.2910	0.2910	0.3107	0.2825	-0.0247
新龙县	0.1199	0.1516	0.1516	0.1739	0.1984	0.0785
德格县	0.1431	0.1586	0.1899	0.1781	0.2127	0.0696
白玉县	0.1881	0.2159	0.2159	0.2182	0.2182	0.0301
石渠县	0.0194	0.0264	0.0522	0.1962	0.1912	0.1718
色达县	0.1048	0.1210	0.1693	0.1595	0.1794	0.0746
理塘县	0.1134	0.1479	0.1549	0.1588	0.1555	0.0421
巴塘县	0.1808	0.1964	0.2127	0.2424	0.3462	0.1654
乡城县	0.1007	0.1288	0.1288	0.1908	0.1766	0.0759
稻城县	0.1789	0.1804	0.1875	0.1663	0.1917	0.0128
得荣县	0.3396	0.4859	0.5010	0.4386	0.5065	0.1669
木里县	0.0450	0.0635	0.0820	0.0937	0.1515	0.1065
四川藏区	0.1732	0.1900	0.2013	0.2216	0.2329	0.0597

资料来源：同表2-1-1。

（千米/平方千米）

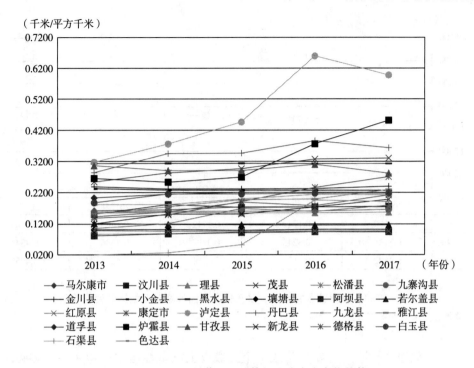

图 2 - 1 - 2　四川藏区县域等级公路密度变化趋势

注：数据来源于表 2 - 1 - 2。

　　虽然甘肃藏区大都处于高山丘陵地带，地理地势险峻，自然条件艰苦，公共服务基础设施建设难度极大，建设成本也相对很高，但随着国家对甘肃藏区基础设施建设的巨大投入，近年来甘肃藏区公路基础设施建设取得重大突破。根据图 2 - 1 - 3 中数据计算，2013 ～ 2017 年，甘肃藏区甘南州平均每平方千米土地上的公路里程数从 0.1679 千米增加至 0.1684 千米。截至 2017 年底，虽然甘南州的公路密度依然低于同期全省和全国平均水平，但其公路总里程已达 7577 千米，相比 2012 年底增加 2216 千米，人均公路占有里程数已达到每万人 105.79 千米，是同期全国平均水平的 3 倍左右。其中，等级公路 6696 千米，高速公路 68 千米。G30 高速、G338 国道和 G312 国道通过天祝县，G213 国道联通合作市、碌曲县和夏河县，S312 省道通过夏河县进入青海省，S311 省道通过临潭县进入临夏州，S313 省道通过迭部县和舟曲县，S306 省道通过合作市、卓尼县和临潭县。

　　进入 21 世纪以来，青海藏区的公路交通基础设施条件大幅改善，农牧区交通运输服务水平逐步提升。"十五"时期，高速公路从无到有，省会到州府、州府到县城油路化基本实现，县际公路、县乡公路及农村公路硬化工程逐步实施[1]。"十一五"时期，基本实现县县通油路、乡乡通公路、村村通公路、2761 个行政村村道实现道路硬化[2]。"十二五"期间，青海省主要以藏区和其他集中连片特困地区为重点，加强了农村牧区公路建设，基本实现市（州）政府所在地建成 1 个一级汽车客运站，东部地区县城建成 1 个二级以上汽

①　青海省人民政府办公厅．青海省交通发展"十一五"规划［Z］.2018 - 02 - 02.
②　青海省人民政府办公厅．青海省"十二五"综合交通运输发展规划［Z］.2011 - 08 - 15.

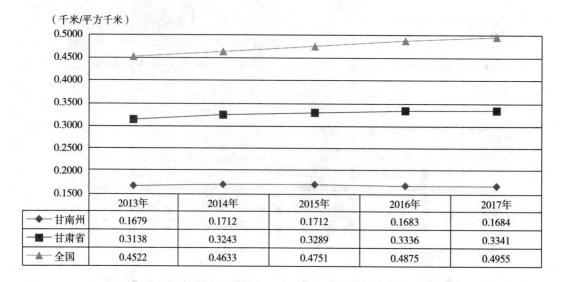

（千米/平方千米）

	2013年	2014年	2015年	2016年	2017年
◆—甘南州	0.1679	0.1712	0.1712	0.1683	0.1684
■—甘肃省	0.3138	0.3243	0.3289	0.3336	0.3341
▲—全国	0.4522	0.4633	0.4751	0.4875	0.4955

图 2 - 1 - 3　甘肃藏区甘南州、甘肃省及全国公路密度数据及变化趋势
资料来源：国家统计局和甘肃省统计局官网。

车客运站，其他地区县城（行委）建成 1 个三级以上汽车客运站；乡（镇）客运站覆盖率达到 88.6%，农村简易站及招呼站 360 个，建制村通客车率达 83.5%，98.6% 的乡（镇）、85.0% 的建制村通沥青（水泥）路①。"十三五"时期，青海藏区进一步加强地方高速公路建设，拓展打通省际通道，形成通向甘肃方向 6 条，通向四川、西藏、新疆方向各 1 条高速公路的高速路网格局，强化一级公路对高速公路网的支撑。根据图 2 - 1 - 4 中数据计算，2013 ~ 2017 年，青海藏区整体公路密度稳步提升，每平方千米土地上的公路里程从 0.0647 千米增加至 0.1019 千米，年均增速达 12.03%。由于青海藏区地形地貌复杂多样，东部地区交通网络分布较为密集，南部和西部地域广阔的玉树州和海西州大部分为高原和山地，公路建设存在资金投入高、施工难度大等问题，公路密度相对较低。根据图 2 - 1 - 4 中数据计算，青海藏区各自治州之间公路密度差距较为明显，截至 2017 年底，青海藏区公路密度最高的海北州（0.2974 千米/平方千米），其公路密度比最低的海西州高 0.2418 千米/平方千米，比玉树州高 0.2239 千米/平方千米。根据图 2 - 1 - 4 中数据计算，2013 ~ 2017 年，玉树州的公路密度年均增速最高，达到 59.0%，比最低的海南州高 55.6 个百分点；海西州的年均增速达到 5.5%，比最低的海南州高 2.0 个百分点，缩小了与其他自治州的差距。

由于历史欠账多、自然条件约束等原因，交通滞后同样曾是云南藏区经济社会发展的主要制约因素。近年来，云南藏区抓住全省加快路网、航空网、能源网、水网、互联网"五网"建设机遇，大力推进以公路交通为代表的基础设施的建设，取得明显成效。截至2013 年底，云南藏区全域公路通车总里程达到 5543 千米，其中等级公路 4723 千米，占公路通车总里程的 85.2%②。2017 年，云南藏区在建等级以上公路 12 条，域内建设里程达到

---

① 青海省人民政府办公厅．青海省"十三五"综合交通运输体系发展规划［Z］．2018 - 05 - 14．
② 迪庆藏族自治州统计局．迪庆州 2013 年国民经济和社会发展统计公报［Z］．2014 - 10 - 05．

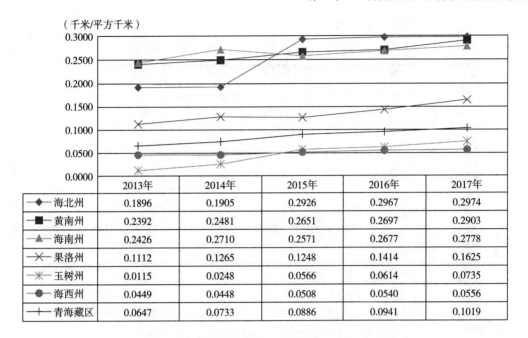

（千米/平方千米）

	2013年	2014年	2015年	2016年	2017年
海北州	0.1896	0.1905	0.2926	0.2967	0.2974
黄南州	0.2392	0.2481	0.2651	0.2697	0.2903
海南州	0.2426	0.2710	0.2571	0.2677	0.2778
果洛州	0.1112	0.1265	0.1248	0.1414	0.1625
玉树州	0.0115	0.0248	0.0566	0.0614	0.0735
海西州	0.0449	0.0448	0.0508	0.0540	0.0556
青海藏区	0.0647	0.0733	0.0886	0.0941	0.1019

图2-1-4 青海藏区州域公路密度数据及变化趋势

资料来源：历年《青海统计年鉴》《中国统计年鉴》。青海藏区县域公路密度数据缺失。

660千米；在建跨金沙江、澜沧江大桥10座，其中7座于当年建成①，基础设施建设推进力度非常大。同时，云南藏区的香格里拉市到西藏自治区昌都市、凉山州西昌市、甘孜州稻城县等地的高速公路，以及德钦县到西藏芒康县盐井镇的二级公路等在建，将有力拓展云南藏区的对外开放通道。根据图2-1-5中数据计算，从2013～2017年公路密度的变化趋势来看，云南藏区平均每平方千米土地上的公路里程数逐年提升，五年共增加0.03千米，年均增速2.6%。截至2018年底，云南藏区公路通车总里程达6886千米，比2013年增加1343千米，五年增长率达到24.2%；基本实现了县县通二级公路，同时修建了云南藏区通往四川藏区稻城县的等级公路，有力促进四省藏区大香格里拉旅游环线的发展。尽管受地理条件等客观因素限制，云南藏区的公路密度不及同期全省及全国平均水平，但得益于国家和地方政府的大力支持，域内公路网络正在稳步完善。

（二）铁路基础设施

为适应全域旅游发展战略的需要，近年来四川藏区在完善公路基础设施的同时，发展铁路和航空运输也取得明显成效。在铁路建设方面，川藏铁路成都至雅安段已于2018年12月建成通车，雅安至灵芝段已进入可行性研究阶段，预计2025年可建成投运②。2018年规划建设的成都至格尔木铁路（途经成都市、汶川县、理县、马尔康市、红原县、阿坝县至青海藏区格尔木市），全长约1270千米。成都至兰州铁路（经过四川藏区阿坝州茂县、九寨沟县等）已有十年的建设工期，即将竣工通车。2019年计划建设都江堰至四姑娘

---

① 迪庆藏族自治州人民政府.2018年迪庆藏族自治州人民政府工作报告［Z］.2019-06-01.

② 雾里明珠.四川到西藏将迎来一条铁路，途经10站，于2018年开工建设［EB/OL］.https://www.so-hu.com/a/236029044_709929，2018-06-15.

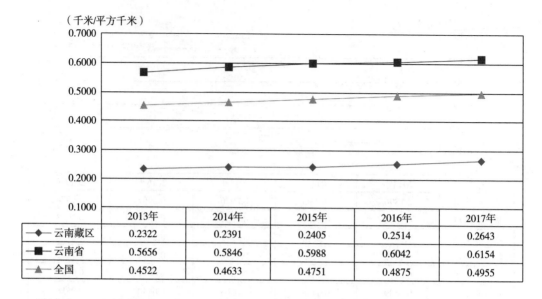

图2－1－5　云南藏区、云南省及全国公路密度数据及变化趋势

资料来源：历年《云南统计年鉴》《中国统计年鉴》，云南藏区县域公路密度数据缺失。

山轨道交通，预估投资约180亿元，在四川藏区阿坝州内设映秀、耿达、卧龙、邓生沟、巴郎山、松林口、四姑娘山等站。2019年还计划建设青海省西宁市至四川省成都市的铁路，途经青海藏区的黄南州、甘肃藏区的甘南州、四川藏区的阿坝州，预估投资约583亿元[①]。随着国家对四川藏区基础设施建设的大力投入，四川藏区将形成公路、铁路和航空运输相结合的更加高效合理的交通运输体系，对四川藏区经济社会发展和公共服务水平提升起到重要支撑作用。

中央和地方政府对甘肃藏区铁路轨道交通建设的投入同样巨大。2019年全线通车，终点站设在甘肃藏区甘南州合作市的兰合铁路是国家"十二五""十三五"规划的重点项目，总投资约239亿元，使甘南州告别了没有铁路的岁月。此外，在建中的成兰高铁穿过甘南州联通陇川两省，在甘南州合作市设有站点，且与兰合铁路互联互通，形成铁路网络。兰新线在甘肃藏区天祝县设有站点，并且在建中的兰州至张掖铁路在天祝县也设有站点，将使天祝县也实现通车高铁，甘肃藏区交通运输水平大幅提升。

青海藏区的铁路基础设施建设较之公路基础设施建设难度更高、投资规模更大、建设周期更长。由于铁路的建设对提高区域快速通达效率、提高大宗货物运输能力、提升区域协同发展能力、促进区域经济发展有至关重要的作用，近年来国家支持青海藏区铁路网络建设不断加强。青藏铁路2006年建成通车，从西宁市起穿过青海藏区海北州、海西州和玉树州进入西藏自治区；兰新铁路起于甘肃兰州，途经青海藏区果洛州和玉树州至西藏自治区的拉萨市。截至2019年底，青海藏区还有3条铁路在建：2014年开工建设的格库铁路，东起青海藏区海西州的格尔木市，西至新疆维吾尔自治区的库尔勒市；2012年开工建

---

①　阿坝州电视台.2019阿坝州重大发展项目来了，与你息息相关［EB/OL］.http：//www.sohu.com/a/296962963_415076，2019-02-22.

设的格敦铁路，将使青海藏区的格尔木市快速通达河西走廊，连接新疆、青海、甘肃、西藏四省（区）；此外，规划中的西宁至成都铁路，途经青海藏区的黄南州、甘肃藏区的甘南州等，建成后将快速连接青海、甘肃、四川三省，途经多个经济欠发达地区及少数民族聚居区。基于已有的青藏铁路和甘藏铁路，《青海省"十三五"综合交通运输体系发展规划》提出打造西宁市和格尔木市两个铁路交通运输枢纽，依托青藏、兰新、格库、格敦、西成、西昌六条干线铁路，形成八个方向的出省大通道，将促使青海藏区轨道交通运输服务水平大幅提升①。

滇藏铁路的建设，将大大提升云南藏区的对外开放水平及域内交通便利程度。截至2019年底仍在建设中的滇藏铁路，连通云南省的昆明市和西藏自治区的拉萨市，其在云南藏区迪庆州境内的线路包括香林铁路和丽香铁路两段。规划中的香林铁路连接云南藏区迪庆州的香格里拉市和西藏自治区的林芝市。于2014年10月开工建设的丽香铁路连接云南省的丽江市和云南藏区的香格里拉市，预计建成后从云南藏区的香格里拉市到云南省的政治经济文化中心、省会城市昆明市的时间可以缩短至6小时以内，将有力推动省会城市对云南藏区的辐射带动作用。

（三）航空基础设施

航空基础设施建设是区域立体综合交通运输网络的重要组成部分。截至2019年9月底，四川藏区在甘孜州已建成投用康定机场、稻城亚丁机场、甘孜格萨尔机场三个机场。于2007年10月首次通航的康定机场地处康定市折多山斯木措，海拔4290米，距康定市区约38千米，是世界第三高海拔机场。截至2019年12月底，康定机场已开通至成都、昆明、重庆、杭州、拉萨、稻城等地多条航线②。于2013年9月正式通航的稻城亚丁机场位于甘孜州稻城县北部的桑堆乡海子山，为国内支线民用机场，距稻城县政府所在地约50千米，为稻城县和周边地区提供航空服务。稻城亚丁机场海拔高度4411米，超过海拔4334米的西藏昌都邦达机场，是世界上海拔最高的民用机场③。截至2018年8月底，已开通稻城亚丁直飞成都、丽江，以及到重庆、昆明、贵阳、西安等地的航线。2019年9月正式投入运营的甘孜格萨尔机场是甘孜州境内继康定机场、稻城亚丁机场之后的第三座机场，位于甘孜县来马镇和德格县错阿镇交界处，海拔4068米，已开通甘孜至成都、重庆、西安、昆明等地航线④。四川藏区的阿坝州已建成九寨黄龙机场、阿坝红原机场两个机场。2003年建成的九寨黄龙机场是阿坝州的首个机场，位于九寨沟、黄龙、牟尼沟三大景区的地理中心位置，辐射带动阿坝州东北部地区交通运输水平的提升。截至2019年12月底，九寨黄龙机场有到成都、重庆、西安、北京、上海、杭州、广州、郑州、武汉、南京、长沙、昆明、张家界、绵阳等地的多条航线在运行。于2014年8月建成的阿坝红原机场，截至2019年底，已开通红原到成都、重庆、西安、拉萨、兰州、贵阳、昆明等地的多条航线，不仅方便了阿坝州西北部地区群众的交通出行，还大大地推动了阿坝州全域旅游产

---

① 青海省人民政府办公厅. 青海省"十三五"综合交通运输体系发展规划［Z］. 2018 – 05 – 14.
② 王晓易. 甘孜两大机场同日实现四地同飞 陆空精品旅游线带你玩转甘孜州［EB/OL］. http：//news. 163. com/15/0617/06/AS9T77DC00014AED. html，2015 – 06 – 17.
③ 稻城亚丁机场有限责任公司. 稻城亚丁机场简介［Z］. 2019 – 10 – 12.
④ 罗昱，高红霞. 甘孜格萨尔机场建设取得重大突破 正式进入飞行校验阶段［EB/OL］. http：//sc. people. com. cn/n2/2018/1209/c345458 – 32386266. html，2018 – 12 – 09.

业发展，特别是红原、若尔盖等地草原旅游产业的发展①。

甘肃藏区的航空基础设施建设近年来也有重大突破。于 2013 年 8 月建成并投入运营的甘南州夏河机场，总投资 7.21 亿元，开通有到成都、西安、银川、拉萨、重庆、天津等地的多条航线，是甘肃省少数民族地区的第一个通航民用机场。在建的天祝县二类通用机场，计划总投资 1.5 亿元，可起降 9 座以下的旅游飞机，预计建成后年实现销售收入 3300 万 ~ 5000 万元，不仅能有效提升甘肃藏区的交通基础设施服务水平，还能有效带动当地及周边地区服务业的发展。

《青海省"十二五"综合交通运输发展规划》提出，在青海藏区陆续建成德令哈、花土沟、果洛、祁连、黄南、青海湖六个支线机场，完成中心机场西宁机场、格尔木机场的改扩建，"十三五"期间全面形成"一主八辅"民用机场运营格局②。截至 2019 年 12 月底，西宁曹家堡机场、玉树巴塘机场、格尔木机场、德令哈机场、花土沟机场、果洛玛沁机场、祁连海北机场已建成并投入使用。截至 2019 年 12 月底，玉树巴塘机场已通航西宁、成都、拉萨、西安、北京等地，格尔木机场已通航拉萨、西宁、郑州、西安等地，花土沟机场已通航敦煌、西安、西宁等地，德令哈机场、果洛玛沁机场、祁连海北机场已通航西宁等地。此外，2018 年青海省提出的"百项万亿"重大工程项目中，又提出在果洛州建设久治机场，将进一步完善青海省的立体交通运输服务体系③。

四省藏区中，云南藏区的航空基础设施建设项目相对较少。于 1999 年建成通航的香格里拉机场，是云南藏区迪庆州唯一的民用机场。该机场占地 3277.95 亩，共有 11 个停机位，航站楼面积共计 17073 平方米，主飞国内航线，已开通 7 条国内定期航线，通航城市有昆明、成都、拉萨、广州、重庆、上海、北京等④。

（四）通信基础设施及其他

其他基础设施建设方面，四省藏区近年来也取得明显进步。截至 2014 年 12 月底，四川省的藏区新居建设项目建成 2 万户，硬化农村村道 345.8 千米，建成农田水利渠系 268 千米⑤。截至 2015 年底，四川藏区无电地区电力建设工程全部完成，全面解决藏区无电人口用电问题和县域电网"孤网"运行问题⑥。此外，近年来四川藏区通信基础设施也得到快速发展（见图 2 - 1 - 6），推动当地通信服务水平的大力提升，加大了四川藏区信息传播的广度、深度和速度，有益于四川藏区基本公共服务均等化的推进。根据图 2 - 1 - 6 中数据计算，四川藏区甘孜和阿坝两州共 31 县（市）的固定电话用户数从 2013 年的 30.71 万户增加到 2018 年的 35.00 万户，年均增长 3.32%；移动电话用户数从 162.12 万户增加到 176.74 万户，年均增长 2.18%；互联网用户数从 26.77 万户增加到 51.98 万户，年均

① 王晓易. 红原机场试飞记：成都飞红原只需"一溜烟" [EB/OL]. http：//news. carnoc. com/list/236/236443. html，2014 - 06 - 06.

② 青海省人民政府办公厅. 青海省"十二五"综合交通运输发展规划 [Z]. 2011 - 08 - 15.

③ 青海省人民政府办公厅. 关于印发全省"百项万亿"重大工程项目责任分工的通知 [Z]. 2018 - 11 - 14.

④ 香格里拉机场官网. 机场概况 [Z]. 2018 - 10 - 24.

⑤ 付韬. 四川省藏区"六大民生工程计划"稳步推进 [EB/OL]. http：//www. scio. gov. cn/zhzc/8/4/Document/1394294/1394294. htm，2015 - 02 - 05.

⑥ 白婉苹. 四川藏区发展快变化大 [EB/OL]. http：//www. sc. gov. cn/10462/10464/10797/2016/11/26/10405480. shtml，2016 - 11 - 26.

增长 18.04%①。

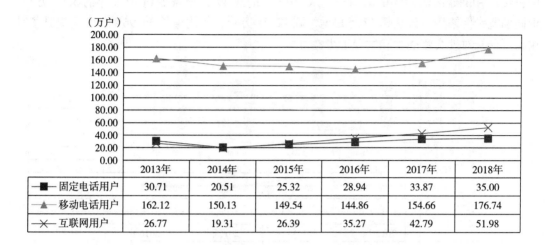

（万户）

	2013年	2014年	2015年	2016年	2017年	2018年
固定电话用户	30.71	20.51	25.32	28.94	33.87	35.00
移动电话用户	162.12	150.13	149.54	144.86	154.66	176.74
互联网用户	26.77	19.31	26.39	35.27	42.79	51.98

图 2 - 1 - 6　四川藏区固定电话、移动电话及互联网用户数据

资料来源：2014～2018 年甘孜州、阿坝州统计公报（缺失凉山州木里县数据）。

中央和地方政府近年来对甘肃藏区邮电通信、供热供气、水利电力、城市绿化、防险防灾等方面基础设施建设的投资力度也极大，取得了瞩目的成效（见图 2 - 1 - 7）。2014 年，甘南州共实施各类基础设施项目 648 项，其中亿元以上 31 项②；天祝县实施各类基础设施项目 195 项，总投资约 181 亿元③。2015 年，甘南州全州行政村网络覆盖率达到 98.6%④；天祝县实施生态、农业、水利、交通、电力、旅游、通信、科教文卫和小城镇基础设施建设等项目 600 余项，累计完成全社会固定资产投资约 440 亿元，城乡基础设施建设步伐明显加快⑤。2016 年，甘南州实现县县通二级公路、所有乡（镇）和 95% 的建制村通硬化路，实施供水供热、道路与排水、污水处理等城乡市政基础设施建设项目 226 个，建成的 1862 处集中供水工程有效解决 64 万人饮水不安全问题，正式通气的甘南州天然气长输管道实现 8 县（市）城区全覆盖⑥；天祝县实施 500 万元以上基础设施建设项目 747 项，总投资 505.52 亿元⑦。2017 年，甘南州共实施 116 项城镇基础设施建设项目⑧；天祝县共实施 500 万元及以上基础设施建设项目 239 项，其中亿元以上项目 13 项⑨。2018 年，甘南州共实施 132 项水利基础设施建设项目和安全饮水提升工程，道路、桥梁、给排水、垃圾及污水处理等城乡市政建设项目约 98 项⑩；天祝县全年共实施 500 万元及以上基

---

① 2013 年到 2014 年间出现通信业务水平的降低主要是统计口径变化造成的。
② 甘南藏族自治州人民政府办公室．甘南藏族自治州 2014 年政府信息公开工作年度报告 [Z]．2015 - 03 - 31.
③ 天祝藏区自治县人民政府办公室．天祝藏区自治县 2014 年政府工作报告 [Z]．2015 - 09 - 18.
④ 甘南藏族自治州人民政府办公室．甘南藏族自治州 2015 年政府信息公开工作年度报告 [Z]．2016 - 03 - 30.
⑤ 甘南藏族自治州人民政府办公室．甘南藏族自治州 2014 年政府信息公开工作年度报告 [Z]．2015 - 03 - 31.
⑥ 甘南藏族自治州人民政府办公室．甘南藏族自治州 2016 年政府信息公开工作年度报告 [Z]．2017 - 03 - 09.
⑦ 天祝藏族自治县人民政府办公室．2016 年天祝藏族自治县人民政府工作报告 [Z]．2016 - 10 - 11.
⑧ 甘南藏族自治州人民政府办公室．甘南藏族自治州 2017 年政府信息公开工作年度报告 [Z]．2018 - 01 - 13.
⑨ 天祝藏族自治县人民政府办公室．2017 年天祝藏族自治县人民政府工作报告 [Z]．2019 - 16 - 23.
⑩ 甘南藏族自治州人民政府办公室．甘南藏族自治州 2018 年政府信息公开工作年度报告 [Z]．2019 - 03 - 06.

础设施建设项目约 158 项①。根据图 2 - 1 - 7 中数据计算，随着手机通信工具对固定电话的替代，甘肃藏区的固定电话用户数从 2013 年的 6.49 万户减少到 2018 年的 5.63 万户，但同期宽带网络用户数从 3.47 万户增加到 12.21 万户，年均增长 36.96%，大大提升了甘肃藏区群众对外交流能力和发展进步能力②。

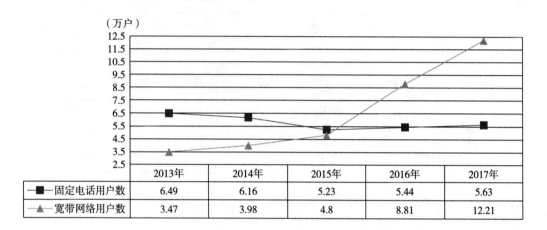

图 2 - 1 - 7　甘肃藏区固定电话和宽带网络用户数据

资料来源：历年《甘肃统计年鉴》。

近年来各级政府对青海藏区其他基础建设投入大量资金，生产生活用电的接通、农网升级改造、通信网络完善等，极大地便捷了青海藏区群众的生产生活。高原美丽乡村建设，村级活动中心建设，污水管网、乡（镇）垃圾集中填埋场建设，村道硬化提升和便民桥等项目的顺利实施，极大改善了青海藏区群众的居住环境和生活条件。此外，通过易地扶贫搬迁、配齐水电路讯网等基础设施，使青海藏区的山区贫困群众过上了和城里人一样的生活，有了更多的增收机会。随着玉树州和果洛州的电力联网工程于 2017 年竣工投运，青海藏区县域实现大电网全覆盖③，解决了藏区群众用电难问题。根据图 2 - 1 - 8 中数据计算，从 2013～2017 年的互联网普及率变化趋势来看，青海藏区六个自治州均呈现增长态势，年均增速最高的玉树州（47.73%），比同期全国年均增速（15.93%）高 31.80 个百分点，比同期全省年均增速（20.91%）高 26.82 个百分点；年均增速最低的海南州（17.99%），也高于同期全国年均增速 2.06 个百分点，互联网用户普及程度显示出较强的后发优势。根据图 2 - 1 - 9 中数据计算，从 2013～2017 年的电话普及率变化趋势来看，海北州、黄南州、海南州和海西州的电话普及率于 2013 年就已超过同期全国平均水平，之后黄南州、海南州和海西州均略有下降；电话普及率年均增速最高的玉树州（20.65%），比同期全国年均增速（3.08%）高 17.57 个百分点，海北州的年均增速（2.64%）紧随其后，其 2017 年的电话普及率（112 部/百人）已超过同期全国平均水平

---

① 天祝藏族自治县人民政府办公室. 天祝藏区自治县 2019 年政府工作报告［Z］. 2019 - 03 - 20.
② 2013 年到 2014 年间出现通信业务水平的降低主要是统计口径变化造成的。
③ 罗云鹏. 青海省藏区县域实现大电网全覆盖［EB/OL］. http：// www. china - nengyuan. com/news/103856. html, 2017 - 01 - 20.

（102 部/百人）；年均增速最低的果洛州，其 2017 年的电话普及率（91 部/百人）也接近同期全国平均水平。互联网和电话普及率的普遍提升，为青海藏区公共服务供给能力的现代化夯实基础。

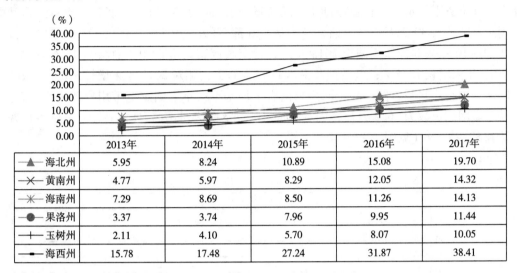

（%）	2013年	2014年	2015年	2016年	2017年
海北州	5.95	8.24	10.89	15.08	19.70
黄南州	4.77	5.97	8.29	12.05	14.32
海南州	7.29	8.69	8.50	11.26	14.13
果洛州	3.37	3.74	7.96	9.95	11.44
玉树州	2.11	4.10	5.70	8.07	10.05
海西州	15.78	17.48	27.24	31.87	38.41

图 2 - 1 - 8　青海藏区互联网普及率数据

资料来源：历年《青海统计年鉴》《中国统计年鉴》。

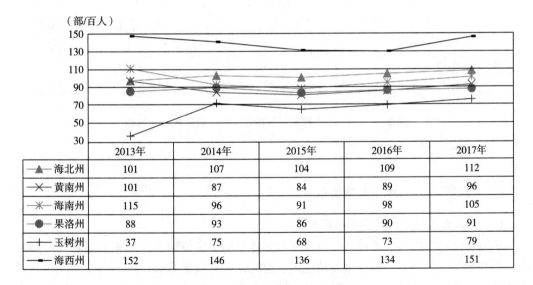

（部/百人）	2013年	2014年	2015年	2016年	2017年
海北州	101	107	104	109	112
黄南州	101	87	84	89	96
海南州	115	96	91	98	105
果洛州	88	93	86	90	91
玉树州	37	75	68	73	79
海西州	152	146	136	134	151

图 2 - 1 - 9　青海藏区电话普及率数据

资料来源：历年《青海统计年鉴》《中国统计年鉴》。

由于年降水量稀少，云南藏区尤其重视当地农业水利基础设施的修建，并获得中央和地方政府的大力支持。2016 年，云南藏区共落实中央水利投资项目资金 2.37 亿元[①]。

---

① 香格里拉网．迪庆州水利工程项目建设强力推进［EB/OL］．http://www.xgll.com.cn/xwzx/2017 - 02/21/content_ 259649.htm，2017 - 02 - 21.

2017 年，云南藏区迪庆州农用地面积约 183.26 万公顷，供水总量 1.55 亿立方米，其中农业用水总量 1.08 亿立方米[1]。由于多高山峡谷的地形地貌和人口分散居住的区域特征，云南藏区整体对通信基础设施的需求较高。2013~2017 年云南藏区的电话普及率普遍高于同期全国和全省平均水平，且在波动中呈缓步增长态势。截至 2013 年底，云南藏区移动电话用户总数约为 39.3 万户，电话普及率达 106 部/百人，互联网用户数 25941 户[2]。根据图 2－1－10 中数据计算，截至 2018 年底，云南藏区移动电话用户总数为 44.6 万户，相对 2013 年末增长 13.5%；电话普及率达 110 部/百人，相对 2013 年末增长 3.8%，虽略低于同期全国平均水平，但仍高于同期云南省平均水平；年末固定宽带用户数为 9.5 万户，移动互联网用户数为 36.2 万户，固定宽带家庭普及率达到 67.77%，移动互联网用户普及率达到 82.25%[3]（见图 2－1－10）。

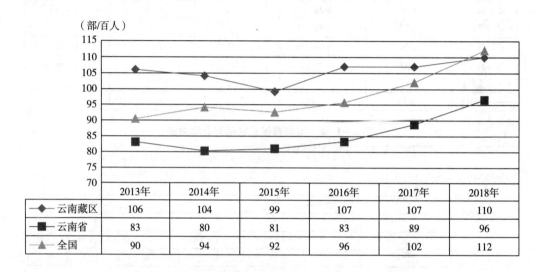

（部/百人）

	2013年	2014年	2015年	2016年	2017年	2018年
◆ 云南藏区	106	104	99	107	107	110
■ 云南省	83	80	81	83	89	96
▲ 全国	90	94	92	96	102	112

图 2－1－10　云南藏区、云南省及全国电话普及率数据

资料来源：历年《云南统计年鉴》《中国统计年鉴》。

二、县域经济凸显绿色发展特色

（一）县域产业结构逐步优化调整

从国土空间主体功能来看，四省藏区大多地处国家主体功能区划中的禁止和限制开发区，限制开发区中大多是重点生态功能区。因此，四省藏区县域产业结构应与国土开发的主体功能相适应，以绿色经济和循环经济产业为主导，县域经济发展适宜走环境友好型发展道路。调查研究发现，近年来四省藏区的产业结构变化趋势均呈现出绿色发展特色，以农牧业为主的第一产业占比相对较高，以文化旅游产业为主的第三产业占比上升，成为四省藏区县域经济发展和产业结构调整的一大特色和亮点。将四省藏区的三次产业结构变化

---

[1]　云南省统计局. 2018 云南统计年鉴 ［Z］. 2018－12－06.

[2]　迪庆藏族自治州统计局. 迪庆藏族自治州 2013 年国民经济和社会发展统计公报 ［Z］. 2014－10－05.

[3]　迪庆藏族自治州统计局. 迪庆藏族自治州 2018 年国民经济和社会发展统计公报 ［Z］. 2019－07－04.

趋势，与川、甘、青、滇四省以及全国进行比较，差异较为明显，充分体现出近年来该区域产业结构优化调整路径的绿色发展特色。

四川藏区位于四川省西北部地区，以高原、山地为主的地形决定了该区域产业以农业和畜牧业为主，第一产业占比相对较高。一般来讲，区域经济增长带来产业结构的高级化，表现出从第一产业占比较高，向以制造业为代表的第二产业逐渐占据主导地位，再向第三产业占据经济总量的主要份额转变。根据图2－1－11中数据计算，2013～2017年，四川省的第一产业占比从12.8%下降到11.6%，下降了1.2个百分点，第三产业占比从35.9%提高到49.7%，提升了13.8个百分点；全国的第一产业占比从10.0%下降到7.9%，下降了2.1个百分点，第三产业占比提升了5.5个百分点，占比超过50%。而同期四川藏区的产业结构变化相对缓慢，第一产业的占比从2013年的27.4%下降到2017年的26.1%，略微有所下降。截至2017年底，四川藏区第一产业占三次产业的比重比同期全省平均水平高14.5个百分点，与2013年差距（14.6个百分点）基本持平；比同期全国平均水平高18.2个百分点，相较2013年差距（17.4个百分点）进一步扩大。2013～2017年，四川藏区第二产业占比保持在35%左右，第三产业占比则从37.2%提高到38.6%，增长速度相对较慢。截至2017年底，四川藏区第三产业占比虽然相比同期全省、全国平均水平分别低11.1个和13.0个百分点，但是以民族特色文化旅游产业为主导的第三产业正在逐步兴起，成为四川藏区绿色经济发展的重要新动能（见图2－1－11）。

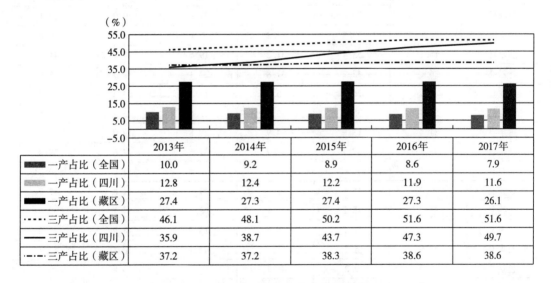

（%）	2013年	2014年	2015年	2016年	2017年
一产占比（全国）	10.0	9.2	8.9	8.6	7.9
一产占比（四川）	12.8	12.4	12.2	11.9	11.6
一产占比（藏区）	27.4	27.3	27.4	27.3	26.1
三产占比（全国）	46.1	48.1	50.2	51.6	51.6
三产占比（四川）	35.9	38.7	43.7	47.3	49.7
三产占比（藏区）	37.2	37.2	38.3	38.6	38.6

图2－1－11　四川藏区、四川省及全国产业结构数据

资料来源：历年《四川统计年鉴》《中国统计年鉴》。

再从县域2013年与2017年的产业结构对比表来观察近年来四川藏区各县（市）产业结构变化情况（见表2－1－3）。数据对比分析发现，农牧业占比高，以民族文化旅游产业为主的第三产业占比提升，同样成为四川藏区县域经济社会发展和产业结构优化的一大特色和优势。其一，2013年到2017年，四川藏区各县（市）第三产业的占比缓慢上升，农牧业的占比缓慢下降，第二产业变化不明显；第三产业占比的上升和第一产业占比的下降主要源于藏区旅游业的发展，许多从事农牧业的群众转入收益相对更高的服务业部门，从而出现了一升一降。其二，对于多数县（市）来说，尽管第三产业占比均在上升，但是，第一产业占比的绝对值相对四川省内其他地区仍然较高。

表 2 - 1 - 3 四川藏区县域产业结构数据　　　　　　单位：%

地区	2013 年			2017 年		
	一产占比	二产占比	三产占比	一产占比	二产占比	三产占比
马尔康市	10.4	16.6	73.0	9.2	14.0	76.8
汶川县	5.3	69.2	25.5	6.6	65.9	27.5
理县	8.8	72.8	18.4	8.1	72.3	19.6
茂县	13.6	68.1	18.3	16.6	63.1	20.3
松潘县	18.5	34.1	47.4	19.0	29.9	51.1
九寨沟县	8.4	32.3	59.3	8.3	31.7	60.0
金川县	23.4	37.2	39.4	23.7	36.5	39.8
小金县	22.2	36.3	41.5	20.1	41.9	38.0
黑水县	9.8	74.2	16.0	11.4	70.7	17.9
壤塘县	34.7	18.1	47.2	31.7	20.6	47.7
阿坝县	36.3	19.3	44.4	34.4	19.2	46.4
若尔盖县	45.8	18.3	35.9	44.4	19.6	36.0
红原县	34.0	29.3	36.7	31.9	29.0	39.1
康定市	8.5	48.3	43.2	7.3	52.1	40.6
泸定县	15.1	53.7	31.2	19.6	38.5	41.9
丹巴县	26.0	42.3	31.8	24.1	39.9	36.0
九龙县	8.7	76.3	15.0	14.0	63.2	22.8
雅江县	28.4	35.3	36.3	22.6	42.9	34.5
道孚县	31.4	13.7	54.9	28.8	19.0	52.2
炉霍县	43.1	12.2	44.7	37.6	22.6	39.8
甘孜县	51.5	8.8	39.7	48.4	11.9	39.7
新龙县	41.2	15.9	42.9	39.5	17.8	42.7
德格县	45.7	15.2	39.1	42.7	17.7	39.6
白玉县	26.1	55.2	18.7	28.9	48.9	22.2
石渠县	53.9	8.4	37.7	49.1	10.8	40.1
色达县	50.7	9.2	40.1	46.0	13.8	40.2
理塘县	38.2	16.8	45.0	35.5	20.2	44.3
巴塘县	25.9	46.3	27.8	26.4	43.0	30.6
乡城县	26.8	38.0	35.2	24.1	40.3	35.6
稻城县	31.2	29.4	39.4	29.4	25.1	45.5
得荣县	32.8	30.1	37.1	25.4	41.0	33.6
木里县	20.2	52.4	27.4	19.9	45.9	34.2
四川省	12.8	51.3	35.9	11.6	38.7	49.7
全国	10.0	43.9	46.1	7.9	40.5	51.6

资料来源：历年《四川统计年鉴》《中国统计年鉴》。

2013 年之前，甘肃藏区除合作市和临潭县以外，各县都以工业和农业为主导，地区生产总值主要来源于销售各种矿石和农产品等初级加工产品。2014 年后，随着国家主体功能区政策的深入实施，武威市和甘南州被列入国家主体功能区试点示范名单，甘肃藏区的区域经济发展定位也随之转向生态保护和修复优先，限制大规模高强度的工业化和土地城镇化，走上绿色转型发展道路。近年来，甘肃藏区的甘南州实施了"历史再现"工程，大力支持"楠木特""千幅唐卡""唐东杰布"等特色文化旅游产业项目发展，文化旅游产业年均增长达 25%。2016 年，甘南州接待国内外游客 1003.15 万人次，同比增长 30%，实现旅游综合收入 46.78 亿元，同比增长 34.5%；各类牲畜总量达到 138.33 万头，同比增长 37%，同比上年提高 3.6 个百分点①。天祝县的臣祥滑子菇产业园、远达藜麦田园综合体等农业产业化项目顺利推进②，藏区特色农牧产业发展步伐加快。2013 ~ 2017 年，甘肃藏区县域经济发展逐步从矿产资源开发为主向旅游服务业和特色农牧业为主转变，产业结构优化调整取得明显成效，第二产业的占比从 2013 年的超过 30% 骤降为 2017 年的 15%，第三产业的占比从 2013 年的不足 50% 提升为 2017 年的超过 60%，第一产业占比也明显提升。从生态保护和绿色发展的角度来看，甘肃藏区的产业结构调整符合生态文明建设和主体功能定位的现实需要，产业结构不断优化，绿色产业发展迅速，在大批工矿企业被淘汰关停之际，区域生产总值没出现大幅下降，县域产业结构优化调整成效较为明显（见图 2 - 1 - 12）。

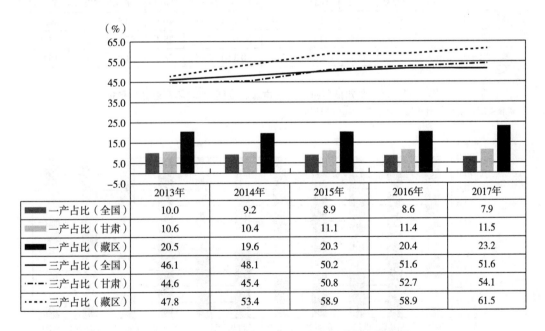

（%）	2013年	2014年	2015年	2016年	2017年
▬ 一产占比（全国）	10.0	9.2	8.9	8.6	7.9
▬ 一产占比（甘肃）	10.6	10.4	11.1	11.4	11.5
▬ 一产占比（藏区）	20.5	19.6	20.3	20.4	23.2
—— 三产占比（全国）	46.1	48.1	50.2	51.6	51.6
—·— 三产占比（甘肃）	44.6	45.4	50.8	52.7	54.1
······ 三产占比（藏区）	47.8	53.4	58.9	58.9	61.5

图 2 - 1 - 12 甘肃藏区、甘肃省及全国产业结构数据

资料来源：历年《甘肃统计年鉴》《中国统计年鉴》。

---

① 马虎成，朱智文，马东平．甘肃民族地区发展分析与预测（2018）［M］．兰州：甘肃人民出版社，2017.
② 天祝藏族自治县人民政府办公室．2018 年天祝藏族自治县人民政府工作报告［Z］．2019 - 03 - 16.

农牧业占比高，以民族文化旅游业为主的第三产业占比提升，同样成为近年来甘肃藏区县域经济社会发展的亮点。从县域 2013 年与 2017 年的产业结构对比图来观察近年来甘肃藏区各县（市）产业结构的变化情况（见图 2 – 1 – 13、图 2 – 1 – 14）发现：其一，从 2013 年到 2017 年，甘肃藏区各个县（市）第三产业的占比快速上升，第一产业的占比缓慢上升，第二产业占比快速下降。第三和第一产业占比的上升和第二产业占比的下降主要源于甘肃藏区矿产资源开发从大规模粗放向点状集约转变，许多从事矿产资源开发的群众转而从事特色文化旅游产业和特色农牧业，从而出现了两升一降。其二，各县（市）产业结构调整的步伐和趋势大致同步，产业结构变化没有情况较为特别的县（市）。

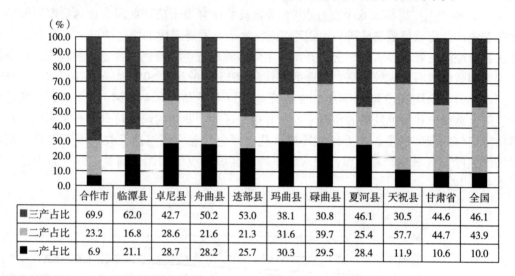

（%）	合作市	临潭县	卓尼县	舟曲县	迭部县	玛曲县	碌曲县	夏河县	天祝县	甘肃省	全国
■三产占比	69.9	62.0	42.7	50.2	53.0	38.1	30.8	46.1	30.5	44.6	46.1
▨二产占比	23.2	16.8	28.6	21.6	21.3	31.6	39.7	25.4	57.7	44.7	43.9
■一产占比	6.9	21.1	28.7	28.2	25.7	30.3	29.5	28.4	11.9	10.6	10.0

图 2 – 1 – 13　甘肃藏区县域、甘肃省、全国 2013 年产业结构数据

资料来源：历年《甘肃统计年鉴》《中国统计年鉴》。

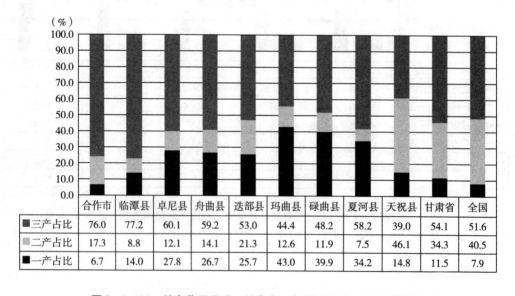

（%）	合作市	临潭县	卓尼县	舟曲县	迭部县	玛曲县	碌曲县	夏河县	天祝县	甘肃省	全国
■三产占比	76.0	77.2	60.1	59.2	53.0	44.4	48.2	58.2	39.0	54.1	51.6
▨二产占比	17.3	8.8	12.1	14.1	21.3	12.6	11.9	7.5	46.1	34.3	40.5
■一产占比	6.7	14.0	27.8	26.7	25.7	43.0	39.9	34.2	14.8	11.5	7.9

图 2 – 1 – 14　甘肃藏区县域、甘肃省、全国 2017 年产业结构数据

资料来源：历年《甘肃统计年鉴》《中国统计年鉴》。

作为矿产资源富集地区，青海藏区在区域经济发展与资源环境保护协调方面临更加严峻的挑战。近年来青海藏区对生态环境保护的重视程度明显提升，着力调整产业结构，坚定走绿色经济发展道路，成效明显。从 2013～2017 年产业结构变化趋势来看，青海藏区第一产业占比不降反升，由 2013 年的 12.0% 增至 2017 年的 14.8%，与全国由 10% 降至 7.9%，全省由 9.6% 降至 9.1% 的变化趋势明显不同，以特色农牧业为主的第一产业对青海藏区绿色经济发展的支撑力度在逐步增强。同期，青海藏区第二产业占比从 68.0% 降至 53.6%，与全国由 43.9% 降至 40.5%、全省由 54.3% 降至 44.3% 的变化趋势相同，但是降低幅度达 14.4 个百分点，相对全国 3.4 个百分点、全省 10.0 个百分点的降幅更高。截至 2017 年底，青海藏区第二产业的占比仍高于全国、全省平均水平，但是依托其得天独厚的生态文化旅游资源，随着交通通达度和当地政府重视程度的不断提高，以文化旅游产业为主的第三产业在青海藏区逐渐发展起来。2013～2017 年，青海藏区第三产业占比从 20.0% 增至 31.6%，与全国由 46.1% 增至 51.6%、全省由 36.1% 增至 46.6% 的变化趋势相同，但是增加幅度达 11.6 个百分点，相对全国 5.5 个百分点、全省 10.5 个百分点的增幅更高。青海藏区独特的地理位置、地形地貌和民族文化特征决定了其具有丰富的生物多样性、自然景观多样性和文化多样性。独特优美的自然风光、天然的生态环境和浓郁的民族风情，为青海藏区带来美好的旅游产业发展前景。探索生态环境保护和生态旅游活动的良性互动，将促使环境友好型的生态文化旅游产业成为青海藏区发展绿色经济的重要新动能（见图 2-1-15）。

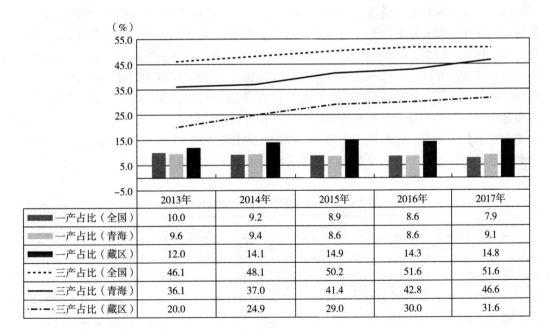

	2013年	2014年	2015年	2016年	2017年
■ 一产占比（全国）	10.0	9.2	8.9	8.6	7.9
▨ 一产占比（青海）	9.6	9.4	8.6	8.6	9.1
■ 一产占比（藏区）	12.0	14.1	14.9	14.3	14.8
---- 三产占比（全国）	46.1	48.1	50.2	51.6	51.6
—— 三产占比（青海）	36.1	37.0	41.4	42.8	46.6
—·— 三产占比（藏区）	20.0	24.9	29.0	30.0	31.6

图 2-1-15 青海藏区、青海省及全国产业结构数据

资料来源：历年《青海统计年鉴》《中国统计年鉴》。

青海藏区六个自治州中，玉树大部分地区仍然以农业为主，其余五个自治州的农业县和工业县各占一定比例。黄南州的泽库县和河南县，海南州的贵南县和同德县，玉树州的杂多县、称多县、治多县、囊谦县和曲麻莱县农牧业资源丰富，第一产业发展优势明显。截至 2017 年底，这些地区的第一产业占比均保持在 40% 以上。其中，玉树州第一产业的发展优势尤其明显，截至 2017 年底，青海藏区第一产业占比在 40% 以上的 9 个县中，玉树州占 50% 以上。从 2008 年青海藏区启动生态畜牧业发展战略开始①，玉树州开始加快发展具有特色优势的生态畜牧业。2018 年，玉树州在组建生态畜牧业专业合作社基础上开始探索对生态畜牧业合作社进行股份制改造试点。截至 2018 年底，共有 37 个州级重点培育示范合作社，其中 31 个生态畜牧业合作社实现效益分红，分红资金约 1805.1 万元，生态畜牧业合作社建设的成果逐步显现②。海南州的贵南县则开始探索以工业化思维谋划现代生态农牧业发展，以农牧业生产合作社和家庭农牧场两种形式组成合作经济组织，试行全县农牧业专业合作社风险共担、资源共享的发展模式。2018 年，贵南县全部家庭农牧场总收入达 3591.9 万元，农牧民专业合作社收入达 5246.3 万元，农牧民人均经济收入达 2.2 万元③。2013 年海北州的祁连县、海晏县和刚察县，黄南州的尖扎县，海南州的贵德县，果洛州的玛沁县，海西州的格尔木市、乌兰县和天峻县、大柴旦行委、冷湖行委和茫崖行委第二产业占比均在 50% 以上。出于区域经济绿色转型发展的要求，一些县在矿产资源规范开发后进行产业结构调整，第二产业占比明显下降，同时第三产业占比上升，上述这些地区的县域经济发展也随之逐步转型，第二产业占比纷纷下降，其中下降幅度最小的德令哈市也有 4.5 个百分点的降幅。截至 2017 年底，海北州的祁连、海晏和刚察三个工业县的第二产业占比均降低至 30% 左右，农业以及服务业的占比均明显提高；天峻县第二产业占比降低 70% 以上，通过建立矿产资源开发收益共享新机制，促进三次产业互动发展。依托《海北州旅游发展总体规划》《海北州乡村旅游发展规划》和《海晏县全域旅游发展规划》等，海北州门源、祁连、海晏和刚察四个县的第三产业迅速发展起来，第三产业占比分别由 2013 年的 33.1%、25.7%、21.1% 和 18.8% 提升至 2017 年的 45.8%、43.2%、61.1% 和 39.6%，其中提升幅度最小的门源县也有 12.7 个百分点的提升。此外，截至 2017 年底，青海藏区海北州的门源县、祁连县和海晏县，黄南州的同仁县，果洛州的玛沁县，海西州的德令哈市和天峻县，这些地区的第三产业占比均升至 40% 以上，随着基础设施的不断完善和当地经济社会的发展，这些地区的旅游服务业逐渐发展起来（见表 2 - 1 - 4）。

表 2 - 1 - 4　青海藏区县域产业结构数据　　　　　　单位：%

地区	2013 年			2017 年		
	一产占比	二产占比	三产占比	一产占比	二产占比	三产占比
门源县	21.5	45.4	33.1	24.7	29.5	45.8
祁连县	23.8	50.5	25.7	33.2	23.6	43.2
海晏县	4.4	74.6	21.1	10.9	28.1	61.1

① 青海新闻网. 玉树州生态畜牧业鼓起牧民钱袋 [EB/OL]. http：//www.99sj.com/MarketNews/281074.htm，2014 - 11 - 02.

② 玉树新闻网. 玉树州生态畜牧业合作社股份制改造成效显著 [EB/OL]. http：//www.chengduo.gov.cn/html/481/273231.htm，2019 - 01 - 09.

③ 卓玛才让，林守银. 贵南县新型农牧业经营主体经营状况调查 [J]. 兽医导刊，2019 (9)：49.

续表

地区	2013 年			2017 年		
	一产占比	二产占比	三产占比	一产占比	二产占比	三产占比
刚察县	15.5	65.7	18.8	27.5	32.9	39.6
同仁县	19.6	16.1	64.3	15.1	19.6	65.3
尖扎县	9.1	74.4	16.5	11.1	62.0	26.8
泽库县	57.9	19.4	22.6	46.0	28.6	25.4
河南县	52.4	25.0	22.6	44.0	30.0	26.0
共和县	17.6	48.3	34.1	12.3	52.4	35.3
同德县	52.7	24.9	22.4	57.4	19.4	23.2
贵德县	9.0	71.5	19.5	11.7	59.4	28.9
兴海县	30.5	49.1	20.4	34.6	38.8	26.6
贵南县	49.8	22.3	27.9	50.7	21.6	27.7
玛沁县	8.8	56.3	35.0	13.4	39.3	47.3
班玛县	32.6	30.2	37.2	27.0	34.8	38.3
甘德县	36.1	33.0	30.9	29.8	37.9	32.3
达日县	31.1	34.8	34.0	25.5	37.9	36.6
久治县	35.2	25.1	39.8	26.8	34.9	38.3
玛多县	28.1	27.8	44.1	19.8	40.7	39.5
玉树市	44.9	41.7	13.4	23.2	48.2	28.6
杂多县	47.8	26.8	25.4	60.4	26.3	13.3
称多县	38.9	32.5	28.7	46.1	34.8	19.1
治多县	71.2	16.2	12.7	60.4	24.4	15.2
囊谦县	53.7	22.8	23.5	59.8	23.5	16.7
曲麻莱县	59.5	19.8	20.6	54.4	25.5	20.0
格尔木市	1.1	78.0	20.9	1.4	67.5	31.1
德令哈市	8.0	51.4	40.6	8.2	46.9	44.9
乌兰县	8.2	82.1	9.7	21.8	55.6	22.6
都兰县	32.5	48.6	19.0	34.7	40.1	25.2
天峻县	4.4	89.6	6.1	29.3	25.8	44.9
大柴旦行委	0.6	90.2	9.2	1.1	81.4	17.5
冷湖行委	0.0	95.0	5.0	—	—	—
茫崖行委	0.1	96.4	3.4	—	—	—
青海省	9.6	54.3	36.1	9.1	44.3	46.6
全国	10.0	43.9	46.1	7.9	40.5	51.6

资料来源：历年《青海统计年鉴》《中国统计年鉴》。缺失冷湖行委、茫崖行委 2017 年产业结构数据。

云南藏区位于云南省西北部，滇、藏、川三省区交界区域，境内多矿、水资源，其中金沙江、澜沧江、怒江三江并流，形成国家级风景名胜区。近年来，云南藏区凭借境内优美的自然风光和多民族文化特色，实施全域旅游战略，在修建干线公路沿线观景台的同时，优化境内旅游环境，推进产业结构转型升级，取得明显成效。随着"香格里拉"和"三江并流"两个世界级品牌的影响力不断增大，加之境内少数民族众多，多民族文化交相辉映，文化产业繁荣发展，因而域内旅游业为主的第三产业逐渐发展成为支柱产业。云南藏区第三产业产值占比从 2013 年的 51.4% 增加至 2017 年的 55.7%，第三产业基础相对雄厚，绿色发展转型压力相对较低。近年来，云南藏区紧紧围绕打造绿色食品品牌的目标，大力发展青稞、葡萄、中药材、野生菌、蔬菜、特色畜禽、木本油料七大特色优势农业，同时着力发展农村集体经济组织，实现了农业经济的优化升级，对当地绿色经济发展形成有力支撑（见图 2 - 1 - 16）。

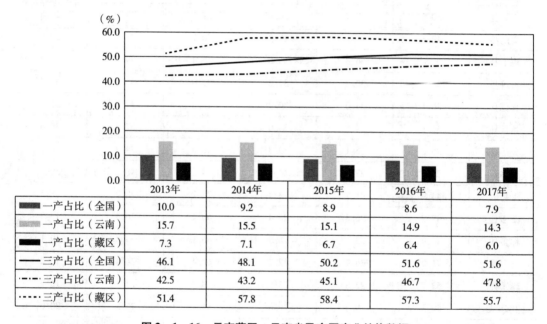

（%）	2013年	2014年	2015年	2016年	2017年
■一产占比（全国）	10.0	9.2	8.9	8.6	7.9
▨一产占比（云南）	15.7	15.5	15.1	14.9	14.3
■一产占比（藏区）	7.3	7.1	6.7	6.4	6.0
——三产占比（全国）	46.1	48.1	50.2	51.6	51.6
—·—三产占比（云南）	42.5	43.2	45.1	46.7	47.8
·····三产占比（藏区）	51.4	57.8	58.4	57.3	55.7

图 2 - 1 - 16　云南藏区、云南省及全国产业结构数据
资料来源：云南省统计局官网。

近年来云南藏区各县（市）的第三产业占比明显增加，香格里拉市和德钦县的第三产业占比从 2013 年的 52.6% 和 44.5% 上升至 2017 年的 58.7% 和 53.0%，第一产业与第二产业占比相对减少，县域经济明显适应绿色发展要求。其中，维西县的第二产业占比不降反升，主要是由于当地近年来大力发展生态农业园区和农产品精深加工产业造成，羊肚菌、核桃油等特色农产品的产品附加值不断提升，有力支撑了县域经济绿色发展（见图 2 - 1 - 17）。

（二）县域经济绿色发展成效明显

随着国家精准扶贫战略以及对口帮扶政策的深入实施，四省藏区在国家主体功能区政策指导下转型发展绿色经济，自然资源开发逐步从大规模粗放向集约节约利用转变，同时因地制宜大力发展特色农牧业、农产品加工业和文化旅游产业等，县域经济绿色发展成效

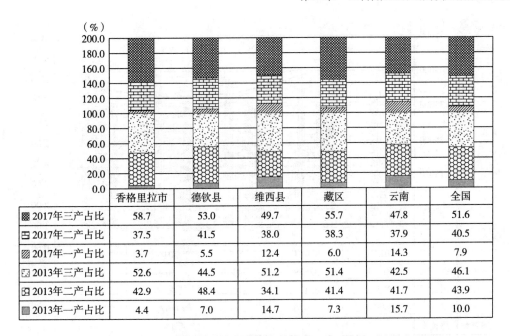

（%）	香格里拉市	德钦县	维西县	藏区	云南	全国
▨ 2017年三产占比	58.7	53.0	49.7	55.7	47.8	51.6
▤ 2017年二产占比	37.5	41.5	38.0	38.3	37.9	40.5
▨ 2017年一产占比	3.7	5.5	12.4	6.0	14.3	7.9
▨ 2013年三产占比	52.6	44.5	51.2	51.4	42.5	46.1
▨ 2013年二产占比	42.9	48.4	34.1	41.4	41.7	43.9
▨ 2013年一产占比	4.4	7.0	14.7	7.3	15.7	10.0

图 2-1-17 云南藏区县域、云南省及全国 2013 和 2017 年产业结构数据

资料来源：历年云南省统计年鉴、中国统计年鉴。

非常明显。以 2013 年为基期，根据可比价格分别计算四省藏区全域及各县（市）域、川甘青滇各省全域、川甘青滇各省藏区、全国的人均 GDP 及其历年增速、年均增速等，以比较分析四省藏区经济发展变化情况[①]。根据图 2-1-18 中数据计算，2013～2017 年，四省藏区人均 GDP 一直呈增长态势，从 3.14 万元增长到 3.76 万元，且历年均高于甘肃省和云南省的平均水平，五年增幅达 0.62 万元；2014～2017 年的历年增速依次为 3.82%、5.12%、6.28% 和 3.35%，年均增速约为 4.64%（见图 2-1-18）。虽然四省藏区 2013～2017 年人均 GDP 年均增速低于四川、甘肃、青海和云南四省的年均增速（7.43%、6.57%、7.22% 和 8.10%），以及全国的年均增速（6.36%），但一直呈现增长态势，绿色转型的区域经济发展格局初步形成。

根据图 2-1-19 和图 2-1-23 中数据计算，2013～2017 年，四川藏区人均 GDP 从 2.11 万元增长到 2.57 万元，增幅达 0.46 万元，且一直保持增长态势，年均增速约为 5.10%，高于同期四省藏区人均 GDP 的年均增速，在川甘青滇四省藏区中仅次于云南藏区的年均增速（10.17%）。然而我们也应看到，受区位条件和资源禀赋的限制，与同期全省、全国的经济发展水平相比（见图 2-1-19），四川藏区的经济发展水平有待进一步提升。根据图 2-1-19 中数据计算，2013～2017 年，四川省的人均 GDP 从 3.26 万元增加到 4.34 万元，增幅超过四川藏区人均 GDP 增幅的两倍，年均增长 7.43%，高于四川藏区 2.33 个百分点；同期全国人均 GDP 从 4.36 万元增加到 5.58 万元，增幅超过四川藏区人均 GDP 的两倍，年均增长 6.36%，比四川藏区高 1.26 个百分点。

---

① 该部分分析区域人均 GDP 及其增速，均以 2013 年为基期，根据可比价格计算。

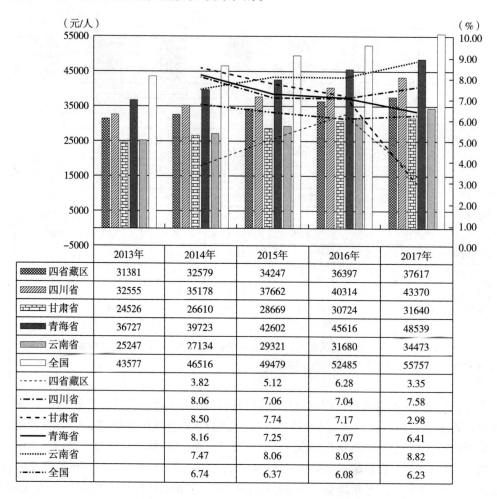

	2013年	2014年	2015年	2016年	2017年
四省藏区	31381	32579	34247	36397	37617
四川省	32555	35178	37662	40314	43370
甘肃省	24526	26610	28669	30724	31640
青海省	36727	39723	42602	45616	48539
云南省	25247	27134	29321	31680	34473
全国	43577	46516	49479	52485	55757
四省藏区		3.82	5.12	6.28	3.35
四川省		8.06	7.06	7.04	7.58
甘肃省		8.50	7.74	7.17	2.98
青海省		8.16	7.25	7.07	6.41
云南省		7.47	8.06	8.05	8.82
全国		6.74	6.37	6.08	6.23

图 2 - 1 - 18　四省藏区、川甘青滇四省及全国人均 GDP 及增速数据

资料来源：历年《四川统计年鉴》《甘肃统计年鉴》《青海统计年鉴》《云南统计年鉴》《中国统计年鉴》《中国县域统计年鉴》。以 2013 年为基期按可比价格计算调整相关年份数据，人口数据用常住人口数据。

根据图 2 - 1 - 19 和表 2 - 1 - 5 中数据计算，从 2013 ~ 2017 年四川藏区县域人均 GDP 的变化情况来看，32 个县（市）的人均 GDP 水平整体在波动中较为缓慢地增长。虽然人均 GDP 的绝对值和年均增速大都低于同期全省、全国的平均水平，但是其中也有一些经济发展比较突出的县（市），如阿坝州的汶川县、理县以及甘孜州的康定市①。这些地区 2017 年的人均 GDP 高于同期全省平均水平，汶川县的数据还高于同期全国平均水平，阿坝州的马尔康市②接近同期四川省平均水平。这些地区人均 GDP 相对较高的原因主要有两点：其一是州政府驻地拥有更强的政策优势和要素吸引力，支撑当地经济较为快速发展，比如阿坝州政府驻地马尔康市和甘孜州政府驻地康定市；其二是离成都市的交通距离较近且交通较为便捷，成都市发展对这些地区的辐射带动作用较为明显，从而县域经济增速较

---

① 甘孜州的州政府所在地康定市于 2015 年撤县建市（县级市）。

② 阿坝州的州政府所在地马尔康市于 2015 年撤县建市（县级市）。

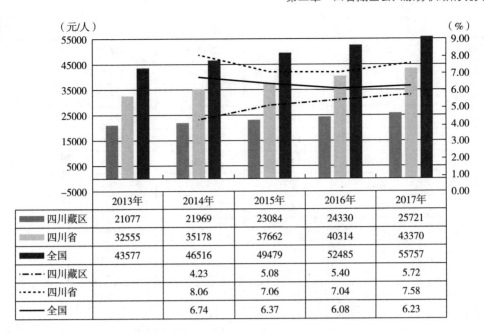

	2013年	2014年	2015年	2016年	2017年
四川藏区	21077	21969	23084	24330	25721
四川省	32555	35178	37662	40314	43370
全国	43577	46516	49479	52485	55757
四川藏区		4.23	5.08	5.40	5.72
四川省		8.06	7.06	7.04	7.58
全国		6.74	6.37	6.08	6.23

图 2-1-19　四川藏区、四川省及全国人均 GDP 及增速数据

资料来源：历年《四川统计年鉴》《中国统计年鉴》《中国县域统计年鉴》。以 2013 年为基期按可比价格计算调整相关年份数据，人口数据用常住人口数据。

表 2-1-5　四川藏区县域人均 GDP 数据　　　　　　　　　　单位：元/人

地区	2013 年	2014 年	2015 年	2016 年	2017 年
马尔康市	31776	33347	36242	39263	40961
汶川县	47927	54248	61165	61659	61058
理县	38155	42668	46006	47954	50718
茂县	27017	29575	30114	30591	31261
松潘县	20247	21281	23264	24723	24641
九寨沟县	24766	27160	29054	31151	28935
金川县	13989	14673	14919	15737	15976
小金县	13255	14981	16036	17826	18623
黑水县	29275	31457	32936	35475	37577
壤塘县	15651	16113	16858	17482	18312
阿坝县	11148	11530	12320	12788	13201
若尔盖县	17143	17919	18871	19937	20845
红原县	20459	20922	22060	23599	24115
康定市	36168	37638	38698	41368	47440
泸定县	20907	21329	21182	21219	21975
丹巴县	17182	19079	21247	22384	24228
九龙县	42761	36836	35075	36151	38016

地区	2013 年	2014 年	2015 年	2016 年	2017 年
雅江县	15071	17144	18272	19088	19996
道孚县	11189	11900	12347	13301	14121
炉霍县	9726	10684	11223	12374	13270
甘孜县	10278	11003	11382	12050	12813
新龙县	13154	14190	14946	15719	16834
德格县	7385	7773	8083	8564	9160
白玉县	18322	17552	18598	19231	20342
石渠县	6795	7120	7348	7790	8334
色达县	8511	9316	9907	10777	11682
理塘县	11799	12873	13468	14181	15388
巴塘县	18676	21585	20151	21585	23587
乡城县	21276	21085	21931	24370	26805
稻城县	16428	17534	18405	19551	20930
得荣县	19078	21264	22484	24290	25792
木里县	18707	19790	20800	21400	21823

资料来源：历年《四川统计年鉴》《中国县域统计年鉴》。以 2013 年为基期按可比价格计算调整相关年份数据，人口数据用常住人口数据。

高，如理县和汶川县等。同时也有一些县（市）的人均 GDP 出现明显下降情况，其中表现最为突出的是甘孜州的九龙县和阿坝州的九寨沟县。2013 ~ 2017 年九龙县的人均 GDP 呈先下降后上升的"U"形变化趋势，主要原因在于当地人口的增长速度超过经济的增长速度，从而拉低了人均 GDP；受地震灾害等对当地旅游产业等的影响，九寨沟县的人均 GDP 在 2016 ~ 2017 年呈现负增长。截至 2017 年底，四省藏区多数县域的人均 GDP 仍低于 3 万元，远低于同期全省平均水平 4.34 万元和全国平均水平 5.58 万元，仍然是我国的深度贫困地区之一。但是，近年来四川藏区在保障国家生态安全的同时，文化旅游和特色农牧业等绿色产业稳步发展，县域绿色经济发展水平逐步提升。

根据图 2 - 1 - 20 中数据计算，甘肃藏区 2013 ~ 2017 年人均 GDP 年均增速约为 3.46%，除 2017 年相比 2016 年略有下降外，其余年份均呈现上升趋势。虽然甘肃藏区 2013 ~ 2017 年人均 GDP 年均增速在四省藏区中排在最后，比四川藏区、青海藏区和云南藏区的年均增速分别低 1.65 个、0.32 个和 6.71 个百分点，但也实现了整体增长。虽然甘肃省的人均 GDP 从 2013 年的 2.45 万元增加到 2017 年的 3.16 万元，增幅接近甘肃藏区人均 GDP 增幅的 3 倍，年均增速 6.57%，高于甘肃藏区 3.11 个百分点；同期全国人均 GDP 水平超过甘肃藏区的两倍，年均增速比甘肃藏区高 2.90 个百分点。但是，截至 2017 年底，以 2013 年为基期按照可比价格计算的甘肃藏区人均 GDP 也实现从低于到超过 2.00 万元的跨越，转型发展绿色经济取得初步成效。

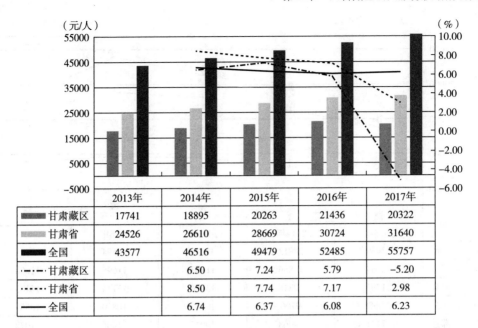

图 2 - 1 - 20　甘肃藏区、甘肃省及全国人均 GDP 数据及增速数据

资料来源：历年《甘肃统计年鉴》《中国统计年鉴》《中国县域统计年鉴》。以 2013 年为基期按可比价格计算调整相关年份数据，人口数据用常住人口数据。

从县域人均 GDP 的年均增速来看，2013～2017 年甘肃藏区县域经济整体缓慢增长。相对而言，经济增长速度最快的是合作市，其人均 GDP 的年均增速约为 6.34%；迭部县的年均增速约为 5.31%，仅次于合作市；卓尼县以 4.77% 的年均增速排第三位，舟曲县以 3.93% 的年均增速排第四位，夏河县以 3.03% 的年均增速排在第五位，碌曲县和临潭县的年均增速（2.63% 和 1.75%）略高于天祝县（1.35%）；只有玛曲县的人均 GDP 略有下降，年均降速为 0.56%。截至 2017 年底，甘肃藏区县域人均 GDP 最高的是合作市，接近 4 万元，迭部县、玛曲县、碌曲县和天祝县的人均 GDP 均超过 2 万元，夏河县、卓尼县、临潭县和舟曲县的人均 GDP 也都超过 1 万元（见图 2 - 1 - 21）。

根据图 2 - 1 - 22 中数据计算，2013～2017 年，青海藏区人均 GDP 从 4.77 万元增长到 5.53 万元，一直保持增长态势，年均增速约为 3.78%。以 2013 年为基期按可比价计算，2017 年青海藏区的人均 GDP 虽然略低于同期全国平均水平，但超过同期青海省平均水平 0.68 万元。由于青海藏区是资源富集地区，矿产资源的开发曾经有力地支撑着当地县域经济发展。随着生态文明战略的提出和实施，矿山生态环境保护的加强，矿产资源开发秩序的规范，青海藏区探索转型绿色发展路径。产业结构转型期间，从 2016 年起矿产资源开发及相关产业大幅度缩减，2013～2017 年青海藏区人均 GDP 增速呈现先增后减的倒 "U" 形趋势，年均增速低于四省藏区 4.64% 的平均水平，也低于同期青海省 7.22% 和全国 6.36% 的平均水平，在川甘青滇四省藏区中仅高于甘肃藏区，但一直保持增长态势，绿色经济发展动力逐步增强。

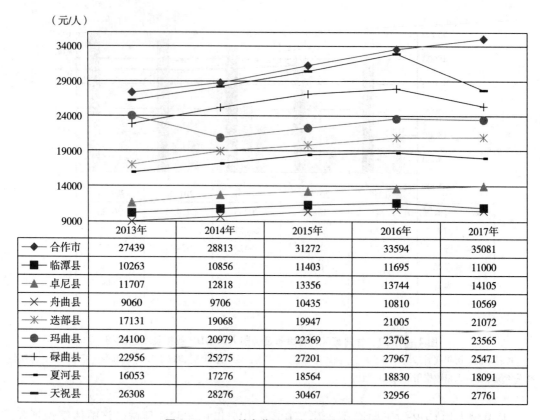

	2013年	2014年	2015年	2016年	2017年
◆ 合作市	27439	28813	31272	33594	35081
■ 临潭县	10263	10856	11403	11695	11000
▲ 卓尼县	11707	12818	13356	13744	14105
✕ 舟曲县	9060	9706	10435	10810	10569
✳ 迭部县	17131	19068	19947	21005	21072
● 玛曲县	24100	20979	22369	23705	23565
┼ 碌曲县	22956	25275	27201	27967	25471
— 夏河县	16053	17276	18564	18830	18091
— 天祝县	26308	28276	30467	32956	27761

图 2 - 1 - 21 甘肃藏区县域人均 GDP 数据

资料来源：历年《甘肃统计年鉴》《中国县域统计年鉴》。以 2013 年为基期按可比价格计算调整相关年份数据，人口数据用常住人口数据。

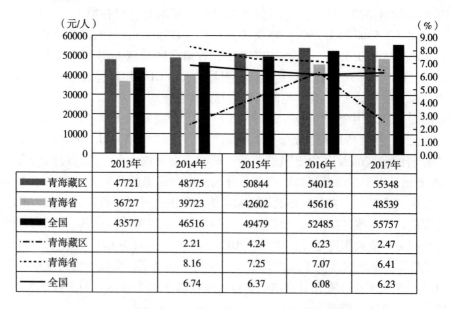

	2013年	2014年	2015年	2016年	2017年
青海藏区	47721	48775	50844	54012	55348
青海省	36727	39723	42602	45616	48539
全国	43577	46516	49479	52485	55757
青海藏区		2.21	4.24	6.23	2.47
青海省		8.16	7.25	7.07	6.41
全国		6.74	6.37	6.08	6.23

图 2 - 1 - 22 青海藏区、青海省及全国人均 GDP 数据及增速数据

资料来源：历年《青海统计年鉴》《中国统计年鉴》《中国县域统计年鉴》。以 2013 年为基期按可比价格计算调整相关年份数据，人口数据用常住人口数据。

　　随着精准扶贫战略的深入实施，青海藏区贫困群众的生活水平和生活保障得到较大改善，近年来部分县域的人均 GDP 水平有大幅提升。根据表 2 - 1 - 6 中数据计算，从 2013 ~ 2017 年县域人均 GDP 的年均增速来看，玉树市、共和县、玛多县、德令哈市、久治县和囊谦县分别排在前六位，人均 GDP 的年均增速分别为 20.43%、12.73%、10.47%、8.68%、8.48% 和 7.66%，均超过同期青海省的人均 GDP 年均增速，县域经济发展速度相对较快。截至 2017 年底，青海藏区海西州的格尔木市、德令哈市和大柴旦行委的人均 GDP 分别达到 23.12 万元、9.12 万元和 37.62 万元，高于同期青海省和全国的平均水平。除以矿产资源开发为支柱产业的天峻县、格尔木市、海晏县人均 GDP 相对较高且波动较大外，其他县（市、行委）在 2013 ~ 2017 年波动较小，且大多数呈上升趋势，在 2014 年和 2015 年人均 GDP 出现下降情况的县也主要是由于近年来产业结构调整导致。近年来青海藏区处于艰难的绿色转型发展期，以 2013 年为基期按可比价格计算，2014 年青海藏区人均 GDP 增速仅为 2.21%，远低于同期全国和全省的平均增速。但是，2014 年起，青海藏区各地积极谋求资源集约节约开发利用新模式，加快推进县域产业结构转型优化，提高矿产资源综合开发利用水平和对经济社会可持续发展的保障能力，促进地区三次产业的协调发展，县域人均 GDP 的增速与同期全国和全省平均水平间差距明显缩小。同时，各级政府对青海藏区的扶持力度不断加强，青海藏区经济逐渐向绿色高效发展转型。

表 2 - 1 - 6　青海藏区县域人均 GDP 数据　　　　单位：元/人

地区	2013 年	2014 年	2015 年	2016 年	2017 年
门源县	19993	20489	20695	21910	18660
祁连县	35239	39159	42868	44802	27900
海晏县	103233	64915	59200	57453	46723
刚察县	54626	29117	33210	35145	34252
同仁县	21613	22165	24862	25735	27086
尖扎县	36498	30017	32926	29373	28777
泽库县	16340	16888	18308	18415	19193
河南县	30498	30939	32468	33791	34616
共和县	29980	34996	43631	50486	48418
同德县	19542	19639	20343	20978	19495
贵德县	27426	25432	26407	25158	23605
兴海县	26542	27217	27750	29766	25807
贵南县	17431	17023	17778	19240	19275
玛沁县	41385	34514	32440	30536	29448
班玛县	9458	10826	10476	11504	11448
甘德县	5984	7039	6635	7400	7626
达日县	6344	6948	6518	6958	7311
久治县	10341	10965	11796	14420	14320
玛多县	12144	16532	15250	19282	18083

续表

地区	2013 年	2014 年	2015 年	2016 年	2017 年
玉树市	9343	6529	11038	17012	19650
杂多县	14373	14807	16988	15694	17156
称多县	15886	13495	15395	15177	13421
治多县	14724	15527	18905	18107	17844
襄谦县	6505	6845	8494	8166	8739
曲麻莱县	16545	17468	18943	18952	19572
格尔木市	239903	210523	205544	214546	231152
德令哈市	65360	56980	60408	82885	91185
乌兰县	29305	19272	11419	15946	16167
都兰县	37520	38502	40728	45934	45561
天峻县	295069	96494	36687	43995	49126
大柴旦行委	416532	352975	249633	348554	376240
冷湖行委	51686	55610	—	—	—
茫崖行委	217271	175822	—	—	—

资料来源：历年《青海统计年鉴》《中国县域统计年鉴》。以 2013 年为基期按可比价格计算调整相关年份数据。由于青海藏区县域常住人口数据大量缺失，无法用统计方法补齐，该表统一采用县域户籍人口数据计算人均 GDP。

云南藏区在历史上是西南"茶马古道"的要冲，是重要的物资集散地和商贸中转站，同时也是云南省进出西藏的咽喉要道，具有良好的商贸经济发展基础。近年来，云南藏区在日益形成的滇川藏区域经济中开始显现出其独特的影响力，"香格里拉"和"三江并流"两个世界级品牌对云南藏区及周边地区经济社会发展的辐射和影响不断扩大。加之得益于国家政策和地方政府的引导，云南藏区整体经济发展水平稳步上升，经济总量不断提高，县域经济总体发展势头良好。根据图 2 - 1 - 23 中数据计算，2013～2017 年，云南藏区的整体经济发展水平领先于云南省平均水平。以 2013 年为基期按可比价格计算，云南藏区 2017 年的人均 GDP 达到 4.76 万元，虽不及同期全国平均水平 5.58 万元，但比同期云南省平均水平高 1.31 万元，比同期四川和甘肃藏区分别高 2.19 万元和 2.73 万元，略低于同期青海藏区平均水平。而且云南藏区经济整体发展势头良好，增长速度较快，2013～2017 年人均 GDP 的年均增速约为 10.17%，远远高于同期全国和全省平均水平（见图 2 - 1 - 23），在川甘青滇四省藏区中也处于最高位次，比四省藏区平均水平高 5.53 个百分点，比四川、甘肃和青海藏区同期的年均增速分别高 5.06 个、6.71 个和 6.39 个百分点。

近年来云南藏区经济发展水平和发展速度在四省藏区中处于领先地位，主要得益于香格里拉市的贡献。根据图 2 - 1 - 24 中数据计算，香格里拉市 2013～2017 年的人均 GDP 始终领先于同期全国和全省平均水平，在云南藏区各县（市）中排在首位。同期云南藏区维西县的人均 GDP 却始终不到香格里拉市人均 GDP 的一半，落于最后；德钦县的人均 GDP 始终位于香格里拉市和维西县之间，高于同期云南省的平均水平，低于同期全国平均水平和云南藏区的平均水平。进一步分析其原因，从人口数据来看，香格里拉市与维西县近年

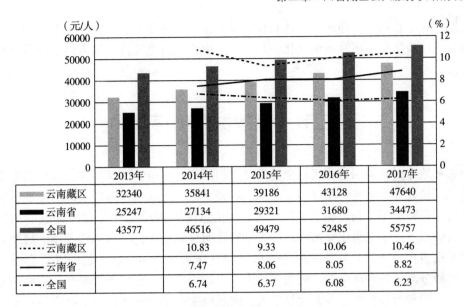

（元/人）	2013年	2014年	2015年	2016年	2017年
云南藏区	32340	35841	39186	43128	47640
云南省	25247	27134	29321	31680	34473
全国	43577	46516	49479	52485	55757
云南藏区		10.83	9.33	10.06	10.46
云南省		7.47	8.06	8.05	8.82
全国		6.74	6.37	6.08	6.23

图 2 - 1 - 23　云南藏区、云南省及全国人均 GDP 及增速数据

数据来源：历年云南省统计年鉴、中国统计年鉴、中国县域统计年鉴。以 2013 年为基期按可比价格计算调整相关年份数据，人口数据用常住人口数据。

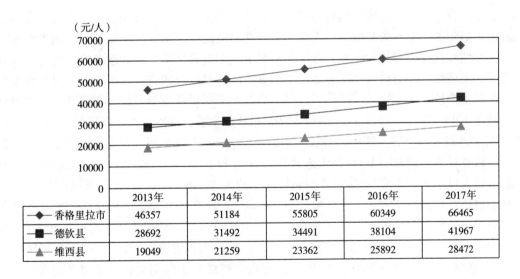

（元/人）	2013年	2014年	2015年	2016年	2017年
香格里拉市	46357	51184	55805	60349	66465
德钦县	28692	31492	34491	38104	41967
维西县	19049	21259	23362	25892	28472

图 2 - 1 - 24　云南藏区县域人均 GDP 数据

资料来源：历年《云南统计年鉴》《中国县域统计年鉴》。以 2013 年为基期按可比价格计算调整相关年份数据，人口数据用常住人口数据。

来常住人口数基本相同，2017 年的常住人口分别为 17.94 万和 16.45 万，而德钦县 2017年常住人口仅 6.81 万，远少于其他两地；从生产总值来看，以 2013 年为基期按照可比价格计算，香格里拉市 2017 年 GDP 遥遥领先，为 119.24 亿元，德钦县和维西县分别为28.58 亿元和 46.84 亿元，综合来看维西县人均 GDP 排在最后主要受其较大人口基数的影响所致。与州内自然条件和三产占比相结合，可以合理推测，云南藏区县域间发展不平衡的主要原因在于县域间交通区位条件和社会发展条件差距较大、人口分布不均等。香格里拉市作为云南藏区的经济和政治文化中心，在云南藏区绿色经济转型道路上的引领地位不容置疑。

第二节　有效供给仍存障碍

中央和地方财政对四省藏区社会民生多年的倾斜和支持，推动四省藏区公共服务的基础设施和经济社会发展现实条件明显改善。但是，由于长期以来四省藏区的经济发展水平相对滞后，道路交通基础设施水平相对落后，信息流通相对封闭①，"十四五"时期，四省藏区公共服务有效供给依然面临地广人稀特征明显，基本公共服务均等化的难度大；保障和改善民生任务重，县域公共服务财政保障的压力大；生态较为脆弱且生态保护任务重，公共服务与绿色经济协调发展的挑战大；平均海拔高，自然条件艰苦，高原地方病多发易发，引进和留住公共服务专业技术人才的难度大；部分地区基本公共服务水平与同期全国、全省平均水平相比还有差距等诸多现实问题。

一、地广人稀特征明显，基本公共服务均等化难度大

总体来看，由于四省藏区具有地广人稀的区域特征，一些与交通距离、服务半径、覆盖范围密切相关的基本公共服务，人均水平相同的情况下，这些公共服务对于四省藏区群众的可及性和获得感却相对较差。在这种情况下，四省藏区基本公共服务均等化的成本相对较高，实现难度相对较大，这也决定了中央和地方财政对四省藏区公共服务进行倾斜的必要性和重要性。

截至2018年底，四川藏区面积约24.97万平方千米，占四川省总面积的51.49%，户籍总人口约214.54万②。其中，甘孜州户籍总人口约110.05万（户籍城镇人口约19.24万，户籍乡村人口约90.81万）；年末常住人口约119.60万（城镇常住人口约37.87万，乡村常住人口约81.73万），常住人口城镇化率约为31.66%，比2017年末提高1.10个百分点，但还是比同期全省和全国平均水平分别低20.63个和27.92个百分点；2018年全年人口自然增长率约为6.37‰，比同期全省和全国平均水平分别高4.04‰③和2.56‰④。截至2018年底⑤，阿坝州户籍总人口约90.49万，常住人口约94.4万，常住人口城镇化率约为40.00%，比2017年末提高1.08个百分点，同样低于同期全省和全国平均水平，分别低12.29个和19.58个百分点；2018年全年人口自然增长率约为5.64‰，比同期全省和

---

①　郭伦. 四川甘孜藏区基础设施现状及发展方向［J］. 当代经济，2012（13）：98 - 99.

②　国家统计局. 2018年年末大陆总人口13.95亿人自然增长率3.81‰［EB/OL］. https：//baijiahao. baidu. com/s？id = 1623235628814216902&wfr = spider&for = pc，2019 - 01 - 21.

③　四川省统计局. 四川2018年出生率和自然增长率"双降"［EB/OL］. https：//m. scjyxw. com/show. php？classid = 59&id = 107590，2019 - 01 - 22.

④　甘孜藏族自治州统计局. 甘孜藏族自治州2018年国民经济和社会发展统计公报［Z］. 2018 - 03 - 13.

⑤　阿坝藏族羌族自治州人民政府. 阿坝藏族羌族自治州2018年国民经济和社会发展计划执行情况及2019年计划草案的报告［Z］. 2019 - 02 - 20.

全国平均水平分别高 1.60‰[①]和 1.83‰[②]。截至 2018 年底，木里县户籍总人口约 14.00
万。据《四川统计年鉴》（2018）相关数据计算（见图 2 - 2 - 1），截至 2017 年底，甘孜
州和阿坝州的行政村密度分别为每平方千米 1.79 个和 1.63 个，行政村平均人口分别为每
村 339 人和 477 人，排名在四川省最末两位；木里县所在的凉山州行政村密度和平均人口
分别为每平方千米 6.21 个、每村 1114 人，在全省排位也非常靠后。

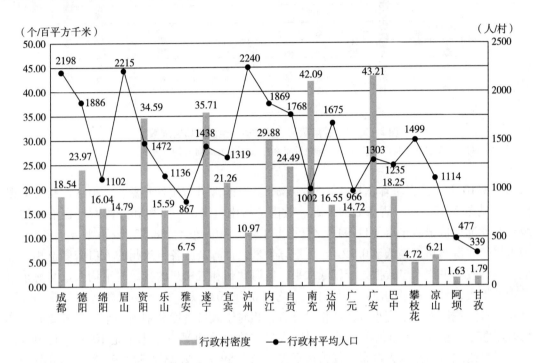

图 2 - 2 - 1 四川省 21 市（州）行政村密度及行政村平均人口数据

资料来源：《四川统计年鉴》（2018），数据截止时间为 2017 年底。

甘肃藏区甘南州地处青藏高原和黄土高坡的过渡地带，地广人稀。截至 2017 年底，
甘南州总面积约 4.56 万平方千米，户籍总人口约 74.23 万，其中藏族人口约 41.51 万，占
总人口的 55.9%；年末常住人口约 71.62 万。甘肃藏区的天祝县地处武威市南部，河西走
廊和祁连山脉东部，面积约 0.71 万平方千米，2017 年末户籍总人口约 20.64 万，常住人
口约 17.82 万。相对而言，地广人稀的甘肃藏区人口密度极低，平均不到全国水平的 1/7
（见图 2 - 2 - 2）。

青海藏区地处我国西北部，雄踞世界屋脊青藏高原的东北部，幅员辽阔，地广人稀[③]。
截至 2018 年底，青海藏区面积约 70.15 万平方千米，占青海省总面积的 97.30%；常住人

① 郭伦. 四川甘孜藏区基础设施现状及发展方向［J］. 当代经济，2012（13）：98 - 99.
② 阿坝州的州政府所在地马尔康市于 2015 年撤县建市（县级市）。
③ 史娜娜，肖能文，汉瑞英等. 青海省生物多样性保护区划及管理对策［J］. 生态经济，2019，35（11）：
188 - 193.

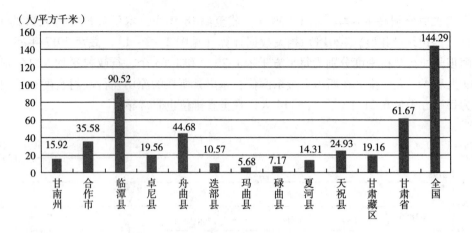

（人/平方千米）

图2-2-2 甘肃藏区、甘肃省、全国人口密度数据

资料来源：《甘肃发展年鉴》（2018）、《中国统计年鉴》。数据截止时间为2017年底。

口约218.10万，占青海省总人口的36.16%①。根据《青海统计年鉴》（2018）相关数据计算（见图2-2-3），青海藏区海北、黄南、海南、果洛、玉树和海西六个自治州的行政村密度远远低于西宁市（11.94个/百平方千米）和海东市（8.13个/百平方千米），其中玉树州和海西州更是低至0.12个/百平方千米；青海藏区各自治州的人口密度也相对较低，其行政村平均人口数据处于较低水平，但海北州和玉树州的行政村平均人口与海东市差距并不大，最低水平的海西州每村也平均分布有1035人，高于四川藏区的甘孜州和阿坝州。青海藏区人口密度小、居住相对分散，相对于人口密度分别为每平方千米298人和109人的西宁市和海东市，六个自治州的人口密度则为每平方千米不足10人，其中玉树州、果洛州和海西州的人口密度仅为每平方千米1.89人、2.23人和1.97人。部分县相对人口更为稀少，比如果洛州的玛多县，每平方千米仅有0.05人。因此，青海藏区的基本医疗卫生等公共服务具有服务半径大、服务成本高等特点。青海藏区很多偏远牧区各级各类医疗卫生机构由于技术人员短缺，医疗卫生资源相对不足，无法发挥其应有的功能，从而大大提高了基本医疗卫生服务均等化的难度；青海藏区生活条件艰苦，人均寿命还未达到全国平均水平，多种地方病、高原病多发，更加剧了对基本医疗卫生服务的挑战。

云南藏区的迪庆州总面积约2.39万平方千米，辖香格里拉市、德钦县和维西县三个县（市），共29个乡（镇），182个村民委员会，生活着藏、傈僳、纳西、白、彝等26个少数民族。截至2018年底，迪庆州常住人口约41.4万②，平均人口密度极低，仅为同期全国平均水平的12%（见图2-2-4）。其中，德钦县更是只有同期全国平均水平的6%。加之境内多高山峡谷，村落多分散分布，相互间距离很远，交通往来不便，为全州公共服务的有效供给和基本公共服务均等化带来极大挑战。

---

① 根据青海藏区六个自治州历年国民经济与社会发展统计公报计算。

② 其中，藏族人口占迪庆州总人口的33%，傈僳族人口占迪庆州总人口的29%。

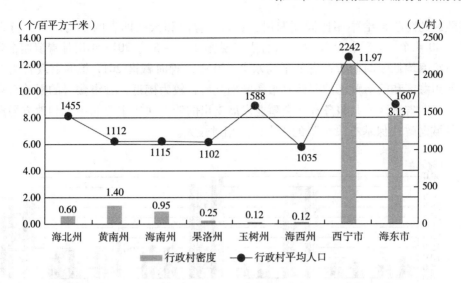

图2-2-3 青海省市（州）行政村密度及行政村平均人口数据

资料来源：青海省各市（州）人民政府网站。数据截止时间为2017年底。

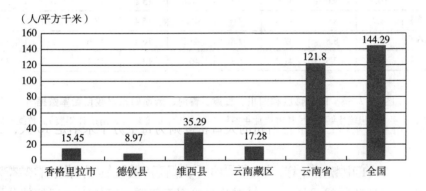

图2-2-4 云南藏区、云南省、全国人口密度数据

资料来源：《云南统计年鉴》（2018）。数据截止时间为2017年底。

二、社会发展和民生改善任务重，公共服务的县域保障压力大

四省藏区经济社会发展相对落后，县域财政自给率与同期全省、全国平均水平相比非常低，加之山洪泥石流、地震塌方、大雪冰冻天气等自然灾害多发频发，近年来绝大部分县域公共财政支出呈现逐年增加趋势，县域财政自给率呈现逐年减少趋势，社会发展和民生保障任务非常艰巨。事实上，近年来四省藏区的县域财政收支平衡主要靠中央和地方财政转移支付来支持，按照"保基本民生"的要求，该区域要进一步实现基本公共服务均等化，还需要中央和地方政府持续投入大量的人力、财力和物力。

整体来看，由于近年来四省藏区精准扶贫任务艰巨，社会民生支出压力大，而县域财政收入呈现缓慢增长态势，导致县域财政自给率仍然停留在较低水平，且在波动中呈现下降趋势（见图2-2-5）。根据图2-2-5中数据计算，2013～2017年，四省藏区平均的财政自给率从2013年的10.8%下降至2017年的6.3%，年均下降速度为12.61%。2017

年四省藏区的财政自给率相比同期四川、甘肃、青海和云南四省的平均水平，分别低约 34.9 个、40.4 个、9.8 个和 26.7 个百分点（见图 2-2-5）。2017 年川甘青滇四个省藏区的财政自给率均低于同期所在省的平均水平。其中，青海藏区 2017 年的财政自给率相对最高，四川藏区和云南藏区的财政自给率紧随其后且较为接近，甘肃藏区的财政自给率最低。近年来四省藏区公共服务和社会事业发展支出的较大缺口主要靠中央和地方财政转移支付，县域财政"保基本民生"的压力依然相对较大。

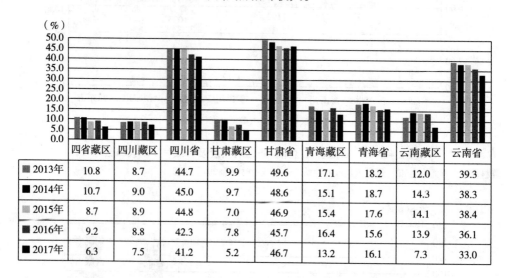

	四省藏区	四川藏区	四川省	甘肃藏区	甘肃省	青海藏区	青海省	云南藏区	云南省
2013年	10.8	8.7	44.7	9.9	49.6	17.1	18.2	12.0	39.3
2014年	10.7	9.0	45.0	9.7	48.6	15.1	18.7	14.3	38.3
2015年	8.7	8.9	44.8	7.0	46.9	15.4	17.6	14.1	38.4
2016年	9.2	8.8	42.3	7.8	45.7	16.4	15.6	13.9	36.1
2017年	6.3	7.5	41.2	5.2	46.7	13.2	16.1	7.3	33.0

图 2-2-5 四省藏区和四川、甘肃、青海、云南四省财政自给率数据

资料来源：历年《四川统计年鉴》《甘肃统计年鉴》《青海统计年鉴》《云南统计年鉴》。数据时间为 2013~2017 年。

根据表 2-2-1 中数据计算，2013~2017 年，四川藏区县域财政自给率增加的县（市）共 14 个，占比为 43.75%；县域财政自给率五年增加值排在前三位的分别是稻城县（5.2%）、马尔康市（3.4%）和金川县（2.0%），排在最后三位的分别是康定市（-8.6%）、九寨沟县（-8.3%）和茂县（-7.3%）。截至 2017 年底，财政自给率不低于同期四川藏区平均值的县（市）共 13 个，占比为 40.63%；其中排在前三位的依次是木里县（26.0%）、汶川县（20.5%）和九龙县（19.0%），比同期四川省的财政自给率（41.2%）依次低 15.2 个、20.7 个和 22.2 个百分点（见表 2-2-1）。

表 2-2-1 四川藏区县域财政自给率数据 单位：%

地区	2013 年	2014 年	2015 年	2016 年	2017 年	五年增加值
马尔康市	12.1	13.5	14.0	15.9	15.5	3.4
汶川县	20.1	24.2	28.5	20.4	20.5	0.4
理县	15.6	16.1	15.0	12.9	12.1	-3.5
茂县	16.5	12.2	11.1	11.3	9.2	-7.3
松潘县	11.9	12.9	11.7	11.7	7.0	-4.9
九寨沟县	16.0	18.1	18.5	16.6	7.7	-8.3

地区	2013 年	2014 年	2015 年	2016 年	2017 年	五年增加值
金川县	3.3	3.8	4.8	5.0	5.3	2.0
小金县	5.3	4.5	4.3	4.3	5.5	0.2
黑水县	12.4	9.3	6.9	7.8	8.7	-3.7
壤塘县	1.7	1.8	1.9	1.9	1.6	-0.1
阿坝县	2.5	3.3	3.1	3.3	2.5	0.0
若尔盖县	3.0	3.5	3.5	3.6	3.6	0.6
红原县	3.1	3.1	3.0	3.4	3.6	0.5
康定市	25.4	21.7	16.3	24.7	16.8	-8.6
泸定县	14.2	13.5	12.1	13.7	11.1	-3.1
丹巴县	13.1	8.8	6.1	7.2	7.5	-5.6
九龙县	25.8	19.8	22.3	19.7	19.0	-6.8
雅江县	14.5	16.1	18.1	17.2	15.4	0.9
道孚县	5.7	5.9	4.8	5.7	5.0	-0.7
炉霍县	3.3	4.1	4.0	4.0	4.1	0.8
甘孜县	3.7	4.4	6.4	4.3	3.8	0.1
新龙县	5.7	7.0	6.1	3.6	3.6	-2.1
德格县	2.4	2.4	3.1	3.6	3.2	0.8
白玉县	10.3	12.8	13.3	14.6	7.7	-2.6
石渠县	2.2	3.0	2.9	3.2	1.9	-0.3
色达县	2.8	4.5	3.8	3.2	3.7	0.9
理塘县	4.0	5.2	5.7	6.5	4.8	0.8
巴塘县	7.3	9.7	8.1	10.4	6.8	-0.5
乡城县	8.6	7.1	7.0	6.4	5.3	-3.3
稻城县	4.9	5.7	8.8	10.5	10.1	5.2
得荣县	3.0	3.0	5.3	5.8	4.4	1.4
木里县	30.9	31.0	23.5	20.9	26.0	-4.9
四川藏区	8.7	9.0	8.9	8.8	7.5	-1.2
四川省	44.7	45.0	44.8	42.3	41.2	-3.5

资料来源：历年《四川统计年鉴》。数据时间为 2013～2017 年。

　　根据图 2-2-6 中数据计算，2013～2017 年，甘肃藏区县域财政自给率增加值为正数的县（市）只有夏河县，占比为 11.1%，五年增加值约为 1.3%。县域财政自给率五年增加值排在最后三位的分别是玛曲县（-15.8%）、碌曲县（-6.4%）和合作市（-5.8%）。截至 2017 年底，财政自给率高于甘肃藏区平均值的县（市）共 6 个，占比为 66.7%；其中排在前三位的依次是合作市（8.4%）、夏河县（7.4%）和天祝县（7.1%），相对甘肃省其他县域仍然较低，比同期甘肃省的财政自给率（46.7%）依次低 38.3 个、39.3 个和 39.6 个百分点（见图 2-2-6）。

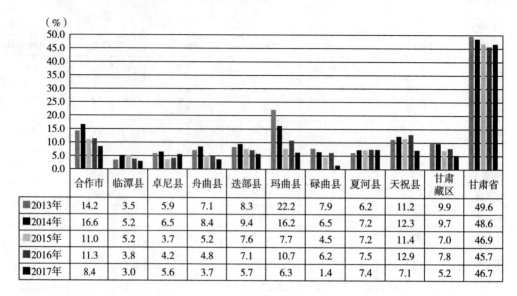

(%)	合作市	临潭县	卓尼县	舟曲县	迭部县	玛曲县	碌曲县	夏河县	天祝县	甘肃藏区	甘肃省
2013年	14.2	3.5	5.9	7.1	8.3	22.2	7.9	6.2	11.2	9.9	49.6
2014年	16.6	5.2	6.5	8.4	9.4	16.2	6.5	7.2	12.3	9.7	48.6
2015年	11.0	5.2	3.7	5.2	7.6	7.7	4.5	7.2	11.4	7.0	46.9
2016年	11.3	3.8	4.2	4.8	7.1	10.7	6.2	7.5	12.9	7.8	45.7
2017年	8.4	3.0	5.6	3.7	5.7	6.3	1.4	7.4	7.1	5.2	46.7

图 2 - 2 - 6　甘肃藏区县域财政自给率数据

资料来源：历年《甘肃统计年鉴》。数据时间为 2013 ~ 2017 年。

根据表 2 - 2 - 2 中数据计算，2013 ~ 2017 年，青海藏区县域财政自给率增加的县（市、行委）共 15 个，占比为 48.4%；县域财政自给率五年增加值排在前三位的分别是德令哈（41.3%）、都兰县（5.7%）和共和县（4.2%），排在最后三位的分别是天峻县（-161.9%）、格尔木市（-22.1%）和乌兰县（-16.5%）（见表 2 - 2 - 2）。截至 2017 年底，财政自给率高于青海藏区平均值的县（市）共 6 个，高于青海省平均值的县（市）也有 6 个，占比为 19.4%；其中排在前三位的依次是大柴旦行委（63.2%）、天峻县（61.9%）和德令哈市（61.5%），比同期青海藏区的财政自给率（13.2%）依次高 50.0 个、48.7 个和 48.3 个百分点，比同期青海省的财政自给率（16.1%）依次高 47.1 个、45.8 个和 45.4 个百分点。结合县域人均 GDP 数据来看，青海藏区县域之间的差距较大，果洛州的甘德县、达日县和玉树州的囊谦县等以传统农牧业为主，加之地处偏远，交通不便，资源开发利用难度大，县域经济发展水平相对落后，截至 2017 年底，这些地区的人均 GDP 还未上万，不及同期全省和全国平均水平的 1/5，导致这些地区的财政收入和自给率相对处于较低水平。

表 2 - 2 - 2　青海藏区县域财政自给率数据　　　　　　　　单位：%

地区	2013 年	2014 年	2015 年	2016 年	2017 年	五年增加值
门源县	8.0	8.6	7.2	5.9	5.4	-2.6
祁连县	7.7	7.7	7.6	7.9	4.2	-3.5
海晏县	13.8	3.6	11.0	7.3	7.8	-6.0
刚察县	12.9	13.2	11.2	8.4	6.2	-6.7
同仁县	3.8	7.7	5.2	8.5	4.7	0.9
尖扎县	20.5	5.6	17.4	18.2	6.7	-13.7

地区	2013 年	2014 年	2015 年	2016 年	2017 年	五年增加值
泽库县	1.7	1.9	2.6	2.7	1.6	-0.1
河南县	2.0	2.2	3.7	3.9	3.0	1.0
共和县	5.1	10.2	10.8	12.9	9.2	4.2
同德县	3.4	3.5	4.3	3.7	4.3	0.9
贵德县	10.7	10.4	11.6	13.9	12.8	2.1
兴海县	8.7	7.7	8.7	9.1	10.0	1.2
贵南县	3.5	4.1	4.5	4.4	4.9	1.4
玛沁县	6.1	5.9	8.7	7.5	4.2	-1.9
班玛县	1.7	1.7	4.5	2.7	2.3	0.6
甘德县	2.0	2.2	3.4	2.5	3.2	1.3
达日县	2.2	2.0	3.2	2.9	2.5	0.4
久治县	1.9	2.0	6.7	5.9	3.2	1.3
玛多县	1.6	3.5	4.4	3.8	1.0	-0.6
玉树市	3.4	10.1	12.4	6.0	5.0	1.6
杂多县	1.6	3.1	2.3	2.3	0.8	-0.9
称多县	2.3	2.3	2.8	1.7	1.0	-1.3
治多县	2.0	101.4	103.4	148.5	2.0	0.0
囊谦县	1.8	1.9	3.2	3.0	0.8	-1.0
曲麻莱县	1.2	2.2	3.3	1.4	1.5	0.3
格尔木市	61.4	56.8	49.3	49.8	39.3	-22.1
德令哈市	20.2	37.0	63.0	55.0	61.5	41.3
乌兰县	40.5	27.5	30.5	27.3	23.9	-16.5
都兰县	14.4	21.6	23.6	21.0	20.1	5.7
天峻县	223.76	71.7	46.9	44.1	61.9	-161.9
大柴旦行委	64.2	73.1	54.6	63.4	63.2	-0.9
冷湖行委	0.8	0.7	—	—	—	—
茫崖行委	—	—	—	—	—	—
青海藏区	17.1	15.1	15.4	16.4	13.2	-3.9
青海省	18.2	18.7	17.6	15.6	16.1	-2.1

资料来源：历年《青海统计年鉴》。数据时间为 2013～2017 年。天峻县、冷湖行委、茫崖行委部分数据缺失。

根据图 2-2-7 中数据计算，2013～2017 年，云南藏区县域财政自给率全部呈下降趋势，其中维西县的下降速度（4.9%）最快，香格里拉市的下降速度（1.9%）最慢。截至 2017 年底，财政自给率高于同期云南藏区平均值的只有香格里拉市（11.5%），比同期云南藏区的财政自给率（7.3%）高 4.2 个百分点，但比同期云南省的财政自给率（33.0%）低 21.5 个百分点（见图 2-2-7）。

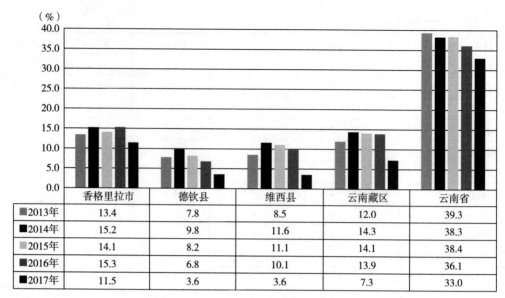

	香格里拉市	德钦县	维西县	云南藏区	云南省
2013年	13.4	7.8	8.5	12.0	39.3
2014年	15.2	9.8	11.6	14.3	38.3
2015年	14.1	8.2	11.1	14.1	38.4
2016年	15.3	6.8	10.1	13.9	36.1
2017年	11.5	3.6	3.6	7.3	33.0

图 2 - 2 - 7　云南藏区县域财政自给率数据

资料来源：历年《云南统计年鉴》。数据时间为 2013～2017 年。

　　根据图 2 - 2 - 8 中数据计算，2013～2017 年四省藏区人均地方公共财政预算支出的年均增速远远高于人均地方公共财政预算收入的年均增速（见图 2 - 2 - 8），成为县域财政自给率降低的主要原因。2013～2017 年，四省藏区人均地方公共财政预算支出均值的年均增速约为 8.7%，高于同期全国水平（7.0%），也高于同期四川、甘肃、青海和云南四省的水平（6.4%、7.2%、2.9% 和 6.2%）。而同期四省藏区人均地方公共财政预算收入均值的年均增速为 -5.0%，低于同期全国水平（4.8%），也低于同期四川、甘肃、青海和云南四省的水平（4.2%、5.6%、-0.3% 和 1.7%）。在此期间，四川藏区人均地方公共财政预算收入的年均增速最高（2.2%），比同期甘肃、青海和云南藏区的平均水平分别高 8.4 个、3.3 个和 10.1 个百分点，但低于同期全省和全国平均水平；甘肃藏区人均地方公共财政预算支出的年均增速最高（10.2%），比同期甘肃省平均水平高 3.0 个百分点，比同期全国平均水平高 3.2 个百分点；四川藏区人均地方公共财政预算支出的年均增速次之（6.0%），比同期四川省平均水平低 0.4 个百分点，比同期全国平均水平低 1.0 个百分点；青海藏区人均地方公共财政预算支出的年均增速（5.5%）低于甘肃和四川藏区，而云南藏区的人均地方公共财政预算支出的年均增速最低（4.3%），比同期四川、甘肃和青海藏区的平均水平各低 1.7 个、5.9 个和 1.2 个百分点（见图 2 - 2 - 8）。

　　根据表 2 - 2 - 3 中数据计算，从公开信息可以统计到的四省藏区 75 个县（市、行委）中，2013～2017 年，有超过 57.0% 的县（市、行委）人均地方公共财政收入是增加的，县域人均地方公共财政预算收入五年平均增速为负值的只有 32 个，占比约为 42.7%（见表 2 - 2 - 3）。但是，四省藏区县域人均地方公共财政收入的年均增速普遍较低，2013～2017 年县域人均地方公共财政收入的年均增速排在前三位的分别是青海藏区的德令哈市（44.3%）和甘德县（23.3%），以及四川藏区的德格县（22.8%）和青海藏区的久治县（22.8%）；排在最后三位的分别是甘肃藏区的碌曲县（-25.9%）、青海藏区的天峻县（-25.1%）和云南藏区的维西县（-20.6%）（见表 2 - 2 - 3）。

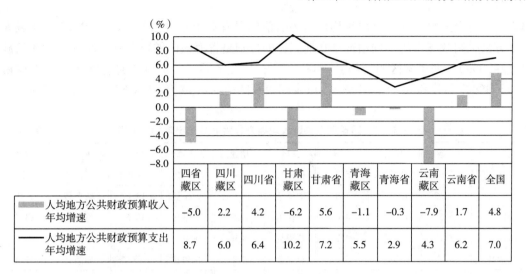

图2-2-8 四省藏区与全国人均地方公共财政收入和支出年均增速数据

资料来源：历年《四川统计年鉴》《甘肃统计年鉴》《青海统计年鉴》《云南统计年鉴》《中国统计年鉴》。年均增速计算时间为2013~2017年。以2013年为基期按照可比价格计算调整相关年份数据。

表2-2-3 四省藏区县域人均地方公共财政收入年均增速数据　　　　单位：%

县域	增速	县域	增速	县域	增速	县域	增速	县域	增速
马尔康市	12.7	丹巴县	-8.0	得荣县	11.8	同仁县	14.6	玉树市	-4.4
汶川县	-3.5	九龙县	-5.7	木里县	4.3	尖扎县	-14.4	杂多县	-13.1
理县	-1.0	雅江县	6.3	合作市	-0.3	泽库县	8.9	称多县	-8.4
茂县	-6.5	道孚县	1.6	临潭县	5.2	河南县	15.9	治多县	13.2
松潘县	-3.2	炉霍县	11.7	卓尼县	2.8	共和县	9.5	囊谦县	-9.5
九寨沟县	-6.2	甘孜县	9.9	舟曲县	-4.7	同德县	4.7	曲麻莱县	8.2
金川县	9.2	新龙县	-1.1	迭部县	-1.5	贵德县	9.6	格尔木市	-8.9
小金县	6.2	德格县	22.8	玛曲县	-17.9	兴海县	9.3	德令哈市	44.3
黑水县	-2.7	白玉县	-1.1	碌曲县	-25.9	贵南县	17.6	乌兰县	-3.5
壤塘县	7.0	石渠县	7.2	夏河县	16.0	玛沁县	0.8	都兰县	13.0
阿坝县	5.4	色达县	19.6	天祝县	-4.0	班玛县	12.5	天峻县	-25.1
若尔盖县	11.0	理塘县	12.1	门源县	4.3	甘德县	23.3	大柴旦行委	0.1
红原县	9.9	巴塘县	3.6	祁连县	-2.8	达日县	8.5	香格里拉市	0.5
康定市	-4.0	乡城县	-5.4	海晏县	-8.4	久治县	22.8	德钦县	-14.6
泸定县	-0.9	稻城县	21.4	刚察县	-10.9	玛多县	7.1	维西县	-20.6

资料来源：历年《四川统计年鉴》《甘肃统计年鉴》《青海统计年鉴》《云南统计年鉴》《中国统计年鉴》《中国县域统计年鉴》。年均增速计算时间为2013~2017年。以2013年为基期按可比价格计算调整相关年份数据。因青海藏区海西州冷湖行委和茫崖行委2015~2017年的国民经济和社会发展部分数据缺失，计算2013~2017年四省藏区县域人均地方公共财政预算收入的年均增速时未包括冷湖行委和茫崖行委数据。

　　根据表2-2-4中数据计算，2013~2017年，四省藏区县域人均地方公共财政支出的年均增速普遍较高，有约92.0%的县（市、行委）人均地方公共财政支出是增加的，县域人均地方公共财政预算支出年均增速为负值的只有 6 个县（市）。2013～2017 年县域人均地方公共财政支出的年均增速排在前三位的分别是青海藏区的玛多县（20.1%）和门源县（14.9%）、四川藏区的德格县（14.1%）；排在最后三位的分别是青海藏区的玉树市（-13.3%）和共和县（-5.7%），以及四川藏区的汶川县（-3.9%）（见表 2-2-4）。

表 2-2-4　四省藏区县域人均地方公共财政支出年均增速数据　　　　单位：%

县域	增速	县域	增速	县域	增速	县域	增速	县域	增速
马尔康市	5.9	丹巴县	5.7	得荣县	1.4	同仁县	8.8	玉树市	-13.3
汶川县	-3.9	九龙县	1.8	木里县	8.8	尖扎县	13.0	杂多县	5.0
理县	5.5	雅江县	4.6	合作市	13.7	泽库县	10.5	称多县	13.3
茂县	8.1	道孚县	4.7	临潭县	8.9	河南县	5.2	治多县	13.1
松潘县	10.2	炉霍县	5.8	卓尼县	4.2	共和县	-5.7	囊谦县	11.4
九寨沟县	12.7	甘孜县	8.9	舟曲县	12.4	同德县	-1.1	曲麻莱县	2.7
金川县	-2.6	新龙县	10.5	迭部县	7.9	贵德县	4.9	格尔木市	1.9
小金县	5.3	德格县	14.1	玛曲县	12.4	兴海县	5.7	德令哈市	9.2
黑水县	6.3	白玉县	6.3	碌曲县	13.3	贵南县	7.8	乌兰县	10.0
壤塘县	7.8	石渠县	10.4	夏河县	10.6	玛沁县	10.5	都兰县	4.0
阿坝县	5.1	色达县	11.6	天祝县	7.5	班玛县	4.4	天峻县	3.2
若尔盖县	5.9	理塘县	6.9	门源县	14.9	甘德县	8.8	大柴旦行委	0.4
红原县	5.8	巴塘县	5.6	祁连县	13.0	达日县	4.5	香格里拉市	4.5
康定市	6.4	乡城县	6.9	海晏县	5.7	久治县	7.7	德钦县	3.8
泸定县	5.2	稻城县	1.3	刚察县	7.2	玛多县	20.1	维西县	-1.3

资料来源：历年《四川统计年鉴》《甘肃统计年鉴》《青海统计年鉴》《云南统计年鉴》《中国统计年鉴》《中国县域统计年鉴》。年均增速计算时间为 2013～2017 年。以 2013 年为基期按可比价格计算调整相关年份数据。因青海藏区海西州冷湖行委和茫崖行委 2015～2017 年的国民经济和社会发展部分数据缺失，计算 2013～2017 年四省藏区县域人均地方公共财政预算支出的年均增速时未包括冷湖行委和茫崖行委数据。

三、生态保护任务重，公共服务与绿色经济协调发展的挑战大

虽然四省藏区自然资源丰富，但生态脆弱，大都属于国家国土空间开发规划中的限制开发区和禁止开发区，限制开发区中大多为重点生态功能区。按照国家国土空间主体功能划分和空间用途管制的政策要求，四省藏区对自然资源的开采利用，对县域经济发展的产业选择，对城镇化速度和方式的设定等，都应综合考虑当地自然资源和生态环境的承载力。人口、经济、社会和空间城镇化指标快速提升，推动公共服务规模效率提升的一般路径并不适合四省藏区。因此，四省藏区新型城镇化集聚人口等要素的作用有限，通过城镇公共服务规模供给效率提升促进县域公共服务效率提升的约束条件多，面临挑战更大。同时，四省藏区适宜发展绿色产业、循环产业和环境友好型产业，走绿色可持续经济发展道路的特征，决定了四省藏区绿色经济发展应与新型城镇化协同推进，其发展速度和经济效益难以与重点开发区和优化开发区相比。加之四省藏区长期经济社会发展落后，基本处于

要素净流出状态，县域经济发展对于当地基本公共服务均等化的支撑严重不足。"十四五"乃至更长时期，四省藏区应注重公共服务与绿色经济、新型城镇化、乡村振兴、民族团结进步等的协调发展，增强多个系统间的协调发展和正向反馈，以增强县域公共服务供给的有效性。

地靠四川西北部和西部山地和高原地区的四川藏区，自然资源非常丰富。其中，甘孜州的天然草原面积占其总面积的 61.7%；水资源总量约为 1397.8 亿立方米，水能理论蕴藏量约为 4119 万千瓦，约占全省水能蕴藏量的 29%；已发现矿产资源约 74 种，有大熊猫、金丝猴等 30 多种珍稀动物和松茸、白菌等多种珍稀植物。阿坝州的水能理论蕴藏量约为 1933 万千瓦，约占全省水能蕴藏量的 14%；已发现金、锂等 54 个矿产种类，有珍稀野生植物资源 1500 余种，脊椎动物资源 553 种。木里县境内天然径流量 58.1 亿立方米，大约有 17 个金属矿种和 16 个非金属矿种[1]。但是，由于交通区位条件差、文化相对封闭和生态环境脆弱等原因，四川藏区的经济社会发展还相对落后，探索绿色经济发展道路任重而道远。加之当地基本公共服务投入的历史欠账较多，近年来还是主要靠转移支付逐步提升当地的公共服务水平，推动当地基本公共服务与绿色经济的协调发展，面临巨大挑战。

甘肃藏区同样拥有丰富的珍稀动植物资源和水土资源，域内河川纵横，水资源总量占甘肃省自产水量的 33.9%；探明储量的矿种有 22 种，其中大型矿产地 12 处，中型矿产地 33 处，小型矿产地 27 处；生物多样性优势明显，森林木本植物、天然草类植物等非常丰富，还有大熊猫、梅花鹿、白唇鹿、雪豹、黑鹳、金雕、胡兀鹫等国家级保护动物。但同样生态脆弱，破坏后短期内难以修复。甘肃藏区的县域经济对当地基本公共服务均等化的支撑能力非常弱，同样适宜走公共服务与绿色经济协调发展的道路。

作为三江源重要水源涵养地和生物多样性保护地区，青海藏区还是长江上游重要生态屏障。根据国务院 2011 年发布的《全国主体功能区规划》[2]，大量限制开发区（重点生态功能区）和禁止开发区（国家公园、自然保护区等）[3] 分布在青海藏区，青海藏区具有涵养水源、保护生物多样性等重要战略地位。丰富的植被和复杂的地形孕育了青海藏区高原特色动植物资源，冬虫夏草、贝母、大黄、水母雪莲、佛手参等中药资源种类多且储量大；藏羚羊、野牦牛、藏野驴、岩羊、黄羊、白唇鹿等高原特色珍稀野生动物分布广泛；矿产品种多、储量较大、品位较高、类型较全，成矿条件优越，有色金属和非金属矿产资源储量在中国排名前列，但其资源开发应采取点状开发和更加环保的开发方式，探索更为科学合理的资源集约节约利用路径。随着生态环境保护和宏观经济下行的压力逐渐加大，近年来青海藏区公共服务与绿色经济协调发展又面临新的挑战。

云南藏区的迪庆州地处"亚洲水塔"东南端，全州水能蕴藏量达 1650 万千瓦，约占

---

① 资料来源于阿坝藏族羌族自治州、甘孜藏族自治州和木里藏族自治县政府的门户网站。
② 国务院办公厅. 国务院关于印发全国主体功能区规划的通知（国发〔2010〕46 号）[Z]. 2011-06-08.
③ 主要包括：祁连山冰川与水源涵养生态功能区、三江源草原草甸湿地生态功能区、青海循化孟达国家级自然保护区、青海湖国家级自然保护区、青海可可西里国家级自然保护区、青海三江源国家级自然保护区、青海隆宝国家级自然保护区、青海坎布拉国家森林公园、青海北山国家森林公园、青海大通国家森林公园、青海群加国家森林公园、青海仙米国家森林公园、青海哈里哈图国家森林公园、青海麦秀国家森林公园、青海尖扎坎布拉国家地质公园、青海格尔木昆仑山国家地质公园、青海久治年保玉则国家地质公园、青海互助北山国家地质公园。

全省的 15%，可开发利用水能资源在 1370 万千瓦以上；矿产资源富集程度高，分布集中，品位较高，规模较大，矿种配套性好，是全国十大矿产资源富集区之一。然而值得注意的是，迪庆州内自然保护区和野生保护动物众多，可用于经济建设和城镇开发的土地面积相对较少，大规模工业化不符合该区域国土空间主体功能。同时，生态环境的脆弱性与复杂性也决定了迪庆州同样适宜走可持续的绿色经济发展道路，县域经济绿色发展与公共服务的协同发展能力亟待提升。

四、自然条件艰苦，公共服务专业技术人才稀缺等问题较为明显

四省藏区平均海拔较高，高原气候明显，植被分布密度低，空气含氧量低，艰苦的自然条件和传统的生产生活方式导致四省藏区成为高原病和地方病的高发区。加之相对落后的经济社会发展水平，导致长期以来四省藏区公共服务专业技术人才培养和引进非常困难，同时原有的专业技术人才还在进一步流失。对阻断贫困代际传递起关键作用的基本公共教育服务，以及面临高度现实需求的基本医疗卫生服务专业技术人才等，在四省藏区显得尤其珍贵。总体来看，虽然得益于国家政策的倾斜和精准扶贫战略的实施，四省藏区本地人才培养的规模和水平均有所提升，但是人才规模和水平仍然相对较低，且区域差异较大。恶劣的自然条件不利于人才的培养和引进，艰苦的生产生活环境也是人才流失的重要原因，相比内地，四省藏区需要更多的公共服务投入才能保证公共服务人才的供需均衡。同时，我们也应看到，四省藏区县域公共服务人才的稀缺问题需要从多方面来解决，投入规模的加大只是其中一方面，而更重要的是对不同区域采取分类指导的人力资源素质提升政策。

四川藏区属于长江、黄河源头区，沟壑纵横，地势落差大[①]；整体地势从西北向东南倾斜，地貌主要包括高原和高山峡谷两大类型。四川藏区甘孜州平均海拔 3500 米，北部高原与南部河谷高差达到 3000 米左右，最高峰贡嘎山海拔 7556 米；阿坝州各县平均海拔从 2100 米到最高的 5588 米，海拔高差大；木里县平均海拔 3100 米，相对高差 4488 米。高原肺水肿、心脏病、寄生虫病等在四川藏区较为多发，对当地医疗卫生服务提出更高要求。

甘肃藏区平均海拔较高，普遍在 3000 米以上，自然环境条件艰苦，气候条件恶劣，高原心脏病、高原红细胞增多症等高原病较为多发。其中，甘南州位于青藏高原东北边缘，地处青藏高原、黄土高原和陇南山地的过渡地带，南与四川藏区阿坝州相连，西南与青海藏区黄南和果洛州接壤，东部和北部与陇南市、定西市、临夏州毗邻[②]；域内由西向东逶迤蜿蜒的高峻山峰与其间的高原阔地，构成了西、北、南面平均海拔 3000 米以上的主要地貌区域。天祝县位于青藏高原、黄土高原和内蒙古高原的交汇地带，河西走廊东端，域内地势西北高，东南低，海拔在 2040～4874 米，地貌以山地为主。基本公共服务人才的稀缺，长期以来成为甘肃藏区基本公共服务水平提升的重要制约因素。以基本医疗卫生服务为例，截至 2016 年底，甘肃藏区医疗卫生机构床位数共 4300 张，甘南州各级共有医疗卫生机构 1568 所，乡村卫生室及其他医疗单位 1299 所（包括企业医院和个体诊

---

① 资料来源于阿坝州、甘孜州和木里县政府的门户网站。
② 全国行政区划信息查询平台．甘南藏族自治州［EB/OL］．http：//www.gnzrmzf.gov.cn/，2019－12－30．

所），664 个行政村中已建成 637 所卫生室，其中 78.65% 为标准化村卫生室，但有村医的行政村只有 152 个，其中执业医师仅有 18 人[①]。

青海藏区虽蕴藏大量珍稀动植物资源和矿产资源，但区域平均海拔 3000 米以上，主要包括祁连山山地及环湖地区、柴达木盆地和青南高原四大地貌类型，大部分区域属高原高寒气候，区域垂直变化明显，年均气温低至 0℃ 以下，降水时空分布不均，冰雹雨雪灾害频发。该区域特殊的自然条件和生产方式，导致各种高原病、地方病，如鼠疫、碘缺乏病、地方性氟中毒、大骨节病、布病、寄生虫病和地方性砷中毒等多发易发，人民生活条件相对艰苦，对医疗卫生服务的需求大。

云南藏区多高山大河，梅里雪山山脉、云岭雪山山脉、中甸雪山与澜沧江、金沙江形成独特的"三山夹两江"地貌，海拔高度差异悬殊，最高峰海拔 6740 米，最低谷海拔 1486 米，绝对高差达 5254 米，平均海拔 3380 米。云南藏区域内高原心脏病、高原红细胞增多症等高原病多发频发，外来人员也极易触发高原反应和急性高原病，给当地的医疗卫生公共服务带来了巨大的挑战。同时，海拔高低差较大，海拔形成的气温差突出，地形地势对于气温的作用显著，极端小气候带来的山洪等自然灾害也相对较多。

五、部分地区基本公共服务与同期全国、全省平均水平还有差距

（一）基本公共教育服务差距

根据表 2-2-5 中数据计算，2013～2017 年，四川藏区还有约 13% 的县小学师生比呈现下降趋势，小学教育阶段的师资数量保障需要增强。截至 2017 年底，四川藏区还有色达县、德格县和石渠县三个县的小学师资数量保障水平低于同期全国平均水平，占比达 9%；还有色达和德格两个县的小学师资数量保障水平低于同期全省平均水平，占比达 6%。

表 2-2-5　四川藏区县域小学生师比数据

地区	2013 年	2014 年	2015 年	2016 年	2017 年	五年下降值
马尔康市	8	8	8	10	8	0
汶川县	7	7	7	8	8	-1
理县	6	6	5	5	5	1
茂县	11	11	11	11	10	1
松潘县	10	7	9	10	8	2
九寨沟县	12	10	10	9	9	3
金川县	8	6	7	8	8	0
小金县	10	9	9	8	7	3
黑水县	12	9	11	9	8	4
壤塘县	13	13	13	17	15	-2
阿坝县	16	14	15	15	14	2
若尔盖县	15	13	15	16	14	1

---

① 马虎成，朱智文，马东平．甘肃民族地区发展分析与预测（2018）［M］．兰州：甘肃人民出版社，2017：100-103.

地区	2013 年	2014 年	2015 年	2016 年	2017 年	五年下降值
红原县	13	11	12	12	13	0
康定市	15	12	15	15	15	0
泸定县	11	12	11	11	10	1
丹巴县	10	10	9	8	8	2
九龙县	17	14	16	15	15	2
雅江县	16	14	15	15	14	2
道孚县	14	14	14	14	14	0
炉霍县	16	15	16	15	15	1
甘孜县	14	14	14	14	14	0
新龙县	11	9	10	10	10	1
德格县	14	15	16	15	18	-4
白玉县	14	12	11	12	13	1
石渠县	16	26	18	17	16	0
色达县	13	12	14	15	20	-7
理塘县	15	14	12	12	14	1
巴塘县	13	12	13	12	12	1
乡城县	11	9	10	10	9	2
稻城县	11	10	10	10	9	2
得荣县	9	8	8	7	7	2
木里县	14	14	13	14	13	1
四川省	17	17	18	17	17	0
全国	15	15	15	15	15	0

资料来源：历年《四川统计年鉴》《中国县域统计年鉴》《中国统计年鉴》。

根据表 2-2-6 中数据计算，2013～2017 年，四川藏区还有 10 个约 31% 的县普通中学师生比下降，中学教育阶段的师资数量保障需要增强。截至 2017 年底，四川藏区还有 12 个县的普通中学师资数量保障水平低于同期全国、全省平均水平，占比达 38%。其中，阿坝县和九龙县的普通中学师生比为 1∶19，甘孜县和巴塘县的普通中学师生比为 1∶16，若尔盖县、红原县、理塘县和木里县的普通中学师生比为 1∶15，雅江县、道孚县、石渠县和色达县的普通中学师生比为 1∶14，均低于同期全国、全省平均水平。

表 2-2-6　四川藏区县域普通中学生师比数据

地区	2013 年	2014 年	2015 年	2016 年	2017 年	五年下降值
马尔康市	11	10	10	10	9	2
汶川县	11	11	11	11	10	1
理县	8	7	7	7	7	1

地区	2013 年	2014 年	2015 年	2016 年	2017 年	五年下降值
茂县	11	11	11	10	10	1
松潘县	10	9	10	14	8	2
九寨沟县	12	11	11	11	10	2
金川县	10	9	9	8	7	3
小金县	14	13	11	11	10	4
黑水县	12	11	12	12	11	1
壤塘县	16	15	11	11	12	4
阿坝县	17	16	17	17	19	-2
若尔盖县	19	16	17	16	15	4
红原县	15	16	17	15	15	0
康定市	13	12	14	13	13	0
泸定县	14	14	11	12	12	2
丹巴县	13	13	13	12	11	2
九龙县	25	24	17	22	19	6
雅江县	20	20	20	18	14	6
道孚县	16	15	17	16	14	2
炉霍县	13	12	13	12	13	0
甘孜县	11	12	14	14	16	-5
新龙县	12	13	16	12	12	0
德格县	8	10	10	10	10	-2
白玉县	8	9	9	12	12	-4
石渠县	9	10	12	15	14	-5
色达县	12	10	13	13	14	-2
理塘县	13	13	14	14	15	-2
巴塘县	12	12	14	16	16	-4
乡城县	12	12	13	12	13	-1
稻城县	11	11	12	13	13	-2
得荣县	11	10	10	11	10	1
木里县	17	11	16	15	15	2
四川省	14	14	13	13	13	1
全国	14	13	13	13	13	1

注：数据来源同表 2 - 2 - 5。

　　根据图 2 - 2 - 9 中数据计算，2013 ~ 2017 年，甘肃藏区还有约 22% 的县小学师生比处于下降趋势，小学教育阶段的师资数量保障需要增强。截至 2017 年底，甘肃藏区合作市的普通中学师生比为 1∶13，舟曲县和玛曲县的普通中学师生比均为 1∶12，虽然略高于同期全国平均水平，但是低于同期全省平均水平，普通中学师资保障水平低于同期全省平均水平的共有3个县（市），占比达33%（见表2-2-6、图2-2-10）。

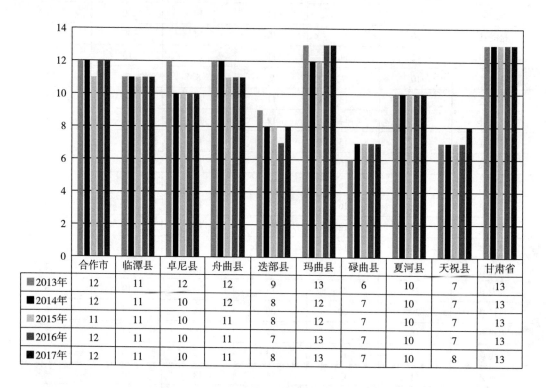

	合作市	临潭县	卓尼县	舟曲县	迭部县	玛曲县	碌曲县	夏河县	天祝县	甘肃省
2013年	12	11	12	12	9	13	6	10	7	13
2014年	12	11	10	12	8	12	7	10	7	13
2015年	11	11	10	11	8	12	7	10	7	13
2016年	12	11	10	11	7	13	7	10	7	13
2017年	12	11	10	11	8	13	7	10	8	13

图2-2-9 甘肃藏区县域小学生师比数据

资料来源：历年《甘肃统计年鉴》《中国统计年鉴》《中国县域统计年鉴》。

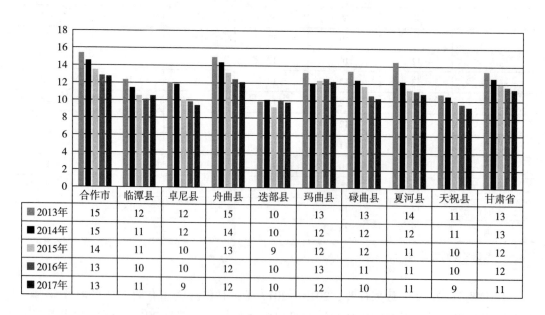

	合作市	临潭县	卓尼县	舟曲县	迭部县	玛曲县	碌曲县	夏河县	天祝县	甘肃省
2013年	15	12	12	15	10	13	13	14	11	13
2014年	15	11	12	14	10	12	12	12	11	13
2015年	14	11	10	13	9	12	12	11	10	12
2016年	13	10	10	12	10	13	11	11	10	12
2017年	13	11	9	12	10	12	10	11	9	11

图2-2-10 甘肃藏区县域普通中学生师比数据

注：数据来源同图2-2-9。

截至 2014 年底①，青海藏区还有 24 个县（市、行委）的小学师资数量保障水平低于同期全国平均水平，占比达 73%；还有 9 个县（市、行委）的小学师资数量保障水平低于同期青海省平均水平，占比达 27%。其中，兴海县和杂多县的小学师资数量保障水平排在最后两位，小学师生比分别为 1∶26 和 1∶23，与同期全国 1∶15 和全省 1∶18 的小学生师比差距最大（见表 2-2-5、图 2-2-11）；门源县和玛沁县的小学师资数量保障水平略高于兴海县和杂多县，小学师生比均为 1∶22，与同期全国和全省的小学生师比差距也非常大。截至 2014 年底，青海藏区还有 22 个县（市）的普通中学师资数量保障水平低于同期全国、全省 1∶13 平均水平，占比达 71%。其中，玛多县、玛沁县和治多县的普通中学师资数量保障水平与同期全国、全省的差距排前三位，普通中学师生比分别为 1∶24、1∶23 和 1∶21（见表 2-2-6、图 2-2-12）。

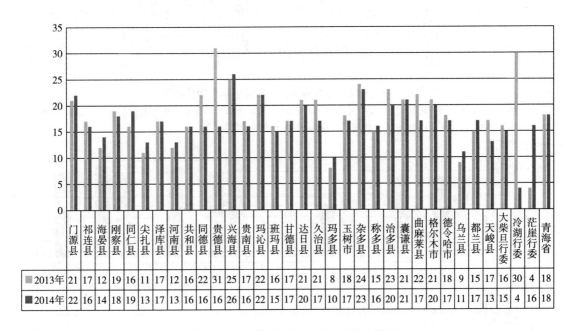

	门源县	祁连县	海晏县	刚察县	同仁县	尖扎县	泽库县	河南县	共和县	同德县	贵德县	兴海县	贵南县	玛沁县	班玛县	甘德县	达日县	久治县	玛多县	玉树市	杂多县	称多县	治多县	囊谦县	曲麻莱县	格尔木市	德令哈市	乌兰县	都兰县	天峻县	大柴旦行委	冷湖行委	茫崖行委	青海省
2013年	21	17	12	19	16	11	17	12	16	22	31	25	17	22	16	17	21	21	8	18	24	15	23	21	22	21	18	9	15	17	16	30	4	18
2014年	22	16	14	18	19	13	17	13	16	16	16	26	16	22	15	17	20	17	10	17	23	16	20	21	17	20	17	11	17	13	15	4	16	18

图 2-2-11　青海藏区县域小学生师比数据

资料来源：历年《青海统计年鉴》《中国统计年鉴》《中国县域统计年鉴》。2015～2017 年青海藏区县域小学生师比数据缺失。

截至 2016 年底②，云南藏区香格里拉市和维西县的普通中学师生比分别为 1∶14、1∶16，低于同期全国 1∶13 的指标值，普通中学师资数量保障水平不及同期全国平均水平；维西县的普通中学师生比还低于同期全省 1∶15 的指标值，普通中学师资数量保障水平不及同期全省平均水平（见图 2-2-13）。

---

① 由于 2015～2017 年青海藏区县域小学生师比数据缺失，青海藏区县域小学师资保障水平的分析使用截至 2014 年底的公开统计数据。

② 由于 2017 年云南藏区县域普通中学生师比数据缺失，云南藏区县域普通中学师资保障水平的分析使用截至 2016 年底的公开统计数据。

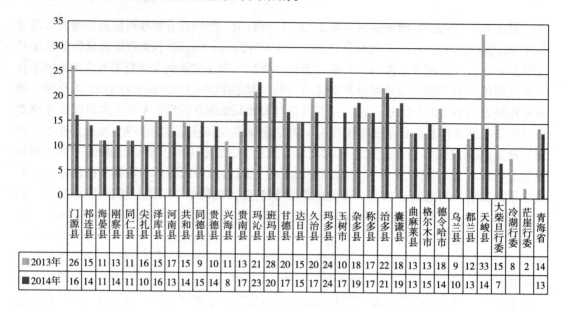

	门源县	祁连县	海晏县	刚察县	同仁县	尖扎县	泽库县	河南县	共和县	同德县	贵德县	兴海县	贵南县	玛沁县	班玛县	甘德县	达日县	久治县	玛多县	玉树市	杂多县	称多县	治多县	囊谦县	曲麻莱县	格尔木市	德令哈市	乌兰县	都兰县	天峻县	大柴旦行委	冷湖行委	茫崖行委	青海省
2013年	26	15	11	13	11	16	15	17	15	9	10	11	13	21	28	20	15	20	24	10	18	17	22	18	13	13	18	9	12	33	15	8	2	14
2014年	16	14	11	14	11	10	16	13	14	15	14	8	17	23	20	17	15	17	24	17	19	17	21	19	13	15	14	10	13	14	7			13

图 2 - 2 - 12　青海藏区县域普通中学生师比数据

资料来源：历年《青海统计年鉴》《中国县域统计年鉴》。普通中学生师比缺失青海藏区所有县域 2015~2017 年数据，以及冷湖行委、茫崖行委 2014 年数据。

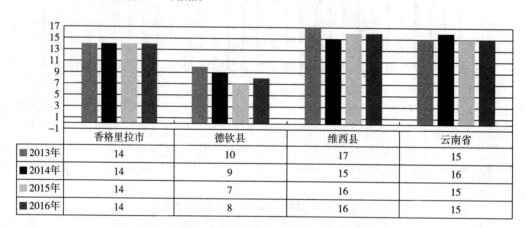

	香格里拉市	德钦县	维西县	云南省
2013年	14	10	17	15
2014年	14	9	15	16
2015年	14	7	16	15
2016年	14	8	16	15

图 2 - 2 - 13　云南藏区县域普通中学生师比数据

资料来源：历年《迪庆统计年鉴》。迪庆州所有县域 2017 年普通中学生师比数据缺失。

（二）基本医疗卫生服务差距

根据表 2 - 2 - 7 中数据计算，2013~2017 年，四川藏区有约 3% 的县万人医疗卫生机构床位数没有明显增加，基本医疗卫生服务保障没有明显加强。截至 2017 年底，四川藏区共 21 个县的万人医疗卫生机构床位数低于同期全国平均水平，占比达 66%；共 25 个县（市）的万人医疗卫生机构床位数低于同期全省平均水平，占比达 78%。其中，石渠县和全国、全省平均水平的差距最大，万人医疗卫生机构床位数比同期全国、全省平均水平分别少 39 张、50 张；理塘县和全国、全省水平的差距次之，万人医疗卫生机构床位数比同期全国、全省平均水平分别少 36 张、47 张；德格县和全国、全省平均水平的差距排第三位，比同期全国、全省平均水平分别少 32 张、43 张。

表2－2－7 四川藏区县域万人医疗卫生机构床位数据　　　单位：张/万人

地区	2013 年	2014 年	2015 年	2016 年	2017 年	五年增加值
马尔康市	108	109	115	100	119	11
汶川县	44	47	50	50	49	5
理县	36	35	51	51	44	8
茂县	42	47	61	53	59	17
松潘县	30	41	41	37	34	4
九寨沟县	43	42	42	42	41	-2
金川县	40	37	36	38	72	32
小金县	46	54	43	44	61	15
黑水县	28	28	25	26	29	1
壤塘县	34	46	51	55	57	23
阿坝县	38	45	74	73	69	31
若尔盖县	30	29	29	33	46	16
红原县	37	44	47	45	49	12
康定市	72	91	87	135	116	44
泸定县	20	47	49	48	32	12
丹巴县	23	36	32	58	59	36
九龙县	13	32	35	35	42	29
雅江县	14	39	38	39	47	33
道孚县	19	31	24	24	43	24
炉霍县	34	51	37	37	37	3
甘孜县	26	41	31	42	40	14
新龙县	10	26	26	24	26	16
德格县	7	40	38	37	25	18
白玉县	25	39	39	60	75	50
石渠县	7	20	12	13	18	11
色达县	11	24	41	75	76	65
理塘县	16	26	24	24	21	5
巴塘县	30	46	49	69	55	25
乡城县	33	47	36	35	44	11
稻城县	19	78	76	75	73	54
得荣县	23	57	62	35	33	10
木里县	30	36	36	41	44	14
四川省	53	56	60	62	68	15
全国	45	48	51	54	57	12

注：数据来源同表2－2－5。

根据图2－2－14中数据计算，2013～2017年，甘肃藏区有约56%的县（市）万人医疗卫生机构床位数没有明显增加。截至2017年底，甘肃藏区仍有6个县的万人医疗卫生机构床位数低于同期全省和全国平均水平，占比达 67%。其中，临潭县和全国、全省平均水平的差距最大，万人医疗卫生机构床位数比同期全国、全省平均水平分别少 29 张、28 张；舟曲县和全国、全省水平的差距次之，万人医疗卫生机构床位数比同期全国、全省平均水平分别少 27 张、26 张；玛曲县和全国、全省平均水平的差距排第三位，比同期全国、全省平均水平分别少 18 张、17 张。

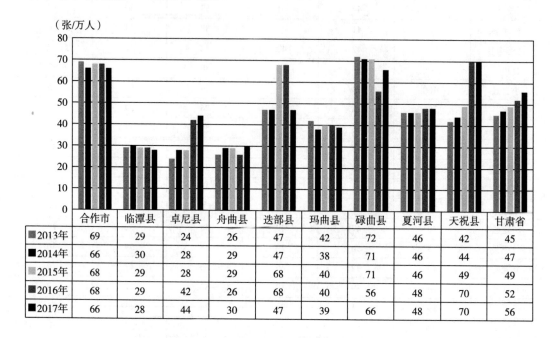

（张/万人）	合作市	临潭县	卓尼县	舟曲县	迭部县	玛曲县	碌曲县	夏河县	天祝县	甘肃省
2013年	69	29	24	26	47	42	72	46	42	45
2014年	66	30	28	29	47	38	71	46	44	47
2015年	68	29	28	29	68	40	71	46	49	49
2016年	68	29	42	26	68	40	56	48	70	52
2017年	66	28	44	30	47	39	66	48	70	56

图 2 - 2 - 14　甘肃藏区县域万人医疗卫生机构床位数据

注：数据来源同图 2 - 2 - 9。

根据表 2 - 2 - 8 中数据计算，2013～2017 年，青海藏区约 13% 的县（行委）万人医疗卫生机构床位数没有明显增加。截至 2017 年底，青海藏区仍有 21 个县（市）的万人医疗卫生机构床位数低于同期全国平均水平，23 个县（市）的万人医疗卫生机构床位数低于同期全省平均水平，占比约 70%。其中，同仁县和全国、全省平均水平的差距最大，万人医疗卫生机构床位数比同期全国、全省平均水平分别少 44 张、51 张；乌兰县和全国、全省水平的差距次之，万人医疗卫生机构床位数比同期全国、全省平均水平分别少 42 张、49 张；玛沁县和全国、全省平均水平的差距排第三位，比同期全国、全省平均水平分别少 37 张、44 张。

表 2 - 2 - 8　青海藏区县域万人医疗卫生机构床位数据　　　　单位：张/万人

地区	2013 年	2014 年	2015 年	2016 年	2017 年	五年增加值
门源县	15	28	33	42	41	26
祁连县	33	32	32	40	38	5
海晏县	65	222	206	207	137	72
刚察县	46	47	54	55	55	9

地区	2013 年	2014 年	2015 年	2016 年	2017 年	五年增加值
同仁县	63	61	14	14	13	−50
尖扎县	43	43	43	48	56	13
泽库县	20	20	29	53	35	15
河南县	55	59	60	63	75	20
共和县	75	75	77	88	23	−52
同德县	61	39	39	48	90	29
贵德县	63	63	64	65	87	24
兴海县	29	32	32	52	51	22
贵南县	35	45	57	55	55	20
玛沁县	14	19	20	20	20	6
班玛县	18	29	27	37	38	20
甘德县	22	25	26	31	33	11
达日县	31	32	29	44	36	5
久治县	22	29	29	28	25	3
玛多县	42	62	52	52	59	17
玉树市	5	25	24	24	24	19
杂多县	22	45	45	41	40	18
称多县	27	29	52	57	56	29
治多县	33	28	59	62	72	39
囊谦县	18	33	35	38	37	19
曲麻莱县	30	41	41	41	36	6
格尔木市	79	105	110	110	110	31
德令哈市	40	40	48	85	87	47
乌兰县	17	17	18	18	15	−2
都兰县	34	37	36	53	53	19
天峻县	48	61	61	61	60	12
大柴旦行委	149	208	275	119	122	−27
冷湖行委	4	5	—	—	—	—
茫崖行委	52	60	—	—	—	—
青海省	51	57	58	59	64	13
全国	45	48	51	54	57	12

注：数据来源同图 2 - 2 - 11。

根据图 2 - 2 - 15 中数据计算，2013 ~ 2017 年，云南藏区大约有 33% 的县万人医疗卫生机构床位数没有明显增加。截至 2017 年底，云南藏区三个县（市）的万人医疗卫生机构床位数均未达到同期全国、全省平均水平，占比达 100%。其中，香格里拉市和全国、全省平均水平的差距最大，万人医疗卫生机构床位数比同期全国、全省平均水平少 43 张；维西县和全国、全省水平的差距次之，万人医疗卫生机构床位数比同期全国、全省平均水平少 42 张；德钦县和全国、全省平均水平的差距最小，也比同期全国、全省平均水平少

25 张。从 2013～2017 年的变化趋势来看，维西县的万人医疗卫生机构床位数还呈下降趋势，从 2013 年的每万人 20 张床位下降至 2017 年的 15 张。截至 2016 年底，除香格里拉市以外，云南藏区德钦县和维西县的万人卫生技术人员数均未达到同期全国、全省平均水平，占比达 67%（见图 2-2-16）。其中，维西县和全国、全省平均水平的差距最大，万人卫生技术人员数比同期全国、全省平均水平分别少 32 名和 23 名；德钦县的万人卫生技术人员数比同期全国、全省平均水平分别少 17 名和 8 名。

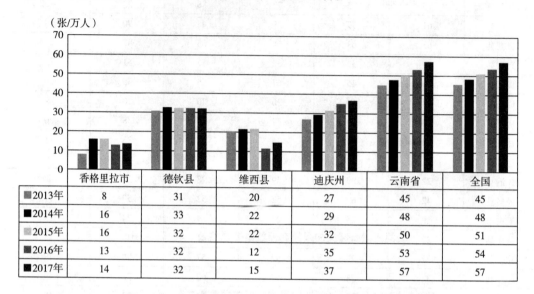

（张/万人）

	香格里拉市	德钦县	维西县	迪庆州	云南省	全国
2013年	8	31	20	27	45	45
2014年	16	33	22	29	48	48
2015年	16	32	22	32	50	51
2016年	13	32	12	35	53	54
2017年	14	32	15	37	57	57

图 2-2-15 云南藏区县域万人医疗卫生机构床位数据

资料来源：历年《中国县域统计年鉴》《迪庆统计年鉴》和统计公报。

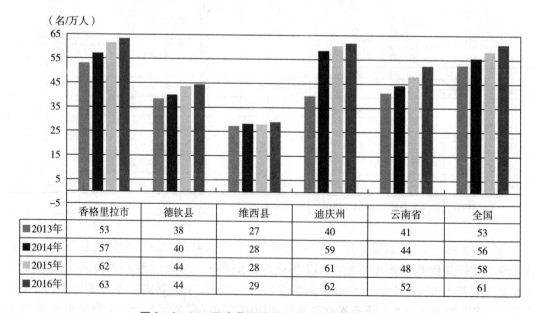

（名/万人）

	香格里拉市	德钦县	维西县	迪庆州	云南省	全国
2013年	53	38	27	40	41	53
2014年	57	40	28	59	44	56
2015年	62	44	28	61	48	58
2016年	63	44	29	62	52	61

图 2-2-16 云南藏区县域万人卫生技术人员数据

资料来源：历年《中国县域统计年鉴》《迪庆统计年鉴》和统计公报。缺失云南藏区所有县（市）2017 年的万人卫生技术人员数据。

（三）基本社会服务差距

根据表2-2-9中数据计算，2013～2017年，四川藏区有约44%的县万人社会福利机构床位数明显下降。其中，万人社会福利机构床位数降幅最大的是石渠县，从2013年的每万人44张床位降至2017年的每万人8张；乡城县和理县的万人社会福利机构床位数减少幅度仅次于石渠县，分别从2013年的每万人39张和64张床位降至2017年的每万人12张和37张；丹巴县的万人社会福利机构床位数减少幅度排在第三位，从2013年的每万人38张床位降至2017年的每万人13张。截至2017年底，四川藏区仍有11个县的万人社会福利机构床位数低于同期全国平均水平，占比达34%；还有16个县的万人社会福利机构床位数低于同期全省平均水平，占比达50%。其中，与同期全国、全省平均水平相差最大的是雅江县，每万人拥有的社会福利机构床位数比同期全国、全省平均水平分别低24张和32张；石渠县次之，每万人拥有的社会福利机构床位数比同期全国、全省平均水平分别低22张和30张；乡城县排在石渠县后面，每万人拥有的社会福利机构床位数比同期全国、全省平均水平分别低18张和26张。

表2-2-9 四川藏区县域万人社会福利机构床位数据　单位：张/万人

地区	2013年	2014年	2015年	2016年	2017年	五年增加值
马尔康市	54	57	56	56	56	2
汶川县	30	30	31	34	34	4
理县	64	56	56	56	37	-27
茂县	56	5	5	41	42	-14
松潘县	40	39	40	40	60	20
九寨沟县	31	31	31	31	31	0
金川县	56	65	60	59	68	12
小金县	45	44	38	45	45	0
黑水县	35	31	36	38	38	3
壤塘县	138	135	151	151	151	13
阿坝县	46	46	45	44	44	-2
若尔盖县	39	50	46	47	35	-4
红原县	73	58	56	54	49	-24
康定市	5	5	28	27	41	36
泸定县	18	25	18	18	27	9
丹巴县	38	37	13	13	13	-25
九龙县	16	16	16	16	16	0
雅江县	28	7	7	7	6	-22
道孚县	49	49	9	8	58	9
炉霍县	51	50	18	28	55	4
甘孜县	31	31	7	7	14	-17
新龙县	38	48	49	48	48	10
德格县	37	36	7	7	42	5

续表

地区	2013 年	2014 年	2015 年	2016 年	2017 年	五年增加值
白玉县	34	33	14	13	26	-8
石渠县	44	43	6	8	8	-36
色达县	32	31	104	104	134	102
理塘县	34	33	31	31	30	-4
巴塘县	16	17	17	17	17	1
乡城县	39	39	8	8	12	-27
稻城县	25	25	24	24	23	-2
得荣县	27	27	14	71	76	49
木里县	23	22	22	22	19	-4
四川省	44	48	37	39	38	-6
全国	39	45	29	30	30	-9

资料来源:《中国县域统计年鉴》。

根据图 2-2-17 中数据计算,2013~2017 年,甘肃藏区约 44% 的县(市)万人社会福利机构床位数明显下降。其中,万人社会福利机构床位数降幅排在前三位的分别是天祝县、合作市和卓尼县,分别从 2013 年的每万人 29 张、9 张和 4 张降至 2017 年的每万人 22 张、4 张和 3 张。截至 2017 年底,甘肃藏区共 4 个县(市)的万人社会福利机构床位数低于同期全省平均水平,占比达 44%;所有县(市)的万人社会福利机构床位数均低于同期全国平均水平,占比达 100%。其中,临潭县和卓尼县、合作市的万人社会福利机构床位数排在末三位,分别低于同期全省平均水平 8 张、8 张和 7 张,分别低于同期全国平均水平 27 张、27 张和 26 张。

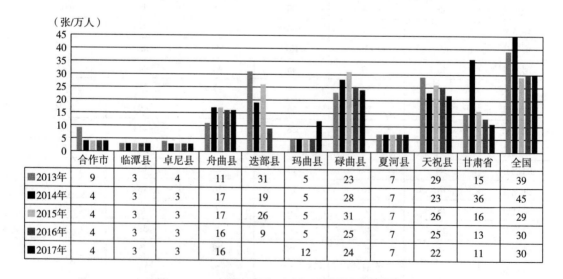

（张/万人）	合作市	临潭县	卓尼县	舟曲县	迭部县	玛曲县	碌曲县	夏河县	天祝县	甘肃省	全国
2013年	9	3	4	11	31	5	23	7	29	15	39
2014年	4	3	3	17	19	5	28	7	23	36	45
2015年	4	3	3	17	26	5	31	7	26	16	29
2016年	4	3	3	16	9	5	25	7	25	13	30
2017年	4	3	3	16		12	24	7	22	11	30

图 2-2-17 甘肃藏区县域万人社会福利机构床位数据

资料来源:历年《甘肃统计年鉴》《中国县域统计年鉴》。甘肃省 2014 年统计口径发生变化导致数据突变,迭部县 2017 年相关数据缺失。

根据表2－2－10中数据计算，2013～2017年，青海藏区还有约23%的县万人社会福利机构床位数明显下降。其中，万人社会福利机构床位数降幅排在前三位的分别是兴海县、共和县和尖扎县，分别从2013年的每万人60张、32张和98张降至2017年的每万人30张、8张和75张。截至2017年底，青海藏区尚有14个县（市）的万人社会福利机构床位数低于同期全国平均水平，占比达47%；共10个县（市）的万人社会福利机构床位数低于同期全省平均水平，占比达33%。其中，乌兰县、共和县和格尔木市的万人社会福利机构床位数排在末三位，分别为每万人3张、8张和9张，分别比同期青海省平均水平少16张、11张和10张，分别比同期全国平均水平少27张、22张和21张。

表2－2－10 青海藏区县域万人社会福利机构床位数据 单位：张/万人

地区	2013年	2014年	2015年	2016年	2017年	五年增加值
门源县	4	6	7	10	10	6
祁连县	24	24	18	22	21	-3
海晏县	10	33	55	33	33	23
刚察县	11	23	27	26	24	13
同仁县	10	10	10	10	10	0
尖扎县	98	423	77	75	75	-23
泽库县	9	19	26	25	18	9
河南县	15	25	26	25	25	10
共和县	32	18	11	8	8	-24
同德县	2	2	2	26	53	51
贵德县	18	18	14	16	17	-1
兴海县	60	27	27	25	30	-30
贵南县	15	15	15	15	15	0
玛沁县	64	63	66	65	65	1
班玛县	49	51	62	94	92	43
甘德县	44	42	53	93	91	47
达日县	44	59	52	64	63	19
久治县	8	78	96	76	90	82
玛多县	74	134	113	113	109	35
玉树市	2	76	77	105	104	102
杂多县	53	57	57	52	51	-2
称多县	19	127	131	130	128	109
治多县	55	148	165	162	165	110
囊谦县	10	10	11	11	10	0
曲麻莱县	44	66	74	74	72	28
格尔木市	6	2	4	9	9	3
德令哈市	9	13	13	15	15	6

续表

地区	2013 年	2014 年	2015 年	2016 年	2017 年	五年增加值
乌兰县	4	3	3	3	3	−1
都兰县	7	14	21	21	21	14
天峻县	34	51	51	51	50	16
大柴旦行委	—	—	—	—	—	—
冷湖行委	—	—	—	—	—	—
茫崖行委	—	—	—	—	—	—
青海省	12	19	16	18	19	7
全国	39	45	29	30	30	−9

资料来源：历年《青海统计年鉴》《中国统计年鉴》《中国县域统计年鉴》。大柴旦行委、冷湖行委、茫崖行委相关数据缺失。

　　根据图 2 - 2 - 18 中数据计算，虽然 2013 ~ 2017 年，云南藏区所有县（市）的万人社会福利机构床位数均有明显增加。但是，截至 2017 年底，云南藏区所有县（市）的万人社会福利机构床位数仍低于同期全国、全省平均水平。其中，万人社会福利机构床位数最高的香格里拉市，其每万人享有的社会福利机构床位数也比同期全国、全省平均水平分别少 7 张、5 张；维西县和德钦县与全国、全省的差距更大，维西县每万人享有的社会福利机构床位数比同期全国、全省平均水平分别少 26 张、24 张，德钦县比同期全国、全省平均水平分别少 27 张、25 张。

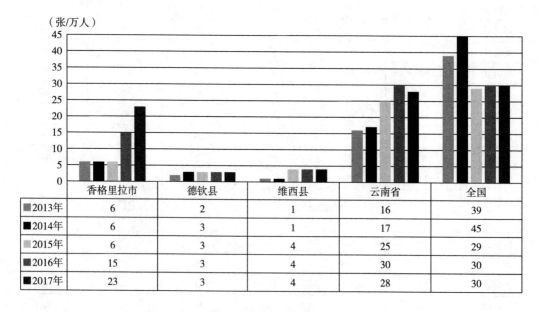

图 2 - 2 - 18　云南藏区县域万人社会福利机构床位数据

资料来源：历年《中国县域统计年鉴》《中国统计年鉴》《迪庆统计年鉴》和各市（县）统计公报。

第三章 四省藏区公共服务供给的多维度绩效

随着公共服务供给现实条件的明显改善，近年来四省藏区公共服务供给能力和水平明显提升。乡村（镇）交通、通信、环境卫生和集中供水等基础设施建设，以及乡村（镇）基本公共教育、医疗卫生、公共文化和社会服务等均取得明显进步。县域学前、小学和普通中学师资保障水平明显增强，万人医疗卫生机构床位数和技术人员数、城乡基本医疗和养老保险参保率等明显提升。州域基本公共服务主要领域多项指标接近甚至超过同期全国平均水平，教育、医疗卫生、公共文化、社会保险和社会服务等多类基本公共服务的均等化水平在波动中实现整体提升。精准扶贫战略助推四省藏区公共服务进步，公共服务增进四省藏区贫困群众福利成效显著。

第一节 乡村（镇）公共服务明显进步

乡村（镇）基本公共服务的供给水平是影响城乡基本公共服务均等化的重要因素之一。国家《"十三五"推进基本公共服务均等化规划》明确指出，"以贫困地区和贫困人口为重点，着力扩大覆盖范围、补齐短板、缩小差距，不断提高城乡、区域、人群之间基本公共服务均等化程度。"[①] 本节通过调查第二次和第三次全国农业普查数据，对四省藏区八个自治州[②]乡村（镇）基本公共服务水平及其变化情况进行比较研究。调查研究发现，从第二次全国农业普查到第三次全国农业普查的十年间，四川、甘肃和青海藏区乡村（镇）基本公共服务供给取得多方面明显进步，与同期全国平均水平的差距不断缩小，某些自治州的某些指标表现甚至还优于同期全国平均水平，有效带动乡村旅游、零售、商贸和电子商务等产业发展，促进乡村群众生活水平提升。

一、乡村（镇）基础设施

（一）乡村（镇）交通基础设施

从第二次和第三次全国农业普查数据对比来看，2006～2016年，四川、甘肃和青海藏区的乡村交通基础设施水平普遍提升，且提升幅度很大，与所在省和全国的平均水平差距逐渐缩小（见表3-1-1）。从2006年第二次普查数据来看，四川、甘肃和青海藏区的乡

---

① 国务院办公厅．"十三五"推进基本公共服务均等化规划（国发〔2017〕9号）[Z].2017-01-23.

② 云南藏区的迪庆州和青海藏区的玉树州未公开发布第二次、第三次全国农业普查数据，乡村（镇）公共服务相关数据缺失，因此在分析四省藏区乡村（镇）公共服务进步情况时，未能将此两州纳入。

村通公路水平还远低于同期全省和全国平均水平，其中阿坝州和甘南州通公路的村占比虽然在80%以上，但较同期所在省平均水平分别低3.37个和3.75个百分点，较同期全国平均水平分别低6.05个和12.09个百分点；而甘孜州和海西州仅为62.63%和50.20%，较同期所在省平均水平分别低30.19个和33.60个百分点，较同期全国平均水平分别低32.87个和45.30个百分点（见表3-1-1）。从通公路的村占比变化趋势来看，2006~2016年，四川、甘肃和青海藏区有两次普查对比数据的自治州均有不同程度的提升。其中，海西州的提升幅度最大，从2006年的50.20%升至2016年的93.90%，增幅达43.70%；甘孜州的增幅次之，从2006年的62.63%升至2016年的99.10%，增幅达36.47%；增幅最小的是阿坝州，从2006年的89.45%升至2016年的97.30%，增幅也有7.85%（见表3-1-1），进步非常明显。从2016年第三次普查数据来看，除青海藏区的海西州通公路的村占比为93.90%，乡村公路建设水平还相对较低外，四川、甘肃和青海藏区大部分自治州通公路的村占比基本接近同期全国、全省平均水平，青海藏区的黄南州和海南州通公路的村占比分别达到和超过同期青海省平均水平，乡村的公路通达程度得到较大提升，村村通公路基本实现（见表3-1-1）。

表3-1-1 四川、甘肃和青海藏区乡村交通基础设施及旅游零售服务数据

地区	通公路的村占比（%）		开展旅游接待服务的村占比（%）		有50平方米以上的综合商店或超市的村占比（%）	
	第二次全国农业普查	第三次全国农业普查	第二次全国农业普查	第三次全国农业普查	第二次全国农业普查	第三次全国农业普查
全国	95.50	99.30	2.10	4.90	34.40	47.50
四川省	92.82	99.30	3.97	6.70	20.05	23.60
阿坝州	89.45	97.30	5.09	15.60	6.42	13.20
甘孜州	62.63	99.10	1.75	6.00	1.67	6.70
甘肃省	87.16	99.90	2.35	4.40	25.30	27.3
甘南州	83.41	99.10	3.29	13.01	10.76	16.34
青海省	83.80	98.90	—	25.80	14.20	24.30
海北州	—	97.70	—	23.70	—	45.20
黄南州	—	98.90	—	1.10	—	8.30
海南州	—	99.10	—	11.70	—	—
果洛州	—	98.41	—	—	—	—
海西州	50.20	93.90	—	4.60	7.50	17.30

资料来源：全国、四川省、甘肃省、青海省及各自治州第二次、第三次全国农业普查数据公报，《甘肃省第二次全国农业普查资料汇编》和《四川省第二次全国农业普查资料汇编》。迪庆州和玉树州未公开发布第二次、第三次全国农业普查数据。第二次全国农业普查资料中未设置通宽带互联网的村、有电子商务配送站点的村这两个指标。

随着乡村交通基础设施水平的逐步提升，四川、甘肃和青海藏区开展旅游接待服务的村占比，有50平方米以上综合商店或超市的村占比，两项指标数据均有不同程度的提升。

交通基础设施水平的提升，一定程度上带动藏区乡村旅游和商品零售业的发展，促进当地群众生活水平的提高（见表3-1-1）。从第二次全国农业普查数据来看，2006年四川、甘肃和青海藏区开展旅游接待服务的乡村占比还非常低，只有阿坝州和甘南州该指标高于同期所在省和全国的平均水平。从开展旅游接待服务的村占比变化趋势来看，2006~2016年，四川、甘肃和青海藏区有两次普查对比数据的自治州均有不同程度的提升。其中，阿坝州的提升幅度最大，开展旅游接待服务的村占比从2006年的5.09%升至2016年的15.60%，增幅达10.51%；甘南州的增幅次之，从2006年的3.29%升至2016年的13.01%，增幅达9.72%；增幅最小的是甘孜州，从2006年的1.75%升至2016年的6.00%，增幅也有4.25%。从第三次全国农业普查数据来看，截至2016年底，四川、甘肃和青海藏区大部分自治州开展旅游接待服务的村占比已经超过同期全国平均水平，其中青海藏区海北州和海南州分别有23.70%和11.70%的乡村开展旅游接待服务，分别高于同期全国平均水平18.80个和6.80个百分点；四川藏区的阿坝州和甘孜州分别有15.60%和6.00%的乡村开展旅游接待服务，分别高于同期全国平均水平10.70个和1.10个百分点；甘肃藏区的甘南州有13.01%的乡村开展旅游接待服务，高于同期全国平均水平8.11个百分点，四省藏区全域旅游发展的比较优势充分凸显。截至2016年底，海西州和黄南州仅有4.60%和1.10%的乡村开展旅游接待服务，乡村旅游产业发展在四省藏区各自治州中相对滞后。

2006~2016年，随着交通基础设施水平的提升，乡村旅游产业的发展，对外交流合作的机会增多，四省藏区群众思想观念逐步发生转变，四川、甘肃和青海藏区乡村的综合商店或超市也逐渐发展起来。从第二次全国农业普查数据来看，2006年四川、甘肃和青海藏区的乡村中拥有50平方米以上综合商店或超市的比例均远低于同期所在省和全国平均水平，商品零售服务非常落后，其中甘孜州仅有1.67%的村有50平方米以上的综合商店或超市。对比第三次和第二次全国农业普查数据来看，2016年相对2006年而言，四川、甘肃和青海藏区各自治州的乡村中拥有50平方米以上综合商店或超市的比例均明显提升。其中，海西州该指标提升幅度最大，从2006年的7.50%升至2016年的17.30%，增幅达9.80%；阿坝州的提升幅度次之，从2006年的6.42%升至2016年的13.20%，增幅为6.78%；甘南州的提升幅度排在第三位，从2006年的10.76%升至2016年的16.34%，增幅为5.58%。截至2016年底，海北州有50平方米以上综合商店或超市的乡村占比高达45.20%，与同期全国47.50%的水平差距不大，超过同期青海省该指标20.90个百分点（见表3-1-1）。

从第三次全国农业普查数据来看，青海藏区海北、海南和海西州的乡（镇）对外综合交通基础设施建设情况相对较好（见表3-1-2）。截至2016年底，青海藏区的海西州和海北州分别有14.30%和10.00%的乡（镇）有火车站，均高于同期青海省和全国平均水平；青海藏区的海南州和海北州分别有5.60%和3.30%的乡（镇）有码头，均超过同期青海省平均水平；青海藏区的海西州有37.10%的乡（镇）建有高速公路出入口，远超同期青海省和全国平均水平；海南州有19.40%的乡（镇）建有高速公路出入口，略高于同期青海省平均水平；果洛州有18.18%的乡（镇）建有高速公路出入口，接近同期青海省平均水平。

表3－1－2　四川、甘肃和青海藏区乡（镇）交通及商品交易市场基础设施数据

地区	有火车站的乡（镇）占比（％）	有码头的乡（镇）占比（％）	有高速公路出入口的乡（镇）占比（％）	有商品交易市场的乡（镇）占比（％）
全国	8.60	7.70	21.50	68.10
四川省	5.30	9.80	11.40	60.50
阿坝州	—	—	0.50	12.20
甘孜州	—	—	—	8.60
甘肃省	7.30	1.30	15.60	53.00
甘南州	—	—	3.16	6.32
青海省	4.60	0.80	18.90	27.00
海北州	10.00	3.30	10.00	23.30
黄南州	—	—	6.30	21.90
海南州	—	5.60	19.40	63.90
果洛州	—	—	18.18	18.18
海西州	14.30	—	37.10	22.90

资料来源：全国、四川省、甘肃省、青海省及各自治州第三次全国农业普查数据公报。迪庆州和玉树州未公开发布第三次全国农业普查数据。

乡（镇）对外交通基础设施建设水平是影响乡（镇）商品交易市场发育程度的重要因素之一。截至2016年底，相对而言，对外综合交通基础设施建设情况相对较好的海南州、海北州和海西州，它们有商品交易市场的乡（镇）占比同样在各自治州中排在前三位。其中，海南州有商品交易市场的乡（镇）占比高于同期青海省平均水平36.90个百分点，略低于同期全国平均水平；海北州和海西州该指标略低于同期青海省平均水平。

（二）乡村通信基础设施

对比第二次和第三次全国农业普查数据，2006～2016年，四川、甘肃和青海藏区各自治州通电话的村占比全面提升，乡村通信基础设施水平明显提高（见表3－1－3）。从第二次全国农业普查数据来看，2006年四川、甘肃和青海藏区各自治州的乡村电话普及率情况均落后于同期全国和所在省平均水平。相较而言，甘南州和阿坝州的乡村电话普及率较高，通电话的村占比分别为92.68％和74.26％，但仍比同期所在省平均水平分别低4.07个和19.52个百分点，比同期全国平均水平分别低4.92个和23.34个百分点；乡村电话普及率较低的海西州和甘孜州，通电话的村占比分别为58.60％和44.20％，与所在省及全国平均水平差距更大，分别比同期所在省平均水平低20.70个和49.58个百分点，分别比同期全国平均水平低39.00个和53.40个百分点。从通电话的村占比指标的变化趋势来看，2006～2016年，四川、甘肃和青海藏区有两次普查对比数据的自治州乡村通信水平均有不同程度的提升。其中，甘孜州的提升幅度最大，从2006年的44.20％升至2016年的90.30％，增幅达46.10％；海西州的增幅次之，从2006年的58.60％升至2016年的94.80％，增幅达36.20％；阿坝州的提升幅度排在第三位，从2006年的74.26％升至2016年的98.70％，增幅达24.44％；增幅最小的是甘南州，从2006年的92.68％升至

2016 年的 99.85%，增幅也有 7.17%。从第三次全国农业普查数据来看，截至 2016 年末，四川、甘肃和青海藏区各自治州乡村通信基础设施水平大幅提高，除甘孜州和果洛州外，其余有数据的自治州基本接近或者超过同期所在省和全国平均水平。其中，甘南州通电话的村占比最高，接近同期甘肃省平均水平，比同期全国平均水平高 0.35 个百分点；黄南州次之，比同期青海省和全国平均水平分别高 1.60 个和 0.10 个百分点；海南州排在第三位，超过同期青海省平均水平 0.90 个百分点，接近同期全国平均水平。

此外，随着经济社会发展和信息化水平提高，相比第二次全国农业普查，第三次全国农业普查新增设了通宽带互联网的村占比、有电子商务配送站点的村占比等指标（见表 3 - 1 - 3）。从通宽带互联网的村占比这一指标来看，截至 2016 年底，四川、甘肃和青海藏区部分自治州已超过同期所在省的平均水平。其中，海北州、黄南州和海西州分别有 73.10%、64.70% 和 54.40% 的村接通宽带互联网，比青海省同期平均水平分别高 23.00 个、14.60 个和 4.30 个百分点；阿坝州和甘南州已有一半以上的村接通宽带互联网，为当地乡村发展电子商务、销售特色农牧业产品提供了现实条件。从第三次全国农业普查有电子商务配送站点的村占比这一密切关联指标来看，截至 2016 年底，四川、甘肃和青海藏区有电子商务配送站点的村占比，各自治州间差距明显。其中，甘肃藏区甘南州相对较高，有 13.31% 的村有电子商务配送站点，比最低的黄南州高了 11.81 个百分点；青海藏区的海南州、海西州和海北州仅次于甘肃藏区的甘南州，分别比最低的黄南州高 11.30 个、10.70 个和 9.90 个百分点。

表 3 - 1 - 3　四川、甘肃和青海藏区乡村通信基础设施及电子商务配送站点建设数据

地区	通电话的村占比（%）		通宽带互联网的村占比（%）	有电子商务配送站点的村占比（%）
	第二次全国农业普查	第三次全国农业普查	第三次全国农业普查	第三次全国农业普查
全国	97.60	99.50	89.90	25.10
四川省	93.78	98.70	84.40	15.00
阿坝州	74.26	98.70	64.30	8.80
甘孜州	44.20	90.30	23.60	2.90
甘肃省	96.75	100.00	77.90	30.40
甘南州	92.68	99.85	58.40	13.31
青海省	79.30	98.00	50.10	15.40
海北州	—	97.70	73.10	11.40
黄南州	—	99.60	64.70	1.50
海南州	—	98.90	34.40	12.80
果洛州		89.95	7.41	—
海西州	58.60	94.80	54.40	12.20

资料来源：同表 3 - 1 - 1。迪庆州和玉树州未公开发布第二次、第三次全国农业普查数据。第二次全国农业普查资料中未设置通宽带互联网的村、有电子商务配送站点的村这两个指标。

（三）乡村（镇）环境卫生及集中供水基础设施

对比第二次和第三次全国农业普查数据，2006～2016年，四川、甘肃和青海藏区各自治州乡村环境卫生基础设施建设取得明显进步（见表3-1-4）。对比2006年和2016年四川、甘肃和青海藏区各自治州生活垃圾集中（部分集中）处理的村占比数据，甘南州提升幅度最大，从2006年的2.39%升至2016年的90.17%，增幅达87.78%；阿坝州的提升幅度次之，从2006年的9.73%升至2016年的83.00%，增幅为73.27%；甘孜州的提升幅度排第三位，从2006年的0.41%升至2016年的57.40%，增幅为56.99%。第三次全国农业普查数据显示，截至2016年底，甘南州和阿坝州的乡村生活垃圾集中（部分集中）处理率较为领先，分别有90.17%和83.00%的村进行垃圾集中（部分集中）处理，比同期所在省平均水平分别高46.77个和11.60个百分点，比同期全国平均水平分别高16.27个和9.10个百分点。

从第二次全国农业普查数据来看，截至2006年底，四省藏区各自治州乡村改厕的总体水平还比较低。其中，四川藏区阿坝州在完成（部分完成）改厕的村占比这一指标上高于同期四川省和全国平均水平，分别高3.81个和2.26个百分点；四川藏区甘孜州和甘肃藏区甘南州则处于相对较低水平，甘孜州比同期四川省和全国平均水平分别低14.09个和15.64个百分点，甘南州比同期甘肃省和全国平均水平分别低5.17个和17.19个百分点（见表3-1-4）。对比第二次和第三次全国农业普查数据，2006～2016年，四川、甘肃和青海藏区乡村改厕行动效果显著，四川藏区阿坝州完成（部分完成）改厕的村占比提升幅度最大，从2006年的22.86%升至2016年的91.60%，提升幅度达68.74%；甘孜州该指标的提升幅度次之，从2006年的4.96%升至2016年的37.50%，提升幅度为32.54%；甘南州该指标的提升幅度排第三位，从2006年的3.41%升至2016年的34.64%，提升幅度为31.23%。从第三次全国农业普查数据来看，2016年四川、甘肃和青海藏区各自治州完成（部分完成）改厕的村占比最高的是阿坝州，比同期四川省和全国平均水平分别高32.80个和38.10个百分点，改厕行动落实情况最好；排在第二位的是海北州，比同期青海省和全国平均水平分别高38.80个和20.00个百分点；黄南州、海南州和海西州比同期青海省平均水平分别高8.53个、2.70个和2.10个百分点，甘南州比同期甘肃省平均水平高9.44个百分点，改厕行动落实情况均比较好。

表3-1-4　四川、甘肃和青海藏区乡村（镇）环境卫生及集中供水基础设施数据

地区	生活垃圾集中（部分集中）处理的村占比（%）		完成（部分完成）改厕的村占比（%）		集中（部分集中）供水的乡（镇）占比（%）
	第二次全国农业普查	第三次全国农业普查	第二次全国农业普查	第三次全国农业普查	第三次全国农业普查
全国	15.80	73.90	20.60	53.50	91.30
四川省	36.64	71.40	19.05	58.80	86.10
阿坝州	9.73	83.00	22.86	91.60	60.60
甘孜州	0.41	57.40	4.96	37.50	64.60
甘肃省	4.92	43.40	8.58	25.20	95.70

地区	生活垃圾集中（部分集中）处理的村占比（％）		完成（部分完成）改厕的村占比（％）		集中（部分集中）供水的乡（镇）占比（％）
	第二次全国农业普查	第三次全国农业普查	第二次全国农业普查	第三次全国农业普查	第三次全国农业普查
甘南州	2.39	90.17	3.41	34.64	96.80
青海省	3.80	47.80	8.10	34.70	—
海北州	—	43.40	—	73.50	—
黄南州	—	33.10	—	43.23	—
海南州	—	44.80	—	37.40	75.00
果洛州	—	6.35	—	6.88	—
海西州	—	44.10	—	36.80	82.90

资料来源：同表 3-1-1。迪庆州和玉树州未公开发布第二次、第三次全国农业普查数据。第二次全国农业普查时生活垃圾集中处理的村占比、完成改厕的村占比这两个指标，在第三次全国农业普查时对应指标为生活垃圾集中（部分集中）处理的村占比、完成（部分完成）改厕的村占比。

第三次全国农业普查数据显示，截至 2016 年底，从四川、甘肃和青海藏区各自治州"乡（镇）实现集中（部分集中）供水的占比"数据来看，乡（镇）集中（部分集中）供水基础设施建设情况最好的是甘南州，其余自治州该指标虽然不及同期所在省和全国平均水平，但均超过 60%（见表 3-1-4）。截至 2016 年底，甘南州共有 96.80% 的乡（镇）实现集中（部分集中）供水，不仅高于甘肃省同期平均水平 1.10 个百分点，也超过全国同期平均水平 5.50 个百分点。

二、乡村（镇）公共服务

（一）乡村（镇）基本公共教育服务

从第二次和第三次全国农业普查数据可见，2006~2016 年，四川、甘肃和青海藏区的乡村学前教育基础设施水平大大提高（见表 3-1-5）。截至 2006 年底，四川、甘肃和青海藏区各自治州的村幼儿园和托儿所数量均处于较低水平，除阿坝州有 3.00% 的村、海西州有 2.90% 的村设有幼儿园、托儿所，其他自治州该指标均未超过 1.00%，且均低于同期所在省和全国平均水平。对比第二次和第三次全国农业普查数据可见，截至 2016 年底，四川、甘肃和青海藏区公布了有幼儿园、托儿所的村占比数据的各自治州，相对于 2006 年该指标数据全面提升。其中，甘南州的提升幅度最大，从 2006 年的 0.60% 升至 2016 年的 32.07%，增幅达 31.47%；阿坝州的提升幅度紧随其后，从 2006 年的 3.00% 升至 2016 年的 31.10%，增幅达 28.10%；海西州排第三位，从 2006 年的 2.90% 升至 2016 年的 16.40%，增幅为 13.50%；甘孜州相对滞后，从 2006 年的 1.00% 升至 2016 年的 10.20%，增幅为 9.20%。截至 2016 年底，青海藏区海北州和海南州有幼儿园、托儿所的村的占比已经超过同期青海省和全国平均水平，分别比同期青海省平均水平高 27.70 个和 30.10 个百分点，比同期全国平均水平分别高 22.00 个和 24.40 个百分点；四川藏区阿坝州、甘肃藏区甘南州的这一指标也基本达到同期全国平均水平，阿坝州还超过四川省同期平均水平 4.90 个百分点。

表 3 - 1 - 5　四川、甘肃和青海藏区乡村（镇）基本公共教育服务数据

地区	有幼儿园、托儿所的村占比（%）		有幼儿园、托儿所的乡（镇）占比（%）	有小学的乡（镇）占比（%）
	第二次全国农业普查	第三次全国农业普查	第三次全国农业普查	第三次全国农业普查
全国	30.20	32.30	96.50	98.00
四川省	1.08	26.20	93.60	98.80
阿坝州	3.00	31.10	85.50	95.50
甘孜州	1.00	10.20	74.80	96.90
甘肃省	15.88	35.70	97.40	98.60
甘南州	0.60	32.07	96.84	100.00
青海省	8.00	26.60	84.40	94.30
海北州	—	54.30	86.70	66.70
黄南州	—	23.30	84.40	100.00
海南州	—	56.70	100.00	100.00
果洛州	—	6.35	63.64	97.73
海西州	2.90	16.40	68.60	71.40

资料来源：同表 3 - 1 - 1。迪庆州和玉树州缺失相关数据。

从第三次全国农业普查数据来看，截至 2016 年底，青海藏区海南州全部乡（镇），甘肃藏区甘南州 96.84% 的乡（镇）设有幼儿园、托儿所，分别高于同期全国平均水平 3.50 个和 0.34 个百分点；青海藏区海北州和海南州设有幼儿园、托儿所的乡（镇）指标分别高于同期青海省平均水平 2.30 个和 15.60 个百分点（见表 3 - 1 - 5），黄南州该指标和同期青海省平均水平持平。同样从第三次全国农业普查数据来看，截至 2016 年底，甘肃藏区的甘南州，青海藏区的黄南州和海南州，所有乡（镇）都建有小学，分别高于同期所在省平均水平 1.40 个、5.70 个和 5.70 个百分点，均高于同期全国平均水平 2.00 个百分点；青海藏区果洛州的该指标超过同期青海省平均水平 3.43 个百分点。

（二）乡村（镇）基本医疗卫生服务

比较第二次和第三次全国农业普查数据，2013～2016 年，四川、甘肃和青海藏区大部分自治州有卫生室的村占比明显提升（见表 3 - 1 - 6）。其中，提升幅度最大的是甘肃藏区的甘南州，从 2006 年的 15.40% 升至 2016 年的 89.6%，增幅达 74.16%；四川藏区甘孜州的提升幅度排第二位，从 2006 年的 14.76% 升至 2016 年的 51.80%，增幅达 37.04%；阿坝州的提升幅度排第三位，从 2006 年的 44.10% 升至 2016 年的 80.50%，增幅达 36.40%；增幅排在最后的海西州，从 2006 年的 35.50% 升至 2016 年的 63.20%，增幅也达 27.70%。从第三次全国农业普查数据来看，截至 2016 年底，在四川、甘肃和青海藏区的各自治州中，海北州有卫生室的村占比最高，比同期青海省和全国平均水平分别高 8.70 个和 8.50 个百分点；甘南州次之，有卫生室的村占比为 89.56%，比同期全国平均水平高 7.66 个百分点；海南州排第三位，有卫生室的村占比为 86.5%，比同期青海省和全国平均水平分别高 4.80 个和 4.60 个百分点。

表3-1-6 四川、甘肃和青海藏区乡村（镇）基本医疗卫生服务数据

地区	有卫生室的村占比（%）		有医疗卫生机构的乡（镇）占比（%）	有职业（助理）医师的乡（镇）占比（%）
	第二次全国农业普查	第三次全国农业普查	第三次全国农业普查	第三次全国农业普查
全国	74.30	81.90	99.90	98.40
四川省	67.83	85.40	99.90	94.70
阿坝州	44.10	80.50	99.50	89.60
甘孜州	14.76	51.80	99.40	79.40
甘肃省	66.03	90.60	99.80	99.10
甘南州	15.40	89.56	100.00	100.00
青海省	65.40	81.70	100.00	94.00
海北州	—	90.40	100.00	96.70
黄南州		80.80	100.00	96.90
海南州	—	86.50	100.00	100.00
果洛州		52.38	100.00	79.55
海西州	35.50	63.20	100.00	100.00

资料来源：同表3-1-1。迪庆州和玉树州未公开发布第二次、第三次全国农业普查数据。

乡（镇）基本医疗卫生服务方面，从第三次全国农业普查数据来看，四川、甘肃和青海藏区大部分自治州基本于2016年底实现所有乡（镇）均有医疗卫生机构，四川藏区的甘孜州和阿坝州，有医疗卫生机构的乡（镇）占比虽然没有达到100%，但均在99%以上，非常接近同期四川省和全国平均水平（见表3-1-6）。同期，甘肃藏区甘南州、青海藏区海南州和海西州所有乡（镇）的医疗卫生机构还配有职业（助理）医师，分别高于同期所在省平均水平0.90个、6.00个和6.00个百分点，高于同期全国平均水平1.60个百分点；青海藏区的海北州和黄南州有职业（助理）医师的乡（镇）占比均达96%以上，分别高于同期青海省平均水平2.70个和2.90个百分点。

（三）乡村（镇）基本公共文化和基本社会服务

从第二次全国农业普查数据可见，截至2006年底，四川、甘肃和青海藏区可获取公开数据自治州的乡村农民业余文化组织建设水平均低于同期全国平均水平，除四川藏区阿坝州的该指标与同期四川省平均水平持平外，其余自治州的该指标均低于同期所在省的平均水平（见表3-1-7）。2006~2016年，四川、甘肃和青海藏区各自治州有农民业余文化组织的村占比总体呈增长趋势，与所在省和全国的差距逐渐缩小，乡村基本公共文化服务组织水平明显提升。其中，四川藏区阿坝州和甘孜州的提升幅度排在前两位，分别从2006年的8.00%和2.00%升至2016年的28.80%和15.90%，增幅分别达20.80%和13.90%；青海藏区海西州的提升幅度排第三位，从2006年的9.40%升至2016年的22.50%，增幅达13.10%；排在最后的甘肃藏区甘南州，也有9.59%的增幅。同样从第三次全国农业普查数据可见，截至2016年底，青海藏区海北州有农民业余文化组织的村

占比为24.2%，比同期青海省平均水平高0.20个百分点；甘肃藏区的甘南州有图书馆、文化站的乡（镇）占比达到100%，分别高于同期甘肃省和全国平均水平3.40个和3.20个百分点；青海藏区海北州和果洛州有图书馆、文化站的乡（镇）分别占93.30%和86.36%，比同期青海省平均水平分别高11.60个和4.66个百分点。

表3-1-7 四川、甘肃和青海藏区乡村（镇）基本公共文化和社会服务数据

地区	有农民业余文化组织的村占比（%）		有图书馆、文化站的乡（镇）占比（%）	有社会福利收养性单位的乡（镇）占比（%）
	第二次全国农业普查	第三次全国农业普查	第三次全国农业普查	第三次全国农业普查
全国	15.10	41.30	96.80	66.80
四川省	8.00	32.60	96.60	56.60
阿坝州	8.00	28.80	90.80	13.60
甘孜州	2.00	15.90	86.80	13.20
甘肃省	14.68	38.10	99.20	34.00
甘南州	4.93	14.52	100.00	27.37
青海省	12.90	24.00	81.70	29.00
海北州	—	24.20	93.30	33.30
黄南州	—	1.90	68.75	15.60
海南州	—	20.99	66.70	16.70
果洛州	—	1.59	86.36	59.09
海西州	9.40	22.50	74.30	17.10

资料来源：同表3-1-1。迪庆州和玉树州未公开发布第二次、第三次全国农业普查数据。

从乡（镇）基本社会服务情况来看，截至2016年底，虽然四川、甘肃和青海藏区可获取公开数据的各自治州设有社会福利收养性单位的乡（镇）占比均低于同期全国平均水平，但青海藏区的海北州和果洛州该指标高于同期青海省平均水平，分别有33.30%和59.09%的乡（镇）拥有社会福利收养性单位，比同期青海省平均水平分别高4.30个和30.09个百分点（见表3-1-7）。

第二节　县域公共服务保障明显增强

近年来，中央和地方政府在四省藏区社会事业发展，基本公共服务均等化方面的人、财、物力投入巨大，促进四省藏区各县（市、行委）基本公共服务供给取得明显成效。四省藏区各县（市、行委）基本公共教育服务的小学生师比、普通中学生师比等指标，基本医疗卫生服务的万人医疗卫生机构床位数等指标，基本社会服务的万人社会福利收养性单位床位数等指标均有明显进步，公共文化体育服务基础设施建设，以及特色民族文化体育

产业发展等方面均有长足进步，县域基本公共服务保障明显增强。

一、基本公共教育服务

（一）总体成效

基本公共教育服务是阻断连片特困藏区贫困代际传递的重要途径，也是国家在支持四省藏区民生改善过程中重点关注的问题之一。四省藏区各地历年社会事业支出中，教育支出一般占比最大。近年来四省藏区幼儿园、小学和普通中学的师生比均值指标均明显上升（见图 3-2-1），幼儿园师生比从 2013 年的 1:47 升至 2017 年的 1:19，增幅最大；小学师生比从 2013 年的 1:15 升至 2017 年的 1:14，普通中学师生比从 2013 年的 1:15 升至 2017 年的 1:13，基本公共教育服务的师资保障水平全面提升。截至 2017 年底，四省藏区的幼儿园师生比、普通中学师生比已经和全国平均水平持平，小学师生比指标略高于全国平均水平。

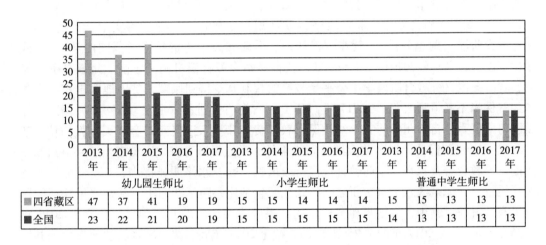

图 3-2-1　四省藏区幼儿园、小学和普通中学生师比变化趋势

资料来源：历年《四川统计年鉴》《甘肃统计年鉴》《青海统计年鉴》《云南统计年鉴》《中国统计年鉴》《中国县域统计年鉴》。

早在 2009 年，为促进四川藏区经济跨越发展、社会长治久安、民生全面改善，四川省政府就启动实施了藏区免费中等职业教育计划（藏区"9+3"免费教育计划）。从 2009 年起，四川省每年组织约 1 万名藏区初中毕业生和未升学的高中毕业生到内地免费接受 3 年中等职业教育，同时支持藏区发展职业教育，办好中职学校，使四川藏区的中等职业教育年招生规模明显扩大，实用型技术人才明显增加。藏区"9+3"免费教育计划实施以来，截至 2019 年底，先后有内地 90 所中职学校、5 所高职院校，共招收藏区"9+3"学生 4 万余人，再加上在自治州内就读中职享受资助的学生，两类受益学生数合计达到近 7 万人。为保证藏区"9+3"免费教育计划的顺利实施，各级财政强化以公共财政为支撑的经费投入体系建设，2009~2014 年累计投入藏区"9+3"免费教育计划经费 24.39 亿元，其中中央财政 10.41 亿元，省财政 13.98 亿元。藏区"9+3"免费教育计划的实施效果显著，2009~2016 年，四川藏区初中毕业生升学率由 70.00% 提高到 90.93%，高中阶段招生职普比由 2.6 : 7.4 提高到 4.5 : 5.5，与内地差距明显缩小①。四川省人民政府办公厅印发的《2016 年藏区六项民生工程计划总体工作方案》规定，四川藏区从 2016 年开始实施十五年免费教育，将藏区义务教育阶段学生全部纳入营养改善计划范围；为藏区约 2 万名乡村教师发放生活补助②。上述系列教育惠民政策，为四川藏区基本公共教育的快速发展提供了强有力的支撑。

得益于中央和地方政府对甘肃藏区教育事业的高度重视，将其摆在优先发展的战略位置，在项目规划、经费支持、师资培育等方面不断加大投入力度，甘肃藏区基础教育服务水平近年来有了很大的提升。教育资源配置向贫困地区、薄弱地区和弱势群体倾斜，乡村及薄弱地区教育质量得到提升。截至 2019 年底，甘肃藏区学龄前儿童入学率除玛曲县为93.82% 外，其他地区均达到 100%，且 9 个县（市）全部实现从幼儿园到高中的十五年免费教育。随着改善贫困地区，尤其是农牧区学校办学条件，增加经费保障等系列政策的出台实施，甘肃藏区各级各类学校信息化水平得到提升，教师队伍得到加强，义务教育阶段的入学率、升学率、巩固率持续提高，城乡、区域、校际差距进一步缩小。

自 2016 年《青海省教育脱贫攻坚行动计划》实施以来，通过落实十五年免费教育、义务教育阶段"两免一补"、营养改善计划、学前和高中免费教育（范围内学生）、残疾学生资助，以及三江源地区"1 + 9 + 3"教育经费保障补偿机制和学前一年教育资助等政策，青海藏区义务教育阶段学生公平受教育的权利基本得到保障，贫困地区学校办学条件和经费保障不断得到改善③。2017 年，落实《青海省推进教育脱贫攻坚实施方案》，免除了青海藏区六个自治州学前三年幼儿保育教育费，并投入近亿元资金购买保教岗位。2018年除巩固"三年行动计划"前两期计划成果外，重点提升青海藏区黄南州、果洛州和玉树州的学前教育普及水平。学前教育规模持续增长，普及水平明显提高，"入园难"问题得到了缓解，青海藏区六个自治州之间的幼儿园生师比差距不断缩小，师资严重缺乏问题得到了有效解决。其中，果洛州和玉树州的成果较为突出，幼儿园师生比分别由 2013 年的1:86 和 1:82 升至 2017 年的 1:25 和 1:16。截至 2017 年底，覆盖城乡的学前教育公共服务体系初步建立④。

云南藏区始终坚持优先发展教育的战略方针，近年来教育事业得以快速发展。云南藏区从 2016 年秋季学期开始对学前两年、义务教育九年、普通高中三年实行免费教育，是云南省最先实施十四年免费教育的地区。在师资队伍建设方面，云南藏区坚持培引结合，在吸收外来教师的同时努力培养本地教师，持续加强教师队伍建设，不断提升教学质量。在教育信息化方面，云南藏区加速推进"三通两平台"建设卓有成效。在教育保障机制方面，云南藏区针对中小学生实施高原农牧民子女学生生活补助、农村中小学营养改善计划、免费教科书、保障农村义务教育阶段学校公用经费等系列政策，截至 2019 年底，惠及全域 4 万余名中小学生。此外，云南藏区还积极推进落实贫困大学生资助政策，全面实

---

① 谢沂楠.四川省藏区"9 + 3"免费教育计划实施情况［EB/OL］. http：//www. moe. gov. cn/jyb_ xwfb/xw_ zt/moe_ 357/jyzt_ 2015nztzl/2015_ zt12/15zt12_ fpcx/201510/t20151016_ 213726. html，2015 - 10 - 16.

② 锦州红盾信息网.四川藏区今年 6 大民生工程出炉实施 15 年免费教育［EB/OL］. http：//www. jzaic. com/qyxx/2019/11/22/20191122997987. html，2019 - 11 - 22.

③ 赵静.《青海省教育脱贫攻坚行动计划》全面启动实施［N］.青海日报，2016 - 03 - 24 (02).

④ 王绚，王振岭.2019 年青海省教育发展形势分析与展望报告［M］.北京：社会科学文献出版社，2019.

施教育精准扶贫工程。以云南藏区迪庆州德钦县为例，在"十三五"时期德钦县深入贯彻实施连片特困藏区义务教育经费保障机制改革，全面实施教育惠民政策，努力减轻义务教育阶段学生就学的家庭经济负担，确保集中办学后学生经济负担零增长。在全面实施"14年免费教育"基础上，德钦县中小学全面实施"两免一补"及"高原农牧民家庭学生生活补助"。截至 2017 年底，年受惠学生占在校生总数的 99.3% 以上，投入相关经费 1234万元以上；实施学生"营养餐"工程，年受惠学生占在校生总数的 99.3%，投入经费约330 万元；实施学生"校园平安保险"项目，年参保学生占在校生总数的 99.8%，投入经费约 10.8 万元；实施中小学生放收假免费接送制度，年受惠学生占在校生总数的 81%，投入经费约 120 万元。此外，德钦县各学校还积极通过各种渠道筹措资金，为在校生解决购置行李、校服甚至洗漱用品的费用。笔者实地调研入户访谈时，当地很多农牧民群众说，"党的政策好，孩子们现在基本上带着身子就能上学"。从 2016 年开始，云南省财政对德钦县籍家庭经济困难的高中应届毕业生考上一本至三本（不含预科）的每生奖励性补助 5000 元，直至其毕业，奖励金所需经费由云南省财政保障，由迪庆州教育局具体组织实施，德钦县则对 2016 年以前的往届本科生以及应届、往届大中专生给予补助，对大学本科生每生补助 3000 元，其中政府补助 2000 元，挂钩单位筹措 1000 元；对大专、中专、职业技术学校（除 27 所中专院校外）学生每生补助 2000 元，其中政府补助 1000 元，挂钩单位筹措 1000 元。

（二）县域小学师生比

从小学师生比这个指标的变化趋势来看，2013～2017 年，四川藏区约 65.63% 的县（市）小学师生比上升，小学教育阶段的师资数量保障水平明显提升（见表 2-2-5、图 3-2-2）。其中，小学师资数量保障水平提升幅度最大的是阿坝州的黑水县，师生比从 2013 年的 1∶12 升至 2017 年的 1∶8，平均每位小学教师负责的学生数量减少了 4 名；阿坝州九寨沟和小金县的小学师资数量保障水平提升幅度仅次于黑水县，平均每位小学教师负责的学生数量减少了 3 名，九寨沟县的师生比从 2013 年的 1∶12 升至 2017 年的 1∶9，小金县从 2013 年的 1∶10 升至 2017 年的 1∶7；甘孜州的丹巴县、九龙县、雅江县、乡城县、稻城县和得荣县，以及阿坝州的松潘县和阿坝，小学师资数量保障水平提升幅度排在第三位，平均每位小学教师对应的学生数量减少了 2 名；甘孜州的泸定县、炉霍县、新龙县、白玉县、理塘县和巴塘县，阿坝州的理县、茂县和若尔盖县，凉山州的木里县，平均每位小学教师对应的学生数量减少了 1 名；甘孜州的康定市、甘孜县、道孚县和石渠县，阿坝州的马尔康市、红原县、金川县，2017 年的小学师生比与 2013 年相比没有变化。截至 2017 年底，四川藏区共 29 个县（市）的小学师资数量保障水平达到或者超过同期全国平均水平，占比达 91%；共 30 个县（市）的小学师资数量保障水平达到或者超过同期全省平均水平，占比达 94%。其中，阿坝州的理县和小金县，甘孜州的得荣县，小学师资数量保障水平排在前三位，师生比分别为 1∶5、1∶7 和 1∶7。

近年来甘肃藏区小学教育阶段的师资保障水平同样取得明显进步。2013～2017 年，甘肃藏区约 33% 的县（市）小学师生比上升，小学教育阶段的师资数量保障水平明显提升；约 44% 的县（市）小学师生比一直保持高于全国平均水平不变，小学教育阶段的师资数量保障水平一直保持高于全国平均水平（见图 2-2-9）。其中，小学教育阶段师资数量保障水平提升幅度最大的是甘南州的卓尼县，师生比从 2013 年的 1∶12 升至 2017 年的 1∶10，

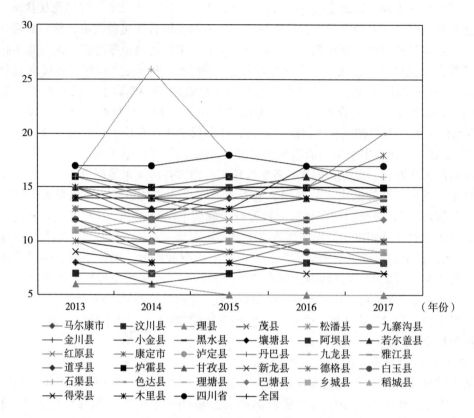

图 3 - 2 - 2　四川藏区 32 县（市）、四川省和全国小学生师比变化趋势

资料来源：历年《四川统计年鉴》《中国统计年鉴》《中国县域统计年鉴》，具体见表 2 - 2 - 5。

平均每位小学教师负责的学生数量减少了 2 名；甘南州舟曲县和迭部县的小学师资数量保障水平提升幅度仅次于卓尼县，平均每位小学教师负责的学生数量减少了 1 名，舟曲县的师生比从 2013 年的 1∶12 升至 2017 年的 1∶11，迭部县的师生比从 2013 年的 1∶9 升至 2017 年的 1∶8；甘南州的合作市、临潭县、玛曲县和夏河县，小学师资数量保障水平没有变化，五年均保持高于全国平均水平，且都不低于全省平均水平。截至 2017 年底，甘肃藏区所有县（市）的小学师资数量保障水平超过同期全国平均水平，占比达 100%；所有县（市）的小学师资数量保障水平达到或者超过同期全省平均水平，占比达 100%。其中，甘南州的碌曲县和迭部县以及武威市的天祝县，小学师资数量保障水平排在前三位，师生比分别为 1∶7、1∶8 和 1∶8。

伴随乡村教师支持计划、"全面改薄"工程、改善贫困地区（尤其是农牧区）学校办学条件、增加经费保障等系列政策的出台实施，青海藏区小学的信息化水平得到提升，教师队伍得到加强，义务教育的入学率、升学率、巩固率持续提高（见图 2 - 2 - 11）。截至 2014 年底，青海藏区共 9 个县（市、行委）的小学师资数量保障水平达到或者超过同期全国平均水平，占比达 27%；共 24 个县（市、行委）的小学师资数量保障水平达到或者超过同期全省平均水平，占比达 73%。其中，冷湖行委、玛多县和乌兰县的小学师资数量保障水平排在前三位，师生比分别为 1∶4、1∶10 和 1∶11；天峻县、河南县和尖扎县的小学师生比均为 1:13，排在第四位。

近年来云南藏区所有县（市）的小学师生比指标均优于同期全国及全省平均水平（见图 3-2-3）。2013~2016 年，云南藏区维西县的小学师生比呈上升趋势，且一直高于同期全国和全省平均水平；香格里拉市和德钦县的小学师生比一直保持高于同期全国和全省平均水平不变，小学教育阶段的师资数量保障水平均优于同期全国、全省平均水平。截至 2016 年底，德钦县的小学教育阶段师资数量保障水平最高，小学师生比为 1:9；香格里拉市次之，小学师生比为 1:12；最低的维西县，小学师生比为 1:13。

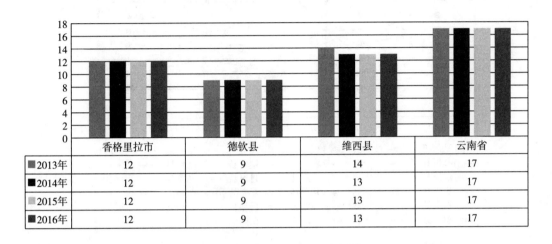

	香格里拉市	德钦县	维西县	云南省
■2013年	12	9	14	17
■2014年	12	9	13	17
■2015年	12	9	13	17
■2016年	12	9	13	17

图 3-2-3 云南藏区县域小学生师比变化趋势

资料来源：历年《迪庆统计年鉴》。小学生师比缺失迪庆州所有县域 2017 年数据。

（三）县域普通中学师生比

从普通中学师生比这个指标的变化趋势来看，2013~2017 年，四川藏区约 69% 的县（市）普通中学师生比上升，中学教育阶段的师资数量保障水平明显提升（见表 2-2-6、图 3-2-4）。其中，中学师资数量保障水平提升幅度最大的是九龙县和雅江县，九龙县的普通中学师生比从 2013 年的 1:25 升至 2017 年的 1:19，雅江县从 2013 年的 1:20 升至 2017 年的 1:14，平均每位普通中学教师负责的学生数量减少了 6 名；小金县、壤塘县和若尔盖县的普通中学师资数量保障水平提升幅度仅次于九龙县和雅江县，平均每位普通中学教师负责的学生数量减少了 4 名，小金县的普通中学师生比从 2013 年的 1:14 升至 2017 年的 1:10，壤塘县从 2013 年的 1:16 升至 2017 年的 1:12，若尔盖县从 2013 年的 1:19 升至 2017 年的 1:15；金川县的普通中学师资数量保障水平提升幅度排在第三位，平均每位普通中学教师负责的学生数量减少了 3 名，普通中学师生比从 2013 年的 1:10 升至 2017 年的 1:7。截至 2017 年底，四川藏区共 20 个县（市）的普通中学师资数量保障水平达到或者超过同期全国、全省平均水平，占比达 63%。其中，理县、金川县和松潘县的普通中学师资数量保障水平排在前三位，师生比分别为 1:7、1:7 和 1:8。

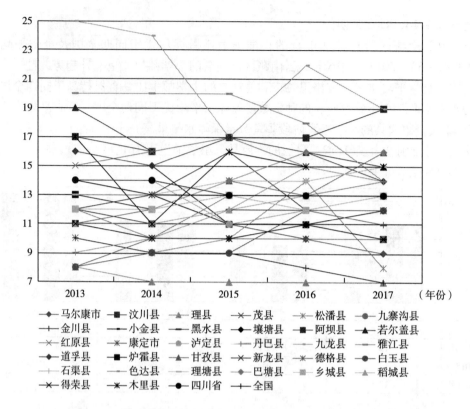

图例：
- ◆ 马尔康市
- ■ 汶川县
- ▲ 理县
- ✕ 茂县
- ✳ 松潘县
- ● 九寨沟县
- ＋ 金川县
- ━ 小金县
- ━ 黑水县
- ◆ 壤塘县
- ■ 阿坝县
- ▲ 若尔盖县
- ✕ 红原县
- ✳ 康定市
- ▨ 泸定县
- ＋ 丹巴县
- ━ 九龙县
- ━ 雅江县
- ◆ 道孚县
- ■ 炉霍县
- ▲ 甘孜县
- ✕ 新龙县
- ✳ 德格县
- ● 白玉县
- ＋ 石渠县
- ━ 色达县
- ━ 理塘县
- ◆ 巴塘县
- ▨ 乡城县
- ▨ 稻城县
- ✕ 得荣县
- ✳ 木里县
- ● 四川省
- ＋ 全国

图 3 - 2 - 4　四川藏区 32 县（市）、四川省和全国普通中学生师比变化趋势

资料来源：历年《四川统计年鉴》《中国统计年鉴》《中国县域统计年鉴》，详见表 2 - 2 - 6。

　　与甘肃藏区县域小学教育阶段情况相似，近年来甘肃藏区县域普通中学的师资保障水平同样取得明显进步（见图 2 - 2 - 10）。2013 ~ 2017 年，甘肃藏区约 89% 的县（市）普通中学师生比上升，普通中学教育阶段的师资数量保障水平明显提升；约 56% 的县（市）普通中学师生比保持高于全国平均水平，普通中学教育阶段的师资数量保障水平保持高于全国平均水平。其中，普通中学教育阶段师资数量保障水平提升幅度最大的有卓尼县、舟曲县、碌曲县和夏河县，卓尼县的普通中学师生比从 2013 年的 1:12 升至 2017 年的 1:9，舟曲县从 2013 年的 1:15 升至 2017 年的 1:12，碌曲县从 2013 年的 1:13 升至 2017 年的 1:10，夏河县从 2013 年的 1:14 升至 2017 年的 1:11，平均每位普通中学教师负责的学生数量减少了 3 名。截至 2017 年底，甘肃藏区所有县（市）的普通中学师资数量保障水平达到或超过同期全国平均水平，占比达 100%；6 个县（市）的普通中学师资数量保障水平达到或者超过同期全省平均水平，占比达 67%。其中，卓尼县、天祝县、迭部县和碌曲县的普通中学师资数量保障水平位列前四，普通中学师生比分别为 1:9、1:9、1:10 和 1:10；临潭县和夏河县的普通中学师资数量保障水平略低一些，均为 1:11，和同期甘肃省的平均水平持平。

　　2013 ~ 2014 年，青海藏区约 42% 的县（市、行委）普通中学师生比上升，普通中学教育阶段的师资数量保障水平明显提升；约 6% 的县（行委）普通中学师生比保持高于全国平均水平不变，普通中学教育阶段的师资数量保障水平保持高于全国平均水平（见图

3-3-3）。其中，普通中学教育阶段师资数量保障水平提升幅度最大的是甘南州的天峻县，普通中学师生比从 2013 年的 1∶33 升至 2014 年的 1∶14，平均每位普通中学教师负责的学生数减少了 19 名；门源县的提升幅度仅次于天骏县，平均每位普通中学教师负责的学生数减少了 10 名，普通中学师生比从 2013 年的 1∶26 升至 2014 年的 1∶16；班玛县、大柴旦行委和冷湖行委的普通中学师资数量保障水平提升幅度仅次于门源县，平均每位普通中学教师负责的学生数量减少了 8 名；海晏县和同仁县的普通中学师资数量保障水平没有变化，保持高于同期全国平均水平。截至 2014 年底，青海藏区有 9 个县（行委）的普通中学师资数量保障水平达到或超过同期全国、全省平均水平，占比达 29%。其中，大柴旦行委、兴海县、尖扎县和乌兰县的普通中学师资数量保障水平位列前四，师生比分别为 1∶7、1∶8、1∶10 和 1∶10。

近年来，云南藏区各县（市）的普通中学师生比均呈现上升趋势，普通中学教育阶段的师资数量保障水平明显提升（见图 3-2-4）。2013~2016 年，普通中学师资数量保障水平提升幅度最大的是德钦县，普通中学师生比从 2013 年的 1∶10 升至 2016 年的 1∶8，平均每位普通中学教师负责的学生数减少了两名；维西县的提升幅度仅次于德钦县，平均每位普通中学教师负责的学生数减少了 1 名，普通中学师生比从 2013 年的 1∶17 升至 2017 年的 1∶16；香格里拉市的普通中学师生比保持为 1∶14，普通中学师资数量保障高于同期全省平均水平。截至 2016 年底，云南藏区德钦县的普通中学师资数量保障水平超过同期全国、全省平均水平。

二、基本医疗卫生服务

（一）总体成效

源于社会历史及地理环境等诸多因素，四省藏区医疗卫生技术水平相对落后，成为该地区经济社会发展的重要阻碍之一。完善基本医疗卫生基础设施，提升基本医疗卫生服务水平，预防和控制各类地方病是改善四省藏区民生的重要途径。多年来国家大力支持四省藏区医疗卫生事业发展，特别是精准扶贫政策的实施，促使四省藏区的医疗卫生条件得到较大改善。近年来四省藏区的万人医疗卫生机构床位数明显增加（见图 3-2-5），从 2013 年的每万人 40 张增至 2017 年的每万人 50 张。

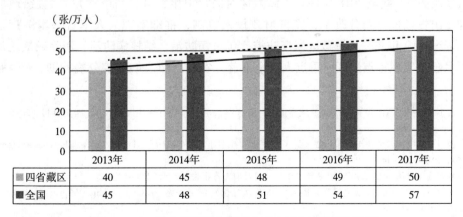

（张/万人）

	2013年	2014年	2015年	2016年	2017年
■四省藏区	40	45	48	49	50
■全国	45	48	51	54	57

图 3-2-5 四省藏区及全国万人医疗卫生机构床位数据

资料来源：同图 3-2-1。

2011~2015 年，四川省先后出台了十余份促进民族地区卫生人才培养和引进的政策性文件。通过"开放式"招聘、"菜单式"培训、"帮扶式"引智和"9 + 3"免费职业教育等方式，全面提升包括四川藏区在内的民族地区卫生人才保障水平。以管理技术人员培训，新增医疗卫生设备等为重点，提升四川藏区基层医疗卫生服务水平，提高偏远农牧区群众获得医疗卫生服务的可及性。截至 2015 年底，四川省藏区已有各级医疗卫生机构4634 个，卫技人员 11072 人，每千人口拥有卫技人员 5.15 人，每千人口实有病床位 4.22张，当地群众平均每人年就诊次数达到 3.15 次，接近同期全省平均水平；已连续五年实现医疗、中医、妇幼、疾控、监督"五支队伍"对口帮扶藏区全覆盖，远程会诊系统平台已初具规模，连续三年诊治量增幅超过 100%[①]。2017 年在四川藏区实施的"六项民生工程"，包括壮大乡（镇）卫生院、农村卫生室的力量，着力提升藏区基本公共卫生服务水平，共投入资金 36.6 亿元[②]，强化藏区医疗卫生服务保障取得明显成效。

截至 2017 年底，甘肃藏区甘南州已经实施了一批地方病防治研究、疾病防控、妇幼保健及乡（镇）卫生院业务用房等建设项目，全面实施国家基本药物制度、公立医疗机构药品零差率销售制度。此外，异地就医直接结算在甘肃藏区稳步推进，探索整合城乡居民基本医疗保险，"先看病、后付费""一站式"结算等政策正逐步实施[③]。截至 2019 年底，甘肃藏区甘南州"十三五"规划的 10 个乡（镇）卫生院建设项目已有 8 个建成并投入使用，甘南州人民医院儿童病区建设项目和州中心血站业务楼建设项目已经开工建设，甘南州疾病防控中心业务大楼和州卫生监督所业务楼主体工程已经完工，州疾控中心食品安全风险检测能力建设项目已经进入调试阶段，州藏医药研究院科研及门诊医疗技术综合楼及其附属工程已经投入使用。

关注和照顾藏区孤寡老人、孤儿等社会弱势群体一直是青海藏区社会福利事业的重点。2011 年，青海省建立了藏区老年人关爱机制，实施 65 岁以上老年人健康体检和 70 岁以上高龄老人补贴政策；为贫困家庭病人提供免费白内障复明、包虫病诊治的手术及药物治疗服务；对贫困家庭先天性心脏病患儿及孕产妇发放资助补贴；对育龄妇女、新生儿及65 岁以上老年人实施多项免费体检及营养改善项目。同时加强对无生活来源、无劳动能力、无法定抚养义务人等特困群体的医疗兜底服务，为其提供及时全面的免费医疗救治和应急救助服务[④]。截至 2018 年底，青海藏区对医疗卫生领域省与市（州）、县级政府财政事权和支出责任进行划分改革，完善财政投入机制，推动实现人人享有基本医疗卫生服务[⑤]。截至 2019 年底，青海藏区鼠疫防控、包虫病防治、结核病防治、消除碘缺乏病四大防治项目已经实现重点地区、重点人群全覆盖，农牧区孕产妇住院分娩补助、"两癌"免

---

① 石小宏. 把优质医疗资源送到雪域高原——藏区群众尽享"病有所医" ［N］. 四川日报, 2016 - 01 - 16 (04).

② 四川广播电视台. 四川新闻 | 藏区行·看变化医疗卫生篇 ［EB/OL］. http：//www. sohu. com/a/216680649_100033967, 2018 - 01 - 14.

③ 甘南藏族自治州人民政府. 2018 年甘南州人民政府工作报告 ［Z］. 2018 - 01 - 06.

④ 李亚光. 建"医疗兜底之网"贫困人口 18 项医疗保健费用减免 ［EB/OL］. http：//fpj. qinghai. cn/ttxw/9878. jhtml, 2016 - 05 - 08.

⑤ 青海省人民政府办公厅. 青海省医疗卫生领域省与市（州）县级财政事权和支出责任划分改革的实施方案 ［Z］. 2019 - 01 - 09.

费筛查等一系列重大公共卫生服务项目已经全面落实。

近年来，云南藏区各级医疗卫生服务机构逐步增多，服务装备水平及服务能力显著提高，群众就医环境明显改善。同期，云南藏区迪庆州借助"三区三州"项目建设，加快完善州、县、乡、村四级医疗卫生服务体系、重大疾病防控和应急救治体系，规范配备医疗设备和药品，全域医疗卫生综合服务能力全面提升。

（二）县域万人医疗卫生机构床位数

根据表2－2－7中数据计算，总体来看，近年来四川藏区多数县（市）的基本医疗卫生服务水平稳步上升。从万人医疗卫生机构床位数这个指标的变化趋势来看，2013～2017年，四川藏区约97%的县（市）万人医疗卫生机构床位数明显增加，基本医疗卫生服务保障有所增强（见表2－2－7、见图3－2－6）。其中，万人医疗卫生机构床位数增幅最大的是色达县，从2013年的每万人11张床位增至2017年的每万人76张；稻城县的增加幅度仅次于色达县，从2013年的每万人19张床位增至2017年的每万人73张；白玉县的增加幅度排在第三位，从2013年的每万人25张床位增至2017年的每万人75张。截至2017年底，四川藏区共11个县（市）的万人医疗卫生机构床位数达到或者超过同期全国平均水平，占比约34%；共7个县（市）的万人医疗卫生机构床位数达到或者超过同期全省平均水平，占比约22%。其中，马尔康市、康定市和色达县的万人医疗卫生机构床位数排在前三位，分别为每万人119张、116和76张（见表2－2－7）。

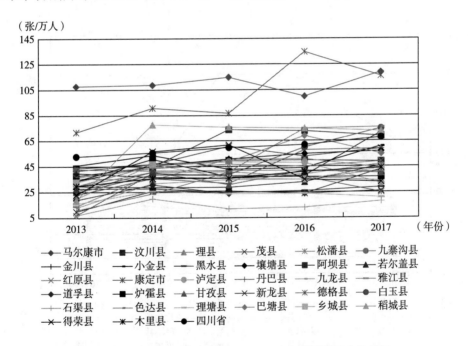

图3－2－6　四川藏区县域万人医疗卫生机构床位数变化趋势

资料来源：历年《四川统计年鉴》《中国统计年鉴》，具体数据见表2－2－7。

根据图3－2－6中数据计算，2013～2017年，甘肃藏区约44%的县万人医疗卫生机构床位数明显增加，基本医疗卫生服务保障有所增强。其中，万人医疗卫生机构床位数增幅最大的是天祝县，从2013年的每万人42张床位增至2017年的每万人70张，增幅达每万人 28 张；卓尼县的增加幅度仅次于天祝县，从 2013 年的每万人 24 张床位增至 2017 年的每万人 44 张，每万人增加约 20 张床位；舟曲县的增加幅度排在第三位，从 2013 年的每万人 26 张床位增至 2017 年的每万人 30 张，每万人增加约 4 张床位。截至 2017 年底，甘肃藏区共 3 个县（市）的万人医疗卫生机构床位数超过同期全国、全省平均水平，占比达 33%。其中，天祝县、合作市和碌曲县的万人医疗卫生机构床位数排在前三位，分别为每万人 70 张、66 张和 66 张（见图 3 - 2 - 5）。

根据表 2 - 2 - 8 中数据计算，总体来看，近年青海藏区县域万人医疗卫生机构床位数这一指标也呈上升趋势。2013 ~ 2017 年，青海藏区约 87% 的县（市）万人医疗卫生机构床位数明显增加（见表 2 - 2 - 8、图 3 - 2 - 7）。其中，增幅最大的是海晏县，从 2013 年的每万人 65 张床位增至 2017 年的每万人 137 张，增幅达每万人 72 张；德令哈市的增幅仅次于海晏县，从 2013 年的每万人 40 张床位增至 2017 年的每万人 87 张，增幅约为每万人 47 张；治多县的增加幅度排在第三位，从 2013 年的每万人 33 张床位增至 2017 年的每万人 72 张，增幅约为每万人 39 张。截至 2017 年底，青海藏区共 10 个县（市、行委）的万人医疗卫生机构床位数达到或者超过同期全国平均水平，占比达 32%；共 8 个县（市、行委）的万人医疗卫生机构床位数达到或者超过同期全省平均水平，占比达 26%。其中，海晏县、大柴旦行委和格尔木市的万人医疗卫生机构床位数排在前三位，分别为每万人 137 张、122 张和 110 张。

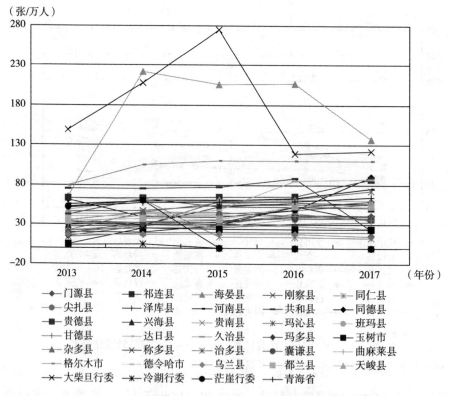

图 3 - 2 - 7　青海藏区县域万人医疗卫生机构床位数变化趋势

资料来源：历年《青海统计年鉴》《中国统计年鉴》《中国县域统计年鉴》，具体数据见表 2 - 2 - 8。大柴旦行委、冷湖行委、茫崖行委部分年份数据缺失。

根据图 2 - 2 - 15 和图 2 - 2 - 16 中数据计算，近年来，云南藏区县域万人医疗卫生机构床位数和万人卫生技术人员数两项指标均明显改善。2013 ~ 2017 年，云南藏区约 67% 的县（市）万人医疗卫生机构床位数明显增加。其中，增幅最大的是香格里拉市，从 2013 年的每万人 8 张床位增至 2017 年的每万人 14 张；德钦县的万人医疗卫生机构床位数增加幅度仅次于香格里拉市，从 2013 年的每万人 31 张床位增至 2017 年的每万人 32 张。2013 ~ 2016 年，云南藏区所有县（市）的万人卫生技术人员数明显增加，其中增幅最大的是香格里拉市，从 2013 年的每万人 53 名卫生技术人员增至 2016 年的每万人 63 名；德钦县的万人卫生技术人员数增加幅度仅次于香格里拉市，从 2013 年的每万人 38 名增至 2016 年的每万人 44 名；增幅最小的维西县，从 2013 年的每万人 27 名增至 2016 年的每万人 29 名。

三、基本社会保障及社会服务

（一）总体成效

由于历史和自然条件等多方面的原因，四省藏区可利用发展特色农牧业的土地较少，产业结构较为单一，产业扶贫难度较大，通过农牧民转移就业，加强医疗卫生、养老保障服务等方式巩固脱贫成果，加强四省藏区社会保障兜底民生的相关工作，对于四省藏区基本公共服务均等化进程十分重要。多年来中央和地方财政大力支持四省藏区的社会民生事业发展，特别是社会保障兜底一批的精准扶贫政策的实施，促使四省藏区基本社会保险、劳动与就业、基本社会服务等方面取得明显进步。近年来四省藏区的万人社会福利机构床位数逐年增加（见图 3 - 2 - 8），从 2013 年的每万人 24 张增至 2017 年的每万人 38 张。从 2015 年起，四省藏区的万人社会福利机构床位数开始超过同期全国平均水平。截至 2017 年底，四省藏区的万人社会福利机构床位数比全国平均水平多 8 张。

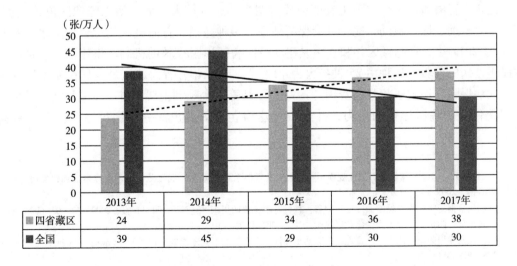

（张/万人）

	2013年	2014年	2015年	2016年	2017年
四省藏区	24	29	34	36	38
全国	39	45	29	30	30

图 3 - 2 - 8 四省藏区及全国万人社会福利机构床位数变化趋势

资料来源：历年《中国县域统计年鉴》。

经过多年不懈的努力，四川藏区的社会保障水平得到了极大的提升。从 2001 年开始，四川省政府就对藏区启动再就业救助工程，实施"零就业家庭"解困行动，组织多种形式的就业援助活动，全面落实社保补贴、岗位补贴、培训补贴等各项就业扶持政策，促进四川藏区下岗失业人员再就业①。截至 2008 年底，四川藏区城乡就业人员总数达到 117.2 万人，其中城镇就业人员 16.5 万人，与 2000 年末相比，分别增加 14.2 万人和 1.5 万人②。2012 年以来，四川进一步加大藏区民生工作力度，实施扶贫解困行动、就业社保促进、教育发展振兴、医疗卫生提升、文化发展繁荣、藏区新居建设六项民生工程，有效改善藏区群众基本生产生活条件。截至 2016 年底，四川藏区先于全省提前实现城镇居民社会养老保险制度全覆盖，城乡基本养老保险参保人数达 96.1 万人，其中僧尼参保 2.1 万人，保障城乡低保对象 42.3 万人，重点医疗救助对象政策范围内住院自付费用救助比例在年度救助限额内均达到 70%③。截至 2017 年底，四川藏区城乡基本养老保险参保人数已达到 108.5 万人，保障城乡低保对象 44.6 万人，46 万余人次困难群众获得医疗救助，为 5.8 万名困难家庭失能老人和 80 周岁以上老年人提供居家养老服务④。

甘肃藏区社会保障事业近年来发展迅速。截至 2017 年底，甘肃藏区甘南州共有养老机构 3 个，养老服务年末收留人数 268 人，养老服务床位数 3249 张，社区服务机构和设施总数 370 个；参加城乡居民基本养老保险 36.6 万人，参加失业保险 3.7 万人，参加工伤保险 3.4 万人；参加城镇职工基本养老保险 8.1 万人，相较于 2012 年翻了一番；参加城乡居民基本医疗保险 59.9 万人，覆盖率达到 80%⑤，大约是 2012 年的 7 倍。2017 年，甘南州有 19.6 万居民享受城乡低保，实施各类救助 17 万人次，残疾人、困难老年人补贴全面发放，建成养老敬老活动场所 29 个；改造城镇棚户区 2.0 万户，为 2680 户住房困难家庭发放住房租赁补贴 803 万元⑥。同期，甘肃藏区的天祝县也通过建设居家养老服务中心、敬老院等途径，不断完善全县养老服务体系。

近年来青海藏区民生保障工程实施成效明显。通过扩大最低生活保障兜底覆盖范围，实施临时救助、医疗救助，完善社会保险体系等多种途径，青海藏区的社会保障水平逐渐提升⑦。2017 年，青海藏区共和县率先建立慢性病门诊医疗救助机制，将建档立卡贫困农牧民慢性病门诊救助病种由 25 种扩大为 40 种⑧。2018 年，青海藏区城乡居民基本医疗保险、大病保险、民政医疗救助费用"一站式"结算平台顺利上线，进一步减轻贫困参保人员"垫付"住院医疗费的压力，并开始对建档立卡贫困户部分代缴城乡居民养老保险

---

① 《四川劳动保障》编辑部．就业规模不断扩大　社保体系覆盖城乡　我省藏区劳动保障事业加快发展 ［J］．四川劳动保障，2009（7）：1 - 2.

② 四川日报记者．养老保险制度逐步完善　社保基本覆盖四川藏区 ［N］．四川日报，2009 - 12 - 01（02）.

③ 钟华林．四川：六大工程保障藏区民生 ［N］．四川日报，2016 - 11 - 29（01）.

④ 人民网四川频道．四川藏区百姓：撸起袖子加油干　心想的事儿才能成 ［EB/OL］．http：//www.sohu.com/a/198488108_ 99960442，2017 - 10 - 17.

⑤⑥ 甘肃省统计局．2018 年甘肃省国民经济和社会发展统计公报 ［Z］．2018 - 12 - 30.

⑦ 海西州人力资源与社会保障局．海西州稳步推进社会保险事业改革 ［EB/OL］．http：//jtj. haixi. gov. cn/info/1113/180033. htm，2017 - 10 - 27.

⑧ 才让本．书写共和改革特色答卷——2017 年共和县力促改革创新亮点纷呈 ［N］．海南报，2018 - 01 - 08（01）.

费①。通过建立基础养老金正常调整机制，适时提高城乡居民基本养老保险基础养老金标准，青海藏区社会保险和社会服务保障体系不断发展完善。截至 2018 年底，青海省基本养老保险基础养老金标准比国家规定的 88 元最低标准高出 87 元，位居全国较高位次；截至 2019 年底，青海藏区已初步实现了城乡居民养老保险制度全覆盖，建立了城镇职工和城乡居民大病医疗保险制度②。

近年来，云南藏区迪庆州致力于建设完善的社会保障体系，取得较好效果。全州城乡居民基本养老保险、医疗保险和失业保险全面普及的同时，产业扶贫政策实施促进低保户大大减少。2018 年迪庆全州城镇最低生活保障对象 6510 人，共发放保障资金 3561 万元，同比下降 37%；农村低保人数 57129 人，共发放保障金 17912 万元，同比下降 20%。同时，迪庆州大力支持社会公益组织及公益机构提供公共服务，截至 2018 年底，全州共成立社会组织 366 个，提供养老床位数 1675 个③。

（二）县域万人社会福利机构床位数

近年来四川藏区万人社会福利机构床位数指标呈现总体缓慢上升态势。根据表 2 - 2 - 9 中数据计算，2013～2017 年，四川藏区约 47% 的县（市）万人社会福利机构床位数明显增加，基本社会服务水平有所提升（见图 3 - 2 - 9）。其中，万人社会福利机构床位数增

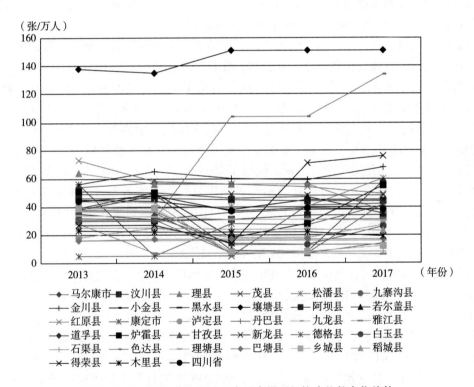

图 3 - 2 - 9　四川藏区县域万人社会福利机构床位数变化趋势

资料来源：《中国县域统计年鉴》，具体数据见表 2 - 2 - 9。

① 莫青. 我省明年实现贫困人口城乡居民养老应保尽保 [N]. 海西都市报，2018 - 12 - 14（02）.

② 陈晨. 青海社保：心系民生谋福祉 社会保障传温情 [N]. 青海日报，2019 - 01 - 27（02）.

③ 迪庆藏族自治州统计局. 迪庆州 2018 年国民经济和社会发展统计公报 [Z]. 2019 - 07 - 04.

幅最大的是色达县，从 2013 年的每万人 32 张床位增至 2017 年的每万人 134 张；得荣县的万人社会福利机构床位数增加幅度仅次于色达县，从 2013 年的每万人 27 张床位增至 2017 年的每万人 76 张；康定市的万人社会福利机构床位数增加幅度排在第三位，从 2013 年的每万人 5 张床位增至 2017 年的每万人 41 张。截至 2017 年底，四川藏区共 21 个县（市）的万人社会福利机构床位数达到或者超过同期全国平均水平，占比达 66%；共 16 个县（市）的万人社会福利机构床位数达到或者超过同期全省平均水平，占比达 50%。其中，壤塘县、色达县和得荣县的万人社会福利机构床位数排在前三位，分别为每万人 151 张、134 张和 76 张（见表 2 – 2 – 9、图 3 – 2 – 9）。

根据图 2 – 2 – 17 中数据计算，2013～2017 年，甘肃藏区约 33% 的县万人社会福利机构床位数明显增加，基本社会服务水平有所提升。其中，万人社会福利机构床位数增幅最大的是玛曲县，从 2013 年的每万人 5 张床位增至 2017 年的每万人 12 张；舟曲县的万人社会福利机构床位数增幅仅次于玛曲县，从 2013 年的每万人 11 张床位增至 2017 年的每万人 16 张；碌曲县的万人社会福利机构床位数增幅排在第三位，从 2013 年的每万人 23 张床位增至 2017 年的每万人 24 张。截至 2017 年底，甘肃藏区共 4 个县的万人社会福利机构床位数达到或者超过同期全省平均水平，占比达 44%。其中，碌曲县、天祝县和舟曲县的万人社会福利机构床位数排在前三位，分别为每万人 24 张、22 张和 16 张（见图 2 – 2 – 17）。

根据表 2 – 2 – 10 中数据计算，近年来，青海藏区各县（市）的万人社会福利机构床位数增长趋势明显。尤其是玉树州的治多县、称多县、玉树市和曲麻莱县，借助灾后重建规划机遇，大力发展社会福利事业，社会福利收养性单位床位数大幅度增长。2013～2017 年，青海藏区约 67% 的县（市）万人社会福利机构床位数明显增加。其中，万人社会福利机构床位数增幅最大的是治多县，从 2013 年的每万人 55 张床位增至 2017 年的每万人 165 张；称多县的万人社会福利机构床位数增加幅度仅次于治多县，从 2013 年的每万人 19 张床位增至 2017 年的每万人 128 张床位；玉树市的万人社会福利机构床位数增加幅度排在第三位，从 2013 年的每万人 2 张床位增至 2017 年的每万人 104 张。截至 2017 年底，青海藏区共 16 个县（市）的万人社会福利机构床位数达到或者超过同期全国平均水平，占比约 53%；共 20 个县（市）的万人社会福利机构床位数达到或者超过同期全省平均水平，占比约 67%。其中，治多县、称多县和玛多县的万人社会福利机构床位数排在前三位，分别为每万人 165 张、128 张和 109 张（见表 2 – 2 – 10、图 3 – 2 – 10）。

近年来，云南藏区的社会保障体系逐渐完善，整体保障水平显著提高。根据图 2 – 2 – 18 中数据计算，2013～2017 年，云南藏区所有县（市）的万人社会福利机构床位数均有明显增加。其中，万人社会福利机构床位数增幅最大的是香格里拉市，从 2013 年的每万人 6 张床位增至 2017 年的每万人 23 张床位；维西县的万人社会福利机构床位数增加幅度仅次于香格里拉市，从 2013 年的每万人 1 张床位增至 2017 年的每万人 4 张床位；德钦县的万人社会福利机构床位数增加幅度排在第三位，从 2013 年的每万人 2 张床位增至 2017 年的每万人 3 张床位（见图 2 – 2 – 18）。

四、基本公共文化体育服务

（一）公共文化体育服务基础设施

文化关涉认同，体育关涉健康，基本公共文化体育服务是四省藏区民生社会发展的重

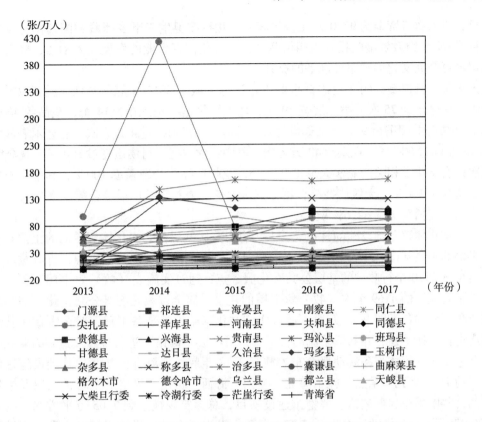

（张/万人）

门源县　祁连县　海晏县　刚察县　同仁县
尖扎县　泽库县　河南县　共和县　同德县
贵德县　兴海县　贵南县　玛沁县　班玛县
甘德县　达日县　久治县　玛多县　玉树市
杂多县　称多县　治多县　襄谦县　曲麻莱县
格尔木市　德令哈市　乌兰县　都兰县　天峻县
大柴旦行委　冷湖行委　茫崖行委　青海省

图 3 - 2 - 10　青海藏区县域万人社会福利机构床位数变化趋势

资料来源：历年《青海统计年鉴》《中国县域统计年鉴》，具体数据见表 2 - 2 - 10。大柴旦行委、冷湖行委、茫崖行委相关数据缺失。

要组成部分。四省藏区公共文化体育服务体系，是不断凝聚人心、内化社会主义核心价值的基础平台，是传承藏民族优秀文化、推动区域民族文化不断现代化的基础平台，更是增强四省藏区群众四个自信的重要舆论和思想武器[1]。近年来，四省藏区基本公共文化体育服务体系建设取得明显成效。

四川藏区不仅是康巴文化的核心区，亦是内地连接西藏的重要通衢，自古就是"汉藏走廊"，具有独特的民族文化。四川省政府办公厅印发的《2016 年藏区六项民生工程计划总体工作方案》提出，力争四川藏区每年每个乡（镇）文化演出 3~5 场、每个行政村（社区）不少于 1 场；推进《四川日报》、汉藏双语版《藏地通讯》等免费进寺院工作，为四川藏区基本公共文化体育服务水平的提高奠定了基础[2]。2016 年，四川省投入资金约 1.2 亿元实施藏区文化发展繁荣计划，助力夯实藏区基层公共文化服务基础设施，推动藏区文化产业快速发展；发放安装户户通直播卫星接收设备 12314 套，实施 638 个行政村（社区）通广播工程；投入省级资金约 2160.3 万元，实施"一村一月放映一场电影"的农村公益电影工程；投入省级资金约 2580.0 万元，实施 526 个村级健身工程基础设施建

---

① 陈叙. 提升四川藏区公共文化服务体系建设路径的思考［J］. 行政管理改革，2018（2）：43 - 47.
② 四川省人民政府办公厅. 2016 年藏区六项民生工程计划总体工作方案［Z］. 2016 - 05 - 06.

设项目；投入省级资金约95.0万元，实施省文化科技卫生三下乡援藏暨配套体育设施建设项目①。大量财政资金的投入为四川藏区公共文化体育事业的发展注入动力，极大促进了四川藏区公共文化体育服务水平的提升。

近年来，甘肃藏区的文化体育事业进步迅速。截至2017年底，甘南州建成文化馆9个，组织文艺活动75次，举办展览39个；建成博物馆（纪念馆）14个，藏品约4606件（套）；建成公共图书馆9个，总藏量约455万册，总流通超过4万人次；有艺术表演团体8个，演出超过600场，观众约42万人次。其中：农牧区乡村演出超过300场，观众约23万人次；有文化及相关产业法人单位271个；全州广播综合覆盖率100%，其中，农村广播综合覆盖率100%，无线广播综合覆盖率90.1%，农村无线广播综合覆盖率88.9%，少数民族语言广播覆盖率62.6%②。

公共文化体育基础设施的日益完善，为青海藏区基层公共文化体育活动的正常开展奠定了必要的物质基础。"十一五"以来，通过实施文化信息资源共享工程，青海藏区建成了覆盖全域2170个行政村的基层公共文化服务点；通过实施农（牧）家书屋工程，完成了覆盖全省藏区的4169个农（牧）家书屋的建设，向全省藏区各级公共文化图书馆配发价值309万元的各类图书35万册；通过实施文化基础设施装备工程，对全省藏区县级新华书店进行了改扩建，并购置了流动售书车；对县级"两馆"进行维修改造，为藏区文化单位和艺术表演团体配备流动舞台车。截至2018年底，青海省公共文化基础设施建设累计投资约16.4亿元，重点实施了海北、海南、海西、黄南、果洛五个自治州以及格尔木市等的公共图书馆、群艺馆、博物馆建设项目，总建筑规模达到7.05万平方米；投资超过5000万元，建设海北、海南、黄南、海西、果洛五个自治州的州级民族歌舞团排练用房项目，总建筑规模为1.75万平方米；投资约2.3亿元，新建了青海藏区28个县级"两馆"建设项目，总建筑规模达到7.4万平方米；投资约1.7亿元，全面建成了乡（镇）综合文化站，总建筑规模达到9.4万平方米，青海藏区覆盖率达到100%③。

为丰富人民群众的日常文化体育生活，云南藏区持续推进文化、文物事业机构的建设。截至2005年底，云南藏区迪庆州共有文化、文物事业机构共46个，其中艺术表演团体3个、艺术表演场馆3个、文化馆4个、公共图书馆3个、乡（镇）文化站29个、文物保护管理机构2个、博物馆1个、州属文化馆与香巴拉印象联合演出团体1个④。截至2018年底，云南藏区迪庆州文化、文物事业机构发展为89个，增长近一倍，其中艺术表演团体3个、艺术表演场馆3个、公共图书馆4个、博物馆4个、文化馆5个、乡（镇）文化站29个、文化文物行政主管部门4个、文物保护管理机构4个、非物质文化遗产保护中心4个⑤。在公共体育基础设施建设方面，云南藏区也取得重要成效。不仅在各大城镇修建公共体育设施，而且针对精准脱贫村修建其所急需的公共体育设施。不仅修建篮球场、足球场、跑道等通用体育设施，而且结合当地民俗修建射弩场、射箭场等民族特色体

---

① 李思忆．今年我省计划投入资金1.24亿元实施藏区文化发展繁荣计划［N］．四川日报，2016 - 05 - 22（02）．

② 甘南藏族自治州统计局．甘南州2017年国民经济和社会发展统计公报［Z］．2018 - 04 - 24．

③ 冶英生，甘晓莹．青海藏区公共文化服务体系建设的现状及其展望（2015～2020）［M］．北京：社会科学文献出版社，2015．

④ 迪庆藏族自治州统计局．迪庆州2005年国民经济和社会发展统计公报［Z］．2006 - 01 - 19．

⑤ 迪庆藏族自治州统计局．迪庆州2018年国民经济和社会发展统计公报［Z］．2019 - 07 - 04．

育设施。据不完全统计①，截至 2018 年底，全州拥有体育场 3 个，相较 2014 年底增加 1 个；全州拥有体育馆 5 个，相较 2014 年底增加 1 个；乡（镇）灯光球场 74 个，相较 2014 年底增加 41 个；体育公园 3 个，相较 2014 年底增加 2 个；健身广场 22 个，相较 2014 年底增加 15 个②。

（二）特色民族文化体育产业发展

近年来四川藏区依托"特色民族文化"载体，本土文化体育产业发展呈现出勃勃生机。据不完全统计，2013 年，四川藏区甘孜州走进广东系列文化活动达成 96 个招商推介项目，总额 315.8 亿元，全州的民族文化产业实现主营业务收入 9.2 亿元，实现增加值 3.8 亿元，增长 18.1%，占全州 GDP 的比重为 1.9%；阿坝州全年文化产业实现总产值 4.5 亿元，较 2012 年同期增加 0.4 亿元，增长率为 9.7%；四川藏区共接待游客 2927 万人次，实现旅游总收入 259 亿元，同比增长 11.6% 和 19.4%，旅游招商项目成功签约 59 个，共引进资金 193.6 亿元③。据不完全统计，2014 年四川藏区甘孜州组织上报了 11 个藏羌彝文化产业项目和 8 个本州文化产业支撑项目，总投资约 20.2 亿元。阿坝州依托丰富的民族文化资源，围绕"一线一廊六带"文化产业布局，打造九寨沟文化产业园、松潘古城文化产业园等一批主题特色鲜明、基础设施配套、文化品位较高的文化产业园区，以九寨沟演艺群为龙头的民族民间工艺美术产业群也初具规模。此外，四川藏区在对外交流的同时以系列文化活动为载体进行招商引资，通过推介藏区文化产业项目来加强全国对于四川藏区文化的关注，使四川藏区非物质文化遗产生产性保护项目逐步转化成为具有地域文化特征的品牌，使民族文化特色逐步转化为产业经济效益④。

甘肃藏区依托独特的民族文化资源，大力发展文化体育产业，文体科技服务能力不断提升。甘南州"三馆一站"、乡（镇）综合文化站、农牧村综合文化中心服务水平和质量不断提高，为当地发展民族特色文化体育产业打下良好基础。近年来，拉卜楞寺文物保护、甘加八角城城墙加固维修、磨沟遗址保护等文物修缮保护项目有序推进；新城西街村等 10 个村庄被列入中国传统村落名录；成功举办甘南州首届体育运动会；科技培训农牧民 5.5 万人次。甘南州也十分注重非物质文化遗产的传承和保护，甘南州的藏族民歌、夏河县的佛殿音乐道得尔、舟曲县的多地舞、卓尼县的巴郎鼓舞等国家级非物质文化遗产，以及甘南州夏河县拉卜楞寺的"楠木特藏戏"和僧人法戏等特色民俗文化，吸引了大量游客慕名前来观看欣赏，不仅成为当地民族文化产业的重要内容，也成为滋养当地群众精神世界的重要生活内容。

"十一五"以来，青海省重点实施各类文化惠民工程，全面加强藏区基层公共文化体育设施建设。《关于支持青海等四省藏区经济社会发展的若干意见》（国发〔2008〕34号）⑤ 和《中共中央　国务院关于加快四川云南甘肃青海省藏区经济社会发展的意见》（中发〔2010〕5 号）等政策⑥，有效保障青海藏区公共文化体育设施建设的资金投入。

---

① ②　迪庆藏族自治州统计局．迪庆州 2014 年国民经济和社会发展统计公报〔Z〕．2015 – 03 – 27.

③　中国文化报记者．四川积极推进藏区文化建设发展〔N〕．中国文化报，2014 – 04 – 03（02）.

④　陈叙．提升四川藏区公共文化服务体系建设路径的思考〔J〕．行政管理改革，2018（2）：43 – 47.

⑤　国务院办公厅．关于支持青海等四省藏区经济社会发展的若干意见（国发〔2008〕34 号）〔Z〕．2008 – 02 – 30.

⑥　国务院办公厅．中共中央　国务院关于加快四川云南甘肃青海省藏区经济社会发展的意见（中发〔2010〕5 号）〔Z〕．2020 – 01 – 06.

根据《全国地市级公共文化设施建设规划》《县级文化馆图书馆维修改造规划》《乡（镇）综合文化站建设规划》以及"三馆一站"免费开放等政策，近年来青海藏区统筹推进各级各类公共文化基础设施建设[①]，实施文化信息资源共享工程、乡（镇）综合文化站内部设备配备工程、乡（镇）电子阅览室建设工程、数字图书馆推广工程、流动舞台车配发工程、流动文化车和图书车配发工程等，为青海藏区发展特色民族文化体育产业夯实基础，有效带动青海藏区景区商业、餐饮业、交通运输业、农业、住宿业等发展。通过挖掘群众文化产品，支持公路沿线农牧民大力发展民族特色农家乐，鼓励年轻人从事歌舞演艺事业，组织非遗传承人研发极具民族特色的文化产品，积极推进青海藏区文化资源优势向文化产业优势转变。文艺节目与旅游项目有机结合成为青海藏区文化体育产业发展的有效增长方式，有效拓宽农牧民增收致富渠道，促进当地群众参与旅游服务业获得较大收益。此外，青海藏区还积极加强与对口帮扶地区的文化交流与合作，在宣传藏民族特色文化、旅游资源的同时借鉴全国文化工作的先进经验，促进地方文化交流。

近年来云南藏区全面实施文化惠民工程，促进基层文化服务能力提升。实施文化遗产及文物保护工程，推进特色文化体育产业发展。实施《迪庆民族文化生态保护实验区总体规划》，在持续申报物质文化遗产名录的同时开展非遗进校园和非遗宣传展示系列活动，推进全域形成文化保护和传承的氛围。同时，依托丰富的民族文化资源，突出民族特色，全面开展遍及城乡的群众文化体育活动。各大型体育场馆、中小型体育场馆，如香格里拉民族体育中心、三县市体育馆等均向群众全免费开放。采取延长开放时间、实行错时开放、增加场馆服务人员、加强场馆维护等措施，不断提升服务水平和能力，最大限度满足社会各界对健身场地的需求。截至 2019 年底，云南藏区建成城乡文化体育场所 419 个，迪庆州游泳馆完成主体工程，打造了梅里雪山弦子节等 6 个特色民族文化产业品牌，群众性体育活动和竞技体育有序发展，公共文化与体育服务能力显著提升[②]。

第三节　州域基本公共服务均等化水平明显提升

在前述对四省藏区乡村（镇）基本公共服务供给能力，县域基本公共服务供给的现实条件和绩效变化情况进行研究的基础上，本节进一步对四省藏区州域[③]基本公共服务均等化[④]水平及其变化情况进行研究。从公开可获取的统计数据来看，截至 2017 年底，四省藏区教育、医疗卫生、公共文化、社会保险和社会服务等方面，多项基本公共服务指标已接

---

① 陈玮. 2019 年青海经济社会形势分析与预测［M］. 北京：社会科学文献出版社，2019.

② 迪庆藏族自治州人民政府. 2019 年迪庆藏族自治州人民政府工作报告［Z］. 2019 – 06 – 01.

③ 由于木里藏族自治县隶属于四川省凉山彝族自治州，天祝藏族自治县隶属于甘肃省武威市，其所隶属的两个市（州）并不完全在四省藏区行政区划内，因此未将木里县和天祝县所在的市（州）纳入四省藏区州域基本公共服务均等化水平的测度研究中。最终确定四省藏区州域基本公共服务均等化定量测度对象为：阿坝、甘孜、甘南、海北、黄南、海南、果洛、玉树、海西和迪庆十个自治州。

④ 《"十三五"推进基本公共服务均等化规划》（国发〔2017〕9 号）提出，基本公共服务均等化是指全体公民都能公平可及地获得大致均等的基本公共服务，其核心是促进机会均等，重点是保障人民群众得到基本公共服务的机会，而不是简单的平均化。

近全国平均水平。变异系数测度及相关研究结果表明，近年来四省藏区十个自治州多项基本公共服务指数的变异系数均在波动中呈现整体下降趋势，州域多项基本公共服务均等化水平相应地呈现整体上升趋势，基本公共教育服务对基本公共服务整体均等化水平提升贡献最大。

一、州域基本公共服务多项指标接近全国平均水平

（一）州域基本公共教育服务情况

完善基本公共教育制度，加快义务教育均衡发展是基本公共服务均等化的重要内容，也是阻断贫困代际传递的重要途径。四省藏区集民族地区、边远地区和贫困地区为一体，中央和地方财政在其教育方面不断加大投入力度，四省藏区义务教育经费保障机制逐步完善，县域内城乡义务教育一体化改革不断推进。近年来国家先后实施了藏区义务教育一期工程、二期工程，以及寄宿制学校的建设项目和远程教育建设项目等，极大地改善了四省藏区学前教育和中小学的办学条件，改善了四省藏区学生的学习和生活条件。近年来，四省藏区各自治州基本公共教育服务的生均教育支出，幼儿园、小学和普通中学师生比等多项指标水平均有明显进步（见表3-3-1）。笔者在四省藏区实地调研发现，当地群众较为普遍对于基本公共教育服务的满意度较高。他们认为，近年来针对藏区的教育惠民政策减轻了家庭负担，"现在娃娃们基本上带着身子就可以去上学啦"。

2013～2017年，四省藏区各自治州的教育投入规模不断扩大，且远高于同期所在省和全国平均水平。2016年以来，中央和地方财政进一步加大对四省藏区基本公共教育服务的支持力度，大部分地区将藏区基本公共教育服务惠民政策时间延长至十五年（或者十四年）免费教育（见表3-3-2）。根据表3-3-1中数据计算发现，2013～2017年，四省藏区整体的生均教育支出年均增速约为5.91%，高于同期全国年均增速水平1.52个百分点。其中，云南藏区历年生均教育支出在四省藏区中一直处于相对较高水平，保持在每生每年两万元以上，五年生均教育支出平均水平为23723.3元，约为云南省和全国生均教育支出五年均值的2.65倍和1.97倍。同期青海藏区六个自治州历年生均教育支出水平的增长趋势明显，其中，海北州、黄南州、海南州、果洛州和玉树州年均增速分别为14.00%、6.81%、5.89%、10.94%和6.72%，分别高于同期全国年均增速9.61个、2.42个、1.50个、6.55个和2.33个百分点；海北州和果洛州的年均增速还分别高于同期全省年均增速6.28个和5.05个百分点。根据表3-3-1中数据计算发现，截至2017年底，青海藏区海北州、黄南州、海南州、果洛州、玉树州和海西州的生均教育支出分别是同期全国平均水平的1.79倍、0.97倍、1.75倍、1.33倍、0.79倍和1.44倍，是同期青海省平均水平的1.56倍、0.78倍、0.89倍、1.53倍、0.60倍和1.09倍。根据表3-3-1中数据计算发现，2013～2017年，四川藏区阿坝州和甘孜州每年的生均教育支出均超过同期全国平均水平，且基本上是同期四川省平均水平的2倍以上，阿坝州的五年年均增速还超过同期全国平均增速0.81个百分点；甘肃藏区甘南州每年的生均教育支出超过同期甘肃省平均水平，从2014年起每年生均教育支出超过同期全国平均水平，且呈波动增长趋势，五年年均增速分别超过同期甘肃省和全国平均增速0.39个和4.48个百分点。

表3-3-1 四省藏区基本公共教育服务指数测度基础数据

地区	年份	全国	四省藏区	四川省	阿坝州	甘孜州	甘肃省	甘南州	青海省	海北州	黄南州	海南州	果洛州	玉树州	海西州	云南省	迪庆州
生均教育支出（元）	2013	10955.9	14836.6	7206.9	14937.8	17841.7	8043.2	9651.3	11051.2	13762.0	13850.7	12725.4	16118.7	11341.1	15811.2	8109.9	22325.6
	2014	11180.2	20152.3	7265.5	14604.9	14400.0	8522.4	11893.9	13745.1	26976.7	23508.3	14378.5	28116.6	12490.4	16425.1	7760.3	25311.5
	2015	13322.6	18949.9	8474.9	18271.1	19901.8	10457.0	16366.7	13867.0	17234.1	21551.7	15796.9	24234.7	16525.0	14447.1	8616.5	25169.7
	2016	12678.6	17911.8	8573.8	17238.9	17466.6	11000.2	13255.1	14066.2	21976.1	17044.2	15142.0	26577.2	14650.9	13683.3	9577.0	22083.4
	2017	13008.9	18669.2	9138.0	18298.9	18672.9	11140.7	13559.6	14880.2	23241.5	18025.2	15998.4	24419.8	14710.2	16039.5	10692.4	23726.1
幼儿园生师比（%）	2013	23.46	46.56	29.93	22.52	19.13	26.66	23.25	35.70	70.60	67.10	28.50	86.20	82.10	35.00	29.68	31.23
	2014	22.01	36.55	27.86	22.00	18.51	23.76	20.12	28.40	79.20	56.20	23.50	27.40	64.30	27.20	27.87	27.04
	2015	20.80	40.79	25.61	21.54	17.75	23.11	17.00	25.20	98.50	43.00	21.00	24.90	104.10	31.20	26.41	28.86
	2016	19.79	19.22	24.56	20.17	16.36	22.61	22.01	18.30	15.70	28.30	18.40	17.10	12.70	17.40	24.49	24.11
	2017	18.93	19.13	22.43	19.47	18.75	21.14	19.64	18.30	16.60	22.90	18.50	24.60	15.50	17.10	23.67	18.22
小学生师比（%）	2013	15.21	15.03	17.21	10.68	13.51	13.30	10.83	17.50	18.70	14.50	16.50	17.10	19.90	16.70	17.03	11.93
	2014	15.14	15.06	17.43	10.13	13.29	12.83	10.44	18.30	19.50	15.70	16.40	17.40	19.10	16.80	16.94	11.83
	2015	15.28	14.32	17.59	10.01	13.02	12.84	10.03	17.10	16.80	15.30	16.10	16.30	17.50	16.20	16.81	11.98
	2016	15.28	14.35	17.48	9.99	12.79	12.91	10.21	17.30	16.80	15.30	16.10	16.30	17.50	16.20	16.59	12.35
	2017	15.04	14.47	16.98	9.76	13.14	13.07	10.47	17.00	15.80	14.80	16.50	15.70	19.50	16.40	16.51	12.63
普通中学生师比（%）	2013	13.52	14.59	14.47	12.30	13.01	13.42	13.31	13.90	14.70	15.80	14.80	17.30	18.90	12.60	15.44	13.22
	2014	13.21	14.64	13.90	11.66	13.15	12.64	12.59	13.40	14.80	17.10	14.10	17.70	18.60	13.10	15.50	13.63
	2015	12.97	13.49	13.42	11.34	13.35	11.96	11.54	13.30	13.70	14.90	12.90	15.20	15.70	12.60	15.27	13.63
	2016	12.86	13.36	13.22	10.90	13.22	11.61	11.22	13.10	13.70	14.90	12.90	15.20	15.70	12.60	14.84	13.28
	2017	12.81	12.86	13.07	10.53	13.43	11.34	11.06	13.10	12.70	14.80	12.50	13.60	14.60	12.00	14.58	13.40

资料来源：历年《中国统计年鉴》《四川统计年鉴》《甘肃统计年鉴》《青海统计年鉴》《云南统计年鉴》及四省藏区各自治州统计公报。人均数据和生均数据等，均以常住人口数据计算。

表 3 - 3 - 2　近年来四省藏区基本公共教育服务重要惠民政策

四川藏区	四川省为支持藏区实现义务教育均衡发展，制订了《四川省民族地区教育发展十年行动计划（2011 - 2020 年）》，从 2013 年开始实施免费师范生培养计划。分别在四川民族学院和阿坝师范专科学校试办了藏数学与应用数学、藏语言文学等专业，3 年来共招收藏汉双语教师 372 名，旨在从根本上解决目前藏汉双语学科教师量少质弱、学科不配套、结构不合理等突出矛盾，为藏区培养补充"下得去、留得住、教得好"的高素质双语教师。从 2016 年起，四川省委、省政府启动实施民族自治地方十五年免费教育计划，在实施义务教育"三免一补"政策和中职教育免费的基础上，免除 3 年幼儿保教费，免除 3 年普通高中学生学费并免费提供教科书，多渠道给予四川藏区学生家庭教育补助。截至 2019 年底，十五年免费教育政策已惠及四川藏区 32 个县
甘肃藏区	甘肃省于 2013 年 11 月出台了《支持甘南州教育跨越发展行动计划（2013 - 2020 年）》，要求甘肃省教育厅在各类教育项目和资金上向甘南州倾斜。同时在学前教育、义务教育以及高等教育等各个方面对甘南州教育事业实行全方位支持。计划到 2017 年幼儿园建设项目覆盖甘南州全部行政村。2014 年甘肃省再次提高甘南州农村义务教育阶段寄宿生生活费补助，海拔最高的碌曲县和玛曲县每生每年提高 300 元，生活费补助达 1950 元；其他县每生每年提高 265 元，生活补助达 1915 元
青海藏区	2016 年春季学期开始，青海省对省内六州藏区所有学生及西宁、海东两市贫困家庭学生普及十五年免费教育。在"十三五"末前，全省均将实行十五年免费教育。青海藏区义务教育阶段学生的学杂费已实现了全免，而且从 2015 年开始，国家每年给青海藏区每个小学生的生活补助从 300 元提高到了 1300 元，初中生从 800 元提高到 1500 元；学校公用经费补助分别提高到小学每人每年 300 元、初中每人每年 500 元；新增加寄宿制学校冬季取暖补助和食堂燃料补助，分别为每生每年 180 元和 130 元。此外，义务教育阶段，青海藏区贫困家庭的学生还可以享受学习用品补助，小学每人 40 元、初中每人 30 元
云南藏区	2016 年起，云南藏区迪庆州全面实施藏区学前两年、义务教育九年、高中阶段三年的十四年免费教育。其中，学前教育免除保教费并给予生活补助，普通高中教育免除教科书费、学费和住宿费，并给予生活补助。实施十四年免费教育后，连片特困藏区各级各类教育开发的地方教材、民族"双语"教材，将纳入免费教科书范围。云南省省级财政给予学前幼儿公用经费每人每年 2200 元，给予高原农牧民子女学生生活补助每人每年 1500 元；小学生公用经费每人每年 600 元，初中生每人每年 800 元，给予高原农牧民子女学生生活补助小学生每人每年 2700 元，初中生 2900 元；普通高中在校生给予免费教科书每人每年 1200 元，学费 1200 元，住宿费 160 元，给予高原农牧民子女学生生活补助小学生每人每年 3000 元；给予中职生免费教科书每人每年 1200 元，学费 2000 元，住宿费 160 元，给予高原农牧民子女学生生活补助，1 ~ 2 年级每人每年 4500 元，3 年级 3000 元

资料来源：四川省教育厅. 补短板　强师资　提质量——四川基础教育全力提升教育教学质量［N］. 光明日报，2019 - 12 - 16（08）；李欣瑶. 甘肃加大对藏区教育事业扶持力度［N］. 甘肃日报，2013 - 02 - 04（02）；王英桂. 六州藏区普及 15 年免费教育［N］. 中国教育报，2016 - 01 - 26（02）. 迪庆日报记者. 改革开放四十年　民族团结一家亲［N］. 迪庆日报，2018 - 09 - 12（03）.

从学前教育阶段师生比来看，近年来四省藏区幼儿园的师生比整体呈现上升趋势，学前教育的师资力量均明显增强。根据表 3 - 3 - 1 中数据计算，2013 ~ 2017 年，四省藏区幼儿园师生比年均增速约为 24.90%，比同期全国平均增速高 19.39 个百分点。其中，海北州、黄南州、海南州、果洛州、玉树州、海西州和迪庆州的年均增速分别高于同期全国平均水平 38.10 个、25.32 个、5.90 个、31.31 个、46.20 个、14.10 个和 8.91 个百分点，海北州、黄南州、果洛州、玉树州、海西州和迪庆州的年均增速分别高于同期所在省平均水平 25.43 个、12.65 个、18.64 个、33.53 个、1.43 个和 8.60 个百分点，阿坝州、甘孜州和甘南州的年均增速分别为 3.71%、0.50% 和 4.31%。截至 2017 年底，四川藏区阿坝和甘孜州的幼儿园师生比高于同期四川省平均水平，甘孜州还高于同期全国平均水平，阿坝州与同期全国平均水平接近；甘肃藏区甘南州、云南藏区迪庆州的幼儿园师生比均高于同期全国和所在省的平均水平；青海藏区海北州、玉树州和海西州的幼儿园师生比高于同期青海省和全国平均水平，海南州的幼儿园师生比高于同期全国平均水平，与同期青海省平均水平接近。

义务教育小学阶段的师资力量方面，近年来四省藏区的小学教师队伍建设情况趋好。根据表 3-3-1 中数据计算，2013~2017 年，四省藏区小学师生比年均增速约为 0.95%，比同期全国平均增速高 0.67 个百分点。其中，海北州、阿坝州和果洛州的年均增速排前三位，分别为 4.30%、2.28% 和 2.16%，比同期全国平均增速分别高 4.02 个、2.00 个和 1.88 个百分点，比同期所在省平均增速分别高 3.58 个、1.95 个和 1.43 个百分点；甘南州、甘孜州、玉树州和海西州的年均增速比上述三州略低，依次分别为 0.85%、0.70%、0.51% 和 0.45%，比同期全国平均增速分别高 0.57 个、0.42 个、0.23 个和 0.17 个百分点，甘南州比同期甘肃省平均增速高 0.41 个百分点，甘孜州比同期四川省平均增速高 0.37 个百分点。截至 2017 年底，四省藏区平均小学师生比高于同期全国平均水平，小学师资数量保障水平相对较高。截至 2017 年底，四川藏区阿坝州、甘肃藏区甘南州、云南藏区迪庆州、四川藏区甘孜州的小学师生比排在前四位，均超过同期全国和所在省的平均水平；青海藏区的海北州、黄南州、海南州、果洛州和海西州，小学师生比均超过同期青海省平均水平，黄南州还超过同期全国平均水平。

从四省藏区近年来普通中学阶段的师资力量变化情况来看，虽教师队伍建设的地区差异明显，但总体情况都比较好。根据表 3-3-1 中数据计算，2013~2017 年，四省藏区普通中学师生比年均增速比同期全国平均水平高 1.85 个百分点。其中，青海藏区的玉树州、果洛州、海南州、海北州和黄南州，甘肃藏区的甘南州和四川藏区的阿坝州，普通中学师生比均有明显提高，年均增速分别为 6.67%、6.20%、4.31%、3.72% 和 1.65%、4.74% 和 3.96%，分别比同期全国平均水平高 5.31 个、4.84 个、2.96 个、2.37 个和 0.29 个、3.38 个和 2.60 个百分点，比同期所在省平均水平高 5.17 个、4.71 个、2.82 个、2.23 个和 0.16 个、0.44 个和 1.38 个百分点。截至 2017 年底，四省藏区平均的普通中学师生比与同期全国平均水平大致相同。其中，阿坝州、甘南州、海北州、海南州和海西州的普通中学师生比均优于同期所在省和全国平均水平，迪庆州的普通中学师生比优于同期云南省平均水平。

（二）州域基本医疗卫生服务情况

由于四省藏区大部分地区属于地理环境独特、生活条件艰苦、地方病多发、自然灾害频发的区域，完善基本医疗卫生服务体系是健全四省藏区公共服务体系的重点和难点，也是四省藏区人民安居乐业的重要保障。通过建立健全覆盖城乡居民的基本医疗卫生制度，提高四省藏区人民健康水平，是推进健康中国建设面临的重要挑战。根据表 3-3-3 中数

表3-3-3 四省藏区基本医疗卫生服务指数测度基础数据

地区	年份	全国	四省藏区	四川省	阿坝州	甘孜州	甘肃省	甘南州	青海省	海北州	黄南州	海南州	果洛州	玉树州	海西州	云南省	迪庆州
人均医疗卫生和计划生育支出（元）	2013	608.49	1206.37	600.96	1297.27	1407.37	642.59	1017.30	1187.93	1707.80	968.45	1313.12	1094.05	868.46	1156.99	641.34	1232.93
	2014	729.43	1549.07	706.25	1404.82	1610.58	771.95	1372.99	1336.11	3372.15	1617.01	1691.66	1287.89	559.13	1201.52	730.08	1372.99
	2015	840.74	1716.97	811.34	1953.10	1863.74	927.45	1361.65	1602.01	2272.29	2003.48	1859.87	1599.98	1045.89	1565.04	854.23	1644.70
	2016	902.08	1836.34	889.47	1915.43	2144.55	996.32	1313.61	1617.42	2969.17	1886.95	1775.10	1723.53	1224.25	1474.32	924.26	1936.46
	2017	960.42	2036.97	975.87	2058.30	2130.40	1033.83	1514.50	1920.07	3202.00	1838.90	2007.30	2119.80	1416.80	1971.00	1066.26	2110.70
万人卫生机构数（个）	2013	7.16	7.54	9.87	17.80	23.92	10.17	12.14	3.21	2.42	2.47	1.39	3.79	2.11	2.41	5.18	6.95
	2014	7.18	7.15	9.96	18.29	24.18	10.77	6.88	3.03	1.98	2.55	1.92	4.17	2.09	2.53	5.15	6.88
	2015	7.15	7.75	9.77	17.73	23.39	10.62	9.82	3.01	2.22	2.68	1.90	4.06	2.34	6.44	5.10	6.91
	2016	7.11	7.44	9.62	17.57	22.92	10.78	12.66	2.97	2.38	2.36	1.07	3.90	2.37	2.69	5.08	6.51
	2017	7.10	8.45	9.69	17.62	22.92	11.00	14.40	2.79	2.37	2.33	1.50	3.88	2.34	10.31	5.14	6.87
万人卫生技术人员数（名）	2013	52.99	43.44	52.62	51.63	46.58	45.06	54.59	70.10	44.69	51.10	34.27	40.46	26.31	44.78	41.25	39.95
	2014	55.49	45.06	55.50	54.98	48.26	48.75	58.62	63.28	44.61	46.53	33.49	38.62	21.62	45.21	44.32	58.62
	2015	58.25	48.00	57.63	59.33	50.21	49.83	51.33	58.36	45.71	43.97	35.22	37.43	31.62	64.53	48.08	60.61
	2016	61.14	48.92	60.08	65.17	52.59	51.80	55.32	57.67	47.33	41.44	34.57	37.18	33.81	59.97	52.45	61.78
	2017	64.66	50.34	63.95	67.18	54.03	56.22	62.66	54.23	46.43	48.07	34.00	39.52	33.48	62.00	59.14	56.00
万人卫生机构床位数（张）	2013	45.43	40.15	52.59	42.56	36.35	44.97	32.24	51.16	46.28	42.63	47.19	41.04	45.86	40.43	44.83	26.92
	2014	48.26	45.08	56.46	46.42	44.11	47.23	29.34	56.75	46.16	56.21	56.27	44.90	47.27	50.81	47.71	29.34
	2015	51.03	47.79	59.57	47.68	42.22	48.86	30.00	58.20	50.05	57.33	64.81	48.10	52.60	53.51	50.11	31.57
	2016	53.59	48.97	62.84	47.58	42.81	52.33	36.40	59.36	55.48	56.76	65.53	44.93	52.18	52.95	53.16	35.07
	2017	57.12	50.28	67.87	48.41	41.77	56.10	42.36	64.09	44.31	63.13	74.98	49.93	41.00	60.15	57.25	36.80

资料来源：历年《中国统计年鉴》《四川统计年鉴》《甘肃统计年鉴》《青海统计年鉴》《云南统计年鉴》及四省藏区各自治州统计公报。人均数据和生均数据等，均以常住人口数计算。

据计算，近年来，以常住人口计算的四省藏区人均医疗卫生和计划生育支出、万人卫生机构数、万人卫生技术人员数和万人卫生机构床位数等指标数据均有明显提升，四省藏区十个自治州基本医疗卫生服务水平有明显进步。

近年来，中央和地方财政对四省藏区基本医疗卫生服务方面的支持力度不断加大。根据表3－3－3中数据计算，2013~2017年，四省藏区人均医疗卫生和计划生育支出的年均增长速度为13.99%，高于同期全国平均水平1.91个百分点。同期，四省藏区的果洛州、黄南州、海北州、迪庆州、海西州和玉树州，人均医疗卫生和计划生育支出的年均增长速度在十个自治州中排前六位，分别超过同期所在省平均水平5.23个、4.64个、4.27个、0.83个、1.50个和0.27个百分点，超过同期全国平均水平5.89个、5.30个、4.93个、2.30个、2.16个和0.93个百分点；四川藏区阿坝州的人均医疗卫生和计划生育支出的年均增速超过同期四川省平均水平0.66个百分点，超过同期全国平均水平0.14个百分点。截至2017年底，四省藏区人均医疗卫生和计划生育支出的均值比同期全国平均水平高1000元以上；四省藏区十个自治州的人均医疗卫生和计划生育支出均远高于同期全国平均水平；除青海藏区黄南州和玉树州以外，其中八个自治州的人均医疗卫生和计划生育支出也高于同期所在省平均水平（见表3－3－3）。

四省藏区医疗机构和床位数量的充足，是实现基本医疗卫生服务均等化的重要基础设施保障。经过多年的建设完善，四省藏区在医疗卫生设施和技术人员配备上均有明显增强。根据表3－3－3中数据计算，2013~2017年，四省藏区的万人卫生机构数量以2.89%的年均增速增长，相对同期全国平均水平的负增长而言，进步非常明显。其中，青海藏区的海南州、果洛州、玉树州和海西州，以及甘肃藏区的甘南州，分别以1.92%、0.59%、2.62%、43.82%和4.36%的年均增速实现正增长；青海藏区的海西州年均增速最高，比同期全国和青海省的年均增速分别高44.03个和47.26个百分点。截至2017年底，四省藏区的万人卫生机构数量均值超过同期全国平均水平。其中，四川藏区和甘肃藏区各自治州以及青海藏区海西州的万人卫生机构数量均超过同期全国和所在省平均水平；青海藏区果洛州和云南藏区迪庆州的万人卫生机构数量均超过同期所在省平均水平。

四省藏区卫生机构床位数量在2013~2017年也呈现迅速增长态势。根据表3－3－3中数据计算，四省藏区卫生机构床位数量从2013年的每万人约40张升至2017年的每万人约50张，年均增速约为5.79%，与同期全国年均增速非常接近。其中，阿坝州、甘孜州、甘南州、黄南州、海南州、果洛州、海西州和迪庆州，分别以3.27%、3.54%、7.06%、10.31%、12.27%、5.02%、10.44%和8.13%的年均增速实现正增长；甘肃藏区甘南州，青海藏区的海南州、海西州和黄南州，云南藏区迪庆州，万人卫生机构床位数的年均增速比同期全国的年均增速分别高1.17个、6.38个、4.55个、4.42个和2.24个百分点，比同期所在省和全国的年均增速分别高1.38个、6.48个、4.65个、4.52个和1.82个百分点。截至2017年底，四省藏区的黄南州、海南州和海西州，万人卫生机构床位数已高于同期全国平均水平，其中海南州还高于同期青海省平均水平。

根据表3－3－3中数据计算，近年来四省藏区万人卫生技术人员数也呈现增长态势。从2013~2017年万人卫生技术人员数变化趋势来看，四省藏区以3.75%的年均增速实现医疗卫生技术人员数量的增长，从2013年的每万人43名卫生技术人员增加到2017年的每万人50名卫生技术人员。其中，阿坝州、甘孜州、甘南州、海北州、玉树州、海西州和迪庆州，分别以 6.80%、3.78%、3.51%、0.96%、6.21%、8.47% 和 8.81% 的年均增速实现正增长；云南藏区的迪庆州、青海藏区的海西州、四川藏区的阿坝州和青海藏区的玉树州，万人卫生技术人员数年均增速排前四位，分别比同期全国年均增速高 3.71 个、3.37 个、1.70 个和 1.11 个百分点；青海藏区海北州、黄南州、海南州、果洛州、玉树州和海西州，以及四川藏区的阿坝州，万人卫生技术人员数年均增速分别比同期所在省年均增速高 7.18 个、4.70 个、6.02 个、5.63 个、12.43 个、14.69 个和 1.80 个百分点。截至 2017 年底，四川藏区阿坝州、甘肃藏区甘南州和青海藏区海西州的万人卫生技术人员数在四省藏区十个自治州中排在前三，阿坝州的万人卫生技术人员数高于同期全国和四川省平均水平，甘南州和海西州的万人卫生技术人员数高于同期所在省的平均水平（见表 3 - 3 - 3）。

（三）州域基本社会保险和社会服务情况

四省藏区大部分地区经济社会发展较为落后，产业扶贫难度大且见效慢，社会保险和社会服务、社会保障和就业服务兜底扶贫任务相对较重，对于四省藏区基本公共服务均等化意义重大。2017 年国务院印发的《“十三五”推进基本公共服务均等化规划》（国发〔2017〕9 号）[①] 也明确指出，“国家构建全覆盖、保基本、多层次、可持续的社会保险制度，实施全民参保计划，保障公民在年老、疾病、工伤、失业、生育等情况下依法从国家和社会获得物质帮助”。近年来，以常住人口计算的四省藏区人均社会保障和就业支出、城乡居民基本医疗保险参保率、城乡居民基本养老保险参保率和万人社会福利机构床位数等指标数据均有明显提升，四省藏区十个自治州基本社会保险和社会服务水平有明显进步。

根据表 3 - 3 - 4 中数据计算，2013～2017 年，四省藏区人均社会保障和就业支出均值大约为全国平均水平的两倍，且总体呈增长态势，年均增速约为 6.61%。其中，阿坝州、甘孜州、甘南州、海北州、黄南州、海南州、果洛州、海西州和迪庆州，分别以 22.93%、2.24%、5.65%、17.50%、11.50%、10.78%、5.01%、5.10% 和 2.31% 的年均增速实现人均社会保障和就业支出正增长；四川藏区的阿坝州、青海藏区的海北州和黄南州，人均社会保障和就业支出年均增速排前三位，分别比同期全国平均水平高 11.60 个、6.17 个和 0.17 个百分点；四川藏区的阿坝州，青海藏区的海北州、黄南州、海南州、果洛州和海西州，人均社会保障和就业支出年均增速分别比同期所在省年均增速高 9.07 个、14.03 个、8.03 个、7.31 个、1.54 个和 1.63 个百分点；甘肃藏区的甘南州，与甘肃省的年均增速基本持平。截至 2017 年底，四省藏区十个自治州的人均社会保障和就业支出水平均高于同期全国和全省平均水平，其中海北州、果洛州和玉树州的人均社会保障和就业支出水平排在前三位，均在全国平均水平的两倍以上。

近年来，四省藏区在实施覆盖城乡居民的基本医疗保险制度方面取得了较大成效。根据表 3 - 3 - 4 中数据计算，2013～2017 年，四省藏区十个自治州中，四川藏区的甘孜州以及青海藏区的海北州、玉树州和海西州的城乡居民基本医疗保险参保率增长趋势明显，分别以 1.18%、0.53%、3.37% 和 0.70% 的年均增速实现正增长。截至 2017 年底，除青海藏区海西州以外，四省藏区所有自治州的城乡居民基本医疗保险参保率均超过同期全国平均

---

① 国务院办公厅. 关于印发“十三五”推进基本公共服务均等化规划的通知（国发〔2017〕9 号）〔Z〕. 2017 - 01 - 23.

表3－3－4　四省藏区基本社会保险和社会服务指数测度基础数据

地区	年份	全国	四省藏区	四川省	阿坝州	甘孜州	甘肃省	甘南州	青海省	海北州	黄南州	海南州	果洛州	玉树州	海西州	云南省	迪庆州
人均社会保障和就业支出（元）	2013	1064.92	2343.70	1028.14	1071.69	1816.50	1343.44	1847.29	2803.93	2210.98	2220.96	1782.96	3240.25	4669.88	2226.21	1078.50	2350.25
	2014	1144.58	2508.18	1120.87	999.53	2032.19	1422.29	2224.10	2467.89	2495.24	2486.80	2071.85	3558.15	4470.53	2519.31	1210.02	2224.10
	2015	1337.70	2819.42	1314.08	1097.88	2274.05	1562.38	2645.76	3050.83	3101.41	3381.09	2349.09	3846.20	4298.17	2996.47	1311.05	2204.05
	2016	1480.18	3222.46	1520.58	2560.53	2246.35	1694.76	2852.98	3078.68	4506.77	3219.32	2376.51	4449.97	4100.85	3216.69	1370.38	2694.66
	2017	1635.75	3027.85	1728.00	2447.62	1984.90	1673.34	2301.68	3213.71	4214.84	3433.15	2685.11	3940.06	3979.83	2716.09	1462.63	2575.28
城乡居民基本医疗保险参保率（%）	2013	21.77	74.41	14.85	98.85	73.04	12.62	85.20	78.62	95.88	82.95	87.63	91.45	84.38	50.06	83.46	78.97
	2014	22.99	84.19	15.32	98.08	75.61	12.66	82.29	79.84	97.25	84.30	88.93	88.28	85.28	59.57	84.39	82.29
	2015	27.42	73.25	15.51	96.12	77.94	12.58	83.99	77.36	88.37	82.75	81.66	85.05	87.92	52.47	84.60	79.36
	2016	32.44	72.18	51.04	93.17	77.76	12.60	83.15	76.60	87.34	81.10	78.84	85.09	87.90	51.50	84.06	78.28
	2017	62.84	73.77	80.01	93.48	76.54	83.48	83.64	76.03	97.91	81.44	80.15	84.80	96.36	51.48	82.75	74.73
城乡居民基本养老保险参保率（%）	2013	36.56	39.27	37.02	43.41	32.97	47.98	51.40	37.39	58.17	43.00	43.23	48.23	46.34	26.70	45.93	50.13
	2014	36.63	46.66	37.02	44.96	32.96	47.87	50.41	38.50	62.44	58.61	43.25	49.93	49.76	23.83	45.83	50.41
	2015	36.72	39.15	36.82	46.65	33.12	47.58	50.10	39.68	49.16	52.41	44.68	46.30	49.64	18.67	47.52	50.41
	2016	36.77	39.79	36.95	53.60	34.31	48.04	51.23	39.63	51.25	46.26	45.14	46.55	50.55	19.12	47.32	50.63
	2017	36.87	40.63	37.04	58.15	36.57	48.08	51.05	39.96	49.23	47.03	46.54	46.98	50.07	20.21	47.06	51.05
万人社会福利机构床位数（张）	2013	38.71	23.68	43.70	49.68	29.66	14.70	9.27	12.04	9.90	30.90	27.29	47.95	22.60	6.18	15.88	3.35
	2014	44.85	29.04	47.60	43.84	29.49	35.62	9.05	18.99	15.80	34.67	17.30	63.03	71.61	7.32	17.34	3.69
	2015	28.59	34.11	37.37	43.90	21.43	15.97	36.44	15.79	19.41	31.70	35.22	67.95	71.67	8.68	24.89	4.66
	2016	29.94	36.31	39.30	49.05	23.06	12.71	46.02	18.44	18.35	31.38	16.36	81.01	79.09	10.40	30.10	8.37
	2017	30.19	38.00	38.16	48.94	34.37	10.71	45.36	18.69	17.70	29.39	21.13	81.93	78.66	10.35	27.71	12.18

资料来源：历年《中国统计年鉴》《四川统计年鉴》《甘肃统计年鉴》《青海统计年鉴》《云南统计年鉴》及四省藏区各自治州统计公报。人均数据和生均数据等，均以常住人口数据计算。

水平；除青海藏区海西州、四川藏区甘孜州和云南藏区迪庆州外，四省藏区所有自治州的城乡居民基本医疗保险参保率均超过同期所在省的平均水平；城乡居民基本医疗保险参保率排在前三位的海北州、玉树州和阿坝州，分别比同期全国平均水平高 35.07 个、33.52 个和 30.64 个百分点，比同期所在省平均水平高 21.88 个、20.33 个和 13.47 个百分点。其中，海北州和玉树州已经提前达到国务院印发的《"十三五"推进基本公共服务均等化规划》（国发〔2017〕9 号）[1]中的 2020 年城乡居民基本医疗保险参保率发展目标，阿坝州非常接近 2020 年发展目标。

根据表 3 - 3 - 4 中数据计算，2013 ~ 2017 年，四省藏区城乡居民基本养老保险参保率的年均增速约为 0.85%，高于同期全国年均增速 0.64 个百分点。其中，四川藏区阿坝州和甘孜州，青海藏区黄南州、海南州和玉树州，以及云南藏区迪庆州的城乡居民基本养老保险参保率呈增长趋势，分别以 7.58%、2.62%、2.26%、1.86%、1.95% 和 0.46% 的年均增速实现正增长，相比同期全国年均增速分别高 7.37 个、2.41 个、2.05 个、1.65 个、1.74 个和 0.25 个百分点，阿坝州、甘孜州、黄南州、海南州和玉树州还比同期所在省年均增速分别高 7.57 个、2.61 个、0.58 个、0.18 个和 0.27 个百分点。截至 2017 年底，除青海藏区海西州、四川藏区甘孜州以外，四省藏区其余八个自治州城乡居民基本养老保险参保率均高于所在省和全国的平均水平。

保障年老、孤寡、疾病等特殊人群基本生存条件，提供一定的社会福利服务设施，是四省藏区基本社会服务的重要内容。从 2013 ~ 2017 年万人社会福利机构床位数这一指标的变化情况来看，四省藏区平均水平呈现逐年上升趋势。根据表 3 - 3 - 4 中数据计算，年均增速约为 12.55%，远高于同期全国年均增速。其中，四川藏区甘孜州，甘肃藏区甘南州，青海藏区海北州、果洛州、玉树州和海西州，以及云南藏区迪庆州的万人社会福利机构床位数呈增长态势，年均增速分别为 3.75%、48.73%、15.63%、14.33%、36.59%、13.76% 和 38.09%，分别高于同期全国年均增速 9.78 个、54.76 个、21.66 个、20.36 个、42.62 个、19.79 个和 44.12 个百分点，分别高于同期所在省年均增速 7.08 个、56.34 个、4.01 个、2.71 个、24.97 个、2.14 个和 23.15 个百分点。截至 2017 年底，四川藏区阿坝州、甘肃藏区甘南州、青海藏区果洛州和玉树州的万人社会福利机构床位数高于同期所在省及全国平均水平；青海藏区黄南州和海南州的万人社会福利机构床位数高于同期青海省平均水平；四川藏区甘孜州的万人社会福利机构床位数高于同期全国平均水平。

（四）州域基本公共文化服务情况

国务院印发的《"十三五"推进基本公共服务均等化规划》（国发〔2017〕9 号）[2]明确要求，"国家构建现代公共文化服务体系和全民健身公共服务体系，促进基本公共文化服务和全民健身基本公共服务标准化、均等化，更好地满足人民群众精神文化需求和体育健身需求，提高全民文化素质和身体素质"。由于四省藏区公开发布可供分析数据的限制，这里仅以常住人口计算的四省藏区万人文化部门事业单位数、广播人口覆盖率和电视人口覆盖率等指标数据来分析基本公共文化服务水平变化情况。调查研究结果表明，近年来四省藏区十个自治州上述多项指标数据均有明显提升，基本公共文化服务水平取得明显进步。

---

①②国务院办公厅. 关于印发"十三五"推进基本公共服务均等化规划的通知（国发〔2017〕9 号）[Z]. 2017 - 01 - 23.

根据表 3 - 3 - 5 中数据计算,2013 ~ 2017 年,四省藏区万人文化部门事业单位数均值大约为全国平均水平的 1.5 倍,且总体呈增长态势,年均增速约为 3.39% 。其中,甘孜州、甘南州、海北州、黄南州、玉树州、海西州和迪庆州的万人文化部门事业单位数,分别以 0.65%、0.82%、6.34%、0.93%、21.57%、11.77% 和 2.45% 的年均增速实现正增长;青海藏区的玉树州、海西州和海北州年均增速排在前三位,超过同期全国年均增速 17.81 个、8.01 个和 2.58 个百分点,超过同期青海省年均增速 21.57 个、11.77 个和 6.34 个百分点。截至 2017 年底,甘肃藏区甘南州、云南藏区迪庆州和青海藏区海西州的万人文化部门事业单位数排在前三位,超过同期全国和所在省的平均水平;青海藏区的海北州、黄南州、果洛州和玉树州,万人文化部门事业单位数超过同期全国平均水平。

近年来,四省藏区广播电视人口覆盖率地区之间差距逐渐缩小,和全国平均水平间差距已不大,有的自治州已超过同期全国平均水平,提前达到《"十三五"推进基本公共服务均等化规划》(国发〔2017〕9 号)[①] 中的 2020 年发展目标。根据表 3 - 3 - 5 中数据计算,2013 ~ 2017 年,四川藏区的广播人口覆盖率呈逐年持续增长态势,年均增速约为 2.02% ,超过同期全国年均增速 1.79 个百分点。其中,四川藏区的甘孜州和阿坝州,青海藏区的海北州、黄南州、海南州和玉树州,广播人口覆盖率年均增速超过同期全国和所在省的平均水平;青海藏区的果洛州,广播人口覆盖率年均增速超过同期全国平均水平。截至 2017 年底,青海藏区海北州、海南州和海西州,甘肃藏区甘南州的广播人口覆盖率高于同期全国和所在省平均水平;甘肃藏区甘南州,青海藏区海北州和海南州,均已提前达到《"十三五"推进基本公共服务均等化规划》(国发〔2017〕9 号)[②] 中的 2020 年发展目标。

根据表 3 - 3 - 5 中数据计算,2013 ~ 2017 年,四省藏区电视人口覆盖率呈逐年增长态势,年均增速约为 0.80% ,高于同期全国年均增速 0.62 个百分点。其中,除云南藏区迪庆州的年均增速低于同期云南省平均水平,甘肃藏区甘南州一直保持 100% 的电视人口覆盖率外,其余八个自治州的电视人口覆盖率年均增速均高于同期全国和所在省平均水平。截至 2017 年底,甘肃藏区的甘南州,青海藏区的海北州、海南州和果洛州,电视人口覆盖率已高于同期全国和所在省平均水平,甘南州、海北州和海南州已提前达到《"十三五"推进基本公共服务均等化规划》(国发〔2017〕9 号)[③] 中的 2020 年发展目标;云南藏区迪庆州的电视人口覆盖率,已高于同期云南省平均水平。

二、州域基本公共服务均等化水平的测度及结论分析

(一)指标体系构建及原始数据预处理

国务院印发的《"十三五"推进基本公共服务均等化规划》(国发〔2017〕9 号)[④] 明确了国家基本公共服务清单,涉及公共教育、医疗卫生、社会保险、社会服务、公共文化体育、劳动就业创业、住房保障和残疾人服务等众多领域,提出了"十三五"时期基本公共服务领域的多个主要发展指标。根据指标选取的科学性、系统性、可比性、可操作性及代表性原则,基于对"十三五"时期基本公共服务领域主要发展指标的理解,并参考相关

---

①②③④国务院办公厅. 关于印发"十三五"推进基本公共服务均等化规划的通知(国发〔2017〕9 号)〔Z〕. 2017 - 01 - 23.

表3-3-5　四省藏区基本公共文化服务指数测度基础数据

地区	年份	全国	四省藏区	四川省	阿坝州	甘孜州	甘肃省	甘南州	青海省	海北州	黄南州	海南州	果洛州	玉树州	海西州	云南省	迪庆州
万人文化部门事业单位数（个）	2013	0.44	0.77	0.71	0.40	0.38	0.82	2.12	0.93	0.61	0.53	0.42	0.95	0.38	0.66	0.44	1.28
	2014	0.45	0.71	0.71	0.39	0.41	0.84	1.28	0.96	0.76	0.53	0.41	0.93	0.48	0.67	0.44	1.28
	2015	0.47	0.78	0.71	0.39	0.42	0.82	1.80	0.94	0.75	0.52	0.41	0.91	0.65	0.67	0.45	1.27
	2016	0.47	0.78	0.72	0.38	0.40	0.82	2.11	0.95	0.78	0.52	0.43	0.90	0.52	0.82	0.43	0.98
	2017	0.51	0.88	0.70	0.38	0.39	0.84	2.19	0.93	0.78	0.55	0.38	0.88	0.83	1.03	0.46	1.41
广播人口覆盖率（%）	2013	97.80	90.08	96.98	89.63	91.96	97.69	100	95.70	71.50	70.50	94.70	96.00	91.02	97.99	96.30	97.50
	2014	98.00	93.95	97.04	89.97	94.07	97.89	100	97.00	95.40	79.00	95.96	96.50	93.10	98.10	96.48	97.43
	2015	98.20	96.10	97.14	91.92	95.50	98.01	100	98.00	98.90	87.80	98.00	97.33	95.60	98.23	96.70	97.67
	2016	98.40	97.07	97.19	91.88	96.38	98.12	100	98.20	100	96.30	98.00	97.33	94.82	98.52	97.37	97.47
	2017	98.70	97.57	97.42	91.61	96.18	98.38	100	98.40	100	97.41	99.74	98.00	96.33	98.76	98.39	97.71
电视人口覆盖率（%）	2013	98.40	95.57	97.89	96.77	91.45	98.04	100	96.90	98.40	91.14	95.38	98.00	90.25	96.85	97.30	97.50
	2014	98.60	96.32	98.07	96.85	93.64	98.35	100	97.50	98.40	92.20	96.43	98.20	93.05	97.01	97.48	97.43
	2015	98.80	97.30	98.24	97.95	95.16	98.47	100	98.00	98.00	95.25	98.00	98.25	93.62	98.16	97.70	98.62
	2016	98.90	97.88	98.29	98.03	96.08	98.55	100	98.20	100	95.80	98.00	98.25	95.66	98.61	98.24	98.40
	2017	99.10	98.66	98.54	98.03	96.00	98.68	100	98.40	100	97.16	99.59	100	98.43	98.62	98.66	98.78

资料来源：历年《中国统计年鉴》《四川统计年鉴》《甘肃统计年鉴》《青海统计年鉴》《云南统计年鉴》及四省藏区各自治州统计公报。人均数据和生均数据等，均以常住人口数据计算。

研究文献①②，综合考虑四省藏区基本公共服务供需实际情况和公开数据获取上的局限性，构建四省藏区基本公共服务指数测度指标体系（见表3-3-6），包括基本公共教育服务、基本医疗卫生服务、基本社会保险和社会服务、基本公共文化服务四大类共15个三级指标。

表3-3-6 四省藏区基本公共服务指数测度指标及权重

一级指标	二级指标	三级指标	计算公式	指标性质	指标权重
A 基本公共服务指数	A1 基本公共教育服务指数	A11 生均教育支出（元/人）	教育支出/在校学生数	+	0.0207
		A12 幼儿园生师比	幼儿园在校学生数/幼儿园专任教师数	－	0.0600
		A13 小学生师比	小学在校学生数/小学专任教师数	－	0.0179
		A14 普通中学生师比	普通中学在校学生数/中学专任教师数	－	0.0059
	A2 基本医疗卫生服务指数	A21 人均医疗卫生和计划生育支出（元/人）	医疗卫生和计划生育支出/常住人口数	+	0.0284
		A22 万人卫生机构数（个/万人）	卫生机构数/常住人口数	+	0.3176
		A23 万人卫生机构床位数（张/万人）	卫生机构床位数/常住人口数	+	0.0159
		A24 万人拥有卫生技术人员数（名/万人）	卫生技术人员数/常住人口数	+	0.0206
	A3 基本公共文化服务指数	A31 万人文化部门事业单位数（个/万人）	文化部门事业单位数/常住人口数	+	0.1192
		A32 广播综合人口覆盖率（%）	在对象区内能接收到由中央、省、地市或县通过各种技术方式转播的各级广播节目的人口数/对象区总人口数×100%	+	0.0015
		A33 电视综合人口覆盖率（%）	在对象区内能接收到由中央、省、地市或县通过各种技术方式转播的各级电视节目的人口数/对象区总人口数×100%	+	0.0002
	A4 基本社会保险和社会服务指数	A41 人均社会保障和就业支出（元/人）	社会保障和就业支出/常住人口数	+	0.0392
		A42 城乡居民基本医疗保险参保率（%）	参加城乡居民基本医疗保险人数/常住人口数×100%	+	0.0730
		A43 城乡居民基本养老保险参保率（%）	参加城乡居民基本养老保险人数/常住人口数×100%	+	0.0863
		A44 万人社会福利机构床位数（张/万人）	各种社会福利收养性单位床位数/常住人口数	+	0.1936

① 朱楠，任保平. 中国公共服务质量评价及空间格局差异研究［J］. 统计与信息论坛，2019，34（7）：100-107.
② 熊兴，余兴厚，蒲坤明. 长江经济带基本公共服务综合评价及其空间分析［J］. 华东经济管理，2019，33（1）：51-61.

计算三级指标数据所需要的原始数据主要来源于 2014～2018 年四省藏区所在的四川、甘肃、青海和云南统计年鉴，《中国县域统计年鉴》和各自治州国民经济和社会发展统计公报等。少量缺失的数据通过统计方法补齐，并通过物价指数等消除物价变动对经济指标的影响，统一调整为以 2013 年为基期的可比价格数据。通过原始数据整理计算得到四省藏区基本公共服务指数测度的基础数据（见表 3-3-1、表 3-3-3、表 3-3-4、表 3-3-5）。

（二）指标权重确定及变异系数测度

学术界确定测度指标权重的方法主要分为主观赋权法和客观赋权法，主观赋权法主要包括德尔菲法、层次分析法、相邻指标比较法等，客观赋权法主要包括熵权法、秩和比法、模糊定权法和相关系数法等。相对于其他权重确定方法而言，熵权法根据指标变异性的大小来客观确定权重，利用测度指标的固有信息来客观体现该指标在指标体系中的重要程度，并根据重要程度相应赋权，具有较强的客观性，能有效降低传统主观赋权方法对评价结果有效性的影响。熵权法通过计算熵值来判断各项指标的离散程度，并根据指标的离散程度确定其权重，再根据所有研究年份的重要程度对同一指标的权重进行加权平均，得到针对所有决策单元在研究时限内具有区域和时序可比性的一套指标权重。采用熵权法进行赋权的评价方法，可以反映指标权重随时间变化状况，可以有效地避免主观看法和人为因素的干扰，因此本书采用熵权法来确定四省藏区基本公共服务指数测度指标的权重。

假定有 m 个决策单元，同时有 n 项测度指标，其原始数据测度值构成第 y 年的决策矩阵为 $X_y = \{x_{ij}\}$（$i=1, 2, \cdots, m; j=1, 2, \cdots, n$）。由于指标存在正向与逆向差异，首先使用倒数法进行同趋势化处理，得到极值一致化矩阵，计算公式为：

$$x^*_{ij} = \begin{cases} \dfrac{1}{x_{ij}}, & x_{ij} \text{为负向指标} \\ x_{ij}, & x_{ij} \text{为正向指标} \end{cases} \quad (i=1, 2, \cdots, m; j=1, 2, \cdots, n) \tag{3.1}$$

在得到极值一致化矩阵的基础上，对其进行标准化处理，消除数据量纲，得到标准化矩阵，公式为：

$$z_{ij} = \frac{x^*_{ij}}{\sqrt{\sum\limits_{i=1}^{m} x^{*\,2}_{ij}}} \quad (i=1, 2, \cdots, m; j=1, 2, \cdots, n) \tag{3.2}$$

根据标准化矩阵计算测度指标的信息熵值，公式为：

$$e_j = -k \sum_{i=1}^{m} y_{ij} \ln y_{ij}, \text{其中} y_{ij} = \frac{z_{ij}}{\sum\limits_{i=1}^{m} z_{ij}} (0 \leq y_{ij} \leq 1), k = \frac{1}{\ln m} \tag{3.3}$$

式中，e_j 为测度指标 j 的信息熵，y_{ij} 为第 y 年第 i 个决策单元第 j 项测度指标值的比重。就本节基本公共服务指数的测度而言，在五年的 15 个三级指标中，没有充分理由认为哪年因素的重要性发生了变化，所以将各年计算得到的第 j 项测度指标的信息熵加总算术平均后得到平均熵值 $\bar{e}_j$，据此计算五年内具有区域和时序可比性的指标权重（见表 3-3-6）。计算测度指标 j 的权重 w_j，公式为：

$$w_j = \frac{(1 - \bar{e}_j)}{\sum\limits_{j=1}^{n} (1 - \bar{e}_j)}, \text{其中}, w_j \in [0, 1], \sum_{j=1}^{n} w_j = 1 \tag{3.4}$$

根据表3-3-1、表3-3-3、表3-3-4、表3-3-5和表3-3-6中数据，计算2013～2017年四省藏区十个自治州基本公共教育、医疗卫生、公共文化、社会保险和社会服务指数（A_{1i}、A_{2i}、A_{3i}和A_{4i}），以及基本公共服务指数（A_i）。计算结果见表3-3-7，计算公式如下：

$$A_{1i} = \sum_{j=1}^{n} z_{ij} \times W_j \, (i=1, 2, \cdots, m; j=1, 2, 3, 4) \tag{3.5}$$

$$A_{2i} = \sum_{j=1}^{n} z_{ij} \times W_j \, (i=1, 2, \cdots, m; j=5, 6, 7, 8) \tag{3.6}$$

$$A_{3i} = \sum_{j=1}^{n} z_{ij} \times W_j \, (i=1, 2, \cdots, m; j=9, 10, 11) \tag{3.7}$$

$$A_{4i} = \sum_{j=1}^{n} z_{ij} \times W_j \, (i=1, 2, \cdots, m; j=12, 13, 14, 15) \tag{3.8}$$

$$A_i = \sum (A_{1i} + A_{2i} + A_{3i} + A_{4i}) \, (i=1, 2, \cdots, m) \tag{3.9}$$

在此基础上，进一步计算2013～2017年四省藏区州域基本公共服务指数的变异系数（Coefficient of Variation，CV），以此测度历年四省藏区基本公共服务均等化水平及其变化趋势。计算结果见表3-3-7，计算公式如下：

$$CV = \frac{S}{\omega} \tag{3.10}$$

式中，CV代表基本公共服务指数的变异系数，S为各决策单元基本公共服务指数的标准差，ω为各决策单元基本公共服务指数的平均值。根据上述方法计算2013～2017年四省藏区十个自治州基本公共教育、医疗卫生、公共文化、社会保险和社会服务指数（A_{1i}、A_{2i}、A_{3i}和A_{4i}），以及基本公共服务指数（A_i）的变异系数（见表3-3-7）。在此基础上，分析2013～2017年四省藏区州域间基本公共服务均等化水平及其变化趋势（见图3-3-1至图3-3-6）。

表3-3-7　四省藏区州域基本公共服务指数及变异系数

指标	年份	四川藏区		甘肃藏区	青海藏区						云南藏区	变异系数
		阿坝州	甘孜州	甘南州	海北州	黄南州	海南州	果洛州	玉树州	海西州	迪庆州	CV
A	2013	0.42	0.43	0.29	0.19	0.22	0.21	0.29	0.20	0.16	0.24	0.34
	2014	0.39	0.42	0.25	0.21	0.20	0.18	0.31	0.26	0.16	0.25	0.30
	2015	0.38	0.39	0.30	0.19	0.22	0.21	0.30	0.27	0.19	0.25	0.26
	2016	0.38	0.38	0.33	0.22	0.22	0.16	0.31	0.28	0.17	0.23	0.30
	2017	0.37	0.37	0.33	0.21	0.20	0.17	0.30	0.28	0.24	0.25	0.25
A1	2013	0.41	0.45	0.38	0.20	0.21	0.32	0.19	0.17	0.29	0.33	0.32
	2014	0.38	0.40	0.33	0.20	0.23	0.33	0.33	0.17	0.30	0.33	0.24
	2015	0.37	0.40	0.41	0.16	0.24	0.32	0.32	0.15	0.26	0.33	0.29
	2016	0.32	0.33	0.29	0.34	0.24	0.29	0.34	0.36	0.30	0.27	0.12
	2017	0.33	0.32	0.31	0.35	0.28	0.30	0.28	0.32	0.32	0.30	0.07
A2	2013	0.50	0.65	0.35	0.12	0.11	0.09	0.14	0.09	0.11	0.22	0.78
	2014	0.52	0.67	0.22	0.13	0.12	0.12	0.15	0.08	0.11	0.22	0.81
	2015	0.51	0.64	0.29	0.12	0.13	0.10	0.15	0.10	0.22	0.23	0.71

指标	年份	四川藏区		甘肃藏区	青海藏区						云南藏区	变异系数
		阿坝州	甘孜州	甘南州	海北州	黄南州	海南州	果洛州	玉树州	海西州	迪庆州	CV
A2	2016	0.50	0.64	0.36	0.13	0.11	0.08	0.14	0.10	0.12	0.22	0.77
	2017	0.47	0.60	0.39	0.12	0.11	0.09	0.14	0.09	0.30	0.21	0.68
A3	2013	0.13	0.14	0.71	0.21	0.18	0.14	0.32	0.13	0.22	0.43	0.67
	2014	0.17	0.16	0.51	0.31	0.21	0.17	0.37	0.19	0.27	0.51	0.45
	2015	0.15	0.14	0.64	0.27	0.19	0.15	0.33	0.23	0.24	0.45	0.54
	2016	0.14	0.13	0.72	0.27	0.18	0.15	0.31	0.24	0.28	0.33	0.62
	2017	0.12	0.12	0.67	0.24	0.17	0.12	0.27	0.26	0.32	0.43	0.60
A4	2013	0.43	0.29	0.08	0.25	0.33	0.31	0.45	0.32	0.14	0.19	0.40
	2014	0.33	0.25	0.17	0.25	0.32	0.22	0.44	0.49	0.14	0.17	0.40
	2015	0.33	0.22	0.17	0.26	0.31	0.30	0.45	0.47	0.14	0.18	0.38
	2016	0.36	0.22	0.19	0.26	0.28	0.21	0.47	0.47	0.14	0.20	0.39
	2017	0.36	0.25	0.18	0.26	0.27	0.23	0.46	0.46	0.13	0.21	0.38

资料来源：根据表3-3-1、表3-3-3、表3-3-4和表3-3-5中数据计算。

（三）基本公共服务均等化水平的测度结论分析

根据表3-3-7中数据计算，2013~2017年，四省藏区教育、医疗卫生、公共文化、社会保险和社会服务五类基本公共服务的变异系数均呈现波动中下降趋势，相应地，这五类基本公共服务的均等化水平均在波动中实现整体提升。同期，四省藏区基本公共服务指数的变异系数也呈先降、后升再降的变化趋势，总体来看有所下降，从2013年的0.34下降至2017年的0.25（见图3-3-1）。相应地，2013~2017年，四省藏区基本公共服务之间的差距先缩小、后拉大、再缩小。整体来看，2017年四省藏区基本公共服务均等化水平还是明显高于2013年，基本公共服务均等化水平在波动中实现整体提升，中央和地方财政转移支付支持四省藏区基本公共服务均等化政策效果明显（见图3-3-1）。从四省藏区十个自治州2013~2017年基本公共服务指数的变化趋势来看，大部分自治州基本公共服务指数不断提高，推动四省藏区基本公共服务水平的整体提升，以及均等化水平的整体提升（见图3-3-2）。其中，除黄南州、海南州、阿坝州和甘孜州的基本公共服务指数略有下降外，其余六个自治州的基本公共服务指数均呈波动上升趋势，而且玉树州、海西州和甘南州的基本公共服务水平指数增长幅度均相对较大，分别达到0.08、0.08和0.04，成为推动四省藏区基本公共服务在更高水平实现均等化的重要力量（见图3-3-2）。截至2017年底，四川藏区阿坝州和甘孜州，甘肃藏区甘南州的基本公共服务指数在十个自治州中排在前三位，虽然五年间有所下降但仍保持高位；青海藏区黄南州和海南州的基本公共服务指数则相对较低，海南州在波动中呈下降趋势，黄南州则略有下降（见图3-3-2）。

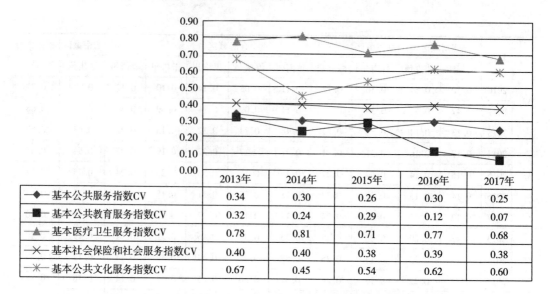

	2013年	2014年	2015年	2016年	2017年
◆ 基本公共服务指数CV	0.34	0.30	0.26	0.30	0.25
■ 基本公共教育服务指数CV	0.32	0.24	0.29	0.12	0.07
▲ 基本医疗卫生服务指数CV	0.78	0.81	0.71	0.77	0.68
✕ 基本社会保险和社会服务指数CV	0.40	0.40	0.38	0.39	0.38
✳ 基本公共文化服务指数CV	0.67	0.45	0.54	0.62	0.60

图3-3-1 四省藏区历年基本公共服务指数的变异系数及变化趋势

资料来源：表3-3-7。

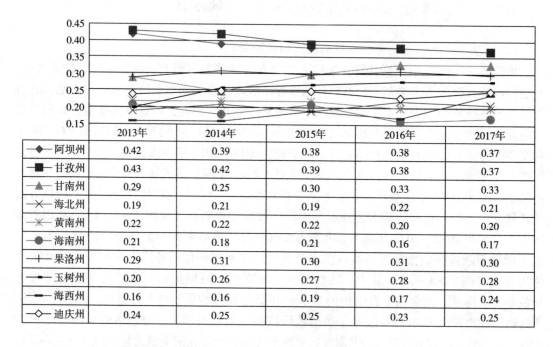

	2013年	2014年	2015年	2016年	2017年
◆ 阿坝州	0.42	0.39	0.38	0.38	0.37
■ 甘孜州	0.43	0.42	0.39	0.38	0.37
▲ 甘南州	0.29	0.25	0.30	0.33	0.33
✕ 海北州	0.19	0.21	0.19	0.22	0.21
✳ 黄南州	0.22	0.22	0.22	0.20	0.20
● 海南州	0.21	0.18	0.21	0.16	0.17
┼ 果洛州	0.29	0.31	0.30	0.31	0.30
━ 玉树州	0.20	0.26	0.27	0.28	0.28
━ 海西州	0.16	0.16	0.19	0.17	0.24
◇ 迪庆州	0.24	0.25	0.25	0.23	0.25

图3-3-2 四省藏区历年州域基本公共服务指数及变化趋势

资料来源：表3-3-7。

三、教育等五类基本公共服务的均等化水平均有所提升

根据表3-3-7中数据计算，2013～2017年，四省藏区基本公共教育服务的均等化水平提升幅度最大，变异系数由2013年的0.32降至2017年的0.07，其对四省藏区基本公

共服务均等化进程的贡献最大。不仅如此，2017 年四省藏区各类基本公共服务指数的变异系数中，基本公共教育服务指数的变异系数最小（见表 3 - 3 - 7），说明四省藏区十个自治州间基本公共教育服务的均等化程度最高。截至 2013 年底，青海藏区除海南州和海西州外，其余自治州的基本公共教育服务指数还比较低，而其他三省藏区各自治州的基本公共教育服务指数则相对较高（见图 3 - 3 - 3）。从前述分析内容可知，青海藏区在 2013 ~ 2017 年生均教育支出投入相对较高，自从学前教育纳入免费教育体系之后，幼儿园教师资源稀缺情况得到有效缓解，有力促进了青海藏区基本公共教育服务指数的提升。根据表 3 - 3 - 3 中数据计算，2013 ~ 2017 年，青海藏区除海南州的基本公共教育服务指数略有下降，海西州的基本公共教育服务指数略有上升外，海北州、黄南州、果洛州和玉树州的基本公共教育服务指数均有较大幅度提升（见图 3 - 3 - 3）。其中，玉树州 2017 年的基本公共教育服务指数相对 2013 年而言有 88% 的提升，提升幅度最大；海北州 2017 年的基本公共教育服务指数相对 2013 年而言有 75% 的提升，提升幅度次之；果洛州 2017 年的基本公共教育服务指数相对 2013 年而言有 47% 的提升，提升幅度排在第三位；黄南州和海西州 2017 年的基本公共教育服务指数相对 2013 年而言分别有 33% 和 10% 的提升。同期，四川、甘肃和云南藏区各自治州的基本公共教育服务指数则有不同程度的下降。整体来看，2013 ~ 2017 年四省藏区十个自治州的基本公共教育服务指数的差距整体呈现收敛趋势（见图 3 - 3 - 3），最终导致四省藏区基本公共教育服务指数的变异系数呈缩小趋势，四省藏区基本公共教育服务均等化水平明显提升。

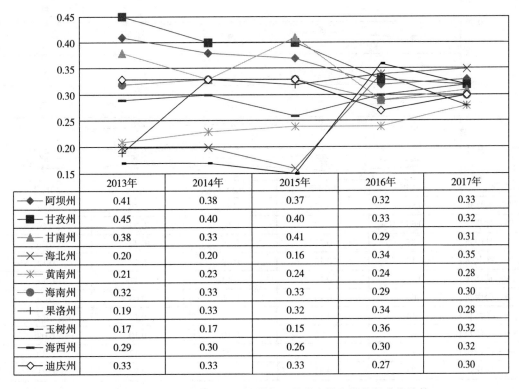

	2013年	2014年	2015年	2016年	2017年
阿坝州	0.41	0.38	0.37	0.32	0.33
甘孜州	0.45	0.40	0.40	0.33	0.32
甘南州	0.38	0.33	0.41	0.29	0.31
海北州	0.20	0.20	0.16	0.34	0.35
黄南州	0.21	0.23	0.24	0.24	0.28
海南州	0.32	0.33	0.33	0.29	0.30
果洛州	0.19	0.33	0.32	0.34	0.28
玉树州	0.17	0.17	0.15	0.36	0.32
海西州	0.29	0.30	0.26	0.30	0.32
迪庆州	0.33	0.33	0.33	0.27	0.30

图 3 - 3 - 3　四省藏区历年州域基本公共教育服务指数及变化趋势

资料来源：表 3 - 3 - 7。

根据表 3 - 3 - 7 中数据计算，2013 ~ 2017 年，四省藏区基本医疗卫生服务指数的变异系数则由 2013 年的 0.78 降至 0.68，下降幅度仅次于基本公共教育服务指数，说明四省藏区基本医疗卫生服务均等化水平提升程度仅次于基本公共教育服务，对四省藏区基本公共服务均等化进程的贡献仅次于基本公共教育服务。但是，截至 2017 年底，四省藏区基本医疗卫生服务指数的变异系数在五类基本公共服务中最高，对应的均等化水平最低，基本医疗卫生服务的均等化水平亟待提升（见表 3 - 3 - 7）。截至 2013 年底，四省藏区十个自治州的基本医疗卫生服务指数差距较大，排在前五位的四川藏区甘孜州和阿坝州、甘肃藏区甘南州、云南藏区迪庆州以及青海藏区果洛州，其基本医疗卫生服务指数依次为 0.65、0.50、0.35、0.22 和 0.14，比同期并列排在最后的青海藏区海南州和玉树州的基本医疗卫生服务指数分别高 0.56、0.41、0.26、0.13 和 0.05；比同期并列排在第七/八位的青海藏区黄南州和海西州的基本医疗卫生服务指数分别高 0.54、0.39、0.24、0.11 和 0.03（见图 3 - 3 - 4）。截至 2017 年底，四川藏区甘孜州和阿坝州以及甘肃藏区甘南州的基本医疗卫生服务指数依然排在前三位，但相比 2013 年底指数值略有下降；同期并列排在第九/十位的青海藏区海南州和玉树州，同期与海西州并列排在第七/八位的青海藏区黄南州的基本医疗卫生服务指数相比 2013 年底均没有变化；海西州的基本医疗卫生服务指数大幅提升，最终导致四省藏区基本医疗卫生服务指数的州域差距缩小，变异系数明显下降（见图 3 - 3 - 4）。

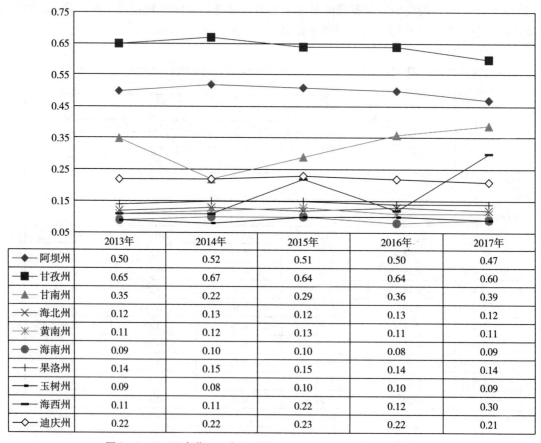

	2013年	2014年	2015年	2016年	2017年
阿坝州	0.50	0.52	0.51	0.50	0.47
甘孜州	0.65	0.67	0.64	0.64	0.60
甘南州	0.35	0.22	0.29	0.36	0.39
海北州	0.12	0.13	0.12	0.13	0.12
黄南州	0.11	0.12	0.13	0.11	0.11
海南州	0.09	0.10	0.10	0.08	0.09
果洛州	0.14	0.15	0.15	0.14	0.14
玉树州	0.09	0.08	0.10	0.10	0.09
海西州	0.11	0.11	0.22	0.12	0.30
迪庆州	0.22	0.22	0.23	0.22	0.21

图 3 - 3 - 4　四省藏区历年州域基本医疗卫生服务指数及变化趋势

资料来源：表 3 - 3 - 7。

　　根据表 3 - 3 - 7 中数据计算，2013 ~ 2017 年，四省藏区基本公共文化服务的变异系数呈波动下降趋势，由 2013 年的 0.67 降至 0.60，下降幅度仅次于基本公共教育和医疗卫生服务指数，对四省藏区基本公共服务均等化进程的贡献低于基本公共教育和医疗卫生服务。并且，截至 2017 年底，四省藏区基本公共文化服务指数的变异系数仅高于基本医疗卫生服务指数，基本公共文化服务均等化水平相对低于基本公共教育、基本社会保险和社会服务（见表 3 - 3 - 7）。截至 2013 年底，四省藏区基本公共文化服务指数排在前三位的甘肃藏区甘南州、云南藏区迪庆州和青海藏区果洛州，基本公共文化服务指数依次为 0.71、0.43 和 0.32，比同期并列排在第九/十位的四川藏区阿坝州和青海藏区玉树州的基本公共文化服务指数分别高 0.58、0.30 和 0.19；比同期并列排在第七/八位的四川藏区甘孜州和青海藏区海南州的基本公共文化服务指数分别高 0.57、0.29 和 0.18（见图 3 - 3 - 5）。截至 2017 年底，甘肃藏区甘南州和云南藏区迪庆州的基本公共文化服务指数依然排在前两位，但甘南州相比 2013 年底指数值有所下降，排在第三位的由青海藏区果洛州变为海西州，指数值不变，而同期排在后面位次的自治州，其基本公共文化服务指数相比 2013 年底有的略有下降，有的较大幅度提升，最终导致四省藏区基本公共文化服务指数的州域差距略有缩小，变异系数略有下降（见图 3 - 3 - 5）。

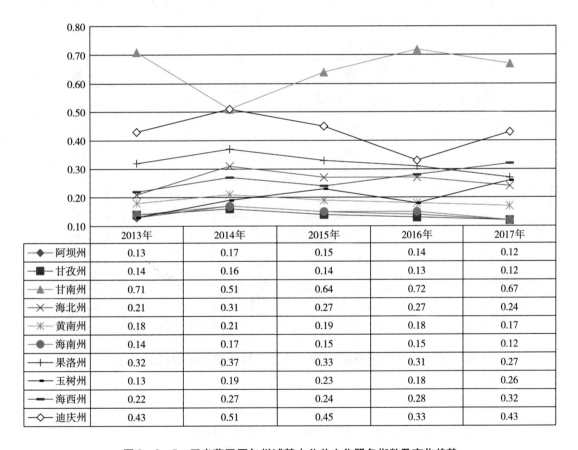

	2013年	2014年	2015年	2016年	2017年
阿坝州	0.13	0.17	0.15	0.14	0.12
甘孜州	0.14	0.16	0.14	0.13	0.12
甘南州	0.71	0.51	0.64	0.72	0.67
海北州	0.21	0.31	0.27	0.27	0.24
黄南州	0.18	0.21	0.19	0.18	0.17
海南州	0.14	0.17	0.15	0.15	0.12
果洛州	0.32	0.37	0.33	0.31	0.27
玉树州	0.13	0.19	0.23	0.18	0.26
海西州	0.22	0.27	0.24	0.28	0.32
迪庆州	0.43	0.51	0.45	0.33	0.43

图 3 - 3 - 5　四省藏区历年州域基本公共文化服务指数及变化趋势

资料来源：表 3 - 3 - 7。

　　根据表3-3-7中数据计算，2013～2017年，四省藏区基本社会保险与社会服务指数的变异系数也呈波动下降趋势，由2013年的0.40降至2017年的0.38。虽然其下降幅度在五类基本公共服务中最低，对四省藏区基本公共服务均等化进程的贡献也最低，但是，截至2017年底，四省藏区基本社会保险与社会服务指数的变异系数仅低于基本公共教育服务指数，高于基本医疗卫生和公共文化服务指数的变异系数，均等化水平相应高于基本医疗卫生和公共文化服务（见表3-3-7）。截至2013年底，四省藏区基本社会保险和社会服务指数排在前四位的青海藏区果洛州、黄南州和玉树州以及四川藏区阿坝州，基本社会保险和社会服务指数依次为0.45、0.33、0.32和0.43，比同期排在第十位的甘肃藏区甘南州的基本社会保险和社会服务指数分别高0.37、0.25、0.24和0.35；比同期排在第九位的青海藏区海西州分别高0.31、0.19、0.18和0.29；比同期排在第八位的云南藏区迪庆州分别高0.26、0.14、0.13和0.24（见图3-3-6）。截至2017年底，四省藏区基本社会保险和社会服务指数排在前四位的自治州指数值变化不大，而排在最后四位的自治州指数值明显提升，最终导致四省藏区基本社会保险和社会服务指数的州域差距略有缩小，变异系数略有下降（见图3-3-6）。

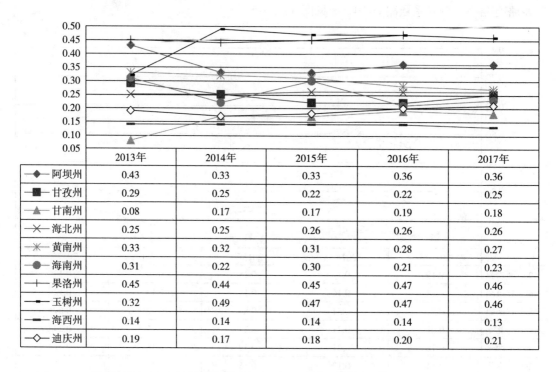

	2013年	2014年	2015年	2016年	2017年
阿坝州	0.43	0.33	0.33	0.36	0.36
甘孜州	0.29	0.25	0.22	0.22	0.25
甘南州	0.08	0.17	0.17	0.19	0.18
海北州	0.25	0.25	0.26	0.26	0.26
黄南州	0.33	0.32	0.31	0.28	0.27
海南州	0.31	0.22	0.30	0.21	0.23
果洛州	0.45	0.44	0.45	0.47	0.46
玉树州	0.32	0.49	0.47	0.47	0.46
海西州	0.14	0.14	0.14	0.14	0.13
迪庆州	0.19	0.17	0.18	0.20	0.21

图3-3-6　四省藏区历年州域基本社会保险和社会服务指数及变化趋势

资料来源：表3-3-7。

四、教育对四省藏区基本公共服务均等化水平提升贡献最大

　　从公共服务类型比较来看，基本公共教育服务对2013～2017年四省藏区基本公共服务均等化水平提升的贡献最大，基本医疗卫生服务的贡献次之，基本公共文化服务的贡献

排第三位，基本社会保险和社会服务的贡献相对弱一些。从前文分析来看，导致四省藏区基本公共服务指数的变异系数缩小的最主要因素是基本公共教育服务指数的变异系数大幅缩小，且于 2017 年底达到 0.07 的较为理想水平，基本公共教育服务均等化对四省藏区基本公共服务均等化进程的贡献最大。此外，虽然同期基本社会保险和社会服务指数的变异系数下降幅度相对最低，对四省藏区基本公共服务均等化进程的贡献最小，但于 2017 年底达到 0.38 的水平，其均等化水平仅低于基本公共教育服务，高于基本公共文化和医疗卫生服务，对于 2017 年底四省藏区较为理想的基本公共服务均等化水平也做出重要贡献。虽然截至 2017 年底基本医疗卫生服务和基本公共文化服务指数的变异系数均在 0.60 以上，但其 2013～2017 年下降幅度高于基本社会保险和社会服务，对四省藏区基本公共服务均等化进程也做出较大贡献（见图 3-3-6）。

第四节　公共服务增进四省藏区贫困群众福利成效显著

事实上，精准扶贫战略及相关配套政策中，有大量公共服务供给内容以及公共服务增进藏区群众福祉的要求[①]。在四省藏区实地调研发现，精准扶贫战略的实施，不仅有效改善四省藏区公共服务供给的现实条件，也有效畅通公共服务增进藏区贫困群众福利的现实途径。公共服务从多个方面增进四省藏区贫困群众福利，社会保障类公共服务托底贫困群众的基本生活，生活类公共服务直接增进贫困群众福利，交通、通信、饮用水等基础设施类公共服务有效改善藏区群众生产生活条件，农业信息服务和农业科技推广等生产类公共服务有效提升贫困群众发展能力，教育和文化类公共服务阻断贫困代际传递，构建更良好的社会秩序，推动四省藏区民族团结进步。

一、精准扶贫战略促进四省藏区公共服务进步

（一）强化四省藏区公共服务的财力保障

集中力量办好精准扶贫这件大事，是中国特色社会主义制度优势的充分发挥和集中体现。四省藏区是国家集中连片特困地区和"三区三州"深度贫困地区，较为普遍存在交通区位条件不佳、经济社会发展滞后、贫困人口多且分布较散、贫困程度相对较深等现实问题，是我国精准扶贫战略的重点和难点区域之一。该区域深度贫困与自然条件、民族宗教、社会治理等因素交织，脱贫攻坚任务艰巨而繁重。四川藏区面积约 24.59 万平方千米，占全省总面积的一半以上，截至 2013 年底，共有贫困县 32 个、贫困村 2063 个、贫困人口约 36 万人，贫困发生率约为 20.1%[②]。甘肃藏区面积约 4.73 万平方千米，截至2013 年底，全域九个县（市），合作市、临潭县、卓尼县、舟曲县、迭部县、玛曲县、碌

---

① 《中国农村扶贫开发纲要（2011-2020 年）》明确指出，"国务院各部门、地方各级政府要加大统筹协调力度，集中实施一批教育、卫生、文化、就业、社会保障等民生工程，大力改善生产生活条件，培育壮大一批特色优势产业，加快区域性重要基础设施建设步伐，加强生态建设和环境保护，着力解决制约发展的瓶颈问题，促进基本公共服务均等化，从根本上改变连片特困地区面貌"。国务院办公厅. 中国农村扶贫开发纲要（2011-2020 年）［Z］. 2011-12-01.

② 尹力. 全面实现四川藏区贫困县脱贫摘帽［N］. 学习时报，2019-09-06（01）.

曲县、夏河县、天祝县均为贫困县，卓尼县和舟曲县为深度贫困县；甘南州农牧民贫困人口约28.39万人，贫困发生率约为51.3%，天祝县贫困人口约4.66万人，贫困发生率约为28.3%。青海藏区面积约69.90万平方千米，截至2013年底，全域6个自治州共有贫困县（市）30个，贫困发生率约为26.4%，集西部地区、高原地区、民族地区、贫困地区于一体，社会发育程度较低，基础设施和公共服务"短板"较多，贫困发生率较高[①]。云南藏区面积约2.39万平方千米，截至2015年底，全域贫困人口约11.58万[②]，域内香格里拉市、德钦县、维西县均为国家级贫困县。

多种对口帮扶政策和措施的实施，对四省藏区脱贫攻坚工作的顺利开展起到重要支撑作用，对四省藏区县域公共服务的财力保障水平提升也起到重要促进作用。来自省内、省外，政府部门和企业、社会组织等多方面的对口帮扶项目和资金等，与中央和地方财政转移支付资金等汇聚成四省藏区公共服务财力保障的强大合力。近年来，在中央单位和兄弟发达省份、省内发展较好较快地区，还有社会各界的关心支持下，一支支帮扶队伍、一路路帮扶资金、一个个帮扶项目陆续向四省藏区汇聚。除了中央单位和东部省份、川甘青滇四省内较发达地区政府部门和国有企业对口帮扶四省藏区之外，来自社会各界的企业、组织和个人也为四省藏区经济社会发展和脱贫攻坚工作提供了有力的支持。通过内外发力、集体作战，构建起了专项扶贫、行业扶贫、社会扶贫等多方力量、多种举措有机结合和互为支撑的"三位一体"大扶贫格局，大大减轻了四省藏区公共服务的地方财政保障压力。

2012年，四川启动实施首轮省内市（州）对口帮扶藏区经济社会发展工作。截至2016年底，成都、攀枝花、泸州、德阳、绵阳、眉山、宜宾七个市每年按上年度地方公共财政预算收入的0.5%规模，主要以现金投入方式，对口帮扶四川藏区20个贫困县，形成"7＋20"的结对帮扶机制，累计到位对口援藏资金24.91亿元，实施对口帮扶项目529个，选派援藏干部人才3677名[③]。2016年8月，四川省进一步启动省内对口帮扶藏区和彝区贫困县的工作，省内对口援藏由"7＋20"的结对帮扶机制向"9＋32"扩展，新增遂宁市和南充市两个帮扶地，实现了对四川藏区32个县（市）对口帮扶的全覆盖（见表3－4－1）。各帮扶地从资金项目援助、民生事业援助、产业提升援助、园区合作援助、社会力量援助和人才智力援助等方面助力四川藏区脱贫攻坚工作，强化了四川藏区县域公共服务的人力、财力和物力保障。2018年以来，四川省128个省直机关、115所高校、44家医院、61户国有企业和22家金融机构深入实施对口精准帮扶，围绕"两不愁、三保障"总体目标，智力支持和项目支撑相结合，民生改善与群众增收相统一，突出机关党建与贫困村党建相促进，注重帮扶干部真帮实扶与贫困群众自力更生相融合，推动四川藏区包括公共服务能力在内的综合发展能力得到明显增强[④]。通过产业扶贫及相关项目的实施，截至2019年8月底，四川藏区已累计实现16个贫困县摘帽、1758个贫困村退出、31万贫

---

① 冶英生，甘晓莹．青海省农牧区精准扶贫主要成效及政策建议［M］．北京：社会科学文献出版社，2015．

② 迪庆藏族自治州人民政府．2016年迪庆藏族自治州人民政府工作报告［Z］．2016－06－02．

③ 钟振宇．四川省内对口帮扶藏区32个贫困县"五年蓝图"全部出台实施［N］．四川日报，2017－05－09（02）．

④ 省直机关工委驻村办，省直机关工委信息中心．集聚智力攻难关　坚决打赢脱贫仗［J］．四川机关党建，2019（3）：1．

困人口脱贫，贫困发生率下降到 2.6%，预计 2019 年底将实现剩下的 16 个贫困县全部摘帽①。

表 3 - 4 - 1　四川藏区对口帮扶简况 I

受帮扶地区	对口帮扶地区	受帮扶地区	对口帮扶地区
马尔康市	成都崇州市	九龙县	成都市青白江区
汶川县	南充市顺庆区	雅江县	宜宾市
理县	遂宁市船山区	道孚县	成都市郫都区
茂县	眉山市东坡区	炉霍县	成都市锦江区
松潘县	成都市大邑县	甘孜县	成都市龙泉驿区
九寨沟县	成都邛崃市	新龙县	宜宾市
金川县	眉山市	德格县	成都市高新区
小金县	成都市新津县	白玉县	成都市武侯区
黑水县	成都彭州市	石渠县	成都市金牛区
壤塘县	绵阳市	色达县	成都市温江区
阿坝县	德阳市	理塘县	成都市金堂县
若尔盖县	德阳市	巴塘县	成都市双流区
红原县	绵阳市	乡城县	泸州市
康定市	成都都江堰市	稻城县	泸州市
泸定县	成都市蒲江县	得荣县	成都市青羊区
丹巴县	成都市成华区	木里县	攀枝花市

资料来源：钟振宇. 四川省内对口帮扶藏区 32 个贫困县"五年蓝图"全部出台实施［N］. 四川日报，2017 - 05 - 09（02）.

以成都市对口帮扶四川藏区的工作为例，截至 2019 年底，成都市共对口帮扶全省藏区（彝区）45 个贫困县（市）中的 19 个县（市），对口帮扶的藏区县（市）包括马尔康市、石渠县、炉霍县、丹巴县、白玉县、小金县、巴塘县和泸定县等。其中，成都市锦江区从 2012 年开始对口帮扶甘孜州炉霍县，除每年从地方公共财政预算收入中拨付部分援藏资金，支持县域经济社会发展外，还引导社会各界募集扶贫资金及物资折合 2000 余万元，先后引进 3 个农业、旅游业龙头企业投资炉霍县近亿元，实施生态农业、全域旅游开发等项目。截至 2017 年 12 月底，炉霍县实现 47 个贫困村退出，1522 户、6360 人脱贫。成都市金牛区从 2017 年开始对口帮扶甘孜州石渠县，与石渠县共同制定了《金牛区对口帮扶甘孜州石渠县规划（2017—2021）》，计划由金牛区总投资 1350 万元，帮助建立健全当地特色产业发展链条②，以农特产品推广作为产业就业帮扶的一项重要内容。成都市各县（市、区）对口帮扶四川藏区均投入大量资金扶持当地农牧特色产业的发展，帮助兴建特色产业园区，为四川藏区经济社会发展注入新动能。

<hr>

① 尹力. 全面实现四川藏区贫困县脱贫摘帽［N］. 学习时报，2019 - 09 - 06（01）.
② 殷航. 成都对口帮扶藏区彝区"输血""造血"见成效［N］. 华西都市报，2018 - 06 - 26（01）.

在四川省内相对发达市（县、区）对口帮扶藏区工作加紧推进的同时，中央单位和东部地区对口帮扶也为四川藏区脱贫攻坚工作和社会事业发展提供了重要支撑。截至2019年8月底，已有5家中央单位定点帮扶四川藏区9个贫困县，累计投入帮扶资金9.85亿元；广东、浙江两省的13个市33个县扶贫协作、对口支持四川藏区32个贫困县，已累计投入帮扶资金30.8亿元①。根据中央第五次西藏工作座谈会议精神，国务院扶贫开发领导小组办公室安排浙江省作为四川藏区开展东西部扶贫协作的帮扶地，对四川藏区"2州32县"（甘孜州及下辖的18个县，阿坝州及下辖的13个县，凉山州的木里县）开展结对帮扶工作②。根据四川藏区"2州32县"的贫困程度、财政情况以及农牧民人均收入、产业特色等，由杭州市、湖州市、绍兴市、金华市结对帮扶甘孜州和凉山州木里县；温州市、嘉兴市和台州市结对帮扶阿坝州（见表3-4-2）。自2013年起，浙江省每年安排帮扶四川藏区资金1.37亿元，承担帮扶任务的每个县（市、区）每年出资300万元，用于各对口帮扶县（市）；7个市本级每市每年出资300万元，用于对口四川藏区各州本级；浙江省财政每年出资2000万元，用于对口地区的较大帮扶项目、人才培训等③。其后，根据《浙江省人民政府办公厅关于印发浙江省对口帮扶四川藏区工作实施方案的通知》（浙政办发〔2013〕78号）④，浙江省进一步拓宽对四川藏区的帮扶面，加大对四川藏区脱贫攻坚的资金支持。2015~2020年，浙江省对口帮扶四川藏区无偿援助资金每年按照5%的幅度增长，资金基数为1.4亿元⑤，用于四川藏区教育、产业、民生、就业创业和生态保护工作的开展，为四川藏区脱贫攻坚工作贡献了重要力量，同时也大大提高了四川藏区的公共服务水平。

表3-4-2 四川藏区对口帮扶简况 II

受帮扶地区	对口帮扶地区	受帮扶地区	对口帮扶地区
甘孜州	杭州市、湖州市、绍兴市、金华市	阿坝州	温州市、嘉兴市、台州市
马尔康市	温州乐清市	九龙县	金华市兰溪市
汶川县	台州市黄岩区	雅江县	绍兴市新昌县
理县	台州市临海市	道孚县	绍兴市上虞市
茂县	台州市玉环县	炉霍县	杭州市下城区
松潘县	嘉兴市桐乡市	甘孜县	杭州市富阳市
九寨沟县	嘉兴市嘉善县	新龙县	杭州市上城区
金川县	温州市瑞安市	德格县	杭州市余杭区
小金县	台州市温岭市	白玉县	杭州市江干区

① 尹力. 全面实现四川藏区贫困县脱贫摘帽 [N]. 学习时报，2019-09-06 (01).
② 邹渠. 浙江省对口帮扶四川省甘孜、阿坝、凉山32个藏区县 [N]. 四川日报，2012-02-14 (02).
③ 李宇. 浙江7市32县对口帮扶四川藏区2州32县 [N]. 四川日报，2013-07-31 (02).
④ 浙江省人民政府办公厅. 浙江省人民政府办公厅关于印发浙江省对口帮扶四川藏区工作实施方案的通知 [Z]. 2013-06-20.
⑤ 王铮铮. 浙江省加强对口帮扶四川藏区专项资金管理 [EB/OL]. http：//town. zjol. com. cn/system/2015/09/22/020844380. shtml，2015-09-22.

受帮扶地区	对口帮扶地区	受帮扶地区	对口帮扶地区
黑水县	嘉兴市海宁市	石渠县	杭州市西湖区
壤塘县	温州市鹿城区	色达县	杭州市萧山区
阿坝县	温州市瓯海区	理塘县	绍兴市绍兴县
若尔盖县	温州市龙湾区	巴塘县	绍兴市诸暨市
红原县	嘉兴市平湖市	乡城县	湖州市德清县
康定市	金华市东阳市	稻城县	湖州市安吉县
泸定县	金华市永康市	得荣县	湖州市长兴县
丹巴县	绍兴市嵊州市	木里县	金华市义乌市

资料来源：浙江省人民政府办公厅. 浙江省人民政府办公厅关于印发浙江省对口帮扶四川藏区工作实施方案的通知［Z］. 2013 - 06 - 20.

中央单位和省内外相对发达地区，政府部门以及社会各界对甘肃藏区的对口帮扶，对甘肃藏区发展提供了大量人力、物力和财力支持。省内帮扶模式主要为每个地级市帮扶一个贫困县，省外帮扶主体主要为天津市各区、国家部委和社会组织、企业等（见表3 - 4 - 3）。自2012年天津市和甘肃省签署了东西扶贫协作框架协议以来，截至2017年底，天津市对甘南州累计实现资金援助约2.95亿元，助力甘肃藏区脱贫攻坚，对甘南州的社会事业发展、人才培养引进、基础设施建设、特色产业发展等做出巨大贡献，提升了甘肃藏区县域公共服务的财力保障水平[①]。

表3 - 4 - 3 甘肃藏区对口帮扶地区简况

受帮扶地区	省内帮扶地区	省外帮扶地区	企业及其他
合作市	平凉市	天津滨海新区	中国海洋石油总公司
临潭县	兰州市	天津市东丽区	中国作协
卓尼县	兰州市	天津市河西区	中国建筑工程总公司
舟曲县	天水市	天津市和平区	中央组织部
迭部县	甘南州直扶	天津河东区	—
玛曲县	嘉峪关市	天津市河北区	—
碌曲县	白银市	天津市红桥区	长城电工股份有限公司
夏河县	庆阳市	天津市南开区	中国海洋石油总公司
天祝县	金昌市	天津市蓟州区	交通银行

资料来源：整理自甘肃藏区各县（市）政府网站及相关媒体报道。

---

① 甘南头条. 高原激扬海河情——天津市对口帮扶甘南州工作综述［EB/OL］. http：// gn. gansudaily. cn/ system/2018/08/31/017036869. shtml，2018 - 08 - 01.

2014 年,甘南州整合来自多方面的帮扶资金,共投入 3.14 亿元扶贫资金,新建农牧村道路 552 千米,解决了 28.7 万人饮水安全问题,大电网延伸范围内无电地区电力建设工程全部竣工,生产生活条件加快改善,实现减贫 7 万人,舟曲、玛曲两县及全州 33 个乡(镇)、200 个重点村基本脱贫;天祝县共争取专项扶贫资金 1.84 亿元,贫困面缩小到 24.6%,扶贫搬迁移民 2495 户 10170 人。2015 年,甘南州大力实施整村推进项目,落实扶贫贷款总额 48 亿元,对所有的建制村实现了扶贫互助社全覆盖,减少贫困人口 20.01 万人,贫困面由 51.3% 下降到 14.8%;天祝县累计争取财政专项扶贫资金 7.51 亿元,发放双联贷款 12.79 亿元、双业贷款 20.66 亿元、精准扶贫专项贷款 5.5 亿元、易地扶贫搬迁贷款 2.29 亿元。2016 年,甘南州共对 508 个村落进行了整村整改,修建农牧村道路 3740 千米,使 284 处饮用水的安全获得了保障,易地扶贫搬迁 10252 户 5.6 万人。截至 2016 年底,甘南州贫困人口减少为 6.85 万人,贫困发生率降至 11.6%,玛曲县达到脱贫标准;天祝县减贫 11728 人,3 个乡(镇)、13 个贫困村整体脱贫[①]。2016 年,天祝县争取财政专项扶贫资金 9.22 亿元,实施整乡推进项目 3 个,整村推进项目 61 个,其他财政专项扶贫项目 600 多个。2017 年,甘南州新建农牧村道路 866 千米,完成 D 级危房改造 960 户,D 级危房全面消除;天祝县整合财政涉农资金 5.59 亿元,实施 156 项脱贫建设项目,涉及 75 个贫困村、4.67 万贫困人口。2018 年,甘南州落实脱贫攻坚专项资金 28.79 亿元,实施"十大精准扶贫工程"项目 204 个,受益贫困人口 17.13 万人,合作市退出贫困县;天祝县建成村组道路 364.9 千米,保障了 7120 户贫困农牧民的饮水安全,新改建村卫生室 12 所、农村学校 8 所、村级文化体育健身场所 20 个,改造危房 876 户,建成易地扶贫搬迁住宅 99 套、货币化安置 107 户[②]。

2008 年,国务院印发《关于支持青海等省藏区经济社会发展的若干意见》(国发〔2008〕34 号)[③],进一步为青海藏区社会事业发展提供重要政策保障。2010 年,中央第五次西藏工作座谈会议作出了"对口援青"重大部署,人力资源和社会保障部以及北京、天津、上海、江苏、浙江、山东 6 省市按照党中央的决策部署,积极开展对口帮扶青海藏区工作。除了兄弟省市的对口帮扶,国有企业也积极对口帮扶青海藏区,中铁总公司、中化集团、中石油集团、中石化集团、华电集团等国有企业对口帮扶青海藏区,从人力、物力、财力等方面给予大力支援。在政策引导和当地特色资源牵引下,大量民营企业(异地商会)也对青海藏区众多贫困村开展结对帮扶。截至 2018 年底,青海藏区贫困发生率从 2012 年底的 26.4% 下降到 4.20%,实现 17 个贫困县摘帽,567 个贫困村退出,23.9 万贫困人口脱贫[④]。

2011 年,江苏省初步编制完成《江苏省对口帮扶青海藏区海南州综合规划(2011—2015 年)》和《海南州经济协作项目册》,安排公共服务、基础设施、农牧民扶贫、生态环境四大类 94 个援建项目,规划援助资金总额 14 亿元。截至 2019 年底,江苏省在青海藏区海南州共投入援建资金 22.77 亿元,实施援建项目 240 项,两地累计开展各层次考察

---

① 马虎成,朱智文,马东平.甘肃民族地区发展分析与预测(2018)[M].兰州:甘肃人民出版社,2018.
② 资料来源于甘肃藏区各县(市)历年政府工作报告.
③ 国务院办公厅.关于支持青海等省藏区经济社会发展的若干意见(国发〔2008〕34 号)[Z].2009-06-01.
④ 姜峰.截至 2018 年底,青海藏区的贫困发生率下降到 4.2%[N].人民日报,2019-04-02(08).

交流 900 次共 8000 余人次，缔结了一批友好县（市）、乡（镇）和社区①。浙江省委省政府自 2010 年初至 2019 年末，从政策、人力、物力、财力等方面对口帮扶青海藏区海西州，累计安排援青资金约 10.7 亿元，实施援青项目 203 个，建成了一批惠民生、强基础的项目，有力支持海西州基础设施建设和社会事业发展②。按照《山东省助推青海海北州脱贫攻坚行动计划》，山东省与青海藏区海北州共同编制了《海北州旅游发展总体规划》《海北州乡村旅游发展规划》《海晏县全域旅游发展规划》等，建立了省内各有关部门支持青海藏区海北州脱贫攻坚的机制，涵盖民生、产业、就业和人才脱贫等多个方面③。截至 2018 年底，共投入财政帮扶资金约 13.21 亿元，实施项目 135 个④，合力推动海北州民族特色文化旅游向全域化、纵深化发展。上海市对口帮扶青海藏区果洛州以来，截至 2018 年底，在果洛州共实施 522 个援助项目，投入资金将近 18 亿元，推动果洛州经济社会发展和民生改善⑤。天津市对口帮扶青海藏区黄南州以来，截至 2018 年底，累计落实帮扶资金近 6 亿元，实施援建项目 172 个，签订各领域帮扶合作协议 40 余项⑥。北京市援助青海藏区玉树州以来，截至 2018 年底，累计安排援助资金 22.04 亿元，建设 396 个项目，帮扶当地道路、管网等市政基础设施和公共服务设施建设实现跨越式发展，极大改善了当地群众的生产生活条件⑦（见表 3-4-4）。

表 3-4-4 青海藏区对口帮扶地区简况

受帮扶地区	省内（外）帮扶地区	受帮扶地区	省内（外）帮扶地区
海北州门源县	山东省威海市	果洛州达日县	上海市奉贤区
海北州祁连县	山东省滨州市	果洛州久治县	上海市嘉定区、青海省海东市
海北州海晏县	山东省临沂市	果洛州玛多县	上海市黄浦区
海北州刚察县	山东省聊城市	玉树州玉树市	北京市密云区
黄南州同仁县	天津市滨海新区	玉树州杂多县	北京市怀柔区
黄南州尖扎县	天津市滨海新区	玉树州称多县	北京市石景山区
黄南州泽库县	天津市滨海新区	玉树州治多县	北京市丰台区
黄南州河南县	天津市滨海新区	玉树州囊谦县	北京市西城区
海南州共和县	江苏省常州市	玉树州曲麻莱县	北京市昌平区

① 王珺. 聚力深耕厚土 大爱涌动高原——江苏省对口帮扶海南州工作纪实 [N]. 青海日报, 2019-08-05 (02).

② 青海省海西蒙古族藏族自治州人民政府. 海西州着力打造优势互补互利共赢对口帮扶新格局 [EB/OL]. http://www.haixi.gov.cn/info/1113/168776.htm, 2017-05-15.

③ 单保江. 山东对口帮扶青海海北州 今年总投资 2.06 亿元 [N]. 经济日报, 2017-08-14 (03).

④ 尹耀增. 镌刻在海北大地的齐鲁符号——山东省对口支援海北州工作纪实 [N]. 青海日报, 2019-06-22 (02).

⑤ 甘德政务. 上海市政府合作交流办、青海省发改委、果洛州对口受援办一行赴甘德县开展调研 [EB/OL]. http://www.sohu.com/a/343426202_120206091, 2019-09-25.

⑥ 天津市民宗委. 天津围绕医疗援青精准帮扶黄南州 [EB/OL]. http://www.seac.gov.cn/seac/xwzx/201905/1133516.shtml, 2019-05-09.

⑦ 张雷, 洪玉杰. 北京对口帮扶青海玉树 情暖三江源 [EB/OL]. http://www.cssn.cn/zx/shwx/shhnew/201805/t20180524_4302814.shtml? COLLCC=3038685904&, 2018-05-24.

续表

受帮扶地区	省内（外）帮扶地区	受帮扶地区	省内（外）帮扶地区
海南州同德县	江苏省盐城市	海西州格尔木市	浙江省温州市
海南州贵德县	江苏省南通市	海西州德令哈市	浙江省杭州市
海南州兴海县	江苏省徐州市	海西州乌兰县	浙江省湖州市
海南州贵南县	江苏省扬州市	海西州都兰县	浙江省嘉兴市
果洛州玛沁县	上海市虹口区	海西州天峻县	浙江省宁波市
果洛州班玛县	上海市青浦区、青海省西宁市	海西州冷湖行委	浙江省金华市
果洛州甘德县	上海市长宁区	海西州大柴旦行委	浙江省绍兴市
海北州门源县	山东省威海市	果洛州达日县	上海市奉贤区
海北州祁连县	山东省滨州市	果洛州久治县	上海市嘉定区、青海省海东市

资料来源：人民日报记者.携手奔小康行动结对帮扶名单［N］.人民日报，2017－01－06（09）.

云南藏区迪庆州的对口帮扶力量主要来源于省内的昆明市和省外的上海市，以及南方电网公司、云南电网公司、中国长江三峡集团公司、上海市闵行区妇联及区女企业家协会等（见表3－4－5）。昆明市自1996年与迪庆州结为友好州（市）以来，持续支持迪庆州，特别是香格里拉市的人居环境改造、教育发展、产业扶持等多个领域多个项目建设。截至2018年底，昆明市对迪庆州共实施对口帮扶和社会合作项目约519项，累计投入资金约2.78亿元①。上海市自2004年开始对口帮扶迪庆州，截至2018年底，累计实施对口帮扶项目约978项，投入对口帮扶资金约9.95亿元，为迪庆州县域公共服务的财力保障提供一定支撑。

表3－4－5　行业及社会组织对口帮扶云南藏区简况

企业	时间	受帮扶地区	领域
南方电网公司	2016～2020年	迪庆州全州	基础设施建设、定点扶贫、基本公共教育
云南电网公司	2016～2019年	迪庆州全州	特色农业
中国长江三峡集团公司	2016～2019年	维西县	民族能力素质提升、产业培育、基础设施建设、文化体育、生态能源建设
上海市闵行区妇联及区女企业家协会	2016～2019年	迪庆州全州	基本公共教育、母婴护理

资料来源：黄晓丽.昆明、上海对口帮扶迪庆综述［EB/OL］.http：//www.xgll.com.cn/xwzx/2019－07－30/content_355693.htm，2019－07－30.

（二）夯实四省藏区公共服务的经济基础

精准扶贫促进四省藏区特色产业发展和劳动力素质提升，不仅增强县域公共服务的财力保障，也促进县域公共服务的经济基础夯实。依托精准扶贫战略，大批基础设施、产业发展、社会事业项目落地四省藏区，促进四省藏区经济发展，社会进步和民生改善，群众

---

① 黄晓丽.昆明、上海对口帮扶迪庆综述［EB/OL］.http：//www.xgll.com.cn/xwzx/2019－07－30/content_355693.htm，2019－07－30.

生活水平逐步提升，公共服务条件明显改善。同时，对口帮扶单位、地区和企业等，也帮助四省藏区拓宽对外开放窗口，带来先进的产业技术和市场信息等，有助于构建产业扶贫的长效机制，夯实四省藏区公共服务的经济基础。

近年来，四川藏区各地根据自身实际情况，借助对口援助单位、地区和企业的资金技术和销售市场优势，因地制宜地发展各类农牧产业助力脱贫，夯实县域公共服务经济基础取得明显成效。成都市高新区对口帮扶甘孜州德格县，合力建起马尼干戈镇牦牛奶加工基地，帮助贫困户养殖奶牛增收。通过格萨尔机场空运鲜奶至成都各大商超出售，农牧民到牦牛奶加工基地打工等途径，帮助当地贫困户每户每月增收 2400 元左右。广东省对口帮扶四川藏区，将"粤菜师傅"工程导入省际技能扶贫协作项目，先后在甘孜州的泸定县和康定市展开贫困群众烹饪技能培训，并在优秀学员开办（或就业）的农家乐建立"粤菜师傅"创业示范点，由授课师傅或所属培训机构给予长期技术支持。成都市锦江区对口帮扶甘孜州炉霍县，建成蔬菜大棚 200 多座，培育高原有机小番茄等炉霍标志农产品品牌，惠及 80 多个贫困村。浙江省对口帮扶四川藏区重点实施的产业合作工程，鼓励浙江省内企业积极帮助四川藏区能源、矿产资源、农牧产品、民族制药、旅游文化、生态农牧业等发展，积极支持"甘—眉工业园区""成—阿工业园区"建设①。通过"万企帮万村"精准扶贫行动，截至 2019 年 8 月底，四川省内 1000 多户民营企业全覆盖结对帮扶四川藏区 1007 个贫困村②，帮扶四川藏区村集体经济发展壮大，带动县域经济社会发展，为藏区基本公共服务均等化夯实县域经济基础。

各级政府部门和企业、社会组织等对甘肃藏区的产业扶贫项目，从生态旅游、特色产业、劳务培训、就业帮扶、电商扶贫等方面不断提升当地经济的内生发展动力，夯实甘肃藏区县域公共服务的经济基础。中国建设工程总公司对口帮扶甘肃藏区卓尼县，已帮助当地建成多项旅游、教育、农牧村基础设施项目和特色产业示范区项目③，帮助当地学校建立阳光书屋，捐赠图书 4000 多册，截至 2016 年底，累计投入帮扶资金 2600 多万元。长城电工对口帮扶甘肃藏区碌曲县，对当地基础设施建设给予很大帮助。交通银行对口帮扶甘肃藏区天祝县，2018 年共投入帮扶资金 1000 万元，实施了贫困村旱厕改造、电商培训、基层组织建设、教育设备购置等项目，帮助改造 1700 多座旱厕，实施 8 个村的基层党组织标准化建设项目，为 3 所医院配备巡回医疗车和救护车，为中小学校、幼儿园购置教学设施，有效提升天祝县公共服务基础设施水平④。中国作家协会从 1998 年开始帮扶甘肃藏区临潭县，通过实施文化扶贫工程，对当地文化工作者进行专业培训，组织当地数十位作家书写反映临潭人文风情和旅游资源的作品⑤，多方宣传临潭县民俗风情和特色农牧产品等，帮助当地打造特色文化旅游品牌。

---

① 杭州市人民政府办公厅．杭州市人民政府办公厅转发市经合办关于 2013—2016 年对口帮扶三峡库区移民和对口帮扶四川脱贫工作意见的通知［Z］．2013－07－23．

② 尹力．全面实现四川藏区贫困县脱贫摘帽［N］．学习时报，2019－09－06（01）．

③ 吴晓燕，鲁明．中国建筑集团有限公司定点帮扶甘肃省卓尼县见闻［N］．农民日报，2018－05－21（02）．

④ 武威市天祝县政府信息公开．交通银行调研组调研天祝县脱贫攻坚及对口帮扶工作［EB/OL］．http：//www.gstianzhu.gov.cn/xxgk/xxgkml/zdly/fpgz/201902/t20190201_102892.html，2019－02－05．

⑤ 临潭县人民政府．钱小芊在临潭县开展对口帮扶［EB/OL］．http：//www.gnrtv.com/index/2019－12/26/cms26781article.shtml，2019－12－01．

青海省把产业扶贫作为构建精准扶贫稳定增收长效机制的关键举措，为青海藏区县域公共服务借力精准扶贫站上新台阶夯实经济基础。2018 年，青海省累计整合财政涉农资金157.6 亿元，实现了藏区 30 个贫困县扶贫产业园、贫困村互助发展资金、村级光伏扶贫项目、有贫困人口的非贫困村村级集体经济扶持资金、有劳动能力的贫困人口到户产业扶持资金"五个全覆盖"①，构建起"户有增收项目、村有集体经济、县有扶贫产业园"的扶贫产业格局。针对贫困县特色产业能力弱、龙头企业少、贫困农牧民组织化程度低等问题，青海省给各县注入 1500 万元资金引导建设产业园区，推动扶贫产业集聚发展，在每个贫困村投放 50 万元互助发展资金，州县两级配套跟进，助推互助协会成员发展特色产业，多方增强县域公共服务的经济基础②。

同时，各地对青海藏区的产业扶持工作也不断取得新突破，助力青海藏区夯实县域公共服务的经济基础。2018 年 12 月，青海省与援青地区北京、天津、上海、江苏、浙江、山东六省（市）签署战略合作协议，促使阿里巴巴、苏宁易购、美团、拼多多等一批知名电商企业，在新能源、新材料、有色金属、装备制造、特色轻工、农牧业产业化等领域，与青海藏区达成多个产业合作项目。北京市对口帮扶青海藏区玉树州，通过设立玉树州产业发展专项资金，扶持当地农畜产品加工、民族手工艺品生产、商贸旅游等 30 家龙头企业发展壮大；协助引进首农、首旅等知名企业，与玉树州当地政府组建合资企业，把玉树州牦牛肉、奶制品、黑青稞、手工艺品等特色产品引进各大超市③。天津市对口帮扶青海藏区黄南州，通过实施河南县文化旅游园区、同仁县热贡文化旅游产业园、尖扎县黄河旅游产业园、泽库县有机畜牧产业园、河南县蒙藏文化融合旅游产业园等 15 个项目，带动当地贫困群众就业增收；依托天津滨海新区的产业技术优势，帮助黄南州培育新能源新材料、电子商务、文化旅游、农畜养殖四大重点产业，为黄南州注入经济发展新动能④。上海市对口帮扶青海藏区果洛州，通过投资建设甘德县青珍乡牦牛集中养殖基地、久治县牦牛产品加工基地和格萨尔文化旅游产业基地等项目，帮助当地发展壮大农牧民专业合作社；联系上海企业与果洛州 22 个牧业合作社（村）合作，举办"2018 年上海市对口帮扶地区特色商品展销会"等。江苏省对口帮扶青海藏区海南州，通过签订《青电送苏框架协议》，实现海南州清洁能源跨区外销江苏；投资 7000 万元在青海藏区建设绿色产业发展园，协助引进远景新能源、苏美达、协鑫新能源等多家江苏企业先后落户海南州⑤。浙江省对口帮扶青海藏区海西州，协助引进浙江中控集团、正泰集团、浙江联大化工有限公司等企业落户青海藏区，签约项目 14 个，签约金额约 115.3 亿元⑥。山东省对口帮扶青海藏区海北州，协助引进企业合作建设海晏县山楂种植基地、门源县菜籽油深加工基地和冷水

① 孙海玲. 让脱贫带来"稳稳的幸福"［N］. 青海日报，2019 – 10 – 29（02）.
② 张多钧，刘法营. 奋斗新时代　建设新青海——迎接全省两会专题报道［N］. 青海日报，2019 – 01 – 24（02）.
③ 新华社记者. 北京对口援建青海玉树　助当地精准脱贫长期发展［EB/OL］. http：//www. sohu. com/a/304994360_ 267106，2019 – 03 – 31.
④ 刘伟. "援青阳光"洒满热贡大地——天津市对口帮扶黄南州工作纪实［N］. 青海日报，2018 – 10 – 10（05）.
⑤ 王珺. 聚力深耕厚土　大爱涌动高原——江苏省对口帮扶海南州工作纪实［N］. 青海日报，2019 – 08 – 05（02）.
⑥ 马震东. 心手相牵援建情——浙江省对口帮扶海西州工作综述［N］. 青海日报，2018 – 06 – 21（02）.

鱼种苗繁育及养殖中心等。

近年来，云南藏区迪庆州全面整合涉农资金和财政专项资金，统筹推进易地扶贫搬迁、农村安居工程、农村道路硬化、农田水利设施建设等项目，积极推广"企业 + 专业合作社 + 贫困户"等产业发展模式，因地制宜发展中药材、蔬菜、青稞、干果、牦牛、土鸡等种养殖业；大力培育特色产业合作社等集体经济组织，努力实现每村每户都有主导产业和增收门路；加强贫困群众的技能培训，帮助贫困家庭富余劳动力转移就业①。通过组织偏远山区村民易地搬迁，因地制宜发展特色产业，强化生态保护，依托绿水青山发展全域旅游等措施，促进县域经济绿色发展和当地群众增收致富；加大社会保障兜底贫困群众的力度，解决因灾、因病致贫返贫和因贫辍学等问题，多方面促进县域基本公共服务均等化，增强贫困群众的内生发展动力。

近年来企业及社会组织对口帮扶云南藏区也取得明显成效。南方电网公司于 2016 年 10 月与迪庆州人民政府签订了《南方电网公司"十三五"期间精准扶贫对口帮扶迪庆州框架协议》，从电力行业扶贫、定点扶贫和教育扶贫等方面促进迪庆州经济社会发展。通过持续加强迪庆州电网建设，政策倾斜支持迪庆州中小水电外送，选派干部到维西县永安村挂职，支持维西县特色产业发展等，持续加大对迪庆州的产业扶持和人才培养力度②。云南电网公司帮助创办了维西县特色农业扶贫开发有限公司，从 2016 年起每年投入 600 万元扶贫资金，派出管理团队负责扶贫公司运营，建成 300 多亩羊肚菌种植示范基地，带动周边群众种植 300 余亩，带动维西县贫困农牧民增收致富③。中国长江三峡集团公司（以下简称三峡集团）于 2016 年与云南省人民政府合作编制并启动实施《三峡集团帮扶维西县普米族精准脱贫攻坚总体方案（2016 - 2019）》，2016 ~ 2019 年每年投入 3000 万元，用于维西县人口较少民族能力素质提升，地区安居建设、产业培育、基础设施建设、生态能源建设等④。多方力量支持云南藏区经济社会发展，截至 2019 年 1 月底，云南藏区的贫困发生率从脱贫攻坚之初的近 25% 下降到 3.57%⑤。

（三）壮大四省藏区公共服务的人才队伍

精准扶贫战略实施以来，全国各地区、各行业大量专业技术人才和行政管理干部赴四省藏区工作，直接壮大四省藏区公共服务队伍。同时，对口帮扶四省藏区的各地政府部门也积极帮助贫困地区培训和引进各类专业技术人才，加强对口帮扶地区和受扶地区的干部和技术人才双向交流，为四省藏区公共服务人才队伍的壮大提供了重要支撑。

据不完全统计，截至 2016 年底，四川省的成都、攀枝花、泸州、德阳、绵阳、眉山、

---

① 迪庆州人民政府. 2018 年迪庆藏族自治州人民政府工作报告［Z］. 2019 - 06 - 01.

② 赵晏尼. 南方电网与迪庆州签订对口帮扶协议［EB/OL］. http：//www. yn. chinanews. com/news/2016/1018/17438. html，2016 - 10 - 18.

③ 农民日报记者. 云南藏区迪庆州维西傈僳族自治县：特色产业拓宽农民致富路［N］. 农民日报，2019 - 03 - 19（02）.

④ 张锦明，罗文林. 三峡集团真情帮扶迪庆州维西"直过民族"脱贫［EB/OL］. http：//m. tibet3. com/news/zangqu/yn/2018 - 07 - 02/81869. html，2018 - 07 - 02.

⑤ 杨文明. 近富口袋 远富脑袋（纵深·"三区三州"看脱贫）［EB/OL］. http：//www. paidf. cn/index. aspx?lanmuid = 84&sublanmuid = 817&id = 1531，2019 - 04 - 04.

宜宾等市，累计选派援藏干部和技术人才 3677 名①，为四川藏区公共服务带来新理念和新技术。浙江省对口帮扶四川藏区重点实施的民生帮扶、人才培训和产业合作三项帮扶工程中，人才培训工程充分利用浙江省人才优势，帮助四川藏区培训医疗卫生、文化教育等领域的公共服务高素质技术人才、基层干部和企业管理人员以及农牧业致富带头人等，促使四川藏区领导干部、技术人才和农牧民等转变发展理念，拓宽发展思路，增强他们带领当地群众脱贫致富的能力②。在政府部门对四川藏区公共服务人才队伍培养展开援助基础上，国有企业等也从多方面帮助四川藏区增强公共服务人才能力。以国家电网四川电力公司（以下简称国电四川公司）为例，2018 年，国电四川公司根据四川藏区的现实需求，不仅从各对口帮扶单位选派了 95 名援藏干部和技术人员到四川藏区开展工作，还从四川藏区选拔了 23 名具备较好基础的员工到帮扶单位进行培养锻炼③，双向互动强化四川藏区电力服务人才保障。国电四川公司本部所有部门及所属 16 个地市供电公司，分别与甘孜州、阿坝州和凉山州木里县的 29 个县级供电公司结成对口帮扶关系。定期从帮扶单位选派符合藏区实际需求的管理、技术和技能骨干人员到藏区对口单位开展工作，援藏人员还和藏区本地工作人员签订师徒合同，采取"师带徒"的方式为四川藏区培养人才。

天津市采取多种方式对口帮扶甘肃藏区，帮助甘肃藏区培养各级各类公共服务专业技术人才是其中一项重要内容。由天津市出资，委托天津医科大学、天津中医药大学，天津医科大学临床医学院开展针对甘南州的定向招生活动，截至 2019 年底，已招收培养 400 多名学生，有近 200 名毕业生回到甘南州各级医疗卫生服务机构工作，为当地医疗卫生事业单位培育了宝贵的专业技术人才；天津市先后帮助甘南藏区骨干医师近 500 人到天津进行为期 1 年的进修学习，还为卓尼县人民医院捐赠了价值 80 万元的医疗设备④。

中央单位和兄弟省（市）发挥各自优势，采取多种方式支持青海藏区公共服务人才队伍发展壮大。自 2009 年 3 月国家人力资源和社会保障部（以下简称人社部）与青海省人民政府签署《共同推进青海藏区人力资源社会保障事业发展和改革备忘录》⑤时起，人社部会同中央有关部门支持青海藏区三江源地区开展了草原生态管护公益性岗位试点工作，建立三江源地区农牧民技能培训和转移就业补偿机制，协调召开了援青省市对口帮扶藏区高校毕业生就业工作座谈会，开展了中央企业面向青海招聘高校毕业生专场活动等；支持青海藏区实施基层专业技术人才"111 培训工程"、三江源人才培训工程、藏区基层公务员轮训工程等⑥。上海市在对口帮扶青海藏区工作过程中，先后派出三批 48 名干部赴果洛州；天津市对口帮扶青海藏区黄南州，组织多期黄南州医疗技术人员、财务管理人员、镇

---

①　袁菡苓，高红霞. 四川省内对口帮扶藏区 32 个贫困县"五年蓝图"全部出台实施［EB/OL］. http：// sc. people. com. cn/n2/2017/0509/c345167 -30152577. html，2017 -05 -09.

②　王东. 浙江对口帮扶四川 32 个藏区县　每年 1. 37 亿元［EB/OL］. http：//img1. tibet. cn/tibet_ cn/newzt/ yuanzang/ yzdt/201308/t20130828_ 1923847. htm，2013 -08 -28.

③　《农村电工》编辑部. 国网四川电力选派 95 名员工赴藏区开展帮扶工作［J］. 农村电工，2018，26（9）：4.

④　徐锦涛. 情润草原　携手小康——天津市持续深化对甘南州东西部扶贫协作和对口帮扶工作纪实［N］. 甘肃日报，2019 -12 -06（03）.

⑤　洛桑才让. 人力资源和社会保障部与省政府签署《共同推进青海藏区人力资源社会保障事业发展和改革备忘录》［EB/OL］. https：//www. tibet3. com/Special/content/2009 -03/13/content_ 74532. htm，2009 -03 -13.

⑥　张蕴. 对口援青为青海藏区人力资源和社会保障事业注入蓬勃后劲［N］. 青海日报，2017 -09 -26（05）.

卫生院院长赴天津培训，累计超过 200 余人到天津进修学习①；山东省对口帮扶青海藏区海北州，共同连续举办海北州全域旅游示范州和 5A 级景区创建培训班、全域旅游和乡村旅游发展培训班、旅游行业管理培训班、未就业人员旅游业务技能培训班等 10 余个班次，并将海北州人才培养列入山东省乡村旅游赴海外精准交流培训计划，组织赴我国台湾地区、日本考察学习。

对口帮扶云南藏区迪庆州的上海市闵行区、嘉定区和宝山区，多年来主要针对迪庆州的医疗卫生、文化教育等技术力量薄弱领域，展开专业技术人才培训对口帮扶工作。2018年，上海市派遣专业技术人员对迪庆全州县乡两级医院共 100 名医疗卫生技术骨干人员进行常见病的诊断与治疗培训；邀请迪庆州高原心血管疾病专科领域 12 名医疗技术和护理人员以及 40 名医院管理人员和诊疗科室业务骨干前往上海市交通大学瑞金医院开展专业技术培训；派遣全国知名专家学者和领导干部到迪庆州开展 3 期党务工作者、大学生村官、选调生专题讲学；邀请 100 名迪庆州处级领导干部到上海同济大学开展 2 期培训；选派 100 名迪庆州教师赴上海师范大学、上海市信息化示范校及上海市知名高中学校进行系统的教材教法跟岗学习培训②。

（四）促进四省藏区公共服务水平的提升

随着国家精准扶贫战略的大力实施，中央和地方财政对四省藏区民生社会事业发展的大力支持，中央单位、兄弟省（市）、企业和社会组织对四川藏区全方位、宽领域的对口帮扶，四省藏区公共服务基础设施建设水平、基本公共服务水平和专业技术人员素质均实现了跨越式提升。

浙江省对口帮扶四川藏区的民生帮扶工程，紧紧围绕四川藏区"连片开发整村推进""牧民定居行动计划""产业发展"等重点领域，援建农牧民定居点、供水站等公共服务基础设施，引导农业龙头企业帮助四川藏区建设优质特色农产品基地；探索交通基础设施水平提升基础上的"交通＋"特色帮扶模式，在黑水县、小金县、壤塘县和色达县分别探索实施"交通＋移民＋产业""交通＋电商＋产业""交通＋生态＋文化＋旅游"和"交通＋产业＋教育"扶贫项目，以交通基础设施建设带动教育、文化等公共服务水平提升，带动当地经济社会发展。截至 2018 年底，小金、黑水、壤塘和色达 4 个县的贫困发生率已降至 2.5%。

天津市对口帮扶甘肃藏区，促进甘南州和天祝县基本公共教育服务、基本医疗卫生服务、公共服务基础设施建设、乡村群众住房保障等方面快速发展。基本公共教育服务方面，天津市帮助实施了甘南州临潭县八角乡小学教学楼、夏河县桑科乡双语幼儿园、甘南州中等职业学校教学楼建设等项目，改善提升了 40 个贫困村"双语"幼儿园教学设施；对甘南州藏族中学建档立卡贫困户藏族学生给予生活补助，开设天津援藏特困生高中班，让品学兼优的特困藏族学生接受优质高中教育，助推贫困藏区群众文化素质提升。基础设施建设方面，天津市帮助天祝县实施了石门镇马营坡新农村基础设施及产业园区建设、黄

---

① 刘伟."援青阳光"洒满热贡大地——天津市对口帮扶黄南州工作纪实［N］. 青海日报，2018－10－10（05）.

② 迪庆州人民政府扶贫开发办公室对口帮扶科. 2018 年度上海市对口帮扶迪庆州项目公告公示［EB/OL］. ht-tp：//www. diqing. gov. cn/xwzx/tzgg/08365239649563656932，2018－07－04.

草川生态移民基础设施建设、哈溪镇东滩村文化活动场所建设等 12 个项目①。乡村群众住房保障方面，截至 2017 年底，天津市帮助甘南州完成了 28 个援建示范村和生态文明小康村建设项目以及一个易地整村搬迁项目，有力改善了项目村的生活环境和生产条件；帮助天祝县建成南阳山生态移民小康工程住宅 1090 套，新建渠系 10 千米，着力培育新农村示范点，改造农牧村人居环境。此外，中央组织部帮助甘南州舟曲县大力发展民生事业，协调了兰州大学附属第一医院、第二医院派遣 9 批共 73 名专家到舟曲县义诊，协调常州市每年派遣两批青年骨干教师到舟曲县支教，争取各界爱心捐款 500 余万元，用于改善舟曲县办学条件，协调国家能源局、国家电网公司等单位降低舟曲县的配电价格②。

江苏省对口帮扶青海藏区海南州，推动海南州公共服务多个方面取得明显进步。2011年开始，江苏省开设江苏海南高中班；2012 年支援海南州建设贵南县城关第二幼儿园、贵德县河西镇寄宿制学校运动场等；2018 年江苏省 6 所高等职业技术院校招收海南州中职学生 118 名，实施三年免费职业教育，采取多种方式助力海南州公共教育服务水平提质升量。2016 年江苏省开展医疗卫生服务援助青海藏区活动，通过多项举措提升海南州医疗卫生整体水平。派驻援青医生并协调开展学术讲座，协助建立医疗卫生服务规范标准，引进医疗卫生服务新技术；开展"江苏名医进海南"活动，协调 21 批 110 余名专家与海南州各级医院结对共建，为当地群众免费义诊 600 余人次；海南州人民医院、贵德县人民医院与江苏省人民医院等建立了远程会诊系统；动员江苏各方资源筹集公益活动及援助资金开展"心佑工程青海行""光明行"活动，免费救助青海藏区先天性心脏病患儿和白内障患者；等等③。

浙江省对口帮扶青海藏区海西州，从基本公共教育、医疗卫生、公共文化体育服务水平提升等方面，助力海西州社会事业发展。在基本公共教育方面，2014 年浙江省选派 17名支教教师带去科学的管理方法和先进的教育理念④；2015 年通过"互联网+教育"模式成立浙江省名师德令哈工作室，两地师生可借助远程视频互动教学；绍兴市北海小学教育集团在大柴旦行委设立分校，资助浙江师大附中藏族班学生"民族团结进步"夏令营赴浙江游学；等等。在基本医疗卫生方面，浙江省通过市（县）医院结对帮扶、骨干医院远程网络服务等模式，实现浙江省内医疗系统对青海藏区病人的远程会诊；2015 年，在天峻县开展"千人筛查、百人复明"医疗援助工程，开展"红船关爱""心起点"先天性心脏病儿童救助项目等，提升青海藏区医疗卫生服务水平。在公共文化体育方面，通过举办"美丽柴达木、相约西子湖""醉美昆仑·梦回钱塘""心手相牵援建情"等主题的文化走亲、旅游推介活动，共建"浙江援青林"等，加深浙江省和青海藏区的文化交流⑤。

山东省对口帮扶青海藏区海北州，采取多种方式推动当地社会事业进步。2010 年起开设威海海北高中班，2015 年在临沂、聊城、滨州 3 市各开设 1 个对口帮扶海北高中班，山东海北班学生生均补助经费从 2010 年的每生 8000 元提高到 2016 年的每生 15000

① 李卫泰. 天津市对口帮扶助力天祝县脱贫攻坚［N］. 武威日报，2017 - 07 - 24（02）.

② 甘肃日报记者. 中组部舟曲扶贫工作组深入推进对口帮扶工作［N］. 甘肃日报，2015 - 10 - 15（02）.

③ 王珺. 聚力深耕厚土　大爱涌动高原——江苏省对口帮扶海南州工作纪实［N］. 青海日报，2019 - 08 - 05（02）.

④ 海西州人民政府对口受援办. 浙江省加大智力帮扶力度强化海西人才支撑［EB/OL］. http：//www. haixi. gov. cn/info/egovinfo/4202/xxgk/info/zsj - 02_ /2015 - 1225001. htm，2015 - 12 - 22.

⑤ 马震东. 心手相牵援建情——浙江省对口帮扶海西州工作综述［N］. 青海日报，2018 - 06 - 21（02）.

元①；山东农业大学每年向海北州制定定向招生计划；帮助建设海北州幼儿园、门源县实验幼儿园、海北州第三高级中学运动场和宿舍楼配套等项目；选择山东华宇工学院、山东旅游职教集团职业院校等，"组团式"帮扶海北州职业学校；开展中小学结对援助活动，选派150多名优秀教师赴海北州支教；借助海北州教育云平台将山东省的优质教师资源与海北州共享，对海北州教师进行远程培训。山东省14家省市级医院与海北州全部9家二级医院结对，援助建设海北州高原康复疗养中心，选派5批次30位专家到海北州开展对口支援工作。山东省投资帮助建设刚察县广播电视综合楼项目、浩门镇健康服务中心项目、全州农牧区电子商务平台及基础设施建设项目、12个乡（镇）电商服务站项目；等等。

上海市对口帮扶青海藏区果洛州，在基本公共教育、基本医疗卫生和公共服务基础设施建设方面也做了很多工作②。通过援建果洛州玛沁县大武幼儿园项目，组织玛多县中小学生赴黄浦区开展"手拉手"夏令营活动，动员上海社区公益组织为玛多县中小学开展远程公益教学服务，投资建设果洛中学等40所学校，建立上海果洛职业教育联盟等方式，提升果洛州基本公共教育服务水平。通过投资引进CT设备等先进医疗硬件设施，为果洛州的多种疾病治疗填补空白；上海市第九人民医院、龙华医院、华山医院等分别帮助果洛州人民医院建起了新生儿听力筛查中心、肛肠外科，以及为一州六县农牧民提供听力残疾鉴定的全新眼耳喉鼻科；启动上海五家三甲医院对果洛州、县、乡三级医疗机构全免费远程会诊项目等，推动果洛州基本医疗卫生服务水平提升。通过实施高原美丽乡村建设"小雨露"工程等，实施建设牧民群众"急、难、愁、盼"的基础设施建设项目，助力当地公共服务基础设施完善。

天津市对口帮扶青海藏区黄南州，在当地实施了一大批发展急需的民生项目。基本公共教育服务方面，天津市与黄南州签订了结对帮扶协议，确定了名师进黄南、校际结对帮扶、教师培训与远程教育对接、100名三好学生赴天津访学的五项帮扶计划；派送名师赴黄南州进行为期一年半的支教工作，短期派送教师支教和大学生顶岗实习；援建黄南州同仁县第二幼儿园；等等③。基本医疗卫生服务方面，实施了黄南州医院天津医技楼援建项目；探索形成"N—1—N"携手支援合作的新模式，包括天津市第五中心医院与黄南州人民医院的合作、天津市疾病预防控制中心与黄南州疾病预防控制中心等的合作，天津市帮扶的黄南州人民医院又与曲库乎乡中心卫生院等15个乡镇卫生院签订帮扶协议等；协调捐赠采血车、中频治疗仪等医疗设备；援青医疗团队在黄南州开展"心脏介入""腹腔镜""肺栓塞溶栓"等20余项医疗手术，填补黄南州医疗空白；帮助建设标准化村卫生室20个，开展因病致贫、返贫贫困农牧民疾病免费筛查活动，天津市眼科医院在黄南州实施免费白内障复明手术，天津泰达国际心血管病医院在黄南州开展贫困儿童先天性心脏病免费筛查活动；开展"名医进黄南"天津医学专家大型义诊巡诊活动；天津滨海新区向黄

① 海北州教育科技局.山东省对口支援海北州教育事业，你了解吗？［EB/OL］.http：//www.sohu.com/a/74574866_355206，2016-05-10.
② 兰天鸣.新华社点赞！第三批上海援青干部人才续写藏区传奇［EB/OL］.http：//www.sohu.com/a/330328341_391459，2019-07-30；解放日报记者.上海援青干部积极为农产品找销路　果洛特色农产品将来沪展销［N］.解放日报，2018-10-15（02）.
③ 刘伟."援青阳光"洒满热贡大地——天津市对口帮扶黄南州工作纪实［N］.青海日报，2018-10-10（05）.

南州捐赠总价值近3000万元的移动式车载磁共振系统，分别在泽库县、河南县、尖扎县人民医院投入使用，在全省率先实现了核磁共振设备州域范围内的全覆盖①。基本公共文化体育服务方面，帮助建设同仁县群众体育馆、尖扎县民中天津滨海图书馆等项目。

北京市对口帮扶青海藏区玉树州，在社会事业发展方面给予资金、项目和人才支持②。基本公共教育服务方面，在北京、四川什邡、广东揭阳等地开设玉树高中班和中职班；在玉树州实施10所幼儿园科学保教提升、中考招录网络化等20余个项目；启动"一点两线三级"教育信息化试点。基本医疗卫生服务方面，主要采用"院长＋改革＋团队"的医疗援青模式，促成玉树州人民医院创建为全州首个三级医院，先后成立感染性疾病科、骨关节诊疗中心、包虫病诊疗基地、危重儿童新生儿救治中心、眼科中心、宫颈疾病诊疗中心等11个新科室，开设5个新病区，运用开展78项新技术和新业务；实施囊谦县、曲麻莱县医疗设备购置、药剂用房建设等项目；在青海藏区创建"医疗联合体"，开设9个急需特色科室，开展"专家上高原、健康进帐房"系列活动。公共服务基础设施建设方面，援助隆宝镇、哈秀乡整体重建，以及结古镇市政基础设施工程，结古镇新寨村整体打造工程等；援助新建农牧民住房，铺设给水、排水、污水、供暖等管网设施，实施人畜安全饮水工程，为城镇及边远牧户安装太阳能灯，援建"可可西里"保护区多个保护站硬件改造、黄河源头保护设施等③。

上海市对口帮扶云南藏区，2016年以来累计援助项目约200项，投入援助资金约3.78亿元。在迪庆州完成了一批以整村推进、生态移民、贫困村提升工程等为代表的新农村帮扶项目，以香格里拉中学、迪庆州民族中学等为代表的教育事业帮扶项目，以及以迪庆州医院制氧站工程、迪庆州藏医院医疗设备购置、迪庆州高原病防治中心建设、迪庆州人民医院建设等为代表的医疗卫生事业帮扶项目（见表3-4-6），促进迪庆州农村公共服务基础设施、医疗和教育等公共服务水平提升。截至2018年6月底，三峡集团帮助云南藏区迪庆州维西县建成田间渠系2个、农田改造项目1个、安全饮水工程2个、特色民居1203户、文化活动室4个、普米族文化展馆1个、太阳能路灯496盏、太阳能热水器404套④，促进维西县乡村公共服务水平提升。

表3-4-6　2018年上海市对口帮扶迪庆州州级公共服务项目情况

项目名称	所属类别	援建金额（万元）
高原心血管疾病专科多排高端螺旋CT购置项目	医疗卫生类项目	1000
巡回医疗项目	医疗卫生类项目	30
高原心血管疾病专科人才培养项目	医疗卫生类项目	60

---

① 天津市民宗委. 天津围绕医疗援青精准帮扶黄南州［EB/OL］. http：//www. seac. gov. cn/seac/xwzx/201905/1133516. shtml，2019－05－09.

② 新华社记者. 北京对口援建青海玉树　助当地精准脱贫长期发展［EB/OL］. http：//www. sohu. com/a/304994360_267106，2019－03－31.

③ 李琳海，白玛央措. 北京对口援建青海玉树　助当地精准脱贫长期发展［N］. 齐鲁晚报，2019－03－31（03）.

④ 张锦明，罗文林. 三峡集团真情帮扶迪庆州维西"直过民族"脱贫［EB/OL］. http：//m. tibet3. com/news/zangqu/yn/2018－07－02/81869. html，2018－07－02.

项目名称	所属类别	援建金额（万元）
迪庆州县乡两级医技骨干人才培训项目	医疗卫生类项目	66
迪庆州高中骨干教师培训项目	基本公共教育类项目	66
迪庆州党政干部培训项目	人才支持类项目	74
开展建档立卡贫困农牧民就业脱贫专项工作	劳务协作类项目	68

资料来源：黄晓丽．昆明、上海对口帮扶迪庆综述［EB/OL］．http：//www.xgll.com.cn/xwzx/2019 - 07/30/content_ 355693. htm，2019 - 07 - 30.

二、公共服务多途径增进四省藏区贫困群众福利

（一）社会保障类公共服务直接增进贫困群众福利

四省藏区地方政府因人制宜制定针对不同情况贫困群众的帮扶措施，其中社会保障规划制定到村、到户、到人。对于没有生产发展能力的贫困群众，通过社会保障兜底直接促进脱贫，直接增进这类贫困群众的福利。针对家庭困难但具有一定劳动力的贫困农牧民，通过提供养护员、环保员、护林员等公益性岗位，实现就业保障精准帮扶。针对老弱病残群体，依托农村医疗保险和社会救助体系，对患大病、慢性病人员增加保险比例，降低家庭经济压力。针对身体残疾和有精神问题的贫困农牧民，按照程序到指定地点鉴定残疾等级，据此分类提供生活补贴，并通过县、乡（镇）政府联系社会爱心人士、红十字会等渠道给予扶持。针对就业困难的贫困农牧民，利用贫困农牧民闲置土地修建旅游服务点和购买流动摊位车等措施，为贫困农牧民解决就业问题。

（二）基础设施类公共服务改善贫困群众生产生活条件

四省藏区在精准扶贫战略实施过程中，通过道路交通、通信网络、饮用水安全、村容环境、保障住房等基础设施类公共服务质量的提升，改善贫困群众生产和生活条件，间接增进贫困群众福利。通过改善四省藏区道路交通基础设施条件，减少偏远乡村（镇）群众进城经商、务工、求医和求学的阻碍，有利于偏远乡村（镇）民生改善。通过加强四省藏区乡村（镇）饮用水安全和村容环境基础设施等，促进乡村旅游产业发展，促进当地群众增收致富。针对四省藏区贫困农牧民住房困难问题，实行移民搬迁安置或原址重建安置等政策，根据避险搬迁和生态移民搬迁以及藏区新区建设设置不同补助标准，针对"五保"户住房问题实行政府兜底帮扶修建政策等，不仅直接改善四省藏区贫困群众的生活条件，还为发展藏家乐等特色民俗旅游项目提供了现实条件，大力改善当地群众生产条件。通过提升通信网络服务水平，促进贫困村利用"互联网＋农业"新型商业模式销售当地特色农牧产品，建立特色农牧产品淘宝网店、微店等，直接将当地农特产品销售至大中城市，改善生产条件促进当地农牧民增收致富。以四川藏区稻城县和九寨沟县为例，当地群众采用"微商＋专业合作社"模式，并借助靠近亚丁、九寨沟等知名景区旅游集散地的区位优势，以旅游黄金周为契机，实行线下与线上结合，解决销售渠道窄、价格低等难题，畅通了贫困村健康绿色产品、特色手工产品走向全国的销售途径，通信网络服务水平提升明显增进当地群众福利。

（三）生产类公共服务有效提升贫困群众发展能力

通过农田水利设施建设、农业科技信息服务、职业技能培训、劳动就业服务等生产类公共服务支撑产业脱贫，成为四省藏区建立精准扶贫长效机制的重要方式之一。针对当前四省藏区乡村剩余劳动力就业难问题，组织开展有针对性的职业技能培训，不仅有利于增强其职业发展能力，还有利于消除精神贫困，增强其脱贫致富的信心和动力。四省藏区依托各乡（镇）资源优势，探索"建链、补链、强链"的特色产业发展模式，探索实施"旅游＋"拉长产业链，增加贫困群众就业机会；探索对当地贫困群众进行与旅游产业相关的多种职业技能培训，促进当地三次产业融合，探索绿色经济发展路径。以四川藏区甘孜州稻城县为例，依托亚丁这个稻城县最有价值的旅游品牌，稻城县探索推进全域全时旅游带动各乡镇特色产业发展的路径，建立起贫困群众以特色农牧业产品生产、游客骑马体验、景区生态环境保护、藏式特色餐饮住宿等多种方式，共享当地旅游产业发展带来的机遇和收益的长效脱贫机制。依托农田水利设施建设和农业科技信息服务等，稻城县各乡（镇）探索发展农牧业观光体验式乡村旅游、文化创意产品加工、藏文化娱乐餐饮住宿等特色产业，通过"旅游＋特色产品"优化当地产业结构，发展多种环境友好型绿色产业，增强当地贫困群众增收致富的发展能力。比如，稻城县的稻坝片区，以金珠镇和桑堆镇为双中心探索"旅游＋特色产品"发展路径，金珠镇重点发展观光体验农业、赛马场体验旅游产业，充分利用登秋节、红草地、龙古"金珠民俗节"、茹布查卡温泉等资源发展金珠镇特色产业；桑堆镇充分利用蚌普寺、海子山等资源，在保护好沿线古村村寨风貌的同时，开发小体量、便于携带的高原生态藏香猪、鸡蛋、藏香鸡等特色旅游商品，提供体验式的酥油茶、奶酪、青稞饼等藏餐，提供藏式特色民宿接待，探索特色手工艺品开发，联动一二三产业发展；贡林片区以做强亚丁旅游品牌为重点，进一步延伸旅游服务触角，充分发挥交通区位优势，利用四季风景图片微信推送，《从你的全世界路过》等电影摄制多种方式提升当地乡村旅游品牌影响力。

（四）教科文卫类公共服务有效阻断贫困代际传递

21 世纪初，国家取消农业税之后，对基层政府公共服务职能体系的变革相对滞后，导致乡村传统文化面临消亡的风险，传统伦理规范面临失效的挑战，为乡村"社会秩序灰色化"的产生、运转与维系提供了生存空间①，也为精神贫困的长期存在提供了生存土壤，对于阻断贫困的代际传递形成不利影响。针对这样的现实问题，"十三五"时期，国家通过村活动室、图书室、文化下乡等公共文化服务，一定程度上为连片特困藏区群众，特别是乡村群众形成正确的人生观、价值观和社会观起到正面引导作用。同时，国家在四省藏区实行的十五年或十四年免费教育服务，在减轻四省藏区家庭负担的前提下，通过在学校对学龄儿童进行系统正规的思想品德、中华传统文化和科学素养基础教育等，为四省藏区有效阻断贫困代际传递提供现实途径，为连片特困藏区构建公序良俗社会秩序打下坚实基础，为增强各民族对中华文化的认同感提供重要动力。笔者实地调研发现，四省藏区各地群众对于十五年（十四年）免费教育特别满意，问卷调查对象家庭学龄儿童基本达到100% 入学。通过教科文卫类公共服务提升连片特困藏区农牧民科学文化素质，阻断贫困

---

① 马纯红. 试析乡村社会秩序的"灰色化"变迁趋势［J］. 湖南省社会主义学院学报，2012（5）：80－83.

的代际传递，已经起到良好示范效应，得到四省藏区群众较为普遍的认同。这不仅为四省藏区公共服务体系和服务能力现代化打下坚实社会基础，也为推动民族团结进步起到不可估量的正向作用。

（五）公共服务与区域协调发展存在双向增强作用

通过科学合理提升四省藏区群众集中居住区的公共服务配置水平，放宽小城镇流动人口落户政策等，鼓励连片特困藏区人口从禁止开发区和重点生态功能区迁移出来，并促进迁移群众向牧民定居点集中居住，向中心村集中居住，向乡（镇）政府驻地和小集镇集中居住，有利于引导形成相对集中的、供给效率较高的、群众体验更好的藏区公共服务供给模式。这样相对集中的公共服务供给模式，不仅有利于保护禁止开发区和重点生态功能区的生态环境，为四省藏区探索绿色经济发展路径提供现实可能，也有利于四省藏区基本公共服务均等化和高效化，是实现四省藏区公共服务有效供给的现实路径之一。其本身是区域协调发展和新型城镇化的自然结果，反过来也将有效推动区域协调发展和新型城镇化等国家战略的实施。近年来，四省藏区游牧民集中定居社区的水、电、路、卫生、通信等各项基础设施建设得到较大改善，对四省藏区游牧民的吸引力明显增强。同时，游牧民定居工程的实施集聚更多群众，大大促进了更广范围地域内的文化、教育、医疗、卫生、信息和广播电视村村通等现代公共服务事业的发展，牧民生产生活条件不断改善，牧区经济和社会面貌不断改变，也有效推动了连片特困藏区新型城镇化的进程。

2012年5月出台的《全国游牧民定居工程建设"十二五"规划》[①] 提出，"十二五"时期安置包括川甘青滇连片特困藏区在内的24.6万户、约115.7万名游牧民定居，规划目标提出公共服务基本覆盖。结合现有乡村饮水安全、无电地区电力建设、乡村电网、乡村公路、乡村社会事业等各类专项工程，配套完善定居点水、电、路、文、教、卫等公共服务基础设施，使定居游牧民能够享受到通水、通路、通电、通邮和基本医疗卫生、子女就学等基本公共服务。为保证游牧民定居后能享受各项基本公共服务，定居点要统筹建设水电路、学校、卫生室等公共服务基础设施。地方各级人民政府对定居点公共服务基础设施建设负总责，在编制本地区游牧民定居规划时，根据不同的定居类型，结合乡村饮水安全、乡村电网改造升级、无电地区电力建设、通乡（村）油路、中西部乡村初中校舍改造、乡村学前教育推进、边远艰苦地区乡村教师周转宿舍建设、乡村基层基本医疗卫生服务体系建设、乡村急救体系建设、广播电视村村通、文化信息资源共享等各类专项工程，统筹规划各项公共基础设施建设，大力完善基本公共服务，多渠道落实资金，妥善解决定居点人畜饮水、电力入户、外出通行、儿童入学、看病就医等问题。在《全国游牧民定居工程建设"十二五"规划》引领下，四省藏区游牧民定居工程顺利实施，不仅有效提升了当地农牧民享有基本公共服务的可及性和获得感，也有力推动了四省藏区新型城镇化和区域协调发展水平（见表3-4-7）。

---

① 《城市规划通讯》编辑部. 国务院常务会议讨论通过《"十二五"国家战略性新兴产业发展规划》和《全国游牧民定居工程建设"十二五"规划》[J]. 城市规划通讯，2012（11）：1.

表 3 - 4 - 7　川甘青滇连片特困藏区游牧民定居工程实施情况

四川藏区	截至 2012 年 11 月，四川省藏区牧民定居行动计划定居房建设任务全面完成，已建成定居房 100139 户，占规划的 100.88%。其中：甘孜州已完成定居房 57545 户，完成率 100.43%；阿坝州已完成定居房 42082 户，完成率 101.5%；凉山州木里县已完成定居房 512 户，完成率 100%
甘肃藏区	2007 年《甘肃甘南黄河重要水源补给生态功能区生态保护与建设规划》正式启动实施，其中作为子项目的游牧民定居工程总投资超过 13 亿元，按照自愿的原则，每户政府补贴定居牧民住房款约 4 万元，由政府出资给定居的牧民配套建设养畜暖棚、学校、卫生院，全部定居点实现水、电、路、通信"四通"，实现学校、医院、健身广场等社区功能齐备。截至 2019 年 10 月底，甘肃藏区甘南州易地扶贫搬迁项目 8 县（市）共安置农牧民 7853 户 36984 人，落实投资 13.1 亿元，完成投资 11.38 亿元，已超规划完成"十三五"易地扶贫搬迁任务
青海藏区	自"农牧民定居民生工程"实施以来，截至 2013 年 7 月底，青海省的游牧民定居工程已投入 40 多亿元，建设游牧民定居房屋 86060 户，建筑面积 575.2 万平方米
云南藏区	云南藏区迪庆州 2011 年建成游牧民定居工程 2520 户，2012 年规划建成游牧民定居工程 2030 户

　　资料来源：周前进. 四川藏区牧民定居房规划建设任务全面完成 [N]. 四川日报，2012 - 10 - 24 (02)；中新网记者. 甘肃藏区牧民告别逐水草而居"搬"出新生活享安定日子 [EB/OL]. https：//www. sohu. com/a/347828687_123753，2019 - 10 - 18；张兴年. 青海藏区基本公共服务体系建设跟踪调查——以尕巴松多镇、隆务镇 13 个村为例 [J]. 青海民族大学学报，2015 (3)：115 - 124；吴霄. 让迪庆藏区牧民定居下来共享发展成果 [EB/OL]. http：//yn. yunnan. cn/html/2012 - 06/13/content_ 2248978. htm，2012 - 06 - 13.

第四章　新时代四省藏区公共服务
有效供给的现实需求

在前三章对四省藏区公共服务有效供给的时代内涵、现实条件和多维绩效进行研究的基础上，本章进一步分析新时代四省藏区公共服务有效供给面临的现实需求。在新时代国家治理体系和治理能力现代化的背景下，信息化飞速发展对四省藏区公共服务供给能力现代化提出新需求。同时，传统村落"空心化"，县城周边自发移民队伍"扩大化"，城乡公共服务数字化鸿沟"明显化"，定居游牧民生产和生活空间"分离化"，不同区位条件、居住模式、产业特色地区公共服务需求"差异化"等诸多现实问题，也对四省藏区公共服务有效供给提出供给时序调整、资源空间布局优化、公共服务与多系统协调发展等新需求。这些新的现实需求，成为新时代四省藏区探索公共服务有效供给现实路径和机制的重要依据。

第一节　技术进步促进公共服务的供给有效性提升

在前述对四省藏区城乡和区域基本公共服务均等化水平及变化趋势进行调查研究的基础上，本节进一步对四省藏区公共服务供给的"规模有效性"和"技术有效性"[①] 进行分析，以发现四省藏区公共服务供给规模效率和技术效率漏损问题。为避免使用单一模型产生片面认知，使用 DEA - BCC 模型对四省藏区十个自治州四类基本公共服务[②]的规模和技术效率进行截面数据静态对比分析，使用 DEA - Malmquist 指数模型对四省藏区每一个自治州基本公共服务规模和技术效率的历年动态变化趋势进行比较分析。研究结果表明，近年来，四省藏区四类基本公共服务的供给有效性呈现总体上升趋势，玉树州、甘南州、海南州和海西州的基本公共教育服务供给有效性相对较高，甘孜州、甘南州、玉树州、阿坝州和海西州的基本医疗卫生服务供给有效性相对较高，阿坝州、海西州、甘南州和海南州的社会保障和就业服务供给有效性相对较高。新时代背景下，四省藏区公共服务供给有效性提升对供给能力现代化提出技术人才和技术手段进步的现实需求，且不同区域适宜分别采取政策延续或政策优化推动基本公共服务"规模—技术效率"双增效的不同发展模式。

---

① 这一节分析的公共服务的供给有效性，包括规模效率所反映的"规模有效性"和技术效率所反映的"技术有效性"。

② 囿于四省藏区县域基本公共服务数据的高度不连贯和不完整性，笔者选取四省藏区十个自治州作为 DEA 模型的决策单元。从四省藏区十个自治州历年统计年鉴中选取具有可比性和连续性的基本公共服务指标数据。通过全面比较分析，最终确定基本公共教育、基本医疗卫生、基本社会保障和就业四类公共服务共十二项指标。采用 DEA - BCC 模型和 DEA - Malmquist 指数模型，对十个决策单元 2013～2017 年统计数据进行定量分析。

一、四省藏区公共服务供给的规模和技术效率实证分析

（一）实证分析方法及测度指标的选取

学术界常用的公共服务政策绩效测度方法主要有 DEA（数据包络分析）、FDH（自由处置包）、SFA（随机前沿生产函数）、DFA（自由分布法）和 TFA（厚前沿函数法）。相较其他效率测度方法而言，DEA 模型具有指标权重设定客观性强、软件计算高效准确、适用多场景和多行业等明显优势。再考虑到，由于基本公共服务的供给存在规模收益，同时四省藏区是应受到中央和地方财政大力支持基本公共服务均等化的相对落后地区，因此定量研究目标是使一定的基本公共服务投入获得更多的产出，因此，适宜选择采用产出导向的 DEA – BCC 模型。DEA – BCC 模型计算得出所有决策单元基本公共服务的供给效率值 TE，TE 可以进一步分解为基本公共服务的规模效率值 SE 和技术效率值 PTE，$TE = SE \times PTE$。PTE 主要表征决策单元公共服务供给的"技术有效性"，SE 主要表征决策单元公共服务供给的"规模有效性"，TE 主要表征决策单元公共服务供给的"生产有效性"。$SE = 1$ 表示决策单元基本公共服务的投入规模处于规模收益不变阶段；$SE < 1$ 表示决策单元基本公共服务的投入规模处于收益递减阶段，表示为 DRS，对应于任一最优解 $\lambda < 1$；$SE > 1$ 表示决策单元基本公共服务的投入规模处于收益递增阶段，表示为 IRS，对应于任一最优解 $\lambda > 1$。

产出导向 DEA – BCC 模型规划式为：

$$\max\varphi$$

$$s.t. \quad \sum_{j=1}^{n} \lambda_j x_{ij} \leqslant x_{ik} \tag{4.1}$$

$$\sum_{j=1}^{n} \lambda_j y_{rj} \geqslant \varphi y_{rk}$$

$$\sum_{j=1}^{n} \lambda_j = 1$$

$$\lambda \geqslant 0$$

$$i = 1, 2, \cdots, m; \quad r = 1, 2, \cdots, q; \quad j = 1, 2, \cdots, n$$

其对偶模型为：

$$\min \sum_{i=1}^{m} v_i x_{ik} + v_0$$

$$s.t. \quad \sum_{r=1}^{q} \mu_r y_{rj} - \sum_{i=1}^{m} v_i x_{ij} - v_0 \leqslant 0 \tag{4.2}$$

$$\sum_{r=1}^{q} u_r y_{rk} = 1$$

$$\mu \geqslant 0, \quad v \geqslant 0$$

$$i = 1, 2, \cdots, m; \quad r = 1, 2, \cdots, q; \quad j = 1, 2, \cdots, n$$

DEA – BCC 模型可以测度并比较同一年份四省藏区十个自治州基本公共服务的供给效率，但无法很好地表现四省藏区十个自治州基本公共服务供给效率的动态变化趋势。DEA – Malmquist 指数模型不仅可以测度四省藏区十个自治州基本公共服务供给效率的动态变化趋势，同时还可以测度 DEA – BCC 模型测度结果所不包含的基本公共服务的技术进

步（或者退步）情况。而基本公共服务的技术进步（或者退步）情况，正是基本公共服务供给能力现代化的重要内容或者重要影响因素。DEA – Malmquist 指数模型可以测度具有多个时间观测点的决策单元的全要素生产率，并且能够将其分解为供给效率指数（TEC）与技术进步指数（TC），TEC 又可以进一步分解为技术效率指数（PTEC）和规模效率指数（SEC）。TEC、PTEC 和 SEC 可以对 DEA – BCC 模型的 TE、PTE 和 SE 测度结果进行验证和补充说明。它们之间关系的表达式如下：

$$M_{t+1}(x^t,\ y^t,\ x^{t+1},\ y^{t+1}) = \left[\frac{D^t(x^{t+1},\ y^{t+1})D^{t+1}(x^{t+1},\ y^{t+1})}{D^t(x^t,\ y^t)D^{t+1}(x^t,\ y^t)}\right]^{\frac{1}{2}}$$

$$= \frac{D^{t+1}(x^{t+1},\ y^{t+1})}{D^t(x^t,\ y^t)}\left[\frac{D^t(x^{t+1},\ y^{t+1})}{D^{t+1}(x^{t+1},\ y^{t+1})}\frac{D^t(x^t,\ y^t)}{D^{t+1}(x^t,\ y^t)}\right]^{\frac{1}{2}}$$

$$= TEC \times TC = PTEC \times SEC \times TC \qquad (4.3)$$

其中，x^t，y^t 分别表示决策单元在第 t 时期的投入和产出；$D^t(x^{t+1},\ y^{t+1})$ 表示以 t 时期的技术为参照的 t + 1 时期生产点到前沿面的距离函数。M_{t+1} 表示决策单元从 t 时期到 t + 1 时期的全要素生产率变动情况，$M_{t+1} > 1$ 时，认为全要素生产率提高；$M_{t+1} < 1$ 时，认为全要素生产率有所降低；$M_{t+1} = 1$ 时，认为全要素生产率不变。技术进步指数（TC）表征决策单元"治理有效性"变化，也被称为"增长效应"，表示最优生产前沿面从 t 到 t + 1 时期的变动情况。TC > 1 时，认为发生了技术进步；TC = 1 时，认为技术水平没有变化；TC < 1 表示发生了技术退步，最优生产前沿面向下移动。供给效率指数（TEC）表征决策单元公共服务供给的"供给有效性"变化，也被称为"追赶效应"，表示决策单元到最优生产前沿面的距离从 t 到 t + 1 时期的变动情况，等于技术效率变化（PTEC 指数）和规模效率变化（SEC 指数）的乘积，PTEC 指数和 SEC 指数分别表征决策单元公共服务供给"技术有效性"和"规模有效性"的变化情况。TEC > 1 时，认为决策单元到最优生产前沿面的距离缩短，供给效率提高；TEC = 1 时，认为供给效率没有变化；TEC < 1 时，认为供给效率降低。

在运用 DEA 模型进行决策单元基本公共服务供给效率测度分析时，投入产出指标之和少于决策单元数的 1/2 较为合适，适量的指标选取可以提高 DEA 模型测度结果的准确度。同时，测度指标的选取应与研究目标具有紧密的联系，投入与产出指标间应具有逻辑关系。基于上述原则，本书确定四省藏区基本公共服务供给效率测度的决策单元为四川、甘肃、青海和云南四省藏区的十个自治州，包括阿坝州、甘孜州、甘南州、海北州、黄南州、海南州、果洛州、玉树州、海西州和迪庆州，决策目标是基本公共教育、基本医疗卫生、社会保障和就业服务四类基本公共服务的供给效率及其分解。

对四省藏区基本公共教育服务供给效率的测度，由于教育财政支出主要用于学前（幼儿）、小学、普通中学教育阶段，高等教育支出经费未列入地区教育财政支出的口径中，其他形式的教育财政支出（如聋哑学校、残疾人教育培训中心的经费支出）在教育财政支出中占比很小，结合考虑四省藏区公开发布统计数据的可得性和可比性等，最终选择生均教育支出（教育支出/幼儿园、小学、普通中学在校生总数）作为投入指标，选择反映师资力量的各级学校师生比作为产出指标。对四省藏区基本医疗卫生服务供给效率的测度，主要选取人均医疗卫生和计划生育支出作为投入指标，选取反映地区基本医疗卫生服务水平的万人卫生机构数、万人卫生机构床位数、万人卫生技术人员数和城乡居民基本医疗保险参保率四项指标作为基本医疗卫生服务的产出指标。对四省藏区基本社会保障和就业服务供给效率的测度，选取人均社会保障和就业支出作为投入指标，选取反映地区基本社会保障和就业服务水平的城乡居民基本养老保险参保率、城镇登记失业率、万人社会福利机构床位数三项指标作为产出指标。其中，幼儿园、小学和普通中学的生师比以及城镇登记失业率是逆向指标，采取倒数逆转法调整为正向指标。综上所述，最终确定四省藏区基本公共服务供给效率的测度指标体系（见表4-1-1）。

表4-1-1 DEA模型测度四省藏区基本公共服务供给效率的指标体系

基本公共服务	投入指标	产出指标	决策单元
教育	生均教育支出（元/人）	1/幼儿园生师比	阿坝州 甘孜州 甘南州 海北州 黄南州 海南州 果洛州 玉树州 海西州 迪庆州
		1/小学生师比	
		1/中学生师比	
医疗卫生	人均医疗卫生和计划生育支出（元/人）	万人卫生机构数（个/万人）	
		万人卫生机构床位数（张/万人）	
		万人拥有卫生技术人员数（名/万人）	
		城乡居民基本医疗保险参保率（%）	
社会保障和就业	人均社会保障和就业支出（元/人）	城乡居民基本养老保险参保率（%）	
		万人社会福利机构床位数（张/万人）	
		1/城镇登记失业率（1/%）	

资料来源：2013～2018年四川、甘肃、青海和云南的国民经济与社会发展统计年鉴，《中国县域统计年鉴》以及阿坝、甘孜、甘南、海北、黄南、海南、果洛、玉树、海西和迪庆的历年国民经济与社会发展统计公报及政府工作报告。人口采用常住人口数据。

（二）基本公共服务供给规模和技术效率的测度

本节实证分析的所有原始数据来源于2013～2018年四川、甘肃、青海和云南的国民经济与社会发展统计年鉴，《中国县域统计年鉴》，以及阿坝、甘孜、甘南、海北、黄南、海南、果洛、玉树、海西和迪庆的历年国民经济与社会发展统计公报及政府工作报告。其中，财政支出均以统计方法调整为以2013年为基年的可比价格数据，数据预处理结果见表3-3-1、表3-3-3、表3-3-4和表3-3-5。使用DEAP2.1软件，对表4-1-1中十个决策单元，基本公共教育、基本医疗卫生、社会保障和就业服务四类基本公共服务的供给有效性进行测度。DEA-BCC模型对四省藏区十个自治州2013～2017年四类基本公共服务的规模效率、技术效率和供给效率的测度结果见表4-1-2、表4-1-4和表4-1-6，DEA-Malmquist指数模型对四省藏区十个自治州2013～2017年四类基本公共服务的规模效率指数、技术效率指数和供给效率指数的测度结果见表4-1-3、表4-1-5和表4-1-7。为便于比较研究四省藏区十个自治州四类基本公共服务供给有效性变化趋势及所处的阶段，根据TE值对基本公共服务的供给有效性进行等级划分，TE值等于1为最佳、0.9～1

为优秀、0.8 ~ 0.9 为良好、0.7 ~ 0.8 为一般、0.7 以下为较低[①]。

表 4 - 1 - 2　DEA - BCC 模型测度四省藏区基本公共教育服务供给效率及分解

地区	自治州	效率类别	2013 年	2014 年	2015 年	2016 年	2017 年	年均值
四川藏区	阿坝州	TE	0.494	0.536	0.653	0.717	0.734	0.627
		PTE	0.651	0.627	0.722	0.730	0.848	0.716
		SE	0.759	0.855	0.904	0.983	0.867	0.874
	甘孜州	TE	0.437	0.613	0.706	0.769	0.798	0.665
		PTE	0.688	0.707	0.850	0.860	0.908	0.803
		SE	0.636	0.867	0.830	0.894	0.880	0.821
甘肃藏区	甘南州	TE	0.828	0.711	0.742	1.000	1.000	0.856
		PTE	1.000	1.000	0.747	1.000	1.000	0.949
		SE	0.828	0.711	0.994	1.000	1.000	0.907
青海藏区	海北州	TE	0.774	0.570	0.919	0.643	0.600	0.701
		PTE	0.940	1.000	0.960	0.986	0.883	0.954
		SE	0.824	0.570	0.958	0.653	0.679	0.737
	黄南州	TE	0.685	0.488	0.728	1.000	0.949	0.770
		PTE	0.836	0.919	0.949	1.000	1.000	0.941
		SE	0.819	0.531	0.767	1.000	0.949	0.813
	海南州	TE	0.739	0.746	0.919	0.927	0.946	0.855
		PTE	0.829	0.856	0.945	0.978	0.979	0.917
		SE	0.891	0.871	0.973	0.948	0.966	0.930
	果洛州	TE	0.739	0.423	0.660	0.569	0.733	0.625
		PTE	1.000	0.952	0.968	0.983	1.000	0.981
		SE	0.739	0.444	0.682	0.578	0.733	0.635
	玉树州	TE	1.000	1.000	1.000	1.000	1.000	1.000
		PTE	1.000	1.000	1.000	1.000	1.000	1.000
		SE	1.000	1.000	1.000	1.000	1.000	1.000
	海西州	TE	0.602	0.669	1.000	1.000	0.898	0.834
		PTE	0.839	0.875	1.000	1.000	0.929	0.929
		SE	0.717	0.765	1.000	1.000	0.967	0.890
云南藏区	迪庆州	TE	0.365	0.351	0.570	0.787	0.701	0.555
		PTE	0.719	0.711	0.868	1.000	0.987	0.857
		SE	0.508	0.493	0.657	0.787	0.710	0.631

① 向冰，毛克宁，穆明辉. 我国国有与民营能源上市公司全要素 Malmquist 对比研究——基于 DEA - Malmquist 指数法 [J]. 科技与经济，2019，32（5）：106 - 110.

表 4 - 1 - 3　DEA - Malmquist 指数模型测度四省藏区基本公共教育服务供给效率指数及分解

地区	自治州	指数类别	2013~2014年	2014~2015年	2015~2016年	2016~2017年	年均值
四川藏区	阿坝州	TEC	1.085	1.219	1.098	1.024	1.107
		PTEC	0.964	1.152	1.010	1.161	1.072
		SEC	1.126	1.058	1.087	0.882	1.038
	甘孜州	TEC	1.401	1.152	1.089	1.038	1.170
		PTEC	1.027	1.203	1.011	1.055	1.074
		SEC	1.365	0.957	1.077	0.984	1.096
甘肃藏区	甘南州	TEC	0.859	1.044	1.347	1.000	1.063
		PTEC	1.000	0.747	1.340	1.000	1.022
		SEC	0.859	1.399	1.006	1.000	1.066
青海藏区	海北州	TEC	0.736	1.612	0.700	0.932	0.995
		PTEC	1.064	0.960	1.027	0.896	0.987
		SEC	0.692	1.679	0.682	1.040	1.023
	黄南州	TEC	0.714	1.490	1.374	0.949	1.132
		PTEC	1.100	1.032	1.054	1.000	1.047
		SEC	0.649	1.443	1.304	0.949	1.086
	海南州	TEC	1.009	1.233	1.008	1.021	1.068
		PTEC	1.033	1.103	1.035	1.002	1.043
		SEC	0.977	1.117	0.974	1.019	1.022
	果洛州	TEC	0.572	1.562	0.861	1.289	1.071
		PTEC	0.952	1.017	1.016	1.017	1.001
		SEC	0.601	1.535	0.848	1.268	1.063
	玉树州	TEC	1.000	1.000	1.000	1.000	1.000
		PTEC	1.000	1.000	1.000	1.000	1.000
		SEC	1.000	1.000	1.000	1.000	1.000
	海西州	TEC	1.111	1.495	1.000	0.898	1.126
		PTEC	1.042	1.143	1.000	0.929	1.029
		SEC	1.066	1.308	1.000	0.967	1.085
云南藏区	迪庆州	TEC	0.960	1.625	1.381	0.891	1.214
		PTEC	0.989	1.221	1.151	0.987	1.087
		SEC	0.971	1.330	1.199	0.903	1.101

表 4 - 1 - 4　DEA - BCC 模型测度四省藏区基本医疗卫生服务供给效率及分解

地区	自治州	效率类别	2013年	2014年	2015年	2016年	2017年	年均值
四川藏区	阿坝州	TE	1.000	0.996	0.961	0.936	0.882	0.955
		PTE	1.000	1.000	1.000	1.000	1.000	1.000
		SE	1.000	0.996	0.961	0.936	0.882	0.955

续表

地区	自治州	效率类别	2013 年	2014 年	2015 年	2016 年	2017 年	年均值
四川藏区	甘孜州	TE	1.000	1.000	1.000	1.000	1.000	1.000
		PTE	1.000	1.000	1.000	1.000	1.000	1.000
		SE	1.000	1.000	1.000	1.000	1.000	1.000
甘肃藏区	甘南州	TE	1.000	1.000	1.000	1.000	1.000	1.000
		PTE	1.000	1.000	1.000	1.000	1.000	1.000
		SE	1.000	1.000	1.000	1.000	1.000	1.000
青海藏区	海北州	TE	0.617	0.272	0.579	0.482	0.483	0.487
		PTE	1.000	0.889	0.958	1.000	1.000	0.969
		SE	0.617	0.306	0.604	0.482	0.483	0.498
	黄南州	TE	1.000	0.614	0.642	0.728	1.000	0.797
		PTE	1.000	1.000	0.979	0.964	1.000	0.989
		SE	1.000	0.614	0.656	0.755	1.000	0.805
	海南州	TE	0.714	0.466	0.693	0.866	1.000	0.748
		PTE	1.000	1.000	1.000	1.000	1.000	1.000
		SE	0.714	0.466	0.693	0.866	1.000	0.748
	果洛州	TE	0.912	0.634	0.711	0.705	0.737	0.740
		PTE	0.996	0.872	0.932	0.982	0.930	0.942
		SE	0.915	0.727	0.763	0.760	0.792	0.791
	玉树州	TE	1.000	1.000	1.000	1.000	1.000	1.000
		PTE	1.000	1.000	1.000	1.000	1.000	1.000
		SE	1.000	1.000	1.000	1.000	1.000	1.000
	海西州	TE	0.777	0.789	1.000	1.000	0.967	0.907
		PTE	0.924	1.000	1.000	1.000	1.000	0.985
		SE	0.841	0.789	1.000	1.000	0.967	0.919
云南藏区	迪庆州	TE	0.721	0.783	0.944	0.758	0.641	0.769
		PTE	0.819	0.997	1.000	0.948	0.833	0.919
		SE	0.881	0.785	0.944	0.799	0.769	0.836

表 4 - 1 - 5　DEA - Malmquist 指数模型测度四省藏区基本医疗卫生服务供给效率指数及分解

地区	自治州	指数类别	2013~2014 年	2014~2015 年	2015~2016 年	2016~2017 年	年均值
四川藏区	阿坝州	TEC	1.000	0.961	0.974	0.942	0.969
		PTEC	1.000	1.000	1.000	1.000	1.000
		SEC	1.000	0.961	0.974	0.942	0.969
	甘孜州	TEC	1.000	1.000	1.000	1.000	1.000
		PTEC	1.000	1.000	1.000	1.000	1.000
		SEC	1.000	1.000	1.000	1.000	1.000

地区	自治州	指数类别	2013~2014年	2014~2015年	2015~2016年	2016~2017年	年均值
甘肃藏区	甘南州	TEC	1.000	1.000	1.000	1.000	1.000
		PTEC	1.000	1.000	1.000	1.000	1.000
		SEC	1.000	1.000	1.000	1.000	1.000
青海藏区	海北州	TEC	0.441	2.125	0.833	0.929	1.082
		PTEC	0.992	0.965	1.044	0.780	0.945
		SEC	0.445	2.201	0.798	1.192	1.159
	黄南州	TEC	0.614	1.046	1.133	1.374	1.042
		PTEC	1.000	0.979	0.984	1.067	1.008
		SEC	0.614	1.068	1.152	1.287	1.030
	海南州	TEC	0.652	1.488	1.250	1.155	1.136
		PTEC	1.000	1.000	1.000	1.000	1.000
		SEC	0.652	1.488	1.250	1.155	1.136
	果洛州	TEC	0.695	1.122	0.991	1.037	0.961
		PTEC	0.939	0.996	0.996	0.987	0.980
		SEC	0.741	1.127	0.995	1.051	0.979
	玉树州	TEC	1.000	1.000	1.000	0.858	0.965
		PTEC	1.000	1.000	1.000	1.000	1.000
		SEC	1.000	1.000	1.000	0.858	0.965
	海西州	TEC	1.015	1.268	1.000	0.967	1.063
		PTEC	1.082	1.000	1.000	1.000	1.021
		SEC	0.938	1.268	1.000	0.967	1.043
云南藏区	迪庆州	TEC	1.087	1.205	0.802	0.846	0.985
		PTEC	1.218	1.003	0.948	0.879	1.012
		SEC	0.892	1.202	0.846	0.963	0.976

表4-1-6 DEA-BCC模型测度四省藏区基本社会保障和就业服务供给效率及分解

地区	自治州	效率类别	2013年	2014年	2015年	2016年	2017年	年均值
四川藏区	阿坝州	TE	1.000	1.000	1.000	1.000	1.000	1.000
		PTE	1.000	1.000	1.000	1.000	1.000	1.000
		SE	1.000	1.000	1.000	1.000	1.000	1.000
	甘孜州	TE	0.504	0.432	0.436	0.851	0.943	0.633
		PTE	0.762	0.750	0.775	1.000	1.000	0.857
		SE	0.661	0.576	0.562	0.851	0.943	0.739
甘肃藏区	甘南州	TE	0.723	0.498	0.446	0.935	1.000	0.720
		PTE	1.000	0.872	1.000	1.000	1.000	0.974
		SE	0.723	0.571	0.446	0.935	1.000	0.732

地区	自治州	效率类别	2013 年	2014 年	2015 年	2016 年	2017 年	年均值
青海藏区	海北州	TE	0.650	0.556	0.403	0.567	0.586	0.552
		PTE	1.000	1.000	1.000	0.999	0.958	0.991
		SE	0.650	0.556	0.403	0.567	0.611	0.557
	黄南州	TE	0.582	0.524	0.365	0.808	0.835	0.623
		PTE	1.000	1.000	1.000	0.996	1.000	0.999
		SE	0.582	0.524	0.365	0.567	0.835	0.575
	海南州	TE	0.638	0.543	0.524	1.000	0.890	0.719
		PTE	0.924	0.906	0.994	1.000	0.956	0.956
		SE	0.690	0.599	0.527	1.000	0.931	0.732
	果洛州	TE	0.367	0.404	0.442	0.944	1.000	0.631
		PTE	1.000	1.000	1.000	1.000	1.000	1.000
		SE	0.367	0.404	0.442	0.944	1.000	0.631
	玉树州	TE	0.245	0.365	0.417	1.000	0.954	0.596
		PTE	0.864	1.000	1.000	1.000	1.000	0.973
		SE	0.284	0.365	0.417	1.000	0.954	0.604
	海西州	TE	0.746	0.635	0.584	0.924	1.000	0.778
		PTE	1.000	1.000	1.000	1.000	1.000	1.000
		SE	0.746	0.635	0.584	0.924	1.000	0.778
云南藏区	迪庆州	TE	0.527	0.504	0.538	0.898	0.834	0.660
		PTE	0.862	0.851	1.000	0.945	0.878	0.907
		SE	0.611	0.592	0.538	0.950	0.950	0.728

表 4 – 1 – 7　DEA – Malmquist 指数模型测度四省藏区基本社会保障和就业服务供给效率指数及分解

地区	自治州	指数类别	2013～2014 年	2014～2015 年	2015～2016 年	2016～2017 年	年均值
四川藏区	阿坝州	TEC	1.000	1.000	1.000	1.000	1.000
		PTEC	1.000	1.000	1.000	1.000	1.000
		SEC	1.000	1.000	1.000	1.000	1.000
	甘孜州	TEC	0.857	1.009	1.954	1.107	1.232
		PTEC	0.985	1.034	1.290	1.000	1.077
		SEC	0.871	0.976	1.516	1.107	1.118
甘肃藏区	甘南州	TEC	0.689	0.895	2.099	1.069	1.188
		PTEC	0.872	1.146	1.000	1.000	1.005
		SEC	0.790	0.781	2.099	1.069	1.185

地区	自治州	指数类别	2013~2014年	2014~2015年	2015~2016年	2016~2017年	年均值
青海藏区	海北州	TEC	0.856	0.724	1.407	1.034	1.005
		PTEC	1.000	1.000	0.999	0.959	0.990
		SEC	0.856	0.724	1.408	1.077	1.016
	黄南州	TEC	0.900	0.696	2.214	1.034	1.211
		PTEC	1.000	1.000	0.996	1.004	1.000
		SEC	0.900	0.696	2.223	1.030	1.212
	海南州	TEC	0.851	0.966	1.908	0.890	1.154
		PTEC	0.980	1.097	1.006	0.956	1.010
		SEC	0.868	0.880	1.898	0.931	1.144
	果洛州	TEC	1.099	1.094	2.136	1.059	1.347
		PTEC	1.000	1.000	1.000	1.000	1.000
		SEC	1.099	1.094	2.136	1.059	1.347
	玉树州	TEC	1.491	1.142	2.398	0.954	1.496
		PTEC	1.157	1.000	1.000	1.000	1.039
		SEC	1.288	1.142	2.398	0.954	1.446
	海西州	TEC	0.851	0.921	1.580	1.083	1.109
		PTEC	1.000	1.000	1.000	1.000	1.000
		SEC	0.851	0.921	1.580	1.083	1.109
云南藏区	迪庆州	TEC	0.957	1.068	1.668	0.929	1.156
		PTEC	0.987	1.176	0.945	0.929	1.009
		SEC	0.970	0.909	1.765	1.000	1.161

二、四省藏区公共服务供给规模和技术有效性的时空分异研究

（一）四省藏区四类基本公共服务的供给有效性均有提升

DEA - BCC 模型测度结果显示，2013~2017年，四省藏区基本社会保障和就业服务的历年供给效率值依次为 0.598、0.546、0.512、0.893 和 0.904，呈现出波动中上升的趋势，且上升幅度在四类基本公共服务中最大（见表 4 - 1 - 8）。同时，四省藏区基本社会保障和就业服务的 DEA - Malmquist 指数模型测度结果显示，供给效率指数 2013~2017年的平均值为 1.190，远高于同期基本公共教育服务和医疗卫生服务的供给效率指数年平均值，同样说明 2013~2017 年四省藏区基本社会保障和就业服务的供给有效性明显提升，且提升幅度大于基本公共教育服务和医疗卫生服务。DEA - BCC 模型和 DEA - Malmquist 指数模型测度结果均表明，2013~2017 年，四省藏区基本社会保障和就业服务的供给有效性有较大提升，且相对基本公共教育服务和医疗卫生服务的供给有效性提升而言，成效更为明显（见表 4 - 1 - 8）。

表 4 - 1 - 8 四省藏区十个自治州全域基本公共服务分类分年供给效率及供给效率指数

数据类别		2013 年	2014 年	2015 年	2016 年	2017 年
基本公共服务的供给效率 TE	教育	0.666	0.611	0.790	0.841	0.836
	医疗卫生	0.854	0.756	0.853	0.848	0.871
	社会保障和就业	0.598	0.546	0.512	0.893	0.904
数据类别		2013~2014 年	2014~2015 年	2015~2016 年	2016~2017 年	2013~2017 年均值
基本公共服务的供给效率指数 TEC	教育	0.945	1.343	1.086	1.004	1.094
	医疗卫生	0.850	1.222	0.998	1.011	1.020
	社会保障和就业	0.955	0.952	1.836	1.016	1.190

注：用 DEA - BCC 模型测度四省藏区十个自治州全域的基本公共服务供给效率 TE，用 DEA - Malmquist 指数模型测度四省藏区十个自治州全域的基本公共服务供给效率指数 TEC。

四省藏区 2013~2017 年基本公共教育服务的供给有效性提升幅度仅次于基本社会保障和就业服务。DEA - BCC 模型测度结果显示，2013~2017 年，四省藏区基本公共教育服务的历年供给效率值依次为 0.666、0.611、0.790、0.841 和 0.836，也呈现出波动中上升的趋势，且上升幅度仅次于基本社会保障和就业服务，高于基本医疗卫生服务（见表 4 - 1 - 8）。同期，DEA - Malmquist 指数模型测度结果中的供给效率指数年平均值为 1.094（见表 4 - 1 - 8），也表明四省藏区 2013~2017 年基本公共教育服务的供给效率呈现总体提升趋势。DEA - BCC 模型和 DEA - Malmquist 指数模型测度结果均表明，2013~2017 年，四省藏区基本公共教育服务的供给有效性整体有明显提升。

四省藏区 2013~2017 年基本医疗卫生服务的供给有效性略有提升。DEA - BCC 模型测度结果显示，2013~2017 年，四省藏区基本医疗卫生服务的历年供给效率值依次为 0.854、0.756、0.853、0.848 和 0.871（见表 4 - 1 - 8），提升幅度低于基本社会保障和就业服务、基本公共教育服务。同期，DEA - Malmquist 指数模型测度结果中的供给效率指数年平均值为 1.020（见表 4 - 1 - 8），同样低于基本社会保障和就业服务、基本公共教育服务，说明 2013~2017 年，四省藏区基本医疗卫生服务的供给有效性略有进步。DEA - BCC 模型和 DEA - Malmquist 指数模型测度结果均表明，2013~2017 年，四省藏区整体基本医疗卫生服务的供给有效性是提升的，但提升幅度低于基本社会保障和就业服务、基本公共教育服务。

（二）玉树等四个自治州的基本公共教育服务供给有效性相对较高

从 DEA - BCC 模型测度结果来看，2013~2017 年，玉树州基本公共教育服务的历年供给效率都为 1（见表 4 - 1 - 2），在各年均达到了 DEA 有效。近年来，在四省藏区十个自治州中，玉树州基本公共教育服务的财政投入产出处于生产前沿面上，基本公共教育服务的供给有效性相对最佳，可以作为其余自治州优化提升的参照。DEA - Malmquist 指数模型测度结果显示，同期玉树州基本公共教育服务的技术效率指数和规模效率指数也均为 1（见表 4 - 1 - 3），同样说明玉树州 2013~2017 年基本公共教育服务的财政投入处于规模有效阶段，其基本公共教育服务资源的管理使用水平及投入规模均处于良好的稳定状态。

2013~2017 年，基本公共教育服务供给有效性处于良好水平的有甘南州、海南州和海西州。上述三个自治州基本公共教育服务的 DEA - BCC 模型测度结果显示，供给效率五年均值分别为 0.856、0.855 和 0.834，在十个自治州中处于相对较高位次（见表 4 - 1 - 2）。从 DEA - BCC 模型测度结果的分解情况看，甘南州基本公共教育服务的技术效率五年均值（0.949）主要受 2015 年较低的技术效率（0.747）拖累，其 2013～2017 年基本公共教育服务的历年规模效率依次为 0.828、0.711、0.994、1.000 和 1.000（见表 4 - 1 - 2），且前三年均处于规模效率递增状态，表明近年来甘南州基本公共教育服务供给有效性的提升，主要得益于同期在基本公共教育服务方面财政投入规模的增加。海南州 2013～2017 年基本公共教育服务的历年供给效率依次为 0.739、0.746、0.919、0.927 和 0.946，在十个自治州中的位次有所上升；从 DEA - BCC 模型测度结果的分解情况看，海南州的技术效率五年均值（0.917）和规模效率五年均值（0.930）对供给效率的贡献程度相近（见表 4 - 1 - 2）；从 DEA - Malmquist 指数模型测度结果看，海南州的技术效率指数五年均值（1.043）和规模效率指数五年均值（1.022）均大于 1，同样表明海南州 2013～2017 年基本公共教育服务资源的管理使用水平和供给规模提升均对供给有效性整体提升有贡献（见表 4 - 1 - 3）。海西州基本公共教育服务 2013～2017 年的 DEA - BCC 模型测度结果显示，历年供给效率依次为 0.602、0.669、1.000、1.000 和 0.898，在十个自治州中的位次有较大提升，且在 2015～2016 年达到 DEA 有效（见表 4 - 1 - 2）；从 DEA - Malmquist 指数模型测度结果看，海西州的技术效率指数五年均值和规模效率指数五年均值在 2013～2016 年均大于 1，在 2017 年小于 1（见表 4 - 1 - 3），表明海西州基本公共教育服务的供给有效性在 2013～2016 年逐年提升，而在 2017 年略有下降；海西州的规模效率指数五年均值（1.085）大于技术效率指数五年均值（1.029），表明 2013～2017 年海西州基本公共教育服务的供给规模效率相对资源管理使用效率提升更快，对基本公共服务供给有效性提升的贡献更大。

黄南州和海北州 2013～2017 年基本公共教育服务的供给有效性处于一般水平，它们的 DEA - BCC 模型测度结果显示，基本公共教育服务供给效率五年均值分别为 0.770 和 0.701（见表 4 - 1 - 2）。分区域具体来看，同期黄南州基本公共教育服务的技术效率五年均值为 0.941，规模效率五年均值为 0.813，表明规模效率是拉低黄南州基本公共教育服务供给有效性的主要因素；从 DEA - Malmquist 指数模型测度结果看，同期黄南州基本公共教育服务的供给效率指数五年均值为 1.132，而技术效率指数五年均值为 1.047，略低于规模效率指数五年均值 1.086，且各年技术效率指数均大于 1，表明其基本公共教育服务资源的管理使用效率在逐年提高，但提升幅度略小于供给规模效率，两者共同推动黄南州基本公共教育服务有效性提升（见表 4 - 1 - 3）。DEA - BCC 模型测度结果分解情况显示，同期海北州基本公共教育服务的供给效率五年均值主要受较低的规模效率均值影响（规模效率均值 0.737＜技术效率均值 0.954），需要着重提升当地基本公共教育服务资源的管理使用效率，同时对基本公共教育服务供给时序和空间配置进行优化，以提升基本公共服务供给的规模效率；从同期 DEA - Malmquist 指数模型测度结果看，海北州基本公共教育服务的供给效率指数五年均值为 0.995，规模效率指数五年均值为 1.023，大于同期技术效率指数五年均值 0.987，规模效率增长快于管理效率增长。结合两个模型测度结果来看，2013～2017 年海北州基本公共教育服务资源的管理使用效率相对较高，但处于下降状态，而其规模效率虽然相对较低，但处于上升状态。

四省藏区十个自治州中，甘孜州、阿坝州、果洛州和迪庆州 2013～2017 年基本公共教育服务的供给有效性相对较低。基本公共教育服务的 DEA‑BCC 模型测度结果显示，其供给效率五年均值分别为 0.665、0.627、0.625 和 0.555，基本公共教育服务的供给有效性亟待提升（见表 4‑1‑2）。同期，甘孜州基本公共教育服务的技术效率五年均值和规模效率五年均值分别为 0.803 和 0.821，管理水平和供给规模两种因素对甘孜州基本公共教育服务供给有效性的影响程度相近（见表 4‑1‑2）；从 DEA‑Malmquist 指数模型测度结果看，同期甘孜州基本公共教育服务的供给效率指数五年均值为 1.170，规模效率和技术效率指数五年均值分别为 1.096 和 1.074（见表 4‑1‑3），说明近年来甘孜州基本公共教育服务供给有效性明显提升，且得益于供给规模有效性和管理服务有效性的共同提升。同期阿坝州基本公共教育服务的历年供给效率分别为 0.494、0.536、0.653、0.717 和 0.734，在十个自治州中的位次有所提高，但仍有较大的提升空间，其供给效率五年均值（0.627）主要受技术效率五年均值（0.716）相对较低的拖累（见表 4‑1‑2）；从 DEA‑Malmquist 指数模型测度结果看，阿坝州基本公共教育服务的供给效率指数五年均值为 1.107，技术效率指数和规模效率指数五年均值均大于 1，2013～2017 年其基本公共教育服务的供给有效性整体上是有进步的，且供给规模效率和管理服务效率提升共同推动其基本公共教育服务的供给有效性提升（见表 4‑1‑3）。

果洛州和迪庆州基本公共教育服务的 DEA‑BCC 模型测度结果表明，2013～2017 年，其基本公共教育服务具有技术效率五年平均值高于规模效率五年平均值的特征（0.981 > 0.635、0.857 > 0.631）（见表 4‑1‑2），果洛州和迪庆州基本公共教育服务的供给有效性主要受相对较低的供给规模有效性拖累；进一步从 DEA‑Malmquist 指数模型测度结果来分析，同期果洛、迪庆两州基本公共教育服务的技术效率指数五年均值（1.001、1.087）与规模效率指数五年均值（1.063、1.101）呈现相同特征，不仅均大于 1，且规模效率指数五年均值大于技术效率指数五年均值（见表 4‑1‑3），此两州基本公共教育服务的管理服务有效性和规模有效性近年来均有提高，且规模有效性的提升快于管理服务有效性。具体到 2013～2017 年各年份看，迪庆州基本公共教育服务的技术有效性变化幅度较小，且呈现先升后降的趋势，但 2013～2017 年整体是提升的；果洛州基本公共教育服务的技术有效性处于缓慢增长状态，而规模有效性波动较大（见表 4‑1‑2、表 4‑1‑3）。

（三）甘南等五个自治州的基本医疗卫生服务供给有效性相对较高

从 DEA‑BCC 模型测度结果来看，甘孜州、甘南州和玉树州 2013～2017 年基本医疗卫生服务的供给效率五年均值同为 1，基本医疗卫生服务的供给有效性处于最佳水平（见表 4‑1‑4）。不仅如此，在四省藏区十个自治州中，甘孜州、甘南州和玉树州基本医疗卫生服务的规模效率和技术效率在 2013～2017 年各年均达到了 DEA 有效，其基本医疗卫生服务的财政投入产出处于生产前沿面上，可以作为其余自治州优化提升的参照。进一步从 DEA‑Malmquist 指数模型测度结果看，同期甘孜州和甘南州的基本医疗卫生服务技术效率指数和规模效率指数各年均为 1，近年来此两州基本医疗卫生服务的管理效率及规模效率均处于良好的稳定状态；玉树州在 2013～2016 年基本医疗卫生服务技术效率指数和规模效率指数各年均为 1，但是 2017 年降为 0.858，主要受规模效率下降的拖累，需要高度重视优化该地区基本公共教育服务的供给时序和空间配置，以促使其重新回到基本医疗卫生服务有效供给状态（见表 4‑1‑5）。

同期基本医疗卫生服务的供给有效性处于优秀水平的有阿坝州和海西州，其 DEA‑

BCC 模型测度结果显示，供给效率五年均值分别为 0.955 和 0.907，在十个自治州中位次相对较高（见表 4 - 1 - 4）。同期，阿坝州基本医疗卫生服务的供给效率仅在 2013 年是 DEA 有效的。进一步从分解结果看，阿坝州 2013~2017 年各年技术效率均为 1，而规模效率仅在 2013 年为 1，在 2017 年降至 0.882（见表 4 - 1 - 4），从而拉低基本医疗卫生服务的整体有效性；再从 DEA - Malmquist 指数模型测度结果看，阿坝州 2013~2017 年基本医疗卫生服务的历年技术效率指数均为 1，而规模效率指数在 2013 年之后均小于 1，供给规模有效性呈现下降趋势，近年来其基本医疗卫生服务的供给有效性处于优秀水平主要源于医疗卫生服务资源管理使用水平的提升（见表 4 - 1 - 5）。同期海西州的基本医疗卫生服务供给在 2015 年、2016 年是 DEA 有效的，其基本医疗卫生服务的技术效率在 2014 达到了 1，并一直保持为 1；而其规模效率在 2015 年达到 1 后，2017 年又有所回落（0.967）（见表 4 - 1 - 5），近年来其基本医疗卫生服务的供给有效性处于优秀水平同样主要源于医疗卫生服务资源管理使用水平的提升。进一步从 DEA - Malmquist 指数模型测度结果看，2013~2017 年海西州基本医疗卫生服务的技术效率指数均值为 1.021，规模效率指数均值为 1.043，表明 2013~2017 年海西州基本医疗卫生服务的管理效率和规模效率均有所提升（见表 4 - 1 - 5）。

2013~2017 年，黄南州、海南州、迪庆州和果洛州基本医疗卫生服务的供给效率五年均值分别为 0.797、0.748、0.769 和 0.740，基本医疗卫生服务的供给有效性相对处于一般水平（见表 4 - 1 - 4）。同期黄南州和海南州各年供给效率在四省藏区十个自治州中位次先降后升，均在 2017 年达到 DEA 有效；进一步从 DEA - BCC 模型测度结果的分解情况看，黄南州和海南州均呈现基本医疗卫生服务的技术效率五年均值大于规模效率五年均值特征（0.989 > 0.805；1.000 > 0.748），表明此两州基本医疗卫生服务的供给有效性主要被规模效率拉低（见表 4 - 1 - 4）。进一步从 DEA - Malmquist 指数模型测度结果看，2013~2017 年海南州基本医疗卫生服务的供给效率和规模效率指数五年均值为 1.136，而同期技术效率指数五年均值为 1.000（见表 4 - 1 - 5），海南州基本医疗卫生服务的规模效率有较大提升，将为海南州基本医疗卫生服务的供给有效性提升做更大贡献。同期迪庆州基本医疗卫生服务的技术效率五年均值（0.919）略大于规模效率五年均值（0.836），基本医疗卫生服务的管理效率略高于规模效率；从 DEA - Malmquist 指数模型测度结果看，迪庆州基本医疗卫生服务的供给效率指数在 2013~2015 年大于 1，在 2015~2017 年小于 1，基本医疗卫生服务的供给有效性先升后降，与黄南州和海南州的变化趋势相反，且同期规模效率指数五年均值低于技术效率指数均值，应注重通过基本医疗卫生服务供给时序和空间配置的优化等，提升其基本医疗卫生服务的规模有效性和整体有效性（见表 4 - 1 - 4、表 4 - 1 - 5）。果洛州 2013~2017 年基本医疗卫生服务的供给效率依次为 0.912、0.634、0.711、0.705 和 0.737，在四省藏区十个自治州中的位次总体看是下降的；同期其基本医疗卫生服务的技术效率和规模效率五年均值分别为 0.942 和 0.791，基本医疗卫生服务的供给有效性主要受规模效率拖累；同期果洛州基本医疗卫生服务的供给效率指数五年均值为 0.961，技术效率指数五年均值为 0.980，且各年均小于 1，各年规模效率指数分别为 0.741、1.127、0.995、1.051、0.979，呈现上下波动的趋势，均值为 0.979，表明 2013~2017 年果洛州基本医疗卫生服务的管理效率和规模效率均有所下降（见表 4 - 1 - 4、表 4 - 1 - 5）。

海北州 2013～2017 年基本医疗卫生服务的历年供给效率依次为 0.617、0.272、0.579、0.482 和 0.483，在上下波动中呈下降趋势，基本医疗卫生服务的有效性相应也呈下降趋势（见表 4-1-4）。究其原因，近年来其基本医疗卫生服务有效性下降，主要受规模效率影响（规模效率五年均值 0.498＜技术效率五年均值 0.969）。海北州基本医疗卫生服务的技术效率在 2013 年为 DEA 有效，虽然 2014 年和 2015 年有所下降，但从 2016 年开始重新回到 DEA 有效，对其基本医疗卫生服务有效供给起到重要支撑作用，而同期基本医疗卫生服务的规模效率从 2013 年的 0.617 降至 2017 年的 0.483，成为海北州基本医疗卫生服务供给有效性进一步提升的重要阻碍（表 4-1-4）。再从 DEA-Malmquist 指数模型测度结果看，海北州 2013～2017 年基本医疗卫生服务的技术效率指数五年均值为 0.945，规模效率指数五年均值为 1.159（见表 4-1-5），略高于技术效率指数，规模效率提升的幅度相对较大，但还不能对基本医疗卫生服务有效性提升起到重要支撑作用。综合两个模型测度结果看，海北州基本医疗卫生服务的技术有效性较高，但处于下降状态，而规模有效性较低，但处于上升状态，应注重从管理效率和规模效率两方面提升基本医疗卫生服务的供给有效性。

（四）阿坝等四个自治州的社会保障和就业服务供给有效性相对较高

从 DEA-BCC 模型测度结果来看，阿坝州 2013～2017 年基本社会保障和就业服务的供给效率五年均值为 1，基本社会保障和就业服务的供给有效性处于最佳状态（见表 4-1-6）。在四省藏区十个自治州中，阿坝州的基本社会保障和就业服务的供给效率在 2013～2017 年各年均达到了 DEA 有效（见表 4-1-6），其社会保障和就业方面的财政投入处于生产前沿面上，可以作为其余自治州优化提升的参照。进一步从 DEA-Malmquist 指数模型测度结果来看，同期阿坝州基本社会保障和就业服务的供给效率指数、技术效率指数和规模效率指数各年均为 1，表明阿坝州社会保障和就业服务的资源管理使用水平及投入规模均处于良好的稳定状态（见表 4-1-7）。

同期，海西州、甘南州和海南州基本社会保障和就业服务的供给效率五年均值分别为 0.778、0.720 和 0.719，供给有效性处于一般水平（见表 4-1-6）。2013～2017 年，海西州和甘南州基本社会保障和就业服务的供给效率在四省藏区十个自治州中位次先降后升，海西州在 2017 年达到 DEA 有效，甘南州从 2016 年开始一直是 DEA 有效，基本社会保障和就业服务的有效性明显提升；海南州位次则是上下波动，但从 2013～2017 年整体看是提升的，基本社会保障和就业服务的有效性略低于海西州和甘南州，但总体上也是明显提升的。从 DEA-BCC 模型测度结果分解情况看，海西州、甘南州和海南州基本社会保障和就业服务的技术效率五年均值都大于规模效率五年均值（1.000＞0.778；0.974＞0.732；0.956＞0.732），表明近年来海西州、甘南州和海南州基本社会保障和就业服务的供给效率非 DEA 有效主要受规模效率影响，管理效率对基本社会保障和就业服务的有效性贡献更大（见表 4-1-6）。进一步从 DEA-Malmquist 指数模型测度结果看，同期甘南州和海南州基本社会保障和就业服务的技术效率指数和规模效率指数五年均值都大于 1，并且规模效率指数五年均值都大于技术效率指数（见表 4-1-7），表明近年来甘南州和海南州基本社会保障和就业服务供给有效性的提升主要得益于规模效率的提升；同期海西州基本社会保障和就业服务的技术效率每年均达到 DEA 有效，虽然其基本社会保障和就业服务的规模效率提升快于管理效率，但管理效率仍然是近年来海西州基本社会保障和就业服务供给有效性的重要支撑（见表4-1-7）。

同期迪庆州、甘孜州、果洛州、黄南州、玉树州和海北州基本社会保障和就业服务的供给效率五年均值相对较低，分别为0.660、0.633、0.631、0.623、0.596和0.552，基本社会保障和就业服务的供给有效性在四省藏区十个自治州中相对较低（见表4-1-6）。从DEA-BCC模型测度结果分解情况看，此六个自治州均表现出基本社会保障和就业服务的技术效率五年均值大于规模效率五年均值的特征，规模效率是拉低基本社会保障和就业服务供给有效性的主要原因。再从DEA-Malmquist指数模型测度结果看，基本社会保障和就业服务供给有效性处于相对较低水平的六个自治州呈现出另一相同特征，即2013~2017年基本社会保障和就业服务的供给效率指数五年均值均大于1，说明这六个自治州基本社会保障和就业服务的供给有效性均在提升过程中。其中，玉树州和果洛州基本社会保障和就业服务的供给效率指数五年均值分别为1.496和1.347，两州基本社会保障和就业服务的供给有效性提升幅度相对较大；迪庆州、甘孜州、黄南州和海北州基本社会保障和就业服务的供给效率指数五年均值分别为1.156、1.232、1.211和1.005，基本社会保障和就业服务的供给有效性提升幅度相对较小（见表4-1-7）。进一步从DEA-Malmquist指数模型测度结果看，海北州基本社会保障和就业服务的技术效率指数五年均值小于1而规模效率指数五年均值大于1，管理效率略有下降，规模效率略有提升；甘孜州、迪庆州基本社会保障和就业服务的技术效率指数和规模效率指数均大于1，基本社会保障和就业服务供给的管理效率和规模效率均在提升；黄南州的技术效率指数五年均值为1，基本社会保障和就业服务供给的管理效率也在多个年份达到DEA有效，同期规模效率指数五年均值大于1，规模效率五年均值为0.575，规模效率虽然相对较低但处于提升状态；果洛州的技术效率指数五年均值为1，基本社会保障和就业服务资源的管理使用效率在每一年均为DEA有效，同期规模效率指数五年均值相对较高，规模效率提升幅度较大，于2017年达到DEA有效；玉树州的技术效率指数五年均值大于1，基本社会保障和就业服务资源的管理使用效率从2014年开始每一年均为DEA有效，同期规模效率指数五年均值高于玉树州，规模效率提升幅度在六个自治州中最大，于2016年达到DEA有效（见表4-1-6、表4-1-7）。

三、公共服务供给有效性提升对技术进步提出新需求

（一）公共服务"规模—技术效率"双增效两类模式

从四省藏区十个自治州四类基本公共服务供给有效性的DEA-BCC模型和DEA-Malmquist指数模型测度结果来看（见表4-1-2至表4-1-8），2013~2017年，除玉树州的基本公共教育服务，甘南州、甘孜州和玉树州的基本医疗卫生服务，以及阿坝州的基本社会保障和就业服务的供给有效性为DEA有效，更多自治州的基本公共服务供给有效性仍有较大的提升空间。根据导致基本公共服务供给非DEA有效的主要原因和问题，可将四省藏区十个自治州分为两类，适宜分别采取政策延续或政策优化推动基本公共服务"规模—技术效率"双增效的两类公共服务供给有效性提升模式。

1. 政策延续推动"规模—技术效率"双增效模式

从基本公共教育服务的绩效测度结果来看，四省藏区的海南州和果洛州，近年来基本公共教育服务的财政投入规模效率和技术效率均未达到生产前沿面上的最佳状态，但是，

近年来其基本公共教育服务的规模效率指数和技术效率指数均大于1，规模效率和技术效率均呈现上升趋势（见表4－1－3）。甘南州近年来基本公共教育服务的规模效率指数和技术效率指数稳定为1，基本公共教育服务的财政投入规模效率和技术效率均已达到并保持在生产前沿面上的最佳状态。上述自治州的情况相类似，目前基本公共教育服务模式和政策等适合当地现实情况，基本公共教育服务的规模效率和技术效率保持在生产前沿面上的最佳状态，或者正趋向于生产前沿面上的最佳状态。适宜坚持实施现行基本公共教育服务政策，自然实现规模效率和技术效率双增长，共同推动基本公共教育服务供给有效性提升，直到出现规模效率或者技术效率拐点时再做政策调整优化。

从基本医疗卫生服务的绩效来看，黄南州和海南州近年来基本医疗卫生服务财政投入的规模效率和技术效率指数整体上升且保持在1以上，基本医疗卫生服务的规模效率和技术效率整体呈现双上升趋势，且在2013～2017年处于生产前沿面上的最佳状态（见表4－1－5）。黄南州和海南州的情况相类似，目前基本医疗卫生服务模式与政策等适合当地现实情况，基本医疗卫生服务财政投入的规模效率和技术效率保持在生产前沿面上的最佳状态，或者正趋向于生产前沿面上的最佳状态。适宜坚持实施现行基本医疗卫生服务政策，自然实现规模效率和技术效率双增长，共同推动基本医疗卫生服务供给有效性提升，直到出现规模效率或者技术效率拐点时再做政策调整优化。

从基本社会保障和就业服务的绩效来看，甘孜州、果洛州和海西州近年来基本社会保障和就业服务财政投入的技术效率指数均不低于1，且甘孜州2016～2017年技术效率保持在生产前沿面最佳状态，果洛州和海西州2013～2017年技术效率保持在生产前沿面最佳状态，三个自治州的规模效率指数均大于1，规模效率呈现上升态势，果洛和海西州的规模效率于2017年达到生产前沿面最佳状态（见表4－1－7）。甘南州近年来基本社会保障和就业服务财政投入的规模效率和技术效率指数均不小于1，规模效率和技术效率均呈现上升态势，甘南州的技术效率于2017年达到生产前沿面最佳状态。黄南州近年来基本社会保障和就业服务财政投入的规模效率和技术效率指数均大于1，规模效率和技术效率均呈现上升态势，技术效率于2017年达到生产前沿面最佳状态。上述自治州的情况相类似，目前基本社会保障和就业服务模式与政策适合当地现实情况，基本社会保障和就业服务的规模效率和技术效率保持在生产前沿面上的最佳状态，或者正趋向于生产前沿面上的最佳状态。适宜保持现行基本社会保障和就业服务政策等，自然实现规模效率和技术效率双增长，共同推动基本社会保障和就业服务供给有效性提升，直到出现规模效率或者技术效率拐点时再做政策调整优化。

2. 政策优化推动"规模—技术效率"双增效模式

从基本公共教育服务的绩效测度结果来看，2013～2016年，阿坝州基本公共教育服务财政投入的规模效率逐年增长，技术效率波动增长，同期规模效率指数均大于1，技术效率指数从2014年开始一直大于1，但2016～2017年规模效率指数下行至1以下，规模效率开始下降，而同时技术效率指数到达历年最高值，技术效率加速上升，由于基本公共教育服务的供给时序和空间配置与现实需求的不匹配等，规模效率开始拖累基本公共教育服务的供给有效性（见表4－1－3）。甘孜州和黄南州近年来基本公共教育服务的供给有效性情况和阿坝州类似。海北州的情况与阿坝州、甘孜州和黄南州正好相反，近年来基本公共教育服务财政投入的规模效率指数大于1，财政投入的规模效率呈现上升趋势，而同期基本公共教育服务的技术效率指数小于 1，技术效率呈现下降趋势，基本公共教育服务资源的管理使用效率不足开始拖累基本公共教育服务的供给有效性。海西州和迪庆州的情况比较相似，虽然近年来两州在有些年份规模效率和技术效率曾经达到过生产前沿面的最佳状态，但是 2016～2017 年，两州的规模效率和技术效率指数均小于 1，基本公共教育服务供给的规模效率和技术效率均呈现下降趋势，亟待从多方面进行政策优化以全面提升基本公共服务的供给效率。

从基本医疗卫生服务的绩效测度结果来看，阿坝州和海西州近年来基本医疗卫生服务财政投入的技术效率指数稳定为 1，且技术效率也稳定在生产前沿面的最佳状态，而 2016～2017 年规模效率指数小于 1，规模效率呈现下降趋势，由于医疗卫生领域财政投入的供给时序和空间配置与现实需求的不匹配等原因，规模效率开始拖累基本医疗卫生服务的供给有效性（见表 4－1－5）。海北州和果洛州的情况与阿坝州和海西州正好相反，近年来基本医疗卫生服务财政投入的规模效率指数大于 1，财政投入的规模效率呈现上升趋势，而同期基本医疗卫生服务的技术效率指数小于 1，技术效率呈现下降趋势，管理效率不足开始拖累基本医疗卫生服务的供给绩效。

从基本社会保障和就业服务的绩效测度结果来看，近年来海北州基本社会保障和就业服务财政投入的规模效率指数大于 1，规模效率呈现上升趋势，迪庆州基本社会保障和就业服务财政投入的规模效率指数等于 1，规模效率保持为 0.95 不变，但同期这两个自治州的基本社会保障和就业服务财政投入的技术效率指数均小于 1，技术效率呈现下降趋势，管理效率不足开始拖累这两个自治州基本社会保障和就业服务的供给绩效（见表 4－1－7）。玉树州近年来基本社会保障和就业服务财政投入的技术效率指数大于 1，技术效率于 2014～2017 年保持在生产前沿面最佳状态，但规模效率指数低于 1，规模效率呈下降态势。海南州近年来基本社会保障和就业服务财政投入的规模效率和技术效率指数均低于 1，规模效率和技术效率均呈下降态势。

四省藏区这些自治州当前主要存在基本公共服务财政投入受限于供需不匹配、供给时序和区位没有充分填补现实需求的"空缺"等供需错位问题，从而导致规模效率或技术效率呈现下降趋势，甚至两种效率同时呈现下降趋势，需要优化调整政策以推动实现基本公共服务的供给有效性提升。这种情况下，需要充分调查了解当地城乡、区域间基本公共服务需求的时序和空间差异，重点从调整公共服务供给时序、优化公共服务资源的空间配置、提升公共服务管理效率等方面，在当地公共服务人才数量和技术水平不变的条件下，激发现有公共服务人才的潜能，提升现有公共服务财政投入的效能，以综合提升基本公共服务供给绩效。

对于需要通过政策优化推动基本公共服务"规模—技术效率"双增效的自治州，可以通过多种路径实现基本公共服务供给有效性的提升。可以通过调整财政投入基本公共服务的供给时序，优化财政投入基本公共服务的资源空间配置，提升当地基本公共服务的供给时序结构和空间布局结构与现实需求的匹配度。按照"以民为本"的原则，实现更加精准的基本公共服务供给，从规模和技术两方面同时提升当地基本公共服务供给绩效。还可鼓励发展多元主体的公共服务供给机制，同时建立并维护一个基于规则公平和程序透明的现代监管方式，在基本公共服务的可及性、质量和成本之间取得平衡[①]。在基本公共服务供给方面，采取政府购买公共服务、政府与市场主体合作供给公共服务等多种方式，实现供给主体多元化，发挥市场机制信息传递快、资源配置佳的优势，以提升当地基本公共服务的供给有效性。可以通过优化基本公共服务供给的制度安排，一方面提升制度的合理性，包括合理确定各级政府的"专属"职责，明确各级政府公共服务财和事的分担比例[②]；另一方面提升政府部门执行力，通过决策执行体制科学化和民主化，建立健全政府基本公共服务绩效评估机制和监督机制，推进"服务型"政府建设[③]，在保持公共服务财政支出规模的同时，重点通过提升基本公共服务的管理效率等，进一步提升技术效率，从而推动基本公共服务的整体供给有效性提升。

（二）四省藏区公共服务供给能力现代化的现实需求

进一步从 DEA - Malmquist 指数模型测度结果中提取技术进步指数（TC）值，分析 2013～2017 年四省藏区基本公共教育、医疗卫生、社会保障和就业服务的技术进步情况（见表 4－1－9）。2013～2017 年，四省藏区十个自治州四类基本公共服务的技术进步指数均略有退步，且各自治州四类基本公共服务技术进步指数的退步程度相近。近年来，基本公共服务的技术退步特征，成为阻碍四省藏区十个自治州基本公共服务供给有效性进一步提升的共性问题，亟待通过公共服务专业技术人才增加、技术水平进步、供给能力现代化等方式予以解决。

表 4－1－9　DEA－Malmquist 指数模型测度四省藏区基本公共服务分类技术进步指数（TC）

服务类别	年份	阿坝州	甘孜州	甘南州	海北州	黄南州	海南州	果洛州	玉树州	海西州	迪庆州
基本公共教育服务 TC	2013～2014	0.894	0.889	0.894	0.749	0.806	0.871	0.797	0.797	0.871	0.894
	2014～2015	0.638	0.638	0.638	1.018	0.638	0.715	0.652	0.884	0.733	0.638
	2015～2016	0.924	1.027	0.940	0.537	0.747	1.005	1.007	0.545	0.901	0.853
	2016～2017	0.888	0.950	0.893	0.983	0.899	0.939	0.929	1.015	0.953	0.886
基本医疗卫生服务 TC	2013～2014	0.960	0.919	0.996	1.154	1.058	1.298	1.181	1.490	1.061	1.063
	2014～2015	0.751	0.840	0.688	0.709	0.745	0.683	0.706	0.625	0.787	0.712
	2015～2016	1.061	0.867	1.115	0.960	0.909	0.848	0.931	0.868	0.998	1.077
	2016～2017	0.994	1.006	0.946	0.875	0.828	0.861	0.822	0.852	0.883	0.982
基本社会保障和就业服务 TC	2013～2014	1.025	1.042	1.076	1.111	1.076	1.042	1.015	1.025	1.042	1.111
	2014～2015	0.915	0.886	0.945	0.915	0.941	0.886	0.912	0.912	0.886	0.945
	2015～2016	0.481	0.508	0.481	0.501	0.499	0.514	0.482	0.482	0.534	0.493
	2016～2017	1.086	1.105	1.130	1.061	1.081	1.035	1.078	1.074	1.111	1.116

技术进步主要包括技术创新和技术引进等，而影响技术进步的主要因素包括人力资本、经济发展、社会进步等。四省藏区在中央和地方财政的大力支持下，得益于精准扶贫

①　朱晓红. 公共医疗服务的有效供给——民间资本的引入与治理 [J]. 中国行政管理，2010（5）：58－60.

②　陈娟. 政府公共服务供给的困境与解决之道 [J]. 理论探索，2017（1）：92－98.

③　董田甜. 服务型政府建设的关键：政府执行力 [J]. 唯实，2007（12）：89－92.

政策，近年来大部分地区经济和金融发展水平有所提升，但是当地各类基本公共服务的专业技术人才流失现象依然较为普遍，导致基本公共服务"硬件软件不协调""专业技术人才短缺"问题较为明显。四省藏区基本公共服务供给技术退步的主要原因在于公共服务专业技术人才的流失，以及信息化时代背景下城乡数字化鸿沟的扩大等。应从多方面促进基本公共服务供给的技术进步：增强对本地专业技术人才培养的力度，多渠道提升现有技术人才素质和能力，有针对性地引进各地较为缺乏的专业技术人才，以"互联网＋"为代表的基本公共服务供给方式的现代化；等等。

四省藏区自然条件相对艰苦，经济社会发展相对滞后，近年来人才流失现象非常严重。由于四省藏区本地的高等教育和职业技术教育规模和水平均相对较为落后，积累的本土优质人力资源相对较少。加之四省藏区在人才引进方面的"磁场"效应不强，人才引进遇到了较强的阻碍，难以引进优秀技术人才。同时，四省藏区的科研水平整体相对较低，基本公共服务平台规模相对较小，缺乏高层次人才发挥作用的空间和载体。近年来，随着全国各地不少二三线城市在住房、户口、创业扶持等方面对高技术人才给予更多政策优惠，四省藏区的引才、留才竞争力相对进一步下降，就连本地培养的人才也常常被更好的环境条件和薪酬待遇吸引而离开，严重影响四省藏区基本公共服务政策有效性的提升。四省藏区基本公共服务较为普遍存在"硬件建设与软件建设不协调，硬件建设提速快，软件建设提速慢；硬件建设标准高，软件建设质量低"的"硬件够硬、软件偏软"的明显反差。基本公共服务专业技术人才和基层治理人才缺乏成为四省藏区公共服务供给有效性提升的重要制约因素。

针对上述问题，中央和地方更需要在基本公共服务人才引进和培养方面给予四省藏区更大的政策和资金支持，提高财政支出中用于高层次人才补贴的比例，提高人才在当地就业的待遇，从而提高对人才的吸引力。应加强对四省藏区高等和职业技术教育的重视，做好四省藏区基本公共教育、高等教育和职业技术教育工作，着力培养未来服务于四省藏区基本公共服务的本土人才。继续加强发达地区兄弟省（市）对四省藏区各地的人才援助力度，加强对四省藏区专业技术人才的培训力度，着力解决四省藏区基本公共服务领域的技术退步问题。应通过改革创新专业人才培养制度，根据连片特困藏区各地方专业技术人才缺乏的实际，采取考试选拔本地生源委托大学培养等多种方式，有针对性地为地方公共服务培育急需人才，要求毕业后必须回到原籍服务若干年。

在全球进入信息化时代，大数据、云计算和数字经济飞速发展的背景下，通过"互联网＋公共服务"的科技服务方式创新，为各类基本公共服务增效，实现公共服务能力现代化，是推动四省藏区城乡基本公共服务均等化，以及区域基本公共服务均等化的重要途径之一。四省藏区政府可在融媒体建设基础上，尝试整合多部门传统网站和手机 APP 资源，推动形成互联互通的创新性信息化公共服务平台。可以建立语音识别、人脸识别等更加智能灵活的检索系统，让藏区偏远乡村（镇）农牧民可以一键式获取多种公共服务信息和服务，而不再是通过输入多个链接去获得"拼接"信息和服务。还可以借助大数据挖掘等现代技术手段，获取四省藏区各地农牧民和城镇居民对各类基本公共服务的满意度、需求度及其差异化信息，作为政府调整不同地区基本公共服务供给时序，优化基本公共服务资源空间配置的重要现实依据。

近年来，四省藏区所在的省、自治州和县（市、行委）政府积极打造政府公共服务信息化平台，取得明显成效。"四川科技扶贫在线""青松办""掌上甘南"等手机 APP 程序的安装、普及和应用，对于推动四省藏区城乡基本公共服务均等化，提高各地群众对公共服务的满意度和获得感，实现四省藏区基本公共服务能力现代化起到重要作用。但是，由于四省藏区乡村这一级通信基础设施建设水平相对较为落后，城乡基本公共服务均等化和乡村公共服务能力现代化还面临重大阻碍。从第三次全国农业普查通宽带互联网的村占比这一指标来看，截至 2016 年底，四川、甘肃和青海藏区各自治州之间乡村通信基础设施建设水平差距还比较大，且均低于全国平均水平，阿坝州、甘孜州、甘南州、海南州和果洛州还低于所在省平均水平。同时，实地调研过程中也发现，即使是通宽带互联网的乡村，相对于城镇而言，其通信信息服务水平也非常不稳定，网络时断时续的情况较为普遍。与此相联系，四省藏区乡村基本公共服务方式依然较为落后，大多采用服务人员现场面对面服务的方式，解决基本公共服务"最后一千米"问题。城乡公共服务数字化鸿沟比较明显，亟待大力提升乡村通信基础设施水平，消除城乡基本公共服务的数字化鸿沟，实现四省藏区乡村基本公共服务能力的现代化。

第二节 城乡和区域均等化促进公共服务的供给有效性提升

近年来四省藏区公共服务供给的现实条件明显改善，县域和乡村（镇）公共服务供给取得明显进步，州域基本公共服务均等化水平和供给有效性均全面提升。但是，城乡和区域基本公共服务基础设施，以及教育、医疗卫生、公共文化、社会保险和社会服务等基本公共服务的某些方面，与同期全省、全国平均水平相比还存在一些差距。加之近年来新型城镇化进程带来四省藏区城乡人力和资金等要素的加速流动，如何引导基本公共服务资源在自发移民移出地和移入地间更合理配置，在游牧民定居社区和生产地区间更合理配置，在集中居住区域和传统村落散居区域间更合理配置，在跨县域毗邻乡镇间更合理配置，对健全和完善四省藏区基本公共服务均等化实现机制提出新需求。

一、城乡基本公共服务均等化的现实需求

（一）乡村（镇）基础设施建设有待进一步完善

1. 交通基础设施

调查研究发现，由于四省藏区均地处内陆，综合交通运输体系建设较为滞后，大部分乡（镇）居民远距离出行方式较为单一。从第三次全国农业普查数据来看，截至 2016 年底，阿坝州、甘南州、黄南州、海北州和果洛州有高速公路出入口的乡（镇）占比与同期全国平均水平还有较大差距，分别低 21.00 个、18.34 个、15.20 个、11.50 个和 3.32 个百分点；与同期所在省平均水平也还有较大差距，分别低 10.90 个、12.44 个、12.60 个、8.90 个和 0.72 个百分点（见图 4-2-1）。从第三次全国农业普查数据来看，截至 2016 年底，青海藏区海北州和海南州有码头的乡（镇）占比同期全国平均水平分别低 4.40 个和 5.60 个百分点（见图 4-2-1）。

对外交通运输方式的单一落后，直接影响到四省藏区乡（镇）商品贸易市场的发育成熟。从第三次全国农业普查数据来看，截至 2016 年底，四川、甘肃和青海藏区大部分自

治州的乡（镇）商品交易市场建设水平都比较滞后。其中，仅青海藏区海南州有商品交易市场的乡（镇）占比高于同期青海省平均水平，与全国平均水平差距较小；青海藏区其余自治州的乡（镇）商品交易市场发育水平则与全国平均水平差距甚大，海北州、黄南州、果洛州和海西州的该指标比同期青海省平均水平分别低3.70个、5.10个、8.82个和4.10个百分点，比同期全国平均水平分别低44.80个、46.20个、49.92个和45.20个百分点（见图4-2-1）。相较青海藏区而言，同期四川和甘肃藏区乡（镇）的商品交易市场发育水平更低，阿坝州、甘孜州和甘南州分别有12.20%、8.60%和6.32%的乡（镇）开设商品交易市场，比同期所在省平均水平分别低48.3个、51.9个和54.18个百分点，比同期全国平均水平分别低55.90个、59.50个和61.78个百分点（见图4-2-1）。

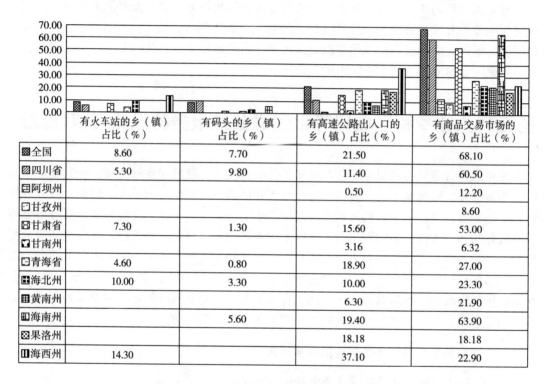

	有火车站的乡（镇）占比（%）	有码头的乡（镇）占比（%）	有高速公路出入口的乡（镇）占比（%）	有商品交易市场的乡（镇）占比（%）
全国	8.60	7.70	21.50	68.10
四川省	5.30	9.80	11.40	60.50
阿坝州			0.50	12.20
甘孜州				8.60
甘肃省	7.30	1.30	15.60	53.00
甘南州			3.16	6.32
青海省	4.60	0.80	18.90	27.00
海北州	10.00	3.30	10.00	23.30
黄南州			6.30	21.90
海南州		5.60	19.40	63.90
果洛州			18.18	18.18
海西州	14.30		37.10	22.90

图4-2-1　第三次全国农业普查四省藏区乡（镇）交通基础设施及相关数据

资料来源：表3-1-2。部分自治州部分指标数据缺失，玉树州和迪庆州未公布第三次全国农业普查数据。

2. 通信基础设施

调查研究还发现，四省藏区乡村宽带互联网基础设施建设水平也有待提升。从第三次全国农业普查通宽带互联网的村占比这一指标来看，截至2016年底，四川、甘肃和青海藏区各自治州之间乡村发展差距还比较大，且均低于同期全国平均水平，阿坝州、甘孜州、甘南州、海南州和果洛州还低于同期所在省平均水平，明显影响到当地乡村通过电子商务带动特色农牧产业发展的进程（见图4-2-2）。相较而言，该指标排在前三位的海北州、黄南州和阿坝州，截至2016年底，分别有73.10%、64.70%和64.30%的村接通宽带互联网，也比同期全国平均水平分别低16.80个、25.20个和25.60个百分点；甘孜州、海南州和果洛州只有不到40%的村接通宽带互联网，比同期所在省平均水平分别低60.80

个、15.70 个和 42.69 个百分点，比同期全国平均水平分别低 66.30 个、55.50 个和 82.49 个百分点（见图 4-2-2）。

乡村通信基础设施建设水平相对落后会影响四省藏区乡村农特产品电子商务销售产业的发展。从第三次全国农业普查有电子商务配送站点的村占比这一指标来看，截至 2016 年底，四川、甘肃和青海藏区各自治州有电子商务配送站点的村占比，均低于同期所在省和全国平均水平。排在前面三位的甘南州、海南州和海西州，有电子商务配送站点的村占比分别比同期所在省低 17.09 个、2.60 个和 3.20 个百分点，比同期全国平均水平低 11.79 个、12.30 个和 12.90 个百分点；排在最后三位的黄南州、甘孜州和阿坝州，有电子商务配送站点的村占比与同期所在省和全国的平均水平差距更大，分别比同期所在省低 13.90 个、12.10 个和 6.20 个百分点，比同期全国平均水平低 23.60 个、22.20 个和 16.30 个百分点（见图 4-2-2）。

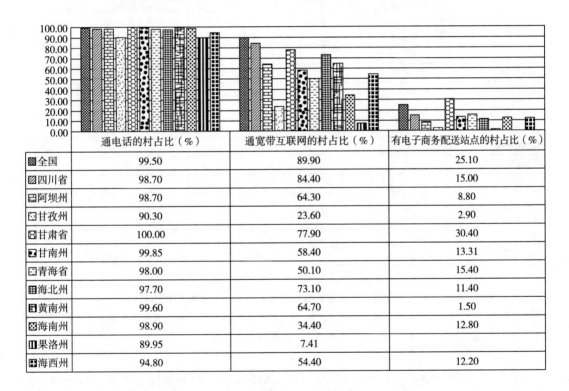

	通电话的村占比（%）	通宽带互联网的村占比（%）	有电子商务配送站点的村占比（%）
全国	99.50	89.90	25.10
四川省	98.70	84.40	15.00
阿坝州	98.70	64.30	8.80
甘孜州	90.30	23.60	2.90
甘肃省	100.00	77.90	30.40
甘南州	99.85	58.40	13.31
青海省	98.00	50.10	15.40
海北州	97.70	73.10	11.40
黄南州	99.60	64.70	1.50
海南州	98.90	34.40	12.80
果洛州	89.95	7.41	
海西州	94.80	54.40	12.20

图 4-2-2　第三次全国农业普查四省藏区乡村通信基础设施及相关数据

资料来源：表 3-1-3。果洛州的第三次全国农业普查有电子商务配送站点的村占比（%）数据缺失，玉树州和迪庆州未公布第三次全国农业普查数据。

3. 环境卫生和供水基础设施

调查研究还发现，四省藏区乡村（镇）环境卫生和集中供水基础设施有待加强。第三次全国农业普查数据显示，截至 2016 年底，四川、甘肃和青海藏区，除阿坝州和甘南州的乡村生活垃圾集中（部分集中）处理率较为领先外，甘孜州、海北州、黄南州、海南州、果洛州和海西州实现生活垃圾集中（部分集中）处理的村占比均低于同期所在省和全国平均水平。其中，四川藏区甘孜州比同期四川省和全国平均水平分别低 14.00 个和 16.50 个百分点；青海藏区的海北州、黄南州、海南州和海西州，比同期青海省平均水平分别低 4.40 个、14.70 个、3.00 个和 3.70 个百分点，比同期全国平均水平分别低 30.50 个、40.80 个、29.10 个和 29.89 个百分点。青海藏区果洛州的这一指标最低，仅为 6.35%，比同期青海省和全国平均水平分别低 41.45 个和 67.55 个百分点（见图 4-2-3）。

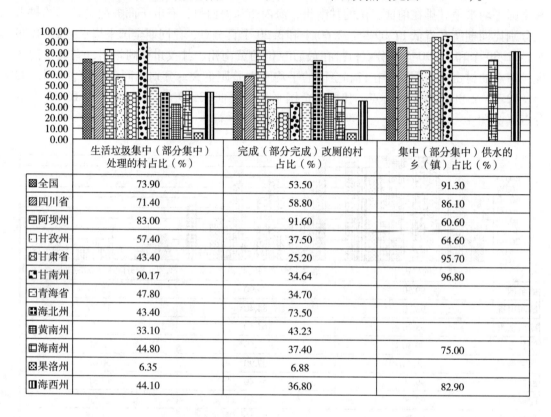

	生活垃圾集中（部分集中）处理的村占比（%）	完成（部分完成）改厕的村占比（%）	集中（部分集中）供水的乡（镇）占比（%）
全国	73.90	53.50	91.30
四川省	71.40	58.80	86.10
阿坝州	83.00	91.60	60.60
甘孜州	57.40	37.50	64.60
甘肃省	43.40	25.20	95.70
甘南州	90.17	34.64	96.80
青海省	47.80	34.70	
海北州	43.40	73.50	
黄南州	33.10	43.23	
海南州	44.80	37.40	75.00
果洛州	6.35	6.88	
海西州	44.10	36.80	82.90

图 4-2-3　第三次全国农业普查四省藏区乡村环境卫生和集中供水基础设施数据

资料来源：表 3-1-4。青海省全域，以及海北州、黄南州和果洛州第三次全国农业普查集中（部分集中）供水的乡（镇）占比数据缺失，玉树州和迪庆州未公布第三次全国农业普查数据。

再从第三次全国农业普查数据来看，截至 2016 年底，青海藏区黄南州、海南州和海西州完成（部分完成）改厕的村占比，分别为 43.23%、37.40% 和 36.80%，比同期全国平均水平分别低 10.27 个、16.10 个和 16.70 个百分点；果洛州完成（部分完成）改厕的村占比，相对同期青海省和全国平均水平分别低 27.82 个和 46.62 个百分点；四川藏区甘孜州完成（部分完成）改厕的村占比，相对同期四川省和全国平均水平分别低 21.30 个和 16.00 个百分点；甘肃藏区甘南州完成（部分完成）改厕的村占比，相对同期全国平均水平低 18.86 个百分点（见图 4-2-3）。

进一步从第三次全国农业普查数据来看，截至 2016 年底，四川藏区阿坝州和甘孜州的乡（镇）集中（部分集中）供水基础设施建设相对滞后，只有 60% 左右的乡（镇）实现集中（部分集中）供水，相比同期四川省平均水平分别低 25.50 个和 21.50 个百分点，相比同期全国平均水平分别低 30.70 个和 26.70 个百分点。青海藏区各自治州缺失数据较多，海南州和海西州的乡（镇）实现集中（部分集中）供水情况，虽然较四川藏区阿坝州分别高 14.40 个和 22.30 个百分点，较四川藏区甘孜州分别高 10.40 个和 18.30 个百分点，但比同期全国平均水平也分别低 16.30 个和 8.40 个百分点（见图 4-2-3）。

（二）乡村（镇）公共服务水平有待进一步提升

1. 基本公共教育服务

从四省藏区乡村（镇）学前教育情况来看，第三次全国农业普查数据显示，截至 2016 年底，四川藏区阿坝州和甘孜州有幼儿园、托儿所的村占比，相对于同期全国平均水平分别低 1.20 个和 22.10 个百分点，甘孜州相对于同期四川省平均水平还低 16.00 个百分点；甘肃藏区甘南州有幼儿园、托儿所的村占比，相对于同期甘肃省和全国平均水平还分别低 3.63 个和 0.23 个百分点；青海藏区的黄南州、果洛州和海西州，分别仅有 23.30%、6.35% 和 16.40% 的村设有幼儿园、托儿所，比同期青海省平均水平分别低 3.30 个、20.25 个和 10.20 个百分点，比同期全国平均水平分别低 9.00 个、25.95 个和 15.90 个百分点，学前教育服务还需要进一步加强（见图 4-2-4）。同时，四省藏区相对偏远乡村幼儿教育的师资队伍相对薄弱且不稳定的问题，以及村上学龄儿童大部分到乡（镇）寄宿制学校读书，寄宿制学校的教学、后勤和安全保障力量亟待提升等现实问题，均对四省藏区城乡基本公共教育服务均等化提出现实需求。

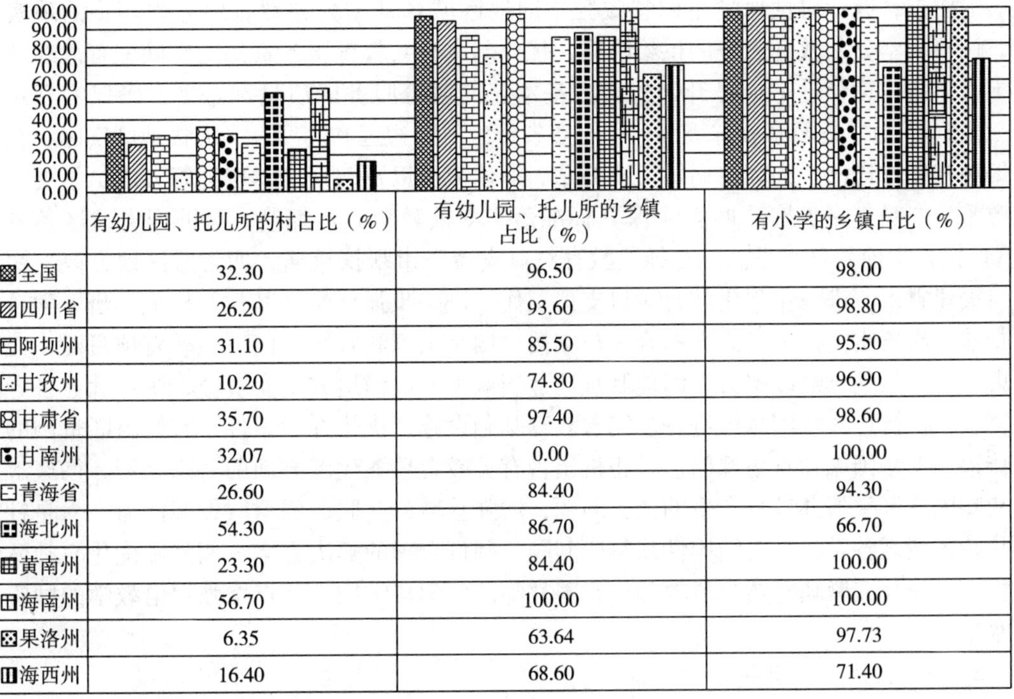

	有幼儿园、托儿所的村占比（%）	有幼儿园、托儿所的乡镇占比（%）	有小学的乡镇占比（%）
全国	32.30	96.50	98.00
四川省	26.20	93.60	98.80
阿坝州	31.10	85.50	95.50
甘孜州	10.20	74.80	96.90
甘肃省	35.70	97.40	98.60
甘南州	32.07	0.00	100.00
青海省	26.60	84.40	94.30
海北州	54.30	86.70	66.70
黄南州	23.30	84.40	100.00
海南州	56.70	100.00	100.00
果洛州	6.35	63.64	97.73
海西州	16.40	68.60	71.40

图 4-2-4　第三次全国农业普查四省藏区乡村（镇）基本公共教育服务数据

资料来源：表 3-1-5。玉树州和迪庆州未公布第三次全国农业普查数据。

从第三次全国农业普查数据来看，截至 2016 年底，四川藏区阿坝州和甘孜州分别只有 85.50% 和 74.80% 的乡（镇）设有幼儿园、托儿所，距离同期四川省平均水平还分别有 8.10 个和 18.80 个百分点的差距，距离同期全国平均水平还分别有 11.00 个和 21.70 个百分点的差距；青海藏区果洛州和海西州分别只有 63.64% 和 68.60% 的乡（镇）设有幼儿园、托儿所，距离同期青海省平均水平还分别有 20.76 个和 15.80 个百分点的差距，距离同期全国平均水平还分别有 32.86 个和 27.90 个百分点的差距；青海藏区海北州和黄南州分别有 86.70% 和 84.40% 的乡（镇）设有幼儿园、托儿所，距离同期全国平均水平还分别有 9.80 个和 12.10 个百分点的差距；甘肃藏区甘南州有 96.84% 的乡（镇）设有幼儿园、托儿所，距离同期甘肃省平均水平还有 0.56 个百分点的差距（见图 4-2-4）。

从四省藏区乡（镇）小学阶段基本公共教育服务供给情况来看，第三次全国农业普查数据显示，截至 2016 年底，四川藏区的阿坝州和甘孜州，分别有 95.50% 和 96.90% 的乡（镇）建有小学，比同期四川省平均水平分别低 3.30 个和 1.90 个百分点，比同期全国平均水平分别低 2.50 个和 1.10 个百分点；青海藏区的海北州和海西州则仅有 66.70% 和 71.40% 的乡（镇）建有小学，比同期青海省平均水平分别低 27.60 个和 22.90 个百分点，比同期全国平均水平分别低 31.30 个和 26.60 个百分点；果洛州有 97.73% 的乡（镇）建有小学，比同期全国平均水平低 0.27 个百分点，小学阶段基本公共教育服务还需要进一步加强（见图 4-2-4）。

针对上述现实问题，需按照财政资金优先保障教育投入。公共服务资源优先满足教育发展的要求，有针对性地满足四省藏区不同地区城乡基本公共教育服务均等化的现实需求，调整基本公共教育服务的供给时序，优化基本公共教育服务资源的空间配置。在此基础上，从多个途径进一步提升四省藏区基本公共教育服务的质量和水平，确保实现法定"三个增长"。一是国家和省级部门针对四省藏区艰苦边远和高寒、高海拔地区实际，在教师编制和职称比例、福利待遇、工资补贴、退休疗养以及教师培养培训等方面给予更多优惠政策。二是进一步按"两教一保"标准落实学前教育人员编制，帮助四省藏区各乡村（镇）提升学前教育水平。三是抓住教育对口支援省市帮扶机遇，四省藏区地方政府协调对口援建省市，进一步深化教育对口支援工作，进一步强化教育基建、异地办班、学校结对帮扶、高校定向招生等方面的合作与支援。四是国家和省级部门下达教育项目时，充分考虑四省藏区地方财政实力，因地制宜地适当减少或取消地方配套资金，统筹社会各界援助资金，扶持连片特困藏区进一步完善教育基础设施，优化办学条件，有效阻断贫困的代际传递。五是国家和省级部门适时相机出台有关教育债务化解方面的特殊政策，彻底解决连片特困藏区举债办教育产生的债务问题，增强县域公共服务的财政保障能力。六是针对连片特困藏区各学校师资结构性缺编的问题，制订合理的解决方案，调整和优化教师队伍结构，优先补充紧缺薄弱学科教师，改善教师队伍学科结构，重点增强双语教学的师资保障水平。

2. 基本医疗卫生服务

四省藏区乡村基本医疗卫生服务方面，从第三次全国农业普查数据来看，截至 2016 年底，四川藏区阿坝州和甘孜州建有卫生室的村占比还低于同期四川省和全国平均水平，阿坝州比同期四川省和全国平均水平分别低 4.90 个和 1.40 个百分点，甘孜州比同期四川省和全国平均水平分别低 33.60 个和 30.10 个百分点；青海藏区的果洛州和海西州分别有

52.38%和63.20%的村建有卫生室，比同期青海省平均水平分别低29.32个和18.50个百分点，比同期全国平均水平分别低29.52个和18.70个百分点（见图4-2-5）。

四省藏区乡（镇）基本医疗卫生服务方面，从第三次全国农业普查数据来看，截至2016年底，四川藏区的阿坝州和甘孜州有职业（助理）医师的乡（镇）占比分别为89.60%和79.40%，分别低于同期四川省平均水平5.10个和15.30个百分点，低于同期全国平均水平8.80个和19.00个百分点；青海藏区的果洛州则仅有79.55%的乡（镇）有职业（助理）医师，低于同期青海省和全国平均水平14.45个和18.85个百分点（见图4-2-5）。

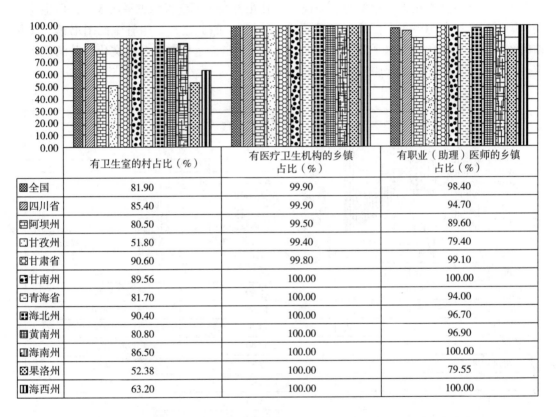

	有卫生室的村占比（%）	有医疗卫生机构的乡镇占比（%）	有职业（助理）医师的乡镇占比（%）
全国	81.90	99.90	98.40
四川省	85.40	99.90	94.70
阿坝州	80.50	99.50	89.60
甘孜州	51.80	99.40	79.40
甘肃省	90.60	99.80	99.10
甘南州	89.56	100.00	100.00
青海省	81.70	100.00	94.00
海北州	90.40	100.00	96.70
黄南州	80.80	100.00	96.90
海南州	86.50	100.00	100.00
果洛州	52.38	100.00	79.55
海西州	63.20	100.00	100.00

图4-2-5　第三次全国农业普查四省藏区乡村（镇）基本医疗卫生服务数据

资料来源：表3-1-6。玉树州和迪庆州未公布第三次全国农业普查数据。

针对上述问题，需要进一步健全和完善四省藏区城乡基本医疗卫生服务的均等化供给机制，提高偏远乡村基本公共卫生服务的补助标准；进一步加强医疗卫生专业人才培养，开展"全员培训工程""全科医生和住院医生培养计划"等，大量培养医疗卫生实用型专业技术人才，满足偏远乡村需要；进一步加强医疗卫生机构综合改革与管理，推进实现以卫生综合管理、基本医疗、基本药物、医疗保障、公共卫生服务等为内容的"五位一体、三卡合一"；进一步加强医疗卫生服务信息化系统建设，探索"互联网+乡村医疗卫生服务"的创新服务方式，解决偏远乡村农牧民看病远、看病贵、看病难等问题。

3. 基本公共文化和基本社会服务

总体来看，四川、甘肃和青海藏区一些自治州的乡村（镇）公共文化基础设施和组织建设还存在需要大力扶持的现实需求。第三次全国农业普查数据显示，截至2016年底，四川藏区阿坝州和甘孜州有图书馆、文化站的乡（镇）分别占90.80%和86.80%，比同期四川省平均水平分别低5.80个和9.80个百分点，比同期全国平均水平分别低6.00个和10.00个百分点；青海藏区的黄南州、海南州和海西州，有图书馆、文化站的乡（镇）分别占68.75%、66.70%和74.30%，比同期青海省平均水平分别低12.95个、15.00个和7.40个百分点，比同期全国平均水平分别低28.05个、30.10个和22.50个百分点；青海藏区果洛州有图书馆、文化站的乡（镇）占比虽然高于同期青海省平均水平，但也比同期全国平均水平低10.44个百分点（见图4-2-6）。除此之外，四省藏区图书馆、文化站的数字化和信息化发展水平还偏低，难以满足当地群众远程获取公共文化服务的现实需求，亟待推动基本公共文化服务能力的现代化。

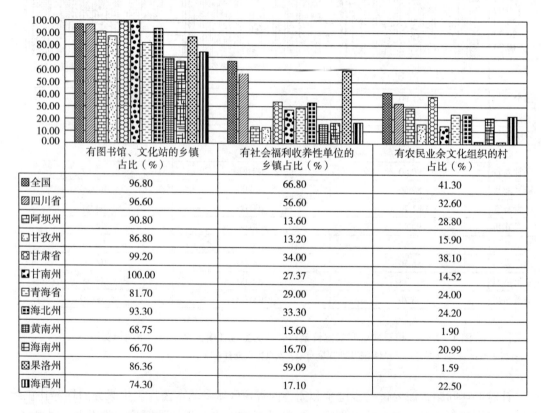

	有图书馆、文化站的乡镇 占比（%）	有社会福利收养性单位的 乡镇占比（%）	有农民业余文化组织的村 占比（%）
▨全国	96.80	66.80	41.30
▨四川省	96.60	56.60	32.60
⊞阿坝州	90.80	13.60	28.80
⊟甘孜州	86.80	13.20	15.90
⊠甘肃省	99.20	34.00	38.10
■甘南州	100.00	27.37	14.52
▯青海省	81.70	29.00	24.00
□海北州	93.30	33.30	24.20
⊞黄南州	68.75	15.60	1.90
⊞海南州	66.70	16.70	20.99
⊠果洛州	86.36	59.09	1.59
⊞海西州	74.30	17.10	22.50

图4-2-6 第三次全国农业普查四省藏区乡村（镇）基本公共文化和社会服务数据

资料来源：表3-1-7。玉树州和迪庆州未公布第三次全国农业普查数据。

第三次全国农业普查数据显示，截至2016年底，四川藏区阿坝和甘孜州有农民业余文化组织的村分别占28.80%和15.90%，比同期四川省平均水平分别低3.80个和16.70个百分点，比同期全国平均水平分别低12.50个和25.40个百分点；甘肃藏区的甘南州有农民业余文化组织的村仅占14.52%，比同期甘肃省和全国平均水平分别低23.58个和

26.78个百分点；青海藏区黄南州、海南州、果洛州和海西州有农民业余文化组织的村占比依次为1.90%、20.99%、1.59%和22.50%，比同期青海省平均水平分别低22.10个、3.01个、22.41个和1.50个百分点，比同期全国平均水平分别低39.40个、20.31个、39.71个和18.80个百分点（见图4-2-6）。

从四省藏区乡（镇）基本社会服务情况来看，第三次全国农业普查数据显示，截至2016年底，四川、甘肃和青海藏区各自治州设有社会福利收养性单位的乡（镇）占比均低于同期全国平均水平，除青海藏区的海北州和果洛州该指标高于同期青海省平均水平外，其余自治州则还低于同期所在省平均水平（见图4-2-6）。同期，四川藏区阿坝州和甘孜州，青海藏区海南州、黄南州和海西州，设有社会福利收养性单位的乡（镇）占比分别为13.60%、13.20%、16.70%、15.60%和17.10%，比同期所在省平均水平分别低43.00个、43.40个、12.30个、13.40个和11.90个百分点，比同期全国平均水平分别低53.20个、53.60个、50.10个、51.20个和49.70个百分点，乡（镇）社会保障服务水平还需提升（见图4-2-6）。

4. 乡村住房保障服务

此外，实地调研还发现，四省藏区乡村住房保障公共服务还存在一些现实问题。比如，农牧民危房改造补助资金相对偏低，难以适应高海拔地区建设成本偏高的实际等。以青海藏区海北州实地调查情况为例，连片特困藏区农牧民危房改造项目多处于高寒地区，受季节性冰雪等灾害影响，每年施工时间相对较短，加之交通基础设施相对落后，当地建房材料二次转运成本较高。当地危房改造补助资金标准相对于当地建房成本的实际而言偏低，导致农牧民危房改造等项目自筹资金比例较大，在一定程度上影响了危房改造项目建设进度和乡村农牧民的住房保障水平。当地干部和群众多次给调研人员反映，希望相对非高寒地区而言，因地制宜适当调高高寒地区建房补助标准，并增加保障性住房的多种要素投入。土地要素方面，需要在新增建设用地计划中，单列保障性安居工程建设用地，并确保供应。资金要素方面，需要进一步加大资金投入力度，鼓励和引导社会资金参与当地保障性安居工程建设；按照规定渠道落实资金，严格执行保障性安居工程税费、信贷支持政策等。人才要素方面，需要进一步加强乡（镇）住房建设管理工作人员专业技术培训，确保农村危房改造等保障性住房建设项目的科学顺利实施。

二、区域基本公共服务均等化的现实需求

（一）基本公共教育服务均等化需求

根据表3-3-1中数据计算，2013~2017年，四省藏区黄南州和迪庆州的小学师生比略有下降，年均下降速度分别为0.51%和1.42%；甘孜州和迪庆州的普通中学师生比略有下降，年均下降速度分别为0.79%和0.34%，基本公共教育服务的师资保障水平需要增强稳定性。截至2017年底，四川藏区阿坝州、甘肃藏区甘南州的幼儿园师生比还未达到同期全国平均水平，青海藏区黄南州和果洛州的幼儿园师生比还未达到同期青海省和全国平均水平，学前教育师资力量有待进一步加强；青海藏区玉树州的小学师生比还未达到同期青海省和全国平均水平，海北州、海南州、果洛州和海西州均还未达到同期全国平均水平，小学教育阶段师资力量需要加强；四川藏区甘孜州，青海藏区黄南州、果洛州和玉树州的普通中学师生比还低于同期所在省和全国的平均水平，迪庆州的普通中学师生比还低于同期全国平均水平，普通中学教育阶段教师队伍力量有待进一步加强（见图4－2－7）。

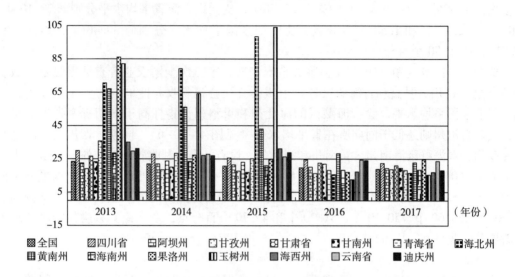

图4－2－7　四省藏区各自治州幼儿园生师比情况比较

资料来源：表3－3－1。

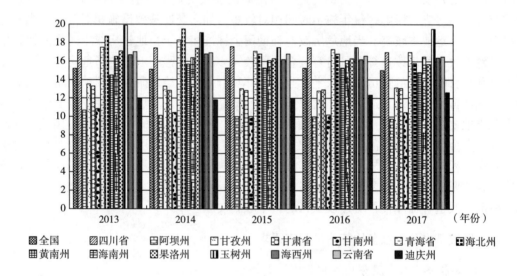

图4－2－8　四省藏区各自治州小学生师比情况比较

资料来源：表3－3－1。

此外，实地调研发现，当前四省藏区寄宿制学校后勤服务和安全保障工作人员素质亟待提升。近年来为方便偏远乡村学生在校学习，提升学校办学质量，四省藏区大多采用集中办学模式，大部分学校采取寄宿制方式。随着原有学校按区域和实际需求整合，寄宿制学校的校均规模逐步扩大，对于学校后勤服务和安全保卫工作等带来很大挑战，对于学校后勤服务工作人员的数量和质量均提出更高要求。一方面，由于四省藏区自然条件艰苦，加之后勤工作人员工资待遇较低，导致人员流动性强、思想不稳定、责任心不足、难以管

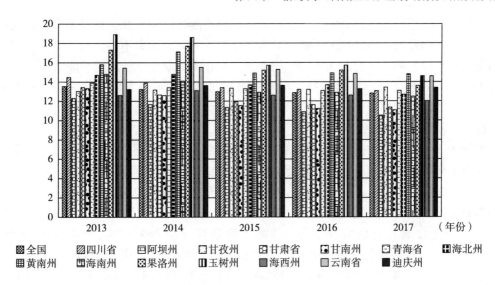

图 4 – 2 – 9　四省藏区各自治州普通中学生师比情况比较

资料来源：表 3 – 3 – 1。

理等问题较为普遍存在，明显影响学校后勤工作质量。另一方面，四省藏区各中小学现有后勤工作岗位多为公益性岗位和编外聘用岗位。大多数聘用人员缺乏系统培训，也明显影响学校后勤服务工作质量。需要给予连片特困藏区规模以上寄宿制学校后勤服务人员人才培训专项资金，建立非规模以上学校后勤服务人员到规模以上寄宿制学校相应岗位轮流培训机制等，整体提升四省藏区寄宿制学校的后勤及安全服务工作质量，有力保障学校师生身心安全。

实地调研还发现，当前四省藏区中小学教师结构性缺编的问题成为提升基本公共教育服务质量的重要和隐形障碍。在四省藏区城乡和区域基本公共服务均等化进程中，连片特困藏区学校布局调整政策实施效果非常明显，义务教育阶段学校教师紧缺的问题得到有效缓解。但是，优秀高中教师紧缺，初中、小学双语教师结构性缺编的问题仍然明显，有待"十四五"时期统筹考虑解决。以青海藏区海北州为例，由于青海省的机构编制部门主要以学生数量核定教师编制，未统筹考虑"双语"学校一校并存多种教学模式的实际，简单以学生数量核定教师编制，推进基本公共教育服务均等化，并不能有效解决"双语"学校教师编制不足、教师紧缺问题。

四省藏区学前教育阶段教职工编制问题亟待解决，也是实地调研过程中发现的一个较为普遍的问题。以青海藏区海北州为例，为解决中小学布局调整后乡村适龄幼儿就近入园的问题，海北州结合连片特困藏区实际，截至 2016 年底，在符合办园条件的村社增设 146 所幼儿园，通过编外招聘和从小学教师中调剂等办法，暂时缓解了村社学前教育师资紧缺问题。但是，由于没有同步核定并增加幼儿教师编制，已招聘的一些学前教育教师难以纳入编制管理，成为遗留问题。同时，乡村幼儿园仍然存在幼儿教师和保育员等严重紧缺的问题，影响了偏远乡村学前教育的健康可持续发展。

职业教育的办学条件、师资力量尚不能适应当地经济社会发展需要，与当地实用性技术人才紧缺问题并存，成为当前四省藏区教育公共服务面临的重要挑战。由于四省藏区职业教育基础设施相对薄弱，办学条件、师资力量尚不能适应经济社会发展需要，加之当地群众和社会对职业教育的认可度不高，导致当地职业教育入学率不高，教学质量亟待提升的问题并存。以青海藏区海北州为例，海北籍学生在本地职业学校就读不能享受"三江源'1+9+3'教育经费保障补偿机制"的奖补政策，本地职业教育学校较为普遍存在招生难和招老师难的双重困境。

（二）基本医疗卫生服务均等化需求

根据表3-3-3中数据计算，2013～2017年，四川藏区阿坝州和甘孜州，青海藏区海北州和黄南州以及云南藏区迪庆州的万人医疗卫生机构数略有下降，年均下降速度分别为0.25%、1.06%、0.52%、1.45%和0.29%；青海藏区海北州和玉树州的万人卫生机构床位数略有下降，年均下降速度分别为1.08%和2.76%；青海藏区黄南州、海南州和果洛州的万人卫生技术人员数略有下降，年均下降速度分别为1.52%、0.20%和0.59%。2017年青海藏区黄南州和玉树州的人均医疗卫生和计划生育支出低于同期青海省平均水平（见图4-2-10）。截至2017年底，青海藏区的海北州、黄南州、海南州和玉树州万人卫生机构数还低于同期所在省和全国的平均水平，云南藏区迪庆州和青海藏区果洛州的万人卫生机构数还低于同期全国平均水平（见图4-2-11）；四川藏区阿坝州和甘孜州，甘肃藏区甘南州，云南藏区迪庆州，以及青海藏区的海北州、果洛州和玉树州，万人卫生机构床位数还低于同期所在省和全国的平均水平，青海藏区黄南州和海西州的万人卫生机构床位数还低于同期青海省的平均水平（见图4-2-12）。

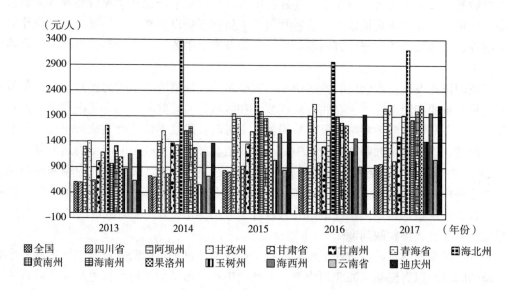

图4-2-10 四省藏区各自治州人均医疗卫生和计划生育支出情况比较

资料来源：表3-3-3。

截至2017年底，在卫生技术人员配备方面，四省藏区的万人卫生技术人员数均值比同期全国平均水平低，大部分自治州还低于同期全国和所在省平均水平，与人均医疗卫生和计划生育支出、万人卫生机构数和万人卫生机构床位数等指标接近甚至超过同期全国、全省水平的情况相比，充分说明基本医疗卫生服务"硬件软件不协调，服务水平差异大"

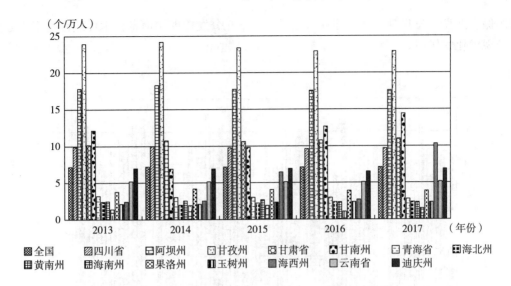

图 4 - 2 - 11　四省藏区各自治州万人卫生机构数比较

资料来源：表 3 - 3 - 3。

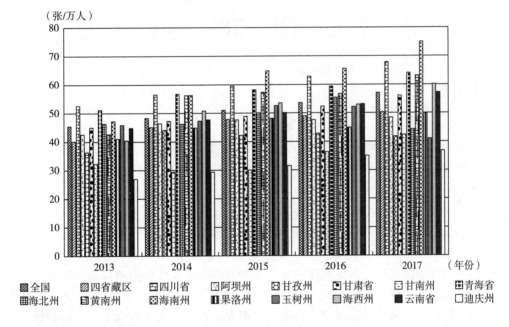

图 4 - 2 - 12　四省藏区各自治州万人卫生机构床位数比较

资料来源：表 3 - 3 - 3。

的问题在四省藏区表现特别突出（见图 4 - 2 - 13）。以青海藏区海北州为例，海北州门源、祁连、海晏和刚察四县均存在医疗卫生服务专业技术人才缺乏的现实问题。由于地处边远、高寒缺氧、工作条件艰苦等因素的影响，海北州各乡（镇）医疗卫生机构工作人员较为普遍存在想办法调走或提前退休等情况，医务人员总量不足，专业人员严重匮乏，医疗卫生服务水平不高的问题较为普遍。全州卫生信息网络建设相对滞后，卫生信息网尚未与医保、医疗、公共卫生服务等互联互通，尚未充分发挥现代信息技术促进医疗卫生公共服务现代化的作用。

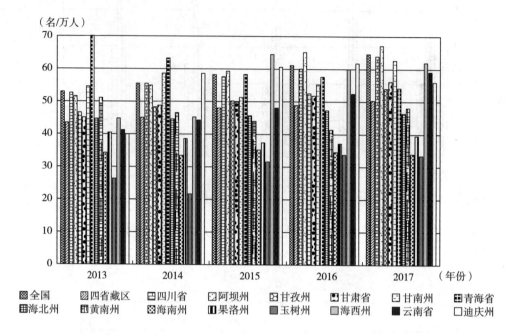

图 4 - 2 - 13　四省藏区各自治州万人卫生技术人员数比较

资料来源：表 3 - 3 - 3。

（三）基本社会保险和社会服务均等化需求

根据表 3 - 3 - 4 中数据计算，2013～2017 年，青海藏区玉树州的人均社会保障支出略有下降，年均下降速度为 3.92%；四川藏区阿坝州，甘肃藏区甘南州，青海藏区黄南州、海南州和果洛州，云南藏区迪庆州，城乡居民基本医疗保险参保率略有下降，年均下降速度分别为 1.39%、0.46%、0.46%、2.21%、1.87% 和 1.37%；甘肃藏区甘南州，青海藏区海北州、果洛州和海西州城乡居民基本养老保险参保率呈下降趋势，年均下降速度分别为 0.17%、4.09%、0.65% 和 6.73%，其中海西州参保率水平相对较低且下降幅度相对较大；四川藏区的阿坝州、青海藏区的黄南州和海南州万人社会福利机构床位数呈下降趋势，年均下降速度分别为 0.37 个、1.24 个和 6.20 个百分点。截至 2017 年底，青海藏区海西州城乡居民基本医疗保险参保率仍低于同期青海省和全国平均水平，四川藏区甘孜州和云南藏区迪庆州则低于同期所在省平均水平（见图 4 - 2 - 14）；相较于城乡居民基本医疗保险参保率而言，四省藏区城乡居民基本养老保险参保率还处于相对较低水平，青海藏区海西州、四川藏区甘孜州的城乡居民基本养老保险参保率远低于同期所在省和全国平均水平（见图 4 - 2 - 15），城乡居民基本养老保险的宣传工作还需要进一步加强；青海藏区海北州、黄南州、海南州和海西州，以及云南藏区迪庆州的万人社会福利机构床位数还低于同期全国平均水平（见图 4 - 2 - 16）。

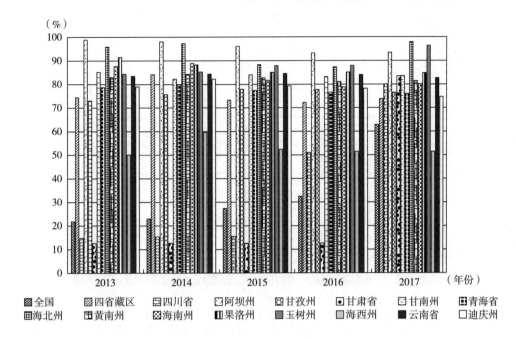

图 4 – 2 – 14　四省藏区各自治州城乡居民基本医疗保险参保率比较

资料来源：表 3 – 3 – 4。

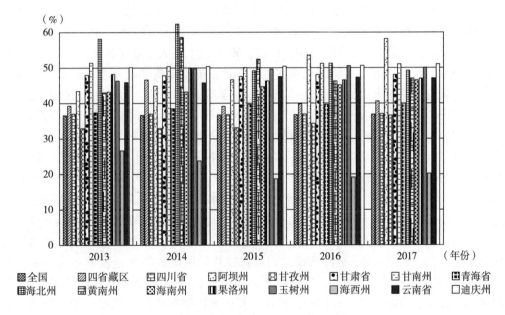

图 4 – 2 – 15　四省藏区各自治州城乡居民基本养老保险参保率比较

资料来源：表 3 – 3 – 4。

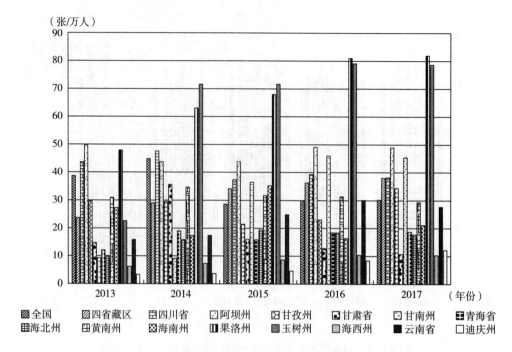

图 4 - 2 - 16　四省藏区各自治州万人社会福利机构床位数比较

资料来源：表 3 - 3 - 4。

此外，实地调研还发现，四省藏区的基本养老和医疗卫生保障需进一步增强，以适应连片特困藏区高原性疾病多发的实际需求。以青海藏区海北州为例，海北州自 2009 年被确定为国家新农保试点地区，截至 2015 年底，60 岁以上老人领取基础养老金 55 元，受物价上涨等因素的影响，远远不能满足基本生活需要，亟待提高基础养老金标准。城乡居民养老保险政策规定，城乡居民享受基础养老金的年龄为 60 周岁，但是海北州地处青藏高原腹地，海拔 3100 米以上，是高原性肺气肿、高血压、冠心病、肺心病、风湿性心脏病、支气管炎、类风湿性关节炎、高原红细胞增多症等高原性疾病的高发区，城乡居民常年生活在高海拔寒冷地区，且多以游牧为主。据海北州相关部门统计，截至 2015 年底，全国人均寿命约为 76 岁，青海省人均寿命约为 69.96 岁，海北州人均寿命约为 68.90 岁（刚察县为 64.00 岁），人均寿命低于全国和全省平均水平。近年来随着人口老龄化的加剧，海北州高原性疾病的发病率持续上升，给全州整个统筹基金的平稳运行造成了一定压力。笔者入户访谈时，多次听当地群众讲，"买养老保险不合算，好多人都拿不到，拿到的钱又少得很……"，当地一些干部甚至建议，应将连片特困藏区高寒地区城乡居民享受养老金年龄从 60 周岁放宽至 55 周岁，将这些地区城乡居民养老金标准每人每月 55 元的基础适当提高。此外，当地干部也有建议，将连片特困藏区高寒地区农牧民技能培训和转移就业工作纳入三江源生态补偿范围给予适当补贴，以协调推进三江源生态保护和农牧民生活水平提升。

（四）基本公共文化服务均等化需求

根据表 3 - 3 - 5 中数据计算，2013 ~ 2017 年，阿坝州、海南州和果洛州的万人文化部门事业单位数略有下降，年均下降速度分别为 1.27%、2.47% 和 1.90%。截至 2017 年底，四川藏区阿坝州和甘孜州的万人文化部门事业单位数低于同期全国平均水平 0.13 个和 0.12 个百分点，低于同期四川省平均水平 0.32 个和 0.31 个百分点；青海藏区的海北州、黄南州、海南州、果洛州和玉树州，万人文化部门事业单位数低于同期青海省平均水平 0.15 个、0.38 个、0.55 个、0.05 个和 0.10 个百分点，海南州还低于同期全国平均水平 0.13 个百分点（见图 4 - 2 - 17）。

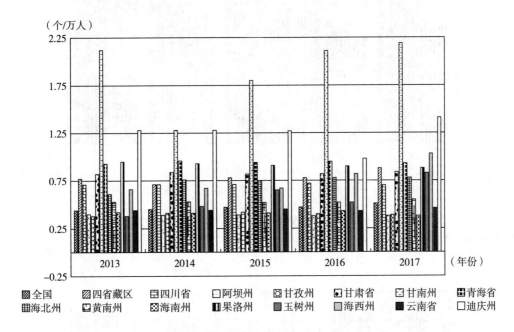

图 4 - 2 - 17 四省藏区各自治州万人文化部门事业单位数比较

资料来源：表 3 - 3 - 5。

根据表 3 - 3 - 5 中数据计算，2013 ~ 2017 年，甘肃藏区甘南州，青海藏区海西州和云南藏区迪庆州的广播人口覆盖率年均增速低于同期全国和所在省平均水平，青海藏区果洛州的广播人口覆盖率年均增速低于同期青海省平均水平。截至 2017 年底，四省藏区的广播人口覆盖率均值低于同期全国平均水平 1.13 个百分点，四川藏区的阿坝州和甘孜州，青海藏区的黄南州、果洛州和玉树州，云南藏区的迪庆州，广播人口覆盖率分别低于同期全国平均水平 7.09 个、2.52 个、1.29 个、0.70 个、2.37 个和 0.99 个百分点；分别低于同期所在省平均水平 5.81 个、1.24 个、0.99 个、0.40 个、2.07 个和 0.68 个百分点（见图 4 - 2 - 18）。

根据表 3 - 3 - 5 中数据计算，2013 ~ 2017 年，云南藏区迪庆州电视人口覆盖率的年均增速低于同期云南省平均水平 0.02 个百分点。截至 2017 年底，四川藏区阿坝州和甘孜州，青海藏区黄南州、玉树州和海西州，云南藏区迪庆州的电视人口覆盖率还分别低于同期全国平均水平 1.07 个、3.10 个、1.94 个、0.67 个、0.48 个和 0.32 个百分点；四川藏区阿坝州和甘孜州、青海藏区黄南州的电视人口覆盖率还分别低于同期所在省平均水平 0.51 个、2.54 个和 1.24 个百分点（见图 4 - 2 - 19）。

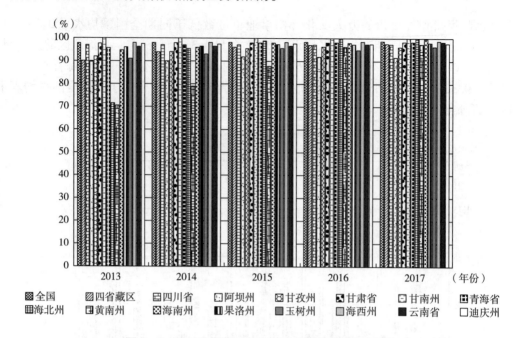

图 4 - 2 - 18　四省藏区各自治州广播人口覆盖率比较

资料来源：表 3 - 3 - 5。

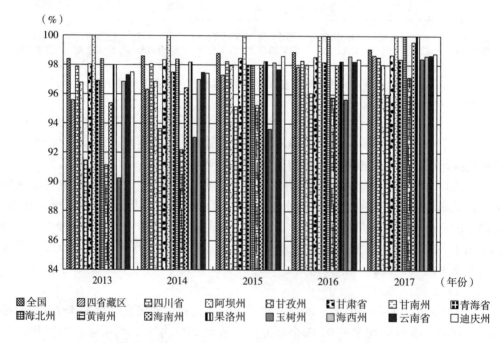

图 4 - 2 - 19　四省藏区各自治州电视人口覆盖率比较

资料来源：表 3 - 3 - 5。

三、人口流动对基本公共服务均等化的新需求

（一）乡镇或中心村集中居住区：自发移民带来公共服务供给新挑战

从国家和川甘青滇四省的主体功能区域划分政策来看，四省藏区国土空间大都属限制开发区中的重点生态功能区，以及禁止开发区。国家的国土空间开发主体功能与人口转移挂钩的政策，以及新型城镇化政策等，都要求引导偏远农牧区和传统村落散居的群众向乡镇和中心村集中居住区转移，向中小城市转移。一方面，对乡镇和中心村集中居住区的公共服务投入进行提质增量，可以有效引导偏远农牧区和高半山区传统村落散居群众向乡镇和中心村集中居住区集聚；另一方面，偏远农牧区和高半山区传统村落散居群众向乡镇和中心村集中居住区集聚，又可以提升乡镇和中心村集中居住区公共服务的供给效率，充分发挥公共服务供给的集聚规模效应和技术效应。两者形成良性互动和有机循环，有力推动连片特困藏区新型城镇化发展，区域协调和绿色发展，增强国家主体功能区空间管制政策效果，推动四省藏区治理体系和治理能力的现代化。

笔者实地调研发现，事实上偏远农牧区农牧民和高半山区传统村落散居群众有非常强烈的意愿迁移到乡镇或中心村集中居住，甚至更想到中小城市居住。因为相对而言，乡镇或中心村集中居住区还有中小城市，有较为发达的经济社会环境吸引他们到这里来就业，寻找脱贫致富的机会。此外，乡镇或者中小城市还有相对更优质的教育和医疗条件等，对于子女教育和家人就医都有很大的吸引力。但是，囿于乡镇和中心村集中居住区以及中小城市建设用地指标的限制，难以为大量搬迁移民解决建房所需的土地指标，导致出现大量自发移民。以云南藏区迪庆州德钦县为例，从地形地貌来看，德钦县内河谷、山区和高寒山区自然村分别占全县总数的 28.75%、55.07% 和 16.16%，呈现山高坡陡，峡长谷深，地形地貌复杂的特点。截至 2017 年底，经过前十五年的易地扶贫搬迁，有条件、有能力搬迁的贫困群众已稳步迁出了生存环境和居住条件恶劣、贫困程度很深的"一方水土养不活一方人"的苦寒之地。预计截至 2022 年底，德钦县需要搬迁的人口占全县人口总数的15%，搬迁人数和资金需求量大。加之，部分需要搬迁且有搬迁意愿的贫困户因本村本地安置的土地资源和指标难以落实，需要跨村、跨乡甚至跨县安置，协调落实土地指标的难度很大，需要迪庆州政府甚至云南省政府层面给予跨村、跨乡，甚至跨县易地扶贫搬迁土地指标的政策性支持。

由于连片特困藏区高山峡谷地带传统村落散居的群众易地搬迁住房保障意愿受土地要素制约明显，所以，大部分地区的现实情况是，四省藏区很多县城周边有大量来自本县或者外县的自发移民。或者在荒滩荒坡自建住房，或者私下流转乡村土地自建住房，形成大规模的自发移民集中居住区。这类区域亟待当地政府或者他们户籍所在县政府协商解决其公共服务问题，因为他们户籍所在地投入的公共服务资源没有有效利用，同时又造成移民目标地县政府驻地乡镇公共服务资源紧张。这种情况下，如何健全完善四省藏区城乡和区域基本公共服务均等化供给机制，引导基本公共服务资源在自发移民移出地和移入地间更合理配置，成为当前四省藏区基本公共服务均等化供给机制面临的重要挑战之一。

（二）偏远农牧区农牧民定居区：待提供因地制宜的有效公共服务

实地调研发现，偏远农牧区农牧民定居区域，目前公共服务供给的获得感和满意度还不高，主要原因在于以下三个方面：一是农牧民传统放牧的习惯技能和生计支撑短期内难

以改变，由于掌握新技术和配套生产设施的学习使用需要较长时间，定牧的产业技能和意识短期内难以形成；二是目前农牧民定居区长期居住的主要是老人和儿童，当地公共服务供给的成本相对较高，而使用效率和规模效益相对不高，生活便利程度有待进一步提升；三是在基本公共服务均等化评价时，多采用游牧民定居社区的基本公共服务水平来衡量农牧民实际获得的基本公共服务水平，没有把生活类基本公共服务和生产类基本公共服务分空间来统计，并不适应游牧民定居社区群众生活和生产空间分离的现实。

实地调研还发现，不同的农牧民定居区域地理条件、生活习惯等实际情况不尽相同。可以通过第三方机构问卷调查、入户访谈等多种方式，了解不同定居区域群众的个性化公共服务需求。在此基础上，提供分类指导、因地制宜的公共服务有效供给时序建议，以增强农牧民定居的意愿，避免人去楼空的公共服务供给"有效性陷阱"。真正实现偏远农牧区农牧民定居工程的价值：有利于集聚大面积范围内的农牧民及其家人，能够有效增加定居点公共服务半径和服务人口，降低单位面积的公共服务成本，提升单位面积公共服务的使用效率。实地调研发现，在青海藏区最大的游牧民定居点，海西州德令哈市蓄集乡的陶尔根家园社区，较为成功实现了"牧民向市民转变、牧区向市区转变、帐篷向楼房转变"三种跨越式转变，通过优化公共服务资源布局，实现了偏远农牧区的公共服务有效供给，其经验值得在四省藏区推广。这种情况下，如何健全完善四省藏区城乡和区域基本公共服务均等化供给机制，引导基本公共服务资源在游牧民定居社区和生产区域间更合理配置，也成为当前四省藏区基本公共服务均等化供给机制面临的重要挑战之一。

（三）高半山区传统村落散居区：应对人口流动需求的政策需创新

从近年来四省藏区传统村落人口流动趋势分析结果来看，高半山区传统村落散居的户籍人口主要分为三类：第一类是适龄学生，他（她）们会去乡镇或县城甚至更远的地方求学；第二类是中青年男女，他（她）们会去偏远农牧区放牧，或者到经济相对发达的地方务工；第三类主要是留下来在家务农或者放牧的老年人，他（她）们丧失劳动能力之后，也会离开传统村落，要么到乡镇和中心村集中居住区域享受养老院等公共服务，要么进城跟随子女养老。随着时间的推移，第一类人基本不会回到传统村落生活居住，第二类外出务工人员一部分留在城市养老，一部分老了回村务农或者放牧，重复第三类人的生活轨迹。所以，总体来看，除了有旅游产业支撑的传统村落，高半山区传统村落散居区域人口将逐渐减少，对于公共服务的需求也会逐渐减少。

笔者实地调研发现，目前高半山区传统村落散居的群众，他们的公共服务需求满足面临系列挑战。一方面，当地群众非常希望通过易地扶贫搬迁或者地质灾害避让搬迁等优惠政策，帮助他们搬迁到山下的沟谷地带生活，但是，搬迁之后的生计问题如何解决？沟谷地带土地资源紧缺，搬迁移民的建房土地指标如何解决？这些都需要公共服务政策加以解决。另一方面，剩下的不能享受目前易地扶贫搬迁或者地质灾害避让搬迁等国家政策的高半山区传统村落散居的群众，希望居住地交通通信、教育科技、基本医疗卫生等各种公共服务质量得到提升。但是，传统村落交通和通信等基础设施类公共服务供给成本非常高，地质灾害多发频发威胁严重，导致公共服务投入产出效率非常低，这些矛盾如何协调？均需要探索思考，出台应对人口流动需求的创新政策。这种情况下，如何健全完善四省藏区城乡和区域基本公共服务均等化供给机制，引导基本公共服务资源在集中居住区和传统村落散居区域间更合理配置，成为当前四省藏区基本公共服务均等化供给机制面临的又一重要挑战。

（四）远离县域行政中心的乡镇：需要跨行政区域协同供给公共服务

四省藏区很多乡村（镇）在两个县（市）毗邻地区，并且离所在县（市）的行政和经济文化中心很远，通往所在县（市）的行政和经济文化中心只有一条公路。这些地区往往山洪、飞石、塌方和泥石流等自然灾害多发频发，常常导致通往所在县（市）行政中心的道路无法通行，通信网络服务也被中断。这种情况下，由于道路交通基础设施和通信网络服务无法使用，导致政（村）务公开、农业信息服务、公共文化服务等多类公共服务都受到影响。对于这类多发频发的问题，需要探索针对远离县域行政中心的偏远乡村（镇），由毗邻县（市）协同提供跨行政区域的公共服务。由这些偏远乡村（镇）群众自愿选择，在相对更方便快捷的县（市）获取等值的公共服务。引导基本公共服务资源在跨县域毗邻乡村（镇）间更合理配置，成为当前四省藏区基本公共服务均等化供给机制面临的再一重要挑战。

总体来看，大规模人口流动不仅是我国新型城镇化和主体功能区政策实施进程中的重要现象，也是新时代国家治理体系和治理能力现代化背景下四省藏区公共服务资源空间优化配置的重要影响因素之一。四省藏区现有公共服务供给的质量、模式、结构等配置格局，必须前瞻性考量城乡人口结构变动趋势，否则不仅会影响当地公共服务供给的有效性，也将严重影响人口流动的行为决策，从而影响主体功能区和新型城镇化等经济社会政策的效果。比如"藏区9＋3义务教育""两免一补"等优惠政策的实施，促进四省藏区家庭越来越重视子女教育问题，当地很多家庭为了给子女创造更优质的学习环境条件，搬迁到县城居住，这本来是四省藏区推进新型城镇化和主体功能区政策的顺向流动。但是，目前四省藏区实施新的教师工资政策，乡镇教师比县城教师平均每月工资收入高1000多元，导致县城优秀师资为了每月多1000多元工资，纷纷向县城周边邻近的乡镇流动，县城区内优质教师资源反而出现严重紧缺，学龄儿童入学竞争非常激烈，招生矛盾非常尖锐。此外，由于政出多门，教育等公共服务供给部门制定基层公共服务政策时候，没有充分衔接主体功能区政策和新型城镇化政策中的人口流动政策导向，与城乡人口流动规划和政策导向可能发生冲突。可以预见，"十四五"时期，城乡公共服务资源配置政策与人口流动趋势相适应将形成巨大的挑战。

事实上，四省藏区乡（镇）或中心村集中居住模式下，公共服务资源利用效率明显高于村落散居模式。集中居住模式下，乡（镇）集中居住模式公共服务资源利用效率明显高于中心村集中居住模式，四省藏区公共服务供给具有较为明显的集聚规模优势。四省藏区乡（镇）政府驻地集中居住区和中心村集中居住区相对人口规模较大，公共服务供给成本较低、使用效率较高，与旅游产业相关的一二三产业发展需求较大，基础设施等公共服务配置较好，基本公共教育和医疗卫生服务条件等都相对较好，不仅能够很好地吸引当地群众集聚，并且公共服务资金使用效率很高，是未来发展趋势。相对而言，青壮年劳动力外出务工，适龄儿童到乡镇寄宿制学校学习等人口流动因素，导致传统村落大多留下年迈老人，传统村落"空心化"趋势较为明显，传统村落散居模式不利于公共服务供给规模效率和技术效率的发挥。以实地调研的四川藏区甘孜州稻城县蒙自乡桑达村为例，因为地质灾害避险搬迁，根据当地村民的意愿，一部分村民搬到县城所在地金珠镇，一部分村民搬到原址附近，避开了地质灾害滑坡点。但是桑达村海拔很高，虽然村活动室、卫生室、通村公路等基础设施均修建得很好，但是，大多住户都剩下老两口甚至一位老人，年轻人和学龄儿童基本都离开桑达村，外出打工或者求学，老年人基本上都打算当年老体迈无法从事种养殖业时到县城养老机构去养老或者投亲靠友，传统村落"空心化"的趋势非常明显。并且传统村落人口较少、居住分散，村活动室、卫生室等利用效率很低，加之大都处于高寒地区，路途遥远，交通等基础设施受灾损毁概率和维护成本均很高。此外，这些传统村落的村活动室、卫生室等很难招聘和留住文化和医疗卫生服务专业人才，很多时候都是闲置。传统村落农牧业技术落后，传统种养殖业对生态环境的破坏相对较大，不符合国家主体功能区引导人口向小城镇集中居住的政策，如果没有旅游开发或者传统文化保护价值，政府不投资旅游基础设施建设，很容易滑入公共服务供给"有效性陷阱"。

第三节　调整供给时序促进公共服务的治理有效性提升

国家治理体系和治理能力现代化的新时代背景下，四省藏区公共服务供给的有效性，主要包括基本公共服务均等化，公共服务供给的"规模有效性""技术有效性""治理有效性"和"协调有效性"。在使用变异系数法、DEA – BCC 和 DEA – Malmquist 指数模型等，对四省藏区公共服务供给的均等化效率、规模效率和技术效率进行测度之后，本节使用顾客满意度理论和 KANO 模型，对四省藏区公共服务的"治理有效性"进行研究①。调查研究发现，四省藏区不同民族发展特色的毗邻村寨，旅游产业先发乡（镇）与毗邻乡（镇），县政府驻地乡（镇）与偏远乡（镇）等，十二类主要公共服务的"治理有效性"存在明显差异。传统公共服务供给时序不适应这些差异化现实需求，可能导致公共服务供给效率的时序失配型漏损，对于新时代四省藏区公共服务供给时序的调整优化提出新需求。

一、四省藏区公共服务有效供给的实地调研方案设计

笔者根据我国《"十三五"推进基本公共服务均等化规划》②和《关于建立健全基本公共服务标准体系的指导意见》③，选取了与四省藏区民生发展和社会保障相关度比较高的十二类主要公共服务，作为四省藏区公共服务供给治理有效性调查问卷的设计维度。调查问卷内容主要包括四大部分，第一部分是调查对象的基本信息，包括调查对象的性别、民族、职业类型、受教育程度、生活及居住所在区域等，对应的题目为 A1 – A6。第二部分是满意度评价和需求排序，包括调查对象对当地农田水利设施、道路交通设施、通信网络服务、饮用水安全、镇（村）容环境、农业科技推广、农业信息服务、医疗卫生、新农保、基础教育、政务（村务）公开和公共文化服务共十二类主要公共服务的满意度评分和

---

①　四省藏区乡村（镇）这一级，缺乏统计年鉴或统计公报数据，以供笔者测度当地主要公共服务的供给效率和技术效率，所以采取问卷调查 + KANO 模型的分析方法，在调查当地主要公共服务的满意度和需求度基础上，综合分析当地公共服务的供给优先序，以反映当地主要公共服务的治理效率。

②　国务院办公厅. 关于印发"十三五"推进基本公共服务均等化规划的通知（国发〔2017〕9 号）〔Z〕. 2017 – 01 – 23.

③　中共中央办公厅，国务院办公厅. 关于建立健全基本公共服务标准体系的指导意见〔Z〕. 2018 – 12 – 12.

需求排序标记。第三部分是正反向结构性问题，针对上述十二类主要公共服务，测算被调查对象对某种公共服务增加供给，或者减少供给产生的反应。第四部分是主要公共服务分类评价，从十二类公共服务中选择四省藏区群众最为关心的交通出行、基础教育、医疗卫生、社会保障、政务（村务）公开、公共文化服务、农业保障和村容环境等，从各类公共服务使用方便与否、服务质量高低、安全性高低等方面，对各类公共服务的供给有效性进行细分调查。

为使用顾客满意度理论和 KANO 模型，调查研究四省藏区不同民族发展特色，不同产业发展阶段，以及拥有不同经济社会资源和区位条件的村（寨）和乡（镇）；乡（镇）政府驻地集中居住与中心村集中居住模式，生产和生活居住地邻近与远离模式，纯农区中心村集中居住与半农半牧区散居，乡（镇）政府驻地集中居住与传统村落散居等不同居住模式下，十二类主要公共服务的"治理有效性"差异。笔者选取素有"海藏通衢"之称的青海藏区海南州贵德县，调查研究 2014 年被国家民委命名为第一批"中国少数民族特色村寨"的河西镇下排村，以及毗邻的两个非少数民族特色村寨——上刘屯村和贺尔加村，实地调查研究不同民族发展特色的毗邻村寨，十二类主要公共服务的"治理有效性"差异。选取位于我国藏羌彝文化产业走廊重要节点地带的云南藏区迪庆州香格里拉市，对州（市）政府驻地建塘镇这个旅游产业先发乡（镇）和小中甸镇这个具有旅游产业后发优势的毗邻乡（镇）进行实地对比调查，研究处于不同产业发展阶段的旅游产业先发乡（镇）与毗邻乡（镇）十二类主要公共服务的"治理有效性"差异。选取位于我国藏羌彝文化产业走廊核心区域的四川藏区松潘县，对松潘县政府驻地进安镇和离县政府驻地将近 300 千米的白羊乡进行实地对比调查，研究拥有不同经济社会资源和区位条件的乡（镇），十二类主要公共服务的"治理有效性"差异。选取地处川甘青滇四省接合部、藏汉贸易主要集散地之一的甘孜州，对甘孜州稻城县蒙自乡、木拉乡、香格里拉镇等十四个乡（镇）及其下辖的多个中心村公共服务满意度和需求排序等进行实地对比调查，研究乡（镇）政府驻地集中居住与中心村集中居住模式下，十二类主要公共服务的"治理有效性"差异。选取位于青、甘、新、藏四省区交往中心地带的青海藏区海西州，对海西州德令哈市的尕海镇东山村、柯鲁柯镇金源村和蓄集乡陶尔根家园社区三个乡村（社区）进行实地对比调查，研究生产和生活居住地邻近或者远离模式下，十二类主要公共服务的"治理有效性"差异。选取四川藏区阿坝州松潘县的施家堡乡和牟尼乡，对纯农区中心村集中居住与半农半牧区散居模式下十二类主要公共服务的满意度和需求排序进行实地对比调查，研究纯农区中心村集中居住与半农半牧区散居模式下，十二类主要公共服务的"治理有效性"差异。选取位于青藏高原、黄土高原、陇南山地过渡地带，甘肃省脱贫攻坚任务最重区域之一的甘肃藏区甘南州，对甘南州迭部县的电尕镇、益哇乡、卡坝乡、达拉乡、旺藏乡、多儿乡、桑坝乡、尼傲乡等乡（镇）政府驻地和传统村落居住群众进行公共服务满意度和需求排序的实地对比调研，研究甘肃藏区乡（镇）政府驻地集中居住与传统村落散居模式下，十二类主要公共服务的"治理有效性"差异。

二、少数民族特色村寨与毗邻非特色村寨公共服务有效性比较

（一）十二类主要公共服务的有效性调查和分析

海南州位于著名的青海湖之南，是青藏高原的东门户，素有"海藏通衢"之称。贵德

县位于青海藏区海南州境东北部，黄土高原与青藏高原的过渡地带，黄河自西向东横贯县境中北部黄河上游，素来享有"天下黄河贵德清"的美誉，在四省藏区各县中具有较为重要的生态地位；贵德县也是典型的多民族聚居地区，中原王朝、鲜卑、吐蕃等均在贵德留下了历史印记，在四省藏区各县中具有较为独特的历史文化地位。贵德县河西镇的下排村2014年被国家民委命名为第一批"中国少数民族特色村寨"，对于考察四省藏区少数民族特色村寨和毗邻的非少数民族特色村寨的公共服务需求差异，具有代表性和典型性。2017年7月，笔者联合西南民族大学"西部十二省区少数民族特色村寨经济社会发展综合调研组"进行实地调研，专门以贵德县河西镇的下排村为典型调查对象，对下排村及其毗邻的非少数民族特色村寨进行基本公共服务有效性的比较研究。调研典型案例选取方式如下：笔者到达青海藏区海南州贵德县后，与贵德县民宗局工作人员座谈，总体了解贵德县连片特困藏区公共服务总体情况和存在的主要问题。在此基础上，根据贵德县民宗局工作人员的建议，从贵德县河西镇选取了三个村寨进行入户调研，一个少数民族（藏族）特色村寨（下排村），两个非少数民族特色村寨（上刘屯村、贺尔加村），笔者在这三个村寨随机分别选取52户人家进行入户访谈和问卷调查。

实地调研发现，由于少数民族特色村寨在保护少数民族传统民居、弘扬少数民族优秀文化、巩固民族团结进步等方面要发挥示范带动作用，其公共服务需求与周边的非少数民族特色村寨公共服务现实需求出现明显差异。而全县统筹的传统公共服务供给模式没能及时适应这些变化，从而导致不同发展特色的毗邻村寨公共服务供给效率降低，出现公共服务供给效率时序失配型漏损。为获取相关数据，进一步深入分析上述问题，笔者在海南州贵德县主要采取两种方法进行公共服务有效供给的调查，一是入户访谈和问卷调查法，深入少数民族（藏族）特色村寨（下排村）和非少数民族特色村寨（上刘屯村、贺尔加村），对当地村民进行入户访谈和问卷调查，与村民沟通交流了解当地公共服务政策落实情况以及惠民政策实际效果。二是实地考察法，在村寨里实地直接观察当地农田水利基础设施、道路饮水基础设施、镇（村）容环境、文教体育、基本医疗卫生、社会保障等基础设施建设和使用情况。在入户访谈、问卷调查和实地观察基础上，笔者还与村委会干部进行座谈，了解当地公共服务存在的突出问题和改进建议。笔者在下排村、上刘屯村、贺尔加村每个村各发放52份调查问卷，共发放156份问卷，在下排村和贺尔加村收回有效问卷各51份，在上刘屯村收回有效问卷52份，共收回有效问卷154份，占比98.72%。

从问卷设计来看，两组问卷均包括个体社会经济特征、十二类主要公共服务满意度、需求度调查，结构性问卷，以及公共服务存在的主要问题调查四部分内容，相似度较高。从样本数据的统计特征来看，除两组群众对于生活居住区域和民族选项回答高度不同外（少数民族特色村寨少数民族的占比相对非少数民族特色村寨要高很多），少数民族特色村寨组（以下简称"特色村寨组"）居民与非少数民族特色村寨组（以下简称"非特色村寨组"）居民在若干社会经济特征上具有相似性（见表4-3-1）。基于上述两点，可以认定特色村寨组和非特色村寨组两组样本数据具有可比性。

表4-3-1　少数民族特色村寨和非少数民族特色村寨样本数据统计特征的相似性

单位:%

指标类别		少数民族特色村寨	非少数民族特色村寨
性别	男	62.00	64.71
	女	38.00	35.29
受教育程度	未上过学	20.00	18.63
	小学及以下	40.00	30.39
	初中及以下	26.00	32.35
	高中（中专、职高、技校）	10.00	15.69
	大专及以上	4.00	2.94
职业类型	党政机关/国有（集体）企事业单位工作人员	6.00	7.84
	私营企业工作人员	0.00	0.00
	个体工商户	10.00	7.84
	农牧民	70.00	74.52
	其他（退休教师等）	14.00	9.80

　　笔者在青海藏区海南州贵德县连片特困藏区的调查问卷，通过分特色村寨组和非特色村寨组来分别统计分析，以对比分析不同民族特色村寨当地群众的公共服务满意度和有效性（见表4-3-2），为发现两种不同民族特色村寨对于十二类主要公共服务的个性化真实需求差异情况。基于对贵德县河西镇下排村、上刘屯村、贺尔加村当地群众的问卷调查数据以及入户访谈情况，比较考察贵德县连片特困藏区少数民族（藏族）特色村寨（下排村）和非少数民族特色村寨（上刘屯村、贺尔加村）当地群众对十二类主要公共服务的满意度和有效性评价。为获取少数民族特色村寨和非少数民族特色村寨，当地群众对十二类主要公共服务的满意度，以反映当地主要公共服务的有效性，基于对贵德县少数民族（藏族）特色村寨（下排村）和非少数民族特色村寨（上刘屯村、贺尔加村）的主要公共服务问卷调查数据，以100分为满分，取所有有效问卷给每种公共服务打分的算术平均值为该项公共服务满意度的平均值，并给出十二类主要公共服务的综合满意度、分组满意度排序（见表4-3-2）。在此基础上，进一步对排序结果进行比较分析，找出青海藏区海南州贵德县连片特困藏区少数民族（藏族）特色村寨（下排村）和非少数民族特色村寨（上刘屯村、贺尔加村）主要公共服务存在的薄弱环节，为后续分析四省藏区少数民族特色村寨和非少数民族特色村寨公共服务供给优先序的差异提供重要支撑。

表4-3-2　少数民族特色村寨与非少数民族特色村寨主要公共服务满意度排序

序号	样本总体	少数民族特色村寨	非少数民族特色村寨
1	基本公共教育	饮用水安全	基本公共教育
2	饮用水安全	基本公共教育	道路交通设施
3	通信网络服务	基本医疗卫生	通信网络服务
4	基本医疗卫生	通信网络服务	新农保
5	新农保	政务（村务）公开	农田水利设施

序号	样本总体	少数民族特色村寨	非少数民族特色村寨
6	农田水利设施	公共文化服务	饮用水安全
7	公共文化服务	新农保	基本医疗卫生
8	村（镇）容环境	村（镇）容环境	村（镇）容环境
9	道路交通设施	农田水利设施	公共文化服务
10	政务（村务）公开	农业科技推广	政务（村务）公开
11	农业科技推广	农业信息服务	农业科技推广
12	农业信息服务	道路交通设施	农业信息服务

根据笔者在青海藏区海南州贵德县河西镇连片特困藏区一个少数民族（藏族）特色村寨（下排村），两个非少数民族特色村寨（上刘屯村、贺尔加村）随机问卷调查结果和入户访谈情况，总体来看，贵德县河西镇下排村、上刘屯村和贺尔加村群众，对于当地基本公共教育、饮用水安全、通信网络服务和基本医疗卫生服务四类公共服务的满意度相对最高，分别排在前四位（见图4-3-1）。当地群众对于基本公共教育服务最满意，与甘肃藏区甘南州迭部县针对基本公共教育服务的满意度调查结果相似，当地群众对于国家在连片特困藏区实施的以十五年免费教育为重要内容的教育惠民政策均非常满意。当地群众对于新农保政策和农田水利基础设施建设的评价也较高，满意度分别排在第五和第六位（见表4-3-2）。此外，笔者入户访谈发现，当地群众对于基本住房保障的满意度普遍较高，很多村民在进行房屋改造或者维修时政府都给予了很大的经济支持。

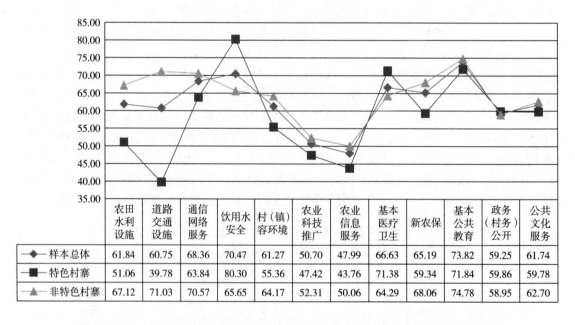

	农田水利设施	道路交通设施	通信网络服务	饮用水安全	村（镇）容环境	农业科技推广	农业信息服务	基本医疗卫生	新农保	基本公共教育	政务（村务）公开	公共文化服务
样本总体	61.84	60.75	68.36	70.47	61.27	50.70	47.99	66.63	65.19	73.82	59.25	61.74
特色村寨	51.06	39.78	63.84	80.30	55.36	47.42	43.76	71.38	59.34	71.84	59.86	59.78
非特色村寨	67.12	71.03	70.57	65.65	64.17	52.31	50.06	64.29	68.06	74.78	58.95	62.70

图4-3-1　少数民族特色村寨与非少数民族特色村寨主要公共服务满意度比较 I

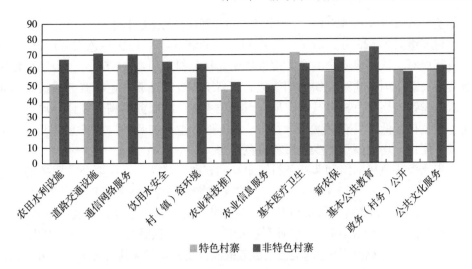

图 4 - 3 - 2　少数民族特色村寨与非少数民族特色村寨主要公共服务满意度比较 II

结合实地调研情况来看，青海藏区海南州贵德县河西镇当地群众虽然对于农田水利基础设施的满意度较高，但是促进农业发展的农业信息服务和农业科技推广两类公共服务的满意度评价分别排在倒数第一位和倒数第二位。相比之下，农业服务"硬件够硬、软件偏软"的问题较为明显，需要在"十四五"时期重视加强对当地的农业信息服务和农业科技服务等。这与四川藏区甘孜州稻城县、甘肃藏区甘南州迭部县的情况类似，说明现行公共服务政策对于连片特困藏区农牧区生产发展的软件支撑比硬件支撑更为薄弱，对于连片特困藏区巩固产业扶贫成效，提升自身发展能力带来不利影响，应成为"十四五"时期国家在连片特困藏区公共服务政策优化的重要关注点和政策突破口。此外，政务（村务）公开的总体满意度相对较低，排在倒数第三位，一定程度上说明，青海藏区海南州贵德县当地群众对于社会治理的参与意识逐步增强，地方政府在"十四五"时期应重视提升社会治理能力，保障政务（村务）公开，提升当地社会治理的透明度和公信力。虽然"十二五"和"十三五"时期国家在连片特困藏区的道路交通基础设施方面投入较大，当地通村公路建设水平有明显提升，但是由于缺乏后期维护，建设较早的通村公路损毁严重，导致当地群众对于道路交通基础设施满意度相对较低，排在第九位。村容（镇容）环境的满意度评价略高于道路交通基础设施，排在第八位，实地调研也发现当地公共厕所较为脏乱，长期无人打扫；垃圾乱丢乱放等问题比较明显，亟待通过乡村治理现代化予以解决。

（二）不同发展特色的毗邻村寨公共服务的有效性比较

比较青海藏区海南州贵德县河西镇特色村寨组和非特色村寨组被调查群众对十二类主要公共服务的满意度评价结果（见图 4 - 3 - 1）可见，两组被调查群众对于通信网络服务、村（镇）容环境、农业科技推广、农业信息服务、基本医疗卫生、新农保、基本公共教育、政务（村务）公开、公共文化服务九类公共服务的满意度差距不大，相互间差距均在 10 分以内。其中，两组被调查群众对于政务（村务）公开的满意度评分最为接近，相差不到 1 分；对于村（镇）容环境和新农保的满意度评分差距接近 9 分。

两组被调查群众对于道路交通设施、农田水利设施和饮用水安全这三类公共服务的满意度评分差距较大（见图4-3-2）。其中，非特色村寨组对于道路交通设施的满意度平均比特色村寨组高31.25分，对于农田水利设施的满意度平均比特色村寨组高16.06分；而特色村寨组对于饮用水安全的满意度平均比非特色村寨组高14.65分。由于少数民族特色村寨的居民对于国家政策倾斜的期望值远远高于非少数民族特色村寨的居民，因此贵德县河西镇的少数民族特色村寨被调查群众对九类主要公共服务的满意度评分均值明显比非少数民族特色村寨低，只有对饮用水安全、基本医疗卫生和政务（村务）公开这三类公共服务的满意度评分均值高于非少数民族特色村寨。

进一步比较特色村寨组和非特色村寨组被调查群众对十二类主要公共服务的满意度评价排序结果（见表4-3-2、图4-3-3）。村（镇）容环境的满意度排序完全相同，均排在第八位，特色村寨组和非特色村寨组对于该项公共服务的满意度排序是完全一致的。但是，除农田水利设施、通信网络服务、农业科技推广、农业信息服务、基本医疗卫生、新农保、基本公共教育和公共文化服务这八类公共服务的满意度评价结果排序差异不大外，道路交通基础设施、饮用水安全和政务（村务）公开这三类公共服务的满意度排序存在明显差异。

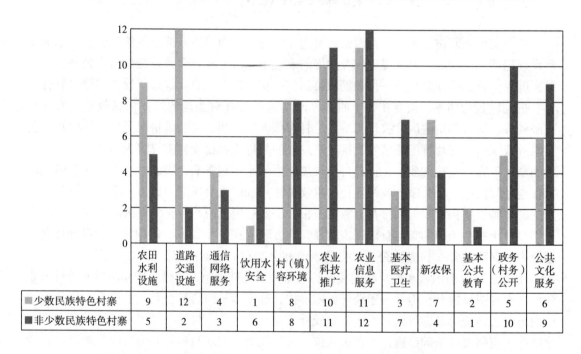

	农田水利设施	道路交通设施	通信网络服务	饮用水安全	村（镇）容环境	农业科技推广	农业信息服务	基本医疗卫生	新农保	基本公共教育	政务（村务）公开	公共文化服务
少数民族特色村寨	9	12	4	1	8	10	11	3	7	2	5	6
非少数民族特色村寨	5	2	3	6	8	11	12	7	4	1	10	9

图4-3-3　少数民族特色村寨与非特色村寨主要公共服务满意度排序比较

实地调研发现，青海藏区贵德县河西镇的评价结果与甘肃藏区甘南州迭部县乡（镇）组和村落组的评价结果有相似之处，特色村寨组和非特色村寨组被调查者对道路交通设施的满意度评分是十二类主要公共服务中差距最大（31.25分）的。不仅如此，从满意度评价结果排序来看，特色村寨组和非特色村寨组被调查群众对道路交通设施的满意度评分排序差距也是最大的。非特色村寨组被调查群众对于交通基础设施的满意度排名高居第二位，仅次于排名第一的基本公共教育服务；而特色村寨组被调查群众对于道路交通设施的满意度排名却落在第十二位（见图4-3-3）。结合入户访谈和实地调查情况分析原因发现，由于贵德县河西镇少数民族特色村寨（下排村）的主要道路为通乡路，比通村路项目实施早大约5年，也即比非少数民族特色村寨（上刘屯村、贺尔加村）的通村路修建要早大约5年，后来由于修地下管网被开挖破坏，后续又缺乏养护和维修管理等，道路损坏比较严重，而相对晚些时间修建的非少数民族特色村寨（上刘屯村、贺尔加村）的通村路质量相对好很多。此外，下排村到县城所在地河阴镇的交通出行也不太方便，除了部分村民使用自家的摩托车、自行车或私家车外，大部分村民都要靠坐公交车去县城。加之公交车发车间隔时间太长，0.5～1小时一班，因此少数民族特色村寨（下排村）的被调查群众对于当地的道路交通设施的满意度相对低很多。

实地调研发现，贵德县河西镇只有部分自然村由于水源条件较差，全年偶尔会有生产生活用水得不到保障的情况。少数民族（藏族）特色村寨（下排村）全村基本实现户户用自来水，而在非少数民族特色村寨（贺尔加村和上刘屯村），自来水用水率较低，大部分村民依然饮用未进行消毒处理的山泉水，村民对于饮用水安全的意识也较为淡薄。其中，由于非少数民族特色村寨贺尔加村的供水问题比较突出，很多村民家中没有安装自来水，安装了自来水的也经常停水，因此当地被调查群众对于饮用水安全公共服务的满意度评分非常低，从而拉低了整个非特色村寨组对于饮用水安全公共服务的满意度评分均值。出于上述主要原因，青海藏区海南州贵德县河西镇被调查群众对于饮用水安全公共服务的满意度评价结果显示，特色村寨组和非特色村寨组分别排在第一位和第六位；特色村寨组被调查群众对于饮用水安全公共服务的评分均值（80.30分）比非特色村寨组（65.65分）高14.65分，对于饮用水安全公共服务的满意度排序也比非特色村寨组高五个位次（见图4-3-3）。

实地调研进一步发现，贵德县河西镇少数民族（藏族）特色村寨（下排村）、非少数民族特色村寨（上刘屯村、贺尔加村）对于当地政务（村务）公开的满意度评价都不是很高。河西镇被调查群众对于政务（村务）公开的满意度评价结果也显示，特色村寨组和非特色村寨组分别排在第五位和第十位（见图4-3-3）；特色村寨组被调查群众对于政（村务）公开的评分均值（59.86分）比非特色村寨组（58.95分）略高，对于政务（村务）公开的满意度排序也比非特色村寨组高五个位次。需进一步健全村民与村干部在村务问题上的沟通机制，村民对于村务问题的参与机制等，对于提升当地群众对于政务（村务）公开服务的满意度，增强村集体组织凝聚力至关重要。

三、旅游产业先发乡（镇）与毗邻乡（镇）公共服务有效性比较

（一）十二类主要公共服务的有效性调查和分析

云南藏区迪庆州是我国藏羌彝文化产业走廊上的重要节点，区域内自然生态和文化资源富集、独特且形态多样。作为省域经济边缘地区，云南藏区迪庆州远离省域经济增长极，位于农耕与游牧文明交汇后产生的农牧文化交错带。在相对封闭的地理环境里，迪庆州形成和保留了民族文化的多元性和代表性，成为国家重要的历史文化沉积带，重要的世界级文化旅游目的地[1]。调研典型案例选取方式如下：笔者与云南藏区迪庆州人民代表大

---

① 徐伍达．藏羌彝走廊腹心地区实施乡村振兴战略的探讨［R］．成都：新时代藏羌彝走廊发展论坛暨第十一届西部五省区社科院院长联席会议论文集，2019：438-450.

会办公室工作人员座谈，总体了解迪庆州香格里拉市、德钦县和维西县公共服务总体情况和存在的主要问题；根据迪庆州人民代表大会办公室工作人员的建议，从香格里拉市选取了建塘镇这个旅游产业先发乡（镇）和小中甸镇这个具有旅游产业后发优势的毗邻乡（镇）进行实地调查和比较研究。分别调查两个乡（镇）群众对十二类主要公共服务的满意度，并对满意度评价的结果进行比较分析，以考察四省藏区旅游产业先发乡（镇）与毗邻乡（镇）公共服务供给有效性和现实需求差异。

实地调研发现，建塘镇不仅是香格里拉市政府所在地，也是迪庆州政府所在地，相对于毗邻的小中甸镇而言，拥有更丰富的经济社会资源和资金、人才等关键要素，且率先开发独克宗古城等历史文化旅游资源，取得旅游产业相对先发优势，与毗邻的小中甸镇在公共服务的需求和供给优先序等方面具有明显差异。作为香格里拉市和迪庆州会客厅的小中甸镇，具有明显的产业后发优势，当地干部和群众都迫切想要发展文化旅游产业。但是由于旅游产业先发乡（镇）与毗邻乡（镇）所处的产业发展阶段不同，拥有的经济社会发展资源不同，当地群众的公共服务需求存在明显差异，而全市统筹的传统公共服务供给模式没能及时适应这些变化，从而导致处于旅游产业不同发展阶段的毗邻乡（镇）公共服务供给效率降低，出现公共服务供给效率的时序失配型漏损。为调查研究四省藏区旅游产业先发乡（镇）与毗邻乡（镇）公共服务的供给有效性和需求差异，获取相关数据，笔者在迪庆州香格里拉市的建塘镇和小中甸镇两个乡（镇），随机抽取当地群众展开入户访谈和问卷调查，累计发放并收回问卷180份，其中有效问卷160份，占比88.89%。调查主要分两步进行：一是在迪庆州香格里拉市建塘镇，随机抽取当地群众（简称旅游产业先发乡（镇）组，下同）展开入户访谈和问卷调查，累计发放并收回问卷90份，其中有效问卷70份，占比77.78%；二是在迪庆州香格里拉市小中甸镇，随机抽取当地群众（简称毗邻乡（镇）组，下同）展开入户访谈和问卷调查，累计发放并收回问卷90份，其中有效问卷90份，占比100.0%。从问卷设计来看，两组问卷均包括个体社会经济特征、十二类主要公共服务的满意度和需求度调查问题结构性问卷以及对当地公共服务存在主要问题的调查四部分内容，相似度较高。从样本数据的统计特征来看，除两组群众对于生活居住区域选项回答高度不同外，旅游产业先发乡（镇）组居民与毗邻乡（镇）组居民在若干社会经济特征上具有相似性（见表4-3-3）。基于上述原因，可以比较分析旅游产业先发乡（镇）组和毗邻乡（镇）组两组样本数据。

表4-3-3　旅游产业先发乡（镇）和毗邻乡（镇）样本数据统计特征的相似性

单位：%

指标类别		旅游产业先发乡（镇）	毗邻乡（镇）
性别	男	45.71	48.89
	女	54.29	51.11
民族	藏族	84.29	88.89
	羌族	00.00	00.00
	汉族	10.00	8.89
	回族	1.43	00.00
	其他民族	4.28	2.22

指标类别		旅游产业先发乡（镇）	毗邻乡（镇）
受教育程度	未上过学	1.43	2.22
	小学及以下	37.15	45.55
	初中及以下	27.14	30.00
	高中（中专、职高、技校）	8.57	5.56
	大专及以上	25.71	16.67
职业类型	党政机关/国有（集体）企事业单位工作人员	31.43	30.00
	私营企业工作人员	5.71	6.67
	个体工商户	12.86	11.11
	农牧民	50.00	52.22

为考察四省藏区旅游产业先发乡（镇）与毗邻乡（镇）公共服务供给的有效性和现实需求差异，对云南藏区迪庆州香格里拉市建塘镇和小中甸镇调查问卷中十二类主要公共服务（见表4-3-4）的满意度情况进行统计分析，以整体反映当地各类公共服务的有效性。基于建塘镇和小中甸镇的十二类主要公共服务的问卷调查数据，采用青海藏区海南州贵德县少数民族特色村寨和非少数民族特色村寨的十二类主要公共服务满意度评价方法，计算出云南藏区迪庆州香格里拉市建塘镇和小中甸镇当地群众对十二类主要公共服务的综合满意度排序（见表4-3-4）。通过分旅游产业先发乡（镇）组和毗邻乡（镇）组来分别统计分析建塘镇和小中甸镇的公共服务满意度和需求排序情况（见表4-3-4、图4-3-4），以发现旅游产业先发乡（镇）与毗邻乡（镇）当地群众对于十二类主要公共服务的个性化真实需求及其差异。在此基础上，进一步对排序结果进行比较分析，找出香格里拉市建塘镇和小中甸镇主要公共服务存在的薄弱环节，为后续分析四省藏区旅游产业先发乡（镇）与毗邻乡（镇）公共服务供给优先序的差异提供重要支撑。

表4-3-4　旅游产业先发乡（镇）与毗邻乡（镇）主要公共服务满意度排序

序号	样本总体	旅游产业先发乡（镇）	毗邻乡（镇）
1	基本公共教育	新农保	饮用水安全
2	饮用水安全	政务（村务）公开	道路交通设施
3	政务（村务）公开	基本公共教育	基本公共教育
4	道路交通设施	通信网络服务	公共文化服务
5	公共文化服务	村（镇）容环境	村（镇）容环境
6	村（镇）容环境	饮用水安全	新农保
7	通信网络服务	公共文化服务	基本医疗卫生
8	新农保	农田水利设施	政务（村务）公开
9	基本医疗卫生	农业信息服务	通信网络服务
10	农业信息服务	道路交通设施	农业信息服务
11	农业科技推广	农业科技推广	农业科技推广
12	农田水利设施	基本医疗卫生	农田水利设施

从笔者在云南藏区迪庆州香格里拉市建塘镇、小中甸镇实地调查结果来看，当地群众较为普遍对于国家为连片特困藏区提供的基本公共教育和饮用水安全两项公共服务的满意度较高，分别排在第一和第二位（见表4-3-4、图4-3-4）。建塘镇、小中甸镇居民对于当地基本公共教育服务最满意，对于国家在连片特困藏区实施的以十五年免费教育为重要内容的教育惠民政策最为满意，这一点与青海藏区海南州贵德县河西镇的满意度调查结果一致。据香格里拉市教育局统计，2012～2016年，全市共免除教科书费和学杂费1056.34万元，小学免费发放教科书258875套，初中免费发放教科书130530套，共计389405套；共下达高原农牧民子女学生生活补助资金16239.03万元（小学每生每年补助2700元，初中每生每年补助2900元）；共下达学生营养餐改善计划资金3508.29万元（小学、初中每生每年补助800元）；共发放"国家开发银行生源地信用助学贷款"1174.32万元，受助学生达2284人；每年对考上大学的贫困学生资助30万元，五年间共计资助约150万元，受助学生大约1116人。2016年全面实现对建档立卡贫困户家庭646名学生的教育资助，共计资助约323万元；实现对乡村非贫困户在迪庆州外就读中专、大专及往届三本以上学生的资助，受助学生1702人，共计资助636.75万元。云南藏区迪庆州香格里拉市建塘镇、小中甸镇当地群众较为普遍认为基本公共教育服务的惠民效果最好，较为有效地解决了连片特困藏区学龄儿童上不起学和上学难等问题，对于阻断连片特困藏区贫困的代际传递非常有效。

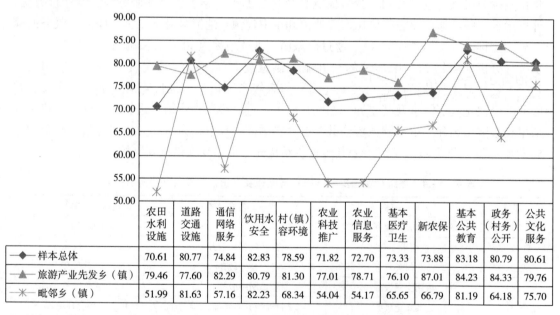

	农田水利设施	道路交通设施	通信网络服务	饮用水安全	村(镇)容环境	农业科技推广	农业信息服务	基本医疗卫生	新农保	基本公共教育	政务(村务)公开	公共文化服务
样本总体	70.61	80.77	74.84	82.83	78.59	71.82	72.70	73.33	73.88	83.18	80.79	80.61
旅游产业先发乡(镇)	79.46	77.60	82.29	80.79	81.30	77.01	78.71	76.10	87.01	84.23	84.33	79.76
毗邻乡(镇)	51.99	81.63	57.16	82.23	68.34	54.04	54.17	65.65	66.79	81.19	64.18	75.70

图4-3-4 旅游产业先发乡（镇）与毗邻乡（镇）主要公共服务满意度比较 I

从实地调查情况来看，建塘镇、小中甸镇群众对于当地的政务（村务）公开实施情况的评价也较高，满意度排在第三位（见表4-3-4）。此外，当地群众对于道路交通设施、村（镇）容环境、通信网络服务等基础设施的满意度评价结果相对较好，公共文化服务得分也较高（见表4-3-4）。当地基层干部在开展精准扶贫工作的过程中，深入细致了解当地群众感觉最"急、难、盼"的民生需求，在道路交通设施、政务（村务）公开、村

（镇）容环境、公共文化服务等方面的软硬环境打造较好，得到当地群众较为普遍的认可。

从实地调查情况来看，建塘镇、小中甸镇群众对于农田水利设施、农业科技推广和农业信息服务等生产类基础设施的满意度评价总体不高，分别排在倒数第一、第二和第三位（见表4-3-4）。这与四川藏区甘孜州稻城县、甘肃藏区甘南州迭部县实地调查的情况类似，说明现行公共服务政策对于连片特困藏区部分农牧区生产发展的硬件和软件支撑均较弱，这可能对连片特困藏区发展特色农牧产业，提升自身造血功能和发展能力带来一些不利影响，应成为下一步国家提升连片特困藏区公共服务供给有效性的重要关注点和政策突破口之一。此外，新农保、基本医疗卫生服务等关乎连片特困藏区居民生命健康的公共服务总体满意度相对较低，分别排在第八位和第九位。这与甘肃藏区甘南州迭部县实地调查的情况类似，在一定程度上说明，"十二五"时期国家在连片特困藏区医疗卫生和社会保障等方面投入很大，特别是在基层医院和卫生室的硬件设施方面投入较大，当地基本医疗卫生的硬件设施水平有明显提升。但是，由于连片特困藏区医疗技术专业人才非常缺乏，难以吸引和留住人才，专业技术人才通过调动或者考试等方式流出连片特困藏区等问题较为明显。入户访谈过程中，当地群众多次提到，"医院里头么，阿些（那些）高级机器根本就没得医生会用嘛"，公共服务硬件够硬和软件够软的问题明显存在。更加注重医疗卫生专业技术人才的本土培养和外来引进，鼓励医疗卫生、公共教育、农业技术等领域的公共服务专业技术人才等到连片特困藏区服务，这应成为下一步国家对连片特困藏区公共服务政策调整优化的重要关注点。

（二）旅游产业先发乡（镇）与毗邻乡（镇）公共服务有效性比较

比较分析云南藏区迪庆州香格里拉市建塘镇、小中甸镇当地群众对十二类主要公共服务的满意度评价结果（见表4-3-4、图4-3-4）可见，旅游产业先发乡（镇）组、毗邻乡（镇）组两组被调查群众对于道路交通基础设施、饮用水安全、基本公共教育和公共文化服务的满意度评分非常接近，分别接近79分、81分、82分和77分。分析其原因，主要在于云南藏区迪庆州香格里拉市建塘镇、小中甸镇两镇毗邻，道路交通基础设施、饮用水安全、基本公共教育和公共文化服务基本上呈一体化供给趋势，供给水平比较接近，两镇居民对其满意度感受的差异不太明显。

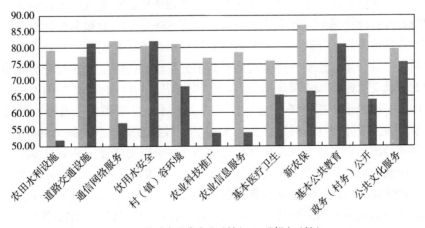

图4-3-5　旅游产业先发乡（镇）与毗邻乡（镇）主要公共服务满意度比较Ⅱ

进一步比较旅游产业先发乡（镇）组和毗邻乡（镇）组被调查群众对十二类主要公共服务的满意度评价排序结果（见图4-3-6）可见，基本公共教育、村（镇）容环境、农业科技推广这三类公共服务的满意度排序完全相同，均分别排在第三、第五和第十一位，旅游产业先发乡（镇）组和毗邻乡（镇）组被调查群众对于这三类公共服务的满意度排序是基本一致的。此外，除农田水利设施、农业信息服务、通信网络服务、公共文化服务这四类公共服务的满意度评价结果排序差异不大外，道路交通设施、饮用水安全、新农保、政务（村务）公开、基本医疗卫生这五类公共服务的满意度排序存在明显差异。

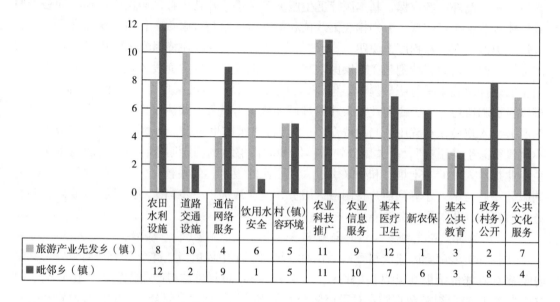

	农田水利设施	道路交通设施	通信网络服务	饮用水安全	村（镇）容环境	农业科技推广	农业信息服务	基本医疗卫生	新农保	基本公共教育	政务（村务）公开	公共文化服务
旅游产业先发乡（镇）	8	10	4	6	5	11	9	12	1	3	2	7
毗邻乡（镇）	12	2	9	1	5	11	10	7	6	3	8	4

图4-3-6 旅游产业先发乡（镇）与毗邻乡（镇）主要公共服务满意度排序比较

实地调研发现，上述满意度差异的存在，一定程度上是建塘镇居民对于旅游产业快速发展带来的交通拥堵和停车困难等问题，以及城市更新改造带来的交通不便等问题的一种集中反映。建塘镇既是迪庆州州政府所在地，又是香格里拉市市政府所在地，行政地位相比小中甸镇特殊；建塘镇的民族文化旅游资源丰富，旅游资源的知名度比小中甸镇高，近年来旅游产业快速发展，导致城市交通拥堵、停车困难等一系列现实问题。加之与旅游相关的一系列生产性和生活性服务产业发展对城市更新改造的需求急速提升，城市更新改造进一步增加区域交通通信和资源环境压力。毗邻建塘镇的小中甸镇，是内地进入迪庆州和香格里拉市的必经之地，相当于香格里拉市的会客厅，自然和文化旅游资源等均较为丰富，在旅游产业发展方面具备后发优势，交通基础设施更新改造的压力和矛盾相对较小，道路交通基础设施规划布局更科学合理，当地群众对道路交通设施的满意度相较其他公共服务更高。因此，虽然旅游产业先发乡（镇）组和毗邻乡（镇）组被调查群众对于道路交通设施的评分比较接近，但是相对其他公共服务的满意度而言，毗邻乡（镇）组被调查群众对于交通基础设施的满意度排名高居第二位，仅次于排名第一的饮用水安全服务；而旅游产业先发乡（镇）组被调查群众对于道路交通设施的满意度排名却落在第十位，略高于排名第十一位的农业科技推广和第十二位的基本医疗卫生服务（见图4-3-6）。

　　同时，香格里拉市政府所在地建塘镇，由于近年来旅游产业发展迅速，作为迪庆州的区域中心城市所在地，人口集聚趋势加速，人口集聚和城市建设对于饮用水等基础设施公共服务的需求总量和质量要求也迅速提升，城市高层住宅的二次供水矛盾问题较为明显。人口集聚、产业发展、城市更新等对于建塘镇城市规划修编调整、基础设施建设数量和质量均提出巨大挑战。云南藏区迪庆州香格里拉市建塘镇、小中甸镇被调查群众对于饮用水安全的满意度评价结果显示，旅游产业先发乡（镇）组和毗邻乡（镇）组分别排在第六位和第一位，差异较为明显（见图4-3-6）。

　　笔者实地调研还发现，由于建塘镇既是迪庆州州政府所在地，又是香格里拉市市政府所在地，建塘镇在政务（村务）公开方面的方式更高效先进，当地群众获取政务（村务）公开信息也相对更高效便捷，政务（村务）公开的实效明显高于小中甸镇，政府工作人员职业素质和服务能力方面均高于小中甸镇。毗邻建塘镇的小中甸镇，被调查群众对此问题有较为明显的比较和感受，对于小中甸镇政府和干部提升政务服务效能和政务（村务）公开等方面均提出重要挑战。因此，建塘镇、小中甸镇被调查群众对于政务（村务）公开的满意度评价结果显示，旅游产业先发乡（镇）组和毗邻乡（镇）组分别排在第二位和第八位（见图4-3-6）。

　　实地调研过程中，特别是入户访谈时，小中甸镇群众相对于建塘镇群众，更多反映社会保障服务的"最后一千米"问题。虽然香格里拉市社会保障政策和服务已经将居民养老保险收缴、养老金领取资格认证、供养遗属生存认证、就业信息咨询等多项业务办理通过互联网平台延伸到村委会和社区，并将十八项人社系统相关政策法规、业务经办流程加挂到党建平台，以方便群众查阅，并及时更新维护门户网站，发布新消息、新政策；截至2017年6月底，全市62个村（社区）已全部接入互联网并开通了服务型党组织综合平台，直接通过互联网查询政策覆盖率达100%。但是，由于香格里拉市当地群众对于互联网的了解和使用能力还有不足，导致离市政府所在地有一定交通距离的小中甸镇群众在获取新农保等社会保障服务时存在更多不便。针对此类问题，香格里拉市已经采取改革措施，通过加强与建设银行、信用社等金融服务部门的联系对接，在偏远乡村铺设惠农支付点，截至2017年6月底全市共设置惠农支付点62个，基本实现村民不出乡（镇）就能办理社会保险缴费和待遇领取。香格里拉市的社会保障部门还与金融部门（信用社）共同出台了社会保障协办员政策，由金融部门每月出资200元，州、市政府出资100元，在各乡（镇）每个村安排一名社会保障协办员，将作为互联网社会保障服务补充的人工服务触角延伸至全市各个村和社区，有效解决香格里拉市村一级没有社会保障办理人员的问题。笔者实地调研还发现，迪庆州香格里拉市针对连片特困藏区幅员面积大、居住较为分散、通信网络信号较弱、当地老百姓使用智能终端困难的现实，采取"互联网社会保障服务+每村配备一名社会保障协办员"的改革政策具有较为明显的现实意义。目前此项工作正在积极开展，其运作实效还有待进一步观察。基于上述主要原因，云南藏区迪庆州香格里拉市建塘镇、小中甸镇被调查群众对于新农保的满意度评价结果显示，旅游产业先发乡（镇）组和毗邻乡（镇）组分别排在第一位和第六位（见图4-3-6）。

　　实地调研进一步发现，导致两个乡镇对基本医疗卫生服务满意度存在明显差异的主要原因在于，新型城镇化带来的中心城区常住人口急速增加，以及随之而来的医疗卫生资源供需矛盾。2018年迪庆州的常住人口城镇化率已经达到35.75%，香格里拉市的常住人口城镇化率更是高达50.50%。建塘镇作为香格里拉市的中心城区所在地,聚集大量外来人口,户籍人口和外来流动人口对建塘镇的医疗卫生资源需求总量大于建塘镇的医疗卫生资源承载力,导致建塘镇群众对当地医疗卫生服务的满意度下降。同时,毗邻的小中甸镇群众可以相对就近享用建塘镇更优质的医疗卫生服务资源,因此,小中甸镇群众对基本医疗卫生服务的满意度相对远远高于建塘镇当地群众。建塘镇、小中甸镇被调查群众对于基本医疗卫生服务的满意度评价结果显示,旅游产业先发乡(镇)组和毗邻乡(镇)组分别排在第十二位和第七位(见图4-3-6)。"十四五"时期,对于城镇化率相对较高的区域中心地带,如何优化资源空间配置,使这些人口加速流入区域的公共服务资源与常住人口数量增加相适应,是国家公共服务政策改革需要关注的重点之一。

四、县政府驻地乡(镇)与偏远乡(镇)公共服务有效性比较

(一)十二类主要公共服务的有效性调查和分析

四川藏区的阿坝州位于我国藏羌彝文化产业走廊核心区域,尽管在2008年汶川大地震和2017年九寨沟地震中遭受重创,但生态文化旅游产业迅速恢复,在世界文化旅游产业中仍然具有独特魅力。阿坝州松潘县的进安镇,不仅是松潘县政府所在地,也是历史闻名的松州古城所在地。其相对于离县政府驻地将近300千米的白羊乡而言,拥有更丰富的经济社会和文化旅游资源,也具备更优质的区位条件。为考察四省藏区拥有不同经济社会资源和区位条件的乡(镇),公共服务供给的有效性和现实需求差异,笔者选取四川藏区阿坝州松潘县的进安镇和白羊乡两个乡(镇)进行实地调查,调查两个乡(镇)居民对十二类主要公共服务的满意度和需求度,并对调查结果进行整体和区域比较分析。

实地调研发现,县政府驻地乡(镇)与偏远乡(镇)所处的经济社会发展阶段不同,拥有的区位条件不同,当地群众对于公共服务的现实需求存在明显差异。而全县统筹的传统公共服务供给模式没能及时适应这些变化,从而导致处于不同经济社会发展阶段的乡(镇)公共服务供给效率降低,出现公共服务供给效率的时序失配型漏损。为获取相关数据,深入分析上述问题,笔者在阿坝州松潘县的进安镇和白羊乡两个乡(镇),随机抽取当地群众展开入户访谈和问卷调查。调查分两步走,2017年7月,笔者联合西南民族大学的精准扶贫第三方评估团队①,在白羊乡随机抽取并入户访谈和问卷调查100户,现场收回100份有效问卷,再在进安镇随机抽取并入户访谈和问卷调查50户,现场收回50份有效问卷,有效率均为100.00%。从问卷设计来看,两组问卷均包括个体社会经济特征、十二类主要公共服务满意度和需求度、结构性问题以及存在主要问题调查四部分内容,相似度较高。从样本数据的统计特征来看,除两组群众的受教育程度具有明显差异外(县政府驻地乡(镇)被调查群众明显受教育程度高于偏远乡(镇)被调查群众,这也是影响两个乡(镇)公共服务有效性和供给优先序的重要影响因素),县政府驻地乡(镇)组居民和偏远乡(镇)组居民在若干社会经济特征上具有相似性(见表4-3-5)。基于上述原因,可以认为县政府驻地乡(镇)组和偏远乡(镇)组两组样本数据具有可比性。

---

① 西南民族大学的精准扶贫第三方评估团队只针对当地贫困户做入户调查,《川甘青滇连片特困藏区公共服务有效供给的调查及对策研究》课题组入户访谈不仅限于贫困户家庭,还包括乡村(镇)干部以及非贫困户家庭。

表4-3-5　县政府驻地乡（镇）和偏远乡（镇）调查样本数据统计特征的相似性

单位:%

指标类别		县政府驻地乡（镇）	偏远乡（镇）
性别	男	59	58
	女	41	42
民族	藏族	12	14
	汉族	26	32
	其他民族	62	54
受教育程度	小学及以下	16	5
	初中	34	9
	高中、中专、职高、技校	6	22
	大专及以上	44	64

　　为考察四省藏区县政府驻地乡（镇）与偏远乡（镇）公共服务供给有效性和现实需求差异，对四川藏区阿坝州松潘县进安镇和白羊乡调查问卷中的十二类主要公共服务的满意度（见表4-3-6）进行分析，以反映当地主要公共服务的有效性情况。基于四川藏区阿坝州松潘县进安镇和白羊乡的十二类主要公共服务问卷调查数据，同样采用青海藏区海南州贵德县少数民族特色村寨和非少数民族特色村寨的十二类主要公共服务满意度评价方法，计算出四川藏区阿坝州松潘县进安镇和白羊乡当地群众对十二类主要公共服务的综合满意度排序（见表4-3-6）。通过分县政府驻地乡（镇）组和偏远乡（镇）组来分别统计分析进安镇和白羊乡的公共服务满意度和有效性情况（见表4-3-6、图4-3-7），以发现四省藏区县政府驻地乡（镇）与偏远乡（镇）居民对于十二类主要公共服务的个性化需求及其现实差异。在此基础上，进一步对排序结果进行比较分析，找出松潘县进安镇和白羊乡主要公共服务存在的薄弱环节，为后续分析四省藏区县政府驻地乡（镇）与偏远乡（镇）公共服务供给优先序的差异提供重要支撑。

　　实地调研发现，"十三五"时期，四川藏区阿坝州松潘县县政府驻地乡（镇）和偏远乡（镇）居民对于国家为连片特困藏区提供的饮用水安全、基本公共教育、新农保和政务（村务）公开的满意度相对最高，排在前四位（见表4-3-6）。实地调研还发现，国家对于连片特困藏区供给的安全饮水等"五小工程"对于连片特困藏区居民生活非常适用，得到当地群众较为普遍的认可。"9+3"职业教育和十五年免费义务教育不仅有效减轻学生家庭的经济压力，也为藏区群众带来更长远和持久的脱贫希望，教育改变家庭经济状况的意识深入人心。此外，2013～2017年阿坝州的各年城乡居民基本养老保险参保率依次为43.41%、44.96%、46.65%、53.60%和58.15%，呈现逐步增长趋势；截至2017年底，阿坝州的城乡居民基本养老保险参保率高于同期四川省、四省藏区和全国平均水平，分别高21.11个、18.36个和21.28个百分点（见表3-3-4），阿坝州当地群众对养老保险的认可度和满意度相对较高，松潘县白羊乡和进安镇当地群众同样对新农保有较高的满意度。实地调研还发现，近年来阿坝州松潘县基层治理水平不断提升，打造了良好的透明的政务环境，得到当地群众较为普遍的认可。

表4-3-6　县政府驻地乡（镇）与偏远乡（镇）主要公共服务满意度比较

序号	样本总体	县政府驻地乡（镇）	偏远乡（镇）
1	饮用水安全	新农保	饮用水安全
2	基本公共教育	村（镇）容环境	基本公共教育
3	新农保	通信网络服务	政务（村务）公开
4	政务（村务）公开	道路交通设施	新农保
5	村（镇）容环境	饮用水安全	公共文化服务
6	公共文化服务	政务（村务）公开	村（镇）容环境
7	农业信息服务	基本公共教育	农业科技推广
8	农业科技推广	农田水利设施	农业信息服务
9	道路交通设施	农业信息服务	医疗卫生
10	农田水利设施	公共文化服务	道路交通设施
11	医疗卫生	农业科技推广	农田水利设施
12	通信网络服务	医疗卫生	通信网络服务

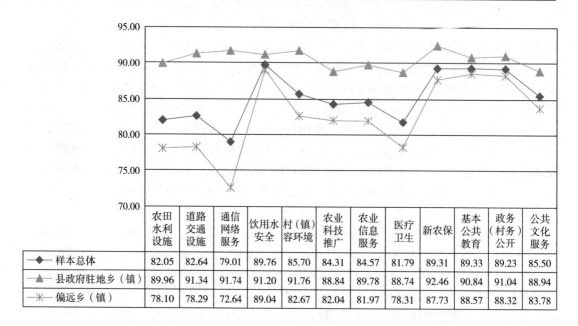

	农田水利设施	道路交通设施	通信网络服务	饮用水安全	村（镇）容环境	农业科技推广	农业信息服务	医疗卫生	新农保	基本公共教育	政务（村务）公开	公共文化服务
样本总体	82.05	82.64	79.01	89.76	85.70	84.31	84.57	81.79	89.31	89.33	89.23	85.50
县政府驻地乡（镇）	89.96	91.34	91.74	91.20	91.76	88.84	89.78	88.74	92.46	90.84	91.04	88.94
偏远乡（镇）	78.10	78.29	72.64	89.04	82.67	82.04	81.97	78.31	87.73	88.57	88.32	83.78

图4-3-7　县政府驻地乡（镇）与偏远乡（镇）主要公共服务满意度比较 I

　　"十三五"时期，松潘县白羊乡和进安镇居民对于当地村（镇）容环境、公共文化服务、农业信息服务、农业科技推广、道路交通设施和农田水利设施的满意度相对较高（见表4-3-6）。当地政府开展精准扶贫工作的过程中，深入了解居民需求，保障居民基本生活，在村（镇）容环境、公共文化服务、农业信息服务、农业科技推广、道路交通设施和农田水利设施方面，不断满足当地群众日益增长的美好生活需求，相应服务得到当地群众较高的认可度。但是，"十三五"时期，四川藏区阿坝州松潘县县政府驻地乡（镇）和偏远乡（镇）居民对于当地基本医疗卫生和通信网络服务的满意度普遍不高，分别排在第十一位和第十二位（见表4-3-6）。虽然"十三五"时期国家在四省藏区通信网络基础设施方面大量投入，但由于四省藏区地广人稀，居住相对分散，通信网络基础设施建设和维护难度大，而且网络信号还很不稳定。"十四五"时期亟待提升当地通信网络基础设施建设水平，为四省藏区乡村基本公共服务供给能力现代化夯实硬件设施基础。同时，针对四省藏区基本医疗卫生服务较为普遍存在的"硬件够硬，软件偏软"共性问题，从提升四省藏区基本医疗卫生服务人才数量和质量方面予以解决。

（二）县政府驻地乡（镇）与偏远乡（镇）公共服务有效性比较

比较四川藏区阿坝州松潘县进安镇和白羊乡被调查群众对十二类主要公共服务的满意度评价结果（见表4-3-6、图4-3-8）可见，县政府驻地乡（镇）组、偏远乡（镇）组两组群众对于饮用水安全、新农保、基本公共教育和政务（村务）公开服务的满意度评分非常接近，分别接近90分、89分、90分和89分。分析其原因，虽然进安镇和白羊乡相距甚远，但是新农保政策宣传和普及工作深入基层，县城集中办寄宿制教育为城乡提供均等化的基本公共教育服务，全县基层治理水平进步得到各乡（镇）群众认可，水资源丰富确保全县各乡村（镇）饮用水安全，因此两个乡（镇）居民对上述四类公共服务满意度的差异不太明显。

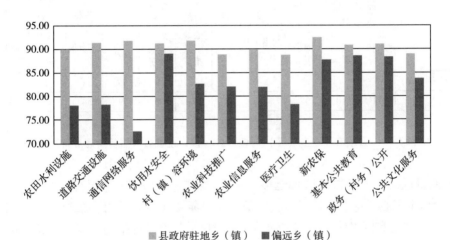

图4-3-8　县政府驻地乡（镇）与偏远乡（镇）主要公共服务满意度比较Ⅱ

进一步比较四川藏区阿坝州松潘县偏远乡（镇）组和县政府驻地乡（镇）组对十二类主要公共服务的满意度排序结果（见图4-3-9）可见，县政府驻地乡（镇）和偏远乡（镇）两组群众对于新农保、饮用水安全、村（镇）容环境和政务（村务）公开服务的满意度相对较高，均排在前六位。但是，除农田水利设施、饮用水安全、村（镇）容环境、农业科技推广、农业信息服务、医疗卫生和政务（村务）公开的满意评价结果排序差异不大外，其他四类公共服务的满意度排序存在明显差异。

实地调研发现，国家在"十二五"时期实施的通乡道路工程，以及在"十三五"时期大力实施的"村村通"政策取得明显成效，大大提升了阿坝州松潘县进安镇居民对于道路交通基础设施的满意度。但对于像松潘县白羊乡这样远离县政府驻地的乡（镇）而言，

"村村通"工程还未实施完成，加之村道只通达村委会或者村文化活动室所在地，距离很多自然村和散居群众居住地还有长短不一的距离。同时，像白羊乡这样的偏远乡镇，进出一般只有一条连接乡镇和县政府所在地的通乡道路，加之当地山洪和泥石流等自然灾害多发频发，急需在"十四五"时期考虑实施多个乡（镇）间的联网道路，以进一步保障偏远乡镇在自然灾害发生时候有更大出行保障。基于上述问题，对于道路交通设施的满意度评价，松潘县县政府驻地乡（镇）和偏远乡（镇）分别排在第四位和第十位（见图4－3－9）。

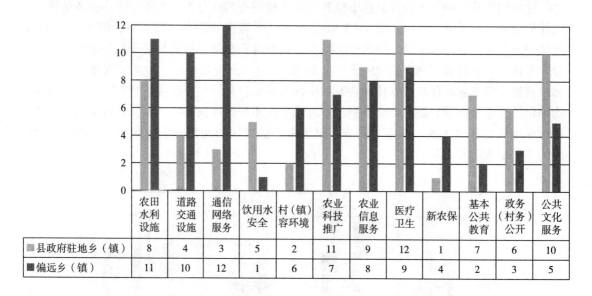

	农田水利设施	道路交通设施	通信网络服务	饮用水安全	村（镇）容环境	农业科技推广	农业信息服务	医疗卫生	新农保	基本公共教育	政务（村务）公开	公共文化服务
县政府驻地乡（镇）	8	4	3	5	2	11	9	12	1	7	6	10
偏远乡（镇）	11	10	12	1	6	7	8	9	4	2	3	5

图4－3－9　县政府驻地乡（镇）与偏远乡（镇）主要公共服务满意度排序比较

实地调研过程中，四省藏区偏远乡（镇）居民多次反映一些共性问题。偏远乡村（镇）虽然初步开通了宽带互联网，但也是主要保障乡（镇）政府办公所在地，或者村委会、文化室所在地有网络信号。加之通信基础设施受自然条件限制，即使是乡（镇）政府所在地，或者村委会、文化室所在地，网络信号也很不稳定，网络信号不通的情况常有发生。因此，对于通信网络服务的满意度评价，县政府驻地乡（镇）和偏远乡（镇）分别排在第三位和第十二位，差异非常明显（见表4－3－9）。急需在"十四五"时期考虑提升四省藏区通信基础设施水平，这是关系到四省藏区偏远乡村产业发展、公共服务均等化多个方面的重要现实问题。

问卷分析结果进一步印证了入户访谈时四省藏区居民较为普遍反映的共性问题。随着四省藏区群众大多逐渐形成教育改变命运的意识，县政府驻地乡（镇）和偏远乡（镇）群众对教育的重视程度同步提升，中学开始偏远乡村家庭有条件都会把孩子送到乡（镇）或者县城所在地寄宿制学校获得更高质量的教育。而同期基本公共教育服务资源配置的均等化配置没有能够及时适宜这种变化，导致四省藏区县政府驻地优质教育资源非常紧张的问题较为普遍。因此，对于基本公共教育服务的满意度评价，县政府驻地乡（镇）和偏远乡（镇）分别排在第七位和第二位（见表4－3－9）。

对于公共文化服务的满意度评价，县政府驻地乡（镇）和偏远乡（镇）分别排在第十位和第五位。结合笔者对当地群众和干部的访谈发现，由于县政府驻地乡（镇）相对于偏远乡（镇）而言经济社会发展水平高，当地群众的物质基础普遍强于偏远乡（镇），对于精神文化方面的追求也强于偏远乡（镇），所以进安镇被调查群众对公共文化服务的满意度明显低于白羊乡被调查群众。

第四节　优化资源布局促进公共服务的治理有效性提升

在调查研究四省藏区不同民族发展特色，不同产业发展阶段，以及拥有不同经济社会资源和区位条件的村（寨）和乡（镇），十二类主要公共服务的"治理有效性"基础上，进一步调查研究四省藏区乡（镇）政府驻地集中居住与中心村集中居住，生产和生活居住地邻近与远离模式，纯农区中心村集中居住与半农半牧区散居，乡（镇）政府驻地集中居住与传统村落散居等不同居住模式下，十二类主要公共服务的"治理有效性"。调查研究发现，集中居住或分散居住，生产和生活居住地邻近或者远离等不同居住模式下，十二类主要公共服务的"治理有效性"存在明显差异。传统公共服务供给模式不适应这些差异化现实需求，可能导致公共服务供给效率的空间失配型漏损，对于新时代四省藏区公共服务资源的空间优化配置提出新需求。

一、乡（镇）政府驻地集中居住与中心村集中居住模式公共服务有效性比较

（一）十二类主要公共服务的有效性调查和分析

甘孜藏族自治州成立于 1950 年 11 月，是中华人民共和国成立的第一个专区级少数民族自治州，地处川甘青滇四省接合部，是连接我国西北和西南地区的"咽喉"、民族大融合的"走廊"、茶马互市的中心、藏汉贸易的主要集散地之一，四川省藏民族的主要聚居地之一[①]。2015 年，甘孜州稻城县被建议列入"川甘青接合部藏区统筹发展示范区"[②]，其精准扶贫工作涉及 14 个乡（镇）、55 个村、1184 户、5190 人，辖区面积约 7323 平方千米，包括乡（镇）政府驻地集中居住区、中心村集中居住区、传统村落散居等多种居住模式，也包括高山峡谷地带、高原牧区等多种地理地貌类型，具有"规模性""典型性"和"示范性"，在四省连片特困藏区精准扶贫促进公共服务进步，公共服务多途径增进贫困群众福利的进程中起着重要示范作用。近年来甘孜州稻城县蒙自乡、木拉乡、香格里拉镇等十四个乡（镇）、社区公共服务发展形势较好，其经验可以为四省藏区其他地区参考借鉴。因此，笔者选择四川藏区甘孜州稻城县蒙自乡、木拉乡等十四个乡（镇）做典型案例研究，以便对比分析四省藏区乡（镇）政府驻地集中居住与中心村集中居住模式下，十二类主要公共服务的有效性和需求度的差异。

---

① 张元黎. 藏羌彝走廊推进民族团结进步的实践创新研究——以甘孜州创建"全国民族团结进步示范州"为例[R]. 成都：新时代藏羌彝走廊发展论坛暨第十一届西部五省区社科院院长联席会议论文集，2019：325-332.

② 资料来源：九三学社中央，统筹川甘青接合部藏区协调发展。川甘青接合部藏区包括 3 省的 5 州、26 县（市），面积 25 万平方千米，人口约 177 万，历史上分别被称作康巴、安多和嘉绒藏区，稻城县处于该区域内。

2015 年 12 月，笔者赴稻城县香格里拉镇、蒙自乡、木拉乡等十四个乡（镇）调研[①]。实地调研发现，四省藏区乡（镇）政府驻地集中居住与中心村集中居住模式下，当地群众对于公共服务的现实需求存在明显差异。而全县统筹的传统公共服务供给模式没能及时适应这些变化，从而导致不同居住模式下公共服务供给效率的降低，出现公共服务供给效率的空间失配型漏损。为获取相关数据，进一步分析上述问题，考察四省藏区乡（镇）政府驻地集中居住与中心村集中居住不同模式下公共服务的有效性和现实需求差异，选取与青海藏区海南州贵德县、云南藏区迪庆州香格里拉市、阿坝州松潘县问卷调查内容基本相同的十二类主要公共服务[②]，在总体考察四川藏区甘孜州稻城县主要公共服务满意度的基础上，再分别考察乡（镇）政府驻地集中居住区和中心村集中居住区两种类型区域居民对公共服务的满意度，并对满意度评价的结果进行比较分析，找到共性问题和差异问题。实地调查主要分两步进行：一是在四川藏区甘孜州稻城县蒙自乡、木拉乡、香格里拉镇等十四个乡（镇），随机抽取乡（镇）政府驻地集中居住区群众（简称乡镇组，下同）展开入户访谈和问卷调查，累计发放并收回问卷 115 份，其中有效问卷 110 份，占比 95.65%；二是在甘孜州稻城县蒙自乡、木拉乡、香格里拉镇等地，随机抽取中心村集中居住区群众（简称中心村组，下同）展开入户访谈和问卷调查，累计发放并收回问卷 115 份，其中有效问卷 108 份，占比 93.91%。从问卷设计来看，两组问卷均包括个体社会经济特征、十二类主要公共服务满意度和需求度、结构性问题和存在现实问题四大部分内容，相似度较高。但是，由于乡（镇）集中居住组群众的年龄结构相对年轻，知识文化程度相对较高，而中心村集中居住地区多以留守老年人和儿童为主，且多为未接受过小学和中学及以上教育的农牧民，因此这里从样本数据的统计特征来看，两组群众对于生活居住区域选项回答高度不同外，对年龄结构、知识结构和职业结构等的回答也高度不同，乡镇组与中心村组群众在若干社会经济特征上相似性不明显。乡镇组与中心村组居民的若干社会经济特征具有非常大的差异，乡（镇）政府驻地集中居住区群众，相对而言年龄结构相对较年轻，受教育程度相对较高，从事农牧业之外的工作的人群占比更大。正是因为乡（镇）政府驻地和中心村、传统村落等不同居住区存在明显的人群特征差异的现实，从而也就决定了不同居住模式下当地群众对于十二类主要公共服务的满意度、需求度和供给优先序具有明显差异，从而导致全县统一的基本公共服务均等化政策出现区域不适应。调查研究这些不同居住模式下当地群众的经济社会特征差异，以及由此决定的公共服务需求和供给优先序差异，正是研究目标所在，也正是提出针对性地优化公共服务资源的空间布局，以提升四省藏区公共服务的供给有效性政策建议的重要依据所在。这一节各个区域案例分析存在类似的情况，因此在这一节做十二类主要公共服务满意度和需求度，以及第六章探索四省藏区公共服务资源的有效空间布局分析时，均不做问卷调查对象的统计特征相似性分析。

为考察四省藏区乡（镇）政府驻地集中居住模式与中心村集中居住模式下，公共服务

---

① 笔者入户访谈和问卷调查对象，主要包括贫困户家庭、非贫困户家庭和乡村（镇）干部等。不仅在稻城县香格里拉镇、蒙自乡、木拉乡等十四个乡（镇）政府驻地集中居住区进行入户访谈和问卷调查，还在这些乡（镇）的多个中心村集中居住区进行调查，以作对比分析。

② 由于笔者最先在四川藏区甘孜州稻城县十四个乡村实地调研，所以该地区问卷里面关于医疗卫生服务指标选取的是新型农村合作医疗保险服务，后面各地调查问卷中修改为医疗卫生服务或者基本医疗卫生服务。

供给有效性和现实需求差异，对四川藏区甘孜州稻城县香格里拉镇、蒙自乡和木拉乡等十四个乡（镇）调查问卷中的十二类主要公共服务的满意度进行分析，以反映当地主要公共服务的有效性情况（见表4-4-1）。基于四川藏区甘孜州稻城县香格里拉镇、蒙自乡和木拉乡等十四个乡（镇）的十二类主要公共服务问卷调查数据，同样采用青海藏区海南州贵德县少数民族特色村寨和非少数民族特色村寨的十二类主要公共服务满意度评价方法，计算出四川藏区甘孜州稻城县香格里拉镇、蒙自乡和木拉乡等十四个乡（镇）当地群众对十二类主要公共服务的综合满意度排序（见表4-4-1）。在此基础上，通过分乡（镇）政府驻地集中居住与中心村集中居住两种模式，分别统计分析香格里拉镇、蒙自乡和木拉乡等十四个乡（镇）的公共服务满意度和有效性情况（见表4-4-1、图4-4-1），以发现四省藏区乡（镇）政府驻地集中居住与中心村集中居住两种模式下，当地群众对于十二类主要公共服务的个性化需求及其现实差异。再进一步对排序结果进行比较分析，找出稻城县香格里拉镇、蒙自乡和木拉乡等十四个乡（镇）主要公共服务存在的薄弱环节，为后续分析四省藏区乡（镇）政府驻地集中居住模式与中心村集中居住模式下公共服务供给优先序的差异提供重要支撑。

表4-4-1　乡（镇）政府驻地集中居住与中心村集中居住模式主要公共服务满意度排序

序号	样本总体	乡（镇）政府驻地集中居住模式	中心村集中居住模式
1	新农合	新农合	新农合
2	新农保	新农保	新农保
3	饮用水安全	饮用水安全	饮用水安全
4	基本公共教育	基本公共教育	道路交通设施
5	政务（村务）公开	政务（村务）公开	农田水利设施
6	村（镇）容环境	公共文化服务	农业信息服务
7	农业信息服务	村（镇）容环境	基本公共教育
8	公共文化服务	农业信息服务	村（镇）容环境
9	农田水利设施	农田水利设施	农业科技推广
10	农业科技推广	农业科技推广	政务（村务）公开
11	道路交通设施	道路交通设施	通信网络服务
12	通信网络服务	通信网络服务	公共文化服务

调查研究发现，"十三五"时期，四川藏区甘孜州稻城县香格里拉镇、蒙自乡和木拉乡等十四个乡（镇）群众对于新农合和新农保两项医疗和养老保障服务的满意度相对最高，分别排在第一和第二位（见表4-4-1）。当地群众对于新农合这类医疗保障服务最满意，特别对于藏区建档立卡贫困户的新农合个人缴费部分由财政兜底的精准扶贫政策最为满意。当地群众普遍认为，精准扶贫政策采取社会保障兜底一批贫困群众，有效促进解决连片特困藏区建档立卡贫困户看病难、看不起病的问题。同时，甘孜州稻城县香格里拉镇、蒙自乡和木拉乡等十四个乡（镇）群众对于饮用水安全这项生活类基础设施的满意度也相对较高，总体排在第三位（见表4-4-1）。四省藏区多地实地调查均发现，国家对

于连片特困藏区供给的安全饮水等"五小工程"对于连片特困藏区农牧民生活非常适用，得到四省藏区多地居民的较为普遍的喜爱。

实地调研也发现，稻城县香格里拉镇、蒙自乡和木拉乡等十四个乡（镇）基层干部开展精准扶贫工作的过程中，深入细致了解居民需求，在政务（村务）公开、村（镇）容环境、农业信息服务等方面的软环境打造较好，得到当地群众较为普遍的认可。近年来实施的"9+3"义务教育、"两免一补"和"免费营养餐"等基本公共教育配套服务政策深得民心，当地群众的满意度非常高，连片特困藏区居民基本没有基本公共教育费用的压力和包袱，逐步形成教育对于改变家庭贫困现状具有重大作用的较为普遍的意识。当地很多经济条件较好的家庭甚至还会跟发达地区家庭一样，为了给孩子更好的教育，选择举家搬迁到县城学校所在地就近工作和居住，这样孩子就能在县城学校获得更优质的教育资源。因此，"十三五"时期，四川藏区甘孜州稻城县香格里拉镇、蒙自乡和木拉乡等十四个乡（镇）群众，对于基本公共教育、政务（村务）公开、村（镇）容环境、农业信息服务、公共文化服务等生活和生产类公共服务的满意度评价结果相对较好，得分普遍较高（见图4-4-1）。

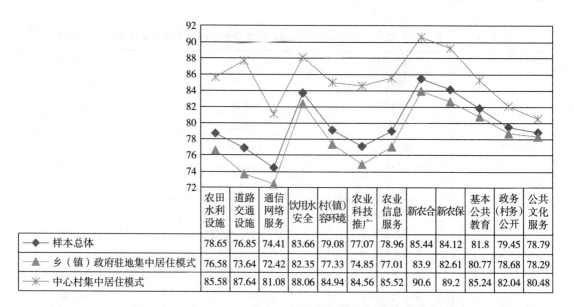

图4-4-1　乡（镇）政府驻地集中居住与中心村集中居住模式主要公共服务满意度比较Ⅰ

实地调研还发现，"十三五"时期，稻城县香格里拉镇、蒙自乡和木拉乡等十四个乡（镇）群众对于农田水利设施、农业科技推广等生产类基础设施的满意度评价总体不高，分别排在第九位和第十位（见表4-4-1）。导致这种情况的原因有多个方面，部分原因是现行公共服务政策对于农牧区的生产发展支撑还较弱，还有部分原因是当地群众对于发展特色产业脱贫致富的期望较高，这可能对建立产业扶贫的精准脱贫长效机制形成重要挑战，应成为"十四五"时期连片特困藏区公共服务有效供给的重点关注内容之一。除此之外，道路交通设施和通信网络服务两项基础设施类公共服务的满意度评价总体偏低，分别排在第十一位和第十二位。前述分析已经多次提到类似问题，虽然"十三五"时期国家在连片特困藏区的道路交通设施和通信网络服务两项基础设施类公共服务方面投入很大，但是由于连片特困藏区地广人稀，居住相对分散，自然环境条件恶劣，地质灾害威胁多发频发，建设成本相对高昂，导致道路交通和通信网络基础设施容易反复损毁，且服务的获得感和可及性均相对较差。"十四五"时期，通过避灾搬迁、生态移民、扶贫搬迁等多种方式，按照国家主体功能区政策要求，引导四省藏区偏远农牧区散居居民逐步向中小城市、乡（镇）政府驻地和中心村集中居住，以提升四省藏区群众对道路交通和通信网络公共服务的满意度和获得感，是提升四省藏区公共服务供给有效性的现实路径。

（二）乡（镇）政府驻地集中居住与中心村集中居住模式公共服务有效性比较

实地调研发现，虽然乡（镇）政府驻地集中居住区与中心村集中居住区的基本公共服务水平有差异，但新农保和新农合的政策宣传和普及工作深入基层，服务质量不仅受到乡（镇）政府驻地集中居住区群众高度认可，同样也受到中心村集中居住区群众的高度认可。稻城县和阿坝州松潘县一样具有水资源丰富的特点，均能够确保全县各乡村（镇）饮用水安全，因此乡（镇）政府驻地集中居住区与中心村集中居住区群众对上述三类公共服务满意度的差异不明显。因此，比较四川藏区甘孜州稻城县香格里拉镇、蒙自乡和木拉乡等十四个乡（镇），乡（镇）政府驻地集中居住区与中心村集中居住区当地群众对十二类主要公共服务的满意度评价结果（见表4-4-1、图4-4-1、图4-4-2）可见，乡（镇）政府驻地集中居住区与中心村集中居住区两组群众对于新农合和新农保两项社会保障服务，以及饮用水安全这项生活类基础设施的满意度相对较高，分别排在第一、第二和第三位，乡镇组和中心村组对于这三项公共服务的满意度排序是一致的。

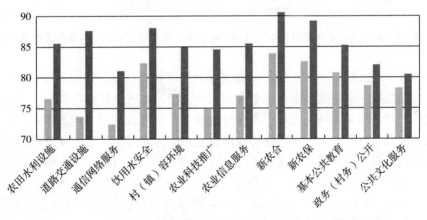

图4-4-2　乡（镇）政府驻地集中居住与中心村集中居住模式主要公共服务满意度比较Ⅱ

比较四川藏区甘孜州稻城县香格里拉镇、蒙自乡和木拉乡等十四个乡（镇），乡（镇）政府驻地集中居住区与中心村集中居住区群众对十二类主要公共服务的满意度排序结果（见表3-4-1）可见，乡（镇）政府驻地集中居住区与中心村集中居住区两组群众对于农田水利设施的满意度排序差异不大，分别排在第九位和第五位；对通信网络服务的满意度排序差异不大，分别排在第十二位和第十一位；对农业信息服务的满意度排序差异不大，分别排在第八位和第六位；对农业科技推广的满意度排序差异不大，分别排在第十和第九位；对村（镇）容环境的满意度排序差异不大，分别排在第七位和第八位；对基本公共教育服务的满意度排序差异不大，分别排在第四位和第七位。但是，乡（镇）政府驻地集中居住区与中心村集中居住区群众对政务（村务）公开、公共文化服务和道路交通基础设施这三类公共服务的满意度排序存在明显差异（见图4-4-3）。

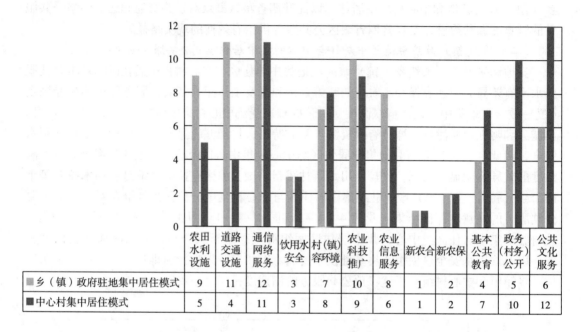

	农田水利设施	道路交通设施	通信网络服务	饮用水安全	村（镇）容环境	农业科技推广	农业信息服务	新农合	新农保	基本公共教育	政务（村务）公开	公共文化服务
▨ 乡（镇）政府驻地集中居住模式	9	11	12	3	7	10	8	1	2	4	5	6
■ 中心村集中居住模式	5	4	11	3	8	9	6	1	2	7	10	12

图4-4-3　乡（镇）政府驻地集中居住与中心村集中居住模式主要公共服务满意度排序比较

实地调研发现，稻城县乡（村）一级基层政府工作在信息公开和当地农牧民认可度方面确实还面临挑战，这些挑战来自多个方面。一方面，偏远乡村地广人稀，当地群众居住相当分散，人对人的通知耗时较长，容易导致政务（村务）信息送达滞后；另一方面，偏远乡村通信网络基础设施对分散居住群众的覆盖和服务都存在不足，导致目前采用打电话或者发微信的方式送达政务（村务）信息还存在明显障碍。因此，对于政务（村务）公开的满意度评价，乡（镇）政府驻地集中居住区与中心村集中居住区当地群众分别排在第五位和第十位。"十四五"时期，四省藏区需要重点提升乡村一级的通信网络服务水平，以消除城乡数字化公共服务鸿沟，加速城乡基本公共服务均等化，助力提升其他多种公共服务的现代化能力。

笔者在香格里拉镇、蒙自乡和木拉乡等十四个乡（镇）入户访谈发现一些共性问题。当地老百姓普遍反映，存在村级文化活动室硬件设施的大力提升和文化公共服务人才缺乏的二元结构问题。目前四省藏区各地区多多少少都存在类似问题，很多地方的乡（村）文化室和活动室都修建完成，并且达到各级相关部门对其面积、藏书量等硬件设施的硬性要求。但是，由于乡（村）年轻人外出打工现象较为普遍，识字儿童大部分到乡（镇）寄宿制学校上学，留守老人和学前儿童对乡（村）文化室和活动室的使用需求较少，导致很多地方的乡（村）文化室和活动室基本闲置。因此，对于公共文化服务的满意度评价，乡（镇）政府驻地集中居住区与中心村集中居住区群众分别排在第六位和第十二位（见图4-4-3）。如果在"十四五"时期能够进一步探索，把四省藏区偏远乡镇一些人口较少乡（村）的村级文化室、活动室、农业科技服务中心和幼儿园等多种村级公共服务场所（设施）资源整合在一起使用，打造成为乡（村）公共服务综合体，相应的村级文化服务员、农技员、幼儿教师各类公共服务人员也可以由专人身兼数职。不仅可以避免村级公共服务资源闲置和浪费问题，还可以提高村级公共服务人员的工资收入，增强岗位对年轻人的吸引力和成就感，整体提升村级公共服务的规模、技术和治理效率。

实地调研还发现，国家在"十三五"时期大力实施的"村村通"道路交通基础设施建设政策取得明显成效，大大提升了甘孜州稻城县连片特困藏区居民对于通村道路交通设施的满意度。同时，也暴露出通乡公路的一些问题。"十二五"乃至更早时期实施建设的通乡公路，因为气候恶劣、维护不足等多种原因已经失修破败，甚至有些地方通乡的省道和国道都已经破败不堪，严重影响了甘孜州稻城县乡（镇）政府驻地集中居住区群众对于道路交通基础设施的满意度评价结果。比如，稻城县的蒙自乡虽然离香格里拉镇距离不远，但是通往蒙自乡的道路坑坑注注，道路通行质量还不如一些通村道路，当地群众对道路交通基础设施的满意度非常低。因此，对于道路交通设施的满意度评价，乡（镇）政府驻地集中居住区与中心村集中居住区分别排在第十一位和第四位（见图4-4-3）。

二　生产和生活居住地邻近与远离模式公共服务有效性比较

（一）十二类主要公共服务的有效性调查和分析

青海藏区海西州位于青海湖以西，是青、甘、新、藏四省区交会的中心地带。截至2019年12月底，辖德令哈市、格尔木市和茫崖市三个县级市，天峻县、都兰县、乌兰县三个县，大柴旦行委一个行政委员会。海西州域内有德令哈和格尔木两座民航机场，青藏铁路过境，设有德令哈站、格尔木站等火车站。德令哈市是海西州的州政府驻地，是全州政治、教育、科技、文化中心，也是海西州东部经济区中心。截至2019年12月底，德令哈市下辖尕海镇、怀头他拉镇、柯鲁柯镇、蓄集乡三镇一乡，河东、河西和火车站三个街道办事处。尕海镇东山村充分利用城中村的区位优势，发展枸杞烘干厂、东盛商贸城，以及集餐饮、会议、住宿为一体的东盛大厦酒店等村集体经济组织，带动村民致富。近年来，东山村的村民主要从事第三产业，在德令哈市区内务工。从2014年起，每年东山村集体经济收入在100万元以上，村集体经济经营收益中30%用于村集体发展需要，30%用于股民分红，40%用于全村群众的民生保障支出，基本养老和医疗保险等个人支付部分基本由村集体经济收入保障，是青海藏区村集体经济带动全村发展的典型，也是青海藏区群众生产地与生活居住地邻近，且邻近城市居住模式的典型。柯鲁柯镇金源村位于德令哈市区以西约13千米处，是纯农区乡村，近年来走合作社带动农牧民发展的特色产业发展道路，从一个由村集体产业为零的"空壳村"，发展成为拥有苗木花卉产业合作社的以鲜花培育、销售、观光为主的新型旅游景区乡村，是青海藏区群众生产地与生活居住地邻近但远离城市居住模式的典型。德令哈市蓄集乡的陶尔根家园，位于德令哈市区西北约2千米处，是青海藏区最大的游牧民定居社区，是青海藏区群众生产地与生活居住地远离模式的典型，居住着来自蓄集乡、尕海镇、柯鲁克镇和怀头他拉镇的十三个牧业村，约891户3600多名易地搬迁牧民群众，是德令哈市唯一一个少数民族人口占到95%的小区。蒙、汉、回、藏等多民族同胞在这里和睦相处，"生活在小区，生产在牧区"的牧民定居新型生活方式有效实现城乡基本公共服务均等化。

为避免赘述，这里对比分析四省藏区群众生产和生活居住地邻近与远离模式公共服务供给有效性时，包括后文对比分析三种居住模式的需求差异和供给优先序时，均以城中村、纯农区中心村与游牧民定居社区居住模式来代表三种典型居住模式。实地调研发现，四省藏区城中村、纯农区中心村与游牧民定居社区模式下，当地群众对于公共服务的现实需求存在明显差异。而全县统筹的传统公共服务供给模式没能及时适应这些变化，从而导致不同居住模式下公共服务供给效率降低，出现公共服务供给效率的空间失配型漏损。为获取相关数据，进一步深入分析上述问题，考察不同区位条件不同居住模式乡村（社区）的公共服务供给有效性和需求差异，并提出公共服务有效空间布局建议，笔者选取青海藏区海西州德令哈市的尕海镇东山村、柯鲁柯镇金源村和蓄集乡陶尔根家园社区三个乡村（社区）进行实地调查，调查三个乡村（社区）群众对十二类主要公共服务的满意度，并对当地公共服务有效性进行比较分析。

2019年8月，笔者联合西南民族大学"乡村振兴，薪火相传"暑期三下乡社会实践活动青海省德令哈分队，同赴青海藏区海西州德令哈市，在德令哈市的尕海镇东山村、柯鲁柯镇金源村和蓄集乡陶尔根家园社区做入户访谈和问卷调查。调查主要分三步进行：一是在海西州德令哈市蓄集乡陶尔根家园社区，随机抽取社区群众（简称陶尔根组，下同）展开入户访谈和问卷调查，累计发放并收回问卷60份，其中有效问卷60份，占比100%；二是在海西州德令哈市尕海镇东山村，随机抽取当地群众（简称东山组，下同）展开入户访谈和问卷调查，累计发放并收回问卷85份，其中有效问卷81份，占比95.29%；三是在海西州德令哈市柯鲁柯镇金源村，随机抽取当地群众（简称金源组，下同）展开问卷调查，累计发放并收回问卷80份，其中有效问卷80份，占比100%。问卷设计和青海藏区贵德县、云南藏区香格里拉市、四川藏区松潘县和稻城县的问卷基本一致。由于陶尔根家园社区是青海藏区最大的游牧民定居社区，居住着来自蓄集乡、尕海镇、柯鲁克镇和怀头他拉镇的十三个牧业村的891户3600多名搬迁来定居的牧民群众，被调查群众的各民族占比和东山村、金源村有高度不同。

为考察四省藏区城中村、纯农区中心村与游牧民定居社区居住模式下，公共服务供给有效性和现实需求差异，对青海藏区海西州德令哈市尕海镇东山村、柯鲁柯镇金源村和蓄集乡陶尔根家园社区十二类主要公共服务的满意度进行分析，以反映当地十二类主要公共服务的有效性情况（见表4-4-2）。基于尕海镇东山村、柯鲁柯镇金源村和蓄集乡陶尔根家园社区的十二类主要公共服务问卷调查数据，采用青海藏区海南州贵德县少数民族特色村寨和非少数民族特色村寨的十二类主要公共服务满意度评价方法，计算出尕海镇东山村、柯鲁柯镇金源村和蓄集乡陶尔根家园社区当地群众对十二类主要公共服务的综合满意度排序（见表4-4-2）。在此基础上，通过分城中村、纯农区中心村与游牧民定居社区居住三种模式来分别统计分析尕海镇东山村、柯鲁柯镇金源村和蓄集乡陶尔根家园社区的公共服务满意度和有效性情况（见表4-4-2、图4-4-4），以发现四省藏区城中村、纯农区中心村与游牧民定居社区居住三种模式下，当地群众对于十二类主要公共服务的个性化需求及其现实差异。再进一步对排序结果进行比较分析，找出青海藏区海西州德令哈市尕海镇东山村、柯鲁柯镇金源村和蓄集乡陶尔根家园社区主要公共服务存在的薄弱环节，为后续分析四省藏区生产和生活居住地邻近和远离模式下，公共服务供给优先序的差异提供重要支撑。

表4-4-2　城中村、纯农区中心村与游牧民定居社区居住模式主要公共服务满意度排序

序号	样本总体	城中村居住模式	纯农区中心村居住模式	游牧民定居社区居住模式
1	饮用水安全	通信网络服务	农业信息服务	饮用水安全
2	通信网络服务	饮用水安全	基本公共教育	新农保
3	基本公共教育	道路交通设施	饮用水安全	村（镇）容环境
4	政务（村务）公开	政务（村务）公开	新农保	政务（村务）公开
5	新农保	公共文化服务	政务（村务）公开	公共文化服务
6	公共文化服务	基本公共教育	公共文化服务	通信网络服务
7	道路交通设施	新农保	通信网络服务	基本公共教育
8	村（镇）容环境	基本医疗卫生	村（镇）容环境	基本医疗卫生
9	基本医疗卫生	村（镇）容环境	道路交通设施	道路交通设施
10	农田水利设施	农田水利设施	基本医疗卫生	农田水利设施
11	农业信息服务	农业信息服务	农田水利设施	农业科技推广
12	农业科技推广	农业科技推广	农业科技推广	农业信息服务

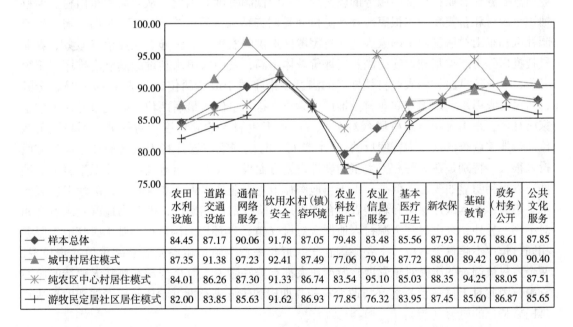

	农田水利设施	道路交通设施	通信网络服务	饮用水安全	村(镇)容环境	农业科技推广	农业信息服务	基本医疗卫生	新农保	基础教育	政务(村务)公开	公共文化服务
样本总体	84.45	87.17	90.06	91.78	87.05	79.48	83.48	85.56	87.93	89.76	88.61	87.85
城中村居住模式	87.35	91.38	97.23	92.41	87.49	77.06	79.04	87.72	88.00	89.42	90.90	90.40
纯农区中心村居住模式	84.01	86.26	87.30	91.33	86.74	83.54	95.10	85.03	88.35	94.25	88.05	87.51
游牧民定居社区居住模式	82.00	83.85	85.63	91.62	86.93	77.85	76.32	83.95	87.45	85.60	86.87	85.65

图4-4-4　城中村、纯农区中心村与游牧民定居社区居住模式主要公共服务满意度比较 I

　　"十三五"时期，国家和地方政府对连片特困藏区供给的安全饮水等"五小工程"对于海西州德令哈市连片特困藏区居民生活非常适用，与四川藏区阿坝州松潘县和甘孜州稻城县情况类似，一样得到当地群众较为普遍的认可。此外，国家和地方政府对于连片特困藏区供给的通信网络服务这项基础设施类公共服务有效提升青海藏区海西州德令哈市尕海

镇东山村、柯鲁柯镇金源村和蓄集乡陶尔根家园社区群众的生活水平，满足当地群众对美好生活的期望，得到当地群众较为普遍的认可。实地调研还发现，在海西州实施的"9+3"职业教育和十五年免费义务教育，与在四川藏区阿坝州一样得到当地群众普遍认可，为藏区贫困群众家庭带来更长远和持久的脱贫希望。实地调研结合随机问卷调查结果来看，尕海镇东山村、柯鲁柯镇金源村和蓄集乡陶尔根家园社区当地群众对于国家为连片特困藏区提供的饮用水安全、通信网络服务和基本公共教育服务三项公共服务的满意度相对较高，分别排在第一位、第二位和第三位（见表4-4-2）。

结合实地调研情况来看，金源村居民对于农田水利设施和农业科技推广满意度相对较低，主要原因在于当地群众多数发展花卉产业，虽然当地群众可以非常高效便捷地从互联网上得到所需要的花卉产业信息，但是所需要的农田水利设施建设和农业科技服务方面，还需要政府大力支持，但是目前政府在这两方面的服务还不能很好地满足当地群众的需求和期望；陶尔根家园社区居民生产和生活空间远离，虽然生活在离德令哈市区约2千米的地方，但是他们的生产空间多地处偏远牧区，农田水利设施、农业信息服务和农业科技推广供给的难度大，可及性差；东山村过去几年把村集体土地大部分流转给大户种植枸杞等，每家每户在自家房前屋后有小块自留地种植蔬菜自用。但是，近年来枸杞产业有过剩的现象，一些土地撂荒，收益下降，村民也不知道发展什么产业可以获得更多收益，希望在政府指导下发展高附加值的农业，因此被调查群众较为普遍反映出对农田水利设施、农业信息服务和农业科技推广服务的较高期望和较低满意度。因此，从尕海镇东山村、柯鲁柯镇金源村和蓄集乡陶尔根家园社区随机问卷调查结果来看，"十三五"时期，陶尔根家园社区和东山村居民对于国家为连片特困藏区提供的农田水利设施、农业信息服务、农业科技推广等生产类基础设施的满意度评价总体不高，其中农田水利设施满意度排序居于第九位，农业信息服务和农业科技推广的满意度排序居于最后两位（见表4-4-2），金源村居民对农田水利设施和农业科技推广的满意度排序也位于最后两位。除此之外，陶尔根家园社区、东山村和金源村群众对于基本医疗卫生服务的满意度相对较低，不超过第八位。当地被调查群众较为普遍反映，"十二五"时期国家在连片特困藏区的社会保障方面投入很大，特别是在医院和卫生室的硬件设施方面投入较大，当地基本医疗卫生服务的硬件条件得到明显的改善。但是，由于当地医疗卫生专业技术人才非常缺乏，医疗卫生服务水平不高，基本医疗保险和新型农村合作医疗保险报销比例偏低，因此当地群众满意度相对不高。另外，东山村和金源村当地群众对村（镇）容环境的满意度和基本医疗卫生服务相同，排位不超过第八位，主要原因在于，近年来德令哈市生态旅游品牌价值逐步显现，两个乡村被调查的居民对于发展旅游产业大都有美好愿望，但是苦于本村并无独特的旅游资源，因此对于村（镇）容环境改变有较高期望和较低满意度，希望政府能够帮助打造独具民族特色的村容（貌）。

（二）生产和生活居住地邻近与远离模式公共服务有效性比较

进一步比较分析青海藏区海西州德令哈市尕海镇东山村、柯鲁柯镇金源村和蓄集乡陶尔根家园社区被调查群众对十二类主要公共服务的满意度评价排序结果（见图4-4-5）可见，农田水利设施、饮用水安全、农业科技推广、基本医疗卫生服务、政务（村务）公开、公共文化服务这六类公共服务的满意度评价结果排序差异不大。其中，农田水利设施的满意度排序分别为第十位、第十位和第十一位；饮用水安全的满意度排序分别为第一位、第二位和第三位；农业科技推广的满意度排序分别为第十一位、第十二位；基本医疗卫生服务的满意度排序分别为第八位、第八位和第十位；政务（村务）公开的满意度排序分别为第四位、第四位和第五位；公共文化服务的满意度排序分别为第五位、第五位和第六位。但对道路交通设施、通信网络服务、村（镇）容环境、农业信息服务、新农保、基本公共教育服务这六类公共服务的满意度评价结果排序存在明显差异。

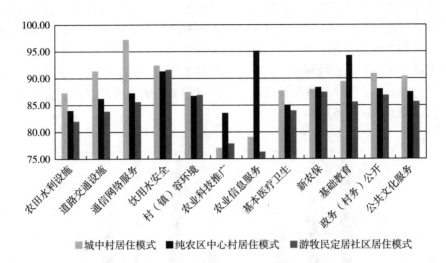

图 4-4-5　城中村、纯农区中心村与游牧民定居社区居住模式主要公共服务满意度比较Ⅱ

　　陶尔根家园社区定居的牧民虽然对于进出陶尔根家园社区的道路交通设施比较满意，但是，由于大部分牧民依然在原有的偏远牧区从事畜牧产业，相对而言，牧区的道路交通基础设施改善并不明显，因此陶尔根组被调查群众对于道路交通设施的满意度评价偏低。金源村距离德令哈市政府驻地接近 15 千米，加之发展花卉培植和乡村旅游产业等需要更好的道路交通基础设施支撑，对于美好生活的期望使得当地被调查群众普遍对道路交通基础设施的评价相对偏低。同时，尕海镇东山村是城中村，周边道路均为城市道路，公共交通也相对发达，因此东山村被调查群众对于道路交通基础设施的满意度相对较高。因此，尕海镇东山村、柯鲁柯镇金源村和蓄集乡陶尔根家园社区对于道路交通设施的满意度分别排在第三位、第九位和第九位（见图 4-4-6）。

　　和道路交通基础设施的满意度评价情况相类似，虽然陶尔根家园社区定居的农牧民对于距离德令哈市区约 2 千米处陶尔根家园社区的通信网络服务比较满意，但是，由于大部分牧民依然在原有的偏远牧区从事畜牧生产，而牧区的通信网络服务相对落后且非常不稳定，影响到在牧区从事生产的农牧民获取产业、市场和技术信息等，从而导致陶尔根家园组群众对于通信网络服务的评价普遍偏低。三个案例调查点中，金源村距离德令哈市区相对最远，通信网络服务水平也有待加强。只有东山村这个城中村和德令哈市区的通信网络服务处于相同水平，相对而言，东山村对通信网络服务的满意度就比金源村和陶尔根家园社区高很多。因此。尕海镇东山村、柯鲁柯镇金源村和蓄集乡陶尔根家园社区群众对于通信网络服务的满意度排序分别为第一位、第七位和第六位（见图 4-4-6）。

　　实地调研和入户访谈发现类似的问题，相对陶尔根家园社区兼具完善的公共服务设施和浓郁的民族风情而言,东山村和金源村虽然也有较为完善的公共服务基础设施,但是村容村貌明显缺乏民族文化特色。而此两村群众在德令哈市近年来受益文化旅游产业颇多的示范效应下,对于发展乡村旅游产业的期望值均比较高,因此对于村容村貌缺乏民族风情和生态特色有一些意见。因此,尕海镇东山村、柯鲁柯镇金源村和蓄集乡陶尔根家园社区群众对于村(镇)容环境的满意度排序分别为第九位、第八位和第三位(见图4-4-6)。

结合实地调研的情况来看,东山村集体经济组织盈利能力相对较强,当地群众相对富裕,虽然村集体经济组织为本村居民缴纳了新农保和新农合个人应该承担的保险金,但是本村居民对于养老生活质量的要求明显高于另外两个乡村(社区),因此对于新农保的标准提升有更高期待,对新农保服务的满意度排序位次相对更低。因此,尕海镇东山村、柯鲁柯镇金源村和蓄集乡陶尔根家园社区对于新农保服务的满意度排序分别为第七位、第四位和第二位(见图4-4-6)。

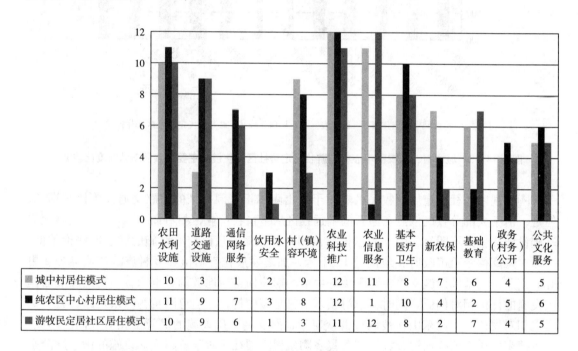

	农田水利设施	道路交通设施	通信网络服务	饮用水安全	村(镇)容环境	农业科技推广	农业信息服务	基本医疗卫生	新农保	基础教育	政务(村务)公开	公共文化服务
城中村居住模式	10	3	1	2	9	12	11	8	7	6	4	5
纯农区中心村居住模式	11	9	7	3	8	12	1	10	4	2	5	6
游牧民定居社区居住模式	10	9	6	1	3	11	12	8	2	7	4	5

图4-4-6 城中村、纯农区中心村与游牧民定居社区居住模式主要公共服务满意度排序比较

三、纯农区中心村集中居住与半农半牧区散居模式公共服务有效性比较

(一)十二类主要公共服务的有效性调查和分析

在四省藏区多地实地调研发现,纯农区中心村集中居住与半农半牧区散居模式下,当地群众对于公共服务的现实需求存在明显差异,而全县统筹的传统公共服务供给模式没能及时适应这些变化,从而导致不同空间不同居住模式下公共服务供给效率降低,出现公共服务供给效率的空间失配型漏损。为获取相关数据,进一步深入分析上述问题,考察四省藏区纯农区中心村集中居住与半农半牧区散居模式下公共服务的有效性差异,选取与青海藏区海南州贵德县、云南藏区迪庆州香格里拉市、四川藏区甘孜州稻城县、四川藏区阿坝

州松潘县和青海藏区德令哈市问卷调查内容基本相同的十二类主要公共服务来设计问卷。在总体考察四川藏区阿坝州松潘县十二类主要公共服务满意度基础上，再分别考察纯农区中心村集中居住区和半农半牧区散居群众对十二类公共服务的满意度，并对满意度评价的结果进行比较分析，找到共性问题和差异问题。调查主要分两步走，2018年7月笔者先在阿坝州松潘县施家堡乡随机抽取当地群众进行入户访谈和问卷调查，在施家堡乡完成入户调查问卷51份，收回有效问卷51份，有效率100%；再在牟尼乡随机抽取当地群众进行入户访谈和问卷调查，在牟尼乡共入户调查51户，收回有效问卷51份，有效率100%。

为评价四省藏区纯农区中心村集中居住与半农半牧区散居模式下，当地群众对十二类主要公共服务的满意度，以反映当地主要公共服务供给的有效性和现实需求差异，基于四川藏区阿坝州松潘县施家堡乡、牟尼乡的调查问卷数据，采用青海藏区海南州贵德县少数民族特色村寨和非少数民族特色村寨的十二类主要公共服务满意度评价方法，计算出四川藏区阿坝州松潘县施家堡乡、牟尼乡当地群众对十二类主要公共服务的综合满意度排序（见表4-4-3）。再进一步对排序结果进行比较分析，找出四川藏区阿坝州松潘县施家堡乡、牟尼乡主要公共服务存在的薄弱环节，为后续分析四省藏区纯农区中心村集中居住与半农半牧区散居两种居住模式下，公共服务供给优先序的差异提供重要支撑。

表4-4-3 纯农区中心村集中居住与半农半牧区散居模式主要公共服务满意度排序

序号	样本总体	纯农区中心村集中居住模式	半农半牧区散居模式
1	政务（村务）公开	政务（村务）公开	政务（村务）公开
2	基本公共教育	饮用水安全	新农保
3	新农保	道路交通设施	基本公共教育
4	公共文化服务	基本公共教育	公共文化服务
5	饮用水安全	公共文化服务	道路交通设施
6	道路交通设施	村（镇）容环境	农业信息服务
7	村（镇）容环境	新农保	通信网络服务
8	医疗卫生	医疗卫生	村（镇）容环境
9	农业科技推广	农业科技推广	农业科技推广
10	农业信息服务	农业信息服务	医疗卫生
11	通信网络服务	通信网络服务	饮用水安全
12	农田水利设施	农田水利设施	农田水利设施

从笔者在四川藏区阿坝州松潘县实地调研情况，以及在施家堡乡、牟尼乡随机问卷调查结果来看，当地群众对于政务（村务）公开的满意度相对最高，排在第一位（见表4-4-3）。当地政府在精准扶贫政策落地实施过程中，访贫问苦工作深入细致，从县政府领导到驻村干部，时常深入基层一线，不仅将油盐菜米、锅碗瓢盆、农作物种苗和牲畜幼崽等送到贫困户家中，帮助发展生产，增强其内生发展动力，同时还积极宣传党和国家近年来的精准扶贫和惠农政策等，从多个渠道促进政务（村务）公开，因此当地群众对此满意度颇高（见图4-4-7）。

此外，"十三五"时期，施家堡和牟尼乡居民对于当地的基本公共教育服务、新农保、公共文化服务、饮用水安全、道路交通设施、村（镇）容环境的满意度评价结果相对较好，得分普遍较高，分别接近93、93、93、93、92、91（见图4-4-7）。和阿坝州松潘县白羊乡的满意度较为相似之处在于，近年来四川藏区推行的"9+3"义务教育、"两免一补"和"营养餐"等基本公共教育配套公共服务政策的群众满意度，在松潘县施家堡和牟尼乡也很高，当地群众同样认为上述教育惠民政策不仅有效减轻家庭的教育负担，还给贫困户家庭带来长久的脱贫希望，增强了他们稳定脱贫的信心；松潘县丰富的水源也有效保障了施家堡和牟尼乡的饮用水安全，国家于"十二五"时期和"十三五"时期陆续实施的通乡公路和"村村通"工程等，以及四川藏区近年来实施的交通大会战工程等，有效保障了当地群众生活和出行；四川省新型农村合作医疗保险试点在藏区32县（市）已经实现全覆盖；以多种形式深入实施公共数字文化工程汉藏文化交流项目，有效提升当地群众幸福感；四川藏区已经建成千余个幸福美丽新村[①]，村（镇）容环境等公共服务有效提高当地群众生活水平，满足其日益增长的美好生活需求，得到当地群众较高的认可。

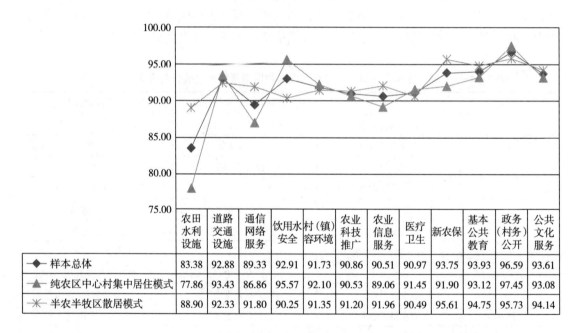

	农田水利设施	道路交通设施	通信网络服务	饮用水安全	村（镇）容环境	农业科技推广	农业信息服务	医疗卫生	新农保	基本公共教育	政务（村务）公开	公共文化服务
◆ 样本总体	83.38	92.88	89.33	92.91	91.73	90.86	90.51	90.97	93.75	93.93	96.59	93.61
▲ 纯农区中心村集中居住模式	77.86	93.43	86.86	95.57	92.10	90.53	89.06	91.45	91.90	93.12	97.45	93.08
✳ 半农半牧区散居模式	88.90	92.33	91.80	90.25	91.35	91.20	91.96	90.49	95.61	94.75	95.73	94.14

图4-4-7 纯农区中心村集中居住与半农半牧区散居模式主要公共服务满意度比较 I

实地调研发现，"十三五"时期，施家堡和牟尼乡居民对于当地医疗卫生服务、农业科技推广、农业信息服务、通信网络服务和农田水利设施的满意度相对较低。其中，通信网络服务和农田水利设施的满意度最低，分别排在第十一位和第十二位（见表4-4-3）。现行公共服务政策对于高山峡谷地带纯农区和草原地带半农半牧区农业生产发展支撑还较为薄弱，尤其是对于农田水利设施的建设和维护滞后，对于四省藏区产业扶贫及其成果巩固，以及绿色经济发展均形成重要挑战，应成为"十四五"时期四省藏区公共服务有效供

---

① 人民日报记者. 四川藏区美丽新村：记得住乡愁融得进产业 [N]. 人民日报，2017-04-25.

给的重要改进内容之一。除此之外，通信网络服务和医疗卫生服务的满意度评价相对偏低，虽然"十三五"时期国家在连片特困藏区的通信网络服务投入很大，基本医疗卫生服务均等化水平也有所提升，但是由于施家堡和牟尼乡远离松潘县经济社会中心，处于地广人稀、自然条件较差、居住相对分散的高山峡谷以及高山峡谷与草原错杂地带，通信网络基础设施建设相对滞后，通信网络服务水平不稳定，加之相对缺乏医疗卫生技术人才，许多先进的医疗卫生服务硬件设备难以发挥作用，导致此两类公共服务的满意度也相对较低。

（二）纯农区中心村集中居住与半农半牧区散居模式公共服务有效性比较

进一步比较分析四川藏区阿坝州松潘县施家堡和牟尼乡当地群众对十二类主要公共服务的满意度评价结果（见表4-4-3、图4-4-7）可见，纯农区中心村集中居住与半农半牧区散居模式下，当地群众对于政务（村务）公开、基本公共教育服务、道路交通基础设施、公共文化服务的满意度很高，排序均列于前五位，无明显差异。虽然牟尼乡距离松潘县城区的路程要比施家堡乡短很多，但是，由于施家堡乡毗邻四川省绵阳市平武县，而平武县的基本公共教育服务、道路交通基础设施、公共文化服务水平略高于松潘县，所以施家堡乡当地群众对基本公共教育服务、道路交通基础设施、公共文化服务的满意度和牟尼乡差异不大。而且，随着松潘县近年来精准扶贫工作的做深、做细和做实，各部门和各层级干部时常在村上现场办公，走家串户宣传国家精准扶贫和惠农政策等，即使如施家堡乡这样远离县城行政中心的地方，对于政务（村务）公开的满意度与牟尼乡差异也不明显。

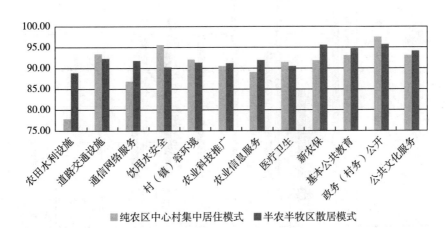

图4-4-8　纯农区中心村集中居住与半农半牧区散居模式主要公共服务满意度比较Ⅱ

进一步比较分析四川藏区阿坝州松潘县施家堡和牟尼乡当地群众对十二类主要公共服务的满意度排序结果（见表4-4-1）可见，纯农区中心村集中居住与半农半牧区散居模式下，当地群众对于基本医疗卫生服务的满意度排序差异不大，分别排在第八位和第十位；对农业科技推广服务的满意度排序没有差异，均排在第九位；对村（镇）容环境服务的满意度排序差异不大，分别排在第六位和第八位；对农田水利设施的满意度排序没有差异，均排在第十二位。但是，纯农区中心村集中居住与半农半牧区散居模式下，当地群众对于当地通信网络服务、饮用水安全、农业信息服务、新农保这四类公共服务的满意度排序存在明显差异。

实地调研发现，由于施家堡乡距离松潘县县城城区非常远，位于松潘县和四川省绵阳市平武县交界地区，通信网络基础设施建设相对落后，且通信网络服务水平相对较低。遇到通信网络服务故障时候，松潘县电信部门派技术人员上门维护，一般需要等待大约半天时间，如果遇上大雨、洪水、泥石流等自然灾害，阻断松潘县城区到施家堡乡的道路，甚至需要几天时间才能排除通信故障。因此，施家堡乡群众对于通信网络服务的满意度相对明显低于牟尼乡，施家堡和牟尼乡当地群众对于通信网络服务的满意度分别排在第十一位和第七位（见图4－4－9）。"十四五"时期，可以探索跨行政区的公共服务互补供给机制，遇到上述这种情况，可以由松潘县电信部门报阿坝州电信部门，由阿坝州电信部门商绵阳市电信部门，帮助协调绵阳市平武县电信部门就近提供通信网络故障排除等服务。探索采取类似方法，以提升四省藏区毗邻乡村（镇）的公共服务供给有效性。与通信网络服务密切相关的农业信息服务的满意度评价，施家堡和牟尼乡当地群众分别排在第十位和第六位，与通信网络服务满意度排序原因基本一致。"十四五"时期亟待在提升通信基础设施水平基础上，更大发挥"四川科技扶贫在线（手机 APP）"的作用，从根本上提升两个乡（镇）对于农业信息服务的满意度。

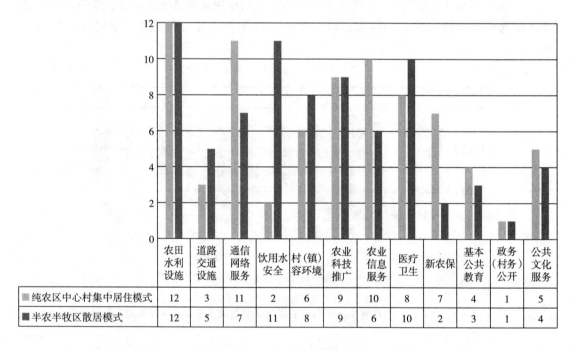

图4－4－9　纯农区中心村集中居住与半农半牧区散居模式主要公共服务满意度排序比较

实地调研也发现，虽然国家在连片特困藏区实施的安全饮水等"五小工程"取得明显成效，但是，对于牟尼乡这种半农半牧区散居模式而言，自来水集中供水工程成本极高且冬季冻坏情况严重，饮用水安全供给水平仍待从技术上进一步加强。因此，对于饮用水安全服务的满意度，施家堡和牟尼乡当地群众分别排在第二位和第十一位（见图4－4－9）。

可以考虑借鉴青海藏区海西州德令哈市陶尔根家园社区模式，在游牧民集中居住的社区建设集中供水工程，以提升牟尼乡半农半牧区居民对饮用水安全服务的满意度。

对于新农保的满意度评价，施家堡和牟尼乡当地群众分别排在第七位和第二位（见图4－4－9）。这在一定程度上说明新农保农村养老社会保障服务对于保障连片特困藏区居民基本生活取得明显成效，较为有效地解决了该地区养老保障的问题。但在施家堡乡实地调查发现，当地群众多数反映，购买新农保时填报个人信息多且复杂，个人缴费比例压力大，60 岁之后每个月领到的保障金额也很低，希望今后可以简化手续，适当提高集体和国家出资的比例，可以和派出所的个人身份系统共享信息，简化新农保办理手续，提高新农保惠农力度。

四、乡（镇）政府驻地集中居住与传统村落散居模式公共服务有效性比较

（一）十二类主要公共服务的有效性调查和分析

甘肃藏区位于甘肃省西南部，青藏高原、黄土高原、陇南山地过渡地带，南部与四川藏区阿坝州毗邻，西南与青海藏区黄南州和果洛州接壤，是传统的汉藏走廊，生活着藏、汉、回、土、蒙等 20 多个民族。域内人文旅游资源丰富多彩，但由于受到自然地理和历史人文条件等制约，整体上经济发展水平和社会发育程度较低，是甘肃省脱贫攻坚任务最重的区域之一。甘肃藏区迭部县位于青藏高原东部边缘，甘南州南部甘川交界处，由于地处岷山与黄土高原交会处，白龙江上游的高山峡谷地带，山大沟深，交通闭塞，形成独特的区域文化和鲜明地方特色，在川甘青接合部藏区基本公共服务有效供给问题方面具有一定代表性。

实地调研发现，在四省藏区乡（镇）政府驻地集中居住与传统村落散居模式下，当地群众对于公共服务的现实需求存在明显差异。而全县统筹的传统公共服务供给模式没能及时适应这些变化，从而导致不同空间不同居住模式下公共服务供给效率降低，出现公共服务供给效率的空间失配型漏损。为获取相关数据，进一步深入分析上述问题，笔者于2018年 8 月在迭部县的电尕镇、益哇乡、卡坝乡、达拉乡、旺藏乡、多儿乡、桑坝乡、尼傲乡等地，对乡（镇）政府驻地集中居住区与传统村落散居居民做入户访谈和随机抽样调查问卷。选取与青海藏区海南州贵德县、云南藏区迪庆州香格里拉市、青海藏区德令哈市、四川藏区甘孜州稻城县和阿坝州松潘县问卷调查内容相同的十二类主要公共服务，考察甘肃藏区迭部县乡（镇）政府驻地集中居住与传统村落散居居民对十二类主要公共服务的满意度和需求度差异情况。笔者在迭部县的电尕镇、益哇乡、卡坝乡、达拉乡、旺藏乡、多儿乡、桑坝乡、尼傲乡等乡镇，对乡（镇）政府驻地集中居住区居民进行随机抽样调查和入户访谈，累计发放并收回问卷67 份，其中有效问卷62 份，占比 92.54%；对传统村落散居居民进行随机抽样调查入户访谈，累计发放并收回问卷67 份，其中有效问卷67 份，占比 100.0%。因为迭部县县政府处在电尕镇，所以生活及居住所在区域选择县城区的被调查对象也统计入乡镇组。

基于甘肃藏区甘南州迭部县电尕镇、益哇乡、卡坝乡、达拉乡、旺藏乡、多儿乡、桑坝乡、尼傲乡等地的调查问卷数据，采用青海藏区海南州贵德县少数民族特色村寨和非少数民族特色村寨的十二类主要公共服务满意度评价方法，计算出甘肃藏区甘南州迭部县电尕镇、益哇乡、卡坝乡、达拉乡、旺藏乡、多儿乡、桑坝乡、尼傲乡等地群众对十二类主

要公共服务的综合满意度排序（见表4-4-4）。再进一步对排序结果进行比较分析，找出甘肃藏区甘南州迭部县电尕镇、益哇乡、卡坝乡、达拉乡、旺藏乡、多儿乡、桑坝乡、尼傲乡等地主要公共服务存在的薄弱环节，为后续分析四省藏区乡（镇）政府驻地集中居住与传统村落散居两种居住模式下公共服务供给优先序的差异提供重要支撑。

表4-4-4 乡（镇）政府驻地集中居住与传统村落散居模式主要公共服务满意度排序

序号	样本总体	乡（镇）政府驻地集中居住模式	传统村落散居模式
1	饮用水安全	饮用水安全	饮用水安全
2	村（镇）容环境	道路交通设施	村（镇）容环境
3	通信网络服务	通信网络服务	通信网络服务
4	基本公共教育	政务（村务）公开	基本公共教育
5	道路交通设施	基本公共教育	新农保
6	新农保	公共文化服务	政务（村务）公开
7	政务（村务）公开	村（镇）容环境	公共文化服务
8	公共文化服务	新农保	道路交通设施
9	农田水利设施	农田水利设施	农业信息服务
10	农业信息服务	基本医疗卫生	农田水利设施
11	基本医疗卫生	农业科技推广	基本医疗卫生
12	农业科技推广	农业信息服务	农业科技推广

从实地调研和入户访谈获取情况，结合在迭部县电尕镇、益哇乡、卡坝乡、达拉乡、旺藏乡、多儿乡、桑坝乡、尼傲乡等地随机抽样问卷调查结果总体来看，当地群众对于当地的饮用水安全、村（镇）容环境、通信网络服务和基本公共教育四类公共服务的满意度相对较高，分别排在前四位（见表4-4-4、图4-4-10）。其中，迭部县群众对于当地饮用水安全公共服务最满意，满意度排在第一位；对于当地的基本公共教育服务也非常满意，满意度排在第四位，特别对于当地实施的免费义务教育为重要内容的教育惠民政策非常满意，较为有效地解决了连片特困藏区学龄儿童上不起学和上学难的问题，对于阻断连片特困藏区贫困的代际传递非常有效。此外，被调查群众对于当地的道路交通设施和新农保政策的评价也较高，满意度分别排在第五位和第六位（见表4-4-4、图4-4-10）。

实地调研发现，这个地区与四川藏区甘孜州稻城县的情况类似，现行公共服务政策对于连片特困藏区农牧区特色农业生产发展的硬件和软件支持均相对较弱。因此，迭部县电尕镇、益哇乡、卡坝乡、达拉乡、旺藏乡、多儿乡、桑坝乡、尼傲乡等地居民对于农业科技推广、农业信息服务和农田水利基础设施等生产类基础设施的满意度评价总体不高，分别排在第十二位、第十位和第九位（见表4-4-4、图4-4-10）。这对于四省藏区发展绿色农业，建立产业脱贫的长效机制而言明显不利，应成为"十四五"时期四省藏区纯农区和半农半牧区公共服务有效供给的重要关注点和政策突破口。除此之外，基本医疗卫生服务等关乎连片特困藏区居民身体健康和生命安全的公共服务总体满意度相对较低，排在第十一位。四省藏区多地调研均发现这个问题，"十三五"时期四省藏区基本医疗卫生服务的硬件设施水平有明显提升，但是医疗卫生专业技术人才非常缺乏，导致很多医院的高级设备没有会操作的技术人员，很多手术无法实施。"十四五"时期出台激励四省藏区医疗卫生专业技术人才本土培养和外来引进的特殊政策，这应成为下一步国家对四省藏区公共服务政策调整优化的重要关注点之一。

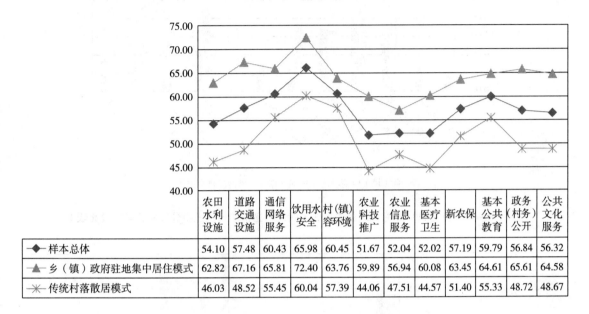

	农田水利设施	道路交通设施	通信网络服务	饮用水安全	村(镇)容环境	农业科技推广	农业信息服务	基本医疗卫生	新农保	基本公共教育	政务(村务)公开	公共文化服务
◆ 样本总体	54.10	57.48	60.43	65.98	60.45	51.67	52.04	52.02	57.19	59.79	56.84	56.32
▲ 乡（镇）政府驻地集中居住模式	62.82	67.16	65.81	72.40	63.76	59.89	56.94	60.08	63.45	64.61	65.61	64.58
※ 传统村落散居模式	46.03	48.52	55.45	60.04	57.39	44.06	47.51	44.57	51.40	55.33	48.72	48.67

图4-4-10　乡（镇）政府驻地集中居住与传统村落散居模式主要公共服务满意度比较 I

（二）乡（镇）政府驻地集中居住与传统村落散居模式公共服务有效性比较

进一步比较分析甘肃藏区甘南州迭部县乡（镇）政府驻地集中居住与传统村落散居群众对十二类主要公共服务的满意度评价结果（见图4-4-4、图4-3-10）可见，两组群众对于十二类主要公共服务的满意度差异明显，乡（镇）政府驻地集中居住群众对十二类主要公共服务的满意度评价结果比传统村落散居群众高6.37~18.64分。两组被调查群众对于村（镇）容环境的满意度最为接近（63.76分、57.39分），乡（镇）政府驻地集中居住区居民比传统村落散居居民约高6.37分；对于道路交通设施的满意度差距最大（67.16分、48.52分），乡（镇）政府驻地集中居住区居民比传统村落散居居民大约高18.64分。由于乡（镇）政府驻地集中居住模式下公共服务具有供给成本相对较低、供给效率和规模效益相对较高的特点，因此甘肃藏区甘南州迭部县的乡（镇）政府驻地集中居住区群众对十二类主要公共服务的满意度明显比传统村落散居群众高。这也再次佐证了国家推动乡村适度规模集中居住政策的有效性，这在偏远的连片特困藏区也是适用的。

进一步比较乡（镇）政府驻地集中居住群众与传统村落散居群众对十二类主要公共服务的满意度排序结果（见图4-4-11、图4-3-12）可见，饮用水安全、通信网络服务两类公共服务的满意度排序完全相同，均分别排在第一位和第三位。但是，除农田水利设施、农业科技推广、农业信息服务、基本医疗卫生、新农保、基本公共教育、政（村）务公开和公共文化服务的满意度排序差异不大外，道路交通基础设施、村（镇）容环境这两类公共服务的满意度排序存在明显差异。

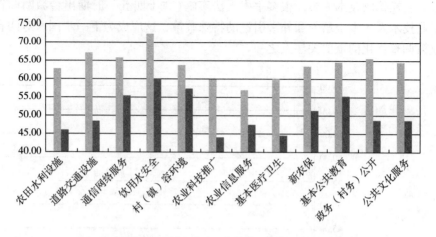

乡（镇）政府驻地集中居住模式 ■ 传统村落散居模式

图4－4－11　乡（镇）政府驻地集中居住与传统村落散居模式主要公共服务满意度比较Ⅱ

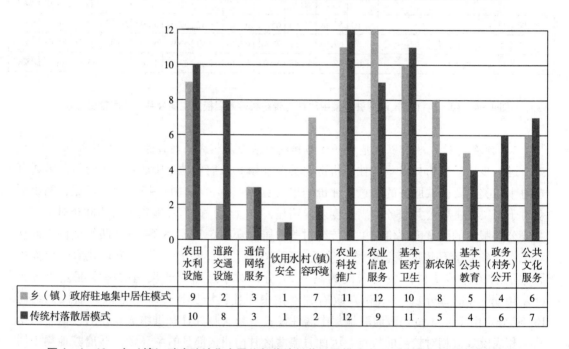

	农田水利设施	道路交通设施	通信网络服务	饮用水安全	村(镇)容环境	农业科技推广	农业信息服务	基本医疗卫生	新农保	基本公共教育	政务(村务)公开	公共文化服务
■乡（镇）政府驻地集中居住模式	9	2	3	1	7	11	12	10	8	5	4	6
■传统村落散居模式	10	8	3	1	2	12	9	11	5	4	6	7

图4－4－12　乡（镇）政府驻地集中居住与传统村落散居模式主要公共服务满意度排序比较

实地调查发现，甘肃藏区甘南州迭部县和四川藏区甘孜州稻城县的乡（镇）政府驻地集中居住群众和村落居住群众对道路交通设施的满意度差异均非常明显。甘肃藏区甘南州迭部县乡（镇）政府驻地集中居住群众与传统村落散居群众对道路交通基础设施的满意度排序值是十二类主要公共服务中差距最大的，差距大约为18.64分，六个位次。乡（镇）政府驻地集中居住居民对于交通基础设施的满意度排名高居第二位，仅次于排名第一位的饮用水安全服务；而传统村落散居群众对道路交通基础设施的满意度排名却落在第八位，略高于排名第九位的农业信息服务和第十位的农田水利设施。实地调研也发现，由于迭部县主要地处高山峡谷地带，乡（镇）政府驻地集中居住区多选址在相对宽阔平坦区域，且多避开地质灾害多发频发的地带，道路交通基础设施受灾损毁的概率相对较小，当地群众对于道路交通基础设施的满意度感受明显高于传统村落分散居住的群众。而传统村落分散居住的群众，或者在中心村集中居住的群众，由于"十三五"时期正在实施的"村村通"工程还未完成，加上滑坡、泥石流等地质灾害对道路交通基础设施的威胁相对较大，反复修建反复损毁的概率较高，因此传统村落分散居住的群众对于道路交通基础设施的满意度相对较低。建议通过进一步推进当地群众向乡（镇）政府驻地集中居住区集中居住，政策有力保障乡（镇）政府驻地集中居住区的建设用地指标，通过避灾搬迁、扶贫移民搬迁、生态移民搬迁等多种项目，大力支持传统村落散居群众进一步向中小城市集中居住，以此提升四省藏区传统村落散居群众对道路交通基础设施的满意度。

迭部县电尕镇、益哇乡、卡坝乡、达拉乡、旺藏乡、多儿乡、桑坝乡、尼傲乡等地群众对于村（镇）容环境的满意度评价，乡（镇）政府驻地集中居住群众与传统村落散居群众分别排在第七位和第二位（见图4-4-12）。调查问卷统计结果显示，虽然乡（镇）政府驻地集中居住区群众对于村（镇）容环境的评分（63.76分）比传统村落散居群众（57.39分）高6.37分，但是传统村落散居群众对于村（镇）容环境的满意度排序比乡（镇）政府驻地集中居住区群众高五个位次。在乡（镇）政府驻地集中居住模式下，自然消纳生活垃圾和污水的难度大于传统村落散居模式，如果垃圾集中清运和集中处理方面的公共服务能力不能及时跟上集中居住模式的需求，将会导致村（镇）容环境质量下降，从而导致当地群众对于村（镇）容环境的满意度在十二类公共服务中排序较传统村落散居模式相对靠后。建议"十四五"时期四省藏区乡（镇）政府驻地集中居住区高度重视提升村（镇）容环境质量的治理能力，在垃圾集中清运和集中处理方面出台相应规范管理的措施，以有效提升乡（镇）政府驻地集中居住区居民对于村（镇）容环境的满意度。

第五节 多系统协调发展促进公共服务供给的协调有效性提升

在国家治理体系和治理能力现代化的新时代背景下，按照中国特色社会主义经济建设、政治建设、文化建设、社会建设、生态文明建设五位一体的总体布局要求，贯彻落实"创新、协调、绿色、开放、共享"五大新发展理念，还需增强四省藏区公共服务供给的"协调有效性"，也即公共服务与绿色经济、新型城镇化、乡村振兴及民族团结进步等多系统协调发展水平的提升。必然要求四省藏区公共服务与绿色经济、新型城镇化、乡村振兴和民族团结进步协调效率的提升，以促进四省藏区公共服务供给"协调有效性"的增强。

一、公共服务与绿色经济协调发展的现实需求

四省藏区大部分地区处于国家国土空间开发的禁止开发区和限制开发区，限制开发区中农产品主产区较少，主要是重点生态功能区。四省藏区承担着国家重要的生态保护功

能，经济社会发展与自然生态环境保护必须统筹兼顾。同时，四省藏区保障和改善民生的任务相对较重，导致绿色经济和公共服务两个系统协调发展面临更大挑战。推动四省藏区公共服务与绿色经济协调发展，对于在人与自然和谐发展前提下，更大程度实现公共服务有效供给，民生改善和农牧民福祉增进有着重要的现实意义。国家治理体系和治理能力现代化，对四省藏区公共服务供给体系和供给能力现代化提出新需求，包括逐步加强公共服务和绿色经济两个系统间的良性互动促进作用（见图4-5-1），实现彼此间的正向反馈和不断循环上升，提升公共服务与绿色经济的"协调有效性"。

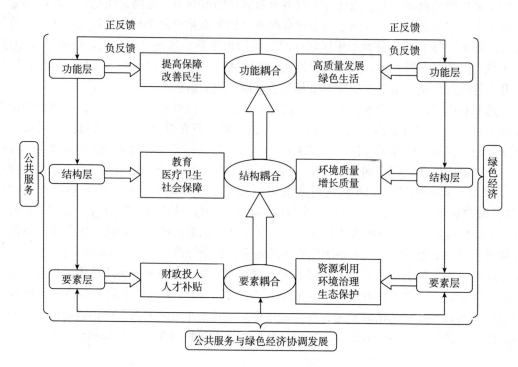

图4-5-1 四省藏区公共服务与绿色经济的系统耦合协调机制

绿色经济要求在粗放式发展基础上实现资源的集约节约利用，人与自然的和谐统一，更高效的经济社会管理水平和更专业的技术人才。基本公共教育服务的均等化发展，为四省藏区人力资本素质的提升打下基础，是四省藏区实现绿色经济发展的潜在动力和重要支撑。基本医疗卫生服务、基本社会保障和就业服务相辅相成，是改善社会民生的重要途径，是经济社会稳定发展的重要基础，是四省藏区生态环境保护的重要前提。随着覆盖城乡居民的基本医疗卫生制度的健全，以重大疾病防治和基本公共卫生服务、医疗卫生服务、妇幼健康和计划生育服务管理，以及食品药品安全战略为重要任务的一系列措施，为四省藏区广大群众生命健康提供重要保障，为四省藏区构建和谐社会打下重要基础。绿色经济在和谐稳定的社会环境中才能得以稳定发展，健康城市、健康村镇建设和城乡环境卫生整治行动等，为绿色经济发展提供良好的环境基础设施和舆论氛围。在公共服务有效供给满足四省藏区群众生存和发展基本要求的前提下，才能吸引更多优秀人才与资源向四省藏区集聚，支撑绿色经济和可持续发展。

　　人与自然和谐发展、经济与环境和谐发展是绿色经济的重要目标。四省藏区独特的民族文化、丰富的人文资源和自然风貌，作为一般公共文化服务的重要补充，成为生态文化旅游产业的重要优势，也构成了四省藏区绿色经济的重要组成部分。基本公共文化服务体系建设，强调各类文化和自然遗产保护利用设施的建设，并要求完善物质和非物质文化遗产保护服务体系。这不仅为四省藏区发展文化旅游产业夯实文旅资源基础，也能促进当地群众充分就业，有效减轻社会保障和就业公共服务的压力。

　　随着供给侧结构性改革的深入推进，经济增长速度逐步放缓，经济结构优化调整，包括四省藏区在内的边远民族地区保民生兜底线的任务更加艰巨。通过发展绿色经济，可以增强四省藏区的内生发展动力和可持续发展能力，缓解地方政府财政自给率压力，进而为地方政府提升公共服务水平，推动经济、社会、生态等方面的共同进步夯实基础。绿色经济发展带来区域产业结构优化、城乡居民人均可支配收入增加等，可能使地方政府更有余力加大对公共服务领域的投入，为基本公共服务均等化提供必要的物质基础。四省藏区依据本地资源禀赋和产业结构特征，走环境友好、生态保护和经济增长并重的绿色经济发展道路，必然要求更加注重公共服务基础设施的建设，以经济发展成果来推动基本公共服务均等化水平的提升。综上所述，四省藏区公共服务与绿色经济的系统耦合协调机制如图4－5－1所示。

二、公共服务与新型城镇化协调发展的现实需求

　　由于自然条件、资源禀赋、文化习俗及经济社会结构的特殊性，四省藏区新型城镇化发展动力结构不同于一般地区，其新型城镇化发展动力主要来源于政策动力和文化动力，经济动力相对而言是次要动力[①]。以基本公共服务均等化为主要内容的政策动力，是提升四省藏区新型城镇化动力的关键；公共服务与新型城镇化发展的"协调有效性"，是四省藏区公共服务有效供给的重要内容之一。国家治理体系和治理能力现代化，对四省藏区公共服务供给体系和供给能力现代化提出新需求，包括逐步加强公共服务和新型城镇化两个系统间的良性互动促进作用（见图4－5－2），实现彼此间的正向反馈和不断循环上升，提升公共服务与新型城镇化发展的"协调有效性"。

　　国家对于四省藏区基本公共服务的倾斜和照顾，一方面是为了提高基本公共服务水平从而提升人民的获得感和幸福感，另一方面是为了实现基本公共服务的区域和城乡均等化，这也正是新型城镇化中"人"的城镇化的重要内容，新型城镇化和公共服务两个发展系统具有高度的内在一致性。覆盖常住人口的基本公共服务均等化，有助于提升四省藏区基本公共服务水平，解决农业转移人口市民化带来的城市公共服务资源紧张问题，对于科学合理引导人口迁移起着决定性作用，促进新型城镇化的健康发展。基本公共教育水平的提升，有助于四省藏区积累更多的人力资本，提升人力资本的质量。高素质的劳动力对四省藏区社会生产率具有显著的积极作用，进而促进地区经济增长和社会进步，为公共服务有效供给夯实经济和社会基础。基本医疗卫生服务水平的提升，主要表现在基本医疗卫生服务供给的公平、效率和质量等方面，有助于四省藏区城镇吸纳更多剩余劳动力，有助于

---

　　① 丁波. 乡村振兴背景下藏区城镇化动力结构的位序差异性——以四川省藏族 G 县为例［J］. 原生态民族文化学刊，2019（3）：102－107.

延长劳动力寿命，扩大地区生产规模，促进新型城镇化发展。基本公共文化和体育服务旨在传递社会主义核心价值观[1]，有利于促进四省藏区社会和谐稳定发展，形成包容增长的新型城镇化发展模式，实现区域文化产业发展与新型城镇化的双螺旋交替上升。社会保障制度集维护社会公平、促进人民福祉和实现国民共享发展成果等作用于一体[2]。推动社会保障城乡一体化，完善覆盖城乡的社会救助制度等，有助于四省藏区城乡居民享受公平可及的医疗、养老、失业、救助等社会保障和就业服务。不仅有助于防止乡村人口过度无序向城镇转移，导致乡村"空心化""老龄化"和农业"荒芜化"，还有助于应对四省藏区中心城市人口过度膨胀问题，给予服务型政府建设以充裕的空间和时间，有利于走可持续发展的新型城镇化道路。

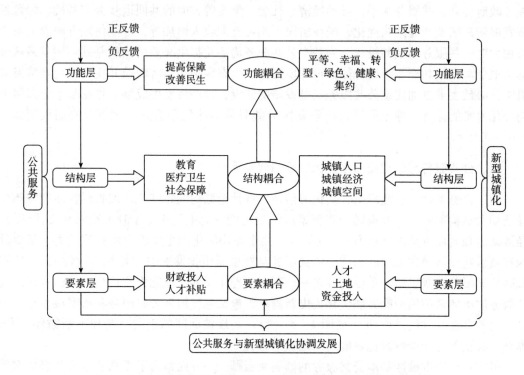

图 4 − 5 − 2　四省藏区公共服务与新型城镇化的系统耦合协调机制

新型城镇化的核心要义包括，从以土地为主的"要素驱动""投资驱动"传统路径，转向以"人"的城镇化为核心的可持续发展路径[3]。基本公共服务均等化是"人"的城镇化的重点内容，也是"人"的城镇化的重点目标。"人"的城镇化，主要表现在非城镇人口向城镇地区集聚，大量农村剩余劳动力向城镇第二、第三产业转移，给予城镇经济社会发展足够的人力资源。但是，其实质内涵却更加丰富，不仅包括提高城乡居民的总体福

①　范周. 关于我国城镇化与文化发展的思考 [J]. 中国传媒大学学报, 2013, 35 (8)：55 − 58.

②　李迎生, 袁小平. 新型城镇化进程中社会保障制度的因应——以农民工为例 [J]. 社会科学, 2013 (11)：76 − 85.

③　王建康, 谷国锋, 姚丽, 等. 中国新型城镇化的空间格局演变及影响因素分析——基于 285 个地级市的面板数据 [J]. 地理科学, 2016, 36 (1)：63 − 71.

利，还包括有利于城乡居民的全面发展、促进城乡生产效率提升等多个方面①。"人"的城镇化可以从人口、经济、空间城镇化等多个方面进行分析和研究，是城镇化的高级形态。人口城镇化可以通过人口聚集提升公共服务供给的规模效率，也可能导致地区公共服务资源过度紧张从而加剧社会矛盾，以及乡村"空心化""老龄化"等加速，需要公共服务资源在空间上合理配置，以引导其科学发展。经济城镇化包含城镇经济规模扩大和城镇经济质量提升两个方面，一方面主要表现在产业结构优化、城乡居民收入提升和差距缩小等方面，其带动城镇经济快速增长的同时也强化公共服务供给的财力保障，另一方面也可能产生资源浪费、城市污染加剧和环境质量下降等负面效应，将会抑制公共服务供给质量的提升，也需要公共服务资源在空间上合理配置以引导其科学发展。空间城镇化主要通过转变土地利用性质来实现，最直观的表现在于城镇建设用地数量的增长和空间的扩张，一方面起到强化城镇公共服务土地保障的作用，另一方面有可能导致城镇土地资源浪费、对农业发展空间的挤压以及对乡村公共服务的抑制，还是需要公共服务资源在空间上合理配置以引导其科学发展。四省藏区城镇化作用的正向与逆向、速度的快与慢，以及其与公共服务的协调水平高低等，决定着新型城镇化对公共服务供给效率提升是促进还是抑制作用。综上所述，四省藏区公共服务与新型城镇化的系统耦合协调机制如图4-5-2所示。

三、公共服务与乡村振兴协调发展的现实需求

城乡基本公共服务均等化是目前我国公共服务有效供给面临的重要挑战之一，对于四省藏区而言，以乡村公共服务有效供给推动城乡基本公共服务均等化更是任重而道远。提升公共服务与乡村振兴的协调有效性，对四省藏区深入推进城乡基本公共服务均等化，顺利实施乡村振兴战略，实现民生福祉增进和富民兴藏，具有双重重要现实意义。国家治理体系和治理能力现代化，对四省藏区公共服务供给体系和供给能力现代化提出新需求，包括逐步加强公共服务和乡村振兴两个系统间的良性互动促进作用（见图4-5-3），实现彼此间的正向反馈和不断循环上升，提升公共服务与乡村振兴的"协调有效性"。

公共服务的有效供给，为城乡居民提供基本生活保障和民生改善现实条件；乡村公共服务的有效供给，可以为乡村振兴战略的顺利实施，从"产业兴旺、生态宜居、乡风文明、治理有效、生活富裕"等多方面起到重要支撑作用。覆盖城乡的基本公共教育、医疗卫生服务体系，有助于缩小四省藏区城乡间教育和医疗卫生服务水平差距，可为乡村振兴战略提供具备更丰富知识文化和更健康体魄的高素质人才队伍。主要包括乡村产业兴旺所需要的现代农业职业从业人员，乡村生态宜居所需要的乡村规划和绿化技术人才，乡村治理有效所需要的基层管理人员，以及乡风文明所需要的高素质乡村居民和干部群众，等等。这些新时代的各类乡村人才为四省藏区乡村振兴提供更高素质人力资源、生产能力更强的劳动力等，共同推动乡村生产率的提升，进而促进乡村经济的高效可持续增长，推动实现乡村生活富裕。

乡村振兴不单是振兴乡村经济，而且要并重乡村文化发展，着力实现乡风文明。四省藏区基本公共文化服务的有效供给，不仅可以丰富乡村基层公共文化服务资源，促进乡村

---

① 周海银. 我国区域基本公共教育资源配置对新型城镇化影响的实证研究［J］. 西北师大学报（社会科学版），2016，53（2）：93-98.

基本公共文化服务体系的健全完善，还可以提高乡村文化活动质量，营造四省藏区乡风文明的社会文化氛围；丰富乡村居民业余生活，补齐乡村精神文化短板，提升四省藏区广大农牧民的幸福感和获得感；加强乡村精神文明建设，强化四省藏区农牧民群众的文明、法治和社会责任意识等；有助于乡村居民形成绿色环保意识，自觉保护乡村生态环境，推动四省藏区建设生态宜居乡村；有利于四省藏区农牧民主动参与乡村治理，推动实现社会协同、群众参与的有效基层治理。乡村基本社会保障和就业服务体系的健全与完善，有利于四省藏区乡村提高对人力资源的"拉力"，有利于保障有劳动能力的农牧民充分就业，减少乡村隐性失业和社会不稳定因素，是社会主义制度优越性的重要体现；等等。

乡村振兴战略旨在提高农业生产水平、农村经济水平以及农民生活水平等，可以从多个方面改善乡村公共服务有效供给的现实条件。农业生产水平和农村经济水平的提升，不仅可以为四省藏区广大农牧民提供更为丰富的劳动就业机会，还为乡村居民享有更高质量的教育文化、住房养老、医疗卫生和生态环境服务等提供财力保障和经济支持，从而减轻乡村医疗卫生服务等的公共财政压力。生活水平的提高将促使四省藏区乡村居民对丰富多彩的美好生活产生有支付能力的有效需求。对精神文化的追求增加，客观上为乡村公共文化服务的有效供给创造了现实需求。此外，乡村振兴还将带来包括乡村基础设施等的全面进步，促使乡村成为安居乐业的美丽家园，促使乡村对城乡群众的吸引力明显增加，促使乡村公共服务供给主体多元化和供给能力现代化，等等。乡村公共服务的供给将更加丰富、灵活、高效，乡村公共服务体系将更加健全完善。综上所述，四省藏区公共服务与乡村振兴的系统耦合协调机制如图4-5-3所示。

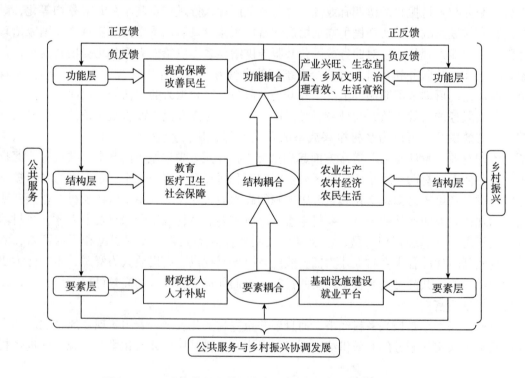

图4-5-3 四省藏区公共服务与乡村振兴的系统耦合协调机制

四、公共服务与民族团结进步协调发展的现实需求

四省藏区公共服务的有效供给，旨在强化社会保障和改善社会民生，推进藏区公共服务供给体系和供给能力现代化，不断满足人民日益增长的美好生活需要，不断促进社会公平正义①，是促进四省藏区民族团结进步的重要途径之一。国家治理体系和治理能力现代化，对四省藏区公共服务供给体系和供给能力现代化提出新需求，包括逐步加强公共服务和民族团结进步两个系统间的良性互动促进作用（见图4-5-4），实现彼此间的正向反馈和不断循环上升，提升公共服务与民族团结进步的"协调有效性"。

四省藏区基本公共教育服务的均等化，不仅有利于各民族群众综合素质的提升，还有利于统一各民族思想，宣传民族团结进步成果，巩固和加强社会主义民族关系，构建中华民族共有精神家园，铸牢中华民族共同体意识。基本医疗卫生服务的均等化，不仅有助于增强四省藏区偏远乡村居民的生命健康保障，还有助于深度贫困地区有效防止因病致贫、因病返贫，助力精准扶贫和全面小康长效机制的构建。基本公共文化和体育服务的均等化发展，不仅能够充分发挥公共文化体育服务的公益性、均等性、基本性和便利性作用，还有利于保障四省藏区偏远乡村居民的基本文化和体育权益，有利于四省藏区各民族文化之间的交往、交流和交融，有利于促进四省藏区社会和谐稳定，文化繁荣发展，有利于促进中华民族团结进步。社会保障和就业服务的均等化发展，不仅有利于四省藏区群众共享改革发展成果，还有利于增进藏区群众福祉和实现社会公平等②。

为实现全面建成小康社会的宏伟目标，实现中华民族伟大复兴中国梦，需要始终把维护民族团结和国家统一作为各民族最高利益，不断铸牢中华民族共同体意识。民族团结进步从文化、经济和社会等多个方面促进四省藏区公共服务的全面进步，促进四省藏区公共服务供给的现实条件改善。民族文化是重要的民族符号，四省藏区各民族有其独特的文化资源（如音乐、民歌、民间故事、民间绝活等）、文化人才和文化传统（如制度规范、风俗习惯等），与四省藏区基本公共文化服务互为补充，为四省藏区基本公共文化服务体系健全完善提供重要的民族文化资源和素材。民族团结进步必然推进四省藏区各民族文化的深入交往、交流和融合，推进四省藏区基本与特殊公共文化体育服务互补供给机制的健全和完善。民族团结进步为四省藏区经济社会发展营造安定团结的发展环境，一方面促进四省藏区经济发展和社会进步，为地区基本公共服务均等化和公共服务供给水平提升夯实经济和社会基础。另一方面独特的文化资源和自然地理资源赋予了四省藏区各地独特的文化旅游资源，在民族团结进步和各民族文化充分交融的良好和谐社会环境中，丰富独特的民族文化和生态旅游资源得以有序开发，各具特色的民族文化旅游产业得以充分发展，从而促进四省藏区各地群众充分就业，社会保障和就业服务压力明显减轻。民族团结进步还有助于四省藏区基本医疗卫生服务与藏医药服务互补供给，共同促进四省藏区医疗卫生服务体系的健全和完善，医疗卫生服务水平的提升。综上所述，四省藏区公共服务与民族团结

---

① 莫代山，王希辉．民族团结进步创建与公共文化服务体系建设互促发展研究［J］．云南民族大学学报（哲学社会科学版），2016，33（2）：20-24．

② 李迎生，袁小平．新型城镇化进程中社会保障制度的因应——以农民工为例［J］．社会科学，2013（11）：76-85．

进步的系统耦合协调机制如图 4 - 5 - 3 所示。

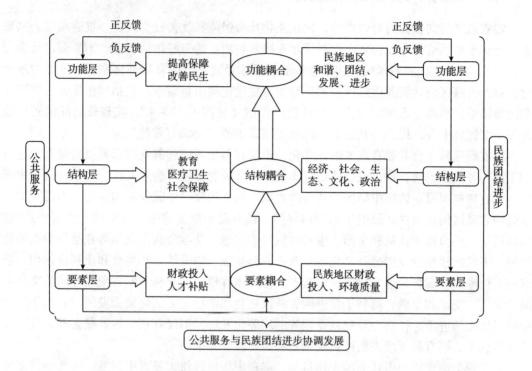

图 4 - 5 - 4　四省藏区公共服务与民族团结进步的系统耦合协调机制

第五章 探索四省藏区公共服务有效供给的创新方式

大数据时代所特有的开放、平等和公正特点与现代"治理"理念的特点紧密契合，为四省藏区公共服务供给体系和供给能力现代化提供了现实机遇。"互联网＋"公共服务的供给方式创新，成为新时代四省藏区公共服务供给侧结构性改革，以及公共服务供给能力现代化的重要路径之一。发挥"互联网＋"远程服务的可及性优势，消除城乡公共服务的数字化鸿沟，将为增强四省藏区偏远乡村公共服务供给"技术有效性"提供强大动力。科技公共服务的有效供给在十二类主要公共服务中最具有创新基础和创新能力，是引领四省藏区公共服务供给能力现代化的重要和关键。调查研究科技公共服务供给方式创新增强四省藏区公共服务供给有效性的作用机制、案例成效和现实路径，将为科学选择公共服务供给能力现代化路径，因地制宜推进四省藏区公共服务供给侧结构性改革提供重要启示。

第一节 科技创新促进藏区乡村公共服务有效供给的理论分析

"互联网＋"已经在全球经济社会领域引发深刻变革，其在公共服务、社会治理、危机预警和政策仿真等方面的广泛应用，为公共服务能力现代化创造了方法和工具的可能，对于缩小四省藏区城乡公共服务数字化鸿沟带来重要启示。在区域协调绿色发展、新型城镇化和乡村振兴协同发展、民族团结进步等多重战略机遇叠加的重要时期，深入调查研究四川藏区先行先试科技服务创新，对精准扶贫和乡村振兴的直接和间接效应，特别是科技扶贫服务创新带动乡村振兴的创新实践和现实绩效，可以为四省藏区探索乡村公共服务供给能力现代化的现实路径提供有益启示和重要经验借鉴。不仅有助于四省藏区夯实乡村公共服务有效供给的经济社会基础，也有助于四省藏区消除城乡公共服务数字化鸿沟，促进城乡基本公共服务均等化。

一、科技创新促进乡村公共服务有效供给的前期研究

国内外学者专门针对科技扶贫创新公共服务平台乡村振兴效应的研究成果很少。从国外研究成果来看，相关研究主要集中于融资平台与经济增长的关系，以及科技对减贫的作用两方面。前者主要包括两种观点：其一，政府融资平台对经济增长起促进作用（Ndulu，2006；Drine、Nabi，2010）；其二，政府通过融资平台将资金用于公共投资对私人投资可能产生"挤出效应"（Mitra，2006；Daniel，2010）。后者较为一致认为，农业技术的供给和在生产中的应用能够显著改善贫困。基于对亚洲水稻技术变化及菲律宾乡村收入来源变

化的研究，借助非参数倾向得分匹配法对孟加拉国两个乡村的调查数据进行实证分析的结果均得到类似结论（Otsuka，2000；Mendola，2007）；对马拉维的研究还发现，农业技术的应用对乡村群众幸福感的增强也有显著作用（Kassie 等，2012）。

从国内研究成果来看，相关文献主要集中于对科技扶贫绩效和科技服务平台经济效应的研究。在科技扶贫绩效方面，学者们主要从类型、测度和作用机制等方面展开研究。关于科技扶贫绩效的类型，学者们通过多地案例研究得出结论，科技扶贫既产生经济增长、示范带动、知识溢出、居民增收、规模与品牌等一系列正向效应，同时也存在贫困固化、资源非均衡配置和门槛效应等系列负向效应（丛林，2011；马宗文等，2017；邢成举，2017）。关于科技扶贫效应的测度，学者们在构建科技扶贫成效测度指标体系基础上，采用层次分析法、问卷调查法等（卢阳春等，2018；等等），对多种科技扶贫措施的实施绩效进行分类评价和排序，得出科技扶贫服务平台对于县域经济具有明显促进效应，科技扶贫基础设施的完善及农民技能水平的提升能够显著提高农民人均纯收入（薛曜祖，2018）等结论。关于科技扶贫效应的作用机制，学者们从保障、模式和途径等不同角度进行分析，提出以下重要观点：发挥片区扶贫开发中的"增长极"辐射带动作用，做好省际协调工作，处理好市场与政府的关系，注重科技同其他要素的有机融合，均为科技扶贫经济效应产生的重要保障（刘冬梅、王元，2012[①]）；我国农民专业合作社主要通过产业链接贫困户、一体化生产服务、搭建传播平台、土地集约经营等途径使科技扶贫产生成效（柏振忠、宋玉娥，2017[②]）。在科技服务平台经济效应方面，学者们采用投入产出模型等，对科技服务平台的技术效应、经济效应和社会效应等进行过研究（甘小文、陈瑾，2016[③]）。

国内学者对乡村振兴战略的相关研究成果丰富，也为研究科技创新促进乡村振兴和乡村公共服务供给能力现代化提供有益启示。2017 年党的十九大首次提出实施乡村振兴战略以来，与我国农村发展研究一脉相承的乡村振兴相关研究迅速兴起，成为近年来学者们的研究热点问题之一。学术界较为普遍认为，精准扶贫是乡村振兴的前提和内容，二者相互促进和优化（温铁军等，2018；陆益龙，2018；田菊会等，2018）。针对新时期中国乡村发展普遍面临的要素非农化、劳动力老龄化、农村空心化、环境超载化（郭晓鸣，2018[④]）等现实问题，学术界提出科技创新支撑乡村振兴的若干建议：依靠科技创新为乡村振兴培育新动能，促进涉农科技创新要素从城市向乡村流动和配置，以农业技术服务带动农牧民融入现代化生产（王书华、郑风田、胡向东、冷杨、程郁，2018[⑤]；等等）。此外，学术界针对我国藏区减贫的研究成果也较为丰富，但专门针对藏区科技扶贫和乡村振兴关系的研究成果相对有限，已有成果主要集中于四川藏区贫困状况及脱贫障碍，科技扶贫服务体系分布特征，旅游扶贫和生态扶贫路径，以及精准扶贫目标达成等方面（左停，2018；周华强等，2019；肖怡然，2018；沈茂英等，2018；等等）。还有学者关注四川藏区信息化发展问题，并以四川藏区甘孜州为例进行定量研究，为这里研究连片特困藏区科

---

① 刘冬梅，王元. 对片区扶贫中科技作用的若干思考 [J]. 中国科技论坛，2012（12）：134 – 137.
② 柏振忠，宋玉娥. 农民专业合作社科技扶贫理论逻辑与实践研究 [J]. 科技进步与对策，2017（18）：21 – 25.
③ 甘小文，陈瑾. "科技入园"视角下江西基层科技服务供给效应研究 [J]. 企业经济，2016（8）：161 – 167.
④ 郭晓鸣. 乡村振兴战略的若干维度观察 [J]. 改革，2018（3）：54 – 61.
⑤ 王书华，郑风田，胡向东，冷杨，程郁. 科技创新支撑乡村振兴战略 [J]. 中国科技论坛，2018（6）：1 – 5.

技扶贫服务平台乡村振兴效应问题提供启示（赵珊等，2018）。

综观国内外前期相关研究成果，关于科技扶贫和服务平台的经济效应、科技公共服务对乡村振兴的作用以及藏区减贫路径的相关研究成果较多，为本节研究科技扶贫创新公共服务平台的乡村振兴直接和间接效应提供诸多有益启示。但是，专门针对科技扶贫创新公共服务平台乡村振兴效应的研究成果相对匮乏。而科技扶贫创新公共服务平台的乡村振兴效应研究，对于后精准扶贫时期探索科技服务方式创新推进四省藏区公共服务供给侧结构性改革，推动乡村公共服务供给能力现代化的现实路径，具有非常重要的现实意义。基于对四川藏区全域32县（市）近年来科技公共服务创新实践的实地调查研究，定量分析四川藏区科技扶贫创新公共服务平台的乡村振兴直接和间接效应，以及32县（市）差异及成因，提出现有科技扶贫创新公共服务平台乡村振兴效应提升的政策建议，以及转型引领带动连片特困藏区乡村其他公共服务供给能力现代化的政策建议。不仅为四川藏区探索科技公共服务创新增强乡村公共服务有效性的现实路径提供有益启示，还可以为四省藏区探索科技公共服务促进乡村公共服务供给能力现代化的现实路径提供重要经验借鉴。

二、科技创新促进乡村公共服务有效供给的直接效应

"十三五"末期，四省藏区既要稳步推进精准脱贫，确保如期全面建成小康社会，又要按照党的十九大提出的"产业兴旺、生态宜居、乡风文明、治理有效、生活富裕"总体要求，启动实施乡村振兴战略。四川藏区作为四省藏区重要组成部分，同样具有地广人稀（见图5-1-1）且自然灾害多发频发等特征。乡村（镇）农业科技人才和先进实用技术等高度缺乏，严重影响当地特色优势产业的发展和公共服务的有效供给。长期实践证明，各级各类科技部门组织农业技术专家赴基层乡村（镇），现场大规模提供技术服务，或组织农牧民集中培训等传统科技公共服务模式，不仅辐射地域和人群范围太小，而且示范效应相对较弱，解决农牧民技术需求的及时性和针对性不足，对农牧民的吸引力也不足。实地调研还发现，有的地方为成功吸引农牧民参加集中或现场技术培训，甚至还要给实到参加技术培训的每位农牧民发放误工费和车马费，可见其吸引力明显不足。因此，在四川省的四大集中连片特困地区中，连片特困藏区发展区域特色优势产业提升造血功能，巩固精准扶贫成效推动实现乡村振兴显得尤其乏力，乡村振兴和城乡基本公共服务均等化的任务相对更为艰巨。

在决胜全面建成小康社会的"十三五"时期，四川省针对连片特困藏区、秦巴山区、乌蒙山区和大小凉山彝区等四大连片特困地区普遍存在的农村科技人员总量不足、专业知识落后、科技需求多元化、农技培训投入大但农技应用效率低等现实问题，先行先试探索信息化引领精准扶贫，以精准对接和及时响应连片特困地区产业发展的农牧科技多元化需求，有效弥合连片特困地区城乡数字化服务鸿沟，健全城乡融合发展体制机制。2016年，四川省开始在阿坝州黑水县、广元市旺苍和苍溪县、巴中市平昌县、南充市南部县、泸州市叙永县、凉山州雷波县试点建设，并推广应用"互联网＋科技扶贫"模式下的"科技扶贫在线"（手机APP）服务平台。针对连片特困藏区、秦巴山区、乌蒙山区和大小凉山彝区不同连片特困地区的资源禀赋和产业特色，以驻村第一书记、村干部、乡村教师、农技员等为人才基础，系统培训五万余名乡村科技扶贫信息员，帮助文化水平普遍较低的贫困农牧民使用"四川科技扶贫在线"（手机APP），解决发展种养殖产业过程中遇到的各

类现实技术难题。在乡村科技扶贫信息员的帮助下，连片特困藏区农牧民可以在"四川科技扶贫在线"（手机 APP）选择全省各领域的农牧科技专家进行提问，两小时内基本可以得到专家的回复。甚至还可以在"四川科技扶贫在线"（手机 APP）上直接同专家交流，找到解决问题的途径和方法。截至 2018 年底，四川省已建立覆盖四大集中连片特困地区 88 个重点贫困县（市）的科技扶贫创新服务平台体系，主要包括省市县三级实体化运管中心 104 个，"线上＋线下"农牧科技专家约两万人，乡村信息员五万余人，累计开展技术服务 24 万余次，发放信息员科技扶贫服务补助 631 万元、专家科技扶贫服务补助 1354 万元。借助现代信息技术和乡村信息员人工辅助，实现分类指导的"线上＋线下"的科技精准扶贫服务模式创新。以此带动连片特困藏区特色优势农牧业发展，促进连片特困藏区乡村公共服务能力现代化和乡村振兴发展。

由于四川藏区具有地广人稀和自然灾害多发频发等特点，加之其包括甘孜州、阿坝州和凉山州木里县在内的全部 32 县（市）均属重点贫困县。在四川省的四大集中连片特困地区中，四川藏区全域 32 县（市）的科技扶贫创新公共服务平台的探索最具有全域适用性和高效示范性。针对四川藏区全域 32 县（市）科技扶贫创新公共服务平台创新实践和乡村振兴效应的比较研究，最具有代表性和典型性。在四川藏区全域 32 县（市）实地调查研究发现，四川藏区科技扶贫创新公共服务平台的创新实践，不仅能有效整合全省农牧科技专家资源服务于连片特困藏区，采取大数据手段成倍放大科技扶贫对连片特困藏区乡村产业发展的辐射带动效应，其服务模式在甘肃、青海和云南藏区以及西藏的乡村也具有一般层面上的推广和示范意义。其本身是对科技扶贫模式和理论的一种创新，不仅有效提升农牧科技专家服务连片特困藏区偏远乡村的可达性，为四省藏区乡村公共服务供给侧结构性改革提供重要启示，未来还可以发展成为促进连片特困藏区乡村公共服务供给能力现代化的重要平台和载体。

四川藏区科技扶贫创新公共服务平台从 2016 年开始运作，是四川省科技扶贫创新公共服务平台的重要组成部分，是一个"1＋N"的综合服务平台（见图 5－1－1）。平台主要依托"科技扶贫在线"（手机 APP），采用现代化信息手段，有效提升"专家＋龙头企业＋农牧民""专家＋农技推广机构＋农牧民""专家＋乡村专业合作组织＋农牧民"等传统科技服务模式的运作成效，实现农业科技成果在连片特困藏区偏远乡村的综合示范、推广转化、技术培训、中介服务和产业带动等，推进科技公共服务与偏远贫困乡村农技需求更加紧密地结合。不仅促使科技公共服务在精准扶贫中发挥更大的辐射带动作用，还为连片特困藏区乡村振兴产业兴旺等目标实现提供重要动力，也为连片特困藏区公共服务有效供给，夯实乡村经济社会基础起到重要推动作用。科技扶贫创新公共服务平台助力精准扶贫是先行先试的探索，消除四川藏区城乡公共服务数字化鸿沟、推动连片特困藏区乡村振兴及公共服务能力现代化是长远目标。

推动连片特困藏区乡村产业兴旺，夯实乡村公共服务有效供给的社会基础。事实上，以"科技扶贫在线"（手机 APP）为主要载体的科技创新服务，向连片特困藏区乡村注入先进适用的农牧产业技术，在一定程度上满足了乡村产业发展对农牧业科技服务的多样化需求。第一，促进连片特困藏区农牧产品规模扩大。先进实用技术促进农牧产品生产率提高，直接扩大产品规模，还可以通过"科技扶贫在线"（手机 APP）解决农牧民在生产过

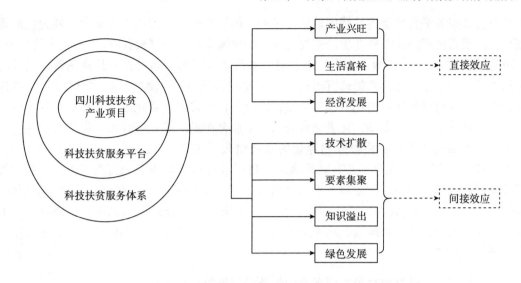

图 5 - 1 - 1　科技扶贫创新公共服务平台乡村振兴效应的实现机制

程中遇到的疑难问题，及时有效降低农牧产业发展过程中因技术缺乏造成的产业损失，相对扩大产品规模。第二，促进连片特困藏区农牧产品竞争力的提升。农牧民不仅可以通过科技扶贫创新公共服务平台掌握畜牧业品种改良、病虫害防治等实用技术并应用于生产，直接提高农牧产品质量，还可以结合不同地区的自然条件试验推广新品种，形成各个乡村的特色产品，优化连片特困藏区农牧产品结构，间接提升农牧产品竞争力。第三，促进连片特困藏区乡村新型农业经营主体发展。依托"科技扶贫在线"（手机 APP）上的全省农牧科技专家技术优势，对畜牧、蔬果、中药材等农牧民专业合作社以及产业化龙头企业实行最快两小时内的精准及时服务，可以有效推动连片特困藏区新型农业经营主体的快速稳健发展。第四，拓宽连片特困藏区农牧产品销售渠道。连片特困藏区农牧民可以在"科技扶贫在线"（手机 APP）上的"供销对接管理""百日场"等电商平台上，销售乡村土特优产品，扩大农牧产品销售渠道。

促进连片特困藏区乡村生活富裕，减轻乡村公共服务有效供给的现实压力。科技扶贫创新公共服务平台通过技术供给和引导，帮助连片特困藏区农牧民逐渐熟悉并掌握各种先进实用技术，助力脱贫增收。第一，减少连片特困藏区农牧产业的损失。"科技扶贫在线"（手机 APP）服务平台提供的咨询和技术指导服务等，可以及时降低技术使用不当或其他技术原因造成的产业损失，相对提高了当地农牧产业水平，从而增加农牧民收入。第二，提高连片特困藏区农牧产品的附加值。科技扶贫创新公共服务平台引导并鼓励农牧民掌握先进实用的农牧业生产技术，提升和优化农牧产品的供给质量和结构，增加农牧产品的附加值，促进农牧民增收。第三，增强连片特困藏区乡村农牧民增收致富信心和能力。"科技扶贫在线"（手机 APP）服务平台集聚全省各行各业农牧科技专家，为农牧民、致富带头人、产业合作社、县内本土专家和信息员等开展集中技术培训和线上个别指导。"线上＋线下"全方位培训体系的完善，有效提高连片特困藏区农牧民的增收致富信心和能力。

推动连片特困藏区县域经济发展，夯实城乡基本公共服务均等化的经济基础。科技扶贫创新公共服务平台推动连片特困藏区传统的个体经营模式逐渐向以专业合作社为主的规模化经营模式转变，使农牧业生产更能适应市场化需求，获得规模收益。"科技扶贫在线"（手机 APP）服务平台集聚人力、物力、财力和技术等资源，通过在连片特困藏区建设的实用农牧产业示范基地，实施适宜可行的产业发展示范项目，融入科技"催化剂"，将连片特困藏区乡村资源优势转化为经济效益；通过科技扶贫创业孵化服务平台，对返乡创业人员自主创业给予大力支持，促进家庭农场、专业合作组织等发展壮大，促进县域绿色经济发展，增强城乡基本公共服务均等化的县域财政保障能力。此外，"科技扶贫在线"（手机 APP）服务平台还针对连片特困藏区乡村产业发展技术和市场信息需求，开展相关产业发展趋势研判服务，为乡村产业发展提供技术、市场资讯；针对市场供销需求形势，"科技扶贫在线"（手机 APP）链接电商平台，实施精准综合市场信息服务，能有效降低乡村产业发展的市场过剩风险，从而降低农牧民生产损失风险，间接促进当地农牧民增收和县域经济发展。

三、科技创新促进乡村公共服务有效供给的间接效应

在连片特困藏区乡村产生技术扩散和知识溢出，提升乡村公共服务的人力资源素质。为提高连片特困藏区乡村农牧业生产能力，科技扶贫创新公共服务平台会根据乡村资源禀赋和经济社会发展条件，筛选出先进适用的农牧业生产技术，并推动其应用于乡村产业发展中。筛选后的先进适用技术，一般在科技扶贫示范村和示范基地率先使用，随后产生一种正向激励机制，促进技术在本地和周围地区传播，产生技术扩散和知识溢出效应。科技扶贫创新公共服务平台的网络在线服务，加之传统的农业科技园区、专家大院、农民专业合作社、乡村产业技术服务中心等的面对面服务，更加有益于推动先进适用农牧业技术在连片特困藏区转化为现实生产力。科技扶贫创新公共服务平台作为技术及服务的供给方和信息交汇地，通过"手机 APP ＋ 乡村兼职信息员"的创新方式，与技术和服务的接受方产生直接联系，有效缩短农业科技的传输距离，节省科技转化为现实生产力所需的时间。以乡村兼职信息员（村干部、乡村教师、农技员等）为重要桥梁，实现农业科技专家对偏远乡村农牧民的"一对一"或"一对多"服务，从而加速先进适用农牧业技术的纵向扩散。

推动多种要素向连片特困藏区乡村集聚，增强乡村公共服务能力现代化的要素保障。科技扶贫创新公共服务平台对制度、资金、人才和信息等要素的线上和线下整合，产生要素集聚效应，提高乡村科技公共服务的要素保障能力。政府作为科技扶贫创新公共服务平台的建设者和管理者，在制度和资金等要素供给和配置等方面发挥引领作用。在制度保障方面，四川省科技厅于 2015 年 11 月出台《四川省科技扶贫专项行动实施方案》，科技扶贫创新公共服务平台被列为重点建设内容之一。此后，陆续出台《四川省实施科技扶贫专项行动项目和资金管理暂行办法》《科技扶贫产业示范基地建设实施意见》《科技扶贫服务类项目实施细则》等配套政策，各地区随之出台相应的实施政策，共同组成推动科技扶贫创新公共服务平台建设和运作的制度体系。在资金要素保障方面，四川省科技厅和财政厅以定向财力转移支付的方式，从 2016 年起，每年向连片特困藏区每个贫困县拨付 30 万元项目资金用于建设科技扶贫创新公共服务平台。在人才要素保障方面，依托"科技扶贫在线"（手机 APP）平台，将全省农牧业科技专家和技术人员集聚于线上平台，2 小时内

在线解答农牧民在生产过程中遇到的技术问题，同时线下大规模地培训组建乡村科技信息员队伍，产生人才集聚效应。在信息要素保障方面，由连片特困藏区乡村干部、教师、农技员等组成的兼职信息员队伍，通过"科技扶贫在线"（手机 APP）收集本村农牧民的技术需求信息，并及时上传"科技扶贫在线"（手机 APP）服务平台，再由服务平台分诊员搜寻专家提供技术服务，将诊断信息及时反馈到信息员或者农牧民手机 APP 上。连片特困藏区所有乡村农牧民科技服务需求以及专家反馈，在"科技扶贫在线"（手机 APP）服务平台上形成信息集聚。科技扶贫创新公共服务平台分诊员针对农牧民通过信息员在"科技扶贫在线"（手机 APP）上咨询的较为普遍的共性问题，再组织实施现场技术培训。来源于农牧科技专家线上或现场解答种养殖产业技术难题的真实案例，"科技扶贫在线"（手机 APP）服务平台均有全程解答的文字和图片记录，让有效解决产业发展技术难题的现实案例很容易跨区域、低成本推广和示范，能够以点带面提升连片特困藏区乡村科技服务效率。

为连片特困藏区乡村振兴培养人才，夯实乡村公共服务供给能力现代化的人才基础。2016 年"科技扶贫在线"（手机 APP）服务平台在四川藏区推广使用至今，已在四川藏区乡村培养一万多人的乡村科技服务信息员队伍，为信息化引领乡村振兴，促进连片特困藏区乡村基本公共服务能力现代化储备丰富的公共服务人才。近年来乡村人才外流严重，尤其是连片特困藏区，已成为乡村振兴战略实施的巨大挑战。"科技扶贫在线"（手机 APP）服务平台的乡村兼职信息员，已经广泛分布在连片特困藏区各个乡村。他们在做好村干部、乡村教师和农技员等本职工作同时，兼职乡村科技服务信息员，通过手机 APP"点对点""分级诊疗"，帮助本村农牧民提出和解决科技服务需求。目前，大部分贫困农牧民还不具备自己通过手机 APP 提出技术需求的能力，需要乡村兼职信息员帮忙转述农牧民的问题，帮忙把专家的解答转述给农牧民。乡村兼职信息员，不仅成为联系本村农牧民和全省农牧科技专家的重要桥梁，同时也成为乡村公共服务综合服务员的人才队伍基础。通过兼职"科技扶贫在线"（手机 APP）服务平台的乡村信息员，不仅可以增加村社干部、乡村教师和农技员等的收入，有利于稳定这支乡村公共服务人才队伍，还可以培养他们成为乡村科技信息化服务专家。循着这种模式，还可以培养他们成为医疗卫生、社会保障等多种公共服务领域的综合公共服务人才，成为四省藏区乡村公共服务供给能力现代化的重要储备力量。

促进连片特困藏区乡村绿色发展，增强乡村公共服务与绿色经济发展的协调效率。目前四省藏区正处于绿色转型发展的战略机遇期，县域公共服务与绿色经济协同发展，将形成推动富民兴藏的更强大动力。科技扶贫创新公共服务平台向连片特困藏区乡村输入科学高效绿色的种养殖技术，将提高农牧产品的品质稳定性，减少对化肥农药的依赖性，提高自然资源的综合利用效率，降低乡村面源污染风险，促进连片特困藏区绿色经济发展。依托"科技扶贫在线"（手机 APP）服务平台的科技、市场、信息等多方面服务，还可以推动乡村绿色生态农牧产业的高效发展，释放绿色发展效应，促进连片特困藏区乡村经济发展与环境保护双赢局面形成。

第二节 科技创新促进藏区乡村公共服务
有效供给的实证研究

"十三五"时期,四川藏区探索"手机 APP + 乡村兼职信息员"的公共服务创新方式,有效提升农牧业科技专家服务偏远乡村农牧民的可及性,为四省藏区科技公共服务有效供给,乡村公共服务供给能力现代化和城乡基本公共服务均等化提供路径启示。本节在实地调查四川藏区 32 县(市)科技扶贫创新公共服务平台预定建设目标完成情况基础上,采取 AHP 层次分析法,研究四川藏区科技扶贫创新公共服务平台的乡村振兴效应,并进行质量描述和协调类型分析。调查研究发现,四川藏区大部分县(市)科技扶贫创新公共服务平台仍处于初期起步探索阶段,乡村振兴效应存在明显区域差异,只有约 9% 的县(市)乡村振兴效应指数质量为良以上。

一、指标体系构建及权重确定

以四川藏区 32 县(市)作为方案层,构建科技扶贫创新公共服务平台乡村振兴效应测度的 AHP 结构模型(见图 5 - 2 - 1)和指标体系,将决策问题分为四个层次:一级指标、二级指标、三级指标和四级指标(见表 5 - 2 - 1),决策单元为四川藏区 32 县(市)。

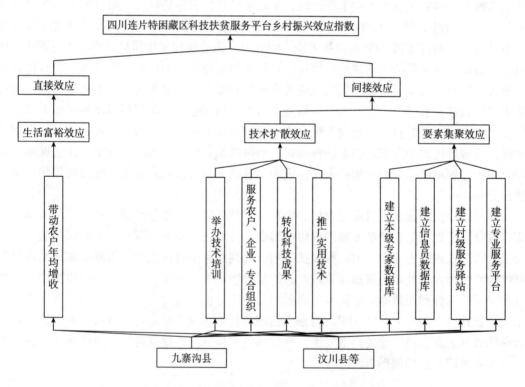

图 5 - 2 - 1 科技扶贫创新公共服务平台乡村振兴效应测度的 AHP 结构模型

由于统计年鉴中没有相关指标原始数据，这里主要从四川藏区全域 32 县（市）2016～2017 年度的《科技扶贫项目专项检查自查报告》和《科技扶贫服务平台建设项目计划任务书》取得原始数据，并从科技扶贫创新公共服务平台预定建设目标中选取定量测度乡村振兴效应所需要的各项指标。主要包括县级科技扶贫创新公共服务平台带动农牧民年均增收情况，举办技术培训的次数，服务农牧民、企业、专合组织的次数，本地转化科技成果的数量，推广实用技术的数量，建立本县（市）专家数据库的情况，建立本县（市）信息员数据库的情况，建立村级服务驿站的情况，建立专业服务平台的情况（见表 5-2-1）。使用式（5.1）对原始数据做无量纲化处理，得到四川藏区科技扶贫创新公共服务平台乡村振兴效应指数的四级指标数据（见表 5-2-2）。采用 YAAHP 层次分析法软件，构建判断矩阵，选取判断尺度，对定量测度指标进行权重计算，得出各定量指标权重（见表 5-2-1）。在此基础上，对判断矩阵进行平均随机一致性检验。检验结果显示，四级指标 CR 值均 <0.1（见表 5-2-3），通过平均随机一致性检验，各指标权重赋予合理。

表 5-2-1 科技扶贫创新公共服务平台乡村振兴效应的测度指标体系

一级指标	二级指标	三级指标	四级指标 x_{ij}	权重（性质）W_{ij}
乡村振兴效应指数 B_j	直接效应（0.3333）	产业兴旺效应	—	定性分析
		生活富裕效应（0.3333）	带动农牧民年均增收（元）	0.3333（+）
		县域经济发展效应	—	定性分析
	间接效应（0.6667）	技术扩散效应（0.3334）	举办技术培训（次）	0.1582（+）
			服务农牧民、企业、专合组织（次）	0.0544（+）
			转化科技成果（项）	0.0357（+）
			推广实用技术（项）	0.0851（+）
		要素集聚效应（0.3333）	建立本级专家数据库（名）	0.0796（+）
			建立信息员数据库（名）	0.0473（+）
			建立村级服务驿站（个）	0.0303（+）
			建立专业服务平台（个）	0.1761（+）
		知识溢出效应	—	定性分析
		绿色发展效应	—	定性分析

表 5-2-2 科技扶贫创新公共服务平台乡村振兴效应指数的四级指标数据 x_{ij}

县（市）	建设专业服务平台（个）	建立村级服务驿站（个）	建立本级专家数据库（名）	建立信息员数据库（名）	带动农牧民年均增收（元）	举办技术培训（人次）	服务农牧民（次）	转化科技成果（项）	推广实用技术（项）
壤塘县	0.40	0.00	0.01	0.00	0.00	0.00	0.00	0.00	0.07
黑水县	0.20	1.00	1.00	1.00	0.00	0.25	0.01	0.00	0.33
小金县	0.60	0.36	0.20	0.68	0.00	0.00	0.03	0.00	0.00

县（市）	建设专业服务平台（个）	建立村级服务驿站（个）	建立本级专家数据库（名）	建立信息员数据库（名）	带动农牧民年均增收（元）	举办技术培训（人次）	服务农牧民（次）	转化科技成果（项）	推广实用技术（项）
汶川县	0.20	0.00	0.09	0.21	0.00	0.17	1.00	0.00	0.67
理县	0.20	0.01	0.00	0.00	0.00	0.00	0.00	0.00	0.00
茂县	0.20	0.00	0.66	0.17	0.00	0.42	0.01	0.00	0.00
九寨沟县	0.20	0.98	0.31	0.64	1.00	0.00	0.02	0.00	0.13
松潘县	1.00	0.00	0.20	0.12	0.00	0.17	0.04	0.00	0.20
金川县	0.20	0.00	0.38	0.58	0.00	0.00	0.00	0.00	0.00
马尔康县	0.20	0.01	0.01	0.00	0.00	0.00	0.00	0.00	0.00
阿坝县	0.20	0.00	0.01	0.00	0.00	0.00	0.00	0.00	0.07
若尔盖县	0.20	0.00	0.01	0.00	0.00	0.00	0.00	0.00	0.07
红原县	0.20	0.02	0.01	0.00	0.00	0.10	0.01	1.00	0.40
色达县	0.20	0.00	0.00	0.00	0.00	0.17	0.01	0.00	0.00
石渠县	0.60	0.08	0.01	0.00	0.06	0.58	0.00	0.00	0.20
理塘县	0.20	0.02	0.23	0.41	0.03	0.10	0.01	0.25	0.20
德格县	0.20	0.02	0.01	0.00	0.06	0.08	0.00	0.00	0.20
甘孜县	0.80	0.00	0.01	0.01	0.09	0.08	0.01	0.00	1.00
康定市	0.20	0.00	0.28	0.32	0.00	0.25	0.21	0.00	0.00
泸定县	0.20	0.00	0.33	0.25	0.23	1.00	0.05	0.00	0.20
丹巴县	0.20	0.03	0.16	0.01	0.00	0.10	0.00	0.00	0.00
九龙县	0.00	0.00	0.00	0.00	0.00	0.00	0.00	0.00	0.00
雅江县	0.20	0.00	0.31	0.41	0.00	0.20	0.00	0.00	0.00
道孚县	0.00	0.18	0.00	0.00	0.00	0.18	0.00	0.00	0.00
炉霍县	0.20	0.00	0.00	0.00	0.00	0.06	0.00	0.25	0.00
新龙县	0.20	0.02	0.00	0.00	0.00	0.03	0.42	0.02	0.20
白玉县	0.00	0.00	0.00	0.00	0.00	0.00	0.00	0.00	0.00
巴塘县	0.20	0.00	0.02	0.01	0.00	0.07	0.01	0.00	0.20
乡城县	0.20	0.00	0.01	0.00	0.00	0.08	0.06	0.00	0.27
稻城县	0.20	0.00	0.04	0.02	0.00	0.25	0.00	0.00	0.20
得荣县	0.20	0.01	0.01	0.00	0.58	0.51	0.13	0.25	0.40
木里县	0.00	0.05	0.63	0.55	0.00	0.25	0.01	0.00	0.00

注：对原始数据采用式（5.1）做无量纲化处理，得到本表中四川藏区科技扶贫创新公共服务平台乡村振兴效应指数四级指标数据 x_{ij}。

表5-2-3 平均随机一致性检验 CR 表

阶数	1	2	3	4	5	6	7	8	9
RI	0	0.017	0.017	0	0	0	0	0	0

二、四川藏区科技扶贫创新公共服务平台乡村振兴效应的测度

采用极值化法对原始数据进行无量纲化处理（式（5.1）），i 代表某项测度指标（i = 1，2，…，9）；j 代表某个决策单元（j = 1，2，…，32）；x_{ij} 为第 j 个决策单元第 i 项指标的实际值；x_{max} 为某项测度指标的最大值，x_{min} 为该项测度指标的最小值，x_{ij} 为第 j 个决策单元第 i 项指标的无量纲化值。

$$x_{ij} = \begin{cases} \dfrac{x_{ij} - x_{min}}{x_{max} - x_{min}} & \text{正向指标} \\[3mm] \dfrac{x_{max} - x_{ij}}{x_{max} - x_{min}} & \text{逆向指标} \end{cases} \tag{5.1}$$

根据笔者构建的四川藏区科技扶贫创新公共服务平台乡村振兴效应测度指标体系，以及计算的指标权重（见表 5 - 2 - 1），使用加权求和法计算 2017 年四川藏区全域 32 县（市）的乡村振兴效应指数（式（5.2））。式（5.2）中，B_j 为第 j 个决策单元（市）科技扶贫创新公共服务平台的乡村振兴效应指数，W_{ij} 为第 j 个决策单元第 i 项测度指标的权重，X_{ij} 为第 j 个决策单元第 i 项测度指标无量纲化处理后的数值。采用上述方法，计算得出 2017 年四川藏区 32 个县（市）科技扶贫创新公共服务平台的乡村振兴效应指数（见表 5 - 2 - 4）。为便于分析四川藏区 32 个县（市）乡村振兴效应的区域差异，将科技扶贫创新公共服务平台乡村振兴效应指数为 0.4 ~ 1 的县（市）划分为乡村振兴效应质量一等（优），0.3 ~ 0.4 的划分为乡村振兴效应质量二等（次优），0.2 ~ 0.3 的划分为乡村振兴效应质量三等（良），0.1 ~ 0.2 的划分为乡村振兴效应质量四等（次良），0 ~ 0.1 的划分为乡村振兴效应质量五等（中）。

$$B_j = \sum_{i=1}^{9} W_{ij} X_{ij} (j = 1,2,\cdots,9) \tag{5.2}$$

表 5 - 2 - 4 四川藏区 32 县（市）科技扶贫创新公共服务平台乡村振兴效应指数 B_j

序号	贫困县（市）	乡村振兴效应指数	评价等级	直接效应指数	间接效应指数
1	壤塘县	0.0771	五	0.0000	0.0771
2	黑水县	0.2611	三	0.0000	0.2611
3	小金县	0.1656	四	0.0000	0.1656
4	汶川县	0.1895	四	0.0000	0.1895
5	理县	0.0360	五	0.0000	0.0360
6	茂县	0.1627	四	0.0000	0.1627
7	九寨沟县	0.4658	一	0.3333	0.1325
8	松潘县	0.2432	三	0.0000	0.2432
9	金川县	0.0924	五	0.0000	0.0924
10	马尔康市	0.0360	五	0.0000	0.0360
11	阿坝县	0.0420	五	0.0000	0.0420

序号	贫困县 （市）	乡村振兴 效应指数	评价等级	直接效应指数	间接效应指数
12	若尔盖县	0.0419	五	0.0000	0.0419
13	红原县	0.1224	四	0.0000	0.1224
14	色达县	0.0623	五	0.0000	0.0623
15	石渠县	0.2374	三	0.0193	0.2181
16	理塘县	0.1252	四	0.0097	0.1155
17	德格县	0.0859	五	0.0193	0.0666
18	甘孜县	0.2684	三	0.0290	0.2394
19	康定市	0.1234	四	0.0000	0.1234
20	泸定县	0.3291	二	0.0773	0.2518
21	丹巴县	0.0657	五	0.0000	0.0657
22	九龙县	0.0000	五	0.0000	0.0000
23	雅江县	0.1110	四	0.0000	0.1110
24	道孚县	0.0337	五	0.0000	0.0337
25	炉霍县	0.0945	五	0.0193	0.0752
26	新龙县	0.1294	四	0.0097	0.1197
27	白玉县	0.0000	五	0.0000	0.0000
28	巴塘县	0.0648	五	0.0000	0.0648
29	乡城县	0.0749	五	0.0000	0.0749
30	稻城县	0.0962	五	0.0000	0.0962
31	得荣县	0.3598	二	0.1932	0.1666
32	木里县	0.1174	四	0.0000	0.1174

三、乡村振兴效应的质量描述分析

从表 5 - 2 - 4 中数据来看，在四川藏区 32 县（市）中，2017 年只有九寨沟、得荣和泸定三个县的科技扶贫创新公共服务平台乡村振兴效应指数 B_j 质量为良以上，占比约为 9%。其中，九寨沟县科技扶贫创新公共服务平台的乡村振兴效应指数属于第一等级，质量达到"优"。泸定县和得荣县科技扶贫创新公共服务平台的乡村振兴效应指数属于第二等级，质量达到"次优"。此三县科技扶贫创新公共服务平台带动农牧民年均增收的幅度相对较大，举办农牧业技术培训的次数，服务农牧民、企业、专合组织的次数，建立村级服务驿站和专业服务平台的数量，转化科技成果和推广实用技术的数量相对较多，建立的县本级专家队伍和信息员队伍力量相对雄厚，促进乡村科技公共服务供给能力提升效果相对明显。

进一步比较分析 2017 年四川藏区各县（市）科技扶贫创新公共服务平台乡村振兴效

应指数的四级指标值 x_{ij}。其中,九寨沟县的九个 x_{ij} 值中,建立村级服务驿站情况、建立专业服务平台情况、建立本级专家数据库情况、建立信息员数据库情况、举办技术培训情况、服务农牧民(企业、专合组织)情况、带动农牧民年均增收情况这七项均完全达到计划要求,只有转化科技成果和推广适用技术这两项未完全达到计划要求,所以其科技扶贫创新公共服务平台的乡村振兴效应指数最高。

黑水、松潘等四个县 2017 年科技扶贫创新公共服务平台的乡村振兴效应指数属于第三等级,质量为"良",占比约为 13%。康定市、木里县等九个县(市)的乡村振兴效应指数属于第四等级,质量为"次良",占比约为 28%。其他 50% 的县(市)科技扶贫创新公共服务平台的乡村振兴效应指数集中于 0~0.1。排名靠后的地区,指数普遍较低的主要原因在于,带动当地农牧民年均增收、转化科技成果、推广实用技术等关键性指标表现较弱。甚至有的县在建立本级专家数据库和信息员数据库的指标上仍是空白。从可量化指标来看,目前四川藏区多数县(市)科技扶贫创新公共服务平台的乡村振兴效应还不够显著,仍处于初期起步探索阶段,与这些县(市)平台建成和运营时间不长,相关制度和要素保障不足,特别是专家和信息员数量不足,项目推进效率相对较低等因素有关。

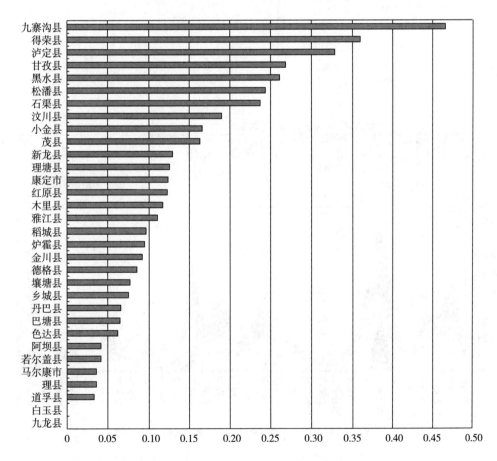

图 5-2-2 四川藏区 32 县(市)科技扶贫创新公共服务平台乡村振兴效应指数排序

注:绘图数据来源于表 5-2-4。

四、乡村振兴效应的协调类型分析

以 2017 年四川藏区 32 个县（市）科技扶贫创新公共服务平台的乡村振兴直接效应指数和间接效应指数的平均值作为坐标轴，依据各县（市）乡村振兴直接效应和间接效应指数与坐标轴的关系，将其定位到不同协调类型对应的空间象限中。研究结果表明：九寨沟、得荣、甘孜和泸定四个县为"高位均衡型"，科技扶贫创新公共服务平台的乡村振兴直接效应指数和间接效应指数都处于相对高位，当地科技扶贫创新公共服务平台带动乡村振兴的示范作用较为明显（见图 5 - 2 - 3）。

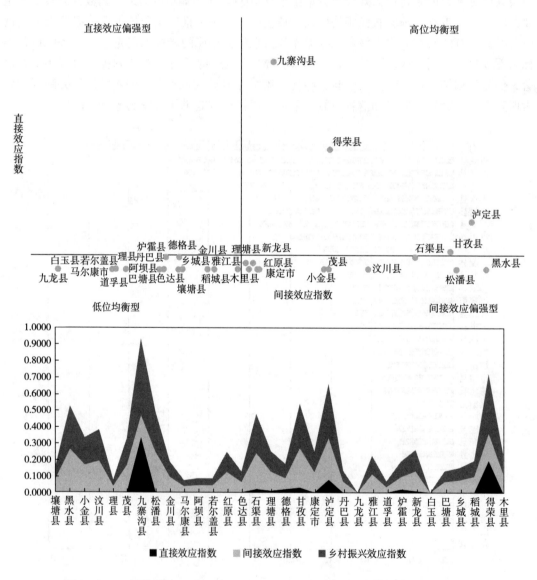

图 5 - 2 - 3　四川藏区 32 县（市）科技扶贫服务平台乡村振兴效应协调类型比较

注：绘图数据来源于表 5 - 2 - 4。

同期，黑水、松潘、小金、汶川等十一个县（市）为"间接效应偏强型"，当地科技扶贫创新公共服务平台的乡村振兴间接效应指数明显高于直接效应指数，科技人才等要素聚集效果明显，但要素优势转化为产业发展优势的作用尚未充分发挥。雅江、稻城、壤塘、金川等十七个县（市）为"低位均衡型"，科技扶贫创新公共服务平台的乡村振兴直接效应指数和间接效应指数都处于相对低位。当地科技扶贫创新公共服务平台对资金、人才和信息等要素的集聚作用，带动当地特色优势产业发展，促进当地农牧民增收的作用，均未很好地发挥。没有县（市）属于"直接效应偏强型"（见图5-2-3）。白玉县和九龙县的科技扶贫创新公共服务平台建设处于刚刚启动阶段，各项指标数据均为0，所以其乡村振兴效应指数为0。

第三节　科技创新促进藏区乡村公共服务有效供给的路径探讨

由于四省藏区或者山高谷深，或者高原辽阔，导致农牧产业布局分散、总量较小、产业链短。加之四省藏区的家庭农场、龙头企业、专业合作社等新型农业经营主体严重不足、质量不高、引领带动能力不强，科技公共服务推动四省藏区农牧业和乡村公共服务供给能力现代化，面临地处偏远，教育文化落后，劳动者素质亟待提升等明显障碍。随着信息化和数字化的飞速发展，四省藏区城乡公共服务数字化鸿沟逐步拉大，乡村公共服务能力现代化对四省藏区乡村通信网络基础设施完善，公共服务方式创新和技术手段进步等，提出急迫现实需求。根据四川藏区的实践经验，探索"手机APP＋乡村综合公共服务人员"的创新方式，增强乡村公共服务"技术有效性"和公共服务队伍力量，成为"十四五"时期四省藏区乡村公共服务能力现代化可以选择的现实路径。

一、改善科技创新促进乡村公共服务有效供给的现实条件

事实上，科技本身对于四省藏区乡村公共服务的支持效果没有基本公共教育、医疗卫生服务等直接且便于衡量绩效和价值。但是，科技却可能成为四省藏区各类乡村公共服务能力现代化的重要支撑。可以通过提升四省藏区乡村宽带互联网普及率及通信服务水平，以信息化引领乡村科技公共服务供给方式创新，搭建乡村公共服务有效供给的互联网平台，壮大乡村公共服务有效供给的基层队伍，为四省藏区公共服务供给能力现代化提供重要支撑。但从第三次全国农业普查数据来看，截至2016年底，四川、甘肃和青海藏区乡村互联网普及率还相对较低[①]。其中，四川藏区阿坝州和甘孜州通宽带互联网的村占比分别为64.3%和23.6%，比同期四川省平均水平分别低20.1个和60.8个百分点，比同期全国平均水平分别低25.6个和66.3个百分点；甘肃藏区甘南州通宽带互联网的村占比分别为58.4%，比同期甘肃省、全国平均水平分别低19.5个和31.5个百分点；青海藏区海北州、黄南州、海南州、果洛州和海西州通宽带互联网的村占比分别为73.1%、64.7%、

① 青海藏区玉树州和云南藏区迪庆州未公布第三次全国农业普查数据。

34.4%、7.4%和54.4%，比同期全国平均水平分别低16.8个、25.2个、55.5个、82.49个和35.5个百分点，其中海南州和果洛州比同期青海省平均水平分别低15.7个和42.7个百分点（见图5-3-1）。四川、甘肃和青海藏区乡村互联网普及率不仅相对较低，而且网络信号还很不稳定。"十四五"时期，亟待提升乡村通信网络基础设施建设水平，为乡村基本公共服务供给能力现代化，以及城乡基本公共服务均等化夯实硬件设施基础。

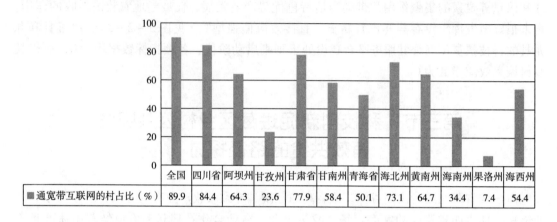

	全国	四川省	阿坝州	甘孜州	甘肃省	甘南州	青海省	海北州	黄南州	海南州	果洛州	海西州
■通宽带互联网的村占比（%）	89.9	84.4	64.3	23.6	77.9	58.4	50.1	73.1	64.7	34.4	7.4	54.4

图5-3-1 四川、甘肃和青海藏区自治州通宽带互联网的村占比情况

资料来源：表3-1-3中第三次全国农业普查数据。果洛州的第三次全国农业普查有电子商务配送站点的村占比（%）数据缺失，玉树州和迪庆州未公布第三次全国农业普查数据。

二、借助科技创新服务平台促进乡村基本公共服务资源整合

"十四五"时期，四川藏区可以在科技扶贫创新公共服务的基础上，进一步探索将"科技扶贫在线"（手机APP）转型发展成为教育、医疗卫生、社会保障、就业创业、社会服务等多种公共服务共用的乡村基本公共服务信息平台和大数据平台。依托"十三五"时期已经建设完成的科技扶贫创新公共服务平台，以及遍及各个乡村的科技公共服务兼职信息员队伍，为连片特困藏区乡村公共服务供给能力现代化探索现实路径。探索将"科技扶贫在线"（手机APP）转型发展为"乡村公共服务在线"（手机APP），示范建设连片特困藏区乡村基本公共服务综合载体。四川省计划2020年底全面建成小康社会之后，将"科技扶贫在线"（手机APP）升级为"乡村科技服务在线"（手机APP），探索连片特困藏区科技公共服务有效供给的创新方式，是一种有益的改革创新思路。但是，这样也只能提升农牧业科技专家服务连片特困藏区偏远乡村的可及性，还未惠及乡村公共服务的其他方面。实地调研发现，连片特困藏区教育、医疗卫生、社会保障、劳动与就业服务等更多种类的基本公共服务，也很需要这样的在线服务平台，高效集聚全省政策、资金、技术和人才等多种资源，增强多种基本公共服务专家和技术人员服务连片特困藏区偏远乡村的可及性。因此，可以在"科技扶贫在线"（手机APP）运作和管理经验基础上，将其服务范围从科技公共服务向教育、医疗卫生、社会保障服务等方面进一步拓宽。依托"乡村科技服务在线"（手机APP）平台，集合教育、医疗卫生、社会保障服务等相关部门在线服务、资料报送和档案管理系统功能，将"科技扶贫在线"（手机APP）逐步升级为"乡村

公共服务在线"（手机 APP），将其建设成为包括乡村科技服务在内的藏区乡村公共服务和公共管理的统一平台。

　　同时，"科技扶贫在线"（手机 APP）从 2016 年开始培养的乡村科技服务兼职信息员队伍，可以逐步转变为乡村综合公共服务兼职信息员，协助连片特困藏区农牧民解决各种基本公共服务的"最后一千米"问题。连片特困藏区乡村的公共服务和公共管理基本情况，可以统一在"乡村公共服务在线"（手机 APP）上报，如无变更，各公共服务部门要求上报资料无须重复填写基础资料。"上面千条线，下面一根针"以精准扶贫工作为例，笔者实地调研发现，连片特困藏区贫困村扶贫工作人员每年需要填报的表格有时甚至达到90 种（见表 5 - 3 - 1），重复填写上报，占用大量工作时间精力。还要频繁接受从县到州、到省上和中央各级各部门专项检查，接受精准扶贫第三方评估、省级和国家级评估，使得连片特困藏区乡村基层精准扶贫工作重复多，工作强度大，工作时间长。如果能够适时将"科技扶贫在线"（手机 APP）升级为"乡村公共服务在线"（手机 APP），所有的公共服务部门，都可以在这个平台获取乡村公共服务相关基础数据，提供各类公共服务，还可以就某些基础设施和公共服务项目形成人力和财力的支撑合力。不仅可以提升连片特困藏区乡村公共服务工作人员的工作效率，还能推动连片特困藏区乡村基本公共服务能力现代化。

表 5 - 3 - 1　某贫困村驻村扶贫工作人员一年填写表格汇总

1	贫困户花名册	46	贫困村脱贫申请表
2	低保贫困户花名册	47	脱贫产业发展过程资料
3	五保户花名册	48	村情简介，行政村、自然村信息采集表
4	一般贫困户花名册	49	全村贫困户信息汇总表
5	残疾人花名册	50	党小组会议记录
6	因学致贫花名册	51	帮扶责任书
7	因病致贫花名册	52	全村总体帮扶规划
8	因残致贫花名册	53	半年帮扶计划
9	因缺劳力致贫花名册	54	全年帮扶计划
10	因缺技术致贫花名册	55	帮扶日志
11	因缺资金致贫花名册	56	个人一对一帮扶计划
12	危房户花名册	57	半年工作总结
13	年度贫困户危房花名册	58	帮扶对象家庭情况说明
14	改造拟建房户花名册	59	贫困户脱贫申请
15	产业资金扶持花名册	60	脱贫户巩固计划
16	贴息贷款花名册	61	脱贫户走访日志
17	免费安装宽带花名册	62	帮扶部门帮扶规划
18	免费发放手机花名册	63	结对帮扶表
19	需要技能培训人员花名册	64	驻村日志

20	参加技能培训人员花名册	65	工作队花名册、签到册
21	贫困家庭劳动力统计表	66	工作队帮扶职责
22	打工就业情况统计表	67	工作队及队长工作职责
23	打工就业意愿统计表	68	干部包户帮扶工作职责
24	家庭成员信息表	69	工作队帮扶情况汇报材料
25	核查收入支出算账表	70	村脱贫攻坚指挥部机构情况表
26	居民信息调查表	71	各类扶贫工作制度、职责资料
27	贫困户信息采集表	72	脱贫攻坚2017~2020年规划
28	拟脱贫贫困户花名表	73	全年扶贫工作总结
29	拟剔除贫困户花名表	74	扶贫工作责任书
30	拟保留贫困户花名表	75	八个一批扶贫政策扶持情况统计表
31	拟新增贫困户花名表	76	村级学习计划、内容、检查材料
32	可能返贫贫困户花名表	77	个人学习计划、心得体会、发言讨论材料
33	帮扶责任人信息一览表	78	精准扶贫宣传方案
34	饮水安全达标印证材料	79	党建促扶贫方案、计划
35	电力覆盖率达标印证材料	80	党建促扶贫落实情况
36	道路硬化率达标印证材料	81	建档立卡贫困户应享受政策情况
37	基本医疗卫生达标率印证材料	82	建档立卡贫困户已享受政策情况统计表
38	贫困发生率达标印证材料	83	四议两公开记录
39	人均纯收入达标印证材料	84	三会一课记录
40	互助组织达标印证材料	85	帮扶明白卡每户一式两份
41	贫困村信息采集表	86	脱贫攻坚自查问题清单
42	贫困村申请表	87	脱贫攻坚自查问题整改清单
43	贫困村脱贫规划	88	脱贫攻坚问题整改情况统计
44	贫困村脱贫实施方案及措施	89	扶贫手册
45	2015年、2016年、2017年、2018年调查表，2019年预算表	90	居农牧民的贫困申请书（因贫困户不识字需要帮忙填写）

资料来源：笔者通过实地调研座谈等方式取得并整理。

三、探索"手机APP＋乡村综合公共服务人员"的创新方式

笔者实地调研发现，截至2019年底，四川"科技扶贫在线"（手机APP）服务平台已经基本实现十分钟内对连片特困藏区乡村农牧民技术需求信息进行回应，两小时内完成专家答复，不仅能更加及时有效地"一对一"解决农牧民的生产技术难题，且能避免传统"一对多"现场集中培训的交通成本高、路途耗时长和缺乏针对性等问题。如果"科技扶贫在线"（手机APP）服务平台运营管理中心分诊员在服务平台上发现相同或者类似的农业科技问题大量出现时，也可以汇报主管部门组织针对此类问题的现场服务，与"科技扶

贫在线"（手机 APP）线上解决问题的方式相互补充、相得益彰。同时，连片特困藏区乡村干部、教师、农技员和产业大户等，也可以通过兼职乡村科技服务信息员合理合法增加收入，有利于稳定连片特困藏区乡村干部、教师和农技员队伍。"科技扶贫在线"（手机 APP）自 2016 年在四川藏区启用以来，大约为四川藏区乡村培养了 1 万多名兼职信息员。如果"科技扶贫在线"（手机 APP）成功升级为"乡村公共服务在线"（手机 APP），乡村科技扶贫创新服务平台将转型成为乡村综合公共服务平台，还可以培训这些乡村科技服务兼职信息员成为乡村教育、医疗卫生、社会保障和就业等多种服务的兼职工作人员。不仅可以增加连片特困藏区乡村公共服务的供给主体，还可以进一步增加特困藏区乡村干部、教师和农技员等的收入，有利于进一步稳定连片特困藏区乡村公共服务人员队伍，解决连片特困藏区乡村公共服务专业技术人员稀缺的现实问题。青海藏区达日县把县域内全部牧区按照行政村区划分为 257 个牧业片区，探索"县、乡、村、社、片区"牧长管理制，将全县村、社、寺院、学校、扶贫联社全部纳入牧业片区管理，以草管员、林管员、民间兽医、畜草储备员、建档立卡户服务员、寺院民管会工作人员等为主要力量，聘用片区牧长共 701 名，这些片区牧长成为青海藏区乡村综合公共服务人员的一种有益探索，和四川藏区乡村科技服务兼职信息员的作用类似。笔者实地调研也发现，四省藏区乡村干部、教师和农技员等，大多对目前收入水平和生活质量不太满意，都希望能够像四川藏区乡村科技服务兼职信息员或者达日县的牧长一样，通过兼职提供各类公共服务，把自己的家乡建设和治理得更美好的同时，自身也获得更美好的生活。此外，在后精准扶贫时期，还可以探索吸引和鼓励有志公益事业或社会扶贫的教育、医疗卫生、农业科技、公共文化等方面专家和技术人员入库，通过"乡村公共服务在线"（手机 APP）为连片特困藏区提供公益性的公共服务。促进连片特困藏区乡村公共服务供给主体的有序增加，推动实现连片特困藏区乡村公共服务的多元主体供给。

第六章 探索四省藏区公共服务的
有效供给时序

新制度经济学的视野下，不能满足服务对象有效需求的公共服务政策是低效率或者无效率的，需要根据现实需求调整优化。为探索四省藏区公共服务的有效供给时序，减少公共服务供给效率的时序失配型漏损，调整优化四省藏区公共服务政策，增强公共服务供给的"治理有效性"，本章在对四省藏区不同发展特色的毗邻村寨、旅游产业先发乡（镇）与毗邻乡（镇）、县政府驻地乡（镇）和偏远乡（镇）公共服务的"治理有效性"进行调查研究基础上，分析不同区域公共服务的供给优先序。调查研究发现，"十四五"时期，在继续推动四省藏区基本公共服务均等化的同时，应充分考量和注重不同区域公共服务的现实需求和供给优先序差异，探索采取"俱乐部产品"形式供给公共服务，以公共服务的时序选择推动实现公共服务有效供给，精准适应不同区域居民结构差异化、利益关系复杂化、组织方式社会化、行为规范和价值观公共化等带来的一系列公共服务需求的深刻变化。

第一节 应对公共服务供给效率时序失配型漏损的思考Ⅰ

本节在对青海藏区海南州贵德县少数民族特色村寨和非少数民族特色村寨的实地调研和问卷调查基础上，基于顾客满意度理论和KANO模型，对不同民族发展特色毗邻村寨的公共服务现实需求和供给优先序进行比较研究。进一步探寻少数民族特色村寨和非少数民族特色村寨公共服务需求侧的真实状况，以及公共服务供给优先序的现实差异，为探索四省藏区公共服务有效供给时序，应对公共服务供给效率的时序失配型漏损问题，提供现实案例和思路启发。

一、不同民族特色毗邻村寨公共服务需求的差异分析

基于青海藏区海南州贵德县河西镇下排村、上刘屯村和贺尔加村主要公共服务的问卷调查数据，结合实地调研和入户访谈情况，笔者进一步对比分析当地少数民族（藏族）特色村寨（下排村）和毗邻的非少数民族特色村寨（上刘屯村、贺尔加村）对十二类主要公共服务的现实需求，并在此基础上探索其公共服务供给优先序的差异。调查问卷中，若被调查群众给某种公共服务排序为第1位，则赋值12；给某种公共服务排序为第2位，则赋值11；依次类推，给每份问卷中十二类主要公共服务的需求度赋值，然后取所有问卷给每类公共服务的需求排序赋值的算术平均值为该类公共服务需求度的平均值。其中，十二类主要公共服务内容与第五章基本相同。基于青海藏区贵德县河西镇下排村、上刘屯村和

贺尔加村问卷调查数据的公共服务需求度统计结果见表6-1-1，当地少数民族（藏族）特色村寨（下排村）、非少数民族特色村寨（上刘屯村、贺尔加村）对十二类主要公共服务的需求度总体排序、分区域排序及比较见表6-1-1和图6-1-1。

表6-1-1　少数民族特色村寨和非少数民族特色村寨主要公共服务需求排序

序号	样本总体	少数民族特色村寨	非少数民族特色村寨
1	农业信息服务	道路交通设施	农业科技推广
2	农业科技推广	农田水利设施	农业信息服务
3	农田水利设施	村（镇）容环境	政务（村务）公开
4	道路交通设施	农业信息服务	村（镇）容环境
5	村（镇）容环境	农业科技推广	农田水利设施
6	政务（村务）公开	通信网络服务	基本医疗卫生
7	通信网络服务	政务（村务）公开	公共文化服务
8	公共文化服务	新农保	饮用水安全
9	基本医疗卫生	公共文化服务	通信网络服务
10	新农保	基本医疗卫生	道路交通设施
11	饮用水安全	饮用水安全	新农保
12	基本公共教育	基本公共教育	基本公共教育

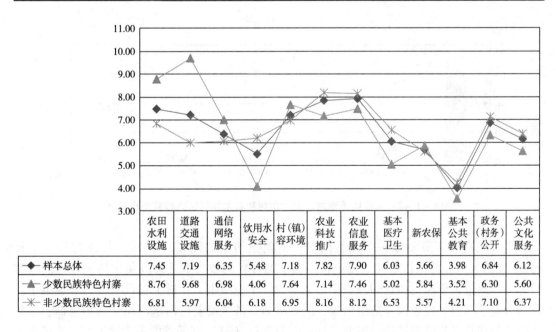

	农田水利设施	道路交通设施	通信网络服务	饮用水安全	村（镇）容环境	农业科技推广	农业信息服务	基本医疗卫生	新农保	基本公共教育	政务（村务）公开	公共文化服务
样本总体	7.45	7.19	6.35	5.48	7.18	7.82	7.90	6.03	5.66	3.98	6.84	6.12
少数民族特色村寨	8.76	9.68	6.98	4.06	7.64	7.14	7.46	5.02	5.84	3.52	6.30	5.60
非少数民族特色村寨	6.81	5.97	6.04	6.18	6.95	8.16	8.12	6.53	5.57	4.21	7.10	6.37

图6-1-1　少数民族特色村寨和非少数民族特色村寨公共服务需求度比较 I

对少数民族特色村寨、非少数民族特色村寨进行公共服务供给优先序的差异分析，有助于探索应对四省藏区公共服务供给效率时序失配型漏损的现实路径，并提出因地制宜、分类指导的公共服务供给优先序建议。这里在总体分析青海藏区贵德县河西镇少数民族（藏族）特色村寨（下排村）、非少数民族特色村寨（上刘屯村、贺尔加村）公共服务需求排序基础上，通过分少数民族特色村寨和非少数民族特色村寨来对比分析不同民族特色村寨的公共服务需求排序情况，以发现少数民族特色村寨、非少数民族特色村寨对于公共服务的现实需求差异，为后续分析四省藏区少数民族特色村寨、非少数民族特色村寨公共服务供给优先序的差异提供重要支撑。

比较特色村寨组和非特色村寨组被调查群众对十二类主要公共服务的需求排序情况（见表6-1-1、图6-1-1）可见，少数民族特色村寨、非少数民族特色村寨对于基本公共教育的需求排序完全相同，均排在第十二位。结合笔者在当地实地调研结果来分析，青海藏区贵德县河西镇的少数民族（藏族）特色村寨（下排村）、非少数民族特色村寨（上刘屯村、贺尔加村），均按照贵德县教育部门关于"收缩校点，集中办学，提高教学质量"的精神，从2009年起，对河西镇各个行政村的校点进行了收缩调整。截至2017年6月底，下排村有校点1个（小学）、教师8人，入学率和巩固率均逐年提高；贺尔加村和上刘屯村内虽然没有小学，但距离河西镇上的小学不是很远，并没有对孩子们上学造成很大影响，这两个村大部分孩子都去河西镇读书。由于国家和地方政府对于当地学生的教育补助力度较大，当地学生基本只需要带少量生活费就可以就学，基本没有其他方面的教育支出，十五年免费义务教育的惠民政策有效减轻了当地群众的经济负担（见图6-1-2），因此下排村、上刘屯村和贺尔加村的村民，对于基本公共教育的满意度较高，需求排序均在十二类主要公共服务的最后一位。

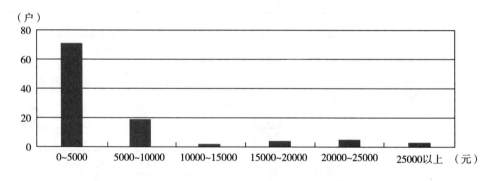

图6-1-2 河西镇下排村、上刘屯村和贺尔加村家庭教育支出统计

笔者在当地调研发现一个共性问题，河西镇的少数民族（藏族）特色村寨（下排村）、非少数民族特色村寨（上刘屯村、贺尔加村）均较为缺乏垃圾集中清运处理的政策措施，导致过去曾经使用过的垃圾箱形同虚设，干脆撤走了；村上也没有设置环境卫生清扫的公益性岗位，垃圾没有集中清理，随处堆放，甚至沿着村内水沟流到农田里面，导致庄稼生长和收成均受到影响，因此当地群众对于村（镇）容环境的满意度不高，均排在第八位，需求度分别排在第三位和第四位，排序非常接近。此外，笔者实地调研还发现，虽然三个村寨发展特色民族文化旅游产业的意愿均较为强烈，但是目前当地公厕等旅游基础设施建设非常落后。下排村作为少数民族（藏族）特色村寨，依托村内文昌宫、黄河奇石苑等旅游景点，有发展特色文化旅游产业的资源优势，但是当地政府对此的重视和投入尚不足以支持乡村旅游业的发展。

同时，实地调研还发现，河西镇的少数民族（藏族）特色村寨（下排村）、非少数民族特色村寨（上刘屯村、贺尔加村），对于农业信息服务的需求排序均比较靠前，也比较接近，分别排在第四位和第二位。虽然三个村寨的产业主要以第一产业为主，留在村里的村民大多选择务农，不愿意务农的青壮年劳动力主要选择外出务工，但是不管是少数民族（藏族）特色村寨（下排村），还是非少数民族特色村寨（上刘屯村、贺尔加村），均缺乏富有本地特色的优势产业，第一产业规模很小，当地农产品主要是自产自用；第三产业主要是小超市、小饭馆和农家乐等，数量屈指可数，在下排村甚至没有小饭馆；第二产业几乎没有。笔者同当地为数不多的务农青壮年劳动力交流，他（她）们很希望政府进一步完善当地农田水利设施，加强农业信息服务和农业科技推广服务，扶持本地特色优势农业发展。因此，少数民族特色村寨和非少数民族特色村寨对农田水利设施的需求排序均很靠前，分别排在第二位和第五位，对于农业科技推广的需求排序也很靠前，分别排在第五位和第一位。从上述排序结果来看，一定程度上反映了当地未外出务工的群众对于通过产业发展实现增收致富的强烈意愿。

青海藏区海南州河西镇少数民族（藏族）特色村寨（下排村）、非少数民族特色村寨（上刘屯村、贺尔加村）的被调查群众，除了对于基本公共教育、村（镇）容环境、农业信息服务和公共文化服务这四类公共服务的需求排序非常接近外，对其他八类公共服务的需求排序存在一定差异。其中，比较明显的差别在于以下几个方面（见图6-1-3、图6-1-4）。

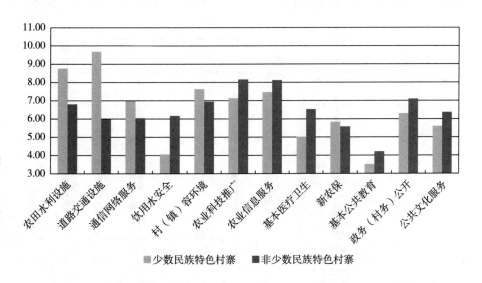

图6-1-3 少数民族特色村寨和非少数民族特色村寨公共服务需求度比较Ⅱ

笔者实地调研发现，少数民族特色村寨下排村虽然已实施通达工程，但是村内主要道路特别是通往村上知名文化旅游景点文昌宫的通乡公路，已经被重车严重破坏。虽然"十二五"时期修建完成之后也翻修过,但是后续维护力度不够,目前道路崎岖不平,村民进出下排村都感觉非常不方便。因此,少数民族(藏族)特色村寨下排村的被调查群众基本上将道路交通设施的需求排在第一位,比非特色村寨组对于道路交通基础设施第十位的需求排序靠前很多。

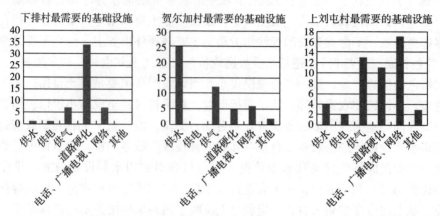

图6-1-4 少数民族特色村寨和非少数民族特色村寨基础设施的需求优先序比较

同时,笔者实地调研发现,上刘屯村和贺尔加村这两个非少数民族特色村寨,当地群众对于政务(村务)公开的满意度很低,在十二类主要公共服务中排在第十位,对于村内公共事务处理过程、方式和结果均存在一些质疑,当地村民认为自己参与村内公共事务处理和决策的机会较少。因此,河西镇的上刘屯村、贺尔加村两个非少数民族特色村寨,对于政务(村务)公开的需求排序排在第三位,相比特色村寨第七位的排序,要靠前很多。

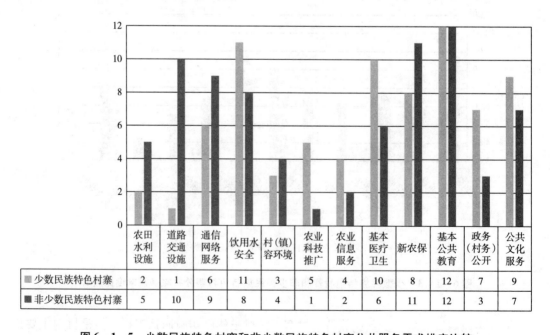

	农田水利设施	道路交通设施	通信网络服务	饮用水安全	村(镇)容环境	农业科技推广	农业信息服务	基本医疗卫生	新农保	基本公共教育	政务(村务)公开	公共文化服务
少数民族特色村寨	2	1	6	11	3	5	4	10	8	12	7	9
非少数民族特色村寨	5	10	9	8	4	1	2	6	11	12	3	7

图6-1-5 少数民族特色村寨和非少数民族特色村寨公共服务需求排序比较

此外，实地调查和问卷分析结果均显示，河西镇的少数民族特色村寨下排村，与非少数民族特色村寨上刘屯村和贺尔加村相比，对于基础设施的需求存在明显差异（见图6－1－4）。下排村最需要改善的基础设施是道路基础设施；贺尔加村供水基础设施建设滞后的问题比较突出；上刘屯村的供气和通信网络基础设施问题较为明显。总体来看，"十四五"时期既需要在基础设施上加大投入，又需要在基础设施后续维护方面出台因地制宜、分类指导的扶持政策。以避免当地群众说的"盼的项目不来，净搞些形象工程"这类现实问题。

二、基于供给优先序分析的公共服务供给时序调整路径 I

在前面对比分析青海藏区贵德县河西镇的少数民族（藏族）特色村寨（下排村）、非少数民族特色村寨（上刘屯村、贺尔加村）对十二类主要公共服务的满意度和需求排序基础上，借鉴顾客满意度理论，采用KANO模型，在问卷数据基础上分析少数民族特色村寨和非少数民族特色村寨的公共服务供给优先序，为探寻当地公共服务供给时序调整的现实路径提供重要依据。笔者通过分析调查问卷中设定的正反向结构性问题（见表6－1－2），将十二类主要公共服务需求归为四类：美好型（a）、缓需型（b）、急需型（c）、无差异型（d）[1]，计算公共服务满意度的供给增加弹性系数（Es＋）和供给减少弹性系数（Es－），并取其绝对值（以下简称｜Es＋｜和｜Es－｜）。公共服务满意度的供给增加弹性系数（Es＋）和供给减少弹性系数（Es－）的计算公式为：

$$|Es+| = \frac{a+b}{a+b+c+d} \tag{6.1}$$

$$|Es-| = \frac{b+c}{a+b+c+d} \tag{6.2}$$

表6－1－2 "藏区群众公共服务满意度和需求度调查问卷"中的结构性问题

如果政府提高公共服务的现有水平，您觉得	很喜欢	理所当然	无所谓	勉强接受	很不喜欢
如果政府降低公共服务的现有水平，您觉得	很喜欢	理所当然	无所谓	勉强接受	很不喜欢

在此基础上，根据KANO模型评价结果分类对照标准（见表6－1－3），将十二类主要公共服务进行分类。再根据特色村寨组和非特色村寨组的十二类主要公共服务需求分类结果，计算少数民族特色村寨和非少数民族特色村寨十二类主要公共服务的｜Es＋｜和｜Es－｜（见表6－1－4、表6－1－5）。

基于顾客满意度理论，参考少数民族特色村寨和非少数民族特色村寨对十二类主要公共服务的需求与满意度排序情况（见表6－1－1、表4－3－2），根据两组群众十二类主要

---

[1] 依据KANO模型，借鉴微观经济学中商品需求价格弹性的分类方法，将12种公共服务分为四类：如果某类公共服务满意度对供给增加缺乏弹性，而对供给减少富有弹性，对这类公共服务的需求就属于急需型需求；如果某类公共服务满意度对供给增加富有弹性，而对供给减少缺乏弹性，对这类公共服务的需求就属于缓需型需求；如果某类公共服务满意度与供给呈比例关系，对这类公共服务的需求就属于美好型需求；如果某类公共服务满意度对供给增加和减少都缺乏弹性，对这类公共服务的需求就属于无差异型需求。

表 6 - 1 - 3　KANO 模型评价结果分类对照标准

正向 ＼ 反向	很喜欢	理所当然	无所谓	勉强接受	很不喜欢
很喜欢	可疑结果	美好型	美好型	美好型	缓需型
理所当然	反向结果	无差异	无差异	无差异	急需型
无所谓	反向结果	无差异	无差异	无差异	急需型
勉强接受	反向结果	无差异	无差异	无差异	急需型
很不喜欢	反向结果	反向结果	反向结果	反向结果	可疑结果

表 6 - 1 - 4　公共服务的需求分类及 $|Es+|$ 和 $|Es-|$：少数民族特色村寨

公共服务	需求属性（%）						识别结果	$\|Es+\|$	$\|Es-\|$
	美好型	缓需型	急需型	无差异	反向	可疑			
农田水利设施	0.36	0.38	0.08	0.18	0	0	缓需型	0.74	0.46
道路交通设施	0.22	0.5	0.2	0.08	0	0	缓需型	0.72	0.7
通信网络服务	0.3	0.4	0.04	0.26	0	0	缓需型	0.7	0.44
饮用水安全	0.32	0.34	0.12	0.22	0	0	缓需型	0.66	0.46
村（镇）容环境	0.34	0.36	0.06	0.24	0	0	缓需型	0.7	0.42
农业科技推广	0.42	0.24	0.08	0.26	0	0	美好型	0.66	0.32
农业信息服务	0.32	0.34	0.06	0.28	0	0	缓需型	0.66	0.4
基本医疗卫生	0.22	0.58	0.08	0.12	0	0	缓需型	0.8	0.66
新农保	0.28	0.42	0.1	0.2	0	0	缓需型	0.7	0.52
基本公共教育	0.28	0.36	0.2	0.16	0	0	缓需型	0.64	0.56
政务（村务）公开	0.3	0.32	0.16	0.22	0	0	缓需型	0.62	0.48
公共文化服务	0.46	0.24	0.02	0.26	0.02	0	美好型	0.71	0.27

表 6 - 1 - 5　公共服务的需求分类及 $|Es+|$ 和 $|Es-|$：毗邻非少数民族特色村寨

公共服务	需求属性（%）						识别结果	$\|Es+\|$	$\|Es-\|$
	美好型	缓需型	急需型	无差异	反向	可疑			
农田水利设施	0.41	0.37	0.11	0.10	0.00	0.01	美好型	0.79	0.49
道路交通设施	0.42	0.40	0.07	0.09	0.01	0.01	美好型	0.84	0.48
通信网络服务	0.41	0.37	0.03	0.18	0.00	0.01	美好型	0.79	0.41
饮用水安全	0.25	0.54	0.11	0.11	0.00	0.00	缓需型	0.78	0.65
村（镇）容环境	0.35	0.39	0.05	0.21	0.00	0.00	缓需型	0.75	0.44
农业科技推广	0.38	0.32	0.05	0.23	0.01	0.01	美好型	0.72	0.38
农业信息服务	0.38	0.33	0.07	0.21	0.00	0.01	美好型	0.72	0.41
基本医疗卫生	0.29	0.43	0.11	0.17	0.00	0.00	缓需型	0.73	0.54
新农保	0.36	0.40	0.11	0.13	0.00	0.00	缓需型	0.76	0.51

公共服务	需求属性（%）						识别结果	｜Es＋｜	｜Es－｜
	美好型	缓需型	急需型	无差异	反向	可疑			
基本公共教育	0.26	0.48	0.08	0.18	0.00	0.00	缓需型	0.75	0.56
政务（村务）公开	0.26	0.43	0.09	0.22	0.00	0.00	缓需型	0.70	0.52
公共文化服务	0.41	0.31	0.03	0.22	0.02	0.01	美好型	0.75	0.35

公共服务的需求分类结果及｜Es＋｜和｜Es－｜测算结果（见表6－1－4、表6－1－5），按照KANO模型确定主要公共服务供给优先序的原则（见表6－1－6），确定河西镇少数民族特色村寨和非少数民族特色村寨十二类主要公共服务的供给优先序。在此基础上，将河西镇少数民族特色村寨和非少数民族特色村寨十二类主要公共服务的供给优先序划分为四个层次（见表6－1－7、表6－7－8），为探索四省藏区少数民族特色村寨和非少数民族特色村寨公共服务供给时序调整的现实路径提供重要依据。公共服务优先序分析表中，"＞"表示"排序优先"，"A＞B"表示"A的排序优先于B"，下同。

表6－1－6 KANO模型主要公共服务供给优先序的确定原则

原则①	按照"急需型＞缓需型＞美好型"的基本顺序进行排序，将急需型需求放在第一位。按照KANO模型的界定，急需型需求是居民认为政府必须供给的公共服务，如果这类需求未得到满足，则居民的不满意程度将会大大增加，因此在供给优先序中应处于第一位
原则②	结合｜Es＋｜和｜Es－｜系数，优先满足｜Es－｜较高的急需型需求，以消除居民的不满意程度。其次选择满足｜Es＋｜和｜Es－｜值较高的缓需型需求，以消除居民的不满意程度和增进居民的满意程度。最后优先供给｜Es＋｜较高的美好型需求，以最大限度地增进居民满意程度
原则③	根据当地群众对主要公共服务的需求与满意度排序，优先供给需求度较高而满意度评价较低的公共服务

表6－1－7 少数民族特色村寨公共服务供给优先序分析

第一层次	第一层次是道路交通基础设施、基本医疗卫生和新农保。由于笔者对青海藏区海南州贵德县河西镇少数民族特色村寨下排村问卷调查统计识别结果没有急需型公共服务，而道路交通基础设施、基本医疗卫生和新农保这三种缓需型公共服务的｜Es＋｜和｜Es－｜均高于两种系数的平均值（0.69和0.47），因此均归入供给优先序的第一层次
	再比较道路交通基础设施、基本医疗卫生和新农保这三种公共服务的｜Es＋｜和｜Es－｜。其中，新农保的｜Es＋｜和｜Es－｜（0.70和0.52）均低于道路交通基础设施和基本医疗卫生，因此将其排在第一层次的最后一位。道路交通基础设施的｜Es＋｜（0.72）虽然略低于基本医疗卫生（0.80），但是其｜Es－｜（0.70）高于基本医疗卫生（0.66），且道路交通基础设施服务的满意度排序为第十二位，也即十二类主要公共服务中最后一位，需求排序为第一位，因此将其放在第一层次的第一位
	这意味着道路交通基础设施是当前青海藏区海南州贵德县河西镇少数民族特色村寨下排村居民的首要需求，在供给优先序第一层次中应处于首要位置。这一层次公共服务的供给优先序排位大致为"道路交通基础设施＞基本医疗卫生＞新农保"

第二层次	第二层次是农田水利基础设施、村（镇）容环境、通信网络服务、政务（村务）公开和基本公共教育。本层次公共服务具有如下特征：一是这五种公共服务均属于缓需型。二是这五种公共服务的 $\mid Es+\mid$ 和 $\mid Es-\mid$ 有其一高于两种系数的平均值（0.69 和 0.47），而另一个低于平均值。农田水利设施、村（镇）容环境和通信网络服务的 $\mid Es+\mid$（0.74、0.70、0.70）高于平均值（0.69）；而基本公共教育和政务（村务）公开的 $\mid Es-\mid$（0.56、0.48）高于平均值（0.47）
	其中，农田水利基础设施的需求排序在第二位，相对比较靠前，而满意度排序在第九位，相对比较靠后；村（镇）容环境的需求排序也比较靠前（第三位），而满意度相对较低（第八位）；通信网络服务的需求排序在第六位，相对也比较靠前，满意度相对较高，排在第四位；政务（村务）公开的需求排序在第七位，略微靠后，满意度相对较高，排在第五位；基本公共教育服务的需求排序在第十二位，非常靠后，而满意度相对很高，排在第二位。这意味着，青海藏区海南州贵德县河西镇少数民族特色村寨下排村的居民对农田水利基础设施、村（镇）容环境和通信网络服务的需求较为迫切，对其供给水平不太满意
	其中，河西镇特色村寨组居民对农田水利基础设施的 $\mid Es+\mid$ 达 0.74，高于村（镇）容环境和通信网络服务的 $\mid Es+\mid$（0.70、0.70），且三者均高于平均值（0.69）。较高的 $\mid Es+\mid$ 意味着提高供给水平，居民的满意程度均明显增加，因此这三种公共服务的供给优先序应处于政务（村务）公开和基本公共教育之前。不仅村（镇）容环境的 $\mid Es-\mid$（0.42）略高于通信网络服务（0.44），而且由于村（镇）容环境的需求排序比通信网络服务高三个位次，且满意度排序比通信网络服务低四个位次，因此宜将村（镇）容环境的供给优先序排在通信网络服务之前。特色村寨组居民对基本公共教育服务的 $\mid Es-\mid$ 达 0.56，对政务（村务）公开的 $\mid Es-\mid$ 为 0.48，均高于平均值（0.47）。但是，由于河西镇少数民族特色村寨下排村的居民对基本公共教育服务的需求排序比政务（村务）公开低五个位次，且其满意度排序比政务（村务）公开高三个位次，所以政务（村务）公开的供给优先序应排在基本公共教育之前
	综上所述，在政府财力允许的条件下，以"农田水利基础设施 > 村（镇）容环境 > 通信网络服务 > 政务（村务）公开 > 基本公共教育"的优先序增加供给，能够大幅提升青海藏区海南州贵德县河西镇少数民族特色村寨下排村民对当地公共服务的满意度
第三层次	第三层次是同属于缓需型需求的农业信息服务、饮用水安全，它们的 $\mid Es+\mid$ 和 $\mid Es-\mid$ 均低于平均值，这两种公共服务的供给优先序应处于农田水利基础设施、村（镇）容环境、通信网络服务、政务（村务）公开和基本公共教育之后
	虽然农业信息服务、饮用水安全两者的 $\mid Es+\mid$ 均为 0.66，而农业信息服务的 $\mid Es-\mid$（0.40）略低于饮用水安全（0.46），但是考虑到农业信息服务的需求排序在第四位，排序比饮用水安全（第十一位）高七个位次；满意度排在第十一位，排序比饮用水安全（第一位）高十位次，最终以"农业信息服务 > 饮用水安全"的优先序增加供给，能够大幅提升青海藏区海南州贵德县河西镇少数民族（藏族）特色村寨下排村居民对当地公共服务的满意度
第四层次	第四层次是农业科技推广、公共文化服务。由于特色村寨组被调查群众对这两类公共服务的需求同属美好型，即如果这类需求得到满足，居民满意度会急剧提升，而这类需求无法得到满足时，居民不会出现明显不满，且在当地群众的需求排序（第九位；第五位）和满意度排序中位次（第六位；第十位）较为靠后。意味着这类公共服务并非青海藏区贵德县河西镇少数民族特色村寨下排村民关注的焦点，其供给优先序应处于农业信息服务和饮用水安全服务之后。虽然农业科技推广的 $\mid Es+\mid$（0.66）略低于公共文化服务（0.71），但是农业科技推广的需求排序在第五位，比公共文化服务（第十位）高五个位次，满意度排序（第九位）比公共文化服务（第六位）低三个位次，因此青海藏区贵德县河西镇少数民族特色村寨下排村第四层次的公共服务优先序宜为"农业科技推广 > 公共文化服务"

表 6 - 1 - 8 非少数民族特色村寨公共服务供给优先序分析

第一 层次	第一层次是饮用水安全和新农保。由于笔者对青海藏区贵德县河西镇非少数民族特色村寨上刘屯村和贺尔加村的问卷调查数据统计识别结果没有急需型公共服务，而饮用水安全和新农保这两种公共服务均属于缓需型需求，它们的│Es +│和│Es -│均高于两种系数的平均值（0.76 和 0.48），因此均归入供给优先序的第一层次 再比较这两种公共服务的│Es +│和│Es -│。其中，饮用水安全服务的│Es +│和│Es -│（0.78 和 0.65）均高于新农保（0.76 和 0.51），且饮用水安全服务的需求排序在第八位，比新农保高三个位次；满意度排序在第六位，比新农保低两个位次。鉴于此，应将饮用水安全服务排在第一层次的第一位。河西镇非少数民族特色村寨上刘屯村和贺尔加村第一层次公共服务的供给优先序排位应以"饮用水安全 > 新农保"为宜
第二 层次	第二层次是村（镇）容环境、基本公共教育服务、基本医疗卫生服务和政务（村务）公开。本层次公共服务具有如下特征：一是这四类公共服务均属于缓需型需求。二是这四类公共服务的│Es +│均低于平均值（0.76），因此它们的供给优先序应排在饮用水安全和新农保之后 其中，基本公共教育服务和村（镇）容环境服务的│Es +│均为 0.75，略低于平均值，但高于基本医疗卫生服务（0.73）和政务（村务）公开（0.70）。宜将基本公共教育服务和村（镇）容环境服务的供给优先序排在基本医疗卫生和政务（村务）公开之前，增加这两种公共服务的供给，将更大地提升当地群众的满意度。再比较基本公共教育服务和村（镇）容环境服务，前者的│Es -│（0.56）高于后者（0.44），说明减少基本公共教育服务的供给带来的不满要大于村（镇）容环境服务。再综合考虑需求度和满意度排位，村（镇）容环境服务的需求度排在第四位，比基本公共教育服务高八个位次；满意度排在第八位，比基本公共教育服务低七个位次，因此，在不减少当前公共服务供给数量和质量的前提下，增量供给优先序排位村（镇）容环境应在基本公共教育之前 再比较基本医疗卫生服务和政务（村务）公开的│Es +│和│Es -│，前者分别为 0.73 和 0.54，均高于后者（0.70、0.52），说明增加基本医疗卫生服务供给带来的满意度增加大于政务（村务）公开，减少基本医疗卫生服务供给带来的不满增加也大于政务（村务）公开，因此这两者的供给优先序排位，基本医疗卫生服务应在政务（村务）公开之前 综上所述，在政府财力允许的条件下，以"村（镇）容环境 > 基本公共教育 > 基本医疗卫生 > 政务（村务）公开"的顺序供给，能够大幅提升青海藏区海南州贵德县河西镇非少数民族特色村寨上刘屯村和贺尔加村居民对当地公共服务的满意度
第三 层次	第三层次是农田水利设施和道路交通设施。由于河西镇非少数民族特色村寨上刘屯村和贺尔加村居民对这两类公共服务的需求同属美好型，即如果这类需求得到满足，居民满意度会急剧提升，而这类需求无法得到满足时，居民不会出现明显不满，且其需求排序分别为第五位、第十位，相对靠后；其满意度排序分别为第五位、第二位，相对较为靠前。因此，这两类公共服务的供给优先序应处于村（镇）容环境、基本公共教育、基本医疗卫生和政务（村务）公开之后 与其他美好型需求相比，这两类公共服务的│Es +│和│Es -│均高于平均值（0.76、0.48）。其中，虽然农田水利设施服务的│Es +│（0.79）略低于道路交通基础设施（0.84），但是其│Es -│（0.49）略高于道路交通基础设施（0.48），且其需求排序在第五位，比道路交通基础设施高五个位次；其满意度排序在第十位，比道路交通基础设施低八个位次。综合考虑，最终以"农田水利设施服务 > 道路交通基础设施服务"的顺序供给，能够大幅提升青海藏区贵德县河西镇非少数民族特色村寨上刘屯村和贺尔加村居民对当地公共服务的满意度

第四层次	第四层次是同属于美好型需求的通信网络服务、农业信息服务、农业科技推广和公共文化服务。由于通信网络服务的 $\lvert Es+ \rvert$ 和 $\lvert Es- \rvert$（0.79、0.41）在这四类公共服务中最高，因此宜将其排在第四层次的第一位。虽然农业信息服务和农业科技推广的 $\lvert Es+ \rvert$（均为 0.72）略低于公共文化服务，但是农业信息服务和农业科技推广的 $\lvert Es- \rvert$（0.41、0.38）却高于公共文化服务（0.35），加之农业信息服务和农业科技推广的需求排序分别在第二位、第一位，比公共文化服务的需求排序分别高五个、六个位次；农业信息服务和农业科技推广的满意度排序分别为第十二位、第十一位，比公共文化服务分别低三个、两个位次。综合考虑上述因素，宜将农业信息服务和农业科技推广的供给优先序排在公共文化服务之前 再比较农业信息服务和农业科技推广的 $\lvert Es- \rvert$（0.41、0.38），说明减少农业信息服务的供给带来的不满大于农业科技推广，因此青海藏区贵德县河西镇非少数民族特色村寨上刘屯村和贺尔加村第四层次的公共服务优先序宜为"通信网络服务＞农业信息服务＞农业科技推广＞公共文化服务"

第二节　应对公共服务供给效率时序失配型漏损的思考Ⅱ

本节在对云南藏区迪庆州香格里拉市旅游产业先发乡（镇）和毗邻乡（镇）的实地调研和问卷调查基础上，基于顾客满意度理论和 KANO 模型，对不同产业发展阶段毗邻乡（镇）的公共服务现实需求和供给优先序进行比较研究。进一步探寻旅游产业先发乡（镇）和毗邻乡（镇）公共服务需求侧的真实状况，以及公共服务供给优先序的现实差异，为探索四省藏区公共服务有效供给时序，应对公共服务供给效率的时序失配型漏损问题，提供又一现实案例和思路启发。

一、旅游产业先发乡（镇）与毗邻乡（镇）公共服务需求的差异分析

基于云南藏区迪庆州香格里拉市建塘镇和小中甸镇主要公共服务的问卷调查数据，结合实地调研和入户访谈情况，笔者进一步对比分析当地旅游产业先发乡（镇）与毗邻乡（镇）对十二类主要公共服务的现实需求，并在此基础上探索其公共服务供给优先序的差异。采取和青海藏区海南州贵德县调查问卷相同的方法，给每份问卷中十二类主要公共服务的需求度赋值，然后取当地所有问卷给每类公共服务的需求排序赋值的算术平均值为该类公共服务需求度的平均值。其中，十二类主要公共服务内容与第五章完全相同。基于云南藏区迪庆州香格里拉市建塘镇和小中甸镇问卷调查数据的公共服务需求度统计结果见表6－2－1，当地旅游产业先发乡（镇）与毗邻乡（镇）对十二类主要公共服务的需求度总体排序、分区域排序及比较见表6－2－1和图6－2－1。

对旅游产业先发乡（镇）和毗邻乡（镇）进行公共服务供给优先序的差异分析，有助于进一步探索应对四省藏区公共服务供给效率时序失配型漏损的现实路径，并提出因地制宜、分类指导的公共服务供给优先序政策建议。这里在总体分析云南藏区迪庆州香格里拉市建塘镇和小中甸镇公共服务需求排序基础上，通过分旅游产业先发乡（镇）和毗邻乡（镇）来对比分析不同产业发展阶段毗邻乡（镇）的公共服务需求排序情况，以发现旅游

产业先发乡（镇）与毗邻乡（镇）对于公共服务的现实需求差异，为后续分析四省藏区旅游产业先发乡（镇）与毗邻乡（镇）公共服务供给优先序的差异提供重要支撑。

表 6 - 2 - 1　旅游产业先发乡（镇）和毗邻乡（镇）主要公共服务需求排序

序号	样本总体	旅游产业先发乡（镇）	毗邻乡（镇）
1	基本公共教育	基本医疗卫生	基本公共教育
2	基本医疗卫生	道路交通设施	公共文化服务
3	道路交通设施	基本公共教育	村（镇）容环境
4	饮用水安全	饮用水安全	新农保
5	通信网络服务	通信网络服务	道路交通设施
6	村（镇）容环境	村（镇）容环境	通信网络服务
7	公共文化服务	新农保	基本医疗卫生
8	农业信息服务	农田水利设施	政务（村务）公开
9	农业科技推广	公共文化服务	饮用水安全
10	新农保	农业科技推广	农业信息服务
11	农田水利设施	政务（村务）公开	农业科技推广
12	政务（村务）公开	农业信息服务	农田水利设施

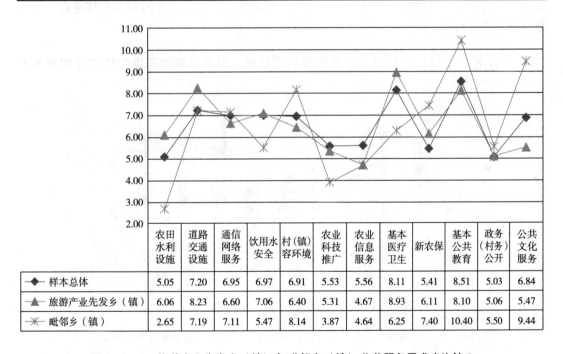

	农田水利设施	道路交通设施	通信网络服务	饮用水安全	村（镇）容环境	农业科技推广	农业信息服务	基本医疗卫生	新农保	基本公共教育	政务（村务）公开	公共文化服务
样本总体	5.05	7.20	6.95	6.97	6.91	5.53	5.56	8.11	5.41	8.51	5.03	6.84
旅游产业先发乡（镇）	6.06	8.23	6.60	7.06	6.40	5.31	4.67	8.93	6.11	8.10	5.06	5.47
毗邻乡（镇）	2.65	7.19	7.11	5.47	8.14	3.87	4.64	6.25	7.40	10.40	5.50	9.44

图 6 - 2 - 1　旅游产业先发乡（镇）与毗邻乡（镇）公共服务需求度比较 I

比较旅游产业先发乡（镇）和毗邻乡（镇）被调查群众对十二类主要公共服务的需求排序情况（见表 6 - 2 - 1、图 6 - 2 - 1）可见，旅游产业先发乡（镇）和毗邻乡（镇）对于通信网络服务、基本公共教育服务和政务（村务）公开的需求度评分非常接近，分别接近 6.8 分、9.1 分和 5.3 分。进一步分析其原因，主要由于建塘镇和小中甸镇两镇毗邻，生产和生活所需要的通信网络服务需求度比较一致，当地群众参与社会治理的诉求比较相似，对于政务（村务）公开这类政府软件服务的需求度较为一致。两个乡（镇）适龄儿童大都在香格里拉市上的中学集中学习，或者在所在乡（镇）小学集中学习。近年来，国家对乡（镇）教师的补贴相对高于县上，导致很多优秀教师选择到县城附近乡（镇）教书。所以，虽然建塘镇在香格里拉市政府所在地，但与其毗邻的小中甸镇基本公共教育服务质量相对差距并不大，两个乡（镇）居民对基本公共教育服务的满意度和需求度差异也不大。

同时，笔者实地调研还发现，香格里拉市的旅游产业先发乡（镇）和毗邻乡（镇），对于农田水利设施、农业科技推广和农业信息服务的需求排序均比较靠后，也比较接近，分别排在第八位和第十二位、第十位和第十一位、第十二位和第十位。根据笔者在这两个乡（镇）实地调研情况来看，当地天然河流众多，农业发展对农田水利基础设施的依赖性并不太强。加之这两个乡（镇）分别地处旅游产业先发地区和具有明显后发优势的地区，因此，虽然当地群众对这三类公共服务的满意度排序并不靠前，但同时，当地群众对这三类公共服务的需求也并不强烈。

云南藏区迪庆州香格里拉市建塘镇、小中甸镇的被调查群众，除了对于当地通信网络服务、基本公共教育服务、政务（村务）公开、农田水利设施、农业科技推广和农业信息服务这六类公共服务的需求排序非常接近外，对其他六类公共服务的需求排序存在一定差异。其中，比较明显的差异主要在于以下几个方面（见图 6-2-2、图 6-2-3）。

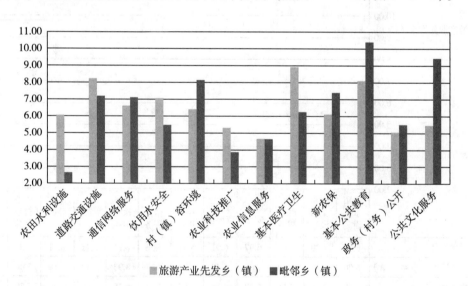

图 6-2-2 旅游产业先发乡（镇）和毗邻乡（镇）公共服务需求度比较 II

云南藏区迪庆州香格里拉市建塘镇、小中甸镇被调查群众对于道路交通基础设施的需求排序比较结果显示，旅游产业先发乡（镇）对于道路交通基础设施的需求排序在第二位，比毗邻乡（镇）对于道路交通基础设施的需求排序更靠前三个位次。笔者实地调研也发现，由于建塘镇为迪庆州政府和香格里拉市政府所在地，也是迪庆州的经济、政治、宗教、交通和文化中心，加上有迪庆州博物馆、红军长征博物馆、独克宗古城等多个著名旅游景点，近年来区域内旅游产业发展迅速。为进一步提升建塘镇的旅游产业吸引力和竞争力，近年来多个城市更新改造项目同时推进，导致交通拥堵、停车困难等一系列问题。同时，当地群众大多期望从旅游产业及其相关服务业中分享红利，这需要高度发达通畅的交通网络支持，这是导致问卷调查结果显示当地群众对于道路交通设施提升的需求在十二类主要公共服务中排名第二，相对于毗邻的小中甸镇需求排序靠前很多的主要原因。

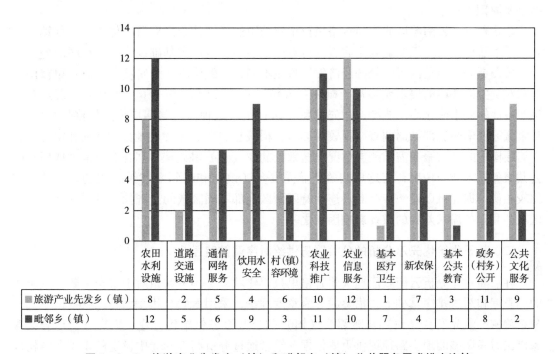

	农田水利设施	道路交通设施	通信网络服务	饮用水安全	村(镇)容环境	农业科技推广	农业信息服务	基本医疗卫生	新农保	基本公共教育	政务(村务)公开	公共文化服务
旅游产业先发乡（镇）	8	2	5	4	6	10	12	1	7	3	11	9
毗邻乡（镇）	12	5	6	9	3	11	10	7	4	1	8	2

图6-2-3　旅游产业先发乡（镇）和毗邻乡（镇）公共服务需求排序比较

云南藏区迪庆州香格里拉市建塘镇、小中甸镇被调查群众对于基本医疗卫生服务的需求排序比较结果显示，旅游产业先发乡（镇）对于基本医疗卫生服务的需求排序在第一位，比毗邻乡（镇）组靠前六个位次。按理说，建塘镇是香格里拉市政府和迪庆州政府驻地，医疗卫生服务条件明显好于小中甸镇，其对于基本医疗卫生服务的需求应该没有小中甸镇那么迫切。但事实上，笔者实地调研发现，正是由于建塘镇的基本医疗卫生硬件设施和软件条件相比小中甸镇更优越，吸引周边很多乡（镇）群众前来就医，医疗卫生服务资源显得特别紧张，当地群众希望政府能够提供更多优质医疗卫生服务，以缓解目前这种紧张态势。而小中甸镇因为距离建塘镇很近，可以就近享有建塘镇的优质医疗卫生服务资源，所以对医疗卫生服务的需求不是那么迫切。

云南藏区迪庆州香格里拉市建塘镇、小中甸镇被调查群众对于公共文化服务的需求排序比较结果显示，毗邻乡（镇）被调查群众对于公共文化服务的需求排序在第二位，比旅游产业先发乡（镇）靠前七个位次。笔者实地调研发现，由于近年来建塘镇的民族文化旅游产业发展迅速，对当地经济社会发展贡献较大，产生良好的示范效应。毗邻的小中甸镇同样拥有优质的自然和民族文化旅游资源，小中甸镇政府和当地群众对于发展本地特色民族文化旅游带动地方经济发展基本达成共识，对此具有很高的期望值。虽然毗邻建塘镇的小中甸镇具备旅游产业发展的后发优势，但是要实现当地文化和自然旅游资源向民族文化旅游产业转变，还面临旅游基础设施、旅游专业人才和旅游公共服务严重缺乏等一系列问题和困难。而且，正是由于旅游基础设施和旅游公共服务的严重缺乏，导致小中甸镇在旅游资源开发的大项目招商引资方面存在巨大的障碍和困难。笔者在当地调研和座谈过程中发现，这些正是小中甸镇被调查群众将公共文化服务的需求排在首位的重要原因之一。

总体来看，云南藏区迪庆州香格里拉市建塘镇的经济社会发展情况优于小中甸镇，前者对于生活环境的要求明显高于后者。再对照上述关于生产类基础设施需求排序的差异进行分析，更大可能是两者所处的经济发展阶段不同，导致旅游产业先发乡（镇）组被调查群众对于生活环境的要求明显高于毗邻乡（镇）组，而毗邻乡（镇）组被调查群众对于生产条件的要求明显高于旅游产业先发乡（镇）组。这种情况与四川藏区甘孜州稻城县、甘肃藏区甘南州迭部县的调查结果较为类似，稻城县的乡（镇）驻地集中居住和中心村集中居住模式的公共服务需求差异情况，迭部县的乡（镇）驻地集中居住和村落散居模式的公共服务需求差异情况，与这里旅游产业先发乡（镇）和毗邻乡（镇）组的差异情况均比较相似。据此可以进一步推断，连片特困藏区内部不同区域的经济社会发展水平是决定区域公共服务需求差异的重要影响因素之一。

二、基于供给优先序分析的公共服务供给时序调整路径Ⅱ

在前面对比分析云南藏区迪庆州香格里拉市建塘镇、小中甸镇对十二类主要公共服务的满意度和需求排序基础上，借鉴顾客满意度理论，采用 KANO 模型，在问卷数据基础上分析旅游产业先发乡（镇）与毗邻乡（镇）的公共服务供给优先序，为探寻当地公共服务供给时序调整的现实路径提供重要依据。笔者通过分析调查问卷中设定的正反向结构性问题（见表6－1－2），根据 KANO 模型评价结果分类对照标准（见表6－1－3），采用和青海藏区贵德县少数民族特色村寨和非少数民族特色村寨公共服务供给优先序分析相同的方法，将十二类主要公共服务需求归为四类：无差异型、急需型、缓需型和美好型。在此基础上，根据旅游产业先发乡（镇）和毗邻乡（镇）的十二类主要公共服务需求分类结果，计算旅游产业先发乡（镇）与毗邻乡（镇）十二类主要公共服务的｜Es＋｜和｜Es－｜（见表6－2－2、表6－2－3）。

表6－2－2　公共服务的需求分类及｜Es＋｜和｜Es－｜：旅游产业先发乡（镇）

公共服务	需求属性（%）						识别结果	｜Es＋｜	｜Es－｜
	美好型	缓需型	急需型	无差异	反向	可疑			
农田水利设施	0.47	0.46	0.07	0.00	0.00	0.00	美好型	0.93	0.53
道路交通设施	0.37	0.51	0.06	0.06	0.00	0.00	缓需型	0.89	0.57
通信网络服务	0.37	0.53	0.04	0.06	0.00	0.00	缓需型	0.90	0.57
饮用水安全	0.30	0.54	0.09	0.07	0.00	0.00	缓需型	0.84	0.63

公共服务	需求属性（%）						识别结果	｜Es+｜	｜Es-｜
	美好型	缓需型	急需型	无差异	反向	可疑			
村（镇）容环境	0.33	0.54	0.07	0.06	0.00	0.00	缓需型	0.87	0.61
农业科技推广	0.40	0.50	0.03	0.07	0.00	0.00	缓需型	0.90	0.53
农业信息服务	0.37	0.49	0.04	0.10	0.00	0.00	缓需型	0.86	0.53
基本医疗卫生	0.29	0.56	0.07	0.09	0.00	0.00	缓需型	0.84	0.63
新农保	0.27	0.59	0.04	0.10	0.00	0.00	缓需型	0.86	0.63
基本公共教育	0.26	0.61	0.06	0.07	0.00	0.00	缓需型	0.87	0.67
政务（村务）公开	0.19	0.67	0.00	0.14	0.00	0.00	缓需型	0.86	0.67
公共文化服务	0.29	0.61	0.04	0.06	0.00	0.00	缓需型	0.90	0.66

表6-2-3 公共服务的需求分类及｜Es+｜和｜Es-｜：毗邻乡（镇）

公共服务	需求属性（%）						识别结果	｜Es+｜	｜Es-｜
	美好型	缓需型	急需型	无差异	反向	可疑			
农田水利设施	0.54	0.37	0.02	0.07	0.00	0.00	美好型	0.91	0.39
道路交通设施	0.20	0.73	0.02	0.04	0.00	0.00	缓需型	0.93	0.76
通信网络服务	0.23	0.70	0.03	0.03	0.00	0.00	缓需型	0.93	0.73
饮用水安全	0.18	0.74	0.04	0.03	0.00	0.00	缓需型	0.92	0.79
村（镇）容环境	0.44	0.49	0.06	0.01	0.00	0.00	缓需型	0.93	0.54
农业科技推广	0.57	0.37	0.01	0.06	0.00	0.00	美好型	0.93	0.38
农业信息服务	0.48	0.46	0.02	0.04	0.00	0.00	美好型	0.93	0.48
基本医疗卫生	0.14	0.77	0.06	0.03	0.00	0.00	缓需型	0.91	0.82
新农保	0.27	0.66	0.02	0.06	0.00	0.00	缓需型	0.92	0.68
基本公共教育	0.19	0.73	0.03	0.04	0.00	0.00	缓需型	0.92	0.77
政务（村务）公开	0.49	0.42	0.03	0.06	0.00	0.00	美好型	0.91	0.46
公共文化服务	0.20	0.71	0.00	0.09	0.00	0.00	缓需型	0.91	0.71

　　基于顾客满意度理论，参考旅游产业先发乡（镇）和毗邻乡（镇）对十二类主要公共服务的需求与满意度排序情况（见表6-2-1、表4-3-4），根据两组群众十二类主要公共服务的需求分类结果及｜Es+｜和｜Es-｜测算结果（见表6-2-2、表6-2-3），按照KANO模型确定主要公共服务供给优先序的原则（见表6-1-6），确定香格里拉市旅游产业先发乡（镇）和毗邻乡（镇）十二类主要公共服务的供给优先序。在此基础上，将香格里拉市旅游产业先发乡（镇）和毗邻乡（镇）十二类主要公共服务的供给优先序划分为四个层次（见表6-2-4、表6-2-5），为探索四省藏区旅游产业先发乡（镇）和毗邻乡（镇）公共服务供给时序调整的现实路径提供重要依据。

表 6 - 2 - 4　旅游产业先发乡（镇）公共服务供给优先序分析

第一层次	第一层次是公共文化服务。云南藏区旅游产业先发乡（镇）对公共文化服务的需求属缓需型，且 $\lvert Es+ \rvert$ 和 $\lvert Es- \rvert$ 较高，虽然其满意度排序在第七位，需求排序在第九位，相对靠后，但是，云南藏区旅游产业先发乡（镇）公共文化服务的 $\lvert Es- \rvert$ 为 0.66，高于十二类主要公共服务 $\lvert Es- \rvert$ 的均值；$\lvert Es+ \rvert$ 为 0.90，也高于十二类主要公共服务 $\lvert Es+ \rvert$ 的均值。这意味着公共文化服务是当前建塘镇居民的首要需求，在供给优先序中应处于首要位置
第二层次	第二层次是基本医疗卫生、道路交通基础设施、基本公共教育、饮用水安全、通信网络服务和村（镇）容环境。本层次公共服务具有如下特征：一是六类公共服务均属于缓需型。二是这六类公共服务的 $\lvert Es+ \rvert$ 或 $\lvert Es- \rvert$ 之一高于十二类主要公共服务的平均值。三是这六类公共服务的需求度相对较高：基本医疗卫生服务的需求排序在第一位，满意度排序在第十二位；道路交通基础设施的需求排序在第二位，相对比较靠前，而满意度排序在第十位；基本公共教育的需求排序在第三位，也比较靠前，满意度在第三位；饮用水安全的需求排序在第四位，也比较靠前，而满意度排序在第六位；通信网络服务的需求排序在第五位，相对比较靠前，满意度相对较高，排在第四位；村（镇）容环境的需求排序在第六位，也比较靠前，满意度相对较高，排在第五位。这意味着，旅游产业先发乡（镇）对这六类公共服务的需求非常迫切，对基本医疗卫生和道路交通基础设施的供给水平不太满意。其中，对通信网络服务的 $\lvert Es+ \rvert$ 达 0.90，对道路交通基础设施的 $\lvert Es+ \rvert$ 达 0.89，均高丁十二类主要公共服务的平均值。较高的 $\lvert Es+ \rvert$ 意味着提高供给水平，居民的满意程度明显增加，因此这两类公共服务的供给优先序应处于公共文化服务之后。基本公共教育的 $\lvert Es- \rvert$ 高达 0.67，基本医疗卫生服务、饮用水安全的 $\lvert Es- \rvert$ 高达 0.63，村（镇）容环境的 $\lvert Es- \rvert$ 高达 0.61，均高于十二类主要公共服务的平均值。较高的 $\lvert Es- \rvert$ 意味着减少这类公共服务的供给将导致较大的不满，因此这类公共服务的供给优先序应处于通信网络服务和道路交通基础设施之后 再结合需求度和满意度的排序结果，因此在政府财力允许的条件下，以"通信网络服务 > 道路交通基础设施 > 基本公共教育 > 基本医疗卫生 > 饮用水安全 > 村（镇）容环境"的优先序增加供给，能够大幅提升云南藏区迪庆州香格里拉市建塘镇居民对公共服务的满意度
第三层次	第三层次是同属于缓需型需求的农业科技推广、政务（村务）公开、新农保与农业信息服务，但它们的 $\lvert Es+ \rvert$ 和 $\lvert Es- \rvert$ 至少有一项低于十二类主要公共服务的平均值，这四类公共服务的供给优先序应处于基本公共教育、基本医疗卫生、饮用水安全和村（镇）容环境服务之后 同样，由于缓需型需求的满意度与满足程度呈正比例关系，因此在政府财力允许的条件下，按照 $\lvert Es+ \rvert$ 和 $\lvert Es- \rvert$ 从高到低的原则再对农业科技推广、政务（村务）公开、新农保与农业信息服务进行供给优先序排序。由于政务（村务）公开、新农保与农业信息服务三者的 $\lvert Es+ \rvert$ 均为 0.86，因此再以 $\lvert Es- \rvert$ 大小来排序，最终以"农业科技推广 > 政务（村务）公开 > 新农保 > 农业信息服务"的优先序增加供给，能够大幅提升云南藏区迪庆州香格里拉市建塘镇居民对公共服务的满意度
第四层次	第四层次是农田水利设施。云南藏区迪庆州香格里拉市建塘镇居民对这类公共服务的需求属美好型。如果这类需求得到满足，居民满意度会急剧提升，而这类需求无法得到满足时，居民不会出现明显不满。且建塘镇居民对其需求排序位于第八位，较为靠后。意味着这类公共服务并非居民关注的焦点，其供给优先序应处于农业科技推广、政务（村务）公开、新农保与农业信息服务之后

表6-2-5　毗邻乡（镇）公共服务供给优先序分析

第一层次	第一层次是道路交通基础设施、通信网络服务、饮用水安全、基本公共教育和新农保。基于KANO模型，云南藏区迪庆州香格里拉市小中甸镇被调查群众对这四类公共服务的需求均属缓需型，且它们的 $\lvert Es+ \rvert$ 和 $\lvert Es- \rvert$ 均高于十二类主要公共服务的平均值。其中，道路交通基础设施和通信网络服务的 $\lvert Es+ \rvert$ 最高（均为0.93），其供给优先序应在饮用水安全、基本公共教育和新农保的前面。道路交通基础设施和通信网络服务的 $\lvert Es- \rvert$ 相比较，前者高于后者，因此应将道路交通基础设施排在通信网络服务前面。饮用水安全、基本公共教育和新农保的 $\lvert Es+ \rvert$ 次之（均为0.92），再按照三者的 $\lvert Es- \rvert$ 进行比较排序，减少饮用水安全、基本公共教育和新农保的公共服务供给，引起不满程度的增加，饮用水安全最为明显（$\lvert Es- \rvert$ =0.79），基本公共教育次之（$\lvert Es- \rvert$ =0.77），新农保最不明显（$\lvert Es- \rvert$ =0.68）。综上所述，这一层次五类公共服务的供给优先序应为"道路交通基础设施>通信网络服务>饮用水安全>基本公共教育>新农保"
第二层次	第二层次是村（镇）容环境、基本医疗卫生和公共文化服务。云南藏区迪庆州香格里拉市小中甸镇被调查群众对这三类公共服务的需求均属于缓需型，且其 $\lvert Es+ \rvert$ 和 $\lvert Es- \rvert$ 中有一项高于十二类主要公共服务的平均值。由于村（镇）容环境的 $\lvert Es+ \rvert$ （0.93）高于十二类主要公共服务的平均值，而另两类低于十二类主要公共服务的平均值（均为0.91），因此应将村（镇）容环境的供给优先序排在基本医疗卫生和公共文化服务前面。再从 $\lvert Es- \rvert$ 进行分析，基本医疗卫生的 $\lvert Es- \rvert$ （0.82）高于公共文化服务（0.71），说明减少基本医疗卫生公共服务的供给引起不满程度高于公共文化服务，所以基本医疗卫生服务的供给优先序应在公共文化服务的前面。综上所述，第二层次的公共服务供给优先序应为"村（镇）容环境>基本医疗卫生>公共文化服务"
第三层次	第三层次是政务（村务）公开。云南藏区迪庆州香格里拉市小中甸镇被调查群众对政务（村务）公开的需求仍然属于缓需型。但是，其 $\lvert Es+ \rvert$ 和 $\lvert Es- \rvert$ 均低于十二类主要公共服务的均值，所以其供给优先序应处于村（镇）容环境、基本医疗卫生和公共文化服务之后
第四层次	第四层次是同属于美好型需求的农业信息服务、农业科技推广和农田水利基础设施。农业信息服务和农业科技推广的 $\lvert Es+ \rvert$ 均为0.93，高于 $\lvert Es+ \rvert$ 的平均值。而农田水利基础设施的 $\lvert Es+ \rvert$ 为0.91，低于十二类主要公共服务的 $\lvert Es+ \rvert$ 平均值，因此其供给优先序应处于农业信息服务和农业科技推广之后。同时，由于农业信息服务的 $\lvert Es- \rvert$ （0.48）高于农业科技推广（0.38），所以农业信息服务的供给优先序应排在农业科技推广的前面。综上所述，这一层次的公共服务供给优先序应为"农业信息服务>农业科技推广>农田水利基础设施"

第三节　应对公共服务供给效率时序失配型漏损的思考Ⅲ

本节在对四川藏区阿坝州松潘县政府驻地乡（镇）和偏远乡（镇）的实地调研和问卷调查基础上，基于顾客满意度理论和KANO模型，对拥有不同经济社会资源和区位条件乡（镇）的公共服务现实需求和供给优先序进行比较研究。进一步探寻县政府驻地乡（镇）和偏远乡（镇）公共服务需求侧的真实状况，以及公共服务供给优先序的现实差异，为探索四省藏区公共服务有效供给时序，应对公共服务供给效率的时序失配型漏损问题，提供再一现实案例和思路启发。

一、县政府驻地乡（镇）与偏远乡（镇）公共服务需求的差异分析

基于四川藏区阿坝州松潘县进安镇和白羊乡主要公共服务的问卷调查数据，结合实地调研和入户访谈情况，笔者进一步对比分析当地县政府驻地乡（镇）与偏远乡（镇）对十二类主要公共服务的现实需求，并在此基础上探索其公共服务供给优先序的差异。采取和青海藏区海南州贵德县调查问卷相同的方法，给每份问卷中十二类主要公共服务的需求度赋值，然后取当地所有问卷给每类公共服务的需求排序赋值的算术平均值为该类公共服务需求度的平均值。其中，十二类主要公共服务内容与第五章完全相同。基于四川藏区阿坝州松潘县进安镇和白羊乡问卷调查数据的公共服务需求度统计结果见表6-3-1，当地县政府驻地乡（镇）与偏远乡（镇）对十二类主要公共服务的需求度总体排序、分区域排序及比较见表6-3-1和图6-3-1。

表6-3-1　县政府驻地乡（镇）和偏远乡（镇）主要公共服务需求排序

序号	样本总体	县政府驻地乡（镇）	偏远乡（镇）
1	道路交通设施	基本公共教育	道路交通设施
2	通信网络服务	基本医疗卫生	通信网络服务
3	基本医疗卫生	新农保	基本医疗卫生
4	基本公共教育	道路交通设施	农业信息服务
5	农业信息服务	公共文化服务	村（镇）容环境
6	新农保	饮用水安全	农业科技推广
7	农业科技推广	通信网络服务	基本公共教育
8	公共文化服务	农田水利设施	公共文化服务
9	村（镇）容环境	政务（村务）公开	新农保
10	饮用水安全	农业科技推广	饮用水安全
11	农田水利设施	农业信息服务	农田水利设施
12	政务（村务）公开	村（镇）容环境	政务（村务）公开

对县政府驻地乡（镇）和偏远乡（镇）进行公共服务供给优先序的差异分析，有助于进一步探索应对四省藏区公共服务供给效率时序失配型漏损的现实路径，并提出因地制宜、分类指导的公共服务供给优先序政策建议。这里在总体分析四川藏区阿坝州松潘县进安镇、白羊乡公共服务需求排序基础上，通过分县政府驻地乡（镇）和偏远乡（镇）来对比分析拥有不同经济社会资源和区位条件乡（镇）的公共服务需求排序情况，以发现县政府驻地乡（镇）和偏远乡（镇）对于公共服务的现实需求差异，为后续分析四省藏区

县政府驻地乡（镇）和偏远乡（镇）公共服务供给优先序的差异提供重要支撑。

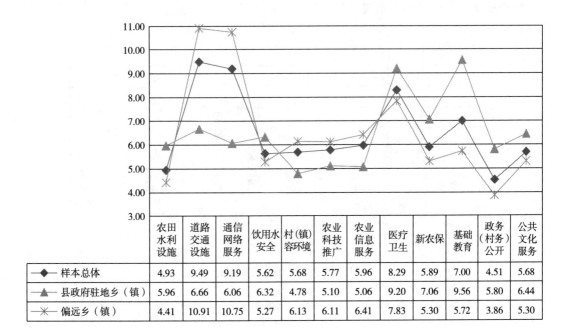

	农田水利设施	道路交通设施	通信网络服务	饮用水安全	村(镇)容环境	农业科技推广	农业信息服务	医疗卫生	新农保	基础教育	政务(村务)公开	公共文化服务
◆ 样本总体	4.93	9.49	9.19	5.62	5.68	5.77	5.96	8.29	5.89	7.00	4.51	5.68
▲ 县政府驻地乡（镇）	5.96	6.66	6.06	6.32	4.78	5.10	5.06	9.20	7.06	9.56	5.80	6.44
✳ 偏远乡（镇）	4.41	10.91	10.75	5.27	6.13	6.11	6.41	7.83	5.30	5.72	3.86	5.30

图 6 - 3 - 1　县政府驻地乡（镇）和偏远乡（镇）公共服务需求度比较 I

比较县政府驻地乡（镇）和偏远乡（镇）两组被调查群众对十二类主要公共服务的需求排序情况（见表 6 - 3 - 1、图 6 - 3 - 1）可见，两地居民对于基本医疗卫生服务的需求排序差异不大，偏远乡（镇）排序在第三位，县政府驻地乡（镇）排序在第二位。同时，两组群众对于农田水利基础设施、道路交通基本设施、饮用水安全、农业科技推广、政（村）务公开和公共文化服务的需求排序差异也不大（见表 6 - 3 - 1），依次分类分别排序在第十一和第八位、第一和第四位、第十和第六位、第六和第十位、第十二和第九位、第八和第五位。四川藏区阿坝州松潘县进安镇、白羊乡的被调查群众，除了对于上述七类公共服务的需求排序差异不大外，对其余五类公共服务的需求排序存在明显差异（见图 6 - 3 - 2、图 6 - 3 - 3）。

偏远乡（镇）组对于通信网络服务的需求排序在第二位，比县政府驻地乡（镇）组对于通信网络服务的需求排序靠前五个位次。和前面比较分析松潘县县政府驻地乡（镇）和偏远乡（镇）对于通信网络服务的满意度相对应，目前连片特困藏区偏远乡（镇）通宽带互联网的村，其通信基础设施和服务水平，相对于县政府驻地乡（镇）都较为落后，有的乡村用太阳能给通信基础设施供电，导致通信网络服务非常不稳定。而在信息化时代，连片特困藏区群众的产业发展、文化娱乐、生活消费、教育医疗等都和通信网络密切相关，因此，连片特困藏区偏远乡（镇）群众对通信网络服务的要求日益增加。

与通信网络服务密切相关的农业信息服务，偏远乡（镇）组和县政府驻地乡（镇）组的需求排序也同样存在明显差异。偏远乡（镇）组对于农业信息服务的需求排序在第四位，比县政府驻地乡（镇）组对于农业信息服务的需求排序靠前七个位次。主要原因和通信网络服务需求排序原因一致，通信网络服务滞后，导致和其密切相关的多项服务同样滞后，农业信息服务就是其中重要一种。

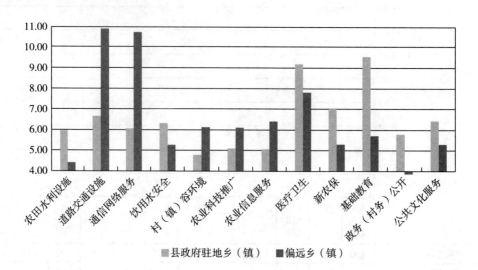

图6-3-2　县政府驻地乡（镇）和偏远乡（镇）公共服务需求度比较Ⅱ

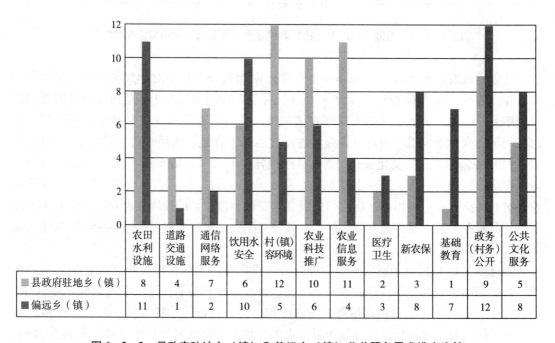

	农田水利设施	道路交通设施	通信网络服务	饮用水安全	村(镇)容环境	农业科技推广	农业信息服务	医疗卫生	新农保	基础教育	政务(村务)公开	公共文化服务
县政府驻地乡（镇）	8	4	7	6	12	10	11	2	3	1	9	5
偏远乡（镇）	11	1	2	10	5	6	4	3	8	7	12	8

图6-3-3　县政府驻地乡（镇）和偏远乡（镇）公共服务需求排序比较

偏远乡（镇）组对于村（镇）容环境的需求排序在第五位，比县政府驻地乡（镇）组对于村（镇）容环境的需求排序靠前七个位次。近年来，连片特困藏区很多群众受益于旅游扶贫开发良多，旅游扶贫的示范效应非常明显。旅游后发地区群众对于发展乡村旅游带动增收致富有殷切期盼，相应地对于村（镇）容环境改善，为乡村旅游发展夯实基础也就有相对较高的需求。乡村旅游发展需要有特色农产品、特色餐饮服务等的配套，留在乡村发展旅游产业不能坐等游客上门，因此，偏远乡村群众也亟待增强农业信息服务，让他们在偏远之地能够知晓旅游和外地消费市场的需求，及时跟上市场需求获取更多增收致富机会。这也导致松潘县偏远乡（镇）对于农业信息服务的需求比县政府驻地乡（镇）更为迫切。

县政府驻地乡（镇）组对基本公共教育服务的需求排序在第一位，比偏远乡（镇）组对于基本公共教育服务的需求排序靠前六个位次。与前文分析县政府驻地乡（镇）和偏远乡（镇）基本公共教育服务有效性的结论基本一致，由于连片特困藏区偏远乡（镇）的学龄儿童基本上都受益于十五年免费义务教育，且在乡镇或者县城寄宿制学校集中学习，因此偏远乡（镇）群众对于基本公共教育服务的满意度评分很高。但同时，县政府驻地乡（镇）优质教育资源较过去更为紧张，而优秀教师的培养和引进需要较长时间，县政府驻地乡（镇）优质教育资源紧张的局面，短期内难以改变，加之县政府驻地乡（镇）居民对子女未来有更高期许，对于通过读书改变后代命运的期望值更高，因而对于基本公共教育服务的需求更加强烈。

县政府驻地乡（镇）组被调查群众对于新农保的需求排序在第三位，比偏远乡（镇）组对于新农保的需求排序靠前六个位次。由于县政府驻地乡（镇）居民对于养老保障的理念更为现代，过去"养儿防老"的观念基本改变为靠养老保险养老，因此对于推进城乡基本养老保险全覆盖和一体化的期望更高，对于国家提高养老保障水平抱有更大的期望。

二、基于供给优先序分析的公共服务供给时序调整路径Ⅲ

在前面对比分析四川藏区松潘县进安镇、白羊乡对十二类主要公共服务的满意度和需求排序基础上，借鉴顾客满意度理论，采用KANO模型，在问卷数据基础上分析县政府驻地乡（镇）与偏远乡（镇）的公共服务供给优先序，为探寻当地公共服务供给时序调整的现实路径提供重要依据。课题组通过分析调查问卷中设定的正反向结构性问题（见表6-1-2），根据KANO模型评价结果分类对照标准（见表6-1-3），采用和青海藏区贵德县少数民族特色村寨和非少数民族特色村寨公共服务供给优先序分析相同的方法，将十二类主要公共服务需求归为四类：无差异型、急需型、缓需型和美好型。在此基础上，根据县政府驻地乡（镇）和偏远乡（镇）的十二类主要公共服务需求分类结果，计算县政府驻地乡（镇）与偏远乡（镇）十二类主要公共服务的｜Es＋｜和｜Es－｜（见表6-3-2、表6-3-3）。

表6-3-2　公共服务的需求分类及｜Es＋｜和｜Es－｜：县政府驻地乡（镇）

公共服务	需求属性（%）						识别结果	｜Es＋｜	｜Es－｜
	美好型	缓需型	急需型	无差异	反向	可疑			
农田水利设施	0.38	0.46	0.02	0.14	0.00	0.00	缓需型	0.84	0.48
道路交通设施	0.18	0.72	0.02	0.08	0.00	0.00	缓需型	0.90	0.74
通信网络服务	0.18	0.60	0.08	0.14	0.00	0.00	缓需型	0.78	0.68
饮用水安全	0.16	0.64	0.10	0.10	0.00	0.00	缓需型	0.80	0.74

公共服务	需求属性（%）						识别结果	∣Es +∣	∣Es -∣
	美好型	缓需型	急需型	无差异	反向	可疑			
村（镇）容环境	0.32	0.48	0.04	0.16	0.00	0.00	缓需型	0.80	0.52
农业科技推广	0.36	0.42	0.02	0.20	0.00	0.00	缓需型	0.78	0.44
农业信息服务	0.36	0.44	0.02	0.18	0.00	0.00	缓需型	0.80	0.46
基本医疗卫生	0.08	0.82	0.06	0.04	0.00	0.00	缓需型	0.90	0.88
新农保	0.16	0.70	0.06	0.08	0.00	0.00	缓需型	0.86	0.76
基本公共教育	0.06	0.84	0.08	0.02	0.00	0.00	缓需型	0.90	0.92
政务（村务）公开	0.40	0.36	0.02	0.22	0.00	0.00	美好型	0.76	0.38
公共文化服务	0.42	0.44	0.00	0.14	0.00	0.00	缓需型	0.86	0.44

表 6 - 3 - 3　公共服务的需求分类及∣Es +∣和∣Es -∣：偏远乡（镇）

公共服务	需求属性（%）						识别结果	∣Es +∣	∣Es -∣
	美好型	缓需型	急需型	无差异	反向	可疑			
农田水利设施	0.61	0.21	0.00	0.18	0.00	0.00	美好型	0.82	0.21
道路交通设施	0.30	0.67	0.01	0.02	0.00	0.00	缓需型	0.97	0.68
通信网络服务	0.29	0.68	0.01	0.02	0.00	0.00	缓需型	0.97	0.69
饮用水安全	0.53	0.43	0.00	0.04	0.00	0.00	美好型	0.96	0.43
村（镇）容环境	0.49	0.46	0.01	0.03	0.00	0.01	美好型	0.96	0.47
农业科技推广	0.50	0.45	0.01	0.04	0.00	0.00	美好型	0.95	0.46
农业信息服务	0.48	0.48	0.01	0.04	0.00	0.00	缓需型	0.96	0.48
基本医疗卫生	0.39	0.58	0.01	0.02	0.00	0.00	缓需型	0.97	0.59
新农保	0.57	0.40	0.01	0.01	0.00	0.01	美好型	0.98	0.41
基本公共教育	0.56	0.43	0.00	0.00	0.00	0.00	美好型	0.99	0.43
政务（村务）公开	0.68	0.31	0.00	0.00	0.00	0.01	美好型	1.00	0.31
公共文化服务	0.57	0.37	0.00	0.05	0.00	0.01	美好型	0.95	0.37

　　基于顾客满意度理论，参考县政府驻地乡（镇）和偏远乡（镇）对十二类主要公共服务的需求与满意度排序情况（见表 6 - 3 - 1、表 4 - 3 - 6），根据两组群众十二类主要公共服务的需求分类结果及∣Es +∣和∣Es -∣测算结果（见表 6 - 3 - 2、表 6 - 3 - 3），按照 KANO 模型确定主要公共服务供给优先序的原则（见表 6 - 1 - 6），确定松潘县县政府驻地乡（镇）和偏远乡（镇）十二类主要公共服务的供给优先序。在此基础上，将松潘县县政府驻地乡（镇）和偏远乡（镇）十二类主要公共服务的供给优先序划分为四个层次（见表 6 - 3 - 4、表 6 - 3 - 5），为探索四省藏区县政府驻地乡（镇）和偏远乡（镇）公共服务供给时序调整的现实路径提供重要依据。

表6－3－4　县政府驻地乡（镇）公共服务供给优先序分析

第一层次	第一层次是基本公共教育服务、医疗卫生、新农保、道路交通基础设施。本层次公共服务具有如下特征：一是这四类公共服务均属于缓需型。二是这四类公共服务的 $\mid$ Es＋ $\mid$ 均高于十二类公共服务 $\mid$ Es＋ $\mid$ 的平均值。三是这四类公共服务的 $\mid$ Es－ $\mid$ 均高于十二类公共服务 $\mid$ Es－ $\mid$ 的平均值。四是这四类公共服务的需求度相对较高：基本公共教育服务的需求排序在第一位，非常靠前，满意度排序相对靠后，排在第七位；医疗卫生服务的需求排序在第二位，非常靠前，满意度排序非常靠后，排在第十二位；新农保的需求排序在第三位，非常靠前，满意度排序比较靠前，排在第一位；道路交通基础设施的需求排序在第四位，比较靠前，满意度排序比较靠前，排在第四位。上述排序意味着，县政府驻地乡（镇）组被调查群众对此四类公共服务的需求非常迫切，并且对医疗卫生服务和基本公共教育服务的供给水平不太满意。其中，对基本公共教育服务、医疗卫生服务和道路交通基础设施三类公共服务的 $\mid$ Es＋ $\mid$ 均达0.90，对新农保需求的 $\mid$ Es＋ $\mid$ 达0.86 较高的 $\mid$ Es＋ $\mid$ 意味着提高供给水平，居民的满意程度均明显增加，并且缓需型公共服务的满意度与供给程度呈正比例关系，按照 $\mid$ Es＋ $\mid$ 和 $\mid$ Es－ $\mid$ 从高到低的原则，松潘县进安镇如以"基本公共教育服务＞医疗卫生服务＞道路交通设施＞新农保"的优先序增加供给，能够大幅提升松潘县进安镇当地群众对公共服务的满意度
第二层次	第二层次是同属于缓需型的公共文化服务、农田水利设施、饮用水安全和通信网络服务。其中，公共文化服务的 $\mid$ Es＋ $\mid$ 为0.86， $\mid$ Es－ $\mid$ 为0.44；农田水利设施的 $\mid$ Es＋ $\mid$ 为0.84， $\mid$ Es－ $\mid$ 为0.48；饮用水安全服务的 $\mid$ Es＋ $\mid$ 为0.80， $\mid$ Es－ $\mid$ 为0.74；通信网络服务的 $\mid$ Es＋ $\mid$ 为0.78， $\mid$ Es－ $\mid$ 为0.68。这四类公共服务的 $\mid$ Es＋ $\mid$ 和 $\mid$ Es－ $\mid$ 有一项高于十二类主要公共服务的平均值而另一项低于十二类主要公共服务的平均值，它们的供给优先序应处于基本公共教育服务、医疗卫生、新农保和道路交通设施之后 同样，由于缓需型公共服务的满意度与供给程度呈正比例关系，因此在政府财力允许的条件下，按照 $\mid$ Es＋ $\mid$ 和 $\mid$ Es－ $\mid$ 从高到低的原则，以"饮用水安全＞通信网络服务＞农田水利设施＞公共文化服务"的优先序增加供给，能够大幅提升松潘县进安镇居民对公共服务的满意度
第三层次	第三层次是同属于缓需型的农业信息服务、村（镇）容环境和农业科技推广。其中，农业信息服务的 $\mid$ Es＋ $\mid$ 为0.80， $\mid$ Es－ $\mid$ 为0.46；村（镇）容环境服务的 $\mid$ Es＋ $\mid$ 为0.80， $\mid$ Es－ $\mid$ 为0.52；农业科技推广服务的 $\mid$ Es＋ $\mid$ 为0.78， $\mid$ Es－ $\mid$ 为0.44。这三类公共服务的 $\mid$ Es＋ $\mid$ 和 $\mid$ Es－ $\mid$ 均低于十二类主要公共服务的平均值，它们的供给优先序应处于公共文化服务、农田水利设施、饮用水安全和通信网络服务之后 同样，由于缓需型公共服务的满意度与供给程度呈正比例关系，因此在政府财力允许的条件下，按照 $\mid$ Es＋ $\mid$ 和 $\mid$ Es－ $\mid$ 从高到低的原则，以"村（镇）容环境＞农业信息服务＞农业科技推广"的优先序增加供给，能够大幅提升松潘县进安镇居民对上述公共服务的满意度
第四层次	第四层次是政（村）务公开。县政府驻地乡（镇）组被调查群众对政务（村务）公开的需求属于美好型，即如果这类需求得到满足，居民满意度会急剧提升，而这类需求无法得到满足时，居民也不会出现明显不满，且政务（村务）公开的需求排序位于第九位，满意度排序位于第六位。这意味着此类公共服务并非进安镇居民关注的焦点，其供给优先序应处于农业信息服务、村（镇）容环境和农业科技推广之后 然而，由于这类需求得到满足后居民满意度会大幅提升，因此在政府财力允许的条件下提高其供给水平，能够大幅提升松潘县进安镇居民的公共服务满意度

表6-3-5 偏远乡（镇）公共服务供给优先序分析

第一层次	第一层次是通信网络服务、道路交通设施、医疗卫生、农业信息服务。本层次公共服务具有如下特征：一是这四类公共服务均属于缓需型；二是这四类公共服务的 $\lvert Es+ \rvert$ 均不低于十二类公共服务 $\lvert Es+ \rvert$ 的平均值。三是这四类公共服务的 $\lvert Es- \rvert$ 均不低于十二类公共服务 $\lvert Es- \rvert$ 的平均值。四是这四类公共服务的需求度相对较高：通信网络服务的需求排序在第二位，非常靠前，满意度排序则非常靠后，排在第十二位；道路交通基础设施的需求排序在第一位，非常靠前，而满意度排序非常靠后，排在第十位；基本医疗卫生服务的需求排序在第三位，非常靠前，而满意度排序在第九位，较为靠后；农业信息服务的需求排序在第四位，相对靠前，而满意度排序在第八位，比较靠后。这意味着，偏远乡（镇）组被调查群众对此四类公共服务的供给水平不太满意，并且需求非常迫切。其中，对通信网络服务、道路交通设施和医疗卫生服务三类公共服务的 $\lvert Es+ \rvert$ 均达0.97，对农业信息服务需求的 $\lvert Es+ \rvert$ 达0.96 较高的 $\lvert Es+ \rvert$ 意味着提高供给水平，居民的满意程度均明显增加，并且缓需型公共服务的满意度与供给程度呈正比例关系，按照 $\lvert Es+ \rvert$ 和 $\lvert Es- \rvert$ 从高到低的原则，松潘县白羊乡如以"通信网络服务＞道路交通设施＞医疗卫生服务＞农业信息服务"的优先序增加供给，能够大幅提升松潘县白羊乡居民对当地公共服务的满意度
第二层次	第二层次是村（镇）容环境、基本公共教育服务和农业科技推广。松潘县白羊乡居民对上述三类公共服务的需求全属美好型。其中，对村（镇）容环境需求的 $\lvert Es+ \rvert$ 为0.96，且对村（镇）容环境的满意度排序相对靠后，排在第六位，需求排序相对比较靠前，排在第五位；基本公共教育服务的 $\lvert Es+ \rvert$ 为0.99，且对基本公共教育服务的满意度排序非常靠前，排在第二位，需求排序比较靠后，排在第七位；农业科技推广服务的 $\lvert Es+ \rvert$ 为0.95，且对农业科技推广服务的满意度排序比较靠后，排在第七位，需求排序比较靠前，排在第六位 由于美好型需求得到满足，居民满意度会急剧提升，而这类需求无法得到满足时，居民也不会出现明显不满。村（镇）容环境、基本公共教育服务和农业科技推广的满意度和需求排序差距不大，按照 $\lvert Es+ \rvert$ 从高到低的原则，这三类公共服务的供给优先序应处于通信网络服务、道路交通设施、医疗卫生服务和农业信息服务之后。在此基础上，若以"基本公共教育服务＞村（镇）容环境＞农业科技推广"的优先序增加供给，能够大幅提升松潘县白羊乡当地居民的公共服务满意度
第三层次	第三层次是同属于美好型需求的政务（村务）公开、公共文化服务、饮用水安全和新农保。其中，政务（村务）公开、新农保、饮用水安全和公共文化服务的 $\lvert Es+ \rvert$ 虽然较高，但其需求排序分别位于第十二位、第八/第九位、第十位、第八/第九位，均比较靠后，满意度排序分别位于第三位、第四位、第一位、第五位，均比较靠前 由于这类需求得到满足后居民满意度会大幅提升，综合考量，在政府财力允许的条件下，这四类公共服务的供给优先序应处于村（镇）容环境、基本公共教育服务和农业科技推广之后，以"新农保＞公共文化服务＞饮用水安全＞政务（村务）公开"的优先序增加供给，能大幅提升松潘县白羊乡居民的满意度
第四层次	第四层次是属于美好型的农田水利设施服务。其 $\lvert Es+ \rvert$ 为0.82，相较于同属于美好型需求的政务（村务）公开、公共文化服务、饮用水安全和新农保而言，$\lvert Es+ \rvert$ 偏低，且农田水利设施的满意度排序非常靠后，排在第十一位，需求排序也非常靠后，排在第十一位。其供给优先序应处于政务（村务）公开、公共文化服务、饮用水安全和新农保之后。在政府财力允许情况下，如果能够增加该类公共服务的供给，可以增加松潘县白羊乡居民的公共服务满意度

第七章　探索四省藏区公共服务资源的有效空间布局

"十三五"时期，四省藏区在区域和城乡基本公共服务均等化方面加快了推进速度。但是，由于乡村要素加速向城镇流动的现实，阻碍四省藏区城乡和区域基本公共服务均等化的问题发生重要变化。为探索四省藏区公共服务资源的有效空间布局，减少公共服务供给效率的空间失配型漏损，调整优化四省藏区公共服务政策，增强公共服务供给的"治理有效性"，本章在对四省藏区乡（镇）政府驻地集中居住、中心村集中居住、传统村落散居、半农半牧区散居、游牧民定居等不同居住模式下，公共服务供给的"治理有效性"进行比较研究基础上，进一步分析其公共服务的供给优先序。调查研究发现，交通区位条件，要素集聚能力，经济社会发展水平和所处发展阶段的差异等，是决定四省藏区不同居住模式下公共服务需求和供给优先序差异的重要因素；根据供给优先序探索四省藏区公共服务资源的空间优化配置路径，可以减少公共服务供给效率的空间失配型漏损，增强公共服务的"治理有效性"，精准适应四省藏区传统村落"空心化"、移民生活商品化等带来的一系列公共服务需求的深刻变化。

第一节　应对公共服务供给效率空间失配型漏损的思考 I

本节在对四川藏区甘孜州稻城县蒙自乡、木拉乡等十四个乡（镇）的实地调研和问卷调查基础上，基于顾客满意度理论和 KANO 模型，对乡（镇）政府驻地集中居住和中心村集中居住不同居住模式下，公共服务现实需求和供给优先序进行比较研究。进一步探寻乡（镇）政府驻地集中居住和中心村集中居住不同模式下公共服务需求侧的真实状况，以及公共服务供给优先序的现实差异，为应对公共服务供给效率的空间失配型漏损问题，探索四省藏区公共服务资源的有效空间布局，提供现实案例和思路启发。

一、乡（镇）政府驻地集中居住与中心村集中居住模式公共服务需求的差异分析

基于四川藏区甘孜州稻城县香格里拉镇、蒙自乡、木拉乡等十四个乡（镇）主要公共服务的问卷调查数据，结合实地调研和入户访谈情况，笔者进一步对比分析当地乡（镇）政府驻地集中居住和中心村集中居住两种不同居住模式对十二类主要公共服务的现实需求，并在此基础上探索其公共服务供给优先序的差异。采取和青海藏区海南州贵德县调查问卷相同的方法，给当地每份问卷中十二类主要公共服务的需求度赋值，然后取当地所有问卷给每类公共服务的需求排序赋值的算术平均值为该类公共服务需求度的平均值。其中，十二类主要公共服务内容与第五章基本相同，因为笔者最先去四川藏区稻城县实地调

研，当时十二类主要基本公共服务中医疗卫生服务方面选择的新型农村合作医疗保险服务。基于四川藏区甘孜州稻城县香格里拉镇、蒙自乡、木拉乡等十四个乡（镇）问卷调查数据的公共服务需求度统计结果见表7-1-1，当地乡（镇）政府驻地集中居住和中心村集中居住不同居住模式对十二类主要公共服务的需求度总体排序、分区域排序及比较见表7-1-1和图7-1-1。

表7-1-1 稻城县十四个乡（镇）主要公共服务需求度分居住模式排序

序号	样本总体	乡（镇）集中居住模式	中心村集中居住模式
1	道路交通设施	道路交通设施	通信网络服务
2	通信网络服务	通信网络服务	基本公共教育
3	基本公共教育	基本公共教育	道路交通设施
4	饮用水安全	饮用水安全	饮用水安全
5	村（镇）容环境	村（镇）容环境	农田水利设施
6	农田水利设施	农业科技推广	农业信息服务
7	农业科技推广	农田水利设施	村（镇）容环境
8	农业信息服务	公共文化服务	农业科技推广
9	公共文化服务	农业信息服务	公共文化服务
10	新农合	新农合	新农合
11	新农保	新农保	新农保
12	政务（村务）公开	政务（村务）公开	政务（村务）公开

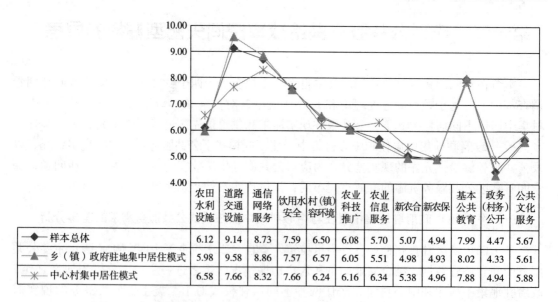

	农田水利设施	道路交通设施	通信网络服务	饮用水安全	村(镇)容环境	农业科技推广	农业信息服务	新农合	新农保	基本公共教育	政务(村务)公开	公共文化服务
样本总体	6.12	9.14	8.73	7.59	6.50	6.08	5.70	5.07	4.94	7.99	4.47	5.67
乡（镇）政府驻地集中居住模式	5.98	9.58	8.86	7.57	6.57	6.05	5.51	4.98	4.93	8.02	4.33	5.61
中心村集中居住模式	6.58	7.66	8.32	7.66	6.24	6.16	6.34	5.38	4.96	7.88	4.94	5.88

图7-1-1 稻城县十四个乡（镇）主要公共服务需求度分居住模式比较 I

对乡（镇）政府驻地集中居住和中心村集中居住两种居住模式进行公共服务供给优先序的差异分析，有助于进一步探索应对四省藏区公共服务供给效率空间失配型漏损的现实路径，并提出因地制宜、分类指导的公共服务供给优先序政策建议。这里在总体分析四川藏区甘孜州稻城县香格里拉镇、蒙自乡、木拉乡等十四个乡（镇）公共服务需求排序基础上，通过分乡（镇）政府驻地集中居住组和中心村集中居住组来对比分析此两种居住模式下公共服务需求排序情况，以发现乡（镇）政府驻地集中居住和中心村集中居住两种居住模式对于公共服务的现实需求差异，为后续分析四省藏区乡（镇）政府驻地集中居住和中心村集中居住两种居住模式下公共服务供给优先序的差异提供重要支撑。

比较乡（镇）政府驻地集中居住和中心村集中居住两种居住模式对十二类主要公共服务的需求排序情况（见表7－1－1、图7－1－1）可见，两种居住模式下当地群众对于新农合、新农保和政务（村务）公开的需求排序完全一致，分别排在第十位、第十一位和第十二位。对其余的基本公共教育、公共文化服务、饮用水安全、农业科技服务、农田水利设施服务等的需求排序差异也不大。但是，结合笔者在四川藏区甘孜州稻城县的实地调研情况来看，乡（镇）政府驻地集中居住和中心村集中居住两种居住模式下，部分公共服务需求排序和现实情况均存在明显差异（见图7－1－2、图7－1－3）。

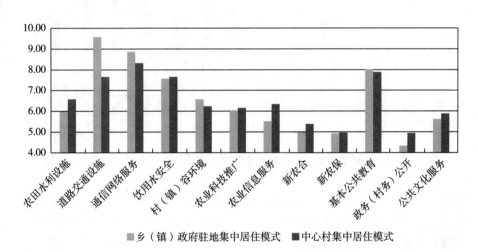

■ 乡（镇）政府驻地集中居住模式　■ 中心村集中居住模式

图7－1－2　稻城县十四个乡（镇）主要公共服务需求度分居住模式比较Ⅱ

乡（镇）政府驻地集中居住模式对于道路交通基础设施的需求排序在第一位，比中心村集中居住模式对于道路交通基础设施的需求排序靠前两个位次。笔者实地调研发现，由于稻城县蒙自乡等地通乡（镇）道路大多是"十二五"时期修建完成，使用时间已久，加之当地冬季寒冷，通乡（镇）道路损坏明显，道路通行质量还不如通村道路，严重影响多个乡（镇）政府驻地集中居住区的对外通达性。其中，稻城县的蒙自乡该问题特别突出，其通往香格里拉镇和县城所在地金珠镇等地的重要交通通道年久失修，通行困难。而全县的通村道路基本上是"十三五"时期国家统一要求修建，水泥路、硬化路等都比较新，路况相对较好。所以，稻城县的问卷调查和分析结果显示，乡（镇）政府驻地集中居住模式对于道路交通基础设施的满意度比中心村集中居住模式更低，对于道路交通基础设施的需求排序比中心村集中居住模式更靠前。

中心村集中居住模式对于通信网络服务的需求排序在第一位，比乡（镇）政府驻地集中居住模式靠前一个位次。笔者实地调研发现，相比乡（镇）政府驻地而言，由于大多数中心村的通信基站建设线路更长，投入成本相对更高，而付费的消费者相对更少。为适应连片特困藏区气候条件恶劣，自然灾害多发频发的特点，很多村上配备的通信信号发射和接收基站采用太阳能供电，通信信号显得非常不稳定。所以，相对而言，中心村集中居住模式对于通信网络服务的需求排序相对更为靠前。

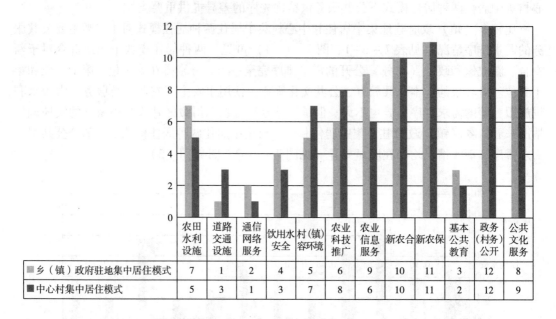

	农田水利设施	道路交通设施	通信网络服务	饮用水安全	村(镇)容环境	农业科技推广	农业信息服务	新农合	新农保	基本公共教育	政务(村务)公开	公共文化服务
乡（镇）政府驻地集中居住模式	7	1	2	4	5	6	9	10	11	3	12	8
中心村集中居住模式	5	3	1	3	7	8	6	10	11	2	12	9

图 7 - 1 - 3　稻城县十四个乡（镇）主要公共服务需求度分居住模式排序比较

中心村集中居住模式对于农业信息服务的需求排序在第六位，比乡（镇）政府驻地集中居住模式靠前三个位次。中心村集中居住模式的需求排序中，与农业生产密切相关的农田水利设施、农业科技推广、农业信息服务和道路交通基础设施等均排名前八位，而乡（镇）政府驻地集中居住模式的同类需求中，农田水利设施、农业科技推广和道路交通基础设施均排在前八位，农业信息服务排在了第九位。这主要与两种集中居住模式下通信网络服务水平和需求密切相关。

乡（镇）政府驻地集中居住模式对于村（镇）容环境服务的需求排序在第五位，比中心村集中居住模式靠前两个位次。笔者实地调研发现，乡（镇）政府驻地居民对于生活环境的要求较为普遍高于中心村，乡（镇）政府驻地建设用地的容积率高于中心村，对乡（镇）建设规划要求更高；商贸流通产业相对发达，对垃圾集中清运处理等环境卫生服务方面要求更高。再对照前述关于生产类基础设施需求排序的差异进行分析发现，由于两种集中居住模式所处的经济社会发展阶段不同，导致乡（镇）政府驻地集中居住模式对于生活环境的要求明显高于中心村组，而中心村集中居住模式对于生产条件的要求明显高于乡（镇）政府驻地集中居住模式。

二、基于供给优先序分析的公共服务资源布局优化路径Ⅰ

在前面对比分析四川藏区甘孜州稻城县香格里拉镇、蒙自乡、木拉乡等十四个乡

（镇）对十二类主要公共服务的满意度和需求排序基础上，借鉴顾客满意度理论，采用
KANO 模型，在问卷数据基础上分析乡（镇）政府驻地集中居住模式与中心村集中居住模
式的公共服务供给优先序，为探寻当地公共服务资源空间优化配置的现实路径提供重要依
据。笔者通过分析调查问卷中设定的正反向结构性问题（见表 6 – 1 – 2），根据 KANO 模
型评价结果分类对照标准（见表 6 – 1 – 3），采用和青海藏区贵德县少数民族特色村寨和
非少数民族特色村寨公共服务供给优先序分析相同的方法，将十二类主要公共服务需求归
为四类：无差异型、急需型、缓需型和美好型。在此基础上，根据乡（镇）政府驻地集中
居住模式与中心村集中居住模式的十二类主要公共服务需求分类结果，计算乡（镇）政府
驻地集中居住模式与中心村集中居住模式十二类主要公共服务的 $|Es+|$ 和 $|Es-|$（见
表 7 – 1 – 2、表 7 – 1 – 3）。

表 7 – 1 – 2　公共服务的需求分类及 $|Es+|$ 和 $|Es-|$：乡（镇）政府驻地集中居住模式

公共服务	需求属性（%）						识别结果	$|Es+|$	$|Es-|$
	美好型	缓需型	急需型	无差异	反向	可疑			
农田水利设施	0.46	0.33	0.10	0.11	0.01	0.00	美好型	0.80	0.43
道路交通设施	0.36	0.05	0.55	0.02	0.01	0.01	急需型	0.42	0.61
通信网络服务	0.39	0.48	0.13	0.01	0.00	0.00	缓需型	0.86	0.61
饮用水安全	0.36	0.53	0.08	0.02	0.00	0.00	缓需型	0.89	0.61
村（镇）容环境	0.40	0.47	0.05	0.08	0.00	0.00	缓需型	0.88	0.52
农业科技推广	0.47	0.38	0.07	0.08	0.00	0.00	美好型	0.85	0.45
农业信息服务	0.42	0.43	0.09	0.06	0.00	0.00	缓需型	0.85	0.52
新农合	0.42	0.43	0.08	0.07	0.00	0.00	缓需型	0.85	0.52
新农保	0.42	0.48	0.05	0.05	0.00	0.00	缓需型	0.89	0.54
基本公共教育	0.33	0.56	0.05	0.06	0.00	0.00	缓需型	0.89	0.64
政务（村务）公开	0.36	0.46	0.08	0.10	0.00	0.00	缓需型	0.83	0.54
公共文化服务	0.37	0.52	0.07	0.04	0.00	0.00	缓需型	0.89	0.60

表 7 – 1 – 3　公共服务的需求分类及 $|Es+|$ 和 $|Es-|$：中心村集中居住模式

公共服务	需求属性（%）						识别结果	$|Es+|$	$|Es-|$
	美好型	缓需型	急需型	无差异	反向	可疑			
农田水利设施	0.42	0.30	0.10	0.16	0.00	0.02	美好型	0.73	0.41
道路交通设施	0.36	0.18	0.40	0.06	0.00	0.00	急需型	0.54	0.58
通信网络服务	0.60	0.18	0.22	0.00	0.00	0.00	美好型	0.78	0.40
饮用水安全	0.46	0.40	0.10	0.04	0.00	0.00	美好型	0.86	0.50
村（镇）容环境	0.40	0.48	0.08	0.04	0.00	0.00	缓需型	0.88	0.56
农业科技推广	0.54	0.30	0.06	0.10	0.00	0.00	美好型	0.84	0.36
农业信息服务	0.50	0.32	0.10	0.08	0.00	0.00	美好型	0.82	0.42

公共服务	需求属性（%）						识别结果	｜Es＋｜	｜Es－｜
	美好型	缓需型	急需型	无差异	反向	可疑			
新农合	0.46	0.36	0.08	0.10	0.00	0.00	美好型	0.82	0.44
新农保	0.46	0.40	0.04	0.10	0.00	0.00	美好型	0.86	0.44
基本公共教育	0.40	0.46	0.06	0.08	0.00	0.00	缓需型	0.86	0.52
政务（村务）公开	0.48	0.40	0.08	0.04	0.00	0.00	美好型	0.88	0.48
公共文化服务	0.46	0.38	0.04	0.12	0.00	0.00	美好型	0.84	0.42

基于顾客满意度理论，参考乡（镇）政府驻地集中居住模式与中心村集中居住模式对十二类主要公共服务的需求与满意度排序情况（见表7-1-1、表4-4-1），根据两组群众十二类主要公共服务的需求分类结果及｜Es＋｜和｜Es－｜测算结果（见表7-1-2、表7-1-3），按照KANO模型确定主要公共服务供给优先序的原则（见表6-1-6），确定稻城县乡（镇）政府驻地集中居住模式与中心村集中居住模式十二类主要公共服务的供给优先序。在此基础上，将稻城县乡（镇）政府驻地集中居住模式与中心村集中居住模式十二类主要公共服务的供给优先序划分为四个层次（见表7-1-4、表7-1-5），为探索四省藏区乡（镇）政府驻地集中居住模式与中心村集中居住模式公共服务资源空间优化配置的现实路径提供重要依据。

表7-1-4 乡（镇）政府驻地集中居住模式公共服务供给优先序分析

第一层次	第一层次是道路交通基础设施。乡（镇）组被调查群众对交通基础设施的需求属急需型，且满意度排序为第十一位，相对较差；需求排序为第一位。同时，乡（镇）组被调查群众对交通基础设施服务的｜Es－｜为0.61，高于十二类主要公共服务的｜Es－｜平均值。这意味着交通基础设施仍是当前稻城县乡（镇）政府驻地集中居住居民的首要需求，在供给优先序中应处于首要位置
第二层次	第二层次是基本公共教育、饮用水安全、通信网络服务、公共文化服务。本层次公共服务具有如下特征：一是这四种公共服务均属于缓需型。二是这四类公共服务的｜Es＋｜均高于十二类公共服务｜Es＋｜的平均值。三是这四类公共服务的｜Es－｜均高于十二类公共服务｜Es－｜的平均值。四是这四类公共服务的需求度相对较高：通信网络服务的需求排序非常靠前（第二位），而满意度排序非常靠后（第十二位）；饮用水安全的需求排序比较靠前（第四位），满意度相对较高（第三位）；基本公共教育的需求排序也比较靠前（第三位），满意度相对较高（第四位）；公共文化服务的需求排序也比较靠前（第八位），而满意度相对较低（第六位）。这意味着，乡（镇）组被调查群众对此四类公共服务的需求非常迫切，对通信网络服务和公共文化服务的供给水平不太满意。其中，对通信网络服务需求的｜Es＋｜达0.86，对饮用水安全、基本公共教育、公共文化服务三者需求的｜Es＋｜均达0.89。较高的｜Es＋｜意味着提高供给水平，居民的满意程度均明显增加，因此这三种公共服务的供给优先序应处于道路交通基础设施之后 然而，由于缓需型需求的满意度与满足程度呈正比例关系，因此在政府财力允许的条件下，按照｜Es＋｜和｜Es－｜从高到低的原则，以"基本公共教育＞饮用水安全＞通信网络服务＞公共文化服务"的优先序增加供给，能够大幅提升稻城县乡（镇）集中居住居民的满意度

第三层次	第三层次是同属于缓需型需求的新农保、村（镇）容环境、新农合、农业信息服务与政务（村务）公开，但它们的 $	Es+	$ 和 $	Es-	$ 至少有一项低于十二类主要公共服务的平均值，这五种公共服务的供给优先序应处于基本公共教育、饮用水安全、通信网络服务、公共文化服务之后
	同样，由于缓需型需求的满意度与满足程度呈正比例关系，因此在政府财力允许的条件下，按照 $	Es+	$ 和 $	Es-	$ 从高到低的原则，以"新农保＞村（镇）容环境＞新农合＞农业信息服务＞政务（村务）公开"的优先序增加供给，能够大幅提升稻城县乡（镇）集中居住居民的满意度
第四层次	第四层次是农田水利设施和农业科技推广。乡（镇）组被调查群众对上述两类公共服务的需求全属美好型，即如果这类需求得到满足，居民满意度会急剧提升，而这类需求无法得到满足时，居民也不会出现明显不满，且在乡（镇）组被调查群众的需求排序和满意度排序中位次靠后。这意味着这些公共服务并非稻城县乡（镇）集中居住区居民关注的焦点，其供给优先序应处于新农保、村（镇）容环境、新农合、农业信息服务与政务（村务）公开之后
	然而，由于这类需求得到满足后居民满意度会大幅提升，因此在政府财力允许的条件下，按照 $	Es+	$ 和 $	Es-	$ 从高到低的原则，以"农业科技推广＞农田水利设施"的优先序增加供给，能大幅提升稻城县乡（镇）集中居住居民的满意度

表7-1-5　中心村集中居住模式公共服务供给优先序分析

第一层次	第一层次是道路交通基础设施。中心村组被调查群众对交通基础设施的需求属急需型，尽管满意度排序为第四位，相对较好，但需求排序为第三位。同时，中心村组被调查群众对交通基础设施需求的 $	Es-	$ 为0.58，高于十二类主要公共服务需求的 $	Es-	$ 平均值。这意味着交通基础设施仍是当前稻城县中心村集中居住区居民的首要需求，在供给优先序中应处于首要位置
第二层次	第二层次是基本公共教育与村（镇）容环境。中心村组被调查群众对村（镇）容环境与基本公共教育两种公共服务的需求均属于缓需型，对于村（镇）容环境的需求排序为第七位，而满意度排序为第八位；对于基本公共教育的需求排序为第二位，而满意度排序为第七位。这都意味着，一是中心村组被调查群众对两类公共服务的供给水平满意度一般，需求度较高。二是两种公共服务的 $|Es+|$ 和 $|Es-|$ 均高于十二类主要公共服务的平均值。其中，对村（镇）容环境需求的 $|Es+|$ 达0.88，对基本公共教育需求的 $|Es+|$ 为0.86；对村（镇）容环境需求的 $|Es-|$ 达0.56，对基本公共教育需求的 $|Es-|$ 为0.52。综合考量，这两类公共服务的供给优先序应处于道路交通基础设施之后，以"基本公共教育＞村（镇）容环境"的优先序增加供给
第三层次	第三层次是饮用水安全、通信网络服务、新农保与新农合。稻城县中心村集中居住区居民对上述四类公共服务的需求全属美好型。其中，饮用水安全的 $|Es+|$ 和 $|Es-|$ 均高于平均值，且对饮用水安全的满意度和需求度都排在第三位，均比较靠前；对新农保需求的 $|Es+|$ 为0.86，对新农合需求的 $|Es+|$ 为0.82，均超过平均值，且满意度分别排第二和第一位，需求排序靠后；对通信网络服务需求的 $|Es+|$ 和 $|Es-|$ 虽略低于十二类主要公共服务的平均值，但需求度排第一位，满意度排第十一位。综合考量，这四种公共服务的供给优先序应处于村（镇）容环境与基本公共教育之后，以"饮用水安全＞通信网络服务＞新农保＞新农合"的优先序增加供给

| 第四层次 | 第四层次是同属于美好型需求的政（村）务公开、公共文化服务、农业科技推广、农业信息服务和农田水利设施。政（村）务公开的 $\lvert Es+ \rvert$ 和 $\lvert Es- \rvert$ 虽然高于平均值，但其需求度排在第十二位，满意度排在第十位，均非常靠后；公共文化服务、农业信息服务、农田水利设施和农业科技推广的 $\lvert Es+ \rvert$ 和 $\lvert Es- \rvert$ 均低于十二类主要公共服务的平均值，且需求度和满意度排位均靠后。所以，这五类需求得到满足，居民满意度会急剧提升，而这五类需求无法得到满足时，居民也不会出现明显不满。这意味着这些公共服务并非稻城县中心村集中居住区居民关注的焦点，供给优先序应处于饮用水安全、通信网络服务、新农合与新农保之后 |
| | 然而，由于美好型需求得到满足，居民满意度会急剧提升，因此在政府财力允许的条件下，按照 $\lvert Es+ \rvert$ 从高到低的原则，以"政务（村务）公开＞公共文化服务＞农业科技推广＞农业信息服务＞农田水利设施"的优先序增加供给，能够大幅提升稻城县中心村集中居住区居民的满意度 |

第二节　应对公共服务供给效率空间失配型漏损的思考 Ⅱ

本节在对青海藏区海西州德令哈市尕海镇东山村、柯鲁柯镇金源村和蓄集乡陶尔根家园社区的实地调研和问卷调查基础上，基于顾客满意度理论和 KANO 模型，对生产和生活居住地邻近与远离不同居住模式下，公共服务现实需求和供给优先序进行比较研究。进一步探寻城中村、纯农区中心村、游牧民定居社区三类生产和生活居住地邻近与远离的不同居住模式下，当地群众公共服务需求侧的真实状况以及公共服务供给优先序的现实差异，为应对公共服务供给效率的空间失配型漏损问题，探索四省藏区公共服务资源的有效空间布局，提供又一现实案例和思路启发。

一、生产和生活居住地邻近与远离模式公共服务需求的差异分析

基于青海藏区海西州德令哈市尕海镇、柯鲁柯镇和蓄集乡主要公共服务的问卷调查数据，结合实地调研和入户访谈情况，课题组进一步对比分析当地城中村、纯农区中心村、游牧民定居社区不同居住模式对十二类主要公共服务的现实需求，并在此基础上探索其公共服务供给优先序的差异。采取和青海藏区海南州贵德县调查问卷相同的方法，给当地每份问卷中十二类主要公共服务的需求度赋值，然后取当地所有问卷给每类公共服务的需求排序赋值的算术平均值为该类公共服务需求度的平均值。其中，十二类主要公共服务内容与第五章基本相同。基于青海藏区海西州德令哈市尕海镇、柯鲁柯镇和蓄集乡问卷调查数据的公共服务需求度统计结果见表 7-2-1，当地城中村、纯农区中心村、游牧民定居社区不同居住模式对十二类主要公共服务的需求度总体排序、分区域排序及比较见表 7-2-1和图 7-2-1。

对城中村、纯农区中心村、游牧民定居社区不同居住模式进行公共服务供给优先序的差异分析，有助于进一步探索应对四省藏区公共服务供给效率空间失配型漏损的现实路径，并提出因地制宜、分类指导的公共服务供给优先序政策建议。这里在总体分析青海藏

区德令哈市尕海镇、柯鲁柯镇和蓄集乡公共服务需求排序基础上，通过分城中村、纯农区中心村、游牧民定居社区不同居住模式来对比分析此不同居住模式下公共服务需求排序情况，以发现城中村、纯农区中心村、游牧民定居社区不同居住模式对于公共服务的现实需求差异，为后续分析四省藏区城中村、纯农区中心村、游牧民定居社区不同居住模式下公共服务供给优先序的差异提供重要支撑。

表7-2-1　城中村、纯农区中心村和游牧民定居社区模式主要公共服务需求排序

序号	样本总体	城中村	纯农区中心村	游牧民定居社区
1	公共文化服务	农田水利设施	公共文化服务	公共文化服务
2	农田水利设施	农业信息服务	新农保	农田水利设施
3	新农保	农业科技推广	村（镇）容环境	饮用水安全
4	村（镇）容环境	新农保	饮用水安全	村（镇）容环境
5	饮用水安全	公共文化服务	通信网络服务	政务（村务）公开
6	农业信息服务	饮用水安全	政务（村务）公开	新农保
7	政务（村务）公开	村（镇）容环境	道路交通设施	道路交通设施
8	农业科技推广	政务（村务）公开	基本公共教育	农业信息服务
9	道路交通设施	道路交通设施	农业信息服务	基本公共教育
10	基本公共教育	通信网络服务	基本医疗卫生	农业科技推广
11	通信网络服务	基本医疗卫生	农业科技推广	基本医疗卫生
12	基本医疗卫生	基本公共教育	农田水利设施	通信网络服务

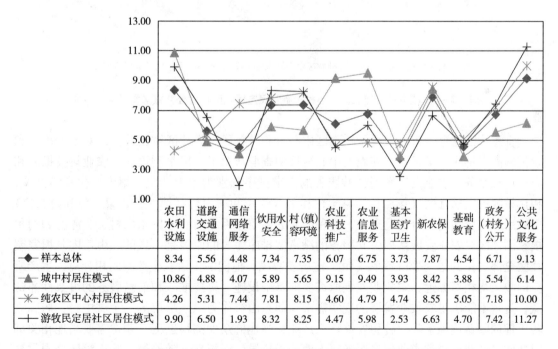

图7-2-1　城中村、纯农区中心村和游牧民定居社区模式公共服务需求度比较I

比较城中村、纯农区中心村和游牧民定居社区不同居住模式对十二类主要公共服务的需求排序情况（见表7-2-1、图7-2-1）可见，三种居住模式下当地群众对于道路交通基础设施、饮用水安全、村（镇）容环境、基本医疗卫生服务、新农保、基本公共教育、政务（村务）公开的需求排序差异不大（见表7-2-1），其中，三种居住模式下当地群众对道路交通基础设施的需求排序依次为第九位、第七位和第七位；对饮用水安全的需求排序依次为第六位、第四位和第三位；对村（镇）容环境的需求排序依次为第七位、第三位和第四位；对基本医疗卫生服务的需求排序依次为第十一位、第十位和第十一位；对新农保服务的需求排序依次为第四位、第二位和第六位；对基本公共教育服务的需求排序依次为第十二位、第八位和第九位；对政务（村务）公开的需求排序依次为第八位、第六位和第五位。同时，结合笔者在青海藏区德令哈市尕海镇、柯鲁柯镇和蓄集乡的实地调研情况来看，城中村、纯农区中心村和游牧民定居社区不同居住模式下，部分公共服务需求排序及现实情况均存在明显差异（见图7-2-2、图7-2-3）。

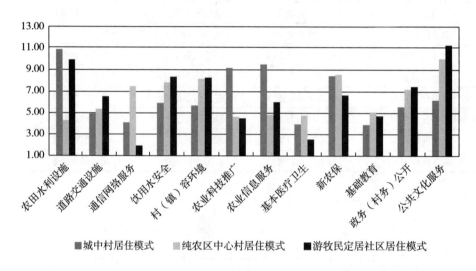

■城中村居住模式　■纯农区中心村居住模式　■游牧民定居社区居住模式

图7-2-2　城中村、纯农区中心村和游牧民定居社区模式公共服务需求度比较Ⅱ

青海藏区德令哈市城中村、纯农区中心村和游牧民定居社区被调查群众对于农田水利设施的需求排序结果显示，纯农区中心村被调查群众对于农田水利设施、农业科技推广和农业信息服务等农业发展系列公共服务的需求排序分别为第十二位、第十一位和第九位，相比游牧民定居社区（第二位、第十位和第八位）和城中村（第一位、第三位和第二位）更靠后。结合实地调研情况来看，这种差异的主要原因和前面分析东山村、金源村和陶尔根家园社区对农业发展系列公共服务的满意度排序差异的原因是一致的。由于陶尔根家园社区全部居住的德令哈市各乡（镇）定居农牧民，他们的生活和生产空间相分离，生产所在的牧区均相对偏远，农牧业发展所需要的基础设施、科技推广和信息服务的可及性非常低，远远不能满足农牧业发展的现实需求。而东山村作为德令哈市的一个城中村，居民流转土地的收益逐渐下降，转型发展什么产业，当地群众大都很迷茫，非常需要当地相关部门在农业产业选择和农业信息服务等方面给予指导。近年来，随着德令哈市灌区金源村高效节水改造工程的实施，金源村农田水利设施及相关服务水平明显提升，当地群众对于农田水利设施等服务的满意度逐步提升，需求度相对下降。

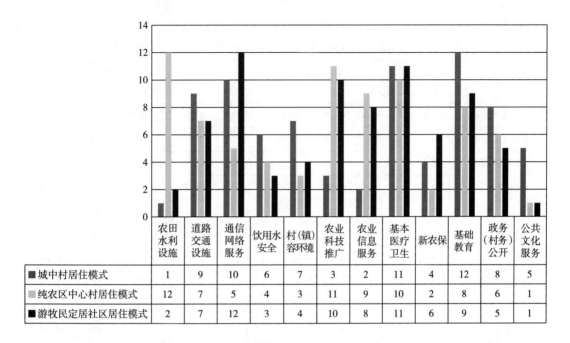

	农田水利设施	道路交通设施	通信网络服务	饮用水安全	村(镇)容环境	农业科技推广	农业信息服务	基本医疗卫生	新农保	基础教育	政务(村务)公开	公共文化服务
■ 城中村居住模式	1	9	10	6	7	3	2	11	4	12	8	5
▨ 纯农区中心村居住模式	12	7	5	4	3	11	9	10	2	8	6	1
■ 游牧民定居社区居住模式	2	7	12	3	4	10	8	11	6	9	5	1

图 7-2-3　城中村、纯农区中心村和游牧民定居社区模式公共服务需求排序比较

青海藏区德令哈市城中村、纯农区中心村和游牧民定居社区被调查群众对于通信网络服务的需求排序比较结果显示，纯农区中心村被调查群众对于通信网络服务的需求排序为第五位，比游牧民定居社区（第十二位）和城中村（第十位）更靠前。结合实地调研情况来分析原因，主要和这些居住区距离市区的远近程度有很大关系。东山村属于城中村，其通信网络服务水平和市区没有明显差异，因此对该类公共服务的满意度较高而需求度相对较低。陶尔根家园社区距离德令哈市区约 2 千米，通信网络服务水平和市区差异也不大。金源村距离市区约 13 千米，通信网络服务水平和市区差异较大，当地群众对于通信网络服务的满意度相对较低而需求度相对较高。

二、基于供给优先序分析的公共服务资源布局优化路径 II

在前面对比分析青海藏区德令哈市东山村、金源村和陶尔根家园社区对十二类主要公共服务的满意度和需求排序基础上，借鉴顾客满意度理论，采用 KANO 模型，在问卷数据基础上分析城中村、纯农区中心村和游牧民定居社区不同居住模式的公共服务供给优先序，为探寻当地公共服务资源空间优化配置的现实路径提供重要依据。笔者通过分析调查问卷中设定的正反向结构性问题（见表 6-1-2），根据 KANO 模型评价结果分类对照标准（见表 6-1-3），采用和青海藏区贵德县少数民族特色村寨和非少数民族特色村寨公共服务供给优先序分析相同的方法，将十二类主要公共服务需求归为四类：无差异型、急需型、缓需型和美好型。在此基础上，根据城中村、纯农区中心村和游牧民定居社区的十二类主要公共服务需求分类结果，分别计算城中村、纯农区中心村和游牧民定居社区不同居住模式十二类主要公共服务的｜Es＋｜和｜Es－｜（见表 7 - 2 - 2、表 7 - 2 - 3、表 7 - 2 - 4）。

表 7 - 2 - 2 公共服务的需求分类及｜Es＋｜和｜Es－｜：城中村居住模式

公共服务	需求属性（%）						识别结果	｜Es＋｜	｜Es－｜
	美好型	缓需型	急需型	无差异	反向	可疑			
农田水利设施	0.35	0.00	0.00	0.11	0.38	0.16	反向结果	0.76	0.00
道路交通设施	0.60	0.00	0.15	0.10	0.15		美好型	0.80	0.00
通信网络服务	0.53	0.00	0.00	0.73	0.10	0.09	无差异型	0.65	0.00
饮用水安全	0.47	0.00	0.00	0.38	0.10	0.05	美好型	0.55	0.00
村（镇）容环境	0.51	0.00	0.00	0.19	0.14	0.17	美好型	0.73	0.00
农业科技推广	0.43	0.00	0.00	0.06	0.43	0.07	反向结果	0.88	0.00
农业信息服务	0.42	0.00	0.00	0.12	0.43	0.02	反向结果	0.77	0.00
基本医疗卫生	0.63	0.00	0.00	0.31	0.02	0.04	美好型	0.67	0.00
新农保	0.56	0.00	0.00	0.25	0.17	0.02	美好型	0.69	0.00
基本公共教育	0.74	0.00	0.00	0.17	0.05	0.04	美好型	0.82	0.00
政务（村务）公开	0.26	0.00	0.00	0.40	0.22	0.12	无差异型	0.40	0.00
公共文化服务	0.40	0.00	0.00	0.21	0.22	0.17	美好型	0.65	0.00

表 7 - 2 - 3 公共服务的需求分类及｜Es＋｜和｜Es－｜：纯农区中心村居住模式

公共服务	需求属性（%）						识别结果	｜Es＋｜	｜Es－｜
	美好型	缓需型	急需型	无差异	反向	可疑			
农田水利设施	0.36	0.00	0.00	0.64	0.00	0.00	无差异型	0.36	0.00
道路交通设施	0.51	0.00	0.00	0.49	0.00	0.00	美好型	0.51	0.00
通信网络服务	0.69	0.00	0.00	0.30	0.00	0.01	美好型	0.70	0.00
饮用水安全	0.14	0.00	0.00	0.86	0.00	0.00	无差异型	0.14	0.00
村（镇）容环境	0.34	0.00	0.00	0.43	0.19	0.05	无差异型	0.44	0.00
农业科技推广	0.31	0.00	0.00	0.68	0.00	0.01	无差异型	0.32	0.00
农业信息服务	0.21	0.00	0.00	0.78	0.00	0.01	无差异型	0.22	0.00
基本医疗卫生	0.83	0.00	0.00	0.16	0.00	0.01	美好型	0.84	0.00
新农保	0.61	0.00	0.00	0.35	0.04	0.00	美好型	0.64	0.00
基本公共教育	0.74	0.00	0.00	0.25	0.01	0.00	美好型	0.75	0.00
政务（村务）公开	0.44	0.00	0.00	0.54	0.01	0.01	无差异型	0.45	0.00
公共文化服务	0.45	0.00	0.00	0.11	0.29	0.15	美好型	0.80	0.00

表7-2-4　公共服务的需求分类及∣Es+∣和∣Es-∣：游牧民定居社区模式

公共服务	需求属性（%）						识别结果	∣Es+∣	∣Es-∣
	美好型	缓需型	急需型	无差异	反向	可疑			
农田水利设施	0.13	0.00	0.00	0.40	0.30	0.17	无差异型	0.25	0.00
道路交通设施	0.60	0.00	0.00	0.40	0.00	0.00	美好型	0.60	0.00
通信网络服务	0.27	0.00	0.00	0.73	0.00	0.00	无差异型	0.27	0.00
饮用水安全	0.40	0.00	0.00	0.60	0.00	0.00	无差异型	0.40	0.00
村（镇）容环境	0.45	0.00	0.00	0.27	0.07	0.22	美好型	0.63	0.00
农业科技推广	0.87	0.00	0.00	0.13	0.00	0.00	美好型	0.87	0.00
农业信息服务	0.86	0.00	0.00	0.10	0.03	0.00	美好型	0.89	0.00
基本医疗卫生	0.08	0.00	0.00	0.88	0.00	0.03	无差异型	0.09	0.00
新农保	0.72	0.00	0.00	0.23	0.05	0.00	美好型	0.75	0.00
基本公共教育	0.58	0.00	0.00	0.38	0.03	0.00	美好型	0.60	0.00
政务（村务）公开	0.55	0.00	0.00	0.32	0.00	0.13	美好型	0.63	0.00
公共文化服务	0.28	0.00	0.00	0.12	0.40	0.20	反向结果	0.71	0.00

基于顾客满意度理论，参考城中村、纯农区中心村和游牧民定居社区对十二类主要公共服务的需求与满意度排序情况（见表7-2-1、表4-4-2），根据三组居民十二类主要公共服务的需求分类结果及∣Es+∣和∣Es-∣测算结果（表7-2-2、表7-2-3、表7-2-4），按照KANO模型确定主要公共服务供给优先序的原则（见表6-1-6），确定德令哈市城中村、纯农区中心村和游牧民定居社区居住模式十二类主要公共服务的供给优先序。在此基础上，将德令哈市城中村、纯农区中心村和游牧民定居社区三种居住模式十二类主要公共服务的供给优先序划分为三个层次（见表7-2-5、表7-2-6、表7-2-7），为探索四省藏区城中村、纯农区中心村和游牧民定居社区不同居住模式下，公共服务资源空间优化配置的现实路径提供重要依据。其中，计算结果为无差异、反向和可疑结果的公共服务，按照KANO模型原理，不纳入供给优先序分析，可以参照前面需求排序结果来确定供给优先序。

表7-2-5　城中村居住模式公共服务供给优先序分析

第一层次	第一层次是道路交通基础设施、村（镇）容环境、基本公共教育服务。本层次公共服务具有如下特征：一是这三类公共服务均属于美好型。二是这三类公共服务的∣Es+∣高于七类美好型公共服务∣Es+∣的平均值。其中，道路交通基础设施的∣Es+∣为0.80，需求排序位于第九位，满意度排序位于第三位；村（镇）容环境的∣Es+∣为0.73，需求排序位于第七位，满意度排序位于第九位；基本公共教育服务的∣Es+∣为0.82，需求排序位于第十二位，满意度排序位于第六位 由于美好型需求得到满足，居民满意度会急剧提升，而这类需求无法得到满足时，居民也不会出现明显不满。按照∣Es+∣从高到低的原则，综合需求和满意度排序，德令哈市东山村如果以"基本公共教育服务>道路交通设施>村（镇）容环境"的优先序增加供给，能够大幅提升东山村居民的满意度

第二层次	第二层次是同属于美好型的基本医疗卫生服务、饮用水安全、新农保、公共文化服务。这四类公共服务的 $\vert Es+\vert$ 低于七类美好型公共服务的平均值。其中，基本医疗卫生服务的 $\vert Es+\vert$ 为 0.67，需求排序位于第十一位，满意度排序位于第八位；饮用水安全服务的 $\vert Es+\vert$ 为 0.55，需求排序位于第六位，满意度排序位于第二位；新农保服务的 $\vert Es+\vert$ 为 0.69，需求排序位于第四位，满意度排序位于第七位；公共文化服务的 $\vert Es+\vert$ 为 0.65，需求排序位于第五位，满意度排序位于第五位。因此，这四类公共服务的供给优先序应处于道路交通设施、村（镇）容环境、基本公共教育服务之后 由于美好型需求得到满足，居民满意度会急剧提升，而这类需求无法得到满足时，居民也不会出现明显不满。按照 $\vert Es+\vert$ 从高到低的原则，综合需求和满意度排序，如果在德令哈市东山村以"新农保＞基本医疗卫生服务＞公共文化服务＞饮用水安全"的优先序增加供给，能够大幅提升当地群众公共服务的满意度
第三层次	根据表7-2-1的公共服务需求排序，余下的农田水利设施、通信网络服务、农业科技推广、农业信息服务、政务（村务）公开五类公共服务，如果按照"农田水利设施＞农业信息服务＞农业科技推广＞政务（村务）公开＞通信网络服务"的优先序增加供给，能够提升当地群众公共服务的满意度

表7-2-6 纯农区中心村居住模式公共服务供给优先序分析

第一层次	第一层次是基本医疗卫生服务、基本公共教育服务、公共文化服务。这三类公共服务均属于美好型，且 $\vert Es+\vert$ 均高于六类美好型公共服务 $\vert Es+\vert$ 的平均值。其中，基本医疗卫生服务的 $\vert Es+\vert$ 为 0.84，需求排序位于第十位，满意度排序位于第十位；公共文化服务的 $\vert Es+\vert$ 为 0.80，需求排序位于第一位，满意度排序位于第六位；基本公共教育服务的 $\vert Es+\vert$ 为 0.75，需求排序位于第八位，满意度排序位于第二位 由于美好型需求得到满足，居民满意度会急剧提升，而这类需求无法得到满足时，居民也不会出现明显不满。按照 $\vert Es+\vert$ 从高到低的原则，综合需求和满意度排序，德令哈市金源村如果以"基本医疗卫生服务＞公共文化服务＞基本公共教育服务"的优先序增加供给，能够大幅提升金源村居民的满意度
第二层次	第二层次是通信网络服务、新农保、道路交通基础设施。同为美好型需求的这三类公共服务，$\vert Es+\vert$ 均低于六类美好型公共服务 $\vert Es+\vert$ 的均值。其中，通信网络服务的 $\vert Es+\vert$ 为 0.70，需求排序位于第五位，满意度排序位于第七位；新农保服务的 $\vert Es+\vert$ 为 0.64，需求排序位于第二位，满意度排序位于第四位；道路交通基础设施服务的 $\vert Es+\vert$ 为 0.51，需求排序位于第七位，满意度排序位于第九位 按照 $\vert Es+\vert$ 从高到低的原则，综合需求和满意度排序，德令哈市金源村如果以"通信网络服务＞新农保＞道路交通基础设施"的优先序增加供给，能够大幅提升金源村居民的满意度
第三层次	根据表7-2-1的公共服务需求排序，余下的农田水利设施、饮用水安全、村（镇）容环境、农业科技推广、农业信息服务、政务（村务）公开六类公共服务，如果按照"村（镇）容环境＞饮用水安全＞政务（村务）公开＞农业信息服务＞农业科技推广＞农田水利设施"的优先序增加供给，能够提升当地群众公共服务的满意度

表7-2-7　游牧民定居社区模式公共服务供给优先序分析

第一层次	第一层次是农业信息服务、农业科技推广和新农保服务。本层次公共服务具有如下特征：一是这三类公共服务均属于美好型。二是这三类公共服务的｜Es+｜高于七类美好型公共服务｜Es+｜的平均值。其中，农业信息服务的｜Es+｜为0.89，需求排序位于第八位，满意度排序位于第十二位；农业科技推广服务的｜Es+｜为0.87，需求排序位于第十位，满意度排序位于第十一位；新农保服务的｜Es+｜为0.75，需求排序位于第六位，满意度排序位于第二位
	再按照｜Es+｜从高到低的原则，综合需求和满意度排序，如果以"农业信息服务＞农业科技推广＞新农保"的优先序增加陶尔根家园社区的公共服务供给，能够大幅提升当地群众对公共服务的满意度
第二层次	第二层次是道路交通基础设施、村（镇）容环境、基本公共教育服务和政务（村务）公开。本层次公共服务具有如下特征：一是这四类公共服务均属于美好型。二是这四类公共服务的｜Es+｜均低于七类美好型公共服务｜Es+｜的平均值。其中，村（镇）容环境服务的｜Es+｜为0.63，需求排序位于第四位，满意度排序位于第三位；政务（村务）公开服务的｜Es+｜为0.63，需求排序位于第五位，满意度排序位于第四位；道路交通基础设施的｜Es+｜为0.60，需求排序位于第七位，满意度排序位于第九位；基本公共教育服务的｜Es+｜为0.60，需求排序位于第九位，满意度排序位于第七位
	由于村（镇）容环境和政务（村务）公开服务的｜Es+｜高于道路交通基础设施和基本公共教育服务，所以村（镇）容环境和政务（村务）公开服务的供给优先序应在道路交通基础设施和基本公共教育服务之前。由于村（镇）容环境和政务（村务）公开服务的｜Es+｜和｜Es-｜相同，而村（镇）容环境的需求排序在政务（村务）公开服务前面；道路交通基础设施和基本公共教育服务的｜Es+｜和｜Es-｜相同，而道路交通基础设施的需求排序在基本公共教育服务前面。综合考虑，如以"村（镇）容环境＞政务（村务）公开＞道路交通设施＞基本公共教育服务"的优先序增加供给，将有效提升陶尔根家园社区居民的公共服务满意度
第三层次	根据表7-2-1的公共服务需求排序，余下的农田水利设施、通信网络服务、饮用水安全、基本医疗卫生、公共文化服务五类公共服务，如果按照"公共文化服务＞农田水利设施＞饮用水安全＞基本医疗卫生＞通信网络服务"的优先序增加供给，能够提升当地群众公共服务的满意度

第三节　应对公共服务供给效率空间失配型漏损的思考Ⅲ

　　本节在对四川藏区阿坝州松潘县施家堡乡和牟尼乡的实地调研和问卷调查基础上，基于顾客满意度理论和KANO模型，对纯农区中心村集中居住和半农半牧区散居不同居住模式下，公共服务现实需求和供给优先序进行比较研究。进一步探寻纯农区中心村集中居住和半农半牧区散居模式下公共服务需求侧的真实状况，以及公共服务供给优先序的现实差异，为应对公共服务供给效率的空间失配型漏损问题，探索四省藏区公共服务资源的有效空间布局，提供再一现实案例和思路启发。

一、纯农区中心村集中居住与半农半牧区散居模式公共服务需求的差异分析

基于四川藏区阿坝州松潘县施家堡乡和牟尼乡主要公共服务的问卷调查数据，结合实地调研和入户访谈情况，笔者进一步对比分析当地纯农区中心村集中居住和半农半牧区散居两种居住模式对十二类主要公共服务的现实需求，并在此基础上探索其公共服务供给优先序的差异。采取和青海藏区海南州贵德县调查问卷相同的方法，给当地每份问卷中十二类主要公共服务的需求度赋值，然后取当地所有问卷给每类公共服务的需求排序赋值的算术平均值为该类公共服务需求度的平均值。其中，十二类主要公共服务内容与第五章基本相同。基于四川藏区阿坝州松潘县施家堡乡和牟尼乡问卷调查数据的公共服务需求度统计结果见表7-3-1，当地纯农区中心村集中居住和半农半牧区散居两种居住模式对十二类主要公共服务的需求度总体排序、分区域排序及比较见表7-3-1和图7-3-1。

表7-3-1　纯农区中心村集中居住与半农半牧区散居模式主要公共服务需求排序

序号	样本总体	纯农区中心村集中居住模式	半农半牧区散居模式
1	通信网络服务	通信网络服务	农田水利设施
2	农业信息服务	农业信息服务	道路交通设施
3	农田水利设施	农业科技推广	村（镇）容环境
4	医疗卫生	医疗卫生	通信网络服务
5	村（镇）容环境	村（镇）容环境	医疗卫生
6	农业科技推广	新农保	饮用水安全
7	道路交通设施	农田水利设施	农业科技推广
8	饮用水安全	道路交通设施	农业信息服务
9	新农保	基本公共教育	基本公共教育
10	基本公共教育	公共文化服务	新农保
11	公共文化服务	饮用水安全	公共文化服务
12	政务（村务）公开	政务（村务）公开	政务（村务）公开

对纯农区中心村集中居住和半农半牧区散居两种居住模式进行公共服务供给优先序的差异分析，有助于进一步探索应对四省藏区公共服务供给效率空间失配型漏损的现实路径，并提出因地制宜、分类指导的公共服务供给优先序政策建议。这里在总体分析四川藏区阿坝州松潘县施家堡乡和牟尼乡公共服务需求排序基础上，通过分纯农区中心村集中居住和半农半牧区散居两种模式来对比分析此不同居住模式下公共服务需求排序情况，以发现纯农区中心村集中居住和半农半牧区散居两种居住模式对于公共服务的现实需求差异，为后续分析四省藏区纯农区中心村集中居住和半农半牧区散居两种居住模式下公共服务供给优先序的差异提供重要支撑。

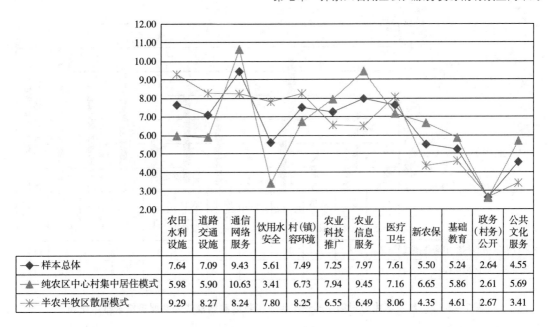

	农田水利设施	道路交通设施	通信网络服务	饮用水安全	村(镇)容环境	农业科技推广	农业信息服务	医疗卫生	新农保	基础教育	政务(村务)公开	公共文化服务
样本总体	7.64	7.09	9.43	5.61	7.49	7.25	7.97	7.61	5.50	5.24	2.64	4.55
纯农区中心村集中居住模式	5.98	5.90	10.63	3.41	6.73	7.94	9.45	7.16	6.65	5.86	2.61	5.69
半农半牧区散居模式	9.29	8.27	8.24	7.80	8.25	6.55	6.49	8.06	4.35	4.61	2.67	3.41

图 7 - 3 - 1　纯农区中心村集中居住与半农半牧区散居模式公共服务需求度比较 I

比较纯农区中心村集中居住和半农半牧区散居两种模式对十二类主要公共服务的需求排序情况（见表 7 - 3 - 1、图 7 - 3 - 1）可见，两种居住模式下当地群众对于基本公共教育、政务（村务）公开的需求排序完全一致，均排在第九位和第十二位。对于通信网络服务、村（镇）容环境、农业科技推广、医疗卫生服务、新农保和公共文化服务的需求排序差异也不大，依次分别排在第一位和第四位、第五位和第三位、第三位和第七位、第四位和第五位、第六位和第十位、第十位和第十一位。但是，结合笔者在四川藏区松潘县施家堡乡和牟尼乡的实地调研情况来看，纯农区中心村集中居住和半农半牧区散居两种模式，部分公共服务需求排序及现实情况均存在明显差异（见图 7 - 3 - 2、图 7 - 3 - 3）。

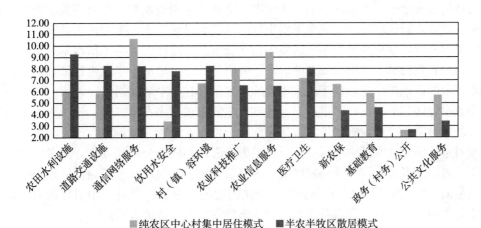

图 7 - 3 - 2　纯农区中心村集中居住与半农半牧区散居模式公共服务需求度比较 II

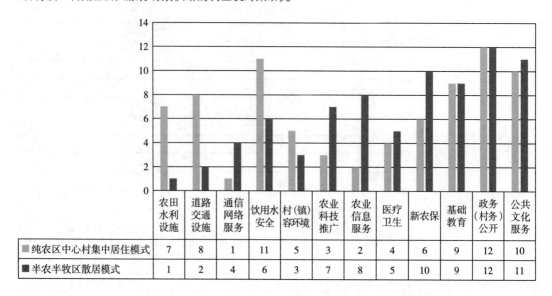

	农田水利设施	道路交通设施	通信网络服务	饮用水安全	村(镇)容环境	农业科技推广	农业信息服务	医疗卫生	新农保	基础教育	政务(村务)公开	公共文化服务
纯农区中心村集中居住模式	7	8	1	11	5	3	2	4	6	9	12	10
半农半牧区散居模式	1	2	4	6	3	7	8	5	10	9	12	11

图7-3-3　纯农区中心村集中居住与半农半牧区散居模式公共服务需求排序比较

半农半牧区散居居民对于农田水利设施的需求排序在第一位，比纯农区中心村集中居住居民的需求排序靠前六个位次，而纯农区中心村集中居住区居民对于农业信息服务的需求排序在第二位，比半农半牧区散居居民的需求排序靠前六个位次。笔者实地调研发现，牟尼乡半农半牧区的可耕种土地资源相对比施家堡乡纯农区更为丰富，但是发展特色农业相对缺水，而施家堡乡纯农区高山峡谷水源丰富，导致牟尼乡半农半牧区居民对于农田水利基础设施的需求度远远高于施家堡乡纯农区中心村集中区居民。同时，施家堡乡距离松潘县城区相对较远，其纯农区中心村的通信基础设施相对落后，通过互联网获取农业信息服务的难度相对较大，导致当地群众对农业信息服务的需求排序比牟尼乡半农半牧区居民的排序更为靠前。

半农半牧区散居居民对于饮用水安全的需求排序在第六位，比纯农区中心村集中居住居民对饮用水安全的需求排序靠前五个位次。笔者实地调研发现，与前述关于施家堡乡纯农区中心村集中居住居民、牟尼乡半农半牧区散居居民对于十二类主要公共服务满意度调查的结果相一致，牟尼乡半农半牧区集中供水成本高且难度大，集中供水基础设施建设的滞后与当地农牧民对于饮用水安全的需求矛盾明显，导致牟尼乡半农半牧区散居居民对于饮用水安全的需求排序远远高于施家堡乡纯农区中心村集中居住居民。

半农半牧区散居居民对于道路交通基础设施的需求排序在第二位，比纯农区中心村集中居住居民对道路交通设施的需求排序靠前六个位次。笔者实地调研发现，牟尼乡半农半牧区相对施家堡乡纯农区中心村而言居住更为分散，相同的公路密度下，前者的交通使用率低于后者，前者对于同样公路密度的获得感要低很多，因此对于道路交通设施的需求排序更为靠前。"十四五"时期在增强牧区公路密度的同时，需要进一步引导散居农牧民在牧民定点集中居住，以提升道路交通基础设施的使用率和规模效应。

二、基于供给优先序分析的公共服务资源布局优化路径Ⅲ

在前面对比分析四川藏区松潘县施家堡乡和牟尼乡对十二类主要公共服务的满意度和

需求排序基础上，借鉴顾客满意度理论，采用 KANO 模型，在问卷数据基础上分析纯农区中心村集中居住和半农半牧区散居两种模式的公共服务供给优先序，为探寻当地公共服务资源空间优化配置的现实路径提供重要依据。笔者通过分析调查问卷中设定的正反向结构性问题（见表 6 - 1 - 2），根据 KANO 模型评价结果分类对照标准（见表 6 - 1 - 3），采用和青海藏区贵德县少数民族特色村寨和非少数民族特色村寨公共服务供给优先序分析相同的方法，将十二类主要公共服务需求归为四类：无差异型、急需型、缓需型和美好型。在此基础上，根据纯农区中心村集中居住和半农半牧区散居两种模式的十二类主要公共服务需求分类结果，分别计算纯农区中心村集中居住和半农半牧区散居不同居住模式十二类主要公共服务的｜Es + ｜和｜Es - ｜（见表 7 - 3 - 2、表 7 - 3 - 3）。

表 7 - 3 - 2　公共服务的需求分类及｜Es + ｜和｜Es - ｜：纯农区中心村集中居住模式

公共服务	需求属性（%）						识别结果	｜Es + ｜	｜Es - ｜
	美好型	缓需型	急需型	无差异	反向	可疑			
农田水利设施	0.55	0.18	0.04	0.22	0.00	0.02	美好型	0.74	0.22
道路交通设施	0.33	0.53	0.00	0.02	0.00	0.12	缓需型	0.98	0.60
通信网络服务	0.22	0.39	0.00	0.00	0.02	0.37	缓需型	1.00	0.65
饮用水安全	0.20	0.29	0.02	0.18	0.06	0.25	缓需型	0.71	0.46
村（镇）容环境	0.29	0.33	0.02	0.04	0.24	0.08	缓需型	0.91	0.51
农业科技推广	0.29	0.16	0.04	0.20	0.06	0.25	美好型	0.66	0.29
农业信息服务	0.49	0.24	0.00	0.22	0.04	0.00	美好型	0.76	0.27
医疗卫生	0.16	0.75	0.02	0.00	0.04	0.04	缓需型	0.98	0.83
新农保	0.47	0.43	0.02	0.00	0.04	0.04	美好型	0.98	0.49
基本公共教育	0.59	0.37	0.00	0.02	0.00	0.02	美好型	0.98	0.38
政务（村务）公开	0.53	0.37	0.00	0.04	0.02	0.04	美好型	0.96	0.40
公共文化服务	0.69	0.20	0.00	0.06	0.00	0.06	美好型	0.94	0.21

表 7 - 3 - 3　公共服务的需求分类及｜Es + ｜和｜Es - ｜：半农半牧区散居模式

公共服务	需求属性（%）						识别结果	｜Es + ｜	｜Es - ｜
	美好型	缓需型	急需型	无差异	反向	可疑			
农田水利设施	0.57	0.39	0.02	0.02	0.00	0.00	美好型	0.96	0.41
道路交通设施	0.31	0.65	0.02	0.02	0.00	0.00	缓需型	0.96	0.67
通信网络服务	0.27	0.71	0.00	0.02	0.00	0.00	缓需型	0.98	0.71
饮用水安全	0.29	0.67	0.00	0.04	0.00	0.00	缓需型	0.96	0.67
村（镇）容环境	0.59	0.35	0.00	0.06	0.00	0.00	美好型	0.94	0.35
农业科技推广	0.47	0.45	0.00	0.08	0.00	0.00	美好型	0.92	0.45
农业信息服务	0.39	0.53	0.00	0.08	0.00	0.00	缓需型	0.92	0.53

公共服务	需求属性（%）						识别结果	︱Es+︱	︱Es-︱
	美好型	缓需型	急需型	无差异	反向	可疑			
医疗卫生	0.35	0.65	0.00	0.00	0.00	0.00	缓需型	1.00	0.65
新农保	0.47	0.53	0.00	0.00	0.00	0.00	缓需型	1.00	0.53
基本公共教育	0.53	0.45	0.02	0.00	0.00	0.00	美好型	0.98	0.47
政务（村务）公开	0.78	0.22	0.00	0.00	0.00	0.00	美好型	1.00	0.22
公共文化服务	0.84	0.14	0.00	0.00	0.00	0.02	美好型	1.00	0.14

基于顾客满意度理论，参考纯农区中心村集中居住和半农半牧区散居两种模式当地群众对十二类主要公共服务的需求与满意度排序情况（见表7-3-1、表4-4-3），根据两组群众十二类主要公共服务的需求分类结果及︱Es+︱和︱Es-︱测算结果（见表7-3-2、表7-3-3），按照KANO模型确定主要公共服务供给优先序的原则（见表6-1-6），确定松潘县纯农区中心村集中居住和半农半牧区散居两种居住模式下十二类主要公共服务的供给优先序。在此基础上，将松潘县纯农区中心村集中居住和半农半牧区散居两种居住模式十二类主要公共服务的供给优先序划分为四个层次（见表7-3-4、表7-3-5），为探索四省藏区纯农区中心村集中居住和半农半牧区散居不同居住模式下，公共服务资源空间优化配置的现实路径提供重要依据。其中，计算结果为无差异、反向和可疑结果的公共服务，按照KANO模型原理，不纳入供给优先序分析，可以参照前面需求排序结果来确定供给优先序。

表7-3-4　纯农区中心村集中居住模式公共服务供给优先序分析

第一层次	第一层次是通信网络服务、道路交通基础设施、村（镇）容环境、医疗卫生服务。本层次公共服务具有如下特征：一是这四类公共服务均属于缓需型需求。二是这四类公共服务的︱Es+︱均高于十二类公共服务︱Es+︱的平均值。三是这四类公共服务的︱Es-︱均高于十二类公共服务︱Es-︱的平均值。四是这四类公共服务的需求排序相对靠前：通信网络服务的需求排序在第一位，而满意度排序非常靠后，在第十一位；道路交通基础设施的需求排序比较靠前，排在第八位，满意度排序在第三位；村（镇）容环境的需求排序比较靠前，排在第五位，而满意度排序比较靠后，在第六位；医疗卫生服务的需求排序比较靠前，在第四位，而满意度排序比较靠后，在第八位。这意味着，纯农区中心村集中居住居民对此四类公共服务的供给水平不太满意，并且需求非常迫切。其中，通信网络服务的︱Es+︱为1，︱Es-︱为0.65；道路交通基础设施的︱Es+︱为0.98，︱Es-︱为0.6；医疗卫生服务的︱Es+︱为0.98，︱Es-︱为0.83；村（镇）容环境服务的︱Es+︱为0.91，︱Es-︱为0.51 按照︱Es+︱优先，︱Es-︱次之，且从高到低的原则，松潘县纯农区中心村集中居住区若以"通信网络服务>医疗卫生服务>道路交通基础设施>村（镇）容环境服务"的优先序增加公共服务供给，能够大幅提升松潘县纯农区中心村集中居住区居民的满意度

第二层次	第二层次是同属于缓需型需求的饮用水安全。饮用水安全的 $\lvert Es+ \rvert$ 为 0.71，$\lvert Es- \rvert$ 为 0.46，且其 $\lvert Es+ \rvert$ 低于十二类公共服务的 $\lvert Es+ \rvert$ 平均值，它的供给优先序应处于通信网络服务、道路交通设施、村（镇）容环境、医疗卫生服务之后。增加其供给水平也能够大幅提升松潘县纯农区中心村集中居住区居民的满意度
第三层次	第三层次是新农保、政务（村务）公开、基本公共教育服务、公共文化服务。纯农区中心村集中居住区居民对这四类公共服务的需求属于美好型，且其 $\lvert Es+ \rvert$ 均高于十二类公共服务的 $\lvert Es+ \rvert$ 平均值。其中，新农保服务的 $\lvert Es+ \rvert$ 为 0.98，$\lvert Es- \rvert$ 为 0.49，均高于十二类公共服务的 $\lvert Es+ \rvert$ 和 $\lvert Es- \rvert$ 平均值，且其需求排序位于第六位，满意度排序位于第七位，而另外三类公共服务虽然 $\lvert Es+ \rvert$ 均高于十二类公共服务的 $\lvert Es+ \rvert$ 平均值，但是 $\lvert Es- \rvert$ 低于十二类公共服务的 $\lvert Es- \rvert$ 平均值，所以，新农保服务的供给优先序应排在政务（村务）公开、基本公共教育服务、公共文化服务之前 基本公共教育服务的 $\lvert Es+ \rvert$ 为 0.98，$\lvert Es- \rvert$ 为 0.49，需求排序位于第九位，满意度排序位于第四位；政务（村务）公开服务的 $\lvert Es+ \rvert$ 为 0.96，$\lvert Es- \rvert$ 为 0.4，需求排序位于第十二位，满意度排序位于第一位；公共文化服务的 $\lvert Es+ \rvert$ 为 0.94，$\lvert Es- \rvert$ 为 0.21，需求排序位于第十位，满意度排序位于第五位。按照优先 $\lvert Es+ \rvert$ 从高到低的原则，综合需求和满意度排序，如以"新农保 > 基本公共教育服务 > 政务（村务）公开 > 公共文化服务"的优先序增加公共服务供给，能大幅提升松潘县纯农区中心村集中居住区居民的满意度
第四层次	第四层次是同属于美好型需求的农田水利设施、农业科技推广、农业信息服务。本层次公共服务具有如下特征：一是这三类公共服务均属于美好型。二是这三类公共服务的 $\lvert Es+ \rvert$ 低于十二类公共服务 $\lvert Es+ \rvert$ 的平均值。三是这三类公共服务的 $\lvert Es- \rvert$ 均低于十二类公共服务 $\lvert Es- \rvert$ 的平均值。其中，农田水利设施服务的 $\lvert Es+ \rvert$ 为 0.74，$\lvert Es- \rvert$ 为 0.22，需求排序位于第七位，满意度排序位于第十二位；农业科技推广服务的 $\lvert Es+ \rvert$ 为 0.66，$\lvert Es- \rvert$ 为 0.29，需求排序位于第三位，满意度排序位于第九位；农业信息服务的 $\lvert Es+ \rvert$ 为 0.76，$\lvert Es- \rvert$ 为 0.27，需求排序位于第二位，满意度排序位于第十位。此三类公共服务的供给优先序应处于新农保、政务（村务）公开、基本公共教育服务、公共文化服务之后 由于这类需求得到满足后居民满意度会大幅提升，综合考量，在政府财力允许的条件下，以"农业信息服务 > 农田水利设施 > 农业科技推广"的优先序增加公共服务供给，能够大幅提升松潘县纯农区中心村集中居住区居民的满意度

表7-3-5 半农半牧区散居模式公共服务供给优先序分析

第一层次	第一层次是通信网络服务、新农保、医疗卫生服务。本层次公共服务具有如下特征：一是这三类公共服务均属于缓需型。二是这三类公共服务的 $\lvert Es+ \rvert$ 均高于十二类公共服务 $\lvert Es+ \rvert$ 的平均值。三是这三类公共服务的 $\lvert Es- \rvert$ 均高于十二类公共服务 $\lvert Es- \rvert$ 的平均值。四是这三类公共服务的需求排序相对靠前。其中，通信网络服务的需求排序在第四位，而满意度排序在第七位；新农保服务的需求排序位于第十位，满意度排序位于第二位；医疗卫生服务的需求排序位于第五位，而满意度排序位于第十位。同时，新农保服务的 $\lvert Es+ \rvert$ 为 1，$\lvert Es- \rvert$ 为 0.53；通信网络服务的 $\lvert Es+ \rvert$ 为 0.98，$\lvert Es- \rvert$ 为 0.71；医疗卫生服务的 $\lvert Es+ \rvert$ 为 1，$\lvert Es- \rvert$ 为 0.65 按照 $\lvert Es+ \rvert$ 和 $\lvert Es- \rvert$ 从高到低的原则，兼顾当地公共服务需求和满意度排序，松潘县牟尼乡半农半牧区如以"医疗卫生服务 > 通信网络服务 > 新农保"的优先序增加公共服务供给，能大幅提升当地群众的满意度

第二层次	第二层次是同属于缓需型需求的饮用水安全、道路交通基础设施、农业信息服务。其中，饮用水安全服务的 $\mid Es+\mid$ 为0.96， $\mid Es-\mid$ 为0.67，需求排序位于第六位，满意度排序位于第十一位；道路交通基础设施的 $\mid Es+\mid$ 为0.96， $\mid Es-\mid$ 为0.67，需求排序位于第二位，满意度排序位于第五位；农业信息服务的 $\mid Es+\mid$ 为0.92， $\mid Es-\mid$ 为0.53，需求排序位于第八位，满意度排序位于第六位。这三类缓需型公共服务的 $\mid Es+\mid$ 和 $\mid Es-\mid$ 至少有一项低于十二类公共服务 $\mid Es+\mid$ 或 $\mid Es-\mid$ 的平均值，它们的供给优先序应处于通信网络服务、饮用水安全、医疗卫生服务之后 按照 $\mid Es+\mid$ 和 $\mid Es-\mid$ 从高到低的原则，兼顾当地公共服务需求和满意度排序，松潘县牟尼乡半农半牧区如以"道路交通基础设施>饮用水安全>农业信息服务"的优先序增加公共服务供给，能够大幅提升松潘县牟尼乡高山峡谷地带半农半牧区传统村落散居居民的满意度
第三层次	第三层次是基本公共教育服务、政务（村务）公开、公共文化服务。本层次公共服务具有如下特征：一是这三类公共服务均属于美好型。二是这三类公共服务的 $\mid Es+\mid$ 均高于十二类公共服务 $\mid Es+\mid$ 的平均值。三是这三类公共服务的 $\mid Es-\mid$ 均低于十二类公共服务 $\mid Es-\mid$ 的平均值。其中，基本公共教育服务的 $\mid Es+\mid$ 为0.98， $\mid Es-\mid$ 为0.47，需求排序位于第九位，满意度排序位于第三位；政务（村务）公开服务的 $\mid Es+\mid$ 为1， $\mid Es-\mid$ 为0.22，需求排序位于第十二位，满意度排序位于第一位；公共文化服务的 $\mid Es+\mid$ 为1， $\mid Es-\mid$ 为0.14，需求排序位于第十一位，满意度排序位于第四位 按照 $\mid Es+\mid$ 从高到低的原则，综合需求和满意度排序，以"基本公共教育服务>公共文化服务>政务（村务）公开"的优先序增加公共服务供给，能大幅提升松潘县牟尼乡半农半牧区散居居民的公共服务满意度
第四层次	第四层次是同属于美好型需求的农田水利设施、农业科技推广、村（镇）容环境。本层次公共服务具有如下特征：一是这三类公共服务均属于美好型。二是这三类公共服务的 $\mid Es+\mid$ 均低于十二类公共服务 $\mid Es+\mid$ 的平均值。三是这三类公共服务的 $\mid Es-\mid$ 均低于十二类公共服务 $\mid Es-\mid$ 的平均值。其中，农田水利设施服务的 $\mid Es+\mid$ 为0.96， $\mid Es-\mid$ 为0.41，需求排序位于第一位，满意度排序位于第十二位；村（镇）容环境需求的 $\mid Es+\mid$ 为0.94， $\mid Es-\mid$ 为0.35，需求排序位于第三位，满意度排序位于第八位；农业科技推广的 $\mid Es+\mid$ 为0.92， $\mid Es-\mid$ 为0.45，需求排序位于第七位，满意度排序位于第九位 由于这类需求得到满足后居民满意度会大幅提升，按照 $\mid Es+\mid$ 从高到低的原则，综合考量，在政府财力允许的条件下，以"农田水利设施>村（镇）容环境>农业科技推广"的优先序增加公共服务供给，能大幅提升松潘县牟尼乡半农半牧区散居居民的满意度

第四节　应对公共服务供给效率空间失配型漏损的思考Ⅳ

本节在对甘肃藏区甘南州迭部县电尕镇、益哇乡、卡坝乡、达拉乡、尼傲乡、旺藏乡、阿夏乡、多儿乡、桑坝乡、洛大乡等地的实地调研和问卷调查基础上，基于顾客满意度理论和 KANO 模型，对乡（镇）政府驻地集中居住和传统村落散居模式下，公共服务现实需求和供给优先序进行比较研究。进一步探寻乡（镇）政府驻地集中居住和传统村落散居模式下公共服务需求侧的真实状况，以及公共服务供给优先序的现实差异，为应对公共服务供给效率的空间失配型漏损问题，探索四省藏区公共服务资源的有效空间布局，提供更多现实案例和思路启发。

一、乡（镇）政府驻地集中居住与传统村落散居模式公共服务需求的差异分析

基于甘肃藏区迭部县电尕镇、益哇乡、卡坝乡、达拉乡、尼傲乡、旺藏乡、阿夏乡、多儿乡、桑坝乡、洛大乡等地主要公共服务的问卷调查数据，结合实地调研和入户访谈情况，笔者进一步对比分析当地乡（镇）政府驻地集中居住与传统村落散居模式下十二类主要公共服务的现实需求，并在此基础上探索其公共服务供给优先序的差异。采取和青海藏区海南州贵德县调查问卷相同的方法，给当地每份问卷中十二类主要公共服务的需求度赋值，然后取当地所有问卷给每类公共服务的需求排序赋值的算术平均值为该类公共服务需求度的平均值。其中，十二类主要公共服务内容与第五章基本相同。基于甘肃藏区迭部县电尕镇、益哇乡、卡坝乡、达拉乡、尼傲乡、旺藏乡、阿夏乡、多儿乡、桑坝乡、洛大乡等地问卷调查数据的公共服务需求度统计结果见表7－4－1，当地乡（镇）政府驻地集中居住与传统村落散居模式对十二类主要公共服务的需求度总体排序、分区域排序及比较见表7－4－1和图7－4－1。

表7－4－1 乡（镇）政府驻地集中居住与传统村落散居模式主要公共服务需求排序

序号	样本总体	乡（镇）政府驻地集中居住模式	传统村落散居模式
1	道路交通设施	基本医疗卫生	道路交通设施
2	基本医疗卫生	通信网络服务	饮用水安全
3	饮用水安全	农业信息服务	村（镇）容环境
4	通信网络服务	饮用水安全	农田水利设施
5	村（镇）容环境	新农保	基本医疗卫生
6	农田水利设施	道路交通设施	通信网络服务
7	农业信息服务	基本公共教育	基本公共教育
8	基本公共教育	农业科技推广	农业信息服务
9	新农保	村（镇）容环境	新农保
10	农业科技推广	农田水利设施	农业科技推广
11	公共文化服务	公共文化服务	政务（村务）公开
12	政务（村务）公开	政务（村务）公开	公共文化服务

对乡（镇）政府驻地集中居住与传统村落散居模式进行公共服务供给优先序的差异分析，有助于进一步探索应对四省藏区公共服务供给效率空间失配型漏损的现实路径，并提出因地制宜、分类指导的公共服务供给优先序政策建议。这里在总体分析甘肃藏区迭部县电尕镇、益哇乡、卡坝乡、达拉乡、尼傲乡、旺藏乡、阿夏乡、多儿乡、桑坝乡、洛大乡

等地公共服务需求排序基础上，通过分乡（镇）政府驻地集中居住与传统村落散居模式来对比分析此不同居住模式下公共服务需求排序情况，以发现乡（镇）政府驻地集中居住与传统村落散居两种模式对于公共服务的现实需求差异，为后续分析四省藏区乡（镇）政府驻地集中居住与传统村落散居两种居住模式下公共服务供给优先序的差异提供重要支撑。

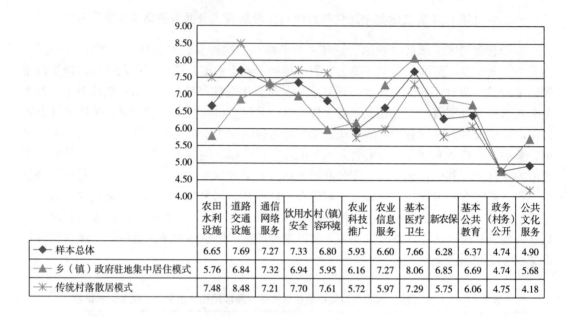

	农田水利设施	道路交通设施	通信网络服务	饮用水安全	村(镇)容环境	农业科技推广	农业信息服务	基本医疗卫生	新农保	基本公共教育	政务(村务)公开	公共文化服务
◆ 样本总体	6.65	7.69	7.27	7.33	6.80	5.93	6.60	7.66	6.28	6.37	4.74	4.90
▲ 乡（镇）政府驻地集中居住模式	5.76	6.84	7.32	6.94	5.95	6.16	7.27	8.06	6.85	6.69	4.74	5.68
✳ 传统村落散居模式	7.48	8.48	7.21	7.70	7.61	5.72	5.97	7.29	5.75	6.06	4.75	4.18

图 7-4-1　乡（镇）政府驻地集中居住与传统村落散居模式公共服务需求度比较 I

二、基于需求和满意度排序的公共服务资源布局优化路径 IV

比较乡（镇）政府驻地集中居住与传统村落散居模式对十二类主要公共服务的需求排序情况（见表 7-4-1、图 7-4-1）可见，两种居住模式下当地群众对于基本公共教育服务的需求排序完全一致，均排在第七位。对于政务（村务）公开、公共文化服务、农业科技推广、饮用水安全的需求排序差异也不大，依次分别排在第十二位和第十一位、第十一位和第十二位、第八位和第十位、第四位和第二位。结合笔者在甘肃藏区迭部县电尕镇、益哇乡、卡坝乡、达拉乡、尼傲乡、旺藏乡、阿夏乡、多儿乡、桑坝乡、洛大乡等地的实地调研情况来看，乡（镇）政府驻地集中居住与传统村落散居模式下，部分公共服务需求排序及现实情况均存在明显差异（见图 7-4-2、图 7-4-3）。结合笔者在当地的访谈结果来看，在甘肃藏区迭部县，由于适度规模的教育集中供给，不管是乡（镇）政府驻地集中居住的居民家庭，还是传统村落散居的居民家庭，所能获得的基本公共教育服务质量是趋同的，所以两组群众对于基本公共教育的满意度和需求排序都比较一致。迭部县的生产和生活类公共服务硬件基础设施方面还不能满足当地群众需求，相比较而言，当地群众对于公共文化服务和政务（村务）公开这类政府软件服务的需求度不是很高，不管是乡（镇）政府驻地集中居住的居民，还是传统村落散居的居民，对于公共文化服务和政务（村务）公开的需求排位都在最后两位。此外，如图 7-4-2 和图 7-4-3 所示，甘肃藏区甘南州迭部县乡（镇）政府驻地集中居住与传统村落散居居民的公共服务需求某些方面还存在一定差异，比较明显的差异在于以下几方面。

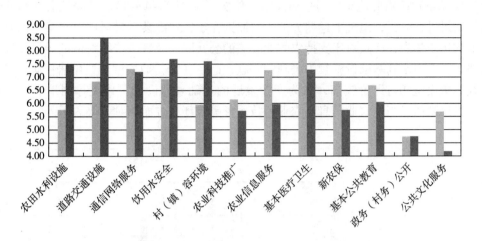

■ 乡（镇）政府驻地集中居住模式　　■ 传统村落散居模式

图 7 - 4 - 2　乡（镇）政府驻地集中居住与传统村落散居模式公共服务需求度比较 Ⅱ

迭部县传统村落散居居民对于道路交通基础设施的需求排序在第一位，比乡（镇）政府驻地集中居住居民对于道路交通基础设施的需求排序靠前五个位次（见图 7 - 4 - 3）。笔者实地调研发现，由于"十三五"时期正在实施的"村村通"工程还未完成，加上滑坡、泥石流等地质灾害对道路交通基础设施的威胁相对较大，反复修建反复损毁的情况比较常见，因此传统村落散居居民对于道路交通基础设施的需求排序相对最为急迫。另外，迭部县一些乡（镇）政府驻地发展特色民族文化旅游产业较为成功，当地群众从中获益较多，收入有大幅度增加，因此一些村落散居的居民也期待从旅游产业及其相关服务业中分享红利。但是，目前受制于交通基础设施相对落后而难以实现，成为传统村落散居居民对于道路交通基础设施的需求排序在第一位的又一重要原因。

迭部县传统村落散居居民对于村（镇）容环境的需求排序在第三位，比乡（镇）政府驻地集中居住居民靠前六个位次（见图 7 - 4 - 3）。笔者实地调研发现，传统村落散居居民对于村（镇）容环境的满意度评价排在第二位，比乡（镇）政府驻地集中居住居民靠前五个位次。但是，传统村落散居居民纷纷反映希望进一步优化本村环境，配套公共厕所、文化院坝等乡村旅游基础设施，希望像乡（镇）政府驻地集中区那样发展藏家乐等特色民族民宿旅游产业，带动家庭增收致富。因此，才出现传统村落散居居民对于村（镇）容环境的满意度排序比乡（镇）政府驻地集中区靠前很多，但同时传统村落散居居民对于村（镇）容环境的需求排序也比乡（镇）政府驻地集中区靠前很多的表面矛盾现象。笔者调研还发现一个较为普遍的现象，近年来甘肃藏区甘南州实施的全域旅游政策起到了良好示范效应，当地群众对于发展特色民族文化旅游产业的需求较大，在公共服务供给结构优化时要重点考虑该因素。

迭部县传统村落散居居民对于农田水利基础设施的需求排序在第四位，比乡（镇）政府驻地集中居住居民靠前六个位次，而对于农业信息服务的需求排序在第八位，比乡（镇）政府驻地集中居住居民落后五个位次；对于农业科技推广的需求排序在第十位，也落后于乡（镇）政府驻地集中居住居民两个位次（见图7-4-3）。结合笔者在当地调研访谈的结果进行分析，出现上述差异的主要原因在于：迭部县乡村居民对于第一产业发展的需求均比较强烈，但是对于支持农牧业发展的公共服务而言，传统村落散居居民较为普遍反映的是农田水利基础设施较为欠缺的问题；而乡（镇）政府驻地集中居住居民对于农田水利基础设施相对评价较高，认为产业发展的基础硬件设施可以支撑当地农牧产业发展，普遍反映的是当地农业信息和农业科技服务等软环境方面相对欠缺的问题。

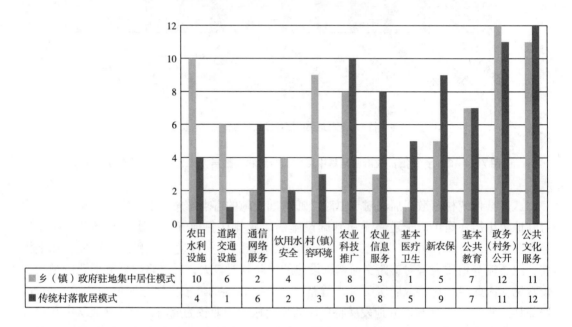

	农田水利设施	道路交通设施	通信网络服务	饮用水安全	村(镇)容环境	农业科技推广	农业信息服务	基本医疗卫生	新农保	基本公共教育	政务(村务)公开	公共文化服务
乡（镇）政府驻地集中居住模式	10	6	2	4	9	8	3	1	5	7	12	11
传统村落散居模式	4	1	6	2	3	10	8	5	9	7	11	12

图7-4-3 乡（镇）政府驻地集中居住与传统村落散居模式公共服务需求排序比较

迭部县乡（镇）政府驻地集中居住居民对于基本医疗卫生和新农保服务的需求排序分别在第一位和第五位，比传统村落散居居民均靠前四个位次（见表7-4-3）。笔者实地调研发现，由于近年来迭部县的特色民族文化旅游产业发展迅速，特别是在乡（镇）政府驻地集中居住区打造的藏式民居独具特色，民俗文化活动丰富多彩，吸引大量外地游客，有效促进乡（镇）政府驻地集中居住区居民增收。不同的经济基础决定不同的健康养老意识和理念，也决定了乡（镇）政府驻地集中居住居民对于关系个人及家庭健康养老的基本医疗卫生和新农保等生活类公共服务更为看中，其需求排位在道路交通基础设施、饮用水安全、村容环境和农田水利基础设施等生活及生产类基础设施公共服务之前。相较而言，传统村落散居居民更希望在道路交通基础设施、饮用水安全、村容环境和农田水利基础设施等生活及生产类基础设施方面得到大力提升，以便发挥民族文化旅游产业的后发优势，拓宽当地群众的增收渠道。

总体来看，由于交通区位、要素集聚等因素的差异，导致迭部县乡（镇）政府驻地集中居住区的经济社会发展水平明显高于大部分传统村落。经济社会发展水平的差异，所处的经济发展阶段不同，是乡（镇）政府驻地集中居住区对于生活环境的要求明显高于传统村落，而传统村落对于生产条件的要求明显高于乡（镇）政府驻地集中居住区的主要原因。稻城县的乡（镇）政府驻地集中居住与中心村集中居住居民的公共服务需求差异情况，与迭部县乡（镇）政府驻地集中居住与传统村落散居居民的公共服务需求差异情况比较相似。结合实地调研情况分析发现，经济社会发展水平和所处发展阶段的差异，是决定连片特困藏区不同居住模式下公共服务需求和供给优先序差异的重要因素之一。此外，交通区位条件、要素集聚能力等也是决定连片特困藏区不同居住模式下公共服务需求差异的重要影响因素之一。

笔者对甘肃藏区甘南州迭部县调研问卷中 B3 部分（结构性问卷）调查结果进行统计分析，发现识别出来被调查者对于十二类主要公共服务的需求结果均为无差异型，无法将乡（镇）组、村落组被调查群众对于十二类主要公共服务的需求区分为美好型、缓需型和急需型，因此无法进一步采用 KANO 模型，对迭部县乡（镇）政府驻地集中居住区与传统村落进行十二类主要公共服务的供给优先序分析。因此，这里综合采用公共服务需求和满意度排序结果（见表7－4－1、表4－4－4），确定迭部县乡（镇）政府驻地集中居住区与传统村落十二类主要公共服务的供给优先序（见表7－4－2）。

表7－4－2　乡（镇）政府驻地集中居住与传统村落散居模式公共服务供给优先序

乡（镇）政府驻地集中居住模式	该居住模式下，当地群众对十二类主要公共服务的需求排序为"基本医疗卫生＞通信网络服务＞农业信息服务＞饮用水安全＞新农保＞道路交通设施＞基本公共教育＞农业科技推广＞村（镇）容环境＞农田水利设施＞公共文化服务＞政务（村务）公开"，对十二类主要公共服务的满意度排序的倒序为"农业信息服务＞农业科技推广＞基本医疗卫生＞农田水利设施＞新农保＞村（镇）容环境＞公共文化服务＞基本公共教育＞政务（村务）公开＞通信网络服务＞道路交通设施＞饮用水安全" 按照公共服务需求排序相对靠前，满意度排序相对靠后，供给优先序相对靠前的原则，综合考量，迭部县乡（镇）政府驻地集中居住模式下十二类主要公共服务的供给优先序宜为"基本医疗卫生＞农业信息服务＞新农保＞基本公共教育＞通信网络服务＞农业科技推广＞村（镇）容环境＞饮用水安全＞道路交通设施＞农田水利设施＞公共文化服务＞政务（村务）公开"
传统村落散居模式	该居住模式下，当地群众对十二类主要公共服务的需求排序为"道路交通设施＞饮用水安全＞村（镇）容环境＞农田水利设施＞基本医疗卫生＞通信网络服务＞基本公共教育＞农业信息服务＞新农保＞农业科技推广＞政务（村务）公开＞公共文化服务"，对十二类主要公共服务的满意度排序的倒序为"农业科技推广＞基本医疗卫生＞农田水利设施＞农业信息服务＞道路交通设施＞公共文化服务＞政务（村务）公开＞新农保＞基本公共教育＞通信网络服务＞村（镇）容环境＞饮用水安全" 按照公共服务需求排序相对靠前，满意度排序相对靠后，供给优先序相对靠前的原则，综合考量，迭部县传统村落散居模式下十二类主要公共服务的供给优先序宜为"道路交通设施＞农田水利设施＞基本医疗卫生＞通信网络服务＞饮用水安全＞村（镇）容环境＞基本公共教育＞农业信息服务＞新农保＞农业科技推广＞政务（村务）公开＞公共文化服务"

第八章 探索四省藏区公共服务与多系统的协调发展路径

本章在构建四省藏区公共服务指数、绿色经济指数、新型城镇化指数、乡村振兴指数和民族团结进步指数测度指标体系的基础上，使用耦合协调度模型和空间自相关模型，全局和局部 Moran's I 指数、Moran 散点图和 Lisa 集聚图等探索性空间数据分析方法，对近年来四省藏区公共服务和绿色经济、新型城镇化、乡村振兴、民族团结进步多个系统的协调有效性问题进行实证研究。在此基础上，分析四省藏区各自治州公共服务供给"协调有效性"的时序变化和空间特征。探寻新时代背景下，四省藏区公共服务供给的协调效率提升路径，促进四省藏区公共服务供给的"协调有效性"进一步提升。

第一节 公共服务与绿色经济的协调发展路径研究

基于系统耦合协调度和空间自相关模型的研究结果表明，近年来四省藏区公共服务与绿色经济两个发展系统间具有较为强烈的相互作用，但协调发展水平相对较低。其中，黄南州、海南州和玉树州公共服务与绿色经济发展的协调效率还有较大提升空间。调查研究发现，四省藏区公共服务与绿色经济耦合协调度分布在空间上初步呈现一定的集聚趋势，耦合协调度较高的自治州对相邻自治州呈现出正向促进作用趋势；在大力推进四省藏区基本公共服务均等化进程中，增强公共服务促进绿色经济发展的"协调有效性"，以及绿色经济发展推进公共服务设施改善和水平提升的正外部性，加强两个系统间的良性互动促进作用，实现彼此间的正向反馈和不断循环上升，具有双重现实意义。

一、四省藏区公共服务与绿色经济耦合协调度的时空特征

（一）构建测度指标体系及确定指标权重

学术界关于藏区公共服务的研究成果相对较为丰富，可以大致分为公共服务的供给主体、供给体系、价值实现和供给能力测度等方面。但是，藏区绿色经济发展方面的研究还处于起步阶段，主要集中于绿色经济相关理论研究和绿色产业发展路径的对策思考等方面（钟海燕等，2017；卓玛措等，2017；黄寰等，2019；杨小杰等，2018；等等）。而关于藏区公共服务与绿色经济间关系的文献非常少见，关于两个系统协调发展的研究就更为少见。此外，其他区域经济发展与公共服务的协调发展路径方面的研究相对较多，分别从我国 31 个省域、各大经济区、全国 288 个地级以上城市、某省城市和单个经济产业园区等不同层面，发现经济发展与公共服务之间具有既相互促进又相互制约的关系，并对经济发展与公共服务互动耦合的时空特征、发展路径等进行了较为深入的研究（马慧强等，

2016；何国民，2019；孙晓宇，2019；蔡秀玲，2017；温馨等，2019；刘传明等，2019；等等），对进一步研究四省藏区公共服务与绿色经济系统之间的协调发展关系具有借鉴意义。

根据指标选取的科学性、系统性、可比性、可操作性及代表性等原则，基于对公共服务主要发展指标的理解并参考相关研究文献，再考虑到四省藏区公共服务供需实际情况和数据获取上的局限性，构建四省藏区公共服务指数的测度指标体系（见表8-1-1）。该指标体系包括基本公共教育、基本医疗卫生、基本公共文化服务、基本社会保险与社会服务四个二级指标以及十五个三级指标，与表3-3-6中各级指标大致相同。但是，由于本章不同地方使用该指标体系的时候测度单元和测度时间有变化，使用熵权法计算指标权重时，为避免出现权重为零的问题，采用了与表3-3-6不同的数据无量纲化计算方法。这里计算得出各项指标的权重与表3-3-6略有不同，进一步增强了本章公共服务指数在测度年份和测度单元间的可比性。

表8-1-1 四省藏区公共服务指数的测度指标体系

一级指标	二级指标	三级指标	计算公式	指标性质
E 公共服务指数	E1 基本公共教育	E11 生均教育支出（元/生）	教育支出/在校学生数	+
		E12 幼儿园生师比	幼儿园学生数/幼儿园专任教师数	−
		E13 小学生师比	小学学生数/小学专任教师数	−
		E14 中学生师比	中学学生数/中学专任教师数	−
	E2 基本医疗卫生	E21 人均医疗卫生与计划生育支出（元/人）	医疗卫生与计划生育支出/常住人口数	+
		E22 万人医疗卫生机构数（个/万人）	医疗卫生机构数/常住人口数	+
		E23 万人医疗卫生机构床位数（张/万人）	医疗卫生机构床位数/常住人口数	+
		E24 万人拥有卫生技术人员数（名/万人）	卫生技术人员数/常住人口数	+
	E3 基本公共文化	E31 万人文化部门事业单位数（个/万人）	文化部门事业单位数/常住人口数	+
		E32 广播综合人口覆盖率（%）	在对象区内能接收到由中央、省、地市或县通过各种技术方式转播的各级广播节目的人口数占对象区总人口数的百分比	+
		E33 电视综合人口覆盖率（%）	在对象区内能接收到由中央、省、地市或县通过各种技术方式转播的各级电视节目的人口数占对象区总人口数的百分比	+
	E4 基本社会保险和社会服务	E41 人均社会保障和就业支出（元/人）	社会保障和就业支出/常住人口数	+
		E42 城乡居民基本医疗保险参保率（%）	参加城乡居民基本医疗保险人数/常住人口数	+
		E43 城乡居民基本养老保险参保率（%）	参加城乡居民基本养老保险人数/常住人口数	+
		E44 万人社会福利收养性单位床位数（张/万人）	各种社会福利收养性单位床位数/常住人口数	+

在公开发布的统计资料中，可以获取的四省藏区关于环境保护方面具有可比性的各项统计指标原始数据很少。在由国家统计局、国家发展改革委、环境保护部会同有关部门制

定的绿色发展指标体系中，从各地区资源利用、环境治理、环境质量、生态保护、增长质量、绿色生活、群众满意程度等方面进行了变化趋势和动态进展的综合评价，其中绿色发展指标包括资源利用、环境治理、环境质量、生态保护、增长质量和绿色生活六项二级指标，以及五十五项三级指标，具有公开性和权威性。参考上述指标体系，构建四省藏区绿色经济指数的测度指标体系（见表8－1－2）。

表8－1－2　四省藏区绿色经济指数的测度指标体系及权重

一级指标	二级指标	三级指标	指标类型	指标权重
F 绿色 经济指数	F1 资源 利用	能源消费总量（万吨标准煤）	主要监测评价指标	0.0183
		单位 GDP 能源消耗降低（%）	资源环境约束性指标	0.0275
		单位 GDP 二氧化碳排放降低（%）	资源环境约束性指标	0.0275
		非化石能源占一次能源消费比重（%）	资源环境约束性指标	0.0275
		用水总量（亿立方米）	主要监测评价指标	0.0183
		万元 GDP 用水量下降（%）	资源环境约束性指标	0.0275
		单位工业增加值用水量降低率（%）	主要监测评价指标	0.0183
		农田灌溉水有效利用系数	主要监测评价指标	0.0183
		耕地保有量（亿亩）	资源环境约束性指标	0.0275
		新增建设用地规模（万亩）	资源环境约束性指标	0.0275
		单位 GDP 建设用地面积降低率（%）	主要监测评价指标	0.0183
		资源产出率（万元/吨）	主要监测评价指标	0.0183
		一般工业固体废物综合利用率（%）	其他绿色发展重要监测评价指标	0.0092
		农作物秸秆综合利用率（%）	其他绿色发展重要监测评价指标	0.0092
	F2 环境 治理	化学需氧量排放总量减少（%）	资源环境约束性指标	0.0275
		氨氮排放总量减少（%）	资源环境约束性指标	0.0275
		二氧化硫排放总量减少（%）	资源环境约束性指标	0.0275
		氮氧化物排放总量减少（%）	资源环境约束性指标	0.0275
		危险废物处置利用率（%）	其他绿色发展重要监测评价指标	0.0092
		生活垃圾无害化处理率（%）	主要监测评价指标	0.0183
		污水集中处理率（%）	主要监测评价指标	0.0183
		环境污染治理投资占 GDP 比重（%）	其他绿色发展重要监测评价指标	0.0092
	F3 环境 质量	地级及以上城市空气质量优良天数比率（%）	资源环境约束性指标	0.0275
		细颗粒物（PM2.5）未达标地级及以上城市浓度下降（%）	资源环境约束性指标	0.0275
		地表水达到或好于Ⅲ类水体比例（%）	资源环境约束性指标	0.0275
		地表水劣Ⅴ类水体比例（%）	资源环境约束性指标	0.0275
		重要江河湖泊水功能区水质达标率（%）	主要监测评价指标	0.0183
		地级及以上城市集中式饮用水水源水质达到或优于Ⅲ类比例（%）	主要监测评价指标	0.0183

一级指标	二级指标	三级指标	指标类型	指标权重
F 绿色经济指数	F3 环境质量	近岸海域水质优良（一、二类）比例（％）	主要监测评价指标	0.0183
		受污染耕地安全利用率（％）	其他绿色发展重要监测评价指标	0.0092
		单位耕地面积化肥施用量（千克/公顷）	其他绿色发展重要监测评价指标	0.0092
		单位耕地面积农药使用量（千克/公顷）	其他绿色发展重要监测评价指标	0.0092
	F4 生态保护	森林覆盖率（％）	资源环境约束性指标	0.0275
		森林蓄积量（亿立方米）	资源环境约束性指标	0.0275
		草原综合植被覆盖度（％）	主要监测评价指标	0.0183
		自然岸线保有率（％）	主要监测评价指标	0.0183
		湿地保护率（％）	主要监测评价指标	0.0183
		陆域自然保护区面积（万公顷）	其他绿色发展重要监测评价指标	0.0092
		海洋保护区面积（万公顷）	其他绿色发展重要监测评价指标	0.0092
		新增水土流失治理面积（万公顷）	其他绿色发展重要监测评价指标	0.0092
		可治理沙化土地治理率（％）	主要监测评价指标	0.0183
		新增矿山恢复治理面积（公顷）	其他绿色发展重要监测评价指标	0.0092
	F5 增长质量	人均 GDP 增长率（％）	主要监测评价指标	0.0183
		居民人均可支配收入（元/人）	主要监测评价指标	0.0183
		第三产业增加值占 GDP 比重（％）	主要监测评价指标	0.0183
		战略性新兴产业增加值占 GDP 比重（％）	主要监测评价指标	0.0183
		研究与试验发展经费支出占 GDP 比重（％）	主要监测评价指标	0.0183
	F6 绿色生活	公共机构人均能耗降低率（％）	其他绿色发展重要监测评价指标	0.0092
		绿色产品市场占有率（高效节能产品市场占有率）（％）	其他绿色发展重要监测评价指标	0.0092
		新能源汽车保有量增长率（％）	主要监测评价指标	0.0183
		绿色出行（城镇每万人口公共交通客运量）（万人次/万人）	其他绿色发展重要监测评价指标	0.0092
		城镇绿色建筑占新建建筑比重（％）	其他绿色发展重要监测评价指标	0.0092
		城市建成区绿地率（％）	其他绿色发展重要监测评价指标	0.0092
		农村自来水普及率（％）	主要监测评价指标	0.0183
		农村卫生厕所普及率（％）	其他绿色发展重要监测评价指标	0.0092

注：指标来源于国家发改委，国家统计局，环境保护部，中央组织部．发改环资〔2016〕2635 号：《绿色发展指标体系》《生态文明建设考核目标体系》［Z］．2016－12－12．根据其重要程度，按总权数为 100％，三类指标的权数之比为 3：2：1 计算，资源环境约束性指标的指标权数为 2.75％，主要监测评价指标的指标权数为 1.83％，绿色发展重要监测评价指标的指标权数为 0.92％。6 个二级指标的权数分别由其所包含的三级指标权数汇总生成。

四省藏区公共服务指数测度指标体系的原始数据主要来源于 2016 年《四川统计年鉴》、《甘肃统计年鉴》、《云南统计年鉴》、《青海统计年鉴》、《中国县城建设统计年鉴》、各自治州国民经济和社会发展统计公报等。缺失数据通过统计方法计算补齐，经济指标数据根据相应指数进行平减，消除物价影响，整理得到三级指标数据表（见表 3 - 3 - 1、表 3 - 3 - 3、表 3 - 3 - 4、表 3 - 3 - 5）。四省藏区绿色经济指标原始数据来源于川甘青滇四省 2016 年生态文明建设年度测度结果公报。截至 2019 年底，四省藏区十个自治州只公开发布了 2016 年的生态文明建设年度数据，因此这里对 2016 年四省藏区十个自治州公共服务与绿色经济发展的系统耦合协调度进行定量分析。

在数据预处理基础上采用熵权法计算四省藏区公共服务指数的三级指标权重。假定有 m 个测度单元，同时有 n 个测度指标，其原始测度值构成第 y 年的决策矩阵 $X_y = \{x_{ij}\}$（$i = 1, 2, \cdots, m; j = 1, 2, \cdots, n$）。采用极差标准化法（式（8.1））对三级指标数据进行无量纲化处理，得到第 y 年标准化测度矩阵 $R_y = \{r_{ij}\}$（$i = 1, 2, \cdots, m; j = 1, 2, \cdots, n$），$r_{ij}$ 的取值范围为[0.01，1]。

$$r_{ij} = \begin{cases} \dfrac{x_{ij} - \min\limits_{1 \leq j \leq n} x_{ij}}{\max\limits_{1 \leq j \leq n} x_{ij} - \min\limits_{1 \leq j \leq n} x_{ij}} \times 0.99 + 0.01, & x_{ij} 为正向指标 \\ \dfrac{\max\limits_{1 \leq j \leq n} x_{ij} - x_{ij}}{\max\limits_{1 \leq j \leq n} x_{ij} - \min\limits_{1 \leq j \leq n} x_{ij}} \times 0.99 + 0.01, & x_{ij} 为负向指标 \end{cases} \quad (j = 1, 2, \cdots, n) \quad (8.1)$$

根据式（8.2），计算 2016 年十个测度单元各测度指标的信息熵。

$$e_j = -k \sum_{i=1}^{m} y_{ij} \ln y_{ij}, 其中 y_{ij} = \frac{r_{ij}}{\sum\limits_{i=1}^{m} r_{ij}} (0 \leq y_{ij} \leq 1),$$

$$k = \frac{1}{\ln m} \quad (8.2)$$

式中，e_j 为测度指标 j 的信息熵，y_{ij} 为第 i 个测度单元第 j 项测度指标值的比重。据此计算公共服务指数三级指标权重 w_j。

$$w_j = \frac{(1 - e_j)}{\sum\limits_{j=1}^{n} (1 - e_j)}, 其中, w_j \in [0, 1], \sum_{j=1}^{n} w_j = 1 \quad (8.3)$$

四省藏区 2016 年公共服务指数的测度指标权重计算结果见表 8 - 1 - 3。

表 8 - 1 - 3　四省藏区 2016 年公共服务指数的测度指标权重

一级指标	E													
二级指标	E1				E2				E3			E4			
三级指标	E11	E12	E13	E14	E21	E22	E23	E24	E31	E32	E33	E41	E42	E43	E44
权重	0.0822	0.0463	0.0775	0.0538	0.0624	0.1201	0.0544	0.0708	0.1222	0.0299	0.0627	0.0761	0.0239	0.0285	0.0891

（二）公共服务与绿色经济耦合协调度测算及结论分析

根据四省藏区十个自治州公共服务指数测度的指标数据（见表 3 - 3 - 1、表 3 - 3 - 3、

表3-3-4和表3-3-5），采用表8-1-3的指标权重，对四省藏区十个自治州2016年的公共服务指数进行测度，并确定公共服务综合序参量（U1）（见表8-1-5）。再采用绿色经济指数测度指标体系（见表8-1-2），根据四川省、云南省、甘肃省和青海省2016年的生态文明建设年度评价结果中的绿色发展指标数据（见表8-1-4），对四省藏区十个自治州2016年的绿色经济指数进行测度，并确定绿色经济综合序参量（U2）（见表8-1-5）。公共服务和绿色经济两个发展系统的综合序参量计算公式为：

$$U_{i=1,2} = \sum_{i=1}^{n} w_{ij}r_{ij}, \sum_{i=1}^{n} w_{ij} = 1 \tag{8.4}$$

表8-1-4 2016年四省藏区绿色发展指数测度指标数据

地区	F1	F2	F3	F4	F5	F6
阿坝州	0.7194	0.6763	0.9671	0.8709	0.6840	0.6894
甘孜州	0.7587	0.6515	0.9734	0.7364	0.6648	0.6792
甘南州	0.7606	0.7068	0.9304	0.7910	0.6827	0.7263
海北州	0.7362	0.7785	0.9261	0.7915	0.7408	0.8116
黄南州	0.8271	0.8627	0.8736	0.8258	0.6799	0.6762
海南州	0.8006	0.7635	0.9603	0.8277	0.7851	0.7226
果洛州	0.7234	0.7806	0.8970	0.8572	0.6766	0.6000
玉树州	0.7054	0.6812	0.9946	0.7991	0.6230	0.6456
海西州	0.7716	0.7354	0.9362	0.6422	0.8646	0.8417
迪庆州	0.7056	0.7769	0.9549	0.8490	0.7415	0.7345

资料来源：2016年四川省、甘肃省、青海省、云南省生态文明建设年度评价结果公报。

表8-1-5 2016年四省藏区公共服务综合序参量U1和绿色经济综合序参量U2

地区	U1	U2
阿坝州	0.5422	0.7739
甘孜州	0.4320	0.7571
甘南州	0.5490	0.7785
海北州	0.5216	0.7920
黄南州	0.2848	0.8124
海南州	0.2885	0.8168
果洛州	0.5015	0.7663
玉树州	0.3186	0.7511
海西州	0.3554	0.7909
迪庆州	0.4232	0.7948

在此基础上，使用系统耦合度和综合协调指数理论模型，进而计算反映公共服务系统与绿色经济系统之间相互作用关系的系统耦合度（C），反映发展协调性的综合协调指数（T），以及反映两个发展系统整体协同效应的耦合协调度（D）。式（8.6）中，就公共服务系统和绿色经济系统的综合协调指数测度而言，没有充分理由认为哪种发展系统的重要性更强，因此将 a、b 分别赋值为 0.5、0.5，计算得到四省藏区十个自治州 2016 年公共服务与绿色经济的系统耦合协调发展情况（见图 8 - 1 - 1）。

$$C = 2 \times \left[\frac{U_1 \times U_2}{(U_1 + U_2)\ (U_1 + U_2)} \right]^{1/2}，其中 C \in [0, 1] \tag{8.5}$$

$$D = (C \times T)^{1/2}，其中，T = aU_1 + bU_2 \tag{8.6}$$

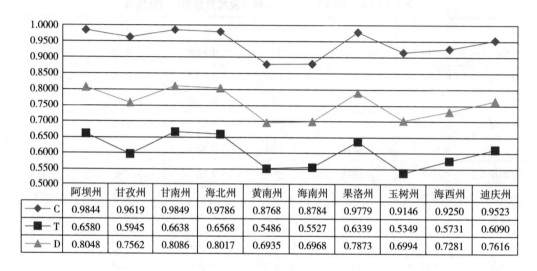

	阿坝州	甘孜州	甘南州	海北州	黄南州	海南州	果洛州	玉树州	海西州	迪庆州
C	0.9844	0.9619	0.9849	0.9786	0.8768	0.8784	0.9779	0.9146	0.9250	0.9523
T	0.6580	0.5945	0.6638	0.6568	0.5486	0.5527	0.6339	0.5349	0.5731	0.6090
D	0.8048	0.7562	0.8086	0.8017	0.6935	0.6968	0.7873	0.6994	0.7281	0.7616

图 8 - 1 - 1　2016 年四省藏区公共服务与绿色经济的系统耦合度、综合协调指数和耦合协调度

根据系统耦合度的定义和划分标准，位于 0.8 ~ 1 称为高水平的耦合阶段[①]。按此标准，2016 年，四省藏区十个自治州公共服务与绿色经济系统间均具有强相互作用关系（见图 8 - 1 - 1）。其中，青海藏区黄南州和海南州的耦合度均为 0.88，玉树州和海西州的耦合度位于 0.90 ~ 0.95，海北州、果洛州、阿坝州、甘孜州、甘南州和迪庆州的耦合度均高于 0.95。根据综合协调发展指数的定义和划分标准进一步分析[②]，相较耦合度而言，2016 年四省藏区公共服务和绿色经济发展系统间的综合协调指数还处于较低水平，两个发展系统间的发展阶段和发展层次还不够匹配。其中，黄南州、海南州、玉树州、海西州和甘孜州的综合协调指数均位于 0.5 ~ 0.6，公共服务和绿色经济发展处于中度不协调水平；海北州、果洛州、阿坝州、甘南州和迪庆州的综合协调指数位于 0.6 ~ 0.7，处于轻度不协调阶段。总体来看，四省藏区公共服务与绿色经济两个发展系统之间具有较强的相互作用关系，但是两者协调发展水平较低，相互促进作用还未得到充分体现。

---

① 王文萱. 湖南省新型城镇化与房地产业协调性测度分析 [J]. 工程管理学报，2019，33（2）：70 - 74.

② 刘惠桥. 宁夏经济、能源、环境系统协调度评价分析 [J]. 科技经济市场，2019（20）：60 - 61，114 [2020 - 01 - 18].

根据耦合协调度的定义和划分标准，将耦合协调度分为三大类十个等级（见表 8-1-6）①。2016 年，四省藏区大部分自治州处于公共服务与绿色经济系统耦合协调发展的中度协调和良好协调阶段，整体协同效应明显，但区域差异也较为明显。其中，海北州、阿坝州和甘南州的公共服务系统与绿色经济系统基本呈现良好互动状态，处于良好协调发展阶段；果洛、海西、甘孜和迪庆四个自治州处于中度协调发展阶段，公共服务与绿色经济发展相互比较适应，但仍有较大的改善空间；黄南州、海南州和玉树州的公共服务与绿色经济发展耦合协调水平相对较低，两个发展系统的发展阶段和水平初步相互适应，处于过渡发展的初级阶段。

表 8-1-6 2016 年四省藏区公共服务与绿色经济系统耦合协调度的分类

大类	亚类	D	四省藏区自治州分类
协调发展	优质协调	[0.9, 1]	—
	良好协调	[0.8, 0.9)	海北州、阿坝州、甘南州
	中度协调	[0.7, 0.8)	果洛州、海西州、甘孜州、迪庆州
过渡发展	初级协调	[0.6, 0.7)	黄南州、海南州、玉树州
	勉强协调	[0.5, 0.6)	—
	濒临失调	[0.4, 0.5)	—
	轻度失调	[0.3, 0.4)	—
失调衰退	重度失调	[0.2, 0.3)	—
	严重失调	[0.1, 0.2)	—
	极度失调	[0, 0.1)	—

（三）公共服务与绿色经济耦合协调度空间自相关分析

空间自相关分析反映出区域空间单元与其周围单元间的特定属性值在空间分布上的特性以及集聚类型。全局空间自相关揭示整个研究区域空间依赖程度，反映是否存在空间集聚特征。一般用 Moran's I 指数、Geary's C 指数和 Getis-Ord 指数三种来表示，本书选择 Moran's I 指数进行探索性空间数据分析。若以 x_i 表示空间区域 i 的观测值，全局 Moran's I 指数的计算公式为：

$$I = \frac{\sum_{i=1}^{n} \sum_{j=1}^{n} w_{ij}(x_i - \bar{x})(x_j - \bar{x})}{S^2 \sum_{i=1}^{n} \sum_{j=1}^{n} w_{ij}} \tag{8.7}$$

其中，$S^2 = \sum_{i=1}^{n} (x_i - \bar{x})^2 / n$，$\bar{x}$ 为考察变量的平均值，$\bar{x} = \sum_{i=1}^{n} x_i / n$；n 为空间区域单元的

① 谢皓楠. 我国人口城镇化与土地城镇化协调发展的空间计量研究 [D]. 安徽财经大学硕士学位论文，2017.

总数，n 个地区之间相邻关系可用空间权重矩阵 W = {w_{ij}} （i = 1, 2, …, n; j = 1, 2, …, n），地区 i 与地区 j 之间的空间距离为 w_{ij}，若 i 和 j 相邻，则 w_{ij} = 1，否则 w_{ij} = 0。Moran's I 指数的取值范围为 [-1, 1]，当数值为正，表明区域空间单元存在正空间相关，即在空间分布上呈现集聚态势；数值为负，表明区域空间单元存在负空间相关，即在空间分布上呈现离散态势；数值为零，表明区域空间单元不存在空间自相关，即在空间分布上呈现随机分布态势。

利用四省藏区公共服务与绿色经济耦合协调度的相关数据，借助 Geoda 软件建立邻接权重矩阵，并计算出 2016 年四省藏区十个自治州全局 Moran's I 指数，为 0.1654，根据蒙特卡罗模拟方法，Z 得分为 1.28 < 1.65，P 值为 0.13，未通过检验，全局空间自相关关系不显著。即四省藏区公共服务与绿色经济耦合协调度在空间分布上目前呈现随机分布态势，但具有发展为正相关关系的趋势。

全局空间自相关分析忽略了空间过程的潜在不稳定性，需进一步借助局部 Moran's I 指数（Lisa 集聚图）来进一步分析每一局部单元与邻近单元的相关程度，反映局部空间位置的高值或低值集聚。局部 Moran's I 指数 I_i 公式为：

$$I_i = \frac{x_i - \bar{x}}{S^2} \sum_{j \neq i} (x_i - \bar{x}) \tag{8.8}$$

其中，I_i 表示在 i 点的局部 Moran's I 统计量。

借助 Geoda 软件得到 Moran 散点图和 Lisa 集聚图（见图 8 - 1 - 2），共同体现四省藏区公共服务与绿色经济耦合协调度的局部空间集聚效应。Moran 散点图通过二维图示的形式将研究区空间地域的标准化属性值和以空间权重矩阵所决定的空间滞后变量可视化，得到判断各自治州与毗邻空间单元的空间联系模式（见图 8 - 1 - 2）。

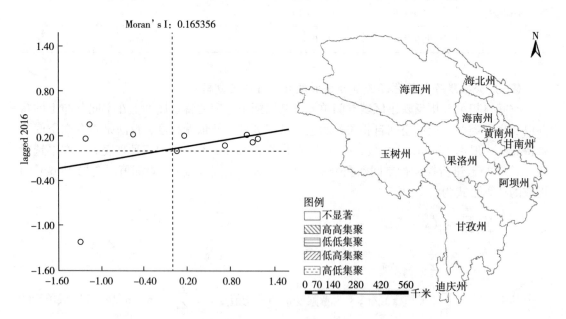

图 8 - 1 - 2　2016 年四省藏区公共服务与绿色经济耦合协调度的 Moran 散点图和 Lisa 集聚图
资料来源：四省藏区十个自治州 2016 年公共服务与绿色经济的耦合协调度数据。

表 8 - 1 - 7　2016 年四省藏区公共服务与绿色经济耦合协调度的空间联系模式

第一象限（HH）	第二象限（LH）	第三象限（LL）	第四象限（HL）
海西州、海北州、果洛州、阿坝州、甘南州	玉树州、海南州、黄南州、甘孜州	迪庆州	—

根据前述分析，空间单元位于第一象限居多，说明 2016 年四省藏区公共服务与绿色经济耦合协调度的局部空间自相关主要以"高高（HH）"和"低高（LH）"空间关联为主，具体表现为高耦合协调度的空间单元聚集和较低耦合协调度的空间单元毗邻包围的空间分布模式（见图 8 - 1 - 2）。从表 8 - 1 - 7 来看，四省藏区大部分公共服务与绿色经济耦合协调发展水平相对较高的自治州，海西州、海北州、玉树州、果洛州、阿坝州和甘南州，已经形成较高水平的连片聚集区域，产生一定的辐射效应；海南州、黄南州和甘孜州属于"低高（LH）"空间关联形式，这三个自治州的公共服务与绿色经济耦合协调度发展水平相对较低，并且被前述较高水平的自治州毗邻包围，在毗邻高水平自治州的影响下处于过渡发展阶段；迪庆州的耦合协调发展水平属于"低低（LL）"空间关联模式，自身耦合协调发展水平较低，处于低水平的耦合协调发展阶段。Lisa 集聚图显示，四省藏区十个自治州之间公共服务与绿色经济耦合协调度发展的聚集和辐射效应还不够显著，公共服务与绿色经济高水平协调发展连片区域对周边地区没有明显的辐射带动作用。

二、促进四省藏区公共服务与绿色经济协调发展的路径建议

（一）发挥阿坝州和甘南州公共服务与绿色经济优质协调示范作用

四省藏区的阿坝州和甘南州公共服务与绿色经济发展虽然存在轻度不协调问题，但两州的耦合度和协调度均处于四省藏区前两位，两州公共服务与绿色经济发展处于良好耦合协调发展状态。从两个系统的发展情况来看，均属于公共服务领先并拉动耦合协调度提升的情况。阿坝州和甘南州的公共服务指数分别处于十个自治州中的第二位和第一位，但绿色经济指数分别位列第七位和第六位。具体分析两个自治州的各项基本公共服务指标情况可知，2016 年阿坝州和甘南州的各项公共服务支出水平在十个自治州中基本处于中等，各项基本公共服务供给有效性都相对较好。如阿坝州和甘南州的小学、中学的师资队伍建设情况，医疗卫生机构、医疗卫生基础设施及卫生技术人员配备等都相对比较完善，城乡居民基本医疗和养老保险的覆盖率及万人社会福利机构床位设施数量在四省藏区也处于领先水平。此外，甘南州在基本公共文化服务方面各项指标均位于四省藏区首位，阿坝州则在文化部门事业单位数量上处于相对较低水平。从绿色经济指数各项指标来看，阿坝州环境质量指数和生态保护指数相对排名靠前，生态环境优越，但在资源利用效率、经济增长质量和绿色生活方式等方面处于相对较低水平，还有较大的提升空间；而甘南州则是环境质量指数相对较低且环境治理和生态保护还未引起足够重视，在资源利用指数和经济绿色高质量增长指数等方面也有较大提升空间。总体来看，阿坝州和甘南州的公共服务供给成效明显，但绿色经济发展动力稍显不足，需要进一步有效改善生产生活方式，提高资源利用效率和绿色产业发展成效，扶持有发展优势的环境友好型产业，并充分利用较为完善的公

共服务带来的正外部性提升绿色经济指数，进而促进耦合协调度进一步提升，成为四省藏区公共服务与绿色经济优质协调发展的先行示范区。

（二）建设海北州为公共服务与绿色经济良好协调发展示范区

海北州的公共服务与绿色经济发展系统处于良好协调状态。分别从耦合度和协调度指标来看，海北州两个系统间耦合度较高，在四省藏区中协调度也处于高位，公共服务和绿色经济两个系统发展较为同步，在十个自治州之中均处于第三位，能够相互适应并协同发展。具体到海北州绿色经济发展的实际情况来分析，十个自治州中海北州在环境治理、绿色生活和增长质量分项指标上排名相对靠前。海北州虽然环境质量指标表现相对靠后，但通过加大环境污染治理投资，积极治理，可以实现各种污染物排放减少，污水、生活垃圾和危险废物处理率提高。绿色经济指数的绿色生活指标要求注重减少公共机构能耗，提高绿色产品占有率、农村自来水和卫生厕所普及率，提倡绿色出行等，在实现绿色生活时也同步推进了基本公共服务水平提升，实现两个系统协同发展。而绿色经济指数的增长质量指标则强调以高技术新兴产业和环境友好型产业推动的经济增长，进而实现居民人均收入的增长。从公共服务指数来看，虽然海北州排在阿坝州和甘南州之后，2016年海北州在基本公共教育、基本医疗卫生和基本社会保险与社会服务方面的支出均在十个自治州之中处于第三位，落实到各类公共服务成效指标上也基本处于较高水平。总体来看，海北州的公共服务与绿色经济发展水平相对较为协调，具备向良好协调和优质协调发展的潜力。若继续提升当地绿色经济发展质量，并将发展成果正回馈到公共服务水平提升上，实现绿色经济发展和公共服务水平提升的良性循环，可以加快两个系统的协调发展速度，并为四省藏区公共服务与绿色经济良好协调发展起到示范作用。

（三）引导果洛等四州公共服务与绿色经济进入良好协调阶段

果洛州、海西州、甘孜州和迪庆州处于公共服务与绿色经济中度协调发展阶段。其中，果洛州、甘孜州和迪庆州均处于高耦合和轻度不协调阶段，海西州则处于高耦合和中度不协调阶段。拉低这四个自治州耦合协调度的主要原因在于，公共服务与绿色经济两个系统发展水平的不相匹配。其中，果洛州的公共服务指数在十个自治州中排名第四位，而绿色经济指数排名第八位，两个系统发展差距较大，绿色经济发展对公共服务的支撑作用不足。甘孜州与果洛州情况相似。绿色经济发展相对滞后的果洛州和甘孜州均为生态功能重要但生态相对脆弱的地区，果洛州在资源利用、环境质量、绿色增长和绿色生活指数方面在十个自治州中均排名靠后，甘孜州则是在环境治理、生态保护、经济增长质量和绿色生活指数等方面排名处于较低位次。由于经济社会发展水平和区位条件等的限制，果洛州和甘孜州还存在生产生活方式不够节能高效等问题，一定程度上也阻碍了当地公共服务水平的提升。应在继续健全和完善各类基本公共服务基础设施基础上，注重经济发展模式的转变，引导传统村落散居农牧民向小城镇集中，科学合理开发特色资源，鼓励发展绿色和循环产业，多种方式促进绿色经济高效发展，进而与当地的公共服务供给实现良好协同。海西州和迪庆州情况则与果洛州和甘孜州不同，当地绿色经济发展指数排位均高于公共服务指数排位。相较而言，海西州和迪庆州的绿色经济发展情况较好，海西州除生态保护指数之外其余绿色经济指数均处于较高水平，经济增长质量指数和绿色生活指数均为四省藏区首位；迪庆州则在资源利用效率方面还处于较低水平，其他绿色经济指数各项指标表现均较为良好。海西州和迪庆州的公共服务治理能力与绿色经济发展能力相比相对落后，应在继续提升绿色经济发展效率的过程中，以其正外部性辐射带动公共服务资源在空间上优化配置，以提升两个发展系统的耦合协调度水平。

（四）增强玉树州公共服务与绿色发展能力促进系统协调度提升

玉树州、黄南州和海南州均处于过渡发展大类的初级协调阶段，且耦合度和协调度都相对较低，耦合协调度分别排第八位、第九位和第十位。其中，玉树州的两个发展系统处于高耦合状态，导致玉树州耦合协调度较低的原因在于协调度较低，处于中度不协调状态，位于四省藏区第九位。玉树州的公共服务治理和绿色经济发展系统有较强相关性，二者之间的协调发展有助于玉树州公共服务和绿色经济的良性互动和发展水平提高。2016年，玉树州公共服务指数与绿色经济指数分别处于第八位和第十位，均处于相对落后水平，需要从公共服务能力和绿色经济发展能力两方面提升耦合协调。从公共服务指数各项具体指标来看，2016年玉树州生均教育支出和人均医疗卫生支出在十个自治州中均处于较低水平，一定程度阻碍了基本公共服务水平的提高，且玉树州小学和中学教师资源、医疗卫生机构等相对紧缺，民生保障能力有待进一步提升。从绿色经济指数各项具体指标来看，除环境质量指数在十个自治州中排名第一外，其余绿色经济指数分项指标均处于较低位次，其中环境治理、绿色生活、资源利用和增长质量指数分别排第八位、第九位、第十位和第十位，在十个自治州中绿色经济发展相对落后。考虑玉树州的自然地理条件和资源禀赋特征，提升玉树州绿色经济发展水平的现实路径在于，科学合理地利用特色资源，环境友好地提升经济发展质量，身体力行地采用绿色生活方式，同时在发展过程中注意环境保护和污染治理；提升玉树州公共服务能力的主要方式在于，加强公共服务基础设施建设，提升基本公共服务均等化水平，借鉴先进经验充分发挥后发优势。

（五）防范黄南州和海南州公共服务与绿色经济发展系统失衡风险

黄南州和海南州的绿色经济指数在四省藏区十个自治州中排在前两位，但公共服务指数排在四省藏区最末两位，公共服务能力和绿色经济发展严重不协调。从基本公共服务指数各项具体指标来看，2016年黄南州和海南州的各项公共服务支出在四省藏区十个自治州中相对较低，公共服务的多个方面均有较大提升空间。黄南州的幼儿园师资力量相对明显不足，医疗卫生机构和卫生技术人员难以满足需求，文化部门事业单位数极为有限等问题亟待解决。海南州同样存在前述与黄南州类似问题，还有小学教师资源相对较为缺乏、社会福利机构设施相对较为缺乏等问题。针对上述问题，黄南州和海南州应着力提高基本公共服务供给水平，加大民生领域的财政投入，大力推进基本公共教育、医疗卫生、社会保险及社会福利事业的健全完善，同时通过绿色经济发展提高居民收入，减少公共机构人均能耗，提倡绿色生活方式并完善相关设施等方式，进一步促进民生改善和公共服务水平提升。

（六）增强公共服务与绿色经济协调发展地区的辐射带动作用

结合空间分布的全局集聚特征和局部空间关联模式来看，四省藏区公共服务与绿色经济耦合协调度分布在空间上初步呈现一定的集聚趋势，耦合协调度较高的自治州对相邻自治州的耦合协调度提升有正向促进作用。"高高"集聚区主要以青海藏区大部分自治州为主，包括四川藏区阿坝州和甘肃藏区甘南州，已经在四省藏区形成南北C形的分布，公共服务与绿色经济高水平协调发展的连片轴状集聚带；"低高"集聚区分布在"高高"集聚区两侧；唯一呈"低低"集聚状态的迪庆州，地处四省藏区最南部边缘地区。集聚效应和正向带动效应受行政区划和地理特点影响较大，自治州之间交通通达情况和所在省份公共服务和绿色经济发展相关政策的差异性导致这两种效应目前均还不显著，"高高"集聚区对周边地区的辐射带动作用还未充分发挥。此外，四省藏区公共服务与绿色经济协调发展模式尚处于探索起步阶段，甘肃藏区甘南州的生态文明小康村建设取得初步成效，甘南州具备成为四省藏区公共服务与绿色经济优质协调发展示范区的条件，建议借鉴并推广其公共服务与绿色经济优质协调发展的经验。总体来看，四省藏区公共服务与绿色经济协调发展需要对不同发展阶段的自治州根据上述政策建议针对性建设的基础上，一部分自治州形成稳定的公共服务与绿色经济发展模式，再通过空间潜在的正向相关关系和集聚效应，带动四省藏区其他自治州公共服务与绿色经济发展提升。

第二节　公共服务与新型城镇化的协调发展路径研究

基于系统耦合协调度和空间自相关模型的研究结果表明，近年来四省藏区公共服务与新型城镇化两个发展系统间具有较为强烈的相互作用，但协调发展水平相对较低。其中，果洛州和玉树州公共服务与新型城镇化发展的协调效率还有较大提升空间，且自治州之间公共服务与新型城镇化协调发展的空间集聚效应也还不显著。调查研究还发现，在持续推动四省藏区基本公共服务均等化的进程中，跳出工业化推进城镇化的传统路径依赖，增强公共服务和新型城镇化的互动促进作用，是四省藏区公共服务有效供给和新型城镇化发展的必由之路。

一、四省藏区公共服务与新型城镇化耦合协调度的时空特征

（一）构建测度指标体系及确定指标权重

事实上，已有一些学者关注区域公共服务与新型城镇化间的发展关系。研究结果认为，我国某些地区两个发展系统间呈现良好的互动关系。比如，近年来长江经济带新型城镇化与公共服务整体综合协调指数呈上升趋势（余兴厚、胡翠，2019）。但是，也有一些学者研究发现，某些地区在快速城镇化进程中出现了城镇化与公共服务发展不同步的现象（巴尼·科恩，2005；张晓杰，2010；袁丹、欧向军，2016），区域初始资源禀赋对于两个发展系统间互动关系有明显影响（崔治文、韩清，2016），近年来中国公共服务供给水平和城市化发展速度不同步，前者跟不上后者发展需求的特征较为明显（蔡秀云、李雪等，2012）。综上所述，学术界关于区域公共服务与新型城镇化的相互作用和耦合协调发展关系研究还处于起步阶段，对于四省藏区这个方面的研究成果更是少见。但事实上，区域公共服务与新型城镇化两个发展系统间关系密切，相互间具有较强的影响作用。研究四省藏区公共服务与新型城镇化协调发展的情况，探寻公共服务与新型城镇化欠协调和不协调发展区域的问题和障碍，对于推动四省藏区公共服务与新型城镇化两个发展系统整体协调发展，对于提升四省藏区公共服务绩效，促进四省藏区新型城镇化健康发展，实现富民兴藏，具有重要现实意义。

在参考前期文献关于新型城镇化发展水平的测度指标（王艳飞、刘彦随等，2015；吴艳艳、袁家冬，2018；魏敏、胡振华，2019；蔡进、廖和平等，2018；李涛、廖和平等，

2015；庄伟、张飞等，2014；等等）基础上，考虑四省藏区新型城镇化实际情况和数据获取上的局限性，将四省藏区新型城镇化测度指标体系分为人口城镇化、经济城镇化和空间城镇化三个方面共十二个指标（见表8－2－1）。

各项指标计算的原始数据来源于2014~2018年四省藏区各省统计年鉴、各市（州）国民经济和社会发展统计公报，缺失数据通过统计方法补齐，并通过物价指数消除物价变动对经济指标的影响。根据表8－2－2、表8－2－3和表8－2－4中数据，按照本章第一节的方法计算确定四省藏区新型城镇化指数的测度指标权重（见表8－2－1）。但是，相对本章第一节而言，测度时期从2016年扩展到了2013~2017年，熵权法确定权重的方法略有不同。在计算各年测度指标的信息熵值e_i基础上，将各年第i项测度指标的信息熵算术平均后得到平均熵值$\overline{e}_i$，再计算各测度指标2013~2017年统一的权重w_i（见表8－2－1），公式为：

$$w_i = \frac{(1 - \overline{e}_i)}{\sum\limits_{i=1}^{m}(1 - \overline{e}_i)},其中，w_i \in [0,1]，\sum\limits_{i=1}^{m} w_i = 1 \tag{8.9}$$

表8－2－1 四省藏区新型城镇化指数的测度指标体系和权重

一级指标	二级指标	三级指标	计算公式	指标性质	指标权重
G 城镇化指数	G1 人口城镇化	G11 常住人口城镇化率（％）	城镇人口/总人口	+	0.078
		G12 城镇人口增长情况（％）	城镇人口增长率	+	0.088
		G13 城乡收入差距	城乡人均可支配收入比	－	0.084
		G14 城乡消费差距	城乡人均消费支出比	－	0.087
	G2 经济城镇化	G21 城镇居民收入水平（元/人）	城镇人均可支配收入	+	0.087
		G22 非农产业比重（％）	二三产业产值/总产值	+	0.087
		G23 固定资产投资（万元/人）	人均全社会固定资产投资	+	0.082
		G24 财政能力（万元/人）	人均财政收入	+	0.083
		G25 平均工资水平（元/人）	全部单位就业人员平均工资	+	0.077
	G3 空间城镇化	G31 路网密度（千米/平方千米）	公路总里程/区域总面积	+	0.082
		G32 人口密度（人/平方千米）	人口密度	+	0.086
		G33 土地城镇化水平	城镇建成区面积/区域总面积	+	0.081

表8－2－2 四省藏区城镇化指数测度指标数据Ⅰ

指标	年份\地区	阿坝州	甘孜州	甘南州	海北州	黄南州	海南州	果洛州	玉树州	海西州	迪庆州
G11	2013	0.3459	0.2581	0.2739	0.3280	0.2589	0.2954	0.2476	0.3213	0.7006	0.2808
	2014	0.3569	0.2687	0.2897	0.3408	0.2856	0.3203	0.2557	0.3301	0.7063	0.2948
	2015	0.3677	0.2806	0.3050	0.3448	0.2880	0.3300	0.2605	0.3320	0.7102	0.3113
	2016	0.3786	0.2926	0.3201	0.3642	0.3002	0.3451	0.2754	0.3517	0.7130	0.3293
	2017	0.3892	0.3056	0.3401	0.3802	0.3257	0.3677	0.2754	0.3665	0.7201	0.3447

指标	地区 年份	阿坝州	甘孜州	甘南州	海北州	黄南州	海南州	果洛州	玉树州	海西州	迪庆州
G12	2013	−0.0144	−0.0122	0.0611	0.0249	0.2018	0.0320	0.0651	0.0483	0.2984	0.0459
	2014	0.0146	0.0000	0.0638	0.0145	0.1096	−0.0087	0.0174	−0.0164	0.0109	0.0526
	2015	0.5144	0.0062	0.0576	0.0763	−0.0397	−0.0362	−0.0608	0.0030	−0.2670	0.0583
	2016	−0.1651	0.1104	0.0572	0.0464	0.0158	0.0232	0.0524	−0.0112	0.0057	0.0630
	2017	0.0266	0.0663	0.0717	0.0258	0.0212	−0.0045	0.0069	0.0045	−0.0087	0.0519
G13	2013	3.4027	3.9405	4.1410	2.5628	3.6514	2.7870	4.7657	4.6804	2.4198	4.2904
	2014	2.7972	3.1302	3.8278	2.4658	3.5230	2.7175	4.6452	4.5540	2.3481	4.2660
	2015	2.6711	2.9707	3.3158	2.5015	3.5791	2.7499	4.7137	4.6098	2.4021	4.1771
	2016	2.6208	2.8932	3.3251	2.4991	3.5638	2.7454	4.6733	4.5293	2.4023	4.1534
	2017	2.5754	2.8232	3.2884	2.4985	3.5462	2.7379	4.6303	4.4616	2.3981	4.0963
G14	2013	3.4899	3.8720	3.7731	1.8572	2.8716	1.5682	4.9063	2.3519	1.8362	3.2078
	2014	2.1985	2.8395	3.6626	1.7793	2.6434	1.5726	5.1140	2.9976	1.6599	2.4358
	2015	2.0123	2.7875	2.8871	1.8741	2.7444	1.6739	5.3982	3.1651	1.7330	2.4934
	2016	2.0145	2.7318	2.8081	1.8986	2.6563	1.6789	5.0886	2.7003	1.6948	2.8113
	2017	1.9304	2.6509	2.9184	1.9221	2.3778	1.6314	4.9529	2.8072	1.6669	2.5645

资料来源：根据历年《中国统计年鉴》《四川统计年鉴》《甘肃统计年鉴》《青海统计年鉴》《云南统计年鉴》及四省藏区各自治州统计公报中原始数据，按照表8－2－1中公式计算得到。

表8－2－3 四省藏区城镇化指数测度指标数据Ⅱ

指标	地区 年份	阿坝州	甘孜州	甘南州	海北州	黄南州	海南州	果洛州	玉树州	海西州	迪庆州
G21	2013	23115.0000	21418.0000	16936.6200	20626.4302	20266.1015	19783.3864	21242.9406	21206.4402	21326.0654	23902.0000
	2014	23638.7795	22617.1260	17204.3095	21962.3130	21780.7965	21382.1176	23064.4641	23052.4532	22720.9598	24674.5562
	2015	25153.2136	24221.3258	18948.5374	23789.8632	23597.5535	23506.5066	25382.0424	25025.1768	24698.5721	26302.0469
	2016	26691.1917	25790.0024	20295.5523	25505.4115	25157.9089	25549.9956	27608.2198	26809.5129	27206.2069	28208.6268
	2017	28402.3607	27672.1444	21596.7059	27358.3885	26984.9560	27597.1322	29284.9873	29237.3333	29379.4635	29952.6360
G22	2013	0.8503	0.7648	0.7770	0.8520	0.7110	0.7490	0.8240	0.5310	0.9640	0.9190
	2014	0.8493	0.7533	0.7750	0.8130	0.7030	0.7570	0.8350	0.5410	0.9500	0.9220
	2015	0.8459	0.7446	0.7858	0.8220	0.7300	0.7770	0.8350	0.5750	0.9390	0.9330
	2016	0.8434	0.7421	0.7858	0.8230	0.7360	0.7880	0.8290	0.5740	0.9420	0.9370
	2017	0.8427	0.7656	0.7653	0.7610	0.7420	0.7630	0.8220	0.5670	0.9440	0.9400
G23	2013	44500.7125	35764.6335	29378.0453	34064.3064	20394.8368	30761.6113	26817.7028	23580.4977	101749.4514	48274.2611
	2014	41051.3176	39932.5574	25369.3300	36812.5743	24068.5612	40053.4622	29808.9593	9998.0238	105583.1901	59863.6291
	2015	41707.4871	35114.7085	27011.9044	40942.0287	28655.3979	50475.3865	34757.2473	12464.2095	100282.3699	67838.5687
	2016	40085.1618	35330.6581	30462.5620	46477.7466	32354.6850	54468.9277	36430.1830	14423.5934	110694.0217	73724.8848
	2017	33955.6279	36495.2097	29167.7660	36848.4356	36589.0581	32658.2428	33522.5955	16306.8523	129792.7003	83188.6000

指标	地区 年份	阿坝州	甘孜州	甘南州	海北州	黄南州	海南州	果洛州	玉树州	海西州	迪庆州
	2013	2681.3110	1944.4718	1338.9223	2090.3540	764.5027	1203.2357	956.9547	885.1193	9797.2671	3213.2020
	2014	3056.8173	2362.0675	1441.5290	2181.7171	934.6181	1511.1282	1166.9791	777.5002	9568.7438	3511.9627
G24	2015	3302.1729	2616.3425	1253.2648	2292.9266	1252.1182	2064.7937	2022.7494	1271.2882	9680.1518	3694.1091
	2016	3318.9288	2600.4809	1319.2802	1719.5196	1372.2397	2151.6190	1784.1460	861.8300	8659.0806	3848.1086
	2017	2676.8583	2164.9352	1120.4838	1577.5913	1193.1380	2110.2045	1171.5765	443.1675	9453.6640	2322.0453
	2013	48010.8916	47771.0801	47630.0000	49943.0000	53199.0000	47008.0000	58416.0000	54286.0000	66639.0000	54000.0000
	2014	50343.1936	52859.5930	48004.8972	56188.9764	58425.7620	51183.3333	61170.1082	58770.4433	72324.1920	58481.2623
G25	2015	57722.3613	61798.0637	54976.4011	62855.8003	66303.5186	56669.0149	62969.5970	59782.4709	73527.3541	69887.7137
	2016	65317.1842	66031.1756	61277.7794	70724.4589	67599.7982	63842.9024	71894.1516	65450.1948	77342.0664	94670.7541
	2017	68914.9894	69837.3706	64561.1244	75611.8680	70776.0565	79001.3171	78977.9216	76831.9208	84779.8661	110113.7626

资料来源：同上。

表 8 - 2 - 4 四省藏区城镇化指数测度指标数据Ⅲ

指标	地区 年份	阿坝州	甘孜州	甘南州	海北州	黄南州	海南州	果洛州	玉树州	海西州	迪庆州
	2013	0.1588	0.1894	0.1679	0.1896	0.2392	0.2426	0.1112	0.0115	0.0449	0.2322
	2014	0.1592	0.1978	0.1712	0.1905	0.2481	0.2710	0.1265	0.0248	0.0448	0.2391
G31	2015	0.1618	0.2131	0.1712	0.2926	0.2651	0.2571	0.1248	0.0566	0.0508	0.2405
	2016	0.1620	0.2422	0.1683	0.2967	0.2697	0.2677	0.1414	0.0614	0.0540	0.2514
	2017	0.1621	0.2573	0.1684	0.2974	0.2903	0.2778	0.1625	0.0735	0.0556	0.2643
	2013	10.9894	7.6057	15.5067	8.1669	14.2671	10.2574	2.4815	1.8430	1.6658	17.0088
	2014	11.0858	7.6732	15.5956	8.1816	14.4351	10.3635	2.5390	1.8612	1.6794	17.0507
G32	2015	11.2039	7.7868	15.6667	8.2229	14.5596	10.4764	2.5743	1.8799	1.6917	17.0926
	2016	11.2581	7.8911	15.7822	8.2967	14.7059	10.5735	2.6162	1.8977	1.7034	17.1764
	2017	11.3243	7.9299	15.9156	8.3498	14.8521	10.6661	2.6632	1.9164	1.7120	17.2602
	2013	0.000564	0.000253	0.000474	0.000610	0.000903	0.000593	0.000230	0.000124	0.000113	0.001341
	2014	0.000572	0.000264	0.000482	0.000610	0.000931	0.000593	0.000230	0.000124	0.000115	0.001342
G33	2015	0.000576	0.000313	0.000484	0.000623	0.000931	0.000593	0.000230	0.000124	0.000115	0.001585
	2016	0.000567	0.000320	0.000497	0.000623	0.000931	0.000593	0.000230	0.000124	0.000115	0.001586
	2017	0.000678	0.000329	0.000538	0.000639	0.000931	0.000630	0.000230	0.000126	0.000098	0.001102

资料来源：同上。

2013~2017 年四省藏区十个自治州公共服务指数测度的指标体系和原始数据与本章第一节相同（见表 8-1-1）。但是，2013~2017 年四省藏区十个自治州公共服务指数测度的指标权重计算方法和本节新型城镇化指数的测度指标权重计算方法相同。在计算各年公共服务测度指标的信息熵值 e_i 基础上，需要将各年第 i 项测度指标的信息熵算术平均后得到平均熵值 $\bar{e}_i$，再计算公共服务各测度指标 2013~2017 年统一的权重 w_i（见表 8-2-5），公式同式（8.9）。

表 8-2-5　四省藏区 2013~2017 年公共服务指数的测度指标权重

一级指标	E'													
二级指标	E_1'				E_2'				E_3'			E_4'			
三级指标	E_{11}'	E_{12}'	E_{13}'	E_{14}'	E_{21}'	E_{22}'	E_{23}'	E_{24}'	E_{31}'	E_{32}'	E_{33}'	E_{41}'	E_{42}'	E_{43}'	E_{44}'
权重	0.0768	0.0521	0.0696	0.0540	0.0573	0.1468	0.0553	0.0564	0.1415	0.0342	0.0522	0.0589	0.0270	0.0312	0.0869

（二）公共服务与新型城镇化耦合协调度测算及结论分析

以四省藏区十个自治州公共服务指数和新型城镇化指数测度指标体系（见表 8-1-1、表 8-2-1）和指标权重（见表 8-2-5、表 8-2-1）为依据，根据所获取的各项指标计算基础数据（见表 3-3-1、表 3-3-3、表 3-3-4 和 3-3-5 以及表 8-2-2、表 8-2-3 和表 8-2-4），计算四省藏区十个自治州 2013~2017 年的公共服务指数和新型城镇化指数。在此基础上，按照本章第一节的方法分别计算出四省藏区十个自治州 2013~2017 年的公共服务综合序参量（U3）、新型城镇化综合序参量（U4）、系统耦合度（C）、系统综合协调指数（T）和系统耦合协调度（D）数据（见表 8-2-6），并基于耦合协调度对四省藏区十个自治州分年进行排序分类（见表 8-2-7）。

表 8-2-6　四省藏区公共服务综合序参量 U3 和新型城镇化综合序参量 U4

年份 地区	2013		2014		2015		2016		2017	
	U3	U4	U3	U4	U3	U4	U3	U4	U3	U4
阿坝州	0.6325	0.3467	0.5522	0.4057	0.5864	0.4656	0.5365	0.3895	0.5389	0.4322
甘孜州	0.5835	0.2220	0.5181	0.2985	0.5214	0.3323	0.4504	0.3733	0.4376	0.3795
甘南州	0.5701	0.2622	0.5734	0.3033	0.5910	0.2951	0.5551	0.3331	0.5716	0.3672
海北州	0.3921	0.3644	0.4298	0.4014	0.3900	0.4381	0.4993	0.4504	0.5066	0.4283
黄南州	0.3522	0.3788	0.3675	0.4412	0.3967	0.3945	0.2783	0.3926	0.3243	0.4134
海南州	0.3924	0.3305	0.3597	0.3697	0.3915	0.3872	0.2906	0.4295	0.3431	0.4124
果洛州	0.4638	0.1788	0.5156	0.1970	0.5204	0.1926	0.4884	0.2280	0.4968	0.1793
玉树州	0.2440	0.1403	0.2931	0.1261	0.3087	0.1376	0.3181	0.1482	0.3562	0.1429
海西州	0.4006	0.7429	0.3762	0.6846	0.4092	0.6649	0.3442	0.6663	0.4413	0.6170
迪庆州	0.5207	0.4868	0.5166	0.5477	0.5499	0.5859	0.4103	0.6483	0.4544	0.6235

根据本章第一节的系统耦合度划分标准，从总体上看，2013~2017 年四省藏区十个自治州公共服务与新型城镇化两个发展系统的耦合度均在 0.8 以上，全部处于高水平的耦合

阶段（见图8－2－1），公共服务与新型城镇化发展具有较强的相互作用。根据本章第一节的综合协调指数划分标准，2013～2017年四省藏区十个自治州公共服务与新型城镇化系统综合协调指数整体水平相比耦合度处于较低水平（见图8－2－1），从而拉低了四省藏区公共服务与新型城镇化两个发展系统的耦合协调度水平。从2013～2017年两个发展系统综合协调指数的年平均数据来看，可以将四省藏区十个自治州划分为三类：①中度不协调地区：海西州和迪庆州，T值位于0.5～0.6；②严重不协调地区：海北州、阿坝州、甘孜州和甘南州，T值位于0.4～0.5；③极不协调地区：黄南州、海南州、果洛州和玉树州，T值位于0～0.4。从2013～2017年各自治州耦合协调度的五年变化率来看，玉树州和海北州为"快速增长型"，年均增速在5%～7%，但波动幅度较大；甘南州为"中速增长型"，年均增速在3%～5%，波动幅度较小；其余自治州为"低速增长型"，年均增速小于3%（见图8－2－2）。

根据系统耦合协调度的划分标准（见表8－2－7），2013～2017年四省藏区十个自治州公共服务与新型城镇化耦合协调度整体平均水平较高（见图8－2－3），处于初级协调的过渡发展阶段。从四省藏区十个自治州的耦合协调度年平均水平来看，可以分为三大类：①处于中度协调发展阶段地区：迪庆州和海西州；②初级协调的过渡发展阶段地区：海北州、黄南州、海南州、阿坝州、甘孜州和甘南州；③处于勉强协调的过渡发展阶段地区：果洛州和玉树州。从2013～2017年各自治州耦合协调度的变化趋势来看，可以分为三大类：①在波动中上升地区，且上升幅度较大（2017年相较于2013年增长率高于5%）：海北州、玉树州、甘孜州和甘南州；②在波动中上升地区，且上升幅度较小（2017年相较于2013年增长率低于5%）：黄南州、海南州、果洛州、阿坝州和迪庆州；③在波动中稍有下降地区（2017年相较于2013年下降小于1%）：海西州。综上所述，迪庆州和阿坝州公共服务与新型城镇化的耦合协调度长期处于领先态势，且整体上处于上升趋势，在十个自治州中具有良好的示范效应（见表8－2－7）。

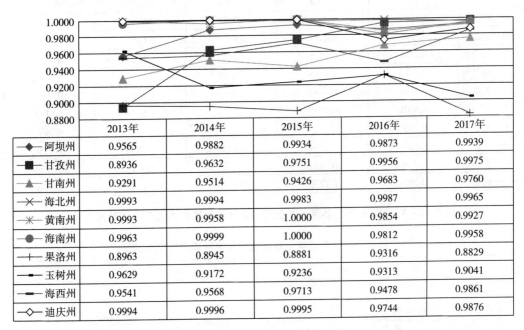

	2013年	2014年	2015年	2016年	2017年
◆ 阿坝州	0.9565	0.9882	0.9934	0.9873	0.9939
■ 甘孜州	0.8936	0.9632	0.9751	0.9956	0.9975
▲ 甘南州	0.9291	0.9514	0.9426	0.9683	0.9760
✕ 海北州	0.9993	0.9994	0.9983	0.9987	0.9965
＊ 黄南州	0.9993	0.9958	1.0000	0.9854	0.9927
● 海南州	0.9963	0.9999	1.0000	0.9812	0.9958
＋ 果洛州	0.8963	0.8945	0.8881	0.9316	0.8829
━ 玉树州	0.9629	0.9172	0.9236	0.9313	0.9041
▬ 海西州	0.9541	0.9568	0.9713	0.9478	0.9861
◇ 迪庆州	0.9994	0.9996	0.9995	0.9744	0.9876

图8－2－1 四省藏区公共服务与新型城镇化系统耦合度C的动态变化

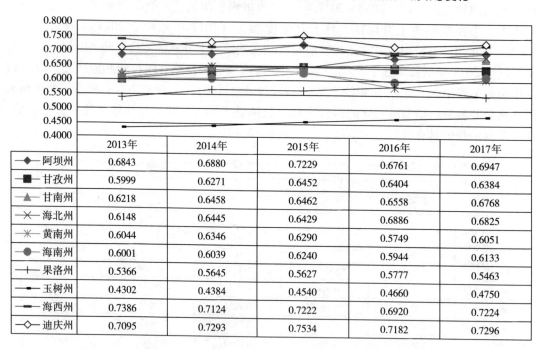

		2013年	2014年	2015年	2016年	2017年
◆	阿坝州	0.4896	0.4790	0.5260	0.4630	0.4856
■	甘孜州	0.4028	0.4083	0.4268	0.4119	0.4085
▲	甘南州	0.4161	0.4384	0.4430	0.4441	0.4694
✕	海北州	0.3782	0.4156	0.4140	0.4749	0.4674
✳	黄南州	0.3655	0.4044	0.3956	0.3354	0.3688
●	海南州	0.3614	0.3647	0.3893	0.3601	0.3777
┼	果洛州	0.3213	0.3563	0.3565	0.3582	0.3381
▬	玉树州	0.1922	0.2096	0.2232	0.2332	0.2496
─	海西州	0.5718	0.5304	0.5371	0.5053	0.5291
◇	迪庆州	0.5037	0.5322	0.5679	0.5293	0.5389

图 8 - 2 - 2　四省藏区公共服务与新型城镇化系统综合协调指数 T 的动态变化

		2013年	2014年	2015年	2016年	2017年
◆	阿坝州	0.6843	0.6880	0.7229	0.6761	0.6947
■	甘孜州	0.5999	0.6271	0.6452	0.6404	0.6384
▲	甘南州	0.6218	0.6458	0.6462	0.6558	0.6768
✕	海北州	0.6148	0.6445	0.6429	0.6886	0.6825
✳	黄南州	0.6044	0.6346	0.6290	0.5749	0.6051
●	海南州	0.6001	0.6039	0.6240	0.5944	0.6133
┼	果洛州	0.5366	0.5645	0.5627	0.5777	0.5463
▬	玉树州	0.4302	0.4384	0.4540	0.4660	0.4750
─	海西州	0.7386	0.7124	0.7222	0.6920	0.7224
◇	迪庆州	0.7095	0.7293	0.7534	0.7182	0.7296

图 8 - 2 - 3　四省藏区公共服务与新型城镇化系统耦合协调度 D 的动态变化

表 8 - 2 - 7　四省藏区公共服务与新型城镇化系统耦合协调度的分类及变化

大类	亚类	D	2013 年	2017 年	五年变化
协调 发展	优质协调	[0.9, 1]	—	—	—
	良好协调	[0.8, 0.9)	—	—	—
	中度协调	[0.7, 0.8)	迪庆州、海西州	迪庆州、海西州	迪庆州（升）、海西州（降）

大类	亚类	D	2013 年	2017 年	五年变化
过渡发展	初级协调	[0.6, 0.7)	阿坝州、甘南州、海北州、黄南州、海南州	阿坝州、甘南州、海北州、黄南州、海南州、甘孜州	阿坝州（升）、海北州（升）、甘南州（升）、甘孜州（升）、海南州（升）、黄南州（升）
过渡发展	勉强协调	[0.5, 0.6)	果洛州、甘孜州	果洛州	果洛州（升）
过渡发展	濒临失调	[0.4, 0.5)	玉树州	玉树州	玉树州（升）
过渡发展	轻度失调	[0.3, 0.4)	—	—	—
失调衰退	重度失调	[0.2, 0.3)	—	—	—
失调衰退	严重失调	[0.1, 0.2)	—	—	—
失调衰退	极度失调	[0, 0.1)	—	—	—

（三）公共服务与新型城镇化耦合协调度空间自相关分析

根据四省藏区公共服务与新型城镇化耦合协调度的相关数据（见图 8 - 2 - 3），借助 ArcGIS 软件计算得出 2013 ~ 2017 年四省藏区十个自治州公共服务与新型城镇化耦合协调度的全局 Moran's I 指数，以及蒙特卡罗模拟方法检验 Z 值和 P 值（见表 8 - 2 - 8）。2013 ~ 2017 年，四省藏区公共服务与新型城镇化耦合协调度的全局 Moran's I 指数均为负值，分布在 - 0.6828 ~ - 0.3979。仅有 2013 年其 P 值小于 0.05，通过 95% 置信度检验，且 Z 值小于 - 1.65（拒绝零假设的阈值）。该研究结果表明，2013 年四省藏区十个自治州公共服务与新型城镇化耦合协调度在置信度 95% 的水平上呈现为一般显著的负相关关系，具体表现为高属性值空间单元与低属性值空间单元相毗邻、低属性值空间单元与高属性值空间单元相毗邻的空间离散特征。2013 年四省藏区公共服务与新型城镇化耦合协调度的空间分布并不是随机的，而是相邻的空间区域单元具有不同的属性值，区域差异非常明显。2014 ~ 2017 年，其 Z 值和 P 值没有通过显著性检验，处于随机分布的状态。这在一定程度上说明，四省藏区公共服务与新型城镇化耦合协调度的空间分布特征从较弱的替代关系向无序的状态转变。

表 8 - 2 - 8　四省藏区公共服务与新型城镇化耦合协调度的全局 Moran's I 指数

指标	2013 年	2014 年	2015 年	2016 年	2017 年
Moran's I 指数	- 0.6828	- 0.5065	- 0.4211	- 0.3979	- 0.4712
Z 值	- 2.1506	- 1.6085	- 1.1841	- 1.0682	- 1.2971
P 值	0.0315	0.1077	0.2364	0.2854	0.1946

为进一步研究四省藏区十个自治州公共服务与新型城镇化耦合协调度的空间关联模式、差异程度，采用 Geoda 软件绘制四省藏区公共服务与新型城镇化耦合协调度的局部 Moran's I 散点图（见图 8 - 2 - 4）。将散点图与四省藏区各自治州单元进行链接，从而判断各自治州与毗邻空间单元的空间联系模式（见表 8 - 2 - 9）。Moran's I 散点图以四省藏区空间地域的标准化属性值为横轴，以空间权重矩阵所决定的空间滞后变量为纵轴，根据所

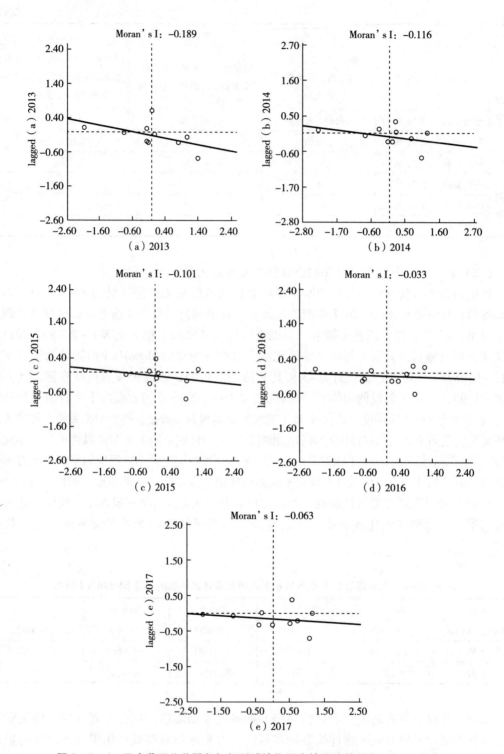

图 8 - 2 - 4　四省藏区公共服务与新型城镇化耦合协调度的局部 Moran 散点图

资料来源：图 8 - 2 - 3 中四省藏区十个自治州 2013 ~ 2017 年公共服务与新型城镇化的耦合协调度数据。

表8－2－9　四省藏区公共服务与新型城镇化耦合协调度的空间联系模式

年份	第一象限（HH）	第二象限（LH）	第三象限（LL）	第四象限（HL）
2013	海北州	海南州、玉树州	果洛州、黄南州、甘孜州	甘南州、阿坝州、迪庆州、海西州
2014	海北州、甘南州	海南州、玉树州	果洛州、甘孜州	黄南州、阿坝州、海西州、迪庆州
2015	海北州、迪庆州	玉树州	海南州、黄南州、果洛州	甘南州、甘孜州、阿坝州、海西州
2016	海北州、迪庆州	海南州、玉树州	果洛州、黄南州	甘孜州、甘南州、阿坝州、海西州
2017	海北州	海南州	黄南州、果洛州、玉树州、甘孜州	甘南州、阿坝州、迪庆州、海西州

在象限，可将空间关联形式分为"高高（HH）"空间关联（第一象限）、"低高（LH）"空间关联（第二象限）、"低低（LL）"空间关联（第三象限）和"高低（HL）"空间关联（第四象限）四种。四省藏区十个自治州空间单元位于第四象限居多，说明2013～2017年四省藏区公共服务与新型城镇化耦合协调度的局部空间自相关主要以"高低（HL）"空间关联为主，具体表现为较高耦合协调度的空间单元被较低耦合协调度的空间单元毗邻包围的空间分布模式。其中，只有海北州的耦合协调度发展水平一直呈现"高高（HH）"空间关联形式。海南州和玉树州的耦合协调度发展水平属于"低高（LH）"空间关联形式，表明这两个自治州的公共服务与新型城镇化耦合协调度发展水平相对较低并且被较高水平的自治州毗邻包围，在毗邻高水平自治州的影响下处于过渡发展阶段。黄南州、甘孜州和果洛州的耦合协调发展水平属于"低低（LL）"空间关联形式，这三个自治州的耦合协调发展水平较低，处于低水平的耦合协调发展阶段，且被较低水平的自治州毗邻包围。甘南州、阿坝州、迪庆州和海西州的耦合协调度发展水平属于"高低（HL）"空间关联形式，这四个自治州的耦合协调度发展水平相对较高，并且被较低水平的自治州毗邻包围，具有较为明显的极化效应。研究结果表明，近年来四省藏区公共服务与新型城镇化耦合协调度相对较高的自治州，在很大程度上与周边自治州存在显著差异，还未形成高水平的聚集区域及扩散效应。

为进一步分析四省藏区十个自治州公共服务与新型城镇化耦合协调度空间单元属性和周围单元的正相关及相近，或负相关及相异程度，在Moran's I散点图的基础上进一步采用Geoda软件绘制Lisa集聚图（见图8－2－5）。研究结果表明，2013～2017年海西州和果洛州公共服务与新型城镇化耦合协调度的P值为0.05，通过了置信水平95%以上的检验。其中海西州在2013年、2014年、2015年、2017年处于"高低（HL）"的显著区域，果洛州在2016年处于"低低（LL）"的显著区域，表明海西州、果洛州公共服务与新型城镇化的协调发展呈现出与周边自治州相互影响、紧密联系的趋势。但是，海西州公共服务与新型城镇化的耦合协调发展水平显著高于周边自治州，其对周边区域的辐射带动作用还比较弱小，未来可能和海北州共同形成公共服务与新型城镇化高水平协调发展的连片聚集区。果洛州公共服务与新型城镇化的耦合协调发展水平与周边自治州同处于较低水平，以果洛州为中心在四省藏区中部形成了公共服务与新型城镇化低水平协调发展的聚集区。此外，其他八个自治州的Lisa集聚均未通过显著性检验，这些自治州与其毗邻空间单元之间相互影响、相互联系的程度较小，基本上处于孤立发展的状态。

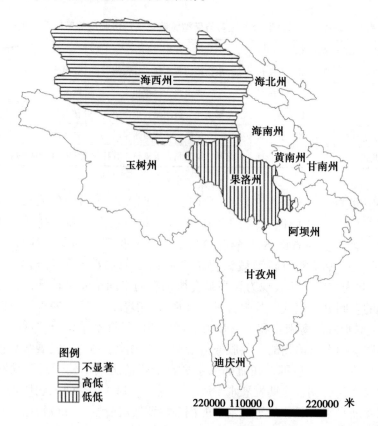

图 8 - 2 - 5　四省藏区公共服务与新型城镇化耦合协调度的 Lisa 集聚图

资料来源：图 8 - 2 - 3 中四省藏区十个自治州 2013 ~ 2017 年公共服务与新型城镇化的耦合协调度数据。

二、促进四省藏区公共服务与新型城镇化协调发展的路径建议

（一）建设迪庆州为公共服务与新型城镇化良好协调发展示范区

从 2013 ~ 2017 年区域公共服务与新型城镇化的耦合协调度变化趋势，以及 2017 年的耦合协调度水平来看，四省藏区十个自治州公共服务与新型城镇化协调发展水平还没有处于优质和良好协调发展状态的。四省藏区十个自治州中，云南藏区迪庆州公共服务与新型城镇化协调发展水平最高，一直处于中度协调发展状态，且两个系统耦合协调度整体呈现波动中上升的趋势。事实上，2013 ~ 2017 年，迪庆州的基本公共服务指数在十个自治州中均处于中上等水平，新型城镇化指数略低于海西州。但从 2014 年起，迪庆州公共服务与新型城镇化协调发展水平就超过海西州，一直排在第一位且处于中度协调发展状态。总体来看，迪庆州的公共服务水平相对于新型城镇化发展水平略有滞后，但是呈现出进入良好协调发展阶段并成为四省藏区公共服务与新型城镇化协调发展示范的趋势。如果能够着力提升区域普通中学师生比、万人卫生机构数和床位数、人均社会保障和就业支出、万人社会福利机构床位数，补齐公共服务短板，进一步缩小城乡收入差距和消费水平差距，将能够更快进入良好协调发展阶段，并成为四省藏区公共服务与新型城镇化协调发展的示范地区。

（二）引导甘南等六州公共服务与新型城镇化中度协调发展

甘南州的基本公共服务指数从 2013 年的第三位（0.5701）上升至 2017 年的第一位

（0.5716），新型城镇化指数从 2013 年的第七位（0.2622）上升至 2017 年的第五位（0.3672）。综合来看，亟待从提升常住人口城镇化率、城镇居民收入水平、人均社会固定资产投资、人均财政收入、全部单位就业人员平均工资水平等方面提升新型城镇化指数，以促进两个系统协调发展水平提升。

甘孜州的公共服务和新型城镇化协调发展水平，2014 年从勉强协调的过渡发展阶段进入初级协调发展阶段以来，一直和阿坝州、甘南州、海北州、黄南州和海南州停留在初级协调发展阶段，且两个系统的耦合协调度均保持波动中上升的态势。2013～2017 年，甘孜州的基本公共服务指数从 2013 年的第二位（0.5835）下降至 2017 年的第六位（0.4376），新型城镇化指数从 2013 年的第八位（0.2220）上升至 2017 年的第四位（0.3795）。综合来看，亟待从提升普通中学师生比、万人卫生机构床位数、人均社会保障和就业支出、万人社会福利机构床位数和万人文化部门事业单位数等方面提升基本公共服务水平，以促进两个系统协调发展水平提升。

阿坝州的基本公共服务指数从 2013 年的第一位（0.6325）下降至 2017 年的第二位（0.5389），略有下降，新型城镇化指数从 2013 年的第五位（0.3467）上升至 2017 年的第二位（0.4322）。综合来看，需要从提高人均社会保障和就业支出、万人文化部门事业单位数和广播人口覆盖率等方面提升基本公共服务指数，从提升全部单位就业人员平均工资水平、路网密度等方面提升新型城镇化指数，同时增强两个系统的发展水平，以促进两个系统协调发展水平提升进入中度协调发展阶段。

海北州的基本公共服务指数从 2013 年的第七位（0.3921）上升至 2017 年的第三位（0.5066），新型城镇化指数从 2013 年的第四位（0.3644）上升至 2017 年的第二位（0.4283）。综合来看，亟待从提升万人卫生机构床位和技术人员数、万人社会福利机构床位数等方面提升基本公共服务指数，增强公共服务水平，以促进两个系统协调发展水平提升。

黄南州的基本公共服务指数一直保持在第九位没有进步（0.3522、0.3243），新型城镇化指数一直保持在第三位（0.3788、0.4134）没有变化。综合来看，亟待从提升幼儿园和普通中学师生比、万人医疗卫生技术人员数、万人社会福利机构床位数、万人文化部门事业单位数等方面提升基本公共服务指数，增强公共服务水平，以促进两个系统协调发展水平提升。

海南州的基本公共服务指数从 2013 年的第七位（0.3924）下降至 2017 年的第八位（0.3431），新型城镇化指数从 2013 年的第六位（0.3305）上升至 2017 年的第三位（0.4124）。综合来看，亟待从提升生均教育支出、小学和普通中学师生比、万人医疗卫生技术人员数、人均社会保障和就业支出、万人社会福利机构床位数等方面提升基本公共服务指数，增强公共服务水平，以促进两个系统协调发展水平提升。

（三）防止海西州公共服务与新型城镇化的协调水平进一步下降

事实上，2013 年海西州公共服务与新型城镇化协调发展水平排在第一位，但是之后在波动中逐渐下降，2016 年甚至下降进入初级协调的过渡发展状态。虽然 2017 年略有回升重新进入中度协调发展状态，但总体来看，五年间呈现波动中下降的趋势。五年间，海西州的新型城镇化指数在十个自治州中一直排在第一位，但是，基本公共服务指数却一直排在中下位置，相对超前的新型城镇化进程和相对滞后的公共服务水平，导致海西州公共服务与新型城镇化的协调发展水平呈现下降趋势。下一步海西州应重点提升其生均教育支出水平和小学师生比、人均医疗卫生和计划生育支出水平，全面提升社会保障和就业服务水平，从整体上提升全州公共服务有效供给能力，使其适应新型城镇化相对快速发展的要求，防范两个系统发展进一步失调。

（四）引导果洛州公共服务与新型城镇化进入初级协调发展阶段

2013～2017年，虽然果洛州公共服务和新型城镇化的耦合协调度逐年提升，但是提升幅度不大，一直停留在勉强协调的过渡发展阶段，情况略好于玉树州。果洛州的基本公共服务指数从2013年的第五位（0.4638）上升至2017年的第四位（0.4968），新型城镇化指数从2013年的第九位（0.1788）上升至2017年的第六位（0.1793），相对而言基本公共服务水平领先于新型城镇化发展水平。综合来看，亟待从提高幼儿园、小学和普通中学师生比，提高万人卫生机构数和技术人员数等方面提升基本公务服务水平，亟待从提升常住人口城镇化率、城镇人口增长率、人均财政收入、土地城镇化水平，缩小城乡收入和消费水平差距等方面提升新型城镇化指数，同步促进两个系统协调发展水平提升。

（五）扶持玉树州解决公共服务与新型城镇化发展濒临失调问题

从2013～2017年区域公共服务与新型城镇化的耦合协调度变化趋势以及2017年的耦合协调度水平来看，虽然青海藏区玉树州两个系统耦合协调度整体呈现逐年上升的趋势，但是，五年间青海藏区玉树州公共服务与新型城镇化协调发展水平一直在十个自治州中是最低，且一直处于濒临失调的过渡发展状态。从2013～2017年玉树州的基本公共服务指数和新型城镇化指数的变化趋势来看，五年间玉树州的新型城镇化指数一直排在十个自治州最后一位，果洛州排在倒数第二位，且两个自治州的新型城镇化指数没有明显进步，而同期另外八个自治州的新型城镇化指数明显提升，玉树州和其他自治州的新型城镇化发展水平差距日益拉大。同时，玉树州的基本公共服务指数却逐年提升，公共服务供给能力逐年增强，2013～2015年玉树州的基本公共服务指数在十个自治州中排在最后一位，2016年和2017年连续两年超过黄南州和海南州，在十个自治州中排在第八位。随着公共服务水平的提升，玉树州新型城镇化却没有明显进展，从而导致玉树州公共服务与新型城镇化发展的耦合协调度虽然逐年小幅上升，却依然停留在濒临失调的过渡发展阶段。从新型城镇化指标来看，城镇人口增长率下降，城乡收入差距相对较大，二三产业占比相对较低，人均固定资产投资和财政收入相对较低，是导致玉树州新型城镇化水平相对落后的重要原因。从公共服务指标来看，生均教育支出和小学师生比相对较低，人均医疗卫生和计划生育支出、万人卫生机构和床位数、万人卫生技术人员数相对较少，是玉树州公共服务水平相对较低的重要原因，而同期幼儿园和普通高中师生比的大幅提升，以及社会保险、社会服务和基本公共文化服务水平的大幅增强，是玉树州基本公共服务指数排位明显上升的重要原因。下一步必须重视提升城镇人口增长率、二三产业占比、人均固定资产投资和财政收入，缩小城乡收入差距，补上玉树州新型城镇化发展的短板，以整体推动玉树州新型城镇化发展，促进新型城镇化与公共服务协调发展。

（六）增强公共服务与新型城镇化协调发展地区的辐射带动作用

结合空间分布的全局集聚特征和局部空间关联模式来看，四省藏区公共服务与新型城镇化高水平协调发展地区在空间上还未呈现明显集聚趋势。公共服务与新型城镇化协调发展水平相对较高的迪庆州和海西州，虽然能够在协调发展模式和路径等方面，带给另外九个自治州示范效应。但是，从地理空间联系来看，四省藏区地域范围内，迪庆州与其毗邻自治州之间相互影响、相互联系的程度较小，基本上处于孤立发展的状态，对周边自治州的辐射带动作用没有发挥。海西州与其毗邻的海南州、果洛州和玉树州之间主要体现出负向联系和相异特征，其公共服务与新型城镇化的耦合协调发展水平显著高于周边的海南州、果洛州和玉树州，其对周边区域的辐射带动作用还比较弱小，未来可能和海北州共同形成公共服务与新型城镇化高水平协调发展的连片聚集区。需要从道路交通基础设施互联互通、州域毗邻乡镇（村）互联互通等方面，促进迪庆州、海西州与毗邻自治州之间相互影响、相互联系程度加大，更大程度上增强迪庆州和海西州对毗邻自治州的辐射带动作用，在四省藏区南部和北部形成公共服务与新型城镇化高水平协调发展的连片聚集区域。

第三节　公共服务与乡村振兴的协调发展路径研究

基于系统耦合协调度和空间自相关模型的研究结果表明，近年来四省藏区公共服务与乡村振兴两个发展系统间具有较为强烈的相互作用，但是协调发展水平的区域差距较为明显。其中，甘南州、黄南州、海南州和玉树州公共服务与乡村振兴的协调效率还有较大提升空间；阿坝、迪庆、甘孜三州在四省藏区南部形成公共服务与乡村振兴高水平协调发展的集聚区，但对相邻自治州的辐射带动作用还不明显；四省藏区中部则形成了连片的低耦合协调度聚集地区。调查研究还发现，解决四省藏区偏远乡村公共服务有效供给面临的种种现实问题，不仅是推进城乡基本公共服务均等化的本质要求，也是四省藏区乡村振兴战略的重要内容；增强公共服务与乡村振兴的"协调有效性"，对于四省藏区乡村公共服务有效供给和乡村振兴战略实施，具有双重现实意义。

一、四省藏区公共服务与乡村振兴耦合协调度的时空特征

（一）构建测度指标体系及确定指标权重

城乡基本公共服务均等化起到建立社会安全网、保障全体社会成员基本生存权和发展权的重要作用，涉及义务教育、公共卫生和基本医疗、基本社会保障、公共就业服务等多个领域，有利于从多个方面夯实乡村振兴的社会治理基础。城乡基本公共教育服务是推动城乡融合发展的基础性工程（万晓萌、郭亚楠，2019），有利于乡村振兴夯实人才基础。乡村医疗卫生服务作为乡村振兴的重要社会民生保障，对促进城乡经济社会协调发展具有重要意义。以"乡风文明、治理有效"为主要导向的乡村文化振兴，是新时代赋予乡村公共文化服务体系的价值导向；乡村公共文化服务体系的健全完善，有助于乡村公共文化结构转型，为乡风文明和乡村治理有效提供强大精神思想动力（罗哲、唐远丹，2019；齐骥，2019）。健全完善乡村社会保障和就业服务体系，符合乡村经济社会发展进步的客观需要，是乡村振兴的重要途径和根本保证。但是，学术界前期关于区域公共服务与乡村振兴耦合协调关系的研究成果较为少见，对于四省藏区这个方面的研究成果更是少见。

根据指标选取的科学性、系统性、可比性、可操作性及代表性原则，基于对乡村振兴主要发展指标的理解，并参考相关研究文献，结合四省藏区公共服务供需实际情况和数据获取上的局限性，将四省藏区乡村振兴测度指标体系分为农业生产水平、农村经济水平以

及农民生活水平三个维度共九个指标（见表8-3-1）。农业生产水平主要选取农村人均粮食产量、农村单位耕地面积的产值等正向指标，以及农村地均化肥施用量等逆向指标来测度。农村经济水平主要选取农村人均第一产业增加值、农村人均农林牧渔业总产值和农村人口就业率等正向指标来测度。农民生活水平主要选取农村居民人均纯收入、农村居民人均消费支出和农村人均用电量等指标来测度。

表8-3-1 四省藏区乡村振兴指数的测度指标体系

一级指标	二级指标	三级指标	计算公式	指标性质
H 乡村振兴指数	H1 农业生产水平	H11 农村人均粮食产量（吨/人）	粮食产量/农村总人口数	+
		H12 土地生产力（万元/公顷）	农业总产值/耕地面积	+
		H13 地均化肥施用量（吨/公顷）	化肥施用量/耕地面积	-
	H2 农村经济水平	H21 农村就业情况（%）	农村就业人口数/农村总人口数	+
		H22 农村人均第一产业增加值（元/人）	第一产业增加值/农村总人口数	+
		H23 农村人均农林牧渔业产值（元/人）	农林牧渔业总产值/农村总人口数	+
	H3 农民生活水平	H31 农村居民收入水平（元/人）	农村居民人均纯收入	+
		H32 农村用电情况（千瓦时/人）	农村用电量/农村总人口数	+
		H33 农村居民消费水平（元/人）	农村居民人均消费支出	+

四省藏区十个自治州2013~2017年的乡村振兴指数测度，所使用的原始数据主要来源于2013~2017年《四川统计年鉴》、《甘肃统计年鉴》、《云南统计年鉴》、《青海统计年鉴》、四省藏区各自治州的国民经济和社会发展统计公报等。根据所选指标对原始数据进行预处理，对于某些年份缺失的数据，采用统计方法计算而得，经济指标均根据相应指数进行平减处理以消除物价影响。综上得到四省藏区十个自治州乡村振兴指数测度的指标数据（见表8-3-2、表8-3-3、表8-3-4）。

表8-3-2 四省藏区乡村振兴指数测度指标数据 I

指标	年份	阿坝州	甘孜州	甘南州	海北州	黄南州	海南州	果洛州	玉树州	海西州	迪庆州
H11	2013	2.4176	2.5661	1.0271	1.2577	2.5833	1.3757	20.0229	6.2278	4.1891	1.2026
	2014	2.5951	2.7334	1.0742	1.3424	2.7219	1.3756	21.2267	6.0941	4.3900	1.2497
	2015	1.9975	2.5058	1.2203	1.4062	2.8098	1.4325	22.2987	6.4506	4.2905	1.2621
	2016	2.0564	2.6471	1.1363	1.4813	2.9814	1.5421	23.6238	6.7456	4.2436	0.7707
	2017	2.1409	2.9067	1.1841	1.4643	2.7905	1.8656	10.1355	6.5547	4.8679	1.2910
H12	2013	0.2004	0.0368	0.0475	0.3322	0.1609	0.4006	0.0038	0.0760	0.6761	0.2048
	2014	0.2166	0.0369	0.0479	0.3227	0.1461	0.2961	0.0038	0.0697	0.7074	0.2348
	2015	0.1552	0.0265	0.0478	0.3212	0.1758	0.3015	0.0038	0.0824	0.6976	0.2352
	2016	0.0334	0.0255	0.0465	0.3206	0.1639	0.3169	0.0038	0.0837	0.6902	0.2688
	2017	0.0357	0.0237	0.0466	0.3078	0.1472	0.3777	0.0016	0.0665	0.7648	0.2577

指标	年份	阿坝州	甘孜州	甘南州	海北州	黄南州	海南州	果洛州	玉树州	海西州	迪庆州
H13	2013	0.2000	0.2319	0.1810	0.1726	0.1096	0.2924	0.0065	0.0405	0.1959	0.5925
	2014	0.2017	0.2271	0.1778	0.3922	0.1457	0.3881	0.0087	0.0752	0.5342	0.6075
	2015	0.2437	0.2379	0.1850	0.2896	0.1087	0.3142	0.0065	0.0524	1.0366	0.6311
	2016	0.2435	0.5820	0.1824	0.2974	0.1455	0.4189	0.0076	0.0609	1.2024	0.6542
	2017	0.2478	0.5771	0.1837	0.4054	0.2148	0.3969	0.0062	0.0540	0.6962	0.6789

表8-3-3　四省藏区乡村振兴指数测度指标数据Ⅱ

指标	年份	阿坝州	甘孜州	甘南州	海北州	黄南州	海南州	果洛州	玉树州	海西州	迪庆州
H21	2013	62.3727	62.1584	64.1874	49.4003	51.2720	48.4659	47.5433	45.5152	52.4287	62.0074
	2014	63.7892	62.3786	62.5878	50.8100	52.0415	48.7242	44.8624	46.7951	53.7794	62.1518
	2015	63.7892	62.3786	63.4694	30.6460	42.8406	34.3507	42.3581	50.7156	60.7790	63.9858
	2016	63.5453	70.9568	64.6511	32.2038	42.0418	34.4787	41.7188	49.6212	60.6430	66.1818
	2017	63.3675	71.1739	66.5044	59.6492	54.8437	47.8930	43.1173	52.4590	86.7812	68.0370
H22	2013	0.4901	0.5036	0.0279	0.0379	0.0414	0.0427	0.0164	0.0192	0.1976	0.3633
	2014	0.5197	0.5095	0.0248	0.0343	0.0349	0.0347	0.0131	0.0188	0.1103	0.3878
	2015	0.6808	0.6054	0.0281	0.0343	0.0345	0.0406	0.0156	0.0348	0.0497	0.4265
	2016	0.7314	0.6701	0.0284	0.0300	0.0405	0.0377	0.0158	0.0294	0.0753	0.4603
	2017	0.7887	0.7886	0.0227	0.0347	0.0410	0.0381	0.0167	0.0305	0.0839	0.4964
H23	2013	0.6742	0.6577	0.6406	1.0557	1.1478	1.1782	0.4633	0.8433	1.7898	0.5939
	2014	0.7081	0.6810	0.6622	1.1428	1.2261	1.2210	0.4479	0.9107	1.8255	0.4860
	2015	0.9053	0.8084	0.7101	1.2322	1.2893	1.2826	0.4542	0.9957	3.0284	0.5346
	2016	0.9524	0.8526	0.7594	1.3308	1.3387	1.3541	0.4663	1.0106	3.1776	0.5763
	2017	0.9952	0.9041	0.7944	1.4040	1.3841	1.4027	0.4786	1.0421	3.2326	0.6210

表8-3-4　四省藏区乡村振兴指数测度指标数据Ⅲ

指标	年份	阿坝州	甘孜州	甘南州	海北州	黄南州	海南州	果洛州	玉树州	海西州	迪庆州
H31	2013	6793.0000	5435.0000	4090.0000	8048.0000	5550.0000	7098.0000	4457.0000	4531.0000	8813.0000	5571.0000
	2014	7805.4545	6673.6364	4464.0078	7623.4204	5297.3884	6761.5838	4254.4229	4328.5594	8323.5046	5755.6428
	2015	7953.3170	6886.1589	5670.1445	8108.0591	5621.0711	7202.1261	4504.9352	4587.3677	8723.0054	6216.8410
	2016	7932.0785	6942.6069	6038.3903	8692.6593	6036.6814	7733.1063	4874.6911	5001.8217	9343.6977	6692.4252
	2017	7514.7312	6678.9084	6529.4259	9103.0747	6344.3317	8102.1561	5148.3584	5314.6601	9797.0346	7205.1311

指标	地区 年份	阿坝州	甘孜州	甘南州	海北州	黄南州	海南州	果洛州	玉树州	海西州	迪庆州
H32	2013	351.9148	119.6493	123.8134	101.7770	50.0489	219.9716	9.3426	15.6459	150.8976	263.4037
	2014	356.5123	128.6542	124.1324	110.8334	54.3214	222.2048	8.6298	15.4299	151.2257	288.3858
	2015	372.2652	133.8020	139.4490	110.4192	57.9637	289.1211	9.5489	23.1313	242.3099	301.6014
	2016	137.3152	243.9651	146.3243	115.3011	77.0523	311.0069	9.4165	23.6646	242.8929	328.4672
	2017	148.9864	261.0045	153.1316	118.8645	77.2820	312.2843	8.5768	22.3946	236.3718	340.7407
H33	2013	4058.3000	3852.5000	3176.0000	6755.0000	5319.0000	7183.0000	2848.0000	3926.0000	8043.0000	3622.0000
	2014	6541.2371	4887.2549	3192.6070	6406.9082	4511.3732	6740.5223	2650.3791	3553.4962	7293.1761	5506.3788
	2015	6975.4300	5009.8280	4441.0393	6543.4906	4693.7056	6809.7475	2689.7719	3599.8266	7418.9235	4972.8000
	2016	6970.7717	5040.7462	4915.2535	6840.7625	5176.7276	7142.7990	3064.9013	4243.0866	7851.3297	5468.6877
	2017	6772.2750	4961.2190	5029.0948	6942.7070	5588.9801	7206.9246	3278.6300	3841.2582	7967.7160	5764.2155

使用本章第二节的数据一致化和无量纲化方法以及熵权法，确定四省藏区乡村振兴指数三级指标的权重，指标权重计算结果见表8-3-5。四省藏区公共服务指数测度的指标体系完全和本章第一节相同（见表8-1-1），指标权重的计算方法、原始数据和计算结果完全和本章第二节相同（见表8-2-5）。

表8-3-5　四省藏区乡村振兴指数的测度指标权重

一级指标	H								
二级指标	H1			H2			H3		
三级指标	H11	H12	H13	H21	H22	H23	H31	H32	H33
权重	0.0894	0.2248	0.0350	0.0754	0.2285	0.1061	0.0860	0.0877	0.0671

（二）公共服务与乡村振兴耦合协调度测算及结论分析

以四省藏区十个自治州公共服务指数和乡村振兴指数测度指标体系和指标权重为依据（见表8-1-1、表8-2-5和表8-3-1、表8-3-5），根据所获取的指数测度指标数据（见表3-3-1、表3-3-3、表3-3-4、表3-3-5和表8-3-2、表8-3-3、表8-3-4），分别加权计算四省藏区十个自治州2013～2017年的公共服务指数和乡村振兴指数。在此基础上，按照本章第一节采用的方法分别确定四省藏区十个自治州2013～2017年的公共服务综合序参量（U5）和乡村振兴综合序参量（U6）（见表8-3-6），以及公共服务与乡村振兴两个发展系统的耦合度（C）、综合协调指数（T）和耦合协调度（D）（见图8-3-2、图8-3-3和图8-3-4），并基于耦合协调度对四省藏区十个自治州分年进行归类分析（见表8-3-7）。

表8-3-6 四省藏区公共服务综合序参量U5和乡村振兴综合序参量U6

年份 地区	2013		2014		2015		2016		2017	
	U5	U6	U5	U6	U5	U6	U5	U6	U5	U6
阿坝州	0.6325	0.5351	0.5522	0.6170	0.5864	0.6011	0.5365	0.5258	0.5389	0.5079
甘孜州	0.5835	0.4682	0.5181	0.5147	0.5214	0.4731	0.4504	0.5207	0.4376	0.5582
甘南州	0.5701	0.1959	0.5734	0.1999	0.5910	0.2252	0.5551	0.2219	0.5716	0.2070
海北州	0.3921	0.2727	0.4298	0.3243	0.3900	0.2443	0.4993	0.2490	0.5066	0.3110
黄南州	0.3522	0.2274	0.3675	0.2333	0.3967	0.1917	0.2783	0.1987	0.3243	0.2390
海南州	0.3924	0.3152	0.3597	0.3378	0.3915	0.2884	0.2906	0.3057	0.3431	0.3335
果洛州	0.4638	0.2819	0.5156	0.2672	0.5204	0.2934	0.4884	0.2855	0.4968	0.2672
玉树州	0.2440	0.1617	0.2931	0.1683	0.3087	0.1911	0.3181	0.1843	0.3562	0.2375
海西州	0.4006	0.4800	0.3762	0.4951	0.4092	0.5224	0.3442	0.5261	0.4413	0.6006
迪庆州	0.5207	0.4632	0.5166	0.5042	0.5499	0.4414	0.4103	0.4442	0.4544	0.4703

　　依据本章第一节采用的系统耦合度划分标准，2013～2017年四省藏区十个自治州的公共服务与乡村振兴系统耦合度各年均值分别为0.9761、0.9740、0.9710、0.9735、0.9757，均接近于1，表明2013～2017年四省藏区公共服务与乡村振兴两个发展系统处于高水平的耦合阶段，彼此之间具有较强的相互作用（见图8-3-1）。其中，甘南州的公共服务与乡村振兴耦合度折线明显低于其余九州，但也处于高水平耦合阶段。除黄南州波动较大，2015～2016年波动幅度最大达到了5.19%之外，其余九个自治州公共服务与乡村振兴两个发展系统间相互作用强度比较稳定，稳定地保持在高水平耦合阶段。

　　相较于系统耦合度而言，四省藏区十个自治州公共服务与乡村振兴两个发展系统间的综合协调指数较低（见图8-3-2）。2013～2017年，四省藏区十个自治州公共服务与乡村振兴的系统综合协调指数均值分别为0.3976、0.4082、0.4069、0.3817、0.4101。根据本章第一节采用的综合协调指数的定义和划分标准，2013～2017年，四省藏区公共服务与乡村振兴的系统综合协调指数在极不协调和严重不协调两种状态间波动变化。截至2017年底，整体处于严重不协调阶段。从2013～2017年的系统综合协调指数年平均水平来看，可以将四省藏区十个自治州划分为三类：①中度不协调地区：阿坝州和甘孜州；②严重不协调地区：海西州和迪庆州；③极不协调地区：甘南州、海北州、海南州、黄南州、果洛州和玉树州。对比各自治州2013年、2017年公共服务与乡村振兴的系统综合协调指数，阿坝、甘孜、黄南、海南和迪庆五州的系统综合协调指数呈下降趋势，甘南、海北、果洛、玉树和海西五州的系统综合协调指数呈上升趋势。在综合协调指数发生变化的自治州中，阿坝州综合协调指数下降幅度相对较大，海北、玉树和海西三州的综合协调指数提高幅度较大。就公共服务与乡村振兴的综合协调指数提高的各州而言，从年变化率角度看，2013～2017年，玉树、海北和海西三州公共服务与乡村振兴的综合协调指数年均增速分别为9.26%、4.60%、3.67%，呈现快速增长态势；果洛、甘南两州的年均增速分别为0.49%、0.33%，呈现低速增长态势。

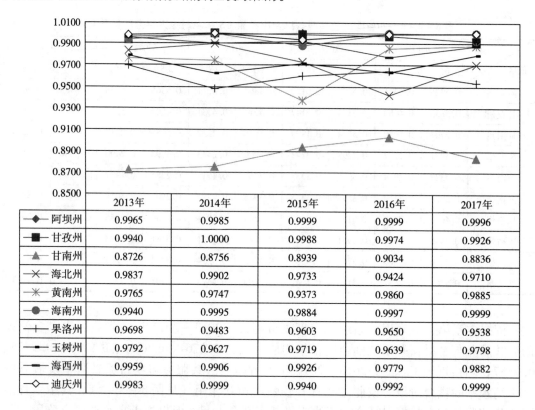

	2013年	2014年	2015年	2016年	2017年
阿坝州	0.9965	0.9985	0.9999	0.9999	0.9996
甘孜州	0.9940	1.0000	0.9988	0.9974	0.9926
甘南州	0.8726	0.8756	0.8939	0.9034	0.8836
海北州	0.9837	0.9902	0.9733	0.9424	0.9710
黄南州	0.9765	0.9747	0.9373	0.9860	0.9885
海南州	0.9940	0.9995	0.9884	0.9997	0.9999
果洛州	0.9698	0.9483	0.9603	0.9650	0.9538
玉树州	0.9792	0.9627	0.9719	0.9639	0.9798
海西州	0.9959	0.9906	0.9926	0.9779	0.9882
迪庆州	0.9983	0.9999	0.9940	0.9992	0.9999

图 8 - 3 - 1　四省藏区公共服务与乡村振兴的系统耦合度及动态变化

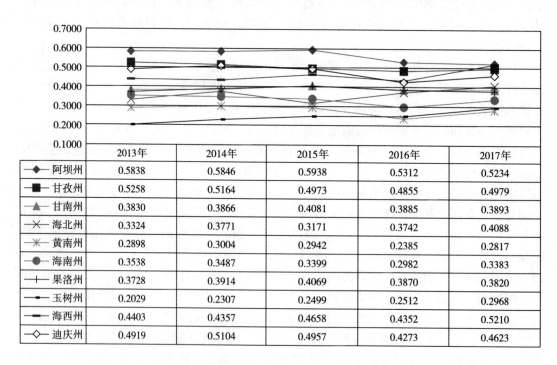

	2013年	2014年	2015年	2016年	2017年
阿坝州	0.5838	0.5846	0.5938	0.5312	0.5234
甘孜州	0.5258	0.5164	0.4973	0.4855	0.4979
甘南州	0.3830	0.3866	0.4081	0.3885	0.3893
海北州	0.3324	0.3771	0.3171	0.3742	0.4088
黄南州	0.2898	0.3004	0.2942	0.2385	0.2817
海南州	0.3538	0.3487	0.3399	0.2982	0.3383
果洛州	0.3728	0.3914	0.4069	0.3870	0.3820
玉树州	0.2029	0.2307	0.2499	0.2512	0.2968
海西州	0.4403	0.4357	0.4658	0.4352	0.5210
迪庆州	0.4919	0.5104	0.4957	0.4273	0.4623

图 8 - 3 - 2　四省藏区公共服务与乡村振兴的系统综合协调指数及动态变化

　　根据本章第一节采用的耦合协调度定义和划分标准，可将四省藏区公共服务与乡村振兴的系统耦合协调度进行对应分类（见表8－3－7）。从2013～2017年公共服务与乡村振兴的系统耦合协调度均值来看，四省藏区十个自治州公共服务与乡村振兴两个系统的耦合协调度均属于过渡发展大类，具体处于勉强协调与初级协调两亚类。从四省藏区十个自治州2013～2017年的耦合协调度均值来看，可以分为四大类：①处于中度协调的协调发展阶段地区：阿坝州和甘孜州；②处于初级协调的过渡发展阶段地区：果洛州、海西州和迪庆州；③处于勉强协调的过渡发展阶段地区：甘南州、海北州、黄南州和海南州；④处于濒临失调的过渡发展阶段地区：玉树州。从2013～2017年各自治州耦合协调度的变化趋势来看，可以分为四大类：①在波动中上升地区，且上升幅度较大：海北州、海西州和玉树州；②在波动中无明显增减地区：果洛州和甘南州；③在波动中稍有下降地区：海南州和黄南州；④在波动中下降幅度较大地区：阿坝州、甘孜州和迪庆州（见图8－3－3）。

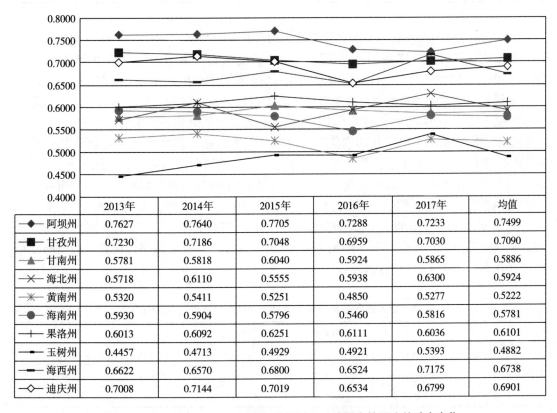

	2013年	2014年	2015年	2016年	2017年	均值
阿坝州	0.7627	0.7640	0.7705	0.7288	0.7233	0.7499
甘孜州	0.7230	0.7186	0.7048	0.6959	0.7030	0.7090
甘南州	0.5781	0.5818	0.6040	0.5924	0.5865	0.5886
海北州	0.5718	0.6110	0.5555	0.5938	0.6300	0.5924
黄南州	0.5320	0.5411	0.5251	0.4850	0.5277	0.5222
海南州	0.5930	0.5904	0.5796	0.5460	0.5816	0.5781
果洛州	0.6013	0.6092	0.6251	0.6111	0.6036	0.6101
玉树州	0.4457	0.4713	0.4929	0.4921	0.5393	0.4882
海西州	0.6622	0.6570	0.6800	0.6524	0.7175	0.6738
迪庆州	0.7008	0.7144	0.7019	0.6534	0.6799	0.6901

图8－3－3　四省藏区公共服务与乡村振兴系统耦合协调度的动态变化

表8－3－7　四省藏区公共服务与乡村振兴系统耦合协调度的分类及变化

大类	亚类	D	2013年	2017年	五年变化
协调发展	优质协调	[0.9, 1]	—	—	—
	良好协调	[0.8, 0.9)	—	—	—
	中度协调	[0.7, 0.8)	阿坝州、甘孜州、迪庆州	阿坝州、甘孜州、海西州	阿坝州（降）、甘孜州（降）、海西州（升）

大类	亚类	D	2013 年	2017 年	五年变化
过渡发展	初级协调	[0.6, 0.7)	海西州、果洛州	果洛州、迪庆州、海北州	果洛州（升）、迪庆州（降）、海北州（升）
	勉强协调	[0.5, 0.6)	甘南州、海北州、黄南州、海南州	甘南州、黄南州、海南州、玉树州	甘南州（升）、黄南州（降）、海南州（降）、玉树州（升）
	濒临失调	[0.4, 0.5)	玉树州	—	—
	轻度失调	[0.3, 0.4)	—	—	—
失调衰退	重度失调	[0.2, 0.3)	—	—	—
	严重失调	[0.1, 0.2)	—	—	—
	极度失调	[0, 0.1)	—	—	—

（三）公共服务与乡村振兴耦合协调度空间自相关分析

根据四省藏区公共服务与乡村振兴耦合协调度的相关数据，使用 ArcGIS 软件计算 2013～2017 年四省藏区十个自治州公共服务与乡村振兴耦合协调度的全局 Moran's I 指数，进一步研究四省藏区各自治州公共服务与乡村振兴耦合协调度的空间分布特征。使用蒙特卡罗模拟方法，对全局空间自相关的测度结果进行 Z 值和 P 值显著性检验（见表 8-3-8）。检验结果表明，2013～2017 年四省藏区公共服务与乡村振兴耦合协调度的全局 Moran's I 指数均为正值，近年来十个自治州公共服务与乡村振兴耦合协调度具有空间正相关关系，在空间上存在集聚效应。具体表现为高耦合协调度自治州与高耦合协调度自治州毗邻，低耦合协调度自治州与低耦合协调度自治州毗邻。2013～2017 年，全局 Moran's I 指数由 0.1282 升至 0.2051，表明十个自治州公共服务与乡村振兴耦合协调度的空间正相关性增强，同时 P 值下降，Z 值上升，表明四省藏区公共服务与乡村振兴耦合协调度的空间分布特征正逐渐脱离无序的随机状态。

表 8-3-8　四省藏区公共服务与乡村振兴耦合协调度的 Moran's I 指数

指标	2013 年	2014 年	2015 年	2016 年	2017 年
Moran's I 指数	0.1282	0.1496	0.1473	0.1286	0.2051
Z 值	1.1176	1.2148	1.1878	1.106	1.4327
P 值	0.2638	0.2246	0.2349	0.2687	0.1519

全局空间自相关概括了十个自治州公共服务与乡村振兴耦合协调度在四省藏区整体空间范围内的空间依赖程度。为进一步研究四省藏区十个自治州公共服务与乡村振兴耦合协调度的空间关联模式和差异程度，使用 Geoda 软件对四省藏区公共服务与乡村振兴耦合协调度的相关数据进行计算，绘制局部 Moran's I 散点图（见图 8-3-4），并将局部 Moran's I 散点图与四省藏区各自治州空间单元进行链接，从而具体区分各自治州所处的对应象限，判断各自治州与毗邻空间单元的空间联系模式（见表 8-3-9）。Moran's I 散点图的制作原理，以及四种空间关联形式的划分方法，和本章前两节完全相同。从四省藏区公共服务

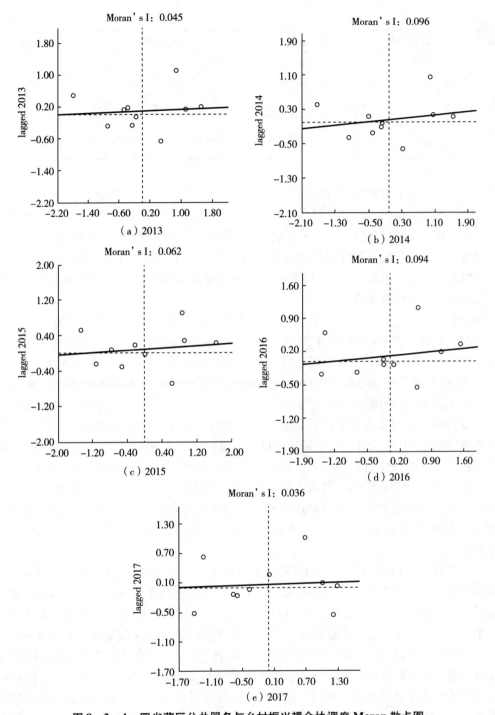

图 8 - 3 - 4　四省藏区公共服务与乡村振兴耦合协调度 Moran 散点图

资料来源：图 8 - 3 - 3 中四省藏区十个自治州 2013～2017 年公共服务与乡村振兴的耦合协调度数据。

表 8 - 3 - 9　四省藏区公共服务与乡村振兴耦合协调度的空间联系模式

年份	第一象限（HH）	第二象限（LH）	第三象限（LL）	第四象限（HL）
2013	迪庆州、甘孜州、阿坝州	玉树州、海北州、甘南州	黄南州、海南州、果洛州	海西州

年份	第一象限（HH）	第二象限（LH）	第三象限（LL）	第四象限（HL）
2014	迪庆州、甘孜州、阿坝州	玉树州、甘南州	黄南州、海南州、果洛州、海北州	海西州
2015	迪庆州、甘孜州、阿坝州	玉树州、海北州、甘南州	黄南州、海南州	果洛州、海西州
2016	迪庆州、甘孜州、阿坝州	玉树州、甘南州	黄南州、海南州、海北州	果洛州、海西州
2017	迪庆州、甘孜州、阿坝州、海北州	玉树州	黄南州、海南州、果洛州、甘南州	海西州

与乡村振兴耦合协调度的局部 Moran's I 散点图（见图 8 - 3 - 4）来看，2013～2017 年回归直线的斜率均为正值，第二象限自治州数量减少，第一、第三象限自治州数量增加；阿坝、迪庆、甘孜三州形成位于四省藏区底部的高耦合协调度集聚区域，但它们对相邻的果洛、甘南、玉树三州的辐射带动作用还不明显；海西州在四省藏区顶部保持高耦合协调度，对相邻的海北、海南、果洛和玉树四州的辐射带动作用并不明显；四省藏区中部则形成了连片的低耦合协调度聚集地区。

"高高（HH）"空间关联形式空间单元所在的第一象限，在 2013～2016 年均有迪庆、阿坝、甘孜三州，在 2017 年新增海北州。"低高（LH）"空间关联形式空间单元所在的第二象限，在 2013 年有玉树、海北、甘南三州，在 2017 年仅剩玉树州。"低低（LL）"空间关联形式空间单元所在的第三象限，在 2013～2016 年间有黄南、海南、果洛三州，在 2017 年新增甘南州。"高低（HL）"空间关联形式空间单元所在的第四象限主要有海西州，具有较为明显的极化效应。海北州自身为低耦合协调度自治州，受邻州海西州的影响，2013～2016 年在第二（LH）、第三（LL）象限变动，其 2017 年的耦合协调度在十个自治州中为高属性值，因而进入第一象限。果洛州 2015 年、2016 年的耦合协调度水平在十个自治州中位次上升，由第三象限进入第四象限，虽然自身耦合协调度水平上升，但依然被低耦合协调度水平的自治州毗邻包围。甘南州的耦合协调度水平在 2013～2016 年略有下降，从第二象限进入第三象限，依然被低耦合协调度水平的自治州毗邻包围。

在局部 Moran's I 散点图研究四省藏区空间单元自相关程度基础上，进一步使用 Geoda 软件的 Lisa 集聚分析工具，研究四省藏区十个自治州的空间单元属性，以及其和周围空间单元的正相关及相近，或负相关及相异程度的情况。Geoda 软件计算得到 2013～2017 年四省藏区十个自治州空间单元公共服务与乡村振兴耦合协调度的 Lisa 聚集图（见图 8 - 3 - 5）。研究结果表明，2013 年、2014 年和 2016 年，四省藏区十个自治州与其毗邻的空间单元之间相互影响、相互联系的程度较小，基本上处于孤立发展的状态。在 2015 年，海西州表现出和周围空间单元"高低（HL）"负相关及相异情况的显著性，表明海西州存在区域极化效应。在 2017 年，黄南州表现出和周围空间单元"低低（LL）"正相关及相近情况的显著性，黄南州及周边海南、果洛、甘南三州公共服务与乡村振兴耦合协调度均处于较低水平。

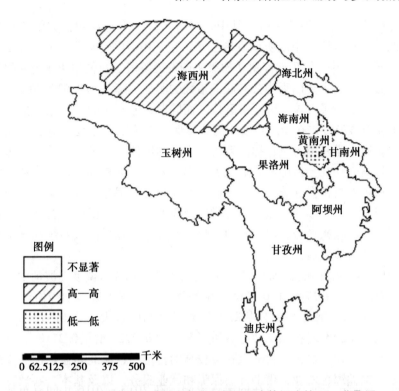

图 8 - 3 - 5　四省藏区公共服务与乡村振兴耦合协调度的 Lisa 集聚图

资料来源：图 8 - 3 - 3 中四省藏区十个自治州 2013~2017 年公共服务与乡村振兴的耦合协调度数据。

二、促进四省藏区公共服务与乡村振兴协调发展的路径建议

（一）激励海西州成为公共服务与乡村振兴良好协调发展示范

海西州公共服务与乡村振兴的系统耦合协调度从 2013 年的 0.6622 增至 2017 年的 0.7175，呈现上升趋势，具备进入良好协调发展阶段的潜力（见图 8 - 3 - 3）。海西州的乡村振兴指数在 2013 年为 0.4800，2017 年升至 0.6006，提升较为明显且在十个自治州中排第一位。而同期海西州的公共服务指数虽然从 2013 年的 0.4006 升至 2017 年的 0.4413，但是在十个自治州中一直保持在第六位，相对于乡村振兴发展水平和速度均落后一些。具体从公共服务指数各项测度指标（见表 3 - 3 - 1、表 3 - 3 - 3、表 3 - 3 - 4、表 3 - 3 - 5）看，海西州应加大基本医疗卫生和计划生育、社会保障和就业的财政投入，并把重点放在提升城乡居民基本医疗保险和养老保险参保覆盖率及万人社会福利性机构床位数量上面，努力补齐公共服务短板，增强公共服务能力，促进区域公共服务与乡村振兴的协调发展水平。同时，还可以通过提升农业环保意识，降低单位耕地面积化肥施用量，提升第一产业绿色发展水平，提升乡村振兴的生态宜居度。在此基础上，借助公共服务与乡村振兴的高耦合作用，通过乡村振兴的政策引导和资源支持带动公共服务供给水平提升，完善公共服务供给体系，促进公共服务与乡村振兴两个发展系统高水平协调发展，成为四省藏区公共服务与乡村振兴良好协调发展的示范地区。

（二）引导迪庆等四州公共服务与乡村振兴稳定中度协调发展

2013~2017 年，迪庆州公共服务与乡村振兴的系统耦合协调度呈现先上升后下降再上

升的波动变化趋势（见图8-3-2）。其中，2013~2015年迪庆州公共服务与乡村振兴的系统耦合协调度一直保持在中度协调发展水平，但2016年突然下降进入初级协调发展阶段，2017年虽略有回升，但仍然停留在初级协调发展阶段。拉低迪庆州公共服务与乡村振兴的系统耦合协调度的主要因素为公共服务指数的明显下降（由0.5207降至0.4544），在十个自治州的排位也由第四位下降至第五位。而同期，迪庆州的乡村振兴指数却略有上升（由0.4632升至0.4703），在十个自治州的排位保持在第四位不变。应通过提升普通中学师生比，增强普通中学师资力量；提高万人卫生机构床位数，健全覆盖城乡居民的基本医疗卫生制度；提高人均社会保障和就业服务支出、万人社会福利机构床位数，完善城乡养老保险制度，做好农村社会保障工作，以促进迪庆州公共服务与乡村振兴两个发展系统的协调发展水平提升。还可以通过提高单位耕地面积的产值，降低单位耕地面积的化肥施用量，进一步提升乡村振兴指数，以引领迪庆州公共服务与乡村振兴系统耦合协调度重回中度协调发展阶段并稳步发展。

2013~2017年，海北州公共服务与乡村振兴的系统耦合协调度在波动中逐渐提升，从2013年的0.5718升至2017年的0.6300，由勉强协调发展上升至初级协调发展阶段（见图8-3-3）。近年来，海北州的公共服务指数提升幅度较大（由0.3921增至0.5066），从第八位升至第三位，乡村振兴指数也有所提升（由0.2727增至0.3110），在十个自治州中从第七位升至第六位。对比乡村振兴指数较高的自治州，海北州需要进一步减少农村耕地化肥施用量，提倡绿色农业；借助社会保障和就业服务，以及基本公共教育服务逐步提高乡村人口就业率；完善乡村电网基础设施，提升乡村人均用电量水平。从多个方面增强乡村发展能力，提升乡村振兴与公共服务的系统耦合协调度，努力稳步进入中度协调发展阶段。

阿坝州公共服务与乡村振兴的系统耦合协调度总体看是下降的，2013~2015年两个系统的耦合协调度由0.7627上升至0.7705，但2016年突然下降至0.7288，2017年进一步下降至0.7233（见图8-3-3）。具体来看，近年来阿坝州公共服务指数和乡村振兴指数都有所下降，前者从2013年的0.6325（第一位）下降至0.5389（第二位），后者从2013年的0.5351（第一位）下降至0.5079（第三位），乡村振兴动力减弱是阿坝州公共服务与乡村振兴的系统耦合协调度下降的主要影响因素。从乡村振兴指数的各项指标数据看，2013~2017年，阿坝州单位耕地面积总产值和农村人均用电量明显有所下降，一定程度上说明阿坝州农村人口外流趋势明显，导致乡村振兴动力明显减弱。建议阿坝州通过加大农业科技协同创新支持力度，加快农业科研成果转化和推广力度，提升农业科技服务水平和生产能力；引导乡村发展特色优势产业，吸引外流人员返乡创业，增强乡村振兴的人力资源要素支撑，以提高乡村振兴内生动力。同时，通过提高万人医疗卫生机构床位数、万人文化部门事业单位数和广播人口覆盖率等，进一步提升公共服务供给能力，引领阿坝州公共服务与乡村振兴协调发展水平重新回到中度协调发展阶段，并保持中度协调发展水平。

甘孜州2013~2017年公共服务与乡村振兴的系统耦合协调度由0.7230小幅下降至0.7030，处于中度协调阶段的底部边缘（见图8-3-3）。同期甘孜州公共服务指数下降（由0.5835降至0.4376），而乡村振兴指数上升（由0.4682升至0.5582），公共服务指数下降是阻碍甘孜州公共服务与乡村振兴进入中度协调发展阶段的主要因素。需要补齐当地医疗卫生机构床位数、人均社会保障和就业支出、城乡居民基本养老保险参保率、万人社会福利机构床位数和万人文化部门事业单位数等短板，提升当地公共服务水平。同时，从提高农村居民人均可支配收入和消费水平等方面，进一步提升甘孜州乡村振兴指数，带动甘孜州公共服务与乡村振兴两个发展系统耦合协调度提升，稳步进入中度协调发展阶段。

（三）引导果洛州公共服务与乡村振兴稳定初级协调发展水平

果洛州 2013～2017 年公共服务与乡村振兴的耦合协调度呈现先增后减的趋势，从 2013 年的 0.6013 升至 2015 年的 0.6251，但 2016 年开始下降，截至 2017 年底降至 0.6036，与 2013 年的耦合协调度水平（0.6013）基本一致，虽然一直保持在初级协调发展阶段，但也面临着由初级协调降至勉强协调的风险。果洛州的公共服务指数从 2013 年的 0.4638 升至 2017 年的 0.4968，由于增长幅度相对较小，在十个自治州中的排位从第五位降至第四位；同期乡村振兴指数从 2013 年的 0.2819 降至 2017 年的 0.2672，略有下降，在十个自治州中的排位从第六位降至第七位，乡村振兴乏力成为果洛州公共服务与乡村振兴协调发展水平提升的重要障碍。2013～2017 年，果洛州的单位耕地面积产出下降大约 50%，截至 2017 年底，果洛州的农村人口就业率、人均第一产业增加值、人均农林牧渔业总产值、农村人均用电量、农村居民人均可支配收入和农村居民人均消费支出等多项指标在十个自治州中均为最低。需要从促进农村人口就业，提高第一产业效率，增加农民居民人均可支配收入等多个方面增强乡村振兴动力。还可以从万人卫生技术人员数、中小学和普通高中师生比等多个方面补齐公共服务短板，以促进果洛州公共服务与乡村振兴协调发展水平稳定在初级协调发展阶段。

（四）支持甘南州和玉树州公共服务与乡村振兴进入初级协调阶段

2013～2017 年，甘南州公共服务与乡村振兴的系统耦合协调度略有提升（由 0.5781 升至 0.5865），具备进入初级协调阶段的潜力。甘南州呈现出公共服务指数相对较高而乡村振兴指数相对较低的特征（公共服务指数由 2013 年的 0.5701 升至 2017 年的 0.5716，在十个自治州中排位相应从第三位升至第一位；乡村振兴指数由 2013 年的 0.1959 升至 2017 年的 0.2070，在十个自治州中排位从第九位降至第十位）。从乡村振兴指数的各项指标来看，甘南州的单位耕地面积农业总产值、农村人均粮食产量指标在十个自治州中排位最低，农村人均第一产业增加值、农村人均农林牧渔业总产值指标在十个自治州中排位仅仅高于果洛州；农村居民人均可支配收入指标在十个自治州中排第七位，仅仅高于黄南州、玉树州和果洛州。应通过提升农村人均第一产业增加值、农村人均农林牧渔业总产值和农村居民人均可支配收入等，多途径增强乡村发展动力，促进区域公共服务与乡村振兴的协调发展水平提升。

玉树州公共服务与乡村振兴两个发展系统的耦合协调度从 2013 年的 0.4457 升至 2017 年的 0.5393，从濒临失调阶段进入勉强协调阶段，进步非常明显。但是，玉树州 2013～2017 年公共服务指数（0.2440、0.2931、0.3087、0.3181、0.3562）和乡村振兴指数（0.1617、0.1683、0.1911、0.1843、0.2375）呈现出双低的特征，2013 年两项指数在十个自治州中均排第十位，2017 年公共服务指数提升到第八位，乡村振兴指数提升到第九位。从乡村振兴指数的各项指标（见表 8-3-2）来看，玉树州的农村人均粮食产量在十个自治州中处于较低位次，且与较高位次的自治州差距较大；乡村就业率在 50% 左右，对比其余九个自治州相对较低，且五年内提升缓慢。从同期公共服务指数的各项指标（见表 3-3-1、表 3-3-3、表 3-3-4、表 3-3-5）来看，2017 年玉树州与海西州人均医疗卫生财政支出差距在 30% 左右，然而两州的万人卫生机构数、万人卫生机构床位数、万人卫生技术人员数差距远大于 30%。玉树州 2017 年人均医疗卫生与计划生育支出虽然略高于同期全国平均水平，但只有四省藏区平均水平的 69.55%；万人卫生机构数仅是同期全国平均水平的 32.96%，四省藏区平均水平的 27.69；万人卫生技术人员数仅是同期全国平均水平的 51.78%，四省藏区平均水平的 66.51%；万人卫生机构床位数仅是同期全国平均水平的 71.78%，四省藏区平均水平的 81.54%。应从万人卫生机构和床位数、万人卫生技术人员数等多个方面着力提高玉树州的基本医疗卫生服务的供给水平，同时从提升乡村就业率等方面促进乡村振兴与公共服务协同发展，支持玉树州从勉强协调进入初级协调发展阶段，避免与其他自治州差距过大。

（五）防范海南州和黄南州公共服务与乡村振兴协调水平继续下降

海南州公共服务与乡村振兴的系统耦合协调度从 2013 年的 0.5930 下降至 2017 年的 0.5816，较为接近初级协调发展阶段，但也面临耦合协调度进一步下降的风险。2013 ~ 2017 年海南州的乡村振兴指数有所上升，从 2013 年的 0.3152 升至 2017 年的 0.3335，在十个自治州中的排位保持在第五位，而同期公共服务指数略有下降，从 2013 年的 0.3924 降至 2017 年的 0.3431，排位也从第七位降至第九位。一方面，应从增加生均教育支出、人均社会保障和就业支出，提高小学师生比、万人卫生技术人员数、万人社会福利机构床位数和万人文化部门事业单位数等方面补齐公共服务短板，以促进海南州公共服务与乡村振兴的系统耦合协调度提升。另一方面，从乡村振兴指数的各项指标来看，海南州的乡村人口就业率在十个自治州中排在第九位，仅比果洛州高一些，第一产业剩余劳动力素质与第二、第三产业发展需要的矛盾制约了乡村剩余劳动力的转移和就业；人均第一产业增加值在十个自治州中排在第六位，略高于海北州、玉树州、甘南州和果洛州。可以通过农业科技提高土地和水资源等的利用率，提升乡村人口就业率和人均第一产业增加值等，促进乡村绿色经济增长，增强乡村振兴发展动力，引领海南州公共服务与乡村振兴的协调发展水平再上新台阶。

2013 ~ 2017 年黄南州公共服务与乡村振兴的耦合协调度呈现先增后减再增的波动发展趋势，2013 ~ 2015 年保持在勉强协调发展阶段，但 2016 年大幅下降至濒临失调发展阶段，随后在 2017 年回复至勉强协调发展阶段。同期，黄南州的公共服务指数和乡村振兴指数呈现双低的特征，公共服务指数从 2013 年的 0.3522 降至 2017 年的 0.3243，在十个自治州中的排位从 2013 年的第九位降至第十位；乡村振兴指数从 2013 年的 0.2274 升至 2017 年的 0.2390，在十个自治州中的排位保持在第八位不变。黄南州的公共服务指数相关测度指标中，基本公共教育服务的幼儿园和普通高中师生比指标均低于同期四省藏区平均水平，基本医疗卫生服务多项指标均低于同期四省藏区平均水平，基本社会服务的万人社会福利机构床位数指标也低于同期四省藏区平均水平，基本公共文化服务的万人文化部门事业单位数低于同期四省藏区平均水平，需要从以上多个方面补齐公共服务短板。从乡村振兴指数各项测度指标来看，黄南州的单位耕地面积化肥施用量相对较高，乡村生态宜居水平相对较低；而农村居民人均可支配收入和农村人均用电量水平相对较低，在十个自治州中排第八位，只比果洛州和玉树州高一些。如果能够从上述多个方面增强公共服务能力和乡村振兴发展动力，可以促进黄南州公共服务与乡村振兴更高水平协调发展。

（六）增强公共服务与乡村振兴协调发展地区的辐射带动作用

从空间分布的全局集聚特征和局部空间关联模式来看，阿坝、迪庆、甘孜三州近年来在川甘青滇连片特困藏区南部形成公共服务与乡村振兴高水平协调发展的集聚区，但对相邻的果洛、甘南、玉树等州的辐射带动作用还不明显；海西州在四省藏区北部保持高耦合协调度，虽然能够在协调发展模式和路径等方面，带给其他地区示范效应，对相邻的海北、海南、果洛和玉树等州的辐射带动作用尚不明显；四省藏区中部则形成了连片的低耦合协调度聚集地区。需要从道路交通基础设施互联互通，州域毗邻乡镇（村）公共服务协同供给等方面，促进阿坝州、迪庆州、甘孜州和海西州与毗邻自治州之间相互影响、相互联系程度加大，更大程度上增强阿坝州、迪庆州、甘孜州和海西州对毗邻自治州的辐射带动作用，打破四省藏区中部公共服务与乡村振兴低水平协调发展地区的连片聚集格局。

第四节　公共服务与民族团结进步的协调发展路径研究

基于系统耦合协调度和空间自相关模型的研究结果表明，近年来甘肃藏区甘南州公共服务与民族团结进步两个发展系统间具有较为强烈的相互作用，"协调有效性"良好且进步明显，下一步有进入优质协调发展阶段的潜力。调查研究还发现，新时代四省藏区公共服务有效供给面临民族团结进步的重要战略机遇，研究公共服务与民族团结进步协调效率提升面临的问题，探寻促进四省藏区公共服务与民族团结进步"协调有效性"增强的现实路径，对于促进四省藏区公共服务有效供给和民族团结进步具有双重现实意义。

一、甘肃藏区公共服务与民族团结进步耦合协调度的时空特征

（一）构建测度指标体系及确定指标权重

学术界前期关于区域公共服务与民族团结进步耦合协调关系的研究成果较为少见，对于四省藏区这个方面的研究成果更是少见。根据指标选取的科学性、系统性、可比性、可操作性及代表性原则，基于对民族团结进步领域主要发展指标的理解，在参考相关研究文献关于民族团结进步评价指标的研究成果基础上，构建四省藏区民族团结进步指数的测度指标体系。主要采用测度单元农村人均可支配收入/全国平均农村人均可支配收入、测度单元城市人均可支配收入/全国平均城市人均可支配收入、测度单元民族地区二三产业产值占总产值比重/全国平均二三产业产值占总产值比重等指标反映民族团结进步的经济维度情况。用测度单元劳动年龄人口平均受教育年限等指标反映民族团结进步的社会维度情况。用测度单元环境质量指数等指标反映民族团结进步的生态维度情况。用测度单元文化及相关产业增加值/测度单元地区生产总值、测度单元公共文化财政支出/总人口数等指标反映民族团结进步的文化维度情况。用测度单元参加选举选民数/登记选民数等指标反映民族团结进步的政治维度情况。由于四省藏区只有甘肃藏区甘南州统计局发布了2010年、2015年、2016年《甘南州全面建成小康社会统计监测报告》，因此这里以甘肃藏区甘南州为例，对近年来四省藏区公共服务与民族团结进步的协调发展情况进行定量研究。结合甘肃藏区甘南州民族团结进步实际情况和数据获取上的可得性，将民族团结进步评价指标体系分为经济、社会、生态、文化和政治五大方面共八个三级指标（见表8-4-1）。

由于这里只有甘南州一个空间测度单元的民族团结进步序参量数据，因此选取适宜的"倒数法同趋势化指标数据＋指标数据标准化＋熵权法"来确定民族团结进步综合序参量各指标的权重。为增强公共服务和民族团结进步两个发展系统数据的可比性，这里公共服务综合序参量各指标的权重计算，也与民族团结进步综合序参量计算方法统一，采用2015年和2016年原始数据，使用"倒数法同趋势化指标数据＋指标数据标准化＋熵权法"来确定公共服务综合序参量各指标的权重。这里有 n 个测度单元（n＝1），同时有 m 项测度指标，t 年样本数据。其三级指标值构成的决策矩阵为 X ＝ $\{x_{ti}\}$（t＝1，2；i＝1，2，…，m）。对民族团结进步指标进行倒数法同趋势化处理得到极值一致化矩阵，公式为：

$$x_{ti}^* = x_{ti}\ (x_{ti}\text{为正向指标；} t = 1, 2; i = 1, 2, \cdots, m) \tag{8.10}$$

$$x_{ti}^* = \frac{1}{x_{ti}}\ (x_{ti}\text{为负向指标；} t = 1, 2; i = 1, 2, \cdots, m) \tag{8.11}$$

在得到极值一致化矩阵的基础上，对同趋势化后的数据矩阵进行无量纲化处理，得到标准化矩阵，公式为：

$$Z_{ti} = \frac{x_{ti}^*}{\sqrt{\sum_{t=1}^{2} x_{ti}^{*2}}}(t = 1,2; i = 1,2,\cdots,m) \tag{8.12}$$

计算测度指标的信息熵值，公式为：

$$e_i = -k \sum_{t=1}^{2} y_{ti} \ln y_{ti}, \text{其中} y_{ti} = \frac{z_{ti}}{\sum_{t=1}^{2} z_{ti}}(0 \leqslant y_{ti} \leqslant 1)$$

$$k = \frac{1}{\ln 2} \tag{8.13}$$

式中，e_i 为2015～2016年测度指标 i 的信息熵，$0 \leqslant e_i \leqslant 1$，$y_{ti}$ 为第 t 年测度单元第 i 项测度指标值的比重。进一步计算各测度指标的权重 w_i，公式为：

$$w_i = \frac{(1 - e_i)}{\sum_{i=1}^{m} (1 - e_i)}, \text{其中}, w_i \in [0,1], \sum_{i=1}^{m} w_i = 1 \tag{8.14}$$

根据表8－4－1中数据，按照上述指标权重的测度方法，客观计算得出2015～2016年甘南州民族团结进步八个三级指标的权重。计算结果表明，由于2015～2016年，甘南州的基层民主参选率没有发生变化，导致熵权法计算三级指标权重时该指标信息熵为1，权重为0。考虑到基层民主参选率对于民族团结进步指数政治维度的贡献没有其他指标可以替代，所以综合采用层次分析法赋权思想，对熵权法赋权结果进行进一步调整。由于在对民族团结进步综合序参量进行分析时，主观上没有充分理由认为经济、社会、生态、文化和政治中哪种因素更重要，所以赋权各为1/5。对经济和文化维度下面的三级指标，再采用上述熵权法分别计算权重。综合上述两种赋权方法，计算甘肃藏区甘南州民族团结进步指数测度指标体系的权重（见表8－4－2）。

同样采用上述"倒数法同趋势化指标数据＋指标数据标准化"方法对2015～2016年甘南州的公共服务指数指标数据进行预处理，在此基础上采用熵权法计算确定甘南州2015～2016年统一的公共服务指数三级指标权重，所使用的公共服务指数测度指标体系、指标数据分别见表8-1-1、表3-3-1、表3-3-3、表3-3-4和表3-3-5。但是，由于2015~2016年，甘南州的广播和电视人口覆盖率数据均没有发生变化，导致熵权法计算三级指标权重时该两项指标信息熵为1，权重为0。同样考虑到这两个指标对于测度甘南州公共文化服务水平很重要，且没有可以替代的指标，所以综合采用层次分析法赋权思想，对熵权法赋权结果进行进一步调整。由于在对甘南州公共服务综合序参量进行分析时，主观上没有充分理由认为基本公共教育服务、医疗卫生服务、社会保险和社会服务、公共文化服务中哪种因素更加重要，所以各赋权1/4。同样，公共文化服务下面的三个三级指标中，主观上也没有充分理由认为万人文化部门事业单位数、广播综合人口覆盖率和电视综合人口覆盖率中哪种因素更重要，所以赋权各为1/3。对基本公共教育服务、医疗卫生服务、社会保险和社会服务下面的三级指标，再采用本节所述熵权法分别计算权重。综合上述两种赋权方法，计算甘肃藏区2015~2016年统一的公共服务指数测度指标体系的权重见表8-4-2。

表8-4-1 甘肃藏区甘南州民族团结进步指数测度指标体系及指标数据

一级指标	二级指标	三级指标	年份	数据
K 民族团结进步指数	K1 经济	K11 民族区域农村人均可支配收入与全国平均比	2015	0.5190
			2016	0.5219
		K12 民族区域城市人均可支配收入与全国平均比	2015	0.6301
			2016	0.6394
		K13 民族地区二三产业产值比重与全国平均比	2015	0.8577
			2016	0.8547
	K2 社会	K21 民族地区劳动年龄人口平均受教育年限（年/人）	2015	7.7100
			2016	7.8900
	K3 生态	K31 民族地区环境质量指数	2015	80.0900
			2016	80.6400
	K4 文化	K41 文化及相关产业增加值占GDP比重（%）	2015	1.2400
			2016	1.3400
		K42 人均公共文化财政支出（元/人）	2015	658.2300
			2016	496.6535
	K5 政治	K51 基层民主参选率	2015	0.9650
			2016	0.9650

资料来源：历年《甘南州全面建成小康社会统计监测报告》《甘肃统计年鉴》和《中国统计年鉴》等。

表8-4-2 甘肃藏区民族团结进步指数测度指标权重

K11	K12	K13	K21	K31	K41	K42	K51
0.0236	0.1665	0.0099	0.2000	0.2000	0.0142	0.1858	0.2000

表 8 - 4 - 3　甘肃藏区公共服务指数的测度指标权重

一级指标	E''													
二级指标	E_1''				E_2''				E_3''			E_4''			
三级指标	E_{11}''	E_{12}''	E_{13}''	E_{14}''	E_{21}''	E_{22}''	E_{23}''	E_{24}''	E_{31}''	E_{32}''	E_{33}''	E_{41}''	E_{42}''	E_{43}''	E_{44}''
权重	0.0992	0.1483	0.0007	0.0018	0.0030	0.1482	0.0859	0.0129	0.0833	0.0833	0.0833	0.0235	0.0004	0.0020	0.2240

由于从公开统计资料只能获取甘南州 2015 ~ 2016 年的民族团结进步各项指标数据，所以这一节测度公共服务与民族团结进步耦合协调度时，只用到甘南州 2015 ~ 2016 年的公共服务数据。由于从公开资料中无法连续完整获取 2015 ~ 2016 年天祝县的多项指标数据，加之甘南州在甘肃藏区面积、人口和经济总量中均占据相当大比例，在公共服务和民族团结进步两方面均非常具有代表性，因此这一节以甘南州为例进一步研究甘肃藏区公共服务与民族团结进步协调发展的现实问题和优化路径。定量分析所使用的原始数据主要源于 2015 ~ 2016 年《甘肃统计年鉴》、《甘南州全面建成小康社会统计监测报告》、相关地区国民经济和社会发展统计公报。缺失数据通过统计方法经原始数据整理而得，经济指标均根据相应指数进行平减，消除物价影响。

（二）公共服务与民族团结进步耦合协调度测算及结论分析

以甘肃藏区甘南州公共服务与民族团结进步指数测度指标体系（见表 8 - 1 - 1 和表 8 - 4 - 1）为框架，根据所获取的相关基础数据（见表 3 - 3 - 1、表 3 - 3 - 3、表 3 - 3 - 4、表 3 - 3 - 5 和表 8 - 4 - 1），使用 2015 ~ 2016 年甘肃藏区甘南州公共服务与民族团结进步指数的测度指标权重（见表 8 - 4 - 3、表 8 - 4 - 2），加权计算 2015 ~ 2016 年甘南州公共服务综合序参量 U7、民族团结进步综合序参量 U8。在此基础上，使用本章第一节的系统耦合度和综合协调指数计算方法，得出 2015 ~ 2016 年甘南州公共服务与民族团结进步的系统耦合度 C、综合协调指数 T、耦合协调度 D 的数值（见表 8 - 4 - 4）。

表 8 - 4 - 4　甘南州公共服务综合序参量 U7、民族团结进步综合序参量 U8 及系统耦合协调度

年份	U7	U8	C	T	D
2015	0.6813	0.7206	0.9996	0.7010	0.8371
2016	0.7257	0.6910	0.9997	0.7084	0.8415

按照本章前三节系统耦合度水平的划分标准，2015 ~ 2016 年甘南州公共服务与民族团结进步两个系统的耦合度水平较高，位于 0.8 ~ 1，处于高水平的耦合阶段，说明甘南州公共服务与民族团结进步两个系统之间具有较为强烈的相互作用（见表 8 - 4 - 4）。按照本章前三节系统综合协调指数的划分标准，2015 ~ 2016 年甘南州公共服务与民族团结进步两个系统的综合协调指数相对较高（见表 8 - 4 - 4），2015 年处于弱不协调阶段，2016 年协调水平略有进步，但仍然处于弱不协调阶段，离基本协调还有一定差距。近年来甘南州公

共服务与民族团结进步两个发展系统协调发展水平略有进步，已经接近基本协调阶段。按照本章前三节系统耦合协调度水平的划分标准，2015～2016 年甘南州公共服务与民族团结进步两个系统的耦合协调度较高（见表 8 - 4 - 4），均处于良好协调发展阶段，且耦合协调度明显进步，有进入优质协调发展阶段的潜力。

二、促进甘肃藏区公共服务与民族团结进步协调发展的路径建议

（一）基本公共服务均等化促进公共服务与民族团结进步协调发展

四省藏区十个自治州的经济社会发展相较于全国平均水平而言相对落后，甘肃藏区甘南州的经济社会发展水平同样相对落后。根据图 2 - 1 - 20 中相关数据计算，甘肃藏区 2013～2017 年人均 GDP 年均增速约为 3.45%，低于同期四省藏区整体年均增速 1.18 个百分点，低于同期甘肃省年均增速 3.12 个百分点，低于同期全国平均增速 2.91 个百分点。在此背景下，甘肃藏区更需要通过提升基本公共服务均等化水平，让当地群众更多分享全国经济社会进步成果，以促进社会和谐发展，体现社会公平正义，促进中华民族团结进步，铸牢中华民族共同体意识，增强中华民族的向心力和凝聚力。

牢牢把握"四个全面"对于甘肃藏区民族工作的新要求，推动公共服务供给侧结构性改革，促进甘肃藏区公共服务水平整体提升，公共服务能力现代化，城乡和区域基本公共服务均等化。促进基本公共教育的公平和均衡发展，缩小当地生均教育支出低于四省藏区同期平均水平超过 5000 元的差距（见表 3 - 3 - 1）。完善基本医疗卫生服务体系，缩小当地人均医疗卫生和计划生育支出低于四省藏区同期平均水平超过 500 元的差距，万人卫生机构床位数低于四省藏区同期平均水平七张的差距（见表 3 - 3 - 3）。提高基本社会保障和就业服务水平，缩小当地人均社会保障和就业支出低于四省藏区同期平均水平超过 700 元的差距（见表 3 - 3 - 4）。多种途径整体提升甘肃藏区基本公共服务均等化水平，促进公共服务与民族团结进步协调发展，从良好协调进一步提升进入优质协调发展阶段。

（二）"五位一体"提升公共服务与民族团结进步的协调发展水平

2015 年甘南州的民族地区农村人均可支配收入与全国平均水平相比，只占到同期全国平均水平的 51.90%。2016 年略有增长，也只占到全国平均水平的 52.19%。2015 年甘南州的民族地区城市人均可支配收入与同期全国平均水平比，只占到 63.01%。2016 年略有增长，也只占到同期全国平均水平的 63.94%。虽然相对农村人均可支配收入水平略高一些，但是相对于同期全国平均水平而言也明显落后。2015 年甘南州民族地区劳动年龄人口平均受教育年限为每人 7.71 年，2016 年略有提升，也只有每人 7.89 年，相对于九年义务制教育要求差距明显。2015 年甘南州的文化及相关产业增加值占 GDP 比重为 1.24%，2016 年略有提升，也只占到 1.34%。相对于甘南州丰富的民族文化资源而言，文化产业发展非常滞后，文化资源优势转化为文化产业优势面临挑战。2015 年和 2016 年甘南州的基层民主参选率均为 96.50%，还有一定的提升空间。

针对上述影响甘南州民族团结进步创建和发展的一些因素，建议因地制宜引导适宜地区发展绿色产业和循环经济，推动全域旅游产业和民族文化产业融合发展，科学有序提升地区经济发展水平，以增加甘南州民族地区农村和城市的人均可支配收入，缩小城乡居民收入和消费差距。采取基本公共教育和农牧民技能培训、农民夜校相结合等多种方式，因地制宜提升民族地区劳动年龄人口平均受教育年限。建立和完善基本公共文化服务与藏区

特色文化服务的供给互补机制,在满足藏族群众日益增长的文化需求的同时进一步增强各民族之间的文化交流,科学发展民族文化产业和全域旅游产业。进一步提升农牧民科学文化素质,提升基层民主参选率。从经济建设、政治建设、文化建设、社会建设、生态文明建设等多个方面,"五位一体"促进甘南州社会和谐发展、民族团结进步,增强民族团结进步和公共服务的系统耦合协调发展水平,促进地区公共服务有效供给,实现地区公共服务与民族团结进步两个发展系统的正向反馈和螺旋式上升。

第九章 健全完善四省藏区公共服务的有效供给机制

在国家治理体系和治理能力现代化的新时代，应对四省藏区公共服务有效供给面临的现实问题和挑战，探索公共服务有效供给的多重现实路径，进一步促进城乡和区域基本公共服务均等化，不仅需要扩大公共服务投入规模，调整公共服务供给时序，优化公共服务资源的空间配置，增强公共服务现代化能力，还需要健全和完善有利于藏区绿色经济发展、新型城镇化、乡村振兴和民族团结进步的公共服务有效供给机制。在总结近年来四省藏区公共服务供给的多维度绩效，深入分析新时代四省藏区公共服务有效供给面临的现实问题和新需求，探索创新供给方式，调整供给时序，优化资源布局，多系统协调发展的现实路径基础上，借鉴国内外公共服务有效供给创新经验，研究并提出健全完善四省藏区公共服务有效供给机制的政策建议，对于巩固四省藏区精准扶贫和全面小康成效，实现富民兴藏具有现实意义。

第一节 借鉴公共服务有效供给经验

公共服务有效供给的重点在于通过有效供给过程实现供给结果的有效率。按此逻辑，梳理分析国内外公共服务有效供给的创新做法和成功经验。国外鲜有专门针对民族地区集中连片特困地区公共服务有效供给的研究文献，但纵观世界公共服务改革的制度变迁，跨部门、跨区域合作降低公共服务享有成本，多主体多途径推进公共服务供给市场化改革，注重群众和第三方参与公共服务绩效评估等一些先行的改革措施，对于四省藏区公共服务有效供给还是提供了有益的启示。近年来，我国四省藏区基层先行先试，因地制宜探索公共服务供给有效性提升的新模式和新路径，建设生态文明小康村提升乡村公共服务有效性，民族团结进步创建助推公共服务绩效提升，探索毗邻藏区省际接合部的边际协作，探讨设立国家"川甘青接合部藏区统筹发展示范区"等实践创新，对健全和完善四省藏区公共服务有效供给机制更是提供了诸多有益启示。

一、跨部门、跨区域合作降低公共服务享有成本

随着现代信息技术的飞速发展，通过跨部门、跨区域的电子政务信息平台的共享，使得公共服务多个管理部门分散管理、政策矛盾，群众重复多次递交个人信息材料等问题的解决成为现实。不仅有效降低了公共服务享有的成本，也提升了公共服务的供给效率。例如，根据2010年俄联邦通过的第210号联邦法律《关于组织提供公共服务》，要求政府管理部门之间实现数据信息的交换共享，超过360个提供公共服务的窗口被要求禁止再次收取已在其他

联邦机构备案的信息文件和证明,有效降低了公共服务接受者的时间和资金成本①。从 2012 年 1 月 1 日起,修订后的俄罗斯联邦法律关于公共服务的部分,明确了公民可以通过书面形式或者官方网站等政府统一的门户网站甚至是热线电话进行申诉,对公务员提供公共服务做了进一步监管和约束。类似的国际经验和做法,为四省藏区探索"互联网 +"促进公共服务供给能力现代化,信息化引领公共服务有效供给的现实路径,带来有益的启示。

二、多主体多途径推进公共服务供给市场化改革

20 世纪 80 年代以来,西方发达国家纷纷尝试推行公共服务的市场化改革,在公共服务领域引进多元主体供给的市场竞争机制。或者是政府相关部门与私人机构间的公共服务供给竞争,或者是政府相关部门之间的公共服务供给竞争,以期提升公共服务的效率。推进公共服务供给的市场化改革,需要政府、企业和个人等多元主体,采取多种形式形成合力。目前较为成功的经验在于政府购买社会组织或私人企业的公共服务,类似的国际经验为四省藏区探索构建政府、群众、社会等多方资金和人力投入的公共服务有效供给的多元主体参与机制提供重要启示。

表 9 - 1 - 1　公共服务市场化改革的国际经验

国家	公共服务市场化改革的措施
美国	政府将公共服务合同外包给民营企业,或者推行公共服务供给的政府部门与私营企业合作的伙伴模式,即公共服务供给 PPP 模式(Public - Private - Partnership)。在基本公共教育领域推行"教育券"等客户竞争机制,强化公共服务供给部门的竞争,以有效提升公共服务供给绩效
英国	政府主导建立多个公共服务的竞争实体,将部分公共服务业务委托第三方私人机构提供,将提供公共服务的私营企业的控股比例限制在安全范围内;将公共服务链条上不同环节进行业务分割,分别委托给不同竞争者;将交通等基础设施服务强制向市场竞争者有偿开放基础管道和通道,并将开放使用价格限制在合理范围之内;对提供公共服务的私营机构进行服务价格管制,推进"市场检验"("对政府内部和外部服务承担者进行详细的成本比较,以检验公共服务资金的价值实现过程")来实现公共服务资金价值的最大化,在社会保障、社区服务等领域推行客户竞争机制
澳大利亚	为降低政府公共服务成本,提高公共服务效率,充分发挥社会组织或私人企业的专业化优势,增强群众对公共服务的满意程度,澳大利亚政府选择从非营利性组织和私人企业购买公共服务,在公共部门引入私人部门的管理方式以及市场机制

资料来源:〔澳〕杰森·土耳其(Ghassan Turki). 澳大利亚公共服务改革及其对我国的启示 [J]. 探索,2015 (2):92 - 95;周志忍. 英国公共服务中的竞争机制 [J]. 中国行政管理,1999 (5):38 - 41.

三、注重群众和第三方参与公共服务的绩效评估

德国公共服务政策和措施的效果评价,注重群众参与和第三方评估②,并通过法案等制度化。美国、英国、澳大利亚等国同样重视群众参与公共服务绩效评估,如美国的《政府绩效与结果法案》(Government Performance and Results Act)、英国的《地方政府法》、

---

① 魏丽艳. 俄罗斯公共服务质量的提升路径 [J]. 中国行政管理,2016 (5):140 - 145.
② 徐水源. 德国城镇化进程中加强公共服务均等化制度建设与启示 [J]. 人口与计划生育,2016 (2):19 - 21.

澳大利亚的《公共服务改革法案》和日本的《政府政策评估法》等。这些法律强调以结果和群众为导向的评估制度建设，形成了比较规范的居民参评体系①。俄罗斯对于公共服务质量的监测和评估也引入了群众满意度的调查内容，俄罗斯经济发展部会同俄罗斯国民经济研究院和总统行政学院对 2011～2013 年的公共服务质量进行了满意度调查，调查结果显示，三年内民众对于公共服务的满意度呈现逐年递增态势。这些国家注重群众和第三方参与公共服务的绩效评估经验，对于我国四省藏区健全完善公共服务多元主体参与绩效评估机制带来有益启示。

表 9-1-2　第三方参与公共服务绩效评价的国际经验

国家	相关制度	颁布时间	群众或第三方参与公共服务绩效评价的相关规定
美国	《政府绩效与结果法案》	1993 年	开发了用于政府工作绩效评估的有效方法，不仅关注政府工作的绩效评价，更注重绩效评价来源信息的有效性，还引入了独立第三方机构，提出有关政府放权，增强政府管理弹性的建议
英国	《地方政府法》	1999 年	英国政府于 2002 年引入了公共服务的综合绩效评估（Comprehensive Performance Assessment, CPA），2009 年引入地方政府公共服务绩效评估框架——综合领域评估（Comprehensive Area Assessment, CAA），明确了公共部门实现"最佳价值"的责任，地方政府必须提供明确的绩效信息，让群众了解政府绩效的现状，并且赋予审计委员会对政府机构进行检查的广泛权力
澳大利亚	《公共服务改革法案》	1984 年	要求基本公共服务绩效评估应注重群众参与，其评估主体不仅包括政府内部评估主体，参议院、众议院财政委员会等政府外部评估机构，还包括社会群众，并且其公共服务绩效评价还引入了独立第三方机构或者专家力量，使得公共服务政策的透明度、科学度和公允度均大大提升
日本	《关于政策评价的标准指针》	2001 年	确了政府向群众说明和解释公共服务政策的责任和义务，强调绩效评价信息的公开透明，强化群众对于绩效评价的监督和检查，还在公共服务绩效评价过程中引入专家学者意见，以有效提升评价结果的科学性
	《关于行政机关实施政策评价的法律》	2002 年	
俄罗斯	《减少行政壁垒，提高公共服务水平方案》	2011 年	俄罗斯政府颁布的第 210 号法令明确规定了优化公共服务供给的基本措施：对联邦行政机关提供的服务和市政服务的信息注册等工作进行调节；取消了所有影响《一个窗口》服务的法律限制；向网络化服务形式转化；向跨部门合作转变以及进行服务流程监管；对官员在提供公共服务过程中存在违法行为进行责任追究，进一步保障公民权利；等等

资料来源：林鸿潮. 美国《政府绩效与结果法》述评［J］. 行政法学研究，2005（2）：100-106；Beryl A. Radin. Intergovernmental Relationships and the Federal Performance Movement［J］. Publius，2000；包国宪、李一男. 澳大利亚政府绩效评价实践的最新进展［J］. 中国行政管理，2011（10）：95-99；董幼鸿. 日本政府政策评价及其对建构我国政策评价制度的启示——兼析日本《政策评价法》［J］. 理论与改革，2008（2）：71-74；廖文剑. 西方发达国家基本公共服务均等化路径选择的经验与启示［J］. 中国行政管理，2011（3）：97-100；郭俊华. 英国政府综合绩效评估的经验及其启示［J］. 当代财经，2007（9）：113-117.

① 高洪贵. 公民参与地方政府公共服务绩效评估：价值、困境及路径［J］. 广西社会科学，2015（9）：145-148.

四、建设生态文明小康村提升乡村公共服务有效性

四省藏区大多处于生态相对脆弱且生态功能非常重要的地区,公共服务的供给如能不只考虑公共服务本身,还能统筹兼顾区域内生态环境保护和经济发展等,协同推进公共服务、生态文明和绿色经济发展,那么公共服务的政策绩效将在社会效应、经济效应和生态效应多方面实现综合提升。近年来,甘肃藏区甘南州推行生态文明小康村建设,以乡村振兴战略为重要动力,以"生态良好、生产发展、生活宽裕、环境优美、管理民主、和谐稳定"为总体要求,以实施"生态人居、生态经济、生态环境、生态文化"四大工程为核心,以改善农牧民基本生产生活条件、基本公共服务条件、基本社会保障条件为重点,以加强村级组织建设和依法治村为保障,全面推进连片特困藏区生态文明小康村建设,以此带动连片特困藏区发展方式、生产方式和生活方式转变,形成资源节约型和环境友好型的产业结构、增长方式、消费方式和社会形态,取得明显成效,为四省藏区公共服务与绿色经济协调发展贡献了甘南经验。甘肃藏区甘南州以国家投入的公共服务资金为引导,以生态文明小康村建设为目标,整合区域公共服务资源和其他政策资源,统筹推进区域经济建设、政治建设、文化建设、社会建设和生态文明建设,实现五位一体,融合公共服务、民生改善、生态保护和区域发展等各方面政策和资金,探索机制创新,整体提升连片特困藏区乡村公共服务有效性。对于四省藏区大多同样处于生态环境脆弱地区、重点生态功能区的乡村而言,甘肃藏区甘南州五位一体统筹建设生态文明小康村,以增强公共服务成效的实践经验值得借鉴。

五、民族团结进步创建助推公共服务政策绩效提升

近年来,四省藏区探索扶贫开发与民族团结进步示范创建协同推进,在民族团结进步创建助推公共服务政策增效和民生改善方面取得重要经验。青海藏区班玛县针对曾经存在的稳定隐患增多、社会治安形势复杂等现实问题,探索采用社会治安、基层组织、寺院管理、民生改善、干部作风等八个方面集中综合整治的方式,八百多名省州县干部下派班玛县基层三年攻坚,形成了坚持党的群众路线、履行主体责任、推进依法治理、注重解决深层次问题为主的藏区县域治理"班玛经验",成为全国民族团结进步创新示范,也为四省藏区探索公共服务与民族团结进步协调发展路径提供重要启示。

青海藏区达日县探索"牧区网格化服务"的基层公共服务创新管理模式,为四省藏区探索构建党建引领的公共服务"五治协同"治理机制提供重要启示。近年来,青海藏区达日县探索实行全县牧区片区牧长制管理制度,制定"达日牧长制十三条",推行"一岗多责",牧长同时担负片区公共服务政策法规宣传、公共服务对象基本信息采集、精准扶贫政策入户、社会矛盾纠纷调解、社情民意收集、草原生态保护等工作职责,解决了达日县牧区长期存在的"公共服务最后一千米"问题①。

近年来青海藏区还积极探索将人民调解工作延伸到医疗、劳资、交通、环保等公共服务领域,以民族团结进步推动公共服务政策绩效提升。截至 2017 年底,青海藏区共设立

---

① 果洛新闻网记者. 达日县因地制宜利用网格化管理助推民族团结进步 [EB/OL] . http://www.guoluo.gov.cn/html/3124/321050.html, 2019 - 08 - 09.

各类人民调解组织 2795 个，品牌调解室 7 个，及时有效化解医疗纠纷等社会矛盾；探索公共服务和民生工程进寺院，按照《关于进一步加强寺院基础设施建设和公共服务工作的意见》①，实施寺院基础设施建设、寺院公共服务建设、宗教教职人员社会保障、宗教教职人员危房改造、寺院文物主体建筑抢救性保护、寺院危殿堂维修加固"六项工程"，截至 2017 年底，青海省僧尼养老保险参保率达到 96.8%，医疗保险参保率达到 100%②。

此外，云南藏区迪庆州德钦县在精准扶贫工作中，通过树立"各民族都是一家人，一家人都要过上好日子"的理念，扎实做好民生保障、民利维护、民权落实等各项扶贫工作，通过加强基础设施建设，提升产业培育，巩固民族团结进步，统筹城乡发展，激发贫困群众致富能力，扎实推进民族团结进步示范村建设项目等，进一步强化以奖代补产业的推广覆盖力度，不断优化乡村公共服务基础设施条件，提高当地群众的生活质量和水平，提升群众的幸福感和满意度，协同推进经济社会发展、民生改善、民族团结进步、边疆繁荣稳定起到示范引领作用。

六、"一对一"的人口健康公共卫生服务创新模式

长期以来，我国的公共卫生服务机构是依据行政区划而设立的，并且按照人口密集的内地服务模式运作。这种模式对于人口居住高度分散、交通通行相对不便的连片特困藏区而言，公共卫生服务半径过大、村级卫生室等基层健康服务机构规模效益较低等问题较为明显。2007 年初，国家人口计生委在川滇藏交界地带启动"新乡村新家庭——大香格里拉地区人口健康促进项目"，先行先试探索"统筹决人口问题"的区域适宜模式③。该项目在云南藏区迪庆州香格里拉市、德钦县和维西县，四川藏区甘孜州得荣县、乡城县和稻城县等地区先行先试，率先探索适宜四省藏区的公共卫生服务新模式。其中，在乡城县青麦乡试行的"一对一"人口健康促进模式，对重点人群采取"一对一"入户健康宣传活动，有针对性地对社区内孕产妇、儿童、育龄妇女、老年人等开展"一对一"上门健康检查服务，建立"一对一"健康服务档案，不仅使得基层社区内的健康教育和健康服务更具针对性，而且有效整合、高效利用了乡村一级的卫生、计生、妇联、民政和扶贫等多部门的人力、资金和设备等资源，避免了基层公共服务多项职能的交叉和重复，还通过充分发挥人口计生网络、妇女组织、村委会等基层网络的作用，为基层公共服务网络的构建充实了力量④。

七、创新社会保障和就业服务解决"最后一千米"问题

近年来，为解决连片特困藏区乡村基本公共服务"最后一千米"问题，云南藏区探索

① 青海日报记者. 省委发布《关于进一步加强寺院基础设施建设和公共服务工作的意见》[N]. 青海日报，2014－06－26（01）.

② 陈玮，张生寅. 青海民族团结进步创建的实践及特色 [R]. 成都：新时代藏羌彝走廊发展论坛暨第十一届西部五省区社科院院长联席会论文集，2019：178－187.

③ 张开宁，刘湘源. 新乡村新家庭——大香格里拉地区人口健康促进项目 [J]. 中国计划生育学杂志，2007，15（3）：144－148.

④ 刘慧群，刘湘源，张开宁，顾法明. 藏区"一对一"人口健康公共服务模式初探 [J]. 中国计划生育学杂志，2009（10）：596－599.

采取多种创新措施。以香格里拉市的社会保障服务为例，连片特困藏区 11 个乡（镇）地广人稀，有很多村小组远离乡（镇）政府驻地，让参保人员自己到金融网点去办理缴费比较困难，依靠乡（镇）政府成立工作组进村入户征收又存在较大的风险。针对上述问题，香格里拉市探索一系列创新服务模式，以解决服务藏区群众"最后一千米"难题。探索依托党建服务平台，通过网站链接的形式，将人力资源与社会保障工作服务平台直接延伸到村（社区）党建服务平台；对网络覆盖难度大的村，采取加载 IP 的方式解决服务平台的覆盖问题，通过手机网络查询方式，实现群众"五个不出村"的便捷服务。将居民养老保险费收缴、养老金领取资格认证、供养遗属生存认证、就业信息咨询等多项业务办理延伸到村委会、社区，将十八项人力资源与社会保障相关政策法规、业务经办流程加挂到党建服务平台，以方便群众查阅，并及时更新维护门户网站，发布新消息、新政策。截至 2017 年 8 月 31 日，香格里拉市 62 个村（社区）已全部接入互联网，并开通了服务型党组织综合服务平台，直接通过互联网查询政策覆盖率达 100%。探索实行加载金融功能社保卡的发行使用，实现"一卡多用，一卡通用"的社保服务功能。市人社局加强与公安部门的对接，采集比对社保参保人员信息，截至 2017 年 8 月 31 日，已成功发放居民医保和城乡居民养老保险"金融社保卡"64900 张；加强与建设银行、信用社的对接，实现惠农支付点设置达 62 个，基本实现村民不出乡（镇）就能办理缴费和待遇领取。探索与金融部门（信用社）共同出台社会保障协办员政策，由金融部门每月出资 200 元，州、市政府出资 100 元，在各乡（镇）每个村选取一名社会保障协办员，以此将社会保障人工服务延伸至各个村和社区，有效解决香格里拉市村一级没有社会保障办理人员的问题，方便偏远乡村农牧民参保人员享受社会保障服务。

此外，云南藏区迪庆州德钦县和四省藏区多地一样，采取开发生态扶贫公益性岗位，为偏远乡村贫困农牧民提供有效的社会保障和就业兜底服务。按照"生态补偿脱贫一批"的精准扶贫政策，德钦县从偏远乡村选聘有劳动能力、认真负责，且愿意从事森林资源管护工作的建档立卡贫困户为生态护林员。该项政策不仅充实了德钦县的林业管护队伍，同时也为偏远乡村贫困农牧民提供稳定的政策性收入，实现绿色发展和生态惠民的双赢目标，有效解决偏远乡村贫困农牧民就业服务的"最后一千米"问题。根据国家林业局和云南省林业厅关于开展建档立卡贫困人口生态护林员选聘工作的文件精神，截至 2017 年 8 月底，德钦县在建档立卡贫困户中已选聘 993 名生态护林员，管护补助为每年 8000 元/人，是建档立卡贫困户最为稳定的收入来源之一。德钦县在选聘护林员过程中，坚持精准落地的原则，生态护林员备选对象为建档立卡贫困户；坚持精准到户的原则，一个贫困户家庭安排一人参与护林，白马雪山自然保护区限制开发范围内的贫困户及贫困程度较深的建档立卡贫困户优先；坚持自愿公正的原则，尊重农牧民意愿，在自愿报名的基础上公开、公平、公正选拔录用，坚决杜绝因聘请不公正引发的社会矛盾，确保贫困群众无异议；坚持统一管理的原则，生态护林员由乡（镇）林业站统一管理，主要职责为协助原乡村护林员开展工作，生态护林员不跨乡（镇）聘用，原则上在本村内开展管护活动；坚持统筹兼顾的原则，生态护林员在建档立卡贫困户中产生，实行动态管理，一般聘用年限为一年，合同实行一年一签。

八、毗邻藏区合作提升偏远乡村公共服务供给有效性

法治部门先行先试探索川甘青三省藏区交界区公共安全边际协作，不仅为川甘青滇四省连片特困藏区社会治理最难的省际接合部区域更好的公共安全服务提供了重要支撑，也为公共服务有效供给的跨省合作提供了一种新模式。2015 年 11 月 11 日，川甘青三省藏区交界地区五州"厉行法治·共创平安"边际协作会议在四川省阿坝州茂县召开。会议就加强川甘青三省交界地区边际协作达成了高度共识，并签署了《川甘青三省交界地区藏区五州"厉行法治·共创平安"边际协作协议》。

川甘青三省藏区交界区创新开展基层党支部结对共建活动，建立跨区域的联合党组织，也为四省藏区公共服务有效供给的跨省合作提供了一种新思路。2016 年 7 月 6 日，四川藏区阿坝州九寨沟县永和乡、黑河乡、陵江乡与甘肃省陇南市文县中寨镇和甘肃藏区甘南州舟曲县博峪乡在九寨沟县永和乡联合召开了"党旗映红中路河·结对共建谱新篇"边界党支部结对共建活动推进会。上述五个乡（镇）的负责人签订了结对共建协议书，为川甘两省五个乡（镇）创新基层党建，协作共建基层党组织，协同推进两省边界乡（镇）稳定发展开启了新篇章[①]。青海藏区玉树州、果洛州和黄南州，在与四川和甘肃藏区交界地区存在地界和草场等纠纷的县（乡）探索建立 27 个跨区域（行业）的联合党组织，有效化解边界地区各类重大矛盾纠纷，有效提升边界地区公共服务治理效能。

表 9 - 1 - 3　九寨沟县与文县、舟曲县边界五乡基层党支部结对共建主要内容

结对共建活动	基层党组织合作共建主要内容
联打"促成效"	开展边界党员干部联合禁种铲毒，为形成边界地区禁种铲毒工作合力，辐射禁种铲毒"死角"，确保五乡区域罂粟"零种植"和"零产量"，从各乡（镇）村党支部中抽调党员干部，组成边界党员干部联合禁毒巡山队，联合开展踏查禁毒工作
联防"促平安"	开展边界党员干部联合应急处，发扬"一方有难，八方支援"互助精神，由各乡（镇）分别成立党员干部先锋志愿服务队，并畅通 24 小时电话专线，重点在火灾、防汛、泥石流等灾害处置，反邪教、反分裂等重点工作中开展联合应急处突
联调"促和谐"	开展边界矛盾纠纷大排查大化解，通过畅通边界矛盾纠纷信息预警渠道，边界村寨签订"友好共建"协议强化沟通联系，搭建以五个乡（镇）党委书记、乡（镇）长等为核心的边界矛盾纠纷处置工作小组，在团结互助、合作共赢"一家亲"原则下，集中开展边界村寨矛盾纠纷大排查、大化解行动，从源头上预防和减少矛盾纠纷，维护边界地区和谐稳定
联谊"促共赢"	开展党建工作经验交流学习活动，为拓宽党建工作视野，加强各个地区基层工作经验交流，由五个乡（镇）轮流承办经验交流会、组织实地参观考察，重点围绕党员作用发挥、活动阵地建设、班子队伍建设、党建服务经济民生发展等方面开展经验交流，通过经验交流"走出去"和"引进来"，努力实现五个乡（镇）的党建资源共享

资料来源：王月婷，赵蝶. 四川九寨沟县与甘肃文县舟曲县边界 5 乡签订结对共建协议书　开启发展新篇章［EB/OL］. http：//www. sohu. com/a/102228496_ 386724，2016 - 07 - 08.

[①]　王月婷，赵蝶. 四川九寨沟县与甘肃文县舟曲县边界 5 乡签订结对共建协议书　开启发展新篇章［EB/OL］. http：//www. sohu. com/a/102228496_ 386724，2016 - 07 - 08.

近年来，四省藏区毗邻地区跨行政区域合作推进偏远乡村公共服务供给增效的基层治理创新，已经引起更高层面的关注和支持。2015 年 1 月，九三学社中央关于川甘青接合部藏区协调发展"直通车"建议落实协商会在北京召开，深入探讨跨省、跨地区平安共建、互利共赢的区域协作联动相关事宜，建议从国家、省、州的层面进行统筹，设立国家"川甘青接合部藏区统筹发展示范区"或"川甘青接合部生态文明、经济发展、社会治理综合改革试验区"，为推进川甘青滇四省连片特困藏区中社会治理最难的省际接合部区域的公共服务及社会治理综合改革提供了先行示范建议。2017 年 7 月，青海省委省政府印发的《关于实施我省与川甘交界地区平安与振兴工程的意见》①决定，重点围绕保障改善民生、推进公共服务、加强基础设施建设、加大扶贫开发力度、培育发展特色产业、推进生态环境保护、加强基层组织建设等方面，在青甘川三省交界地区的黄南、果洛两州七县实施"平安与振兴"工程约 332 个项目，截至 2017 年底，共实施交通、电网、通信等基础设施建设项目 118 项，总投资达 11.55 亿元，有效改善了青甘川三省交界地区偏远乡村的基础设施条件，为乡村公共服务和社会治理现代化夯实经济社会基础②。

第二节　多元主体参与、多向路径实现及多级层面治理

政府和市场是公共服务的共同提供者，两者相互依赖，相互促进③。四省藏区公共服务的有效供给，可以通过界定政府、群众、社会组织、企业等多元主体在公共服务供给中的权利和义务边界，探索引进藏区群众、社会组织、企业等不同主体进入公共服务供给体系，与政府提供的公共服务形成优势互补，共同构成满足不同需求的公共服务"俱乐部产品体系"。在此基础上，从多元主体参与公共服务供给和评价，多向路径实现公共服务有效供给，党建引领公共服务多级层面治理等方面，健全完善四省藏区公共服务有效供给机制。

一、多元主体参与公共服务的供给及评价

"在当下的中国社会，治理的有效性越来越由跨越组织的政府运作决定……非政府的参与者成为各种公共物品与服务供给系统的必要组成部分④。"多元主体参与四省藏区公共服务的供给，是指以政府在公共服务供给领域发挥主导作用为前提，通过构建有效的合作运行机制，实现政府、社会组织、企业、藏区群众、藏区寺院等公共服务供给主体的良性互动和有效合作，发挥多元主体参与公共服务供给的协同效应。在国家治理体系和治理能力现代化背景下，多元主体参与四省藏区公共服务供给，具有多种优势。首先，多元主体参与公共服务供给可以满足四省藏区群众日益多样化、差异化的公共服务需求。其次，

---

① 青海日报记者. 青海省与川甘交界地区平安与振兴工程启动实施［N］. 青海日报，2014 - 08 - 02（02）.

② 陈玮，张生寅. 青海民族团结进步创建的实践及特色［R］. 成都：新时代藏羌彝走廊发展论坛暨第十一届西部五省区社科院院长联席会论文集，2019：178 - 187.

③ 张汝立，陈书洁. 西方发达国家政府购买社会公共服务的经验与教训［J］. 中国行政管理，2010（11）：98 - 102.

④ ［美］阿格拉诺夫，［美］麦圭尔. 协作性公共管理：地方政府新战略［M］. 李玲玲，鄞益奋译. 北京：北京大学出版社，2007.

多元主体参与公共服务供给可以形成竞争合作态势，提高四省藏区公共服务的供给效率。

事实上，四省藏区基层治理主体发育相对滞后。一方面，四省藏区基层政权和干部队伍的公共服务有效供给意识相对较弱，对当地农牧民公共服务现实需求变化的响应能力明显不足。另一方面，受四省藏区经济社会发展水平制约，当地群众的受教育水平相对较低，缺乏主动参与公共服务绩效评价、公共服务需求表达的意识，还难以适应公共服务有效供给多元主体参与的要求。加之四省藏区各类公共服务社会组织发育相对滞后，呈现总量偏少、规模偏小、类型单一等特点，且短期内加快发展的难度非常大，市场活力不足、发育缓慢，政府向市场购买公共服务的选择较少①。因此，四省藏区构建公共服务有效供给的多元主体参与和评价机制，需要从基层干部队伍公共服务和社会治理能力提升、农牧民科学文化素质提升，以及公共服务社会组织加快培育等多方面协同推进。

第一，提升四省藏区基层干部队伍公共服务能力和社会治理能力。"十四五"时期，可以在连片特困藏区的公共服务领域探索引入竞争机制，包括政府部门与民营机构之间的竞争，不同政府部门之间的竞争机制，都应成为提升四省藏区基层干部队伍公共服务能力和社会治理能力，改善公共服务部门管理效率，提高公共服务质量的主导方向。此外，人才本土化政策也是有效应对四省藏区公共服务有效供给机制人才匮乏问题，提升四省藏区干部队伍公共服务能力和社会治理能力的重要途径。针对"十三五"时期四省藏区公共服务硬件设施提升和软件人才缺乏二元结构明显的问题，"十四五"时期应着力提高连片特困藏区公共服务人力资本存量，提高人才能力以支撑公共服务有效供给。建议四省藏区各县，尤其是偏远乡（镇）在招考公务员和工勤人员时候可以要求加试本区域藏语方言，以促使能够安心留在本土工作的本地人才进入公共服务人才队伍，以应对公共服务人才"引进难、留住难"的问题。

第二，制定四省藏区科学细化、分类指导的公共服务人员待遇政策。实地调研发现，四省藏区公共服务工作面临的实际情况是，各乡（镇）距离县政府驻地的远近程度、交通条件、海拔高度、气候条件等均有很大差异。地区间巨大的现实条件差异，导致四省藏区从事公共服务工作的公职人员和技术人员生活和工作的艰苦程度有很大不同，不同地区公共服务岗位对于人才的吸引力也有很大不同，其工资待遇的地区差异政策还需要进一步细化，以实现不同地区工作人员的待遇与不同地区工作的艰苦程度真正相匹配。以乡村教师待遇为例：建议科学测算各乡村（镇）距离县政府驻地的远近程度、交通条件、海拔高度、气候条件等情况，进行工作艰苦程度和工作岗位吸引力的综合评价，据此给出相应地区细化的教师工资补贴标准，以科学合理调节师资的地区配置，以真实科学实现基本公共服务的地区均等化，从根本上解决当前四省藏区条件艰苦地区公共服务人才稀缺的问题。

第三，提升四省藏区农牧民的科学文化素质和公共服务需求表达能力。"十四五"时期，可以探索推广四川藏区科技扶贫创新公共服务平台服务模式，充分利用现代信息技术，采用手机 APP、广播、电视等远程教学方式，以科技扶贫创新公共服务平台的乡村信息员为培训中介，远程培训提升偏远乡村农牧民的科学文化素质和公共服务需求表达能力，以信息化提升连片特困藏区农牧民素质培养的可及性。此外，还可以探索政府购买个

---

① 陈井安，刘福敏．藏区治理体系现代化若干问题研究［J］．中国藏学，2016（2）：58－61．

人公共服务的多元供给机制。笔者在四川藏区甘孜州道孚县实地调研时发现，维它乡维柯村贫困村民阿金公布，抓住精准扶贫职业技术培训机会，钻研掌握了摩托车维修技术，不仅自己脱贫致富，还成为当地党委政府特聘的职业技术培训讲师，成为政府购买个人职业教育服务的典型案例。此外，通过购买第三方机构的公共服务绩效评价和需求调查服务，建立"自下而上"的公共服务需求征集机制，通过调查问卷、入户访谈等多种方式，充分征集连片特困藏区不同地区居民对于公共服务需求轻重缓急的排序意见，建立健全连片特困藏区居民公共服务需求的充分表达机制，以此作为四省藏区公共服务有效供给的重要依据。不仅可以推动逐步实现四省藏区公共服务供给与需求的有效衔接，还可以在此过程中实现第三方机构工作人员对连片特困藏区农牧民科学素质和公共服务需求表达能力的培训和提升。

第四，科学引导四省藏区公共服务社会组织发挥应有作用。以青海藏区为例，通过社会组织的参与来缓解当地公共服务供需之间矛盾，探索多元主体参与公共服务供给，青海藏区有很多实践经验。截至 2015 年底，青海省登记注册的社会组织有 3633 个，其中藏区六州共有 1076 个，服务领域主要涉及教育、科技、文化、卫生、劳动、民政、体育、环保等。其中，青海慈善总会在青海藏区实施了"癌症患者大病医疗救助""安老助孤""扶贫济困""助学助教""助医助残""灾害救助""牧民定居点建设""助医助学""非物质文化遗产保护""卫生室建设""技能培训"等诸多项目，从文化教育、医疗卫生、社会救助、生态保护等多方面提供力所能及的社会服务。除了已经在相关部门登记注册的社会组织提供公共服务外，四省藏区还存在着许多因种种原因未能按有关规定登记注册的社会组织，如一些村民自发形成的生态保护组织、因非物质文化传承需求形成的传统手工艺学习组织、附属于寺院的养老院等①。其亟待在当地党委政府的引导下，科学有序转型为四省藏区公共服务的多元供给主体之一。

在探索推进多元主体参与四省藏区公共服务供给的基础上，进一步探索多元主体协同评价四省藏区公共服务绩效，可以促进四省藏区公共服务供给效率进一步提高。2012 年 7 月发布的《国务院关于印发国家基本公共服务体系"十二五"规划的通知》也强调，加强基本公共服务水平监测评价，积极开展基本公共服务社会满意度调查，鼓励多方参与评估，积极引入第三方评估②。在四省藏区公共服务绩效的多元主体协同评价机制中，应由政府主导四省藏区公共服务的多元供给及综合评价，调控实现多元主体合作进程中的相互配合协调；应由社会组织和群众科学参与四省藏区公共服务的多元供给及综合评价，以发挥社会组织和群众的重要补充作用，激发群众在社会治理中的主人翁意识；应由"第三方"中介组织协同参与藏区公共服务的多元供给及综合评价，凝聚中介组织的协作互助合力。评估主体多元结构是保证公共服务绩效评估有效性的一个基本原则，公共服务绩效评估的主体至少应包括综合评估组织、直管领导、行政相对人、评估对象自身以及其他一些相关评估组织等③。在现有"自上而下"的政府内部各部门考核机制基础上，可以探索试点，建立四省藏区城乡居民对于公共服务的满意度评价机制和需求排序机制，使其成为地

① 徐世栋，傅利平，杨虎得.社会组织参与藏区基本公共服务的调查分析——以青海藏区为例［J］.青海民族研究，2018（4）：181－187.

② 国务院办公厅.国务院关于印发国家基本公共服务体系"十二五"规划的通知［Z］.2012－07－11.

③ 卓越.公共部门绩效评估的主体建构［J］.中国行政管理，2004（5）：17－20.

方政府公共服务绩效考核的重要依据之一；建立绩效评估的社会化第三方参与机制，引导社会、企业等各方共同参与公共服务的绩效评估与监督；强化群众参与公共服务绩效评价的意识和能力，加强群众参与公共服务绩效评价的组织化建设，提升群众参与公共服务绩效评价的组织化程度。四省藏区地方政府因地制宜制定群众参与公共服务绩效评价的规章制度，明确规定当地群众参与地方政府公共服务绩效评估的具体办法和操作流程等，使相关政策更具现实可操作性和科学合理性。利用各级政府政务公开网站、手机 APP 和官方微信平台等现代化快捷方式，搭建地方居民参与地方政府公共服务绩效评价的信息技术平台，丰富和畅通农牧民参与地方政府公共服务绩效评价的渠道，提升当地群众参与地方政府公共服务绩效评价的能力。有条件的区域可以率先探索，尝试建立包括决策性评估、过程性评估、结果性评估和风险评估在内的区域公共服务效果综合测度指标体系①。借鉴国际经验，建立区域公共服务第三方评估机制，政府委托地方社会科学院或者高等院校等第三方智库定期进行区域公共服务满意度调查，并及时发布公共服务效果评价的调查报告。

在四省藏区公共服务绩效的多元主体协同评价过程中，应高度重视需求主导的农牧民职业技能培训绩效考核机制。2013 年 9 月发布的《国务院办公厅关于政府向社会力量购买服务的指导意见》指出，要严格监督管理，明确要求加强政府向社会力量购买服务的绩效管理，严格绩效评价机制②。我国的劳动就业创业公共服务，特别是其中的职业技能培训公共服务，大部分采用政府购买相关行业专家或者社会组织授课教学等形式，也就是政府向社会力量购买公共服务的形式。但是，当前我国政府购买社会组织服务的绩效评估工作明显存在评估主体独立性欠缺、评估对象多元性欠缺、评估过程完整性欠缺、评估体系平衡性欠缺等问题③，导致政府购买农牧民职业技能培训等公共服务针对性不强、效果不明显的问题。笔者实地调研也发现，当前政府在连片特困藏区提供的农牧民职业技能培训项目的针对性和实效性还有所不足，很多职业技能培训对于农牧民来讲缺乏实用性，与农牧民的真实需求缺乏对应。对于就业培训效果的绩效考核机制缺乏，导致四省藏区很多职业技能培训流于形式，没有起到提升农牧民就业能力的实际效果。建议构建需求主导、科学合理的农牧民职业技能培训绩效考核机制，第一步要调研农牧民对于职业技能培训的真实需求及其排序；第二步要建立农牧民职业技能培训绩效的考核机制，在拨付培训启动资金之后开展职业技能培训，待培训出实效经过考核验收之后拨付剩余培训绩效资金。

二、多向路径实现公共服务的有效供给

提升四省藏区乡村公共服务事权和财权的匹配度。对于国家到省州多个公共服务部门而言，都要求县、乡、村基层政府在当地提供相应的均等化的、标准化的公共服务。但是，四省藏区基层特别是乡村一级，公共服务项目建设和推进均需要大量人力、物力和财力支撑。实际运行过程中，上级部门在下达项目资金时如果没能充分考虑到不同区域的实

---

① 罗云川，阮平南．"动力—行为—保障"视阈下的公共文化服务网络治理机制 [J]．理论研究，2016（5）：55 – 62.

② 国务院办公厅．关于政府向社会力量购买服务的指导意见 [Z]．2013 – 09 – 30.

③ 胡穗．政府购买社会组织服务绩效评估的实践困境与路径创新 [J]．湖南师范大学社会科学学报，2015（4）：110 – 115.

际情况，可能导致项目建设要求事权与财权不匹配，基层政府推进项目实施压力巨大。比如：在修建通村公路时，对于气候海拔、交通条件和距离县城远近不同的乡村，每千米拨付的建设资金标准相同。但是，实际修建通乡、通村硬化路时，不同地方的建设材料和交通运输成本差距甚大，有的地方建筑材料的二次转运费用比其他区域高出很多倍，恶劣的自然气候条件导致修建通村道路的难度也比其他区域高很多倍，现行项目资金分配政策和机制在实施过程中会出现一些矛盾和问题。比如：上级下达的道路建设项目计划里程数和时间限度不符合当地实际情况，导致基层政府和业主无法保证按期完成；项目资金额度不符合当地实际情况，导致基层政府压缩成本修建通乡、通村路，道路质量无法保证，很快损毁；等等。以实地调研的甘孜州白玉县、理塘县、甘孜县、稻城县等为例，通过当地发展和改革局、住房和城乡规划建设局测算，最偏远的乡村其建筑材料转运费比最邻近县城乡村的转运费高出约3倍。对此，应因地制宜制定四省藏区城乡基础设施建设成本的差异化标准方案，实施适宜的藏区乡村公共服务提升战略，提升乡村公共服务事权和财权的匹配度。

解决四省藏区乡村公共服务硬件与软件不匹配的问题。"十二五"时期，国家在连片特困藏区村级卫生室、村幼儿园等基础设施建设方面大量投入，硬件设施质量提升取得明显成效。但是，医疗水平较低、医疗卫生服务人员严重缺乏、乡村教师缺乏等软件不足问题依然明显。这些问题在"十三五"时期有一定缓解，但是供需矛盾依然存在，乡村公共服务硬件设施提升和软件服务质弱并存的问题比较明显。笔者经过座谈和入户调查发现，教育和文化公共服务还是存在一些明显问题。比如：教育改革政策导致乡（镇）教师工资提升，高于县城教师工资，既没有解决过去偏远乡（镇）师资稀缺问题，又增加新问题，距离县城距离较远的偏远乡（镇）招聘教师依然困难，偏远地区乡（镇）师资和优质生源继续流失，办学萎缩；县城所在地师资为了增加收入，向距离县城较近的交通便利的乡（镇）流动，同时，新型城镇化进程下，涌入县城的流动人口大量增加，对县城优质学校和师资的需求大大增加，而县城师资紧缺，供需矛盾进一步加剧。社会保障方面最突出的问题在于就业保障，一是解决贫困群众就业的公益性岗位还有待进一步开发，以有效应对异地搬迁和地质灾害避险搬迁集中居住区贫困群众的生计问题；二是当前政府提供的农牧民技能培训缺乏针对性和实效性，很多技能培训对于农牧民来讲缺乏实用性，对于培训效果的考核机制缺乏，导致很多培训流于形式，没有起到很好促进农牧民就业的作用。四省藏区各地区方言有差异，甚至差异很大。干部不懂藏语或者不懂本地区藏语方言，那么在本地区开展公共服务工作会有很大的阻力。同时，对当地语言不通，招考的公务员或者事业单位专业技术干部也难以长期留在当地，会通过调动、考调等各种方式和渠道离开原来考上的工作岗位，对于本地区公共服务人才队伍的稳定非常不利。这类问题在医生、教师、农技人员等专业技术人才队伍中非常突出，导致四省藏区在"十三五"时期公共服务硬件设施供给充裕，而实际上可以使用公共服务硬件设施发挥公共服务作用的专业技术人才严重匮乏，成为影响四省藏区公共服务有效供给的重要障碍之一。笔者实地调研还发现，四川藏区甘孜州已经有石渠和德格两个县在先行先试探索，招考公务员和工勤人员时候要求加试本地区藏语方言，以增加能够安心留下本土工作的本地人才进入公共服务队伍的机会，以应对上述挑战，实践效果较好。

强化四省藏区乡村基础设施的有效服务能力。电力基础设施方面。由于藏区农牧民开始大量普及使用各种生活电器，不仅有日常的酥油机、电炉、电视，一些现代化电器也加快进入农牧民家中，如洗衣机、电冰箱、微波炉等。用电量剧增导致电力不足、电压不稳的问题相对明显，需要电力部门加快对乡村电路进行改造提升，以满足四省藏区乡村居民对稳定供电的需求。通信基础设施方面。由于部分贫困村距离乡（镇）太远，架设有线通信成本太高，电力部门采用太阳能的无线信号发射和接收装置，手机信号传输不稳定。有些贫困乡村网络信号覆盖不够全面，影响通信网络的稳定使用，亟待从技术上提升服务质量。住房基本保障方面。国家针对贫困户实施的藏区新居、五改三建、避险搬迁、易地搬迁工程等项目建设按期推进，但是，有的地方房屋安全性及设施实用性方面有待提高。如：部分贫困户新建房屋的厨房、厕所、沐浴房多和居所分离建造，实用性有待观察；等等。

科学有序推进四省藏区城镇公共交通服务向周边乡村延伸。四省藏区乡村公共交通服务也需要中央或者省（州）赋予相应的财权予以资金支持。笔者在四川藏区稻城县、松潘县，甘肃藏区迭部县，青海藏区贵德县、德令哈市，云南藏区香格里拉市、德钦县和维西县多地调查结果均显示，相对于城镇而言，连片特困藏区乡村的公交出行依然非常不便利，一部分乡村居民要步行很长路程才能到达公交站点，很多乡村都不通公交，有的村子到乡（镇）只能自驾摩托车或者有偿搭乘邻居的面包车，交通成本较高。建议类似城市推行社区巴士，在乡村划片，规划乡村巴士线路，以解决很多村不通公交而当地农牧民对于公交出行有较高期盼的现实问题。

探索四省藏区公共服务资源空间配置与人口流动相适应。可以尝试借鉴德国在公共服务区域均等化政策方面的先行经验，评估我国四省藏区人口流动情况和公共服务需求变化，预测人口流动趋势，作为动态调整配置区域差异化公共服务政策的重要依据之一。建议四省藏区人口管理部门建立人口流动监测机制，在政府垂直管理系统内部定期统计和预测人口流动情况和趋势，再交由空间管制部门以及教育、卫生、文化、体育、社会保障等公共服务相关部门，作为公共服务年度政策动态调整的第一套依据。建立第三方评估机构与人口管理部门联合调查和评估四省藏区人口流动和公共服务需求变化情况的机制，科学合理评估人口流动情况和公共服务需求变化情况，预估实际需求变化趋势，出具相关评估报告，作为国土空间管制部门和教育、卫生、文化、体育、社会保障等部门公共服务年度政策动态调整的第二套依据。第一套和第二套依据相互佐证，以减少政策偏差。大型牧民定居点以及生态、地灾避让搬迁、扶贫移民集中居住区，应加强人口就业和返乡监测，对公益性岗位就业的贫困户、进城务工的农牧民等重点群体，应提供公共服务的"俱乐部产品"，供其选择，让其在农牧产业之外能够稳定就业。

深入推进四省藏区公共服务规划与城镇、土地等多规合一。加强四省藏区不同区域人口变化趋势的预测和分析，把人口变化趋势作为空间规划的重要依据。在县域国民经济与社会发展总体规划与城镇规划、土地规划"三规合一"试点经验基础上，进一步积极探索推进公共服务规划与县域国民经济与社会发展总体规划、城镇规划、土地规划、人口规划等"多规合一"。在四省藏区进一步落实国土空间规划三大原则和理念：促进增长和创新、保证公共服务供给、资源保护和文化景观构建。根据四省藏区需求的轻重缓急推进公共服务规划与城镇、土地等多规合一，形成优化公共服务结构的合力。比如，有的区域急需乡村旅游环线打造，支撑旅游产业发展以实现产村相融，以辐射带动全乡、全村脱贫致富，就不必硬性要求在"十四五"时期修建通村道路，偏远乡村与其实施村村通和活动室项目，耗费超高的基础设施供给成本，并还面临未来村落"空心化"的公共服务供给"有效性陷阱"和地质灾害反复损毁威胁，还不如积极引导实施异地扶贫搬迁工程，将传统村落村民搬迁到通乡旅游环线公路边上，支持其发展旅游服务产业和特色养殖产业带动脱贫致富。

推动四省藏区农牧民定居社区（定居点）布局与产业发展需求相适应。笔者实地调研发现，偏远农牧区和高半山区传统村落农牧民散居有四大不利：一是不利于实现公共服务集中供给的规模效益目的，二是不利于实现国家主体功能区空间管制和生态保护政策目的，三是不利于提升精准扶贫全面奔康政策的效力，四是不利于实现区域协调发展和新型城镇化目标。建议通过进一步加强政策讲解、建房奖补、移民补助、就业扶持等多种措施，引导偏远农牧区和高半山区传统村落农牧民到中心村或者乡（镇）政府驻地集中居住。根据集中居住地居民需求优先序供给公共服务，提升公共服务数量和质量，引导农牧民转变生产和生活方式，实现移民搬迁和社区定居农牧民安居乐业。对于没有特色文化保护和旅游发展价值的传统村落，引导偏远传统村落及牧区农牧民向中心村和乡（镇）集中居住区流动。减少生态破坏，实现重点生态功能区的主体功能。沿旅游线路布局集中居住点和社区，增强四省藏区特色文化旅游产业对集中居住点和社区农牧民的生计支撑。

三、向党建引领下的"五治协同"治理转变

公共服务绩效治理是在公共服务绩效的社会价值建构、组织管理和协同领导三个系统的互动作用下，生产符合基本公共价值的绩效过程。在四省藏区公共服务绩效测度过程中，基本公共价值主要体现在藏区群众的满意度方面。基本公共价值作为四省藏区公共服务绩效治理的基础，是实现绩效改进的根本动力。新时代背景下，四省藏区公共服务的有效供给，不仅是宏观利益分配格局调整的结果，而且是制度和机制创新的过程，面临政府职能转换、乡村治理结构变革等深层次问题。因此，"十四五"时期，四省藏区应探索从共享的价值体系、规则和规范、权力和权威、社会组织、社会网络、利益共同体等层面，实现有利于乡（镇）政府驻地和中心村集中居住区、农牧民移民集中居住区和传统村落等不同居住空间公共服务有效供给的基层社会治理。探索新时代四省藏区公共服务供给体系和供给能力现代化路径，引导四省藏区公共服务供给主体从单一向多元转变，基层社会治理方式从自治、法治、德治"三治结合"向法治、自治、德治、智治和共治"五治协同"转变，构建党建引领下的公共服务"五治协同"多级层面治理机制。

在四省藏区构建党建引领的公共服务"五治协同"多级层面治理机制，要理顺"五治协同"的内在关系和逻辑，科学确定"五治"先后顺序。首先要坚持党委领导和党建引领，保证从"三治结合"向"五治协同"转变的正确发展方向。在方向正确的前提下，坚持法律法规范围内的公共服务有效供给"法治"保障，才能为"自治、德治、智治和共治"营造安定团结的治理环境。其次在党建引领和"法治"基础上，努力实现四省藏区公共服务有效供给的"自治"，才能充分发挥藏区公共服务多元供给主体的内生动力。加之"德治"和"智治"，促使四省藏区公共服务多元供给主体将社会主义核心价值观"内化于心、外化于行"，自觉主动贯彻到四省藏区公共服务有效供给的"自治"行为中，并有效提升四省藏区公共服务和社会治理的现代化水平。最后推动多元主体共同努力形成合力，实现公共服务的有效供给，最终达到四省藏区公共服务供给和社会治理的"共治"目标。

政府主体在公共服务有效供给中的作用主要在于党建引领和法治保障。坚持党建引领，必须以马克思列宁主义、毛泽东思想、邓小平理论、"三个代表"重要思想、科学发展观和

习近平新时代中国特色社会主义思想引领四省藏区公共服务的有效供给，必须以科学的发展观和正确的政绩观为指导，把科学的发展观和正确的政绩观贯穿于公共服务综合绩效评估的全过程，体现在公共服务综合绩效评估的各个方面。四省藏区公共服务供给必须坚持依法供给，强化公共服务过程监督和法制保障以及对公共服务工作人员的纪律约束，以法纪保障四省藏区公共服务的有效供给，防止公共服务供给过程中的寻租性有效性漏损。习近平总书记强调："全面依法治国是中国特色社会主义的本质要求和重要保障。"① 依法治藏，维护宪法法律权威，坚持法律面前人人平等，是新时代藏区工作的首要原则，也是新时代四省藏区公共服务有效供给的首要原则。因此，用法治保障来推动四省藏区公共服务有效供给和民生改善，促进藏区经济社会的持续稳定发展，保障各族群众享受改革发展带来的成果和福祉，是四省藏区党建引领的公共服务"五治协同"治理机制的首要前提。

社会组织、企业力量、藏区群众及藏区寺院等，这些主体在四省藏区公共服务有效供给中的主要作用体现在德治和自治。以多种方式鼓励四省藏区群众和宗教教职人员等进行爱国守法、爱民厚生的基层自治行为，宣扬爱国守法、爱民厚生的乡村和寺庙"德治"经验，促进四省藏区基层"自治""德治"能力整体明显提升，为四省藏区公共服务有效供给夯实群众基础。鼓励贫困寺庙（僧侣）投工投劳，非贫困寺庙部分出资，与村两委合力完善寺庙及周边乡村基础设施，共同推动藏区乡村振兴和民生改善。通过引导四省藏区寺院从更好地适应社会主义社会向更好地服务于社会主义社会转变，使藏区寺院僧侣和宗教教职人员等作为基本公民，在享有公共服务的同时，在公共文化、基础设施建设等方面更好地提供服务于社会主义社会的服务，成为四省藏区公共服务多元供给主体的组成部分。

四省藏区公共服务有效供给多元主体的联动和协同，主要通过智治和共治实现。探索四省藏区公共服务"智治"新路径，推进基层网格化服务管理信息系统、依法常态化治理信息平台等多网合一，充分利用现代科技手段提升四省藏区社会治理现代化水平；探索现代信息化手段提升四省藏区偏远乡村公共服务效能，以服务理念和方式的现代化推动四省藏区公共服务的有效供给。以民族团结进步为导向，探索形成有利于构建互嵌式社会结构的公共服务"共治"机制，创造四省藏区各族群众交往、交流、交融，共居、共学、共事、共乐的基础设施和经济社会条件。以四省藏区群众对美好生活的向往作为重要目标，以四省藏区社会组织和市场力量、藏区居民个人及藏区寺院为多元主体，探索四省藏区公共服务有效供给的"共治"机制。充分发挥村两委作用，探索村民委员会、居民委员会、寺庙管理委员会成员等合作推动的基层共同治理路径，形成平等参与、共同协商、协同治理的阳光高效的共同治理格局，合力推动四省藏区公共服务供给结构的优化，激活公共服务多方共治力量。一是运用好村委会最了解当地群众的基层群众基础优势，通过村民大会等形式，提供公共服务信息，提升政（村）务信息公开水平，促进农牧民提高公共服务需求表达能力，提高公共服务的公平性和权威性。二是促进各类合法社会组织和私人对于公共服务供给参与意愿的实现，优化公共服务资源的区域配置，在追求基本公共服务均等化的基础上，将有限的公共服务资源进行空间和时序两方面的优化配置，提升公共服务供给的有效性。三是继续发挥国家主体功能区政策与人口流动挂钩的激励机制作用，充分发挥

---

① 习近平. 决胜全面建成小康社会夺取新时代中国特色社会主义伟大胜利［N］. 人民日报，2017－10－28（01）.

新型城镇化政策的引导作用，引导川甘青滇连片特困藏区居民，特别是偏远农牧区农牧民和高半山区传统村落分散居住的农牧民，科学有序搬迁到乡（镇）或者中心村集中居住，以充分发挥公共服务的规模效益。

第三节　基本公共服务与藏区特色公共服务互补供给

前文研究结果显示，近年来四省藏区基本公共教育服务、医疗卫生服务、社会保障和就业服务供给的技术效率均值略高于规模效率均值。这从一个方面说明中央与地方财政对四省藏区公共服务的倾斜存在供需错配的结构性投入过剩，需要通过公共服务的供给时序调整、供给方式创新以及空间布局优化等，以缓解四省藏区群众对公共服务的多样化需求与不平衡不充分供给之间的矛盾。在这个改革过程中，应高度关注四省藏区公共服务需求的区域特殊性，及其独特的民族文化和地理条件。探索以基本公共服务和藏区特色公共服务的互补供给，促进四省藏区公共服务有效供给机制的健全和完善。

一、基本公共教育与藏区特色职业教育互补供给

国家基本公共教育均等化供给与四省藏区特色职业教育供给应该协同推进，相得益彰。事实上，近年来国家基本公共教育服务均等化政策在四省藏区加速推进，2013～2017年，四省藏区幼儿园、小学和普通中学师生比三项指标均呈上升趋势，基本公共教育服务的师资力量明显增强。其中，幼儿园教育师资力量提升最为明显（见图9-3-1、图9-3-2）。截至2017年底，从幼儿园和普通中学师生比两项指标来看，四省藏区平均水平

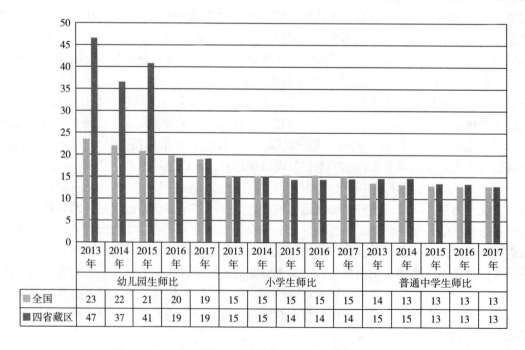

图9-3-1　近年来四省藏区及全国基本公共教育服务三项指标比较

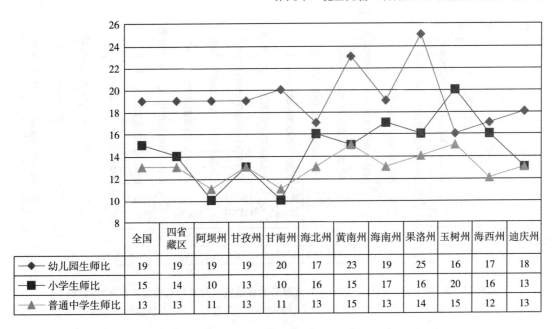

	全国	四省藏区	阿坝州	甘孜州	甘南州	海北州	黄南州	海南州	果洛州	玉树州	海西州	迪庆州
◆ 幼儿园生师比	19	19	19	19	20	17	23	19	25	16	17	18
■ 小学生师比	15	14	10	13	10	16	15	17	16	20	16	13
▲ 普通中学生师比	13	13	11	13	11	13	15	13	14	15	12	13

图 9 - 3 - 2　2017 年四省藏区州域基本公共教育服务三项指标比较

和同期全国平均水平基本一致，四省藏区小学师生比指标平均水平还略优于同期全国平均水平（见图 9 - 3 - 1、图 9 - 3 - 2）。

但是，2013 ~ 2017 年，四省藏区多数自治州基本公共教育服务的供给技术效率均值高于规模效率均值（见图 9 - 3 - 3），2017 年有更多数自治州基本公共教育服务的供给技术效率高于规模效率（见图 9 - 3 - 4）。这说明近年来中央与地方财政对四省藏区基本教育公共服务的财政投入存在供需不匹配的结构性投入过剩，需要调整优化投入结构，以应对四省藏区群众对教育公共服务的多样化需求与不平衡不充分供给之间的矛盾。事实上，基本公共教育可以普遍提升四省藏区人才素质，起到阻断贫困代际传递的重要作用，职业技术教育也是四省藏区阻断贫困代际传递的重要手段之一。但目前实际情况却是职业教育是我国民族教育发展的薄弱环节，在四省藏区也存在同样的现实问题。四省藏区大多数体制内的职业技术院校在课程设置、教学内容、教学形式等方面都与全国保持大体一致，未能与四省藏区经济社会文化发展实际紧密结合，也没能很好地体现四省藏区职业教育的办学特色[①]。

"十四五"时期，亟待在四省藏区健全和完善基本公共教育和藏区特色职业教育的互补供给机制。在国家体制内的职业教育学校之外，四省藏区还有一些社会组织自办的特色唐卡艺术传习所、民间说唱艺术等非物质文化传习所，也可以通过政府购买社会服务的方式，使这些传习所成为四省藏区体制内职业教育的有益补充。当然，也可以探索聘请非物质文化艺术传承人作为体制内职业教育学校的外聘老师。他们虽然可能没有传统教育体制内的文凭或职称，但是可以作为普通职业教育课程的有益补充，以实现藏区特色职业教育与基本公共教育的互补供给。

---

① 郑洲. 四川民族地区农村基本公共服务供给能力提升研究——以教育为例 [J]. 黑龙江民族丛刊, 2011 (5)：166 - 174.

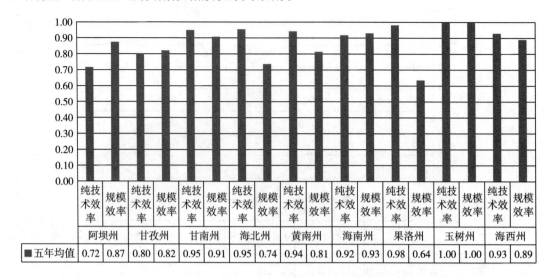

■五年均值	纯技术效率	规模效率	纯技术效率	规模效率	纯技术效率	规模效率	纯技术效率	规模效率	纯技术效率	规模效率	纯技术效率	规模效率	纯技术效率	规模效率	纯技术效率	规模效率	纯技术效率	规模效率	纯技术效率	规模效率
	阿坝州		甘孜州		甘南州		海北州		黄南州		海南州		果洛州		玉树州		海西州			
	0.72	0.87	0.80	0.82	0.95	0.91	0.95	0.74	0.94	0.81	0.92	0.93	0.98	0.64	1.00	1.00	0.93	0.89		

图9-3-3 四省藏区州域基本公共教育服务的供给技术效率和规模效率五年均值比较

资料来源：表4-1-2中四省藏区十个自治州2013~2017年公共服务与新型城镇化的耦合协调度数据。

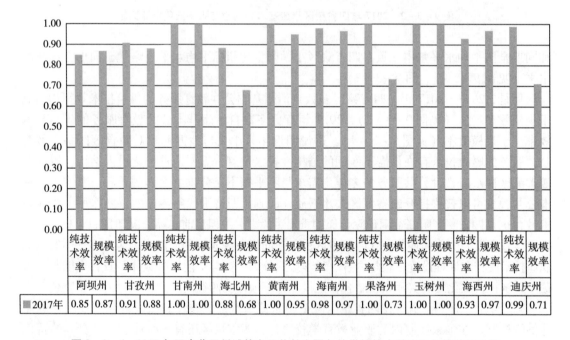

■2017年	纯技术效率	规模效率	纯技术效率	规模效率	纯技术效率	规模效率	纯技术效率	规模效率	纯技术效率	规模效率	纯技术效率	规模效率	纯技术效率	规模效率	纯技术效率	规模效率	纯技术效率	规模效率	纯技术效率	规模效率
	阿坝州		甘孜州		甘南州		海北州		黄南州		海南州		果洛州		玉树州		海西州		迪庆州	
	0.85	0.87	0.91	0.88	1.00	1.00	0.88	0.68	1.00	0.95	0.98	0.97	1.00	0.73	1.00	1.00	0.93	0.97	0.99	0.71

图9-3-4 2017年四省藏区州域基本公共教育服务的供给技术效率和规模效率比较

二、基本与藏区特色公共文化体育服务互补供给

事实上，近年来国家基本公共文化服务均等化政策在四省藏区加速推进，2013~2017年，四省藏区万人文化部门事业单位数、广播人口覆盖率和电视人口覆盖率三项指标均呈上升趋势，基本公共文化服务力量明显提升。其中，四省藏区万人文化部门事业单位数在2013~2017年一直领先于全国平均水平，广播人口覆盖率和电视人口覆盖率在2013年和

全国同期平均水平相比差距明显，截至 2017 年底，这两项指标和同期全国平均水平基本接近（见图 9 – 3 – 5）。2016 年，在文化部全国公共文化发展中心领导下，川甘青滇四省藏区和西藏分中心联动，以全国文化信息资源共享工程为依托，启动汉藏文化交流项目，实现汉藏文化交流建设服务的互通互联，有效提升我国藏区公共数字文化整体服务效能[1]，推动四省藏区基本公共文化服务水平再上新台阶。

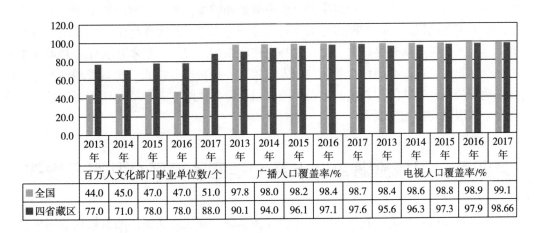

图 9 – 3 – 5　近年来四省藏区及全国基本公共文化服务三项指标比较

但是，在四省藏区除了继续推进基本公共文化和体育服务均等化之外，应充分考虑藏族传统物质和非物质文化的传承和保护，构建基本与藏区特色公共文化体育服务的互补供给机制。应鼓励和引导藏族的"俄拉""帕措"等传统社会组织，按传统习俗继续承担组织传统文化娱乐、体育节庆活动，新建、修缮村寨传统集体活动建筑、场地和设施等特色公共服务供给的职能。在四省藏区有系统性民族体育活动传统、民族特色传统民居的少数民族聚居区，应该补充进行特色公共文化体育服务供给，进行特色民族语言服务。以青海藏区热贡文化之乡——黄南州为例，当地许多唐卡、堆绣、雕塑等传统手艺工匠们常常组织起来，合作培养传统手艺传承人，通过热贡民族文化宫开展热贡泥塑展、热贡艺术展、画师创作展、民族工艺品展销、唐卡矿物颜料开发研究等活动，还组织开设唐卡绘画艺术培训班，在北京等地举行唐卡、泥塑、民族工艺品等成果展览。此外，在四省藏区自然地理条件特殊的高海拔和高寒地区，大力发展符合当地实际的藏族民间传统体育活动具有一定的优势，不仅可以弥补基本公共体育服务供给的不足，还可以成为藏族优秀传统文化的重要载体，对于藏族后代的生产、生活和教育的传承起到激励作用，有利于维护四省藏区和谐稳定，促进民族团结进步。比如，青海藏区有几位热衷传统文化的老人，创办了加吉博洛镇赛马协会，定期或不定期地在当地组织赛马比赛等活动，不仅推动了当地养马产业的发展，而且通过赛马比赛这一传统活动丰富了当地群众的文化生活。政府可以通过购买社会服务等方式，鼓励和引导这类社会组织成为四省藏区基本公共文化和体育服务的有益补充。

---

① 余江. 四川省公共数字文化工程建设实践与思考［J］. 四川戏剧，2017（5）：169 – 172.

此外，四省藏区现实存在历史地理、气候条件、基础设施等因素的制约，导致基本医疗卫生公共服务非均等化现象明显①。如由于高海拔高寒的特殊性导致部分地区医疗卫生设备无法正常使用，出现基本医疗卫生资源分配欠合理、服务利用率低下等问题②。在四省藏区推进基本医疗卫生服务均等化的同时，可以鼓励科学发展以藏医药产业为主要内容的藏区特色医疗卫生公共服务，结合藏区自然条件及地区实际情况，依托现有的医疗卫生机构等基础设施，提高藏区医疗卫生公共服务质量和效益，有助于解决基本医疗卫生公共服务供给不可及的问题。四省藏区偏远乡村的建档立卡贫困户大都生活在高半山区或交通通信落后地区，很难从外界获取信息，对外交往联系相对很少，基本社会保障和就业服务等的可及性很差。可以考虑结合藏区贫困人口构成、扶贫产业模式、扶贫管理体制等，因地制宜地发展一些特殊的差异化的社会保障和就业服务供给方式，推动四省藏区社会保障和就业公共服务均等化发展③。

第四节　县域旅游协同发展助推四省藏区公共服务增效

藏区全面小康和长治久安离不开坚实的经济基础，藏区公共服务的有效供给同样离不开坚实的经济基础。四省藏区的民族文化和生态旅游资源非常丰富，旅游产业是四省藏区颇具潜力、颇具优势、颇具竞争力的绿色产业、特色产业和富民产业。实地调查研究发现，近年来四省藏区旅游扶贫和全域旅游战略实施成效明显，带动当地农牧民增收，促进产业结构转型升级，对于藏区公共服务水平整体提升起到重要促进作用。但是，四省藏区全域旅游存在旅游资源开发的县域竞争大于合作的问题，可能影响到旅游产业带动四省藏区公共服务增效和民生改善的后劲。应进一步贯彻新发展理念，推动区域协调和绿色发展战略在四省藏区落地落实，通过跨行政区域的统筹谋划、整合开发，推动四省藏区县域旅游协同发展，促进公共服务有效供给机制的健全和完善，公共服务绩效和民生福祉进一步提升。

一、县域旅游协同发展助推公共服务增效的途径

促进四省藏区县域公共服务体系的健全，带动深度贫困地区整体脱贫和促进可持续发展。富民兴藏，就是要把增进藏区各族群众福祉作为基本出发点和落脚点，紧紧围绕民族团结和民生改善推动经济发展。探索跨行政区域共建共享、合作开发旅游资源的新模式，有利于推动四省藏区各县规划相互衔接，加强区域合作，形成旅游资源开发的县域合力，减少无序竞争和重复投入。这不仅可以从整体上推动四省藏区公共服务体系的健全完善，促进县域交通等基础设施互联互通，公共服务资源就近共享，民生福祉进一步改善，而且

① 李志农，蓝文思，刘虹每. 云南藏区基础医疗卫生服务非均等化调查研究 [J]. 贵州民族研究，2018，39 (8)：55-60.
② 刘洪，唐曦，陈喆，泽仁洛加，泽仁伍呷，张勇. 医疗卫生精准扶贫高海拔藏区贫困县的思考与建议 [J]. 中国农村卫生事业管理，2016，36 (6)：684-689.
③ 王亚玲. 青海省海南州藏区特殊类型扶贫攻坚研究 [J]. 青海社会科学，2016 (6)：21-26.

使远离县城中心的交界乡村（镇）有机会成为旅游产业新的价值高地，有利于增强其内生发展动力和促进可持续发展，带动深度贫困地区整体脱贫。

促进四省藏区全域旅游提质升级，在推动藏区公共服务有效供给方面形成合力。创新、协调、绿色、开放、共享的新发展理念，集中反映了党对经济社会发展规律的新认识，是"十三五"乃至更长时期我国发展思路、方向和着力点的集中体现。县域旅游协同发展，推动四省藏区全域旅游提质升级，要求全域旅游更加注重增强发展质量和区域协调性，是协调发展理念在民族地区的创新实践，有利于丰富民族地区县域开放合作内涵，协同构建科学合理的全域旅游产业空间格局、生态安全格局和公共服务资源共享的互利合作格局。

促进国家区域协调和绿色发展战略在四省藏区的实践，推动四省藏区公共服务与绿色经济协调发展。区域协调和绿色发展战略，是党和国家对新时代四省藏区作出的重要谋划，是解决四省藏区区域发展不平衡、不充分、不协调问题的重要举措。四省藏区推动县域旅游协同发展，形成各具特色、优势互补的全域旅游整体协调发展格局，是党和国家区域协调和绿色发展战略在四省藏区的重要实践，有利于应对乡村公共服务供给效率的空间失配型漏损等诸多问题，破解全域旅游助推藏区民生改善的瓶颈制约，是区域协调和绿色发展战略指导下四省藏区全域旅游战略的自我完善。

化解旅游资源开发带动脱贫致富的现实需要与旅游产业发展不平衡不充分的矛盾，有利于增进四省藏区公共服务绩效和民生福祉。中国特色社会主义进入新时代，我国社会主要矛盾已经转化为人民日益增长的美好生活需要和不平衡不充分的发展之间的矛盾。四省藏区各县均拥有丰富的民族文化和自然旅游资源，但由于各县旅游资源开发能力差异，"强者愈强，弱者愈弱"的极化效应尤其明显，藏区群众对旅游资源开发带动脱贫致富的现实需求与旅游发展不平衡不充分的矛盾进一步凸显。按照目前行政区划主导旅游资源开发的单一模式，导致旅游发展和当地群众心理不平衡等新的社会矛盾出现，亟待通过构建县域旅游协同发展机制予以统筹化解。

二、县域旅游协同发展助推公共服务增效面临的问题

四省藏区全域旅游和旅游扶贫成效明显，对于促进当地公共服务有效性提升以改善社会民生起到重要作用，但县域间旅游发展不平衡问题带来一些新的社会矛盾。四省藏区贫困面广、贫困度深，同时旅游资源又非常丰富，有必要将旅游业作为最具潜力、最具优势、最具竞争力的特色产业和富民产业来加以扶持发展。全域旅游战略实施以来，旅游产业带动四省藏区群众增收、推动产业结构转型升级成效明显，旅游扶贫带动脱贫致富的示范效应也非常明显，对于四省藏区全面小康和长治久安起到重要促进作用。但是，由于各县交通区位条件、旅游基础设施差异较大，自身财力和招商引资能力不同，加之旅游扶贫的帮扶力度和项目分布不均等，导致县与县之间、乡与乡之间，旅游扶贫和旅游资源开发的受益程度差距较大，部分群众出现心理不平衡现象，部分县域和乡村之间的攀比心理比较明显，带来新的社会矛盾。

群众对旅游带动脱贫致富的期待很高，但重大旅游项目对周边县域民生改善的辐射带动作用不充分。四省藏区是长江上游重要的水源涵养地和生态屏障，其跨越发展必须走资源节约型、环境友好型道路。旅游产业综合带动性强、生态干扰度低，已成为四省藏区各县优先发展的绿色产业。实地调研发现，四省藏区群众普遍希望政府引领发展特色文化旅游，带动当地产业发展、民生改善和脱贫致富。但是，由于缺乏整体协调的开发规划，未形成县域旅游协同发展机制，九寨、黄龙、亚丁等享誉海外的重大品牌旅游项目对周边县域的辐射带动作用并不充分，现有旅游资源开发格局尚不能系统化、全景式地展现四省藏区的特色民族文化。四省藏区群众日益增长的对旅游资源的开发的美好愿望与县域旅游发展不平衡不充分的矛盾凸显。

旅游带动四省藏区产业结构转型升级和公共服务增效，但各自为政的开发模式增加生态破坏和无序竞争的风险。旅游产业具有综合性、带动性强的特点，能拉动四省藏区特色农牧业健康发展，促进农产品加工、特色旅游商品生产等第二产业加快发展，引导餐饮、娱乐、商贸等第三产业的迅猛发展，从而有效推动四省藏区绿色经济发展，为四省藏区公共服务有效供给提供重要经济支撑。同时还吸引大量外来资金、技术和人才等向四省藏区转移，增强四省藏区公共服务保障能力。但是，四省藏区很多民族文化遗产和自然旅游资源为多县共有，拼速度、抢品牌、比规模的竞争性开发模式极易引发产业雷同、重复投入、生态破坏和无序竞争等一系列风险。旅游资源开发的县域竞争大于合作，难以形成各具特色、优势互补的全域旅游整体协调发展优势。

县域旅游基础设施互联互通问题依然存在，成为全域旅游助推四省藏区民生改善的重大障碍。四省藏区各县的民族文化和生态旅游资源非常丰富，以四川藏区为例，四川全省50%以上的世界级、国家级旅游资源分布在藏区，待开发的世界级旅游资源60%也集中在藏区。除九寨、黄龙、亚丁等世界级旅游资源外，每个县还有很多独特而宝贵的生态和文化旅游资源，需要统筹谋划、整合开发、联动发展。近年来，四川省综合交通枢纽建设战略推动内地立体交通网络成型，县域间交通互联互通基本实现，为旅游的县域协同发展打下坚实基础。但是，由于藏区交通基础设施相对落后，旅游基础设施互联互通面临重大挑战，成为全域旅游助推藏区民生改善的重大障碍。

三、县域旅游协同发展助推公共服务增效的政策建议

加强顶层设计建立县域旅游协同发展机制，提高四省藏区公共服务基础设施互联互通能力。一是把握国家机构改革文化和旅游部门整合的机遇，在省级层面形成县域旅游协同发展领导机制，办公室设在省文化和旅游厅，统筹四省藏区旅游资源的规划、保护、建设、开发等各项工作，统筹解决四省藏区县域旅游资源开发不平衡不充分、区域发展不协调等问题，着重防范和化解旅游资源开发的无序竞争和生态破坏风险。二是探索建立四省藏区县域旅游协同发展的多方参与机制，充分调动旅游资源丰富而招商引资能力弱的旅游产业欠发达县的积极性，尝试与旅游产业先行县开展合作，以资金或资源入股的模式进行跨区域的整合开发，共享开发收益，形成政府、群众、社会等多元主体参与共建共享的格局。三是探索建立四省藏区县域旅游协同发展的综合评价机制，从群众福祉增进、公共服务质量提升、社会全面进步等多个层面构建综合性的协同发展绩效评价机制，提高四省藏区县域公共服务基础设施互联互通能力，提升欠发达县域公共服务在当地旅游资源开发中的受益程度。

制定促进县域旅游协同发展的配套政策，破除旅游产业助推藏区民生改善的瓶颈制约。一是激励与约束机制双向推动县域旅游协同发展，在《县域经济发展激励奖励办法》

中增加对于藏区县域旅游协同发展项目的奖励条款，在《县域经济发展考核办法》中增加关于县域旅游协同发展的相关考核内容、指标和权重。二是政府与市场双方形成合力，以财政资金建立四省藏区县域旅游协同发展引导基金，吸引社会资本进入，共同推动建设四省藏区县域旅游协同发展助推藏区民生改善的重大工程和示范项目。三是出台关于推进四省藏区县域旅游协同发展的指导意见，明确在审批四省藏区旅游发展相关规划和项目时，应在推动形成分工合理、结构优化、促进民生改善的全域旅游发展格局方面进行考察，对是否形成旅游产业无序竞争风险进行评估，对于上述作用大、风险小的项目优先立项。

优化县域旅游协同发展的产业融合空间布局，让四省藏区各地群众更好共享旅游发展成果。一是突破传统的按行政区划进行县域旅游资源开发的格局，将四省藏区所有县作为一个统一的区域整体来进行旅游资源开发的整体规划，从空间上引导扶贫、生态等政策性移民沿旅游交通线居住，提升偏远乡村（镇）农牧民住房保障能力和可持续发展能力；围绕旅游产业增强其内生发展动能，凸显让藏区各地群众，特别是公共服务欠发达地区乡村（镇）群众更好共享旅游发展成果的规划理念，推动县域旅游协同发展。二是在国家旅游局《四省藏区旅游业协同发展规划（2016～2025）》等基础上，在四省国民经济与社会发展第十四个五年规划统领下，科学制定四省藏区县域旅游协同发展规划和乡村振兴规划，围绕增进各族群众福祉的目标，促进四省藏区城乡和区域基本公共服务均等化目标，拓展优化四省藏区文旅融合产业空间布局，推动县域旅游基础设施互联互通、共建共享。三是针对四省藏区各县旅游景区间通联度差、没有形成环线、没有形成规模和品牌效应等现实问题，重点从促进偏远乡村（镇）公共服务基础设施和服务水平提升上实现突破，提出因地制宜、分类指导的发展路径和保障措施。

探索县域旅游协同发展助推四省藏区民生改善的新路径，更大范围增进藏区各族群众福祉。四省藏区旅游资源丰富，均先后提出全域旅游发展战略，但是旅游产业有特殊性，需要集群或者环线打造以提升整体效益。仅以县域行政区划主导进行旅游资源开发，难以形成规模效应，难以建成世界旅游目的地。已经进入"国家全域旅游示范区"创建名单，有政策、有条件、有资源先行先试县域旅游协同发展的地区，应积极探索跨行政区域的旅游资源开发合作，探索打破乡（镇）县域行政区界限的"农文旅"融合乡村旅游集群，探索毗邻县共建乡村旅游集体经济组织合作联社等创新模式，为旅游富民，促进城乡和区域基本公共服务均等化，促进四省藏区全面小康提供新实践经验和新路径借鉴。在省内实践取得重要经验基础上，争取上升至国家层面得到更大政策支持，进一步探索与西藏昌都、林芝地区等相邻藏区共同建立文化旅游的区域协同发展新机制，跨行政区域协同共建藏羌彝文化走廊旅游环线。

第五节　四省藏区公共服务供给的综合绩效评价

"富民兴藏，就是要把增进各族群众福祉作为兴藏的基本出发点和落脚点，紧紧围绕民族团结和民生改善推动经济发展、促进社会全面进步，让各族群众更好共享改革发展成果①。"四省藏区公共服务的有效供给,不仅是公共服务资源有效配置的效率治理问题,同时也是涉及群众多方参与、区域利益结构调整、民族共同价值和发展理念等政治、社会、文化乃至生态的综合性问题。需要在健全和完善城乡和区域基本公共服务均等化评价机制的基础上,探索四省藏区公共服务供给"规模有效性""治理有效性"和"技术有效性"的评价机制,以公共服务与绿色经济、新型城镇化、乡村振兴和民族团结进步"协调有效性"的综合评价,促进四省藏区公共服务有效供给机制的健全和完善。

一、健全完善城乡和区域基本公共服务均等化评价机制

四省藏区政府公共服务部门在城乡和区域基本公共服务均等化的总体目标下提供公共服务,既要在中央和地方政府财力总量既定约束条件下努力化解四省藏区群众日益增长的美好生活需要和不平衡不充分的发展之间的矛盾,又要以多目标的综合绩效评价机制保证其在区域竞争中对群众负责,提高服务质量和群众满意度。

针对四省藏区公共服务有效供给面临地广人稀特征明显、城乡和区域基本公共服务均等化难度大的现实问题,以促进机会均等为核心,以保障四省藏区群众得到基本公共服务的机会为重点,不追求简单的平均化,探索健全和完善四省藏区城乡和区域基本公共服务均等化评价机制的现实路径,以实现四省藏区所有群众都能公平可及地获得大致均等的基本公共服务。需要特别考虑四省藏区双语教师需求和供给的特殊性,在基本公共教育服务各阶段教师编制、工资待遇、职称评定等方面设置基本公共服务均等化的特色评价指标,以适应四省藏区基本公共教育服务的特色;还需要特别考虑四省藏区高海拔、高寒地区住房建设条件和成本、人均寿命等特殊性,在保障性住房建设资金、建设时限等方面设置特色评价指标,以适应四省藏区基本社会保障、住房保障等方面的特色;等等。

二、建立公共服务规模、技术和治理有效性的评价机制

在城乡和区域基本公共服务均等化水平的评价基础上,探索使用四省藏区公共服务供给"规模有效性""技术有效性"和"治理有效性"的评价机制,以促进四省藏区的公共服务供给主体由政府单一服务主体向"政府+藏区群众+社会企业+寺院僧侣"等多元主体转变,公共服务管理机制由政府单一管理向"党建引领"下的法治、德治、自治、智治、共治"五治协同"转变。

探索建立四省藏区公共服务供给"规模有效性""技术有效性"和"治理有效性"的评价机制,促进四省藏区公共服务供给方式转变,以应对城乡公共服务数字化鸿沟"明显化"、传统村落"空心化"、县城周边自发移民队伍"扩大化"、定居游牧民生产和生活空间"分离化"等带来的公共服务需求的深刻变化。在城乡和区域基本公共服务均等化水平的评价指标体系基础上,通过探索设置公共服务供给"规模有效性""技术有效性"和"治理有效性"评价指标体系,促进四省藏区公共服务供给方式和能力的现代化,促进公共服务财政投入的规模效率和技术效率提升;促进公共服务"俱乐部产品"供给时序的调整,以及公共服务资源的空间优化配置等,减少公共服务供给效率的时序失配和空间失配

---

① 习近平. 在中央第六次西藏工作座谈会上强调依法治藏 富民兴藏 长期建藏 [N]. 新华每日电讯, 2015 - 08 - 26 (01).

型漏损。

三、探索公共服务与多个发展系统的协调发展评价机制

川甘青滇四省藏区具有特殊重要的地缘政治、经济、文化、生态区位,空间分布上是民族地区、贫困地区、生态脆弱地区、高寒高海拔地区在地域上的耦合①,因此四省藏区经济发展限制较多,难度较大。事实上,公共服务有效供给是实现四省藏区人民安居乐业的重要保障,绿色发展道路是实现四省藏区区域经济和生态保护协调发展的有效路径。公共服务有效供给与绿色发展道路对四省藏区经济社会发展和民生改善均具有重要意义,藏区公共服务均等化与绿色经济发展互动互促,实现公共服务与绿色经济的协调发展更能体现绿色发展和民生保障理念,更能实现四省藏区经济社会长期稳定的高质量发展。本书在第八章测度四省藏区公共服务指数和绿色经济指数基础上,构建了四省藏区公共服务与绿色经济协调发展的测度指标体系(见表8-1-1至表8-1-6)。采用这套测度指标体系,对近年来四省藏区十个自治州公共服务与绿色经济两个发展系统的耦合协调度进行测度(见图8-1-2),并分析2013~2017年四省藏区十个自治州公共服务与绿色经济协调发展的时序变化和空间特征,探寻四省藏区公共服务与绿色经济协调发展存在的问题及面临的挑战。在此基础上,提出四省藏区十个自治州公共服务与绿色经济协调发展的分区域分类指导政策建议,对于探索构建四省藏区公共服务与绿色经济协调发展的评价机制,促进四省藏区公共服务与绿色经济协调发展具有一定启发意义。

区域公共服务与新型城镇化两个发展系统之间存在着非常强烈的耦合关系,区域公共服务有效供给对于新型城镇化顺利推进具有重要支撑作用,而新型城镇化发展对于提升公共服务供给效率也具有重要促进作用。两个发展系统之间协调水平的高低,对于区域公共服务供给效率和新型城镇化发展水平的高低具有重要影响。新型城镇化是基于科学发展观的引领,坚持"全面、协调、可持续推进"的原则,将"人"的城镇化作为其核心内容,信息化、农业产业化和新型工业化作为其主要动力,以民生改善、增长质量和可持续发展为重要内涵的发展方式(彭红碧、杨峰,2010;倪鹏飞,2013;单卓然、黄亚平,2013;等等)。而公共服务的有效供给旨在提高民生保障水平、推进国家治理体系和治理能力现代化,不断满足人民日益增长的美好生活需要,不断促进社会公平正义。坚持"以人为本"的服务原则,促进四省藏区公共服务有效供给,提升四省藏区居民的满意度和获得感,就必须协调好区域公共服务与新型城镇化的发展关系。四省藏区在新型城镇化进程中面临着公共服务资源城乡区域间配置不均衡、乡村基础设施不足和利用不够并存、民族文化资源丰富和保护性利用不足并存、城镇体系发育不完善与城镇功能弱小并存等诸多问题,需要通过探索建立公共服务与新型城镇化协调发展的评价机制,以促进藏区公共服务资源在城乡和区域之间优化配置。依托公共服务的"俱乐部产品"选择模式,注重乡村公共服务供给的增量与提质并重,进一步促进四省藏区公共服务资源优化配置,以及公共服

---

① 钟海燕,郑长德.川甘青接合部藏族聚居区绿色包容性发展研究[J].西南民族大学学报(人文社会科学版),2017,38(6):134-141.

务与新型城镇化建设的协调互动发展①。本书在借鉴上述研究成果基础上，构建了四省藏区公共服务与新型城镇化协调发展的测度指标体系（见表8－2－1至表8－2－6），并以四省藏区十个自治州为例，实证研究了四省藏区公共服务与新型城镇化两个发展系统间耦合协调度的时序变化和空间分布特征（见图8－2－4、图8－2－5、图8－2－6），以发现四省藏区公共服务资源优化配置与新型城镇化建设协调互动发展的薄弱地区和薄弱环节，并给予分区域分类指导的政策建议。上述研究对于探索构建四省藏区公共服务与新型城镇化协调发展的评价机制，推动四省藏区公务服务与新型城镇化协同发展，可以提供有益启示。

新时代乡村振兴战略为四省藏区公共服务体系的完善带来了新机遇，不仅可以进一步推动城乡基本公共服务均等化，还为四省藏区偏远乡村公共服务水平提升带来新机遇。乡村振兴从乡村居民现实需求的角度，要求按照"产业兴旺、生态宜居、乡风文明、治理有效、生活富裕"的总体要求，补齐乡村公共服务和基础设施短板，不仅可以更大程度上保障和改善乡村社会民生，还可以为城乡基本公共服务均等化和乡村公共服务有效供给创造现实条件。学术界前期研究关于公共服务与乡村振兴关系的论述多为定性分析，此两个发展系统间耦合协调关系研究成果较为少见，对于四省藏区这个方面的研究成果更是少见。但事实上，乡村公共服务与乡村振兴关系密切，相互间具有强烈的耦合作用。提升区域公共服务和乡村振兴两个系统的协调发展水平，对于实现四省藏区公共服务供给绩效提升，推动乡村振兴和富民兴藏，具有多重现实意义。本书通过构建四省藏区公共服务与乡村振兴协调发展水平测度指标体系（见表8－3－1至表8－3－6），分别对四省藏区十个自治州2013~2017年公共服务和乡村振兴协调发展水平进行测度（见图8－3－4）。在此基础上，研究四省藏区公共服务与乡村振兴协调发展的时序和空间变化特征，探寻四省藏区各地公共服务与乡村振兴欠协调和不协调的现实问题，发现四省藏区公共服务资源优化配置与乡村振兴战略协调互动发展的薄弱地区和薄弱环节，并提出分区域分类指导的政策建议。对于探索构建四省藏区公共服务与乡村振兴协调发展的评价机制，推动四省藏区公务服务与乡村振兴协同发展提供有益启示。

2019年9月27日，习近平总书记在全国民族团结进步表彰大会上的讲话指出，"实现中华民族伟大复兴的中国梦，就要以铸牢中华民族共同体意识为主线，把民族团结进步事业作为基础性事业抓紧抓好。……我们要加快少数民族和民族地区发展，推进基本公共服务均等化，提高把'绿水青山'转变为'金山银山'的能力，让改革发展成果更多更公平惠及各族人民，不断增强各族人民的获得感、幸福感、安全感"。② 民族团结进步与公共服务体系建设具有互促发展的特性，两者在价值取向上趋于一致，在内容、功能、平台等方面互相补充。新时代进一步推进四省藏区民族团结进步工作需要持续加大扶持力度，加强四省藏区基本公共服务能力建设，多措并举形成合力；需要把对四省藏区的各种扶持进一步具体化、政策化，尽可能减少同一地区中民族之间的公共服务政策差异；需要提升

---

① 唐剑，李虹. 四川藏区民族文化资源保护利用与新型城镇化建设协调发展研究 [J]. 贵州民族研究，2016 (11)：65－69.

② 习近平. 习近平在全国民族团结进步表彰大会上的讲话（2019年9月27日）[N]. 光明日报，2019－09－28 (02).

基本公共服务的供给质量，满足城市少数民族流动人口的文化需求（邱珉芾，2014；董强、金炳镐，2015；郭民妍，2015；莫代山、王希辉，2016；李尚旗、姚文静，2019；等等）。但是，学术界前期研究关于区域公共服务与民族团结进步的耦合协调关系成果较为少见，对于四省藏区这个方面的研究成果更是少见。但事实上，区域公共服务与民族团结进步关系密切，相互间具有强烈的耦合作用。提升区域公共服务和民族团结进步两个系统发展的耦合协调度，对于实现四省藏区公共服务绩效提升和民族团结进步、实现富民兴藏，具有重要现实意义。本书通过构建四省藏区公共服务与民族团结进步协调发展水平的测度指标体系（见表8－4－1至表8－4－4），以甘肃藏区甘南州数据为例，测度公共服务与民族团结进步的系统耦合度、综合协调指数和耦合协调度（见表8－4－4）。在此基础上，考察甘南州区域公共服务和民族团结进步两个系统耦合协调度的时序变化特征，对近年来甘南州公共服务与民族团结进步协调发展情况及问题进行综合分析，并提出针对性政策建议。对于探索构建四省藏区公共服务与民族团结进步协调发展的评价机制，进一步推进四省藏区公共服务有效供给和民族团结进步协同发展带来有益启示。

参考文献

［1］庄天慧，陈光燕，蓝红星．精准扶贫主体行为逻辑与作用机制研究［J］．广西民族研究，2015（6）：138－146．

［2］汪三贵，郭子豪．论中国的精准扶贫［J］．贵州社会科学，2015（5）：147－150．

［3］倪国良，张世定．新中国初期藏区基层治理的国家化——以青海为中心的考察［J］．西南民族大学学报（人文社会科学版），2018（1）：185－194．

［4］周志忍．公共悖论及其理论阐释［J］．政治学研究，1999（2）：9－15．

［5］刘熙瑞，汪玉凯，刘旭涛．履行政府职责　提高行政效率——国际行政院校联合会2000年年会有关行政效率的主要观点及启示［J］．中国行政管理，2000（11）：11－13．

［6］蔡立辉．西方国家政府绩效评估的理念及其启示［J］．清华大学学报（哲学社会科学版），2003（1）：76－84．

［7］雷达．新公共管理对绩效审计的影响及对我国绩效审计发展的启示［J］．审计研究，2004（2）：36－42．

［8］丛树海，周炜，于宁．公共支出绩效测度指标体系的构建［J］．财贸经济，2005（3）：37－42．

［9］卓越．公共部门绩效评估初探［J］．中国行政管理，2004（2）：71－76．

［10］何颖．中国政府机构改革30年回顾与反思［J］．中国行政管理，2008（12）：18－24．

［11］程文浩，卢大鹏．中国财政供养的规模及影响变量——基于十年机构改革的经验［J］．中国社会科学，2010（2）：8－17．

［12］周志忍，徐艳晴．基于变革管理视角对三十年来机构改革的审视［J］．中国社会科学，2014（7）：11－20．

［13］孙涛，张怡梦．从转变政府职能到绩效导向的服务型政府——基于改革开放以来机构改革文本的分析［J］．南开学报（哲学社会科学版），2018（6）：1－10．

［14］Murphy K. R., Cleveland J. N. Performance APPraisa; An Organizational Perspective［M］. Boston：Allyn & Bacon Publishers, 1991：3.

［15］Campbell J. P. Modeling the Performance Prediction Problem in Industrial and Organisational Psychology［A］//M. D. Dunnette, L. M. Hough（Eds.）. Handbook of Industrial and Organizational Psychology 2nded［M］. Consulting Paychologists Press, 1990：687－732.

［16］Borman W. C., Motowidlo S. J. Expanding the Criterion Domain to include Elements of Contextual Performance［A］//N. Schmitt, W. C. Borman（Eds.）. Personnel Selection in Organizations［M］. San Francisco：Jossey－Bass, 1993：71－98.

［17］［英］普雷姆詹德．预算经济学［M］．周慈铭等译．北京：中国财政经济出版社，1989．

［18］段钢．国外绩效考评理论研究综述［A］//国际人力资源开发研究会．基于全球视角的人力资源理论与实践问题研究——国际人力资源开发研究会第六届亚洲年会论文集［C］．国际人力资源开发研究会，2007：464－475．

［19］Richard S. Williams. Performance Management［M］. London：International Thomson Business Press，1998：93，173.

［20］唐立成，唐立慧，王笛．我国公共体育场馆服务管理绩效评估模式与对策研究［J］．北京体育大学学报，2010，33（1）：24－27．

［21］陆庆平．公共财政支出的绩效管理［J］．财政研究，2003（4）：18－20．

［22］黄萍，黄万华．公共行政支出绩效管理分析［J］．红旗文稿，2003（22）：18－20．

［23］朱志刚．公共支出绩效评价研究［M］．北京：中国财政经济出版社，2003．

［24］梁俊娇．政府公共支出绩效低下的成因分析［J］．中央财经大学学报，2007（5）：12－15．

［25］罗哲，张宇豪．基本公共教育服务均等化绩效评估理论框架研究——基于平衡计分卡［J］．四川大学学报（哲学社会科学版），2016（2）：132－138．

［26］颜如春．关于建立我国政府绩效评估体系的思考［J］．行政论坛，2003（5）：17－19．

［27］卓越．公共部门绩效评估初探［J］．中国行政管理，2004（2）：71－76．

［28］范柏乃．政府绩效评估理论与实务［M］．北京：人民出版社，2005．

［29］张定安，谭功荣．绩效评估：政府行政改革和再造的新策略［J］．中国行政管理，2004（9）：75－79．

［30］卓越．公共部门绩效评估初探［J］．中国行政管理，2004（2）：71－76．

［31］胡宁生．构建公共部门绩效管理体系［J］．中国行政管理，2006（3）：18－21．

［32］高小平，盛明科，刘杰．中国绩效管理的实践与理论［J］．中国社会科学，2011（6）：4－14．

［33］赵立波．大部制改革：理性定位与战略设计［J］．行政论坛，2013，20（3）：19－26．

［34］林琼，凌文辁．试论社会转型期政府绩效的价值选择［J］．学术研究，2002（3）：87－91．

［35］窦晓飞．我国政府职能转变下的政府审计职责重构［J］．学术交流，2009（7）：87－89．

［36］蔡立辉．政府绩效评估的理念与方法分析［J］．中国人民大学学报，2002（5）：93－100．

［37］蔡立辉．论公共管理的特征与方法［J］．武汉大学学报（哲学社会科学版），2002（4）：432－439．

［38］臧乃康．政府绩效评估及其系统分析［J］．江苏社会科学，2004（2）：141－147．

［39］尤建新，王波．基于群众价值的地方政府绩效评估模式［J］．中国行政管理，2005（12）：41－44．

［40］包国宪，孙加献．政府绩效评价中的"顾客导向"探析［J］．中国行政管理，2006（1）：29－32．

［41］盛明科．服务型政府绩效评估体系研究的理论基础与现实依据［J］．湘潭大学学报（哲学社会科学版），2008（1）：23－28．

［42］彭向刚．论我国服务型政府绩效评估的发展趋势［J］．吉林大学社会科学学报，2008，48（2）：22－28．

［43］李少惠，余君萍．公共治理视野下我国乡村公共文化服务绩效评估研究［J］．图书与情报，2009（6）：51－54．

［44］廖晓明，孙莉．论我国地方政府绩效评估中的价值取向［J］．中国行政管理，2010（4）：27－31．

［45］陈家浩．中国政府绩效评估研究的新进展——发展语境、理论演进与问题意识［J］．社会科学，2011（5）：40－47．

［46］包国宪，王学军．以公共价值为基础的政府绩效治理——源起、架构与研究问题［J］．公共管理学报，2012，9（2）：89－97．

［47］彭向刚，程波辉．服务型政府绩效评估问题研究述论［J］．行政论坛，2012（1）：40－47．

［48］姜晓萍，郭金云．基于价值取向的公共服务绩效评价体系研究［J］．行政论坛，2013，20（6）：8－13．

［49］许淑萍．论我国基本公共服务绩效评估的价值取向［J］．理论探讨，2013（6）：163－167．

［50］李永友．解析与构建公共支出绩效测度指标体系［J］．当代财经，2005（1）：25－29．

［51］丛树海，周炜，于宁．公共支出绩效测度指标体系的构建［J］．财贸经济，2005（3）：37－41，97．

［52］尤建新，王波．基于群众价值的地方政府绩效评估模式［J］．中国行政管理，2005（12）：41－44．

［53］崔述强，王红，崔萍，闫明，陈明．中国地方政府绩效评估指标体系探讨［J］．统计研究，2006（3）：28－31．

［54］茆英娥．关于我国建立预算绩效评价体系的理论探讨［J］．财政研究，2005（10）：20－22．

［55］吕炜．公共财政在和谐社会构建中的制度创新与绩效评价［J］．财经问题研究，2007（12）：3－10．

［56］徐建中，夏杰，吕希琛，邹浩．基于"4E"原则的我国政府预算绩效评价框架构建［J］．社会科学辑刊，2013（3）：132－137．

［57］耿永志．我国民生公共服务绩效评价体系构建［J］．求索，2016（9）：37－42．

［58］姜文芹．民生类基本公共服务绩效指标体系构建［J］．统计与决策，2018（22）：36－40．

［59］王新民，南锐．基本公共服务均等化水平评价体系构建及应用——基于我国 31 个省域的实证研究［J］．软科学，2011（7）：11－20.

［60］吴乐珍．基于因子分析法的各省基本公共服务绩效评价［J］．统计与决策，2012（11）：60－62.

［61］刘丁蓉．公共服务政策绩效评估理论研究［J］．统计与决策，2013（14）：42－45.

［62］宁靓，赵立波．群众参与政府购买公共服务绩效评估指标体系研究［J］．中国海洋大学学报（社会科学版），2017（4）：44－50.

［63］管新帅，王思文．中国地方公共品供给效率地区差异测度［J］．兰州大学学报（社会科学版），2009（4）：43－47.

［64］卢阳春，程润华，高晓慧．四川藏区科技扶贫服务平台的乡村振兴效应研究［J］．藏羌彝走廊研究，2019（2）：75－79.

［65］臧乃康．政府绩效评估及其系统分析［J］．江苏社会科学，2004（2）：141－147.

［66］唐铁汉．加强政府绩效管理深化行政管理体制改革［J］．中国行政管理，2006（3）：6－10.

［67］尤建新，王波．基于群众价值的地方政府绩效评估模式［J］．中国行政管理，2005（12）：41－44.

［68］夏先德．全过程预算绩效管理机制研究［J］．财政研究，2013（4）：11－16.

［69］耿永志．我国民生公共服务绩效评价体系构建［J］．求索，2016（9）：37－42.

［70］孙璐，吴瑞明，李韵．公共服务绩效评价［J］．统计与决策，2007（24）：65－67.

［71］盛明科．服务型政府绩效评估体系的基本框架与构建方法［J］．中国行政管理，2009（4）：25－27.

［72］吴乐珍．基于因子分析法的各省基本公共服务绩效评价［J］．统计与决策，2012（11）：60－62.

［73］孙怡帆，杜子芳，邢景丽．基本公共服务绩效测度指标体系的构建［J］．统计与决策，2016（5）：43－45.

［74］刘海波．促进和谐社会构建的公共教育服务改善机制研究［J］．国家教育行政学院学报，2008（2）：47－51.

［75］宋官东，吴访非．我国教育公共治理的路径探析［J］．中国教育学刊，2010（12）：19－22.

［76］罗哲．构建基本公共教育服务均等化绩效考核新框架［J］．人民教育，2014（18）：39－40.

［77］刘成奎，柯毅．纵向财政不平衡对中国省际基本公共教育服务绩效的影响［J］．经济问题，2015（1）：7－14.

［78］罗哲，张宇豪．基本公共教育服务均等化绩效评估理论框架研究——基于平衡计分卡［J］．四川大学学报（哲学社会科学版），2016（2）：132－138.

［79］龙翠红，易承志．基本公共服务均等化、义务教育均衡发展与公共政策优化——我国义务教育政策变迁与路径分析［J］．湘潭大学学报（哲学社会科学版），2017

（6）：14-20.

［80］周鹏，李环，刘佩文，吴砥．基于大数据的教育云服务绩效评价研究［J］．中国电化教育，2018（6）：17-23.

［81］丛树海，李永友．中国公共卫生支出综合评价及政策研究——基于1997~2002年数据的实证分析［J］．上海财经大学学报，2008（4）：53-60.

［82］李向前，李东，黄莉．中国区域健康生产效率及其变化——结合DEA、SFA和Malmquist指数的比较分析［J］．数理统计与管理，2014（5）：878-891.

［83］王丽，王晓洁．京津冀协同背景下公共医疗卫生和计划生育支出绩效差异实证分析［J］．中央财经大学学报，2015（4）：3-10.

［84］王文娟，曹向阳．增加医疗资源供给能否解决"看病贵"问题——基于中国省际面板数据的分析［J］．管理世界，2016（6）：98-106.

［85］谢星全．基本公共服务质量评价研究［J］．宏观质量研究，2018（1）：44-54.

［86］孙婧．医疗卫生公共服务的绩效评价和路径优化［J］．理论导刊，2010（2）：21-23.

［87］王喆，丁姿．公共服务供给模式改革的多案例研究——以医疗服务为例［J］．2018（3）：264-272.

［88］汪波，郭滇华，郭印，尹占春．社区卫生服务机构分层绩效综合评价方法应用研究［J］．天津大学学报（社会科学版），2010（3）：203-207.

［89］徐水源，刘志军．政府购买卫生计生基本公共服务研究［J］．人口与经济，2016（2）：115-126.

［90］丁姿，龚璞，杨永恒．我国医疗服务供给结构与效率研究——基于省级面板数据的实证分析（2010—2016）［J］．公共行政评论，2018（6）：51-67.

［91］刘方．防范地方政府隐性债务背景下PPP健康发展研究［J］．当代经济管理，2019（9）：29-35.

［92］蒋建梅．政府公共文化服务体系绩效评价研究［J］．上海行政学院学报，2008（4）：60-65.

［93］向勇，喻文益．公共文化服务绩效评估的模型研究与政策建议［J］．现代经济探讨，2008（1）：21-24.

［94］金家厚．公共文化机构绩效评估及其机制优化［J］．重庆社会科学，2011（11）：19-24.

［95］曹超．公共图书馆服务评估指标比较研究［J］．图书馆杂志，2012（2）：45-50.

［96］方雪琴．广播电视公共服务绩效评估体系的构建［J］．中国传媒大学学报，2011（5）：55-58.

［97］苏祥，周长城，张含雪．"以群众为导向"的公共文化服务绩效评估：理论基础与指标体系［J］．黑龙江社会科学，2016（5）：85-90.

［98］徐芳，柴雅凌，金小璞．公共图书馆服务绩效评估指标体系构建研究［J］．图书与情报，2007（6）：37-40.

［99］段海艳．论公共图书馆绩效评价的主体、内容与方法［J］．图书馆学研究，2008（10）：12-16.

[100] 吕元智，朱颖．公共档案馆服务绩效模糊综合评价实现模型研究［J］．档案学通讯，2011（6）：77-80.

[101] 王灿荣，刘喜球．公共档案馆信息服务绩效测评的层次分析法应用分析［J］．现代情报，2014（4）：117-120.

[102] 王灿荣，王协舟．档案信息服务社会化绩效测度指标体系构建策略［J］．档案学研究，2015（2）：66-70.

[103] 陈波，邱新秀．我国区域公共文化场馆绩效评价研究——以中部地区八省为例［J］．艺术百家，2016（3）：65-74.

[104] 周静．我国各省域公共图书馆绩效的测算与评价［J］．新世纪图书馆，2017（8）：85-90.

[105] 柯平，宫平．公共图书馆服务绩效评估模型探索［J］．国家图书馆学刊，2016，25（6）：3-8.

[106] 张广钦，李剑．基于平衡计分卡的公共文化机构绩效评价统一指标体系研究［J］．图书馆建设，2017（9）：26-31.

[107] 王才兴．构建完善的体育公共服务体系［J］．体育科研，2008（2）：1-13.

[108] 赵聂．基于DEA模型的公共体育服务绩效评价研究［J］．成都体育学院学报，2008（6）：8-10.

[109] 宋娜梅，罗彦平，郑丽．体育公共服务绩效评价：指标体系构建与评分计算方法［J］．体育与科学，2012，33（5）：30-34.

[110] 王梦阳．政府公共体育服务满意度绩效评估指标的构建——以上海市为例［J］．体育科学，2013，33（10）：63-70.

[111] 唐立成，唐立慧，王笛．我国公共体育场馆服务管理绩效评估模式与对策研究［J］．北京体育大学学报，2010，33（1）：24-27.

[112] 韦伟，王家宏．我国公共体育服务绩效评价体系构建及实证研究［J］．体育科学，2015（7）：35-47.

[113] 董新军，易锋．"互联网+"时代社区公共体育服务供给侧改革研究［J］．体育文化导刊，2018（2）：43-47.

[114] 张凤彪，王松．我国公共体育服务绩效评价研究述评［J］．体育科学，2017（4）：62-73.

[115] 王松，张凤彪．我国公共体育服务绩效评价模式研究［J］．体育文化导刊，2018（2）：38-42.

[116] 包国宪，刘红芹．政府购买居家养老服务的绩效评价研究［J］．广东社会科学，2012（2）：15-22.

[117] 章晓懿，梅强．社区居家养老服务绩效评估指标体系研究［J］．统计与决策，2012（24）：73-75.

[118] 王成，丁社教．政府购买居家养老服务质量评价——多维内涵、指标构建与实例应用［J］．人口与经济，2018（4）：12-20.

[119] 吉鹏，李放．政府购买居家养老服务的绩效评价：实践探索与指标体系建构［J］．理论与改革，2013（3）：104-107.

［120］章萍．社区居家养老服务 PPP 运作模式研究［J］．当代经济管理，2018（11）：60-64.

［121］李娟，丁良超．从政府购买养老服务看政府与社会组织的协同关系［J］．理论探索，2019（2）：63-69.

［122］何筠，杨洋．论我国公共就业培训的监管和绩效评价［J］．南昌大学学报（人文社会科学版），2015（5）：59-64.

［123］马跃如，胡斌．论人力资源公共服务的标准化［J］．求索，2017（2）：171-176.

［124］侯志阳．社会保险能否让我们更幸福？——基于阶层认同的中介作用和公共服务绩效满意度的调节作用［J］．公共行政评论，2018（6）：87-110.

［125］王阳．基本劳动就业创业服务建设与促进就业［J］．中国软科学，2019（3）：69-85.

［126］费军，余丽华．电子政务绩效评估的模糊层次分析模型——基于公共服务视角［J］．情报科学，2009，27（6）：894-899.

［127］史敏，肖雪葵．科技信息公共服务绩效评价研究［J］．中国科技论坛，2010（2）：17-22.

［128］闫培宁．基于 AHP 与过程结果模型的电子政务公共服务绩效实证研究［J］．中国行政管理，2012（6）：26-30.

［129］林志坚．科技创新链的服务平台及绩效评估［J］．科技管理，2013，34（12）：84-87.

［130］潘建红，石珂．国家治理中科技社团的角色缺位与行动策略——以湖北省为例［J］．北京科技大学学报，2015（3）：87-95.

［131］马亮．公共部门大数据应用的动机、能力与绩效：理论述评与研究展望［J］．电子政务，2016（4）：62-74.

［132］田五星，王海凤．大数据时代的公共部门绩效管理模式创新——基于 KPI 与 OKR 比较的启示与借鉴［J］．经济体制改革，2017（3）：17-23.

［133］徐顽强，史晟洁，张红方．供给侧改革下科技社团公共服务供给绩效研究［J］．科技进步与对策，2017（21）：118-124.

［134］卢阳春，程润华，高晓慧．四川乌蒙山区科技扶贫缩小城乡发展数字鸿沟的实践［C］//四川省社会科学院．四川城镇化发展报告（2019）［M］．北京：社会科学文献出版社，2019：189-200.

［135］王俊霞，王静．农村公共产品供给绩效评价指标体系的构建与实证性检验［J］．当代经济科学，2008（2）：18-24.

［136］伏润民，常斌，缪小林．我国省对县（市）一般性转移支付的绩效评价——基于 DEA 二次相对效益模型的研究［J］．经济研究，2008，43（11）：62-73.

［137］李燕凌，曾福生．乡村公共品供给农民满意度及其影响因素分析［J］．数量经济技术经济研究，2008（8）：3-18.

［138］李少惠，余君萍．公共治理视野下我国乡村公共文化服务绩效评估研究［J］．图书与情报，2009（6）：51-54.

［139］徐崇波．基于 DEA 的我国农村公共产品供给绩效评价研究［J］．财政研究，2010（10）：53 - 55.

［140］刘成奎，王朝才．城乡基本公共服务均等化指标体系研究［J］．财政研究，2011（8）：25 - 29.

［141］王俊霞，鄢哲明．农村公共服务绩效评价指标的维度选择与体系构建［J］．当代经济科学，2012，34（4）：88 - 94.

［142］卢阳春，高晓慧，刘敏．乡村振兴国内研究现状、热点与展望——基于 CiteSpace 知识图谱的实证分析［J］．中国西部，2019（2）：114 - 120.

［143］姚林香，欧阳建勇．我国农村公共文化服务财政政策绩效的实证分析——基于 DEA - Tobit 理论模型［J］．财政研究，2018（4）：86 - 97.

［144］梅继霞，彭茜，李伟．经济精英参与对乡村治理绩效的影响机制及条件——一个多案例分析［J］．农业经济问题，2019（8）：39 - 48.

［145］李羚．公共绩效考验政府服务的质量——从乡村公共产品供给不足谈起［J］．经济体制改革，2004（6）：71 - 75.

［146］寻舸，彭国甫．地方政府农村公共事业管理制度的经济发展绩效及改善对策［J］．经济体制改革，2008（3）：49 - 52.

［147］李燕凌．基于 DEA - Tobit 模型的财政支农效率分析——以湖南省为例［J］．中国农村经济，2008（9）：52 - 62.

［148］张开云．农村公共产品供给效率的影响因素分析与路径构建［J］．东岳论丛，2009（6）：134 - 136.

［149］朱玉春，唐娟莉，刘春梅．基于 DEA 方法的中国农村公共服务效率评价［J］．软科学，2010（3）：37 - 43.

［150］王俊霞，鄢哲明，李雨丹．新农村建设中公共服务绩效评价问题及对策［J］．陕西师范大学学报（哲学社会科学版），2011（5）：25 - 33.

［151］王薇，李燕凌．农村公共服务绩效评价方法创新研究［J］．甘肃社会科学，2016（6）：226 - 229.

［152］张启春，江朦朦．中国农村基本公共服务绩效评估分析：基于投入—产出视角［J］．西南民族大学学报（人文社会科学版），2016（4）：141 - 146.

［153］李燕凌．农村公共产品供给侧结构性改革：模式选择与绩效提升——基于 5 省 93 个样本村调查的实证分析［J］．管理世界，2016（11）：81 - 95.

［154］孙迪亮．农民合作社参与供给农村社区公共服务的绩效与问题［J］．齐鲁学刊，2017（2）：104 - 111.

［155］《地方政府财政能力研究》课题组．地方政府财政能力研究——以新疆维吾尔自治区为例［J］．财政研究，2007（9）：57 - 63.

［156］郭佩霞，朱明熙．民族地区公共产品供给探究［J］．新疆社会科学，2010（5）：70 - 73.

［157］旦增遵珠，多庆．基于社会福利视角的青藏高原公共服务问题初探［J］．西藏研究，2017（8）：71 - 80.

［158］刘梅．民族地区基本公共服务均等化的实现路径：基于财政收支结构的分析

［J］．西南民族大学学报（人文社会科学版），2010（6）：189－192.

［159］杨立宾．推进基本公共服务均等化的对策研究——以银川市为例［J］．宁夏社会科学，2010（3）：70－74.

［160］李少惠．甘南藏区农村公共文化服务的主体困境分析［J］．图书与情报，2015（4）：132－138.

［161］陈玮，鄂崇荣．习近平新时代中国特色社会主义治藏思想研究［J］．青海社会科学，2018（1）：1－8.

［162］李广斌．青海藏区乡（镇）干部队伍建设存在的问题及思路［J］．青海社会科学，2015（2）：195－199.

［163］李强，何治江．中国藏区公共物品供给主体多元化研究［J］．安徽农业大学学报（社会科学版），2018（1）：88－94.

［164］徐世栋，傅利平，杨虎得．社会组织参与藏区社会治理的必要性和角色探析——基于青海藏区的调查［J］．青海社会科学，2019（1）：1－7.

［165］成艾华．财政转移支付提升民族地区基本公共服务的均衡效应评价［J］．中南民族大学学报（人文社会科学版），2010（4）：131－134.

［166］陈晓龙．欠发达地区实现基本公共服务均等化的路径选择［J］．西北师大学报（社会科学版），2010（4）：63－66.

［167］郭喜，黄恒学．基本公共服务均等化的民族地区公共产品供给［J］．山西大学学报（哲学社会科学版），2011（1）：115－120.

［168］沈燕萍，田云山，李军．行政成本内涵反思玉树基层政府行政［J］．会计之友，2012（4）：60－64.

［169］钟海燕．"十二五"时期促进民族地区经济社会发展的基本思路［J］．民族学刊，2011（5）：73－79.

［170］杨欣，汪希成．中国藏区公共产品供给研究进展评述［J］．新疆农垦经济，2015（8）：62－66.

［171］刘慧群，刘湘源，张开宁，顾法明．藏区"一对一"人口健康公共服务模式初探［J］．中国计划生育学杂志，2009（10）：596－599.

［172］郑洲．四川民族地区农村基本公共服务供给能力提升研究——以教育为例［J］．黑龙江民族丛刊，2011（5）：166－174.

［173］吴开松，周薇．论需求导向型的民族地区乡村公共服务供给机制［J］．中南民族大学学报（人文社会科学版），2011（5）：125－130.

［174］李中锋．四川藏区牧民定居与彝区"三房"改造工程效应分析［J］．天府新论，2013（4）：74－79.

［175］肖莉．新形势下青海藏区发展稳定探析［J］．青海社会科学，2015（6）：194－199.

［176］蒋小杰，马凡松．我国藏区地方政府基本公共服务可及性的群众满意度实证研究——基于云南省迪庆藏族自治州305户问卷调查样本分析［J］．云南行政学院学报，2015（6）：63－67.

［177］李雪萍，丁波．藏区新型城镇化发展路径研究——以四川藏区甘孜县为例

[J].西南民族大学学报（人文社会科学版），2015（2）：110－114.

[178] 李雪萍，丁波.藏区差异性城镇化动力机制及其二元结构特征——以四川甘孜藏族自治州甘孜县为例［J］.中央民族大学学报（哲学社会科学版），2015（6）：60－65.

[179] 李少惠.反弹琵琶：甘南藏区公共文化服务优先发展战略构想［J］.兰州学刊，2016（6）：170－178.

[180] 关桂霞.青海藏区公共文化产品和服务供给多元化模式探讨［J］.青海社会科学，2018（1）：24－30.

[181] 卢阳春，程润华，高晓慧，刘敏，石砥，赵中匡.四川藏区科技扶贫的创新机制及现实问题研究［R］.成都：四川省科技促进发展研究中心，2020.

[182] 李燕凌，李立清.新型乡村合作基本医疗卫生资源利用绩效研究——基于倾向得分匹配法（PSM）的实证分析［J］.农业经济问题，2009（10）：51－58.

[183] 刘蕾.基于KANO模型的乡村公共服务需求分类与供给优先序研究［J］.财贸研究，2015（6）.

[184] 张序，方茜，张霞.中国民族地区公共服务能力建设［M］.北京：民族出版社，2011.

[185] 常亚南.主体功能区划分下的民族地区基本公共服务均等化对策研究［J］.理论导刊，2011（5）：11－15.

[186] 钟海燕，郑长德.川甘青接合部藏族聚居区绿色包容性发展研究［J］.西南民族大学学报（人文社会科学版），2017（6）：134－141.

[187] 李少惠，张丹.甘南藏区农牧民公共文化需求及其特征分析［J］.甘肃社会科学，2012（5）：216－221.

[188] 久毛措，王世靓，毕力格图.青海藏区农牧民公共基本医疗卫生服务需求的调查与分析——以同仁县和泽库县为例［J］.西藏大学学报（社会科学版），2012（3）：55－60.

[189] 牛佳，李双元.青海藏区基本公共服务现状调查——基于农牧民需求的视角［J］.开发研究，2013（2）：137－141.

[190] 朱玲.排除农牧民发展障碍——康藏农牧区发展政策实施状况调查［J］.中国社会科学，2013（9）：126－146.

[191] 沈茂英.四川藏区精准扶贫面临的多维约束与化解策略［J］.农村经济，2015（6）：62－66.

[192] 兰昊骋，杨帆.四川藏区基本公共服务对减贫的影响作用分析［J］.四川农业大学学报，2016（1）：115－120.

[193] 卢阳春.我国连片特困藏区公共服务有效供给及治理创新研究［J］.党政研究，2017（4）：120－128.

[194] 张建伟，杨阿维.精准扶贫视域下农村公共品供给绩效评价研究——基于14个连片特困地区的实证分析［J］.西藏大学学报（社会科学版），2017（3）：129－137.

[195] 李少惠，成广星.民族地区文化产业发展影响因素及政策分析——基于甘南藏族自治州的探讨［J］.西南民族大学学报（人文社会科学版），2018（4）：40－47.

[196] 张兴年.青海藏区基本公共服务体系建设跟踪调查——以尕巴松多镇、隆务镇

13 个村为例［J］．青海民族大学学报，2015（3）：115－124．

　　［197］贾伟，李强．基于 DEA 模型的青海藏区公共物品供给效率实证分析——以玉树州、果洛州为例［J］．青海社会科学，2019（6）：117－122．

　　［198］［英］托马斯·霍布斯．利维坦［M］．黎思复等译．北京：商务印书馆，2013．

　　［199］［英］大卫·休谟．人性论［M］．石碧球译．北京：中国社会科学出版社，2009．

　　［200］［英］亚当·斯密．国富论［M］．谢宗林等译．北京：中央编译出版社，2011．

　　［201］［瑞典］伊瑞克·林达尔．货币和资本理论的研究［M］．陈福生译．北京：商务印书馆，1982．

　　［202］［美］保罗·萨缪尔森，威廉·诺德豪斯．经济学［M］．萧琛译．北京：人民邮电出版社，2008．

　　［203］夏光育．论"公共产品"和"公共服务"的并列使用［J］．湖北经济学院学报，2009（5）：20－25．

　　［204］［美］詹姆斯·M. 布坎南．公共物品的需求与供给［M］．马珺译．上海：上海人民出版社，2009．

　　［205］赵宝廷．从公共品定义的视角看公共品供给效率问题［J］．求索，2006（6）：67－69．

　　［206］徐崇波．基于 DEA 的我国农村公共产品供给绩效评价研究［J］．财政研究，2010（10）：53－55．

　　［207］王学军，蔡丰泽，韩志青．政府绩效治理的战略与路径——2016 中国公共绩效治理会议综述［J］．中国行政管理，2017（2）：157－159．

　　［208］蔡立辉．政府绩效评估的理念与方法分析［J］．中国人民大学学报，2002（5）：93－100．

　　［209］［美］埃莉诺·奥斯特罗姆．公共事物的治理之道：集体行动制度的演进［M］．余逊达，陈旭东译．上海：上海三联书店，2000．

　　［210］［英］阿瑟·塞西尔·庇古．福利经济学［M］．金镝译．北京：华夏出版社，2013．

　　［211］［印度］阿马蒂亚·森．以自由看待发展［M］．任赜，于真译．北京：中国人民大学出版社，2001．

　　［212］蔡立辉．西方国家政府绩效评估的理念及其启示［J］．清华大学学报（哲学社会科学版），2003（1）：76－84．

　　［213］史娜娜，肖能文，汉瑞英等．青海省生物多样性保护区划及管理对策［J］．生态经济，2019，35（11）：188－193．

　　［214］朱楠，任保平．中国公共服务质量评价及空间格局差异研究［J］．统计与信息论坛，2019，34（7）：100－107．

　　［215］熊兴，余兴厚，蒲坤明．长江经济带基本公共服务综合评价及其空间分析［J］．华东经济管理，2019，33（1）：51－61．

［216］向冰，毛克宁，穆明辉．我国国有与民营能源上市公司全要素 Malmquist 对比研究——基于 DEA – Malmquist 指数法［J］．科技与经济，2019，32（5）：106 – 110.

［217］朱晓红．公共医疗服务的有效供给——民间资本的引入与治理［J］．中国行政管理，2010（5）：58 – 60.

［218］陈娟．政府公共服务供给的困境与解决之道［J］．理论探索，2017（1）：92 – 98.

［219］董田甜．服务型政府建设的关键：政府执行力［J］．唯实，2007（12）：89 – 92.

［220］吴利学，曾昭睿．新中国技术进步与经济增长研究 70 年［J/OL］．北京工业大学学报（社会科学版），1 – 8［2020 – 01 – 11］.

［221］高煜，赵培雅．差异还是趋同：经济高质量发展下区域技术进步路径选择——基于东中西部地区要素禀赋门槛的经验研究［J］．经济问题探索，2019（11）：1 – 13.

［222］Benno J. Ndulu. Infrastructure, Regional Integration and Growth in Sub – Saharan Africa: Dealing with the Disadvantages of Geography and Sovereign Fragmentation［J］．Journal of African Economies, 2006（2）：212 – 244.

［223］Imed Drine, M. Sam Nabi. Public External Debt, Informality and Production Efficiency in Developing Countries［J］．Economic Modeling, 2010（2）：457 – 495.

［224］Pritha Mitra. Has Government Investment Crowded out Private Investment in India?［J］．American Economic Review, 2006（2）：337 – 341.

［225］Daniel R. Soaring Government Spending "Crowds Out" Private Investment Returns［EB/OL］．http://news goldseek. com/Goldseek/127559214. php, 2010 – 06 – 03/2018 – 07 – 16.

［226］Otsuka K. Role of Agricultural Research in Poverty Reduction: Lessons from the Asian Experience［J］．Food Policy, 2000（4）：447 – 462.

［227］Mendola M. Agricultural Technology Adoption and Poverty Reduction: A Propensity – score Matching Analysis for Rural Bangladesh［J］．Food Policy, 2007（3）：372 – 393.

［228］Kassie M. , Shiferaw B. , Muricho G. Agricultural Technology, Crop Income and Poverty Alleviation in Uganda［J］．World Development, 2011（10）：1784 – 1795.

［229］丛林．福建省科技扶贫工作回顾、成效与建议［J］．福建农业学报，2011（1）：113 – 118.

［230］马宗文，胡熳华，谭旭辉等．"科技挺进大别山" 30 年科技扶贫经验——以湖北省英山县为例［J］．湖北农业科学，2017（4）：770 – 774.

［231］邢成举．科技扶贫、非均衡资源配置与贫困固化——基于对阳县苹果产业科技扶贫的调查［J］．中国科技论坛，2017（1）：116 – 121.

［232］卢阳春，肖君实，程润华．科技扶贫服务平台经济效应评价及县域差异分析——基于四川秦巴山区的调查［J］．农村经济，2018（10）：97 – 104.

［233］薛曜祖．吕梁山集中连片特困地区科技扶贫的实施效果分析［J］．中国农业大学学报（社会科学版），2018（5）：218 – 224.

［234］刘冬梅，王元．对片区扶贫中科技作用的若干思考［J］．中国科技论坛，2012（12）：134 – 137.

［235］柏振忠，宋玉娥．农民专业合作社科技扶贫理论逻辑与实践研究［J］．科技

进步与对策，2017（18）：21-25.

［236］甘小文，陈瑾．"科技入园"视角下江西基层科技服务供给效应研究［J］．企业经济，2016（8）：161-167.

［237］温铁军，邱建生，车海生．改革开放40年"三农"问题的演进与乡村振兴战略的提出［J］．理论探讨，2018（5）：5-10.

［238］陆益龙．乡村振兴中精准扶贫的长效机制［J］．甘肃社会科学，2018（4）：27-35.

［239］田菊会，乔亚杰，孟祥岫．精准扶贫背景下的乡村振兴战略研究［J］．经济研究参考，2018（10）：65-69.

［240］郭晓鸣．乡村振兴战略的若干维度观察［J］．改革，2018（3）：54-61.

［241］王书华，郑风田，胡向东，冷杨，程郁．科技创新支撑乡村振兴战略［J］．中国科技论坛，2018（6）：1-5.

［242］李海龙，卜琳，颜磊．藏区乡村振兴路径初探［J］．小城镇建设，2018（8）：26-31.

［243］姚会兰．乡村振兴战略下甘南藏区实践探索［J］．住宅产业，2018（7）：13-17.

［244］郑长德．深度贫困民族地区提高脱贫质量的路径研究［J］．西南民族大学学报（人文社会科学版），2018（12）：103-112.

［245］盛伟，廖桂蓉．深度贫困地区经济增长的空间关联与减贫的外溢效应——以西藏和四省藏区为例［J］．财经科学，2019（2）：63-73.

［246］左停，赵梦媛，金菁．突破能力瓶颈和环境约束：深度贫困地区减贫路径探析——以中国"四省藏区"集中连片深度贫困地区为例［J］．贵州社会科学，2018（9）：145-151.

［247］周华强，李镜，杨柳，谢士娟，王敬东．贫困地区农村科技服务体系分布特征——以四川省为例［J］．中国科技论坛，2019（3）：148-159.

［248］肖怡然，龚贤．藏区旅游扶贫与农牧民增收问题研究——以甘孜藏族自治州为例［J］．云南民族大学学报（哲学社会科学版），2018（3）：107-113.

［249］沈茂英，杨程．川西北藏区生态扶贫特征与持续运行探究——以国家扶贫工作重点县壤塘县为例［J］．西藏研究，2018（6）：136-145.

［250］赵珊，张永辰，杨峰．我国藏区信息化发展水平测度——以四川甘孜藏族自治州为例［J］．图书馆论坛，2018（8）：33-39.

［251］王文萱．湖南省新型城镇化与房地产业协调性测度分析［J］．工程管理学报，2019，33（2）：70-74.

［252］刘惠桥．宁夏经济、能源、环境系统协调度评价分析［J/OL］．科技经济市场，2019（20）：60-61，114［2020-01-18］．

［253］谢皓楠．我国人口城镇化与土地城镇化协调发展的空间计量研究［D］．安徽财经大学硕士学位论文，2017.

［254］丁波．乡村振兴背景下藏区城镇化动力结构的位序差异性——以四川省藏族G县为例［J］．原生态民族文化学刊，2019（3）：102-107.

［255］范周．关于我国城镇化与文化发展的思考［J］．中国传媒大学学报，2013，35（8）：55－58．

［256］李迎生，袁小平．新型城镇化进程中社会保障制度的因应——以农民工为例［J］．社会科学，2013（11）：76－85．

［257］王建康，谷国锋，姚丽等．中国新型城镇化的空间格局演变及影响因素分析——基于285个地级市的面板数据［J］．地理科学，2016，36（1）：63－71．

［258］周海银．我国区域基本公共教育资源配置对新型城镇化影响的实证研究［J］．西北师范大学学报（社会科学版），2016，53（2）：93－98．

［259］王艳飞，刘彦随，李裕瑞．环渤海地区城镇化与农村协调发展的时空特征［J］．地理研究，2015，34（1）：122－130．

［260］吴艳艳，袁家冬．2000—2015年陕西省城镇化发展综合协调指数空间演化［J］．经济地理，2018，38（7）：75－83．

［261］魏敏，胡振华．区域新型城镇化与产业结构演变耦合协调性研究［J］．中国科技论坛，2019（10）：128－136．

［262］蔡进，廖和平，禹洋春，骆东奇，李靖，李涛．重庆市城镇化与农村发展水平时空分异及协调性研究［J］．世界地理研究，2018，27（1）：72－82．

［263］李涛，廖和平，杨伟，庄伟，时仅．重庆市"土地、人口、产业"城镇化质量的时空分异及耦合协调性［J］．经济地理，2015，35（5）：65－71．

［264］庄伟，张飞，孔伟．我国土地城镇化的时空特征及机理研究［J］．地域研究与开发，2014，33（5）：144－148．

［265］王昌锋．建立新型城乡关系是实现乡村振兴的重要路径［J］．低碳世界，2019，9（9）：348－349．

［266］蒋和平，杨东群．新中国成立70年来我国农业农村现代化发展成就与未来发展思路和途径［J］．农业现代化研究，2019，40（5）：711－720．

［267］肖怡然，李治兵，董法尧．乡村振兴背景下民族地区农村剩余劳动力就业问题研究［J］．农业经济，2019（9）：69－71．

［268］胡必亮，蔡宁，徐利刚．第一产业的绿色增长［J］．经济研究参考，2012（13）：35－53．

［269］莫代山，王希辉．民族团结进步创建与公共文化服务体系建设互促发展研究［J］．云南民族大学学报（哲学社会科学版），2016，33（2）：20－24．

［270］李迎生，袁小平．新型城镇化进程中社会保障制度的因应——以农民工为例［J］．社会科学，2013（11）：76－85．

［271］阎耀军．民族关系和谐的逻辑结构和系统分析模型——兼及测度民族关系和谐状况的指标体系设置［J］．中南民族大学学报（人文社会科学版），2008，28（6）：43－48．

［272］魏丽艳．俄罗斯公共服务质量的提升路径［J］．中国行政管理，2016（5）：140－145．

［273］徐水源．德国城镇化进程中加强公共服务均等化制度建设与启示［J］．人口与计划生育，2016（2）：19－21．

［274］高洪贵. 公民参与地方政府公共服务绩效评估：价值、困境及路径［J］. 广西社会科学，2015（9）：145－148.

［275］张汝立，陈书洁. 西方发达国家政府购买社会公共服务的经验与教训［J］. 中国行政管理，2010（11）：98－102.

［276］［美］阿格拉诺夫，麦圭尔. 协作性公共管理：地方政府新战略［M］. 李玲玲，鄞益奋译. 北京：北京大学出版社，2007.

［277］董明涛，孙钰. 农村公共产品多元合作供给效应实证研究［J］. 江西财经大学学报，2011（3）：72－81.

［278］陈井安，刘福敏. 藏区治理体系现代化若干问题研究［J］. 中国藏学，2016（2）：58－61.

［279］徐世栋，傅利平，杨虎得. 社会组织参与藏区基本公共服务的调查分析——以青海藏区为例［J］. 青海民族研究，2018（4）：181－187.

［280］卓越. 公共部门绩效评估的主体建构［J］. 中国行政管理，2004（5）：17－20.

［281］罗云川，阮平南. "动力—行为—保障"视阈下的公共文化服务网络治理机制［J］. 理论研究，2016（5）：55－62.

［282］胡穗. 政府购买社会组织服务绩效评估的实践困境与路径创新［J］. 湖南师范大学社会科学学报，2015（4）：110－115.

［283］张序，劳承玉. 民族地区特殊公共服务：概念提出与逻辑构建［R］. 成都：新时代藏羌彝走廊发展论坛暨第十一届西部五省区社科院院长联席会论文集，2019：537－546.

［284］郑洲. 四川民族地区农村基本公共服务供给能力提升研究——以教育为例［J］. 黑龙江民族丛刊，2011（5）：166－174.

［285］余江. 四川省公共数字文化工程建设实践与思考［J］. 四川戏剧，2017（5）：169－172.

［286］李志农，蓝文思，刘虹每. 云南藏区基础医疗卫生服务非均等化调查研究［J］. 贵州民族研究，2018，39（8）：55－60.

［287］刘洪，唐曦，陈喆，泽仁洛加，泽仁伍呷，张勇. 医疗卫生精准扶贫高海拔藏区贫困县的思考与建议［J］. 中国农村卫生事业管理，2016，36（6）：684－689.

［288］王亚玲. 青海省海南州藏区特殊类型扶贫攻坚研究［J］. 青海社会科学，2016（6）：21－26.

［289］安万明. 构建甘孜藏区牧民定居点公共服务体系的重要意义［J］. 四川民族学院学报，2015，24（6）：71－74.

［290］项江涛. 公共文化服务体系建设的文化效应与价值实现——以西藏为例［J］. 思想战线，2016，42（4）：78－82.

［291］兰昊骋，杨帆. 四川藏区基本公共服务对减贫的影响作用分析［J］. 四川农业大学学报，2016，34（1）：115－120.

［292］蒋小杰，马凡松. 我国藏区地方政府基本公共服务可及性的群众满意度实证研究——基于云南省迪庆藏族自治州305户问卷调查样本分析［J］. 云南行政学院学报，2015，17（6）：63－67.

［293］黄星. 甘孜藏区牧民定居点公共服务能力提升研究［J］. 民族论坛，2016

（4）：76 – 79.

［294］卓玛措，乔菊先．对青藏高原藏区绿色发展的思考［J］．青藏高原论坛，2017，5（2）：1 – 6.

［295］黄寰，刘登娟，罗子欣．西藏自治区绿色发展水平测度与对策思考［J］．西南民族大学学报（人文社会科学版），2019，40（3）：126 – 129.

［296］杨小杰，余传英，张仁军，刘昭强．民族地区绿色产业发展研究——以四川省甘孜藏族自治州甘孜县为例［J］．西部经济管理论坛，2018，29（3）：11 – 17.

［297］马慧强，王清．中国地级以上城市经济发展与基本公共服务协调性空间格局［J］．干旱区资源与环境，2016，30（9）：71 – 77.

［298］何国民，沈克印．我国省级区域体育公共服务与经济协调发展评价研究［J］．武汉体育学院学报，2019，53（10）：56 – 62，74.

［299］蔡秀玲，乔术好．福建省基本公共服务与经济发展耦合协调度分析［J］．福建论坛（人文社会科学版），2017（7）：146 – 158.

［300］孙晓宇，方叶林．乡村基本公共服务均等化测度及其与区域经济的时空耦合特征——以安徽省为例［J］．资源开发与市场，2019，35（11）：1381 – 1385.

［301］温馨，王立安，朱金勋．广西经济发展—公共服务—生态环境耦合关系及时空分异研究［J］．改革与开放，2019（17）：8 – 12.

［302］刘传明，张春梅，任启龙，宋佳，沈茜．基本公共服务与经济发展互动耦合机制及时空特征——以江苏省13城市为例［J］．经济地理，2019，39（4）：26 – 33.

［303］彭红碧，杨峰．新型城镇化道路的科学内涵［J］．理论探索，2010（4）：75 – 78.

［304］倪鹏飞．新型城镇化的基本模式、具体路径与推进对策［J］．江海学刊，2013（1）：87 – 94.

［305］单卓然，黄亚平．"新型城镇化"概念内涵、目标内容、规划策略及认知误区解析［J］．城市规划学刊，2013（2）：16 – 22.

［306］余兴厚，胡翠．新型城镇化与公共服务协调发展的时空特征及影响因素分析——基于长江经济带空间面板数据的实证［J］．重庆理工大学学报（社会科学版），2019（7）：31 – 45.

［307］Barney C. Urbanization in Developing Countries: Current Trends, Future Projections, and Key Challenges for Sustainability ［J］. Technology in Society, 2005, 28(1): 63 – 80.

［308］张晓杰．城市化、区域差距与基本公共服务均等化［J］．经济体制改革，2010（2）：118 – 122.

［309］袁丹，欧向军，唐兆琪．东部沿海人口城镇化与公共服务协调发展的空间特征及影响因素［J］．经济地理，2017，37（3）：32 – 39.

［310］崔治文，韩清．基本公共服务均等化水平与城镇化互动关系研究［J］．华中农业大学学报（社会科学版），2016（2）：118 – 125，138 – 139.

［311］蔡秀云，李雪，汤寅昊．公共服务与人口城市化发展关系研究［J］．中国人口科学，2012（6）：58 – 65，112.

［312］唐剑，李虹．四川藏区民族文化资源保护利用与新型城镇化建设协调发展研究

[J]．贵州民族研究，2016（11）：65 – 69.

　　[313] 万晓萌，郭亚楠．乡村振兴过程中基本教育服务的均衡配置现状、需求与发展策略——以山西省静乐县为例 [J]．河北师范大学学报（教育科学版），2019，21（6）：50 – 56.

　　[314] 罗哲，唐迩丹．农村公共文化服务的结构转型：从"城市文化下乡"到"乡村文化振兴"[J]．四川师范大学学报（社会科学版），2019，46（5）：129 – 135.

　　[315] 齐骥．社会结构变动中乡村振兴的文化动力和思想范式研究 [J]．东岳论丛，2019，40（8）：32 – 40.

　　[316] 邱珉苇．应更加注重边疆民族地区的公共服务 [J]．创造，2014（9）：52 – 53.

　　[317] 董强，金炳镐．加强和改进新形势下民族工作的思考 [J]．贵州民族研究，2015，36（8）：1 – 4.

　　[318] 郭民妍．尽可能减少同一地区中民族之间的公共服务政策差异 [J]．民族论坛，2015（11）：113.

　　[319] 莫代山，王希辉．民族团结进步创建与公共文化服务体系建设互促发展研究 [J]．云南民族大学学报（哲学社会科学版），2016，33（2）：20 – 24.

　　[320] 李尚旗，姚文静．试论城市少数民族流动人口教育与文化适应能力提升 [J]．广西民族大学学报（哲学社会科学版），2019，41（3）：152 – 157.

后　记

　　这里呈现给读者的是国家社会科学基金项目"川甘青滇连片特困藏区公共服务有效供给的调查及对策研究"的最终成果。这个研究题目，主要源于"十一五""十二五"时期课题组参与大量藏区国民经济与社会发展规划课题，发现的四省藏区一些共性问题，及其引发的共同研究兴趣。长期以来，课题组成员积极参与藏学研究的各类学术会议。比如，中国社会科学院民族学与人类学研究所、中央民族大学和中国社会科学院西藏智库联合主办的首届中国藏学论坛暨纪念西藏民主改革 60 周年学术研讨会，轮流由西藏自治区和四川、甘肃、青海和云南省社会科学院主办的西部五省区社会科学院院长联席会议，暨"藏区各民族文化繁荣与社会和谐""加强新型智库建设推进藏区四个全面发展""藏羌彝民族走廊文化产业学术研讨会""新时代藏羌彝走廊发展论坛"等各类富有时代特色的藏学研究学术论坛，西南民族大学藏羌彝走廊民族问题与社会治理协同创新中心年会等，均给予课题组宝贵的参会交流机会。期间，全国各地高校和科研院所专家、学者的最新学术思想和观点荟萃，为课题组进一步明晰课题研究的基本思路和技术路线提供了宝贵而重要的启示。同时，课题组就"川甘青滇连片特困藏区公共服务有效供给的调查及对策研究"课题阶段性研究成果参会交流，获得与会专家颇多建议与意见，对于课题组修改与完善课题研究成果起到重要作用。

　　调查研究期间，川甘青滇四省多家高校科研院所的精准扶贫第三方评估专家团队，西南民族大学"西部十二省区少数民族特色村寨经济社会发展综合调研""乡村振兴，薪火相传"暑期三下乡社会实践活动等，给予课题组多次联合赴川甘青滇四省藏区实地调研的机会。云南省迪庆藏族自治州人民代表大会，四川省甘孜藏族自治州、阿坝藏族羌族自治州社科联，青海经济研究院，甘肃省行政学院，以及稻城、松潘、理塘、夏河、迭部、祁连、德钦、贵德、德令哈等县（市）地方政府，在课题组实地调研过程中均给予大力支持。对于课题组深入四省藏区乡（镇）和村社实地调研，取得第一手研究资料，起到重要的支持作用。此外，还有众多专家、学者也给课题调查研究提供了宝贵的建议、意见和文献资料，怕挂一漏万，不一一致谢，在此一并表示最诚挚的谢意！

　　课题负责人从 2007 年到工作单位从事民族地区经济与社会发展研究工作开始，接触到四省藏区各类研究课题至今已经十余年。期间，还曾在少数民族地区国家扶贫工作重点县喜德县挂职扶贫工作两年，对我国深度贫困地区经济社会发展存在的现实问题有深切感受，对全面小康也有感同身受的殷切期盼。在这十余年中，既有在三伏酷暑连续多日进行入户问卷调查的经历，也曾经在冰天雪地的 4000 米高原上带着严重的高原反应做调查，更多的是与普通农牧民和基层干部交流，以及从不同角度进行观察和思考。因此，严格地说，"川甘青滇连片特困藏区公共服务有效供给的调查及对策研究"并非完全始于 2015 年立项时，其思考和研究始于更早些时候。其中的假设都经过长期反复思考，论据大都来自于宏观政策和微观实地调查以及正式出版的文献资料，总体上课题组认为做到了客观描述调查研究得到的真实观点。另外，也是更为现实的考虑，四省藏区变化的速度和程度有目共睹，正如书中描述的那样，公共服务绩效不是一成不变的，而是伴随着经济社会的发展而变化，会产生新的现实需求，需要不断用新的研究成果和政策创新去回应。同时，由于本课题涉及面很广，问题十分复杂，实践变化很快，再加上笔者水平有限，书中难免存在不足与疏漏之处，恳请广大读者提出宝贵意见。

成都师范学院四川融入双循环新发展格局研究中心　教授
成都师范学院成都融入双循环发展新格局研究中心
卢阳春
二〇二〇年九月